国家社会科学基金重大项目

《未来十年深入实施西部大开发战略研究》

（项目批准号：10A2D012）提供研究资助

陕西省发展改革委、宁夏回族自治区发展改革委、

内蒙古自治区发展改革委提供研究资助

West 西部大开发研究丛书

资源型地区可持续发展战略研究
——以呼包银榆经济区为例

Research on the Sustainable Development
Strategy of Resource-Based Region:
Taking the Hoholt-Baotou-Yinchuan-Yulin Economic Zone as an Example

欧晓理 周谷平 史晋川 董雪兵 等 编著

ZHEJIANG UNIVERSITY PRESS
浙江大学出版社

图书在版编目（CIP）数据

资源型地区可持续发展战略研究：以呼包银榆经济
区为例 / 欧晓理等著. —杭州：浙江大学出版社，
2015.7
ISBN 978-7-308-14731-6

Ⅰ.①资… Ⅱ.①欧… Ⅲ.①区域经济发展－可持续
发展战略－研究－中国 Ⅳ.①F127

中国版本图书馆 CIP 数据核字（2015）第 112772 号

资源型地区可持续发展战略研究——以呼包银榆经济区为例

欧晓理　周谷平　史晋川　董雪兵 等著

责任编辑	樊晓燕	
责任校对	陈　园　余月秋　杨利军	
封面设计	春天书装	
出版发行	浙江大学出版社	
	（杭州市天目山路 148 号　邮政编码 310007）	
	（网址：http://www.zjupress.com）	
排　版	杭州中大图文设计有限公司	
印　刷	浙江印刷集团有限公司	
开　本	710mm×1000mm　1/16	
印　张	38.25	
字　数	707 千	
版 印 次	2015 年 7 月第 1 版　2015 年 7 月第 1 次印刷	
书　号	ISBN 978-7-308-14731-6	
定　价	116.00 元	

西部大开发研究丛书

总　序

　　2011 年是"十二五"规划的开局之年,也是西部大开发新 10 年的起始之年。过去的 10 年是西部地区经济社会发展最快、城乡面貌变化最大、人民群众得到实惠最多的 10 年,也是西部地区对全国的发展贡献最突出的 10 年。西部地区经济年均增长速度达到 11.9%,主要的宏观经济指标 10 年间都翻了一番以上。基础设施建设取得突破性进展。青藏铁路、西气东输、西电东送等标志性工程投入运营。生态建设规模空前,森林覆盖率从 10 年前的 10.32% 提高到现在的 17.05%,提高了 6.7 个百分点。社会事业取得长足进步,"两基"攻坚计划目标如期完成,卫生、社会保障、就业等基本公共服务能力大大增强。人民生活水平得到明显提高,城乡居民的收入分别是 10 年前的 2.7 倍和 2.3 倍。改革开放深入推进,东、中、西部地区互动合作的广度和深度不断拓展,对内对外开放的新格局初步形成。广大干部群众开拓创新意识不断增强,精神风貌昂扬向上。

　　站在新的起点上,我们也清楚地看到,目前东西部发展的差距仍然较大。2009 年,西部人均生产总值、城镇居民可支配收入、农村居民纯收入分别只有东部地区的 45%、68%、53%,依然是我国区域协调发展中的"短板"。按照党中央、国务院的部署,深入实施西部大开发战略将放在区域发展总体战略的优先位置,给予特殊的政策支持,推动西部地区的经济综合实力上一个大台阶,人民群众的生活水平和质量上一个大台阶,生态环境保护上一个大台阶,基本建成全面小康社会。

　　浙江大学中国西部发展研究院(简称西部院)是在 2006 年 10 月由国家发展和改革委员会与浙江大学共建成立的,其目的是围绕西部大开发的全局性、综合性、战略性问题开展理论和应用研究,形成促进东西部地区互动合作、共同发展的重要科研交流和人才培训基地,为国家有关部门和地方政府制定发展规划和政策提出建议,为各类企业、社会团体和组织提供咨询服务。

　　西部院成立迄今,作为一个创新科研实体,本着"跳出西部思考西部,跳出西部发展西部"的新视角,一直以"服务西部经济社会发展"为己任,以建设"科学研究基地、科技服务基地、人才培养和培训基地、国际合作与交流基地"为目标而努力奋进。先后承担了大量国家战略层面的项目研究,并对西部大开发中的前瞻性问题进行了一系列的学术探索,成果斐然,如先后参加了《关中—天水经济区发展规划》、《"十二五"时期促进基本公共服务均等化规划思路研究》、《呼包银重点经济区发展规划》、《"十二五"完善基本公共服务体系规划》等国家重大规划编制的相关研究,开展了《西部大开发与区域发展理论创新》、《西部大开发重大理论问题研究》等重大课题的研究,形成了有价值的成果,这些研究成果既为西部大开发提供了理论基础,对实践活动也具有积极的指导作用,体现了西部院作为西部开发智库的重要作用,体现了一个学术机构的社会责任。

此次西部院编辑出版的这套《西部大开发研究丛书》,是西部院自 2008 年始,针对西部大开发中的热点和难点问题,组织国内专家学者开展深入研究形成的一批重要成果,内容涉及西部地区政策评估、东西部差异变动分析、产业发展、生态环境保护、能源资源开发和利用、基本公共服务均等化、人才开发、文化发展及财税体制等与西部经济社会发展密切相关的多个领域,具有较高的理论意义和现实价值。我相信,这套丛书的出版发行将有助于把西部大开发问题的研究引向深入。

2011 年 10 月

内容提要 呼包银榆经济区地处我国鄂尔多斯盆地腹地,能源矿产资源极其丰富,煤炭保有储量占全国的三分之一,石油可采储量占全国的 10%,天然气探明地质储量占全国的 37%,风能、太阳能、生物质能等可再生能源富集,稀土、岩盐、铁、铜等矿产资源储量也均居全国前列,是我国的"能源金三角"和"能源聚宝盆"。

本书从发展基础、发展目标、发展措施等多维度出发,详细而系统地研究了呼包银榆经济区的经济转型升级和可持续发展问题。全书分为综述篇和专题篇两部分,其中综述篇从空间布局、产业发展、基础设施、公共服务等方面入手,全面而概要地对整个经济区的建设规划进行了勾画,而专题篇则对能源、生态、水资源等重点专题进行了细致研究,为综述篇提供了理论支持。

资源型地区的可持续发展是世界性难题。本书的目的在于,为呼包银榆经济区主动进行转型升级、避免陷入"资源诅咒"陷阱、实现经济社会的可持续发展,提供科学的依据和可行的路径。本书的研究不仅对已处于资源衰竭期的地区经济转型具有重要现实意义,而且对于目前仍处于资源开采成长期或成熟期的地区进行经济结构前瞻性规划也同样具有十分重要的指导意义。

Abstract Hoholt-Baotou-Yinchuan-Yulin economic zone is located in the hinterland of Erdos basin in China. It is extremely rich in energy and mineral resources, with one-third of the country's coal reserves, 10% of the country's recoverable oil reserves, and 37% of the country's proved reserves of natural gas. It is also rich in wind, solar, biomass and other renewable energy. The rare earth, rock salt, iron, copper and other mineral reserves of Hoholt-Baotou-Yinchuan-Yulin economic zone are top-ranked in the nation too. This region is therefore China's "energy golden triangle" and "energy cornucopia".

This book made a detailed and systematic study on economic transformation and upgrading, and sustainable development of Hoholt-Baotou-Yinchuan-Yulin economic zone from multiple dimensions, which included development basis, development goals, and development measures. The whole book was divided into two parts: Overview and Case Studies/Topics. The overview part presented a comprehensive outline of the construction plan of the entire economic zone in terms of spatial layout, industrial development, infrastructure, public service and other aspects. The topics part did a detailed study on energy, ecology, water resources and other key topics, providing theoretical support for overview part.

Sustainable development of resource-based region is a worldwide problem. The purpose of this book is to take the initiative for the transformation and upgrading of Hoholt-Baotou-Yinchuan-Yulin economic zone, to avoid falling into " resource curse", to achieve sustainable economic and social development, and to provide a scientific basis and feasible path. The study of this book not only has important practical significance for regional economic transition in the stage of resource depletion. It also will be of great value in economic structure forward planning for a region still in growth stage or maturity of resource exploitation.

*

目　录

Contents

绪 论

一、研究背景

"经济发展,资源先行"。丰富的自然资源是一个国家或者地区经济发展的重要助力。近代世界经济史也表明,丰裕的自然资源对于早期工业化起到了非常关键的作用。工业革命时期,拥有丰富煤炭和铁矿资源的英国、德国等欧洲国家通过自然资源的初始积累,较早实现了工业化。19世纪初,美国在脱离英国殖民统治后,迅速推进工业化,成功赶超老牌工业化国家,其得天独厚的自然资源发挥了至关重要的作用。

然而,丰富的自然资源和一国经济的增长并不存在必然的联系。资源富集的国家和地区,如果不能合理地利用其资源,不但不能通过大规模的资源开发促进其经济增长,反而很可能陷入资源依赖的增长陷阱,造成产业结构失衡、资源环境恶化等一系列问题,这就是所谓的"资源诅咒"现象。事实上,国际上许多石油产出大国,如拉美的墨西哥、委内瑞拉,非洲的尼日利亚,中东诸国等,其发展均陷入停滞状态,而东亚一些资源稀缺的经济体,如"亚洲四小龙"中国香港、新加坡、韩国、中国台湾,经济增长却超过了发达国家的平均水平(世界银行,2000)。①

如何促进资源型国家和地区实现可持续发展,是一个世界性难题。由于自然资源,特别是矿产资源的不可再生性,资源型地区的发展很大程度上受资源型产业的特点和发展规律影响,其发展必然经历建设—繁荣—衰退—转型—振兴或消亡的过程。19世纪50年代以来,世界范围内出现了大量以资源开发和加工为主导产业的重工业区,包括苏联的巴库、德国的鲁尔、英国的曼彻斯特等。这些传统工业区在追求经济无限增长的过程中,由于过度依赖自然资源及

---

① 徐康宁,韩剑.中国区域经济的"资源诅咒"效应:地区差距的另一种解释[J].经济学家,2005(6):96—102.

过度开采,造成了产业结构单一、经济发展缓慢、生态环境恶化、社会分配不公及政府腐败等一系列问题。从20世纪中期开始,尤其70年代以后,随着资源的逐渐枯竭和资源产业的衰退,以及全球性工业布局的巨大转变和新技术革命的冲击,这些资源型地区相继陷入衰败的困境。

经过10多年的衰退后,20世纪70—80年代部分老工业区围绕可持续发展进行探索,经过20多年的升级转型,逐步实现了经济复苏和良性发展。转型成功的典型案例有德国鲁尔工业区、法国洛林工业区、美国匹斯堡和休斯敦地区、日本的北九州地区等。这些资源型老工业区的转型,按运行机制划分,可分为以美国匹斯堡和休斯敦地区为代表的市场主导型,以德国鲁尔工业区、日本北九州地区为代表的政府主导型。按照接续产业的类型划分,可分为[①]:(1)延伸产业链型,即通过资源深加工产业扩展产业链,由单一产业向多元化发展,代表模式为美国匹斯堡和休斯敦地区。该地区通过产业链延伸,从石油的单一开发,到建立完善的油气资源产业群,并相应带动了石油服务领域——机械、水泥、电力、钢铁等行业发展。(2)扶持新主导产业型,这是一种内生型转型方式,即在现有的产业中选取具有良好发展前景、带动作用明显的产业进行扶植,如煤炭之都德国鲁尔地区。该地区转型面临的问题和发展模式与我国的资源型地区的类似。(3)新型产业植入型,对现有产业采取逐步放弃的政策,如法国洛林工业区彻底关闭了煤矿、铁矿、炼钢厂和纺织厂等成本高、消耗大、污染重的企业,重点选择发展核电、计算机、激光、电子、生物制药、环保机械和汽车制造等高新技术产业。

在这些成功转型的案例中,德国的鲁尔工业区最具借鉴意义。鲁尔工业区曾是世界上最大的工业区之一,从19世纪50年代开始,其钢铁产量始终占全国总产量的70%以上,煤炭产量更是高达80%左右,是名副其实的重工业摇篮。但从20世纪50年代起,由于世界能源消费结构的改变和科技革命的飞速发展,再加上鲁尔区自身煤炭储量的急剧下降、开采成本上升、生态环境日益恶化等问题,工业区的传统工业受到严重冲击,出现经济增长速度缓慢、主导产业衰落、大量煤矿关闭停产、失业率上升等问题,并由此引发了一系列社会问题。鲁尔工业区进入了长达10年的煤铁危机。从20世纪60年代开始,德国政府采取了一系列因地制宜的结构调整和规划整治措施,主要包括[②]:(1)发挥政府主导作用,建立统一规划机构,统筹全局发展;(2)收缩、改造传统产业,特别是

① 姚毓春,宋笑扬,牟大鹏,等.资源型城市发展接续产业的分类模式及对策[J].经济与管理研究,2005(11).

② 李晟晖.矿业城市产业转型研究——以德国鲁尔区为例[J].中国人口·资源与环境,2003(4):94—97.

对矿区进行清理整顿,将采煤集中到盈利多和机械化水平高的大矿井,类似中国的"关、停、并、转"措施,实现生产方式向集约型转化;(3)抓住新技术革命机遇,加强产、学、研结合,大力培育新兴产业;(4)吸引外来企业,扶持中小企业,积极创造就业机会;(5)完善配套设施,加强社会保障;(6)强化环境整治和生态保护。

国外学术界对资源型地区转型问题也进行了深入研究,最早可追溯至20世纪30年代。按照研究视角和内容不同,主要集中在运用城市规划学和区域发展理论、行为地理学、社会学、心理学等学科方法,对资源型地区和城市转型进行政策研究、人口学研究、社会学研究、发展周期研究以及与周边城市关系研究等。20世纪80年代后,国外资源型地区和城市基本完成转型,研究围绕可持续发展问题,主要集中在生态经济理论、循环经济理论、绿色经济发展理论、低碳经济理论和科学发展理论等方面。

我国幅员辽阔,自然资源总量丰富,品种齐全,但是在地域分布上呈现"西多东少、北多南少"的不平衡局面。在经济发展的过程中,部分资源丰富的地区过分依赖其资源优势,逐步形成了一些资源型地区或城市。这些资源型地区的形成,既有依循资源分布建设的原因,又有计划经济体制和人为划定区域的原因。其主要形成在两个时期:

1. 计划经济时期(1952—1992年)

新中国成立初期,百废待兴,由于工业基础薄弱,国家根据"均衡布局"政策和"重工业优先"战略,按照"一厂一市"的苏联模式形成了一批为工业化提供基础能源和重要原材料的资源型城市,煤炭、石油等产业成为我国国民经济的主导产业。特别是在西部和东北地区,通过以资源为中心的要素配置结构,建立起了一批钢铁、煤炭、石油、有色金属等大型工业基地,在此基础上不断发展资源产业。伴随资源产业的发展,人口、经济、文化等大量要素不断在此集聚,城市间形成相互衔接关系,慢慢集结成为资源型地区。

2. 西部大开发战略实施以来(1999年以来)

西部地区是中国资源富集区域,自改革开放以来普遍注重能源的开发利用。在实施西部大开发战略后,更是以能源开发为重点战略发展目标,通过西电东送、西气东输、西煤东运等重点工程,形成了众多煤炭基地、石油天然气基地、水电基地、火电基地等资源型地区。

长期以来,这些资源型地区的发展和建设对我国区域之间实现优势互补、协调发展起到了积极作用,为国民经济和社会发展提供了重要的能源支撑,为保障国家能源战略需求和能源安全发挥了重要作用。但是,从20世纪90年代开始,随着国内外经济环境的变化,工业化和城镇化进程的加快,资源总量的逐渐衰减,以及历史遗留问题的影响,我国相当多的资源型地区和城市面临产业结构单一、环境污染等问题。这些资源型地区不同程度地出现了"资源诅咒"现象,进一步发展遇到了瓶颈和障碍。

根据国家发展改革委宏观经济研究院2002年《我国资源型城市经济结构转型研究》报告,目前我国共有煤炭、森工、石油等各类资源型城市118座,占全国城市总数的18%,涉及总人口1.54亿。根据资源开发的程度,我国20世纪中期建设的国有矿山,三分之二已进入"老年期",440座矿山即将闭坑,390座矿城中有50座城市资源衰竭,300万下岗职工、1000万职工家属的生活受到影响。中国矿业协会(2001年)依据自然资源的丰裕程度和资源型产业的发育程度,确定全国有426座矿业城镇,其中20%处于成长期,68%处于成熟期,12%处于衰退期。

当前,资源型地区和城市发展面临双重挑战,既要依照国家经济发展大局解决经济结构失衡问题,实现经济增长方式转型,又要根据地区特色加快资源型经济转型。实施可持续发展战略,是当务之急也是长远之计,已成为发展共识。

资源型地区实现可持续发展,不仅是衡量区域发展模式和开发过程健康合理的标准,也是我国区域发展战略的必然选择;不仅关系到现代化建设的全局,也关系到社会稳定和国家长治久安,具有重要的战略意义。我国对于资源型地区和城市的可持续发展高度重视。2007年12月24日,国务院制定出台《国务院关于促进资源型城市可持续发展的若干意见》(国发〔2007〕38号)。2008年、2009年、2011年,国家分三批确定了69个资源枯竭型城市(县、区),中央财政给予这些城市财力性转移支付资金,以支持其转型升级。

自20世纪80年代末开始,国内学者针对资源型地区产业结构单一、产业结构畸形的不利影响,从国民经济和社会发展的战略高度强调产业转型的重要性,并就如何实现资源型地区和城市转型,如何由单一结构转型为多元发展、多极支撑的现代产业体系,也进行了大量研究。根据研究成果,其大致可分为两类:一类是针对单个特定资源型地区和城市经济结构转型进行研究;一类就资源型地区和城市经济结构转型的共性问题进行探讨。[①]

本书将在国内外资源型地区转型实践的大背景下,在已有学术研究成果的基础上,对我国呼包银榆经济区的经济转型升级问题进行系统研究。本研究的基本目的在于未雨绸缪,避免呼包银榆经济区在资源生命周期的终点重蹈"矿竭城衰"的覆辙,促使经济区及早进行主动转型升级,实现资源产业的可持续发

---

① 王青云.资源型城市经济结构转型研究综述[R].北京:国家计委宏观经济研究院,2002.

展和地区经济社会的可持续发展。

二、研究内容和结构框架

（一）研究内容和研究意义

本书选取呼包银榆经济区为研究对象进行资源型地区可持续发展战略研究，主要有以下原因：

1. 呼包银榆经济区是我国重要的能源和矿产资源富集区

经济区地处我国鄂尔多斯盆地腹地，是沟通华北和西部地区的重要枢纽，包括内蒙古自治区的呼和浩特市、包头市、鄂尔多斯市、巴彦淖尔市、乌海市、锡林郭勒盟的二连浩特市，乌兰察布市的集宁区、卓资县、凉城县、丰镇市、察哈尔右翼前旗，阿拉善盟的阿拉善左旗；宁夏回族自治区的银川市、石嘴山市、吴忠市、中卫市的沙坡头区和中宁县；陕西省的榆林市。经济区能源矿产资源富集，拥有占全国近三分之一的煤炭保有储量，37％的天然气探明地质储量，10％的石油可采储量，此外，稀土、岩盐、铁、铜等矿产资源储量均居全国前列，风能、太阳能、生物质资源可再生能源丰富，是名副其实的"能源金三角"、"能源聚宝盆"。

2. 呼包银榆经济区在区域发展战略方面具有国家层面高度

经济区是国务院明确新一轮西部大开发支持发展的重点地区之一。2010 年中央 11 号文件《中共中央国务院关于深入实施西部大开发战略的若干意见》就明确指出："支持呼（和浩特）包（头）银（川）经济发展。"《西部大开发"十二五"规划》明确指出，要将呼包银榆地区打造成全国重要的能源化工基地、农畜产品加工基地、新材料和原材料产业基地、北方地区重要的冶金和装备制造业基地。

同时，将呼包银榆经济区作为研究对象，探索经济区科学发展思路，对国家有关部门研究制定指导经济区发展的区域规划具有重要的参考价值，对其他资源型地区发展也将具有重要的借鉴作用。

3. 呼包银榆经济区处于蓬勃向上的发展期，这是优化布局、实现可持续发展的最佳时期

对资源型地区而言，要实现可持续发展必须充分利用资源的比较优势，完成资本积累过程，逐步实现支柱产业转移、产业结构调整和升级，实现经济社会可持续发展。因此，资源型地区的发展成熟期是经济结构调整的最佳时期。目前经济区资源总体处于开发成熟期，以其为研究对象，探索资源型经济的主动转型和自主转型新道路，真正将资源比较优势转换为经济发展优势，对破除"资源诅咒"，实现可持续发展具有良好的示范作用。这不仅对已处于资源衰竭期的地区摆脱经济衰退具有重要现实意义,也对我国目前大量仍处在资源开采成长期或成熟期地区进行经济结构超前调整也同样具有十分重要的指导意义。

同时,我国大部分资源型地区由于长期在计划体制下奉行对自身资源高度依赖的粗放型经济增长方式,导致遗留了一系列复杂的历史性问题。这些问题的解决,必须从经济、社会、人口、环境、资源等多方面进行系统性调控。呼包银榆经济区由于具有自然环境一体性,区内主导产业一致性,区域产业集聚性,基础设施连贯性,经济、社会、文化发展存在内在联系等特点,具有可系统性调控的基础,符合区域协调发展战略要求,具有较高的研究价值。

(二)结构框架

本书由综述篇和专题篇两部分组成。

综述篇分为十二节,分别为:

第一节,发展基础。从发展现状、发展优势、发展机遇、面临挑战等四个方面进行简单阐述。

第二节,总体要求。明确经济区发展的指导思想和原则,并阐述地区战略定位和发展目标。

第三节,空间布局。从空间结构、产业布局、城镇发展、生态地区进行阐述。

第四节,产业发展。对煤炭、石油和天然气产业,装备制造业,现代服务业等进行研究,指出经济区应由以传统能源为主的产业体系逐步转型为多元发展、多极支撑的现代产业体系。

第五节,现代农业与新农牧区。从农业生产、农业产业化、农牧业服务等方面进行研究阐述。

第六节,资源型经济转型。研究指出,在经济区资源总体上并未枯竭的情况下,经济区应实施资源型经济的主动转型和自主转型战略,并提出产业转型、科技创新、人才开发等方面的发展措施。

第七节,基础设施。研究指出,应加强以交通、水利和能源输送通道为重点的基础设施建设,适度超前,构建结构合理、设施先进、外达内联、城乡共享的基础设施体系。

第八节资源能源节约与生态环境保护。研究指出,可通过资源节约利用、能源集约开发、生态工程建设、环境污染治理等方式,建设安全可靠的生态屏障。

第九节,公共服务。研究指出,应建立健全以民生为导向、适应当地社会经济发展需要的公共服务体系,并就如何实现基本公共服务均等化从教育事业、医疗卫生、文化体育、就业与社会保障等方面进行研究。

第十节,对外开放与区际开放。通过向北开放、向西开放、内陆开放三个方面推动区域开放与联动发展。

第十一节,综合配套改革。研究指出,实施综合配套改革,形成相互配套的管理体制和运行机制,着力增强经济区内生发展动力和可持续发展能力,为实现科学发展提供坚实保障。

第十二节,政策支撑与保障措施。研究指出,应将完善政府调控与充分发挥市场作用结合起来,加大国家支持的力度,推动经济区资源优势向经济优势转化。

专题篇分为九章,分别是:

第一章,呼包银榆经济区规划范围和战略定位。本章确定呼包银榆经济区的研究范围和特征,指出经济区的地位和意义,对经济区进行战略定位,确定战略定位支撑条件和保障措施。

第二章,呼包银榆经济区能源专题研究。本章阐述了经济区能源发展基础、发展现状和存在的问题,提出发展思路、产业布局及重点项目,并对能源供求进行分析,从支撑体系建设、能源勘探与开发利用技术、政策建议等方面提出详细发展措施。

第三章,呼包银榆经济区产业发展专题研究。本章在产业发展背景和目标的研究基础上,分别就煤炭产业、石油和天然气产业、电力产业、煤化工产业、金属冶炼产业及下游深加工、现代服务业等,阐述各产业现状,分析存在的问题,提出发展目标和措施,确定布局,提出重点项目、支撑体系、重点攻关或推广的技术,并对体制问题进行研究。

第四章,呼包银榆经济区生态屏障建设专题研究。本章明确了经济区生态屏障建设的重大意义,从生态建设、资源节约、环境保护等方面对生态屏障建设进行总体评估,并从总体目标规划和具体估算指标方面提出经济区生态屏障建设的总体目标,提出建设战略构想和政策措施建议。

第五章,呼包银榆经济区节约用水专题研究。水资源安全是区域经济安全、社会安全和生态安全的前提,本章对经济区水资源供求进行分析,对节约用水从措施、成效评价、突出问题等方面进行总体评价,提出节约用水的基本思路和总体目标,并构建节约用水制度。

第六章,呼包银榆经济区社会主义新农牧区建设专题研究。本章介绍了经济区农牧业基本概况,提出社会主义新农牧区建设战略定位,分别就农业生产、节水农业、农业产业化、现代农业服务体系建设、统筹城乡发展进行研究。

第七章,呼包银榆经济区城市化与空间布局专题研究。本章阐述了经济区城市化发展现状与问题、经济区空间布局的特点和问题,并就城市化、空间布局、城镇体系构建提出发展思路。

第八章,呼包银榆经济区区域创新能力建设专题研究。本章对经济区创新能力进行评估,分析创新活动现状、区域创新能力,指出创新能力建设存在的问题,针对创新能力建设提出政策建议。

第九章,呼包银榆经济区对外开放与区际开放专题研究。本章对区际开放与对外开放进行基本定位,分析开放现状与问题,提出开放的战略重点。

综 述 篇

第一节 发展基础

西部大开发以来,呼包银榆经济区经济社会发展取得了巨大成就。当前和今后一个时期,经济区处于机遇和挑战并存、机遇大于挑战、可以大有作为的重要战略机遇期。

一、发展现状

经济持续快速增长。2009 年,经济区地区生产总值达到 9643 亿元,比 2000 年提高了近 6 倍。人均地区生产总值达到 54135 元,地方财政总收入达到 1420 亿元,年均增长都在 20％以上,均比 2000 年提高了 5 倍多。10 年来,经济区一直保持快速增长,经济运行质量明显提升,经济综合实力显著增强,是全国经济增长最快地区之一。

产业结构调整优化。2000 年以来,经济区农业基础地位进一步巩固,粮食产量稳步提高,现代畜牧业快速发展。工业发展迅速,多个行业在全国具有举足轻重的地位,煤炭产量、天然气产量、发电量、风电装机容量、稀土产量、电解铝产量占全国的比例分别为 21％、29％、6.1％、31％、62.9％、11％。现代煤化工示范项目大多落地在这里。第三产业不断壮大,2009 年三次产业比例为 4.93：54.42：40.65,产业结构调整和优化的步伐加快。

基础设施建设加快。2000 年以来,经济区基础设施投资力度不断加大,已建成包西、宝中、太中银、神黄等铁路线和京藏、青银、定武等高速公路,机场数量显著增加,天然气管网建设加快,多式联运现代交通格局开始初步形成。水利、通信、市政等基础设施保障能力增强。

生态建设初见成效。经济区退耕还林、退牧还草工程成效显著,森林覆盖率和草原植被覆盖度明显提高。腾格里、乌兰布和、库布齐、毛乌素四大沙漠生态状况有所好转,开始呈现"人进沙退"的历史性转变。榆林南部黄土高原的水土流失得到初步治理。

社会民生得到改善。2009 年经济区的城镇居民人均可支配收入达到 18230 元,农民人均纯收入达到 5993 元,比 2000 年分别提高 3 倍和 2 倍以上,人民生活水平明显提高。经济区基本公共服务体系建设加快推进,民生投入持续加大,教育科技、医疗卫生、文化体育事业不断进步,社会保障体系逐步健全。

二、发展优势

战略区位重要。经济区地处我国北部边疆地区,与蒙古国的陆地边界绵长,是我国向北向西开放的重要门户。经济区地跨华北和西北,与我国环渤海湾经济圈特别是京津地区紧密相连,具有东进西联的独特区位优势。

能源资源富集。经济区是我国能源资源最富集的地区之一,煤炭累计探明储量 3550 亿吨,且种类齐全,分布较为集中,地质构造简单,煤层稳定,易于开采;石油探明储量 6 亿吨;主要气田天然气探明储量 3.24 万亿立方米。经济区是我国可再生能源最丰富的地区之一,风能资源富集地区的资源量超过 2.5 亿千瓦,占全国风能总资源量的 10% 左右。经济区的矿产资源丰富,稀土资源储量居世界第一位,铁、铜、铝、铅、锌、镁等约 30 种矿产资源储量列全国前 10 位。

产业优势明显。经济区已形成了以煤炭、石油和天然气、电力、煤化工等为主的特色优势产业,初步打造了能源、化工、新能源、冶金、农业等产业带。经济区也是我国著名的粮仓、重要的畜牧业生产加工基地。

城镇体系初步形成。经济区城镇化进程不断加快,2009 年经济区城镇化率达到 59%,明显高于全国和西部地区的平均水平,沿黄地区城镇群已具雏形。中心城市对周边地区辐射带动作用明显增强。

三、发展机遇

当今世界正处于大调整大变革之中,我国经济社会发展迈上了一个新台阶,发展的有利条件、内在优势和长期向好趋势没有改变。经济区可持续发展面临着难得的历史机遇。

深入实施西部大开发战略机遇。国家坚定不移地深入实施西部大开发战略,对能源资源富集地区、民族地区、边疆地区的扶持力度不断加大,必将为经济区平稳快速发展带来更多新的机遇。

经济发展方式加快转变机遇。我国新型工业化和城市化进入战略转型期,经济发展方式加快转变,扩大内需成为我国的长期战略方针,经济区发展空间和市场潜力巨大的优势进一步凸显,为经济区资源型经济转型升级和构建现代产业体系创造了有利条件。

能源结构深刻调整机遇。随着我国资源节约型、环境友好型社会建设的不断推进,能源供需结构呈现多元化趋势,新能源技术创新进一步加快,影响能源安全的因素增多,必将使经济区国家能源安全保障的战略地位更加突出。

扩大向北向西开放机遇。随着我国区域经济发展新格局的展开,沿边开放进程不断加快,国际区域合作与交流日益密切,国际民族文化交流更加活跃,与周边国家区域经济一体化水平日益提高,为经济区加快向北向西开放提供了新契机。

四、面临挑战

经济社会发展不平衡。经济区的经济增长与经济社会的发展不同步、不协调、不可持续问题仍然突出。经济区的产业结构相对单一,国民收入分配结构不尽合理,社会建设滞后于经济发展,城乡居民日益增长的公共服务需求同公共服务供给不足的矛盾日趋突出,基本公共服务的可及性、公平性仍然不够。

资源开发与生态保护矛盾突出。经济区传统的资源开发方式仍在延续,高投入、高消耗、高排放的粗放型增长方式尚未转变。水资源总量不足,生态环境脆弱,节能减排形势严峻,"两型社会"建设任务艰巨。

基础设施建设支撑不足。经济区对外交通、管网与区内快速通道建设滞后,尚未形成便捷的综合交通运输和能源输送体系,难以满足国家能源基地建设和经济社会发展的需要。

体制机制改革有待深化。经济区资源开发管理体制、环境保护管理体制、对外对内开放体制、政府行政管理体制不健全,推进经济区资源型经济转型的体制机制尚未形成。

第二节 总体要求

推进呼包银榆经济区的科学发展,必须进一步明确发展的指导思想和原则,立足当前,着眼长远,找准发展重点,创新发展模式,提高发展质量。

一、指导思想

高举中国特色社会主义伟大旗帜,以邓小平理论和"三个代表"重要思想为指导,全面贯彻落实科学发展观,解放思想,深化改革,以科学发展为主题,以转变经济发展方式为主线,以制度创新和科技创新为动力,坚持走富民强区之路,着力推进产业结构调整,着力优化空间布局,着力改善生态与保护环境,着力保障和改善民生,着力扩大对内对外开放,把呼包银榆经济区打造成为国家资源型地区科学发展示范区、战略性综合能源基地和西部地区的重要经济发展极,实现全面建成小康社会的目标。

二、基本原则

——发挥优势,跨越发展。充分发挥经济区煤、气、油、盐等资源丰富且匹配条件好的优势,通过综合、高效与低碳利用资源,促进经济长期平稳快速发展。

——以人为本，和谐发展。大力发展民生，巩固民族团结，促进社会和谐，调整国民收入分配格局，扩大公共服务供给，增加就业，完善社会保障，最大限度地为广大民众谋福祉，使广大人民共享发展改革成果。

——统筹规划，集聚发展。统一规划，优化空间开发格局，合理配置各种资源，处理好城乡统筹的关系，实现新型工业化、城市化与农牧业现代化的互动，推进集聚集约开发，提升区域发展整体竞争力。

——创新模式，转型发展。大力发展绿色经济、循环经济和低碳技术，积极发展新能源产业、现代服务业、现代农业等战略性新兴产业和接续产业，实现能源产业与生态环境的协调发展，促进资源型经济向现代经济的转型。

——改革创新，高效发展。稳步推进资源开发、环境保护、对外对内开放和政府行政管理体制的改革，加快构建有利于科学发展的体制机制，正确处理和协调好各方面的权益关系，形成合力，提高效率。

——开放合作，共赢发展。全面推进向北向西开放和内陆开放，进一步拓宽开放领域，提高开放层次和水平，促进生产要素流动，扩大市场空间，增强经济发展活力，实现互利共赢。

三、战略定位

——国家重要的现代能源化工基地。高起点统筹规划煤炭、油气资源的勘探开发，优化煤电、煤化工等产业布局，重点建设鄂尔多斯、宁东、榆林现代能源化工业基地，推进资源深度转化。重点建设千万千瓦级和百万千瓦级大型风电基地，积极发展太阳能和生物质能发电。统筹煤炭、电力、油气和煤化工产品输送通道建设。

——国家重要的生态安全屏障。加强节能减排、资源综合利用，加强草原生态系统保护和黄土高原水土流失治理，营造防风固沙林，发展治沙产业，加快采煤沉陷区综合治理及矿山生态修复，着力建设安全可靠的生态屏障。

——国家节水农业示范基地。加快灌区节水工程和节水农业示范项目建设，推进水权转换，提高水资源利用效率，引黄灌区建成现代节水型灌区。

——国家向北向西开放和内陆开放的战略高地。拓展对外开放格局，创新区域合作机制，扩大面向蒙古、中亚、西亚等国家和地区的开放，承接国际和国内东中部地区的产业转移，承接蒙古等国外资源的加工转化，提升对内对外开放水平。

——统筹城乡发展的公共服务示范区。大力发展教育事业，促进城乡居民就业，提高城乡居民收入，全面提高社会保障水平，将经济区建成城乡统筹和富民强区的先行地区。

——资源型地区经济转型示范区。着力优化产业结构与推动技术创新,促进经济增长向主要依靠科技进步、劳动者素质提高和管理创新转变,推进与资源型经济转型密切相关的重点领域和关键环节的改革,在全国率先走出一条资源型经济的主动转型和自主转型新路子。

四、发展目标

呼包银榆经济区经济社会发展主要指标如表 1 所示。

表 1 呼包银榆经济区经济社会发展主要指标

主要指标	单位	2009 年	2015 年	2020 年
总人口	万人	1781.36	1850	1900
地区生产总值(年均增长率)	亿元	9643.32	22300 (15%)	39300 (12%)
人均地区生产总值(年均增长率)	元	54135	120000 (14.3%)	206800 (11.5%)
城镇居民可支配收入(年均增长率)	元	18230	40600 (14.3%)	70000 (11.5%)
农村居民人均现金收入(年均增长率)	元	5993	13800 (15%)	24000 (12%)
三次产业结构	%	4.93:54.42:40.65	3.5:54.5:42	3:52:45
城镇化率	%	59	65	68
研发投入占 GDP 比重	%	—	1.5	2
城镇登记失业率	%	3.8	3.3	3
城镇基本养老保险覆盖面	%	—	100	100
新型农村养老保险覆盖面	%	—	80	100
公共服务支出占财政总支出的比重	%	—	40	50
煤炭就地转化率	%	—	46	50
建成区绿化覆盖率	%	—	32	35
草原植被盖度	%	—	40	45
森林覆盖率	%	—	20	22
农业灌溉水有效利用系数	%	—	0.55	0.65
万元生产总值能源消耗	吨标煤	—	下降 25%	下降 25%

续表

主要指标	单位	2009 年	2015 年	2020 年
万元地区生产总值水耗	吨	—	年均下降 13%	年均下降 13%
万元工业增加值用水量	吨	—	年均下降 10% 五年下降 40%	年均下降 10% 五年下降 40%
城市空气质量达到二级及以上的天数	天	—	各个城市至少达到 300 天	各个城市至少达到 320 天
二氧化硫排放总量	万吨	—	达到国家要求	达到国家要求
化学需氧量排放总量	万吨	—	达到国家要求	达到国家要求
氨氮排放量	万吨	—	达到国家要求	达到国家要求
二氧化碳排放量	万吨	—	达到国家要求	达到国家要求
氮氧化合物排放量	万吨	—	达到国家要求	达到国家要求

1. 综合经济实力显著提升

转变经济发展方式,增强自我发展能力,与发达地区的差距进一步缩小,经济发展的综合水平、经济发展的质量和效益明显提高。到 2020 年,实现地区生产总值和人均地区生产总值较大幅度提高,比 2009 年翻两番以上。

2. 人民生活质量不断提高

城乡居民收入稳定增长,努力逐步实现居民收入增长和经济发展同步,劳动者报酬增长和劳动生产率提高同步,城市低收入者收入大幅增加,农村牧区贫困人口大幅度减少,社会分配公平程度明显提高。到 2020 年城镇居民人均可支配收入和农村居民人均纯收入翻两番以上。

3. 产业结构调整成效明显

产业层次明显提升,自主创新能力显著增强,科技进步对经济发展的贡献率大幅提高。建成一批能源化工、新能源、装备制造业、现代农牧业和现代服务业等特色优势产业基地,中小企业、民营经济更加活跃。到 2020 年,三次产业结构由 2009 年的 4.93∶54.42∶40.65 调整到 3∶52∶45。

4. 能源保障能力极大增强

加快建设以鄂尔多斯—宁东—榆林能源金三角为主的大型现代能源化工基地,扩大电力外送规模。加大油气资源的勘探开发力度,有序发展现代煤化工产业,加快发展风能、太阳能等新能源产业。到 2020 年,经济区煤炭年产量达到 12 亿吨,煤炭就地转化率达 55%,原油年产量稳产在 1000 万吨,天然气年产量达到 500 亿立方米,火电装机容量 1.1 亿千瓦,风能、太阳能等可再生能源发电装机容量达到 4000 万千瓦,使经济区成为世界一流的战略性综合能源基地。

5. 基础设施支撑能力显著增强

加强基础设施建设,统筹规划,突出重点,集约布局,加强交通设施、水利工程等重大基础设施建设,注重交通运输与产业结构及地区布局的协调,着力提高电力、煤炭、油气等能源输送通道建设水平和水资源保障能力,加快构建城市和产业集聚区现代综合交通体系,增强经济社会发展支撑能力。

6. 生态环境建设取得新突破

全面推进循环经济示范园区和循环经济城市建设,大力推进草地、林地、沙地和湿地生态建设工程。到 2020 年,基本形成节约能源资源和保护生态环境的产业结构和增长方式,万元生产总值能源消耗和万元工业增加值用水量进一步降低,二氧化硫、化学需氧量、二氧化碳和二氧化氮等污染物与温室气体的减排达到国家标准。

7. 城镇化快速健康发展

加快推进新型工业化和新型城市化的协调发展,增强中心城市的产业与人口集聚功能和现代服务功能,积极发展中心镇,加快农村牧区人口的城镇化,形成以大中城市为核心,大中小城镇合理布局的具有地区特色的城镇体系。到 2020 年,经济区城镇化率由 2009 年的 59% 提高到 68%。

8. 公共服务达到新水平

大幅提高基本公共服务水平,建立与经济区产业结构相适应的、城乡一体化的基本公共服务体系。公共基础设施建设进一步加快,基本公共教育服务质量全面提升,公共就业服务能力进一步增强,城乡医疗卫生和社会保障体系进一步完善,城乡文体事业全面发展,保障性住房基本满足需要,公共安全保障能力明显加强,城乡公益事业达到较高水平。到 2020 年,经济区公共服务支出占财政总支出比重达 50% 以上。

9. 人才科技支撑明显加强

科技资源进一步优化,科技研发能力显著提高,基本建立以企业为创新主体,以高等院校和科研院所为依托,以科技服务机构为中介,市场导向、政府引导的开放型区域创新体系和产学研结合的技术创新机制。科技创新、成果转化和产业化能力显著提高,科技促进经济社会发展的主导作用凸显。人才资源开发力度进一步加大,建立基本满足当地经济社会发展人才需要的高等教育体系、职业教育体系和继续教育体系,劳动者素质与公众科学素养明显提高。经济区形成良好的创新创业环境和人才成长环境。到 2020 年,经济区研发投入占 GDP 的比重达到 2.0%。

第三节　空间布局

呼包银榆经济区处于黄河大拐角的鄂尔多斯盆地,拥有三个国家亿吨级煤炭基地和丰富的新能源资源,是我国战略性综合能源基地。经济区生态环境脆弱,是我国重要的生态安全屏障。经济区应统筹资源开发利用、能源通道建设、生态环境保护和水资源节约利用。按照产业、城镇和生态合理布局,集约节约利用土地资源的原则,沿黄河一线构建三大功能区——沿黄河产业—城市集聚区、河套平原和榆林南部现代农牧业区、生态封禁区和生态治理区,形成六大产业带、八大节点城市、八大生态保护区等"六带、八点、八区"的空间格局。

一、空间结构

经济区的空间开发利用和保护应实施"适度开发、优化布局、集约发展、保护生态"的基本策略。根据生态环境承载能力,控制合理的开发利用强度,实现适度开发。经济区优先保护生态脆弱地区、重要的生态屏障地区和农牧生产基地,促进产业和城镇集聚到合适的空间,实现空间集约利用。经济区着力构建沿黄河产业—城市集聚区、河套平原和榆林南部现代农牧业区、生态封禁区和生态治理区等三大功能区。

——沿黄河产业—城市集聚区。沿黄河谷地是经济区内宁夏、内蒙古和陕西榆林的主要产业与城市集中布局地带,上下游依次分布了中卫、吴忠、银川、石嘴山、乌海、巴彦淖尔、包头、鄂尔多斯、呼和浩特、榆林等主要大中城市,以及经济区的主要产业园区和工矿基地。要充分发挥该地带能源、矿产、交通区位和水土资源条件,强化内外交通,加强产业和城市沿线集聚,打造中国重要的产业—城市集聚带、呼包银榆经济区的发展中枢。其中,鄂尔多斯、榆林和宁东形成的"金三角"国家级能源化工基地是经济区产业—城市集聚带的核心。

——河套平原和榆林南部现代农牧业区。河套平原是我国著名的黄灌区,依托黄河水资源大力发展节水农业、设施农业,形成西北地区主要的粮仓和农畜产品基地。在水资源和农林生态系统承载能力的基础上,榆林南部应利用丰富的土地资源和光热条件,适度发展旱作农业和特色农业。利用农业青稞饲料,发展圈养牲畜业,实现人与生态和谐共存的良性发展。

——生态封禁区和生态治理区。经济区内分布着荒漠草原、沙地以及贺兰山、阴山等山地丘陵地区。要坚持生态保护和恢复优先,继续大力实施退耕退牧、还林还草措施,防止荒漠化、沙化,恢复和改善自然生态系统,实现防风固沙、改善气候的目标,打造国家重要的生态安全屏障。

表 2 所示为呼包银榆经济区城镇、二产用地指标。

表 2　城镇、二产用地指标

主要指标	单　位	2009 年	2015 年	2020 年
城镇用地	平方公里	1800	1850	1900
占经济区国土面积比例	%	0.48	0.49	0.50
二产用地	平方公里	940	1660	2700
占经济区国土面积比例	%	0.25	0.44	0.72

二、产业布局

依据国家和经济区所在地区的主体功能区规划,按照集约发展和区域密切合作、协调发展的原则,推动农业向生产条件好的河套平原集中,工业向资源、原材料、水源、基础设施和现有产业基础等条件组合较好的沿黄和沿交通干线的园区集中,现代服务业向大中城市和交通枢纽集聚。在布局上形成以下六个产业带:

——沿黄河谷地能源化工产业带。重点地区是沿黄谷地从东到西的榆林、鄂尔多斯、呼和浩特、包头、巴彦淖尔、乌海、阿拉善左旗、石嘴山和宁东。榆林、鄂尔多斯和宁东能源"金三角"地区集中了经济区大部分的煤炭资源,有神东、榆神、宁东三个国家亿吨级煤炭基地。经济区内的榆林、鄂尔多斯和宁东地区以烟煤为主,重点发展现代煤化工产业。乌海、石嘴山、阿拉善盟、吴忠以焦煤为主,重点发展焦化工业。

——沿阴山、贺兰山新能源产业带。阴山北麓、贺兰山南端是经济区风能资源的富集带,包括乌兰察布市,包头市的达茂旗、固阳县,巴彦淖尔市的乌拉特中旗、乌拉特后旗,吴忠市的盐池、青铜峡市、同心县,榆林市的靖边和定边等地。这些区域是经济区风电场的主要分布区,吉庆、达茂旗、乌拉特中旗是国家的蒙西千万千瓦级风电基地的主要风电场。经济区太阳能资源丰富,石嘴山、鄂尔多斯、吴忠、阿拉善是经济区太阳能发电的主要分布地。

——沿阴山、贺兰山金属矿产和冶金产业带。金属资源主要分布在经济区内的阴山、贺兰山区,包头市白云鄂博是经济区最大的铁矿和稀土的集中分布地,石拐区和固阳县白云石资源丰富,巴彦淖尔市主要有铁、铜、铅、锌、白云石等资源。钢铁、稀土生产集中在包头,铜、铅、锌有色金属冶炼集中在巴彦淖尔,电解铝生产集中在包头和吴忠青铜峡市,金属镁的冶炼主要分布在包头、乌海、石嘴山和吴忠。

——沿黄河大中城市现代服务业产业带。现代服务业主要分布于沿黄河谷地的呼和浩特、银川、包头、鄂尔多斯、榆林、乌海等大中城市。呼和浩特市和银川市是经济区发展现代服务业的两个中心。包头、鄂尔多斯、榆林和乌海应重点发展生产性服务业,为经济区新型工业化和农牧业现代化提供服务。

——河套平原和榆林农业产业带。河套平原包括前套和后套,主要包括银川部分地区、巴彦淖尔南部和包头土默川平原地区。河套平原是我国著名的黄灌区,水源充足,光照充分,昼夜温差大,具有生产优质农产品的良好条件。粮食作物主要是小麦和玉米,是我国西北地区重要的商品粮基地。经济区也是我国枸杞、葡萄、番茄、向日葵等经济作物的重要产地。榆林市部分地区农业生产条件较好,适合发展高产农业和设施农业。清涧、佳县等县是我国红枣、马铃薯的重要产地。

——沿边开放产业带。经济区有二连浩特、甘其毛都、策克、满都拉和巴格毛都中蒙边境五个口岸。二连浩特口岸是我国对蒙古国和俄罗斯贸易的主要口岸,主要出口日用百货、建材家具、机械汽车及蔬菜水果等,主要进口矿物和木材。甘其毛都口岸主要与蒙古国南戈壁省合作开发塔本陶勒盖煤矿和奥云陶勒盖铜矿。策克口岸主要进口蒙古国那林苏图海煤矿的焦煤。

三、城镇发展

经济区的资源、产业和城镇均集中于沿黄河的谷地,依次形成了银川、乌海、包头、鄂尔多斯、呼和浩特和榆林、巴彦淖尔、石嘴山八个主要的节点城市。以八个节点城市为依托和纽带,形成呼包鄂、宁夏沿黄两大城市群和八个特色城镇。

1. 八大节点城市

呼和浩特市,民族特色鲜明的区域性中心城市,内蒙古自治区首府。国家历史文化名城,区域金融、商贸、物流中心,教育科研中心,旅游服务中心。高新技术和我国重要的奶制品生产基地。

银川市,区域中心城市,宁夏回族自治区首府。宁蒙陕甘毗邻区域商贸、物流、生产与生活服务中心,交通枢纽,旅游目的地城市,生态宜居城市,内陆开放型城市,是以能源化工、纺织和装备制造为特色的工业基地。

包头市,区域经济中心城市,国家重要的稀土新材料产业基地,北方地区重要的冶金和装备制造业基地,教育科研中心,物流中心。

鄂尔多斯市,区域经济中心城市,国家重要的能源、煤化工产业基地,新兴的现代服务业中心,资源型经济转型示范城市。

榆林市,区域经济中心城市,国家历史文化名城,国家重要的能源、煤化工产业基地,国家循环经济示范城市,区域性商贸物流中心,现代特色农业基地,构建以榆林城区为核心、以长城沿线城镇和产业带为轴线的空间开发格局。

乌海市,经济区"小三角"区域(乌海、鄂尔多斯棋盘井和蒙西、石嘴山惠农区和阿拉善盟乌斯太等九个工业园区)的中心城市,"小三角"区域的服务中心,经济区重要能源化工产业基地,生态移民城市,资源型经济转型示范城市。

巴彦淖尔市,我国西北地区商品粮基地,经济区重要的有色金属冶炼基地、农产品生产加工基地和风电基地,是我国与蒙古国经济合作的前沿。实施临河、陕坝、巴音宝力格三镇一体化和同城化,建设国家高效节水农业示范区。

石嘴山市,西部地区山水园林新型工业城市,大力发展汽车制造、机械装备、新能源、新材料和农产品加工业,加快发展商贸物流、居住休闲和文化旅游等现代服务业。

2. 两大城市群

呼包鄂城市群,国家级重点开发区,我国重要的经济增长极,京津冀地区的重要腹地,沟通华北和西北经济联系的重要枢纽。内蒙古自治区最重要的人口集聚区和城镇群,自治区政治、科研、教育中心和区域性物流中心。构建以呼和浩特为核心,以包头、鄂尔多斯为支撑,以呼包线、包鄂线、鄂准线、呼准线等主要交通干线和内蒙古沿黄河产业带为轴线的城市群。增强呼和浩特的首府城市功能,包头、鄂尔多斯依托资源优势,大力发展特色优势产业,增强辐射带动能力,统筹煤炭开采、煤电、煤化工等产业布局,促进产业互补和产业延伸,实现区域内产业错位发展。加快城市人口的集聚,促进呼包鄂城市群一体化发展。

宁夏沿黄城市群,国家级重点开发区,宁夏回族自治区最重要的人口集聚区和城镇群,自治区政治、科研、教育中心和区域性物流中心。充分发挥银川、石嘴山两市的自然禀赋优势,优先推进银石同城化,打造西北地区宜居宜业服务型城市体。着力提升银川区域性中心城市地位,完善综合服务功能,培育发展金融、物流、信息等产业,提高产业和人口集聚能力,增强辐射带动作用。壮大石嘴山、吴忠、中卫等城市的规模,加强产业分工和城市功能互补,建设我国重要的能源化工、新材料基地,清真食品及穆斯林用品和特色农产品加工基地,区域性商贸物流中心。

3. 八个特色城镇

二连浩特市,我国北方重要口岸城市,全国13个沿边开放城市之一。北京—乌兰巴托—莫斯科国际联运口岸门户,区域性国际商贸旅游城市。

青铜峡市,素有"塞上江南"美誉,全国西部百强县之一,宁夏重要的工业城市,全国最大的电解铝生产基地,全国最佳的酿酒葡萄种植生态区。

集宁区,乌兰察布市府所在地,经济区连接京津和蒙古国的门户城市,区域性交通枢纽和贸易物流中心。

沙坡头区,全国制浆造纸基地,防沙治沙示范区,特色农畜产品加工基地,黄河上游重要的水利枢纽。

巴彦浩特镇,阿拉善盟政治、经济、文化中心,是一座集人文景观和以沙漠为主的自然景观为一体的新型塞外旅游城市。

神木镇,神东煤炭基地中心镇,包神、神黄、神延运煤通道枢纽地,全民免费医疗和教育县、中国"全面小康十大示范县"神木县府所在地。

薛家湾镇,依托准格尔大型露天煤矿,神东煤炭基地的重要煤炭生产镇、火电基地镇,国家命名的重点镇。

甘其毛都镇,中国与蒙古国重要口岸,双边性常年开放口岸。建设跨境经济合作区,与蒙古国南戈壁省共同开发大型煤矿、铜矿并进行深加工。

表3所示为城市规模等级结构规划。

表3　城市规模等级结构规划

规模等级	城市名称	2020年城市人口规模(万人)
特大城市	呼和浩特	220
	包头	220
	银川	170
大城市	鄂尔多斯	70
	榆林	80
	巴彦淖尔(临河)	65
	乌兰察布(集宁)	60
	乌海	60
	石嘴山	50
	吴忠	50
	中卫	50
中等城市	神木	20
	二连浩特	20

四、生态地区

以构筑国家重要的生态安全屏障为目标,对生态环境脆弱,关系到农产品供给安全和生态安全,不适宜进行大规模、高强度开发的区域,如水源涵养区、自然保护区、风景名胜区、农田保护区、生态环境治理区等,要坚持保护优先、限制开发、点状发展的原则,因地制宜发展资源环境可承载的特色产业,鼓励人口适度迁出,加强生态修复和环境保护,逐步形成八个重要的生态环境保育区(见表4)。

表 4　重要生态环境保育区

	区域类型	主要区域
1	风景名胜区	国家级、省级风景名胜区中保护核心区
2	农业用地区	河套平原综合农业区 土默川平原综合农业区 宁夏平原绿洲农业区 黄土高原主产区
3	生态治理区	贺兰山防风防沙生态屏障区 阴山南、北麓风蚀沙化治理区 鄂尔多斯盆地生态治理区 榆林长城沿线防风固沙林带 黄河中上游水土流失及沙化土地治理区
4	自然保护区、生态保护区	各级自然保护区、森林公园及湿地保护区的核心区;沿山、沿河、沿路的区域生态走廊,建成密集区的各级生态屏障带、城市生态隔离带
5	水土保持区	台塬丘陵地区的土壤侵蚀控制区,河流水系周边的水土保持和风沙控制区
6	生态封禁区	草原、山地丘陵、沙地、沙漠等生态恶化地区 阿拉善沙区和蒙北边境草原区 阴山、贺兰山山地丘陵区
7	基本农田保护区	各级区域划定的基本农田保护区、星火产业试验基地、优质果业生产基地、其他种植基地
8	水源保护区	饮用水江河水源保护区,饮用水湖泊和水库水源一、二级保护区

第四节　产业发展

呼包银榆经济区产业发展关系到我国能源、重要战略原材料生产的安全,对经济区乃至全国经济社会全面协调发展具有举足轻重的作用。西部大开发以来,经济区已经建立起规模较大、体系较完整的以能源产业为主的产业体系。

未来一段时间,是经济区推进产业结构调整和升级的关键时期,是转变经济发展方式的攻坚期。通过10年的努力,使经济区由以传统能源为主的产业体系逐步转型为多元发展、多极支撑的现代产业体系。

一、煤炭产业

经济区已经查明的煤炭储量3550亿吨,约占全国查明储量的三分之一左右,在国家确定的亿吨级大型煤炭基地中占有神东、陕北和宁东三个,各煤种齐全,适合多种用途的利用,煤炭供应全国各地(见表5)。三个基地已探明的煤炭资源储量3500多亿吨,主要分布于鄂尔多斯、宁东、榆林三地。其中,鄂尔多斯1676亿吨,宁东273亿吨,榆林1447亿吨。2009年,三个基地煤炭产量6.5亿吨,其中主要产地鄂尔多斯3.38亿吨,宁东5500万吨,榆林2.09亿吨,乌海1900万吨。2009年,经济区煤炭产量6.5亿吨,占全国产量的21%,已经成为我国的大型煤炭基地。

表5 三个国家亿吨大型煤炭基地和重点建设矿区

基地名称	重点建设矿区	煤种情况
神东煤炭基地:包括神东、万利、准格尔、包头、乌海、府谷6个矿区	神东、准格尔、万利、塔然高勒、新街、呼吉尔特、上海庙、桌子山、高头窑、纳林河、海勃湾、乌达和白彦花矿区	主要为长焰煤和不黏煤,其他煤种有褐煤、焦煤、肥煤、气煤、无烟煤等
陕北基地:包括榆神、榆横2个矿区	府谷、神府、榆神、榆横四个矿区和吴堡横沟煤田	主要为长焰煤和不黏煤,其他煤种有褐煤、焦煤、肥煤、气煤、无烟煤等
宁东煤炭基地:范围包括银川、吴忠和石嘴山三市的煤田	石嘴山、石炭井、灵武、鸳鸯湖、横城、韦州、马家滩、积家井、萌城、石沟驿等矿区	主要煤种为不黏煤和长焰煤,另有部分焦煤和其他烟煤

发展目标是要用10年的时间,将经济区建设成为我国重要的现代化大型煤炭基地,形成以大型煤炭基地和大型煤炭企业为主体的煤炭供给体系,以先进技术和先进管理手段为支撑的高回采率和安全生产保障体系,以煤炭加工转化、资源综合利用和矿山环境治理为核心的循环经济体系,以保护、节约、安全、环保和生态为重点,切实贯彻执行国家《煤炭法》的煤炭资源开发管理政府高效监管体系,至2020年,煤炭产量达到12亿吨。

——建设国家重要的现代化大型煤炭基地。通过继续促进中小型煤矿重组联合改造,重点建设好准格尔、东胜、灵武、府谷、神府、榆神等大型整装煤田,继续培育若干家年产5000万吨以上规模的大型煤炭企业,使特大型煤炭企业的产煤量占经济区全部产煤量的80%以上,把神东、陕北和宁东建设成为现代化的国家亿吨级大型煤炭基地。鼓励煤炭企业加快与蒙古国南戈壁省合作开发塔本陶勒盖和纳林苏图海煤田。

——率先实现煤矿装备现代化。进一步提高大型煤矿装备现代化、系统自动化、管理信息化水平,大力推进中小型煤矿机械化,鼓励采用先进技术开采难采煤层和极薄煤层,建设高产高效井矿,使经济区煤炭开发的回采率和机械化率整体达到国际先进水平。

——实现煤炭产业的高效经济可持续发展。鼓励企业开展煤炭、电力、化工、铁路、港口一体化经营或者与冶金、建材产业企业进行联合经营,实现煤炭产业的集约化、规模化,开展煤矸石、煤泥、煤层气、矿井水以及与煤共伴生资源的综合开发与利用,打造煤炭产业循环经济产业链,提升大型企业的国际竞争能力。

——建设全国最安全、环保的煤矿。加强对煤矿安全以及选煤和运煤过程的环境污染管理,鼓励在坑口优先建设大型洗煤厂,推动在运煤通道枢纽地和煤炭消费地集中建设全封闭洗煤厂和配煤中心,将可选的煤炭洗选比例提高到100%;井矿开采区,要实现不增加新的沉陷区面积,逐步减少原有的沉陷区面积;露天开采区,要做好植被的恢复工作;要采取切实有效的措施,定时完成乌达等矿区的灭火工作;对优质和特种用途的太西煤和焦煤矿要实行保护性开采。

二、石油、天然气产业

鄂尔多斯是我国陆上六大富油气的盆地之一,经济区油气资源集中分布于鄂尔多斯盆地北部,油气储量很大,有多个储量超千亿立方米的世界级大型、特大型气田。苏里格气田是国内已知的陆上最大的整装气田。经济区内已经查明的两大主要油田石油储量约6亿吨,主要的六大天然气田查明储量3.24万亿立方米,天然气查明的储量约占全国查明储量的37%。2009年,经济区石油产量861万吨,天然气产量247亿立方米,天然气产量约占全国产量的29%,是我国最重要的油气生产基地之一和最重要的西气东输气源地之一。

发展目标是要用10年的时间,将鄂尔多斯盆地建设成为我国最大的油气田、最重要的陆上天然气供输枢纽和低碳能源应用基地。通过天然气应用来大力促进低碳产业发展的示范地。

——建设大型油气能源接续地。经济区油气资源的潜力大,但勘探率还比较低,要加强勘探力度,增加资源的储备。至2020年,经济区要实现年产1000万吨石油、500亿立方米天然气的规模。提高集群化、基地化和一体化水平,建设一批高水平的石油炼化基地,持续扩大炼油和石油化工生产能力。

——建设我国重要的陆上天然气供输枢纽。抓紧进行煤层气开发和煤炭开发矿权合一制度的研究,尽快在经济区先行试点,以加快经济区煤层气的开发和产业化的步伐。合理规划天然气管道的输送以及与西气东输其他管道的衔接,加快在榆林建设天然气储备库。

——建设低碳能源利用示范区。按照国家天然气的相关产业政策,做好作为低碳化石能源的天然气在民用等领域的应用研究和推广使用的规划,推动相关配套产业在当地的发展,使天然气应用成为解决当地城市污染和改善人民生活环境质量的优质能源。

下面列出了呼包银榆经济区石油、天然气产业的重点项目。

1. 油气资源的重点勘探区

油气资源的重点勘探区为鄂尔多斯盆地。鄂尔多斯盆地跨陕甘宁蒙晋五地,油气资源非常丰富,是目前探明储量最大的天然气田和最大的天然气产地。石油在甘肃、陕北、内蒙古都有分布,天然气则多分布在鄂尔多斯和榆林两地,是典型的"低渗、低压、低产"油气藏。至 2007 年年底,鄂尔多斯盆地勘探率仅为 14%,勘探潜力大。

2. 重点勘探和开发的油田

(1)靖安油田

截至 2007 年年底,靖安油田查明地质储量 31624 万吨,可采储量 6448.01 万吨,年产油达到 300 万吨。

(2)姬塬油田

截至 2007 年年底,姬塬油田查明地质储量 28349 万吨,可采储量 5296 万吨,年产油能力超过 200 万吨。

(3)盐池油田

盐池油田正在勘探中,可积极推进开展二氧化碳气驱,提高低渗、低压、低产油田采油的示范工程。预计年产油能力将达到 100 万吨。

3. 重点开发的天然气田

(1)苏里格气田

苏里格气田是世界级特大型气田,也是中国目前陆上最大的整装气田,查明储量 2.2 万亿立方米,2009 年产量 80 亿立方米。

(2)乌审气田

乌审气田查明储量 1012 亿立方米,2009 年产量 1.6 亿立方米。

(3)大牛地气田

大牛地气田查明储量 3522 亿立方米。2009 年产量 19.6 亿立方米。

（4）靖边气田

截至 2007 年,靖边气田查明储量 4101 亿立方米。近年稳定产气 50 亿立方米。

（5）榆林气田

榆林气田查明储量 1807 亿立方米,2009 年产量 54 亿立方米。

（6）神木气田

神木气田正在试采中。

（7）吴堡煤层气田

吴堡煤层气田正在勘探中,初步探测的储量超过 160 亿立方米。

4. 地下天然气储气库项目

地下天然气储气库项目主要是靖边地下天然气储气库项目,它由中石油长庆油田公司投资,规划建设规模为 120 亿立方米的地下天然气储气库,这一储气库是陕京管线的配套系统。

5. 石油化工项目

石油化工项目主要有:中国石油天然气股份有限公司宁夏分公司 1000 万吨/年炼油改扩建项目,其中,年产 200 万吨精对苯二甲酸(PTA);中国石油天然气股份有限公司呼和浩特分公司 500 万吨/年炼油改扩建项目;中国石油天然气股份有限公司宁夏分公司 80 万吨/年尿素项目。

三、电力产业

经济区发展电力产业所需的各种资源比较齐备,煤炭、天然气、风能、太阳能和生物质资源都很丰富。区域内多荒漠和草地,有利于建设大型风电场和太阳能电站。因此,经济区可以建设多种类型的电站。2009 年,经济区电力总装机容量达到 5895 万千瓦,占全国的 6.7%,发电量完成 2278 亿千瓦时,占全国的 6.1%,其中,风电装机容量 502 万千瓦,占全国的 31%,光伏发电 39 万千瓦。经济区已成为我国西电东送最大的煤电基地和最大的风电基地之一。

发展目标是要用 10 年的时间,通过建设火、风、光和水电互补的多元化电力供应体系,形成我国西电东送大型绿色电源基地。依靠科技进步,建设我国坚强智能电网先行区。到 2020 年,经济区电力总装机容量达到 1.5 亿千瓦。其中,风电、太阳能发电和生物质能发电等可再生能源装机容量达到 4000 万千瓦。(见表 6)

表6　电力发展目标

主要指标	单　位	2015 年	2020 年
经济区电力装机总量 其中:火电 　　风电 　　太阳能 　　水电	万千瓦	10250 8000 1800 150 300	15000 11000 3000 400 600
经济区电力需求量	万千瓦	4800	7000
外送电力容量	万千瓦	5450	8000

　　——建设我国西电东送大型绿色电源基地。大力发展以风电、太阳能发电和生物质能发电为主的可再生能源,优化发展煤电,有序开发水电,规划和建设好抽水蓄能电站,逐步形成火电(包括煤炭、煤矸石、煤泥、焦炉煤气、锅炉余热发电)、煤层气发电、风电、光伏发电、生物质能发电的多元化清洁化电源结构。按照大规模集约化开发,有利于电力汇集打捆外送的原则,建设鄂尔多斯—包头、呼和浩特—乌兰察布、"小三角"、宁东、榆林五个火、风、光、水电互补的大型绿色电源基地。

　　——建设千万千瓦级和百万千瓦级风电基地。按照建设大基地,融入大电网的原则,建设蒙西千万千瓦级风电基地,在基地内建设吉庆、达茂、乌拉特中旗三个百万千瓦级风电基地,支持四子王旗、固阳、武川、乌拉特后旗、二连浩特、太阳山、盐池、贺兰山东麓、中卫、靖边和定边等风能资源优势地区逐步有序建设百万千瓦级风电基地。在大型风电场抓紧建设风电的接入和汇集工程,建立风电场建设与输电工程建设协调一致的机制,将经济区风电规划融入国家电网总体规划。

　　——率先建成坚强智能电网。在经济区优先建设特高压输电线路,加快蒙西至潍坊、陕北至长沙的±1000千伏特高压交流输电工程的建设,保证经济区大规模火电和风电外送通道的畅通。在全国率先建成以信息化、自动化、互动化为特征的智能电网,以实现经济区新能源与常规能源的合理布局和优化配置,保证电网的安全稳定运行,由传统电网向安全可靠、经济高效、清洁环保、透明开放、友好互动的现代电网转化。

　　下面列出经济区的电源基地和输电重点建设工程。

　　1. 大型绿色电源基地

　　(1)鄂尔多斯—包头大型电源基地

　　至2009年年底,鄂尔多斯和包头两地总装机容量达到1883万千瓦,其中火电1717万千瓦,水电75万千瓦,天然气发电30万千瓦,风电59.5万千瓦,光伏发电 0.02 千瓦,生物质发电 2.4 万千瓦。基地内鄂尔多斯煤炭储量 1676 亿吨,2009 年,煤炭产量 3.38 亿吨,具备建设大规模火电基地的条件。包头达茂旗、固阳县等地风能资源可开发量达 2767 万千瓦,是蒙西国家千万千瓦级风电基地的重要组成部分。准格尔、达拉特、包头、土默特右旗是主要的火电电源点,达茂旗、杭锦旗是主要的新能源电源点。规划建设美岱召抽水蓄能电站,调节峰谷。规划建设包头—鄂尔多斯—潍坊±1000 千伏特高压交流输电线路,实现火、风电打捆外送。

(2)呼和浩特—乌兰察布大型电源基地

至 2009 年年底,呼和浩特和乌兰察布总装机容量 1568 万千瓦,其中火电 1350 万千瓦,风电 218 万千瓦。两地利用周边煤炭资源发展火电。乌兰察布的风能资源量 6000 万千瓦,是蒙西国家千万千瓦级风电基地的重要组成部分。托克托、丰镇、岱海是主要火电电源点,吉庆、四子王旗、武川等是主要的风电电源点,正在建设大青山抽水蓄能电站,调节峰谷。有托克托电厂—浑源—安定的四回 500 千伏输电线路、汗海—沽源—平安城双回 500 千伏线路、岱海电厂—万全双回 500 千伏线路与华北电网相连。规划建设乌兰察布—南昌±800 千伏直流线路,实现火、风电打捆外送。

(3)"小三角"大型电源基地

"小三角"大型电源基地以乌海为中心,包括乌海、阿拉善左旗、巴彦淖尔、鄂尔多斯的鄂托克旗以及石嘴山(惠农区等)。至 2009 年年底"小三角"地区总装机容量 1184 万千瓦,其中火电 1022 万千瓦,风电 132 万千瓦,光伏发电 31 万千瓦。"小三角"地区煤炭资源储量 118 亿吨,可利用蒙古国煤炭资源储量 80 亿吨。巴彦淖尔市的风能资源丰富,可开发量为 8000 万千瓦,是蒙西国家级千万千瓦级风电基地的重要组成部分。石嘴山惠农地区的太阳能资源丰富。乌海、乌斯太、惠农、棋盘井、蒙西、乌拉特中旗是主要的火电电源点,乌拉特中旗和乌拉特后旗是主要的风电电源点,惠农是主要的光伏发电电源点,五原和杭锦后旗是主要的生物质发电电源点。规划建设海勃湾抽水蓄能电站,调节峰谷。规划建设乌海—宁东—浙江±800 千伏直流输电线路、乌海—鄂尔多斯—广东±800 千伏直流输电线路,实现火、风电打捆外送。

(4)宁东大型电源基地

至 2009 年年底,宁东(含吴忠和中卫)总装机容量 711 万千瓦,其中火电 626 万千瓦,风电 50 万千瓦,光伏发电 4 万千瓦,水电 30 万千瓦。宁东是国家亿吨级煤炭基地,贺兰山东麓、吴忠的太阳山和盐池、中卫是宁夏风能和太阳能资源最丰富的地区,风电可开发量 1412 万千瓦。电力外送通道为宁东—兰州 1 回 750 千伏线路、宁东—山东±660 千伏直流输电线路。

(5)榆林大型电源基地

至 2009 年年底,榆林总装机容量 638 万千瓦,其中火电 610 万千瓦,风电 27.8 万千瓦,在建电厂规模达 1294 万千瓦。榆林煤炭资源储量 1447 亿吨, 2009 年煤炭产量 2.09 亿吨,定边和靖边的风能和太阳能资源丰富。府谷、神木 是主要火电电源点,定边和靖边是主要新能源电源点。规划建设陕北—长沙± 1000 千伏特高压交流输电线路,实现电源外送。

2. 大型风电基地

大型风电基地主要是蒙西千万千瓦级风电基地。蒙西地区属于我国一类 风资源区域,荒漠面积广,火电规模较大,是国家西电东送的重要基地,宜于建 设大规模的风电基地并在基地内建设吉庆、达茂和乌拉特中旗等多个百万千瓦 级基地。至 2009 年年底,蒙西地区风电装机容量已达 409 万千瓦。

四、煤化工产业

经济区焦炭、电石和 PVC 等传统煤化工(含相关的氯碱化工、盐化工)产品 的规模较大,是国家重要的传统煤化工产业基地。近年来,国内大部分煤制烯 烃,煤液化,大规模煤制甲醇、二甲醚等项目落地在这里,煤制天然气和乙二醇 项目开工建设,已经成为我国最重要的现代煤化工产业示范基地。

发展目标是要用 10 年的时间,加快对传统煤化工产业的改造和升级,加强 对现代煤化工产业示范项目的消化、吸收和创新,建设现代煤化工原始创新技 术产业化示范项目,形成一批一体化和循环经济特色的煤化工产业园区,使经 济区成为国家重要的现代煤化工产业基地。(见表 7)

表 7　煤炭综合利用目标

主要指标	单　　位	2015 年	2020 年	2015 年产量	2020 年产量
原煤开采量	亿吨	9.0	12.0	—	—
煤炭就地转化率	%	46	50	—	—
火电用煤量	万吨	19710	25410	—	—
煤化工用煤量(原煤)	万吨	17920	27910	—	—
其中:煤制油	万吨	2400	4000	600 万吨	1000 万吨
煤制天然气		1260	4200	36 亿立方米	120 亿立方米
煤制烯烃		2000	3200	250 万吨	400 万吨
煤制二甲醚		240	800	100 万吨	200 万吨
煤制乙二醇		220	560	40 万吨	100 万吨

续表

主要指标	单 位	2015 年	2020 年	2015 年产量	2020 年产量
煤制甲醇	万吨	1250	1250	500 万吨	500 万吨
煤制化肥（尿素）		550	550	500 万吨	500 万吨
焦炭		6600	8250	4000 万吨	5000 万吨
兰炭		3400	5100	2000 万吨	3000 万吨
其他用煤总量		4000	5000	—	—
煤炭外运量	亿吨	4.9	6	—	—
其中：铁路运力		4	5	—	—
公路运力	亿吨	0.9	1	2015 年公路煤炭运输占 10% 左右	2020 年下降到 8% 左右

——建设我国重要的现代煤化工产业基地。稳步发展煤基甲醇、二甲醚、油品、合成天然气,建设我国煤基燃料替代石油燃料产业化重要基地。积极发展煤基烯烃、乙二醇,适当发展聚乙烯醇,适时启动煤基芳烃项目,并逐步延伸产业链,建设我国煤基大宗化工原料替代石油大宗化工原料重要基地。

——建设一批一体化、多联产的煤化工循环经济产业园。加强经济区内的资源整合,特别是加强煤炭资源地和水资源地之间的联合,加强各地产业之间的合作和循环经济产业体系的共同构建,加强有关园区之间基础设施的共建共享。乌海、石嘴山、阿拉善盟、鄂托克旗、乌拉特中旗、乌拉特前旗、吴堡县等地的工业园区要利用当地或者周边地区的焦煤资源优势和产业基础,重点建设焦化、焦炉煤气综合利用、煤焦油下游深加工的循环经济园区,建设电石、氯碱、PVC、盐化工及建材多联产一体化的氯碱化工园区。鄂尔多斯、呼和浩特、包头、巴彦淖尔、宁东、榆林北部,按照煤炭、水资源合理优化配置和铁路运输与管道运输方便的原则,建设煤气化、甲醇、烯烃及烯烃下游一体化产业基地,煤制油产业基地,煤制天然气产业基地,煤炭—甲醇—芳烃—对二甲苯—对苯二甲酸、煤炭—乙二醇以及对苯二甲酸和乙二醇生产聚酯的一体化产业基地,煤电气焦多联产产业基地。榆林南部米脂、绥德、子洲等盐资源丰富的地区,利用北部煤炭和能源,重点发展盐化工及相关的氯碱化工产业。

下面列出煤化工和下游深加工重点产业园区。

(1) 乌达—乌斯太工业区

两园区紧邻,当地煤炭以焦煤为主。已经形成电石年 265 万吨、PVC 年 140 万吨、焦炭年 700 万吨、甲醇年 80 万吨、碱类年 80 万吨的产能。重点发展方向是焦化、氯碱化工产业等。

（2）西来峰—棋盘井工业区

两园区紧邻，当地煤炭以焦煤为主。已经形成电石年 160 万吨、焦炭年 1000 万吨、化肥年 120 万吨的产能。重点发展方向是焦化和氯碱化工产业等。

（3）乌拉特前旗—杭锦旗工业区

乌拉特前旗水资源丰富，杭锦旗煤炭资源丰富，两园区隔黄河相邻。在建年 40 万吨甲醇、年 104 万吨化肥、年 100 万吨 PVC 的产能。重点发展方向是氯碱化工、煤制乙二醇、芳烃和聚酯等。

（4）大路—托克托—清水河工业区

三园区相邻，形成煤炭资源和水资源的优势互补，已经形成油品年 16 万吨、甲醇年 110 万吨、炼焦年 100 万吨的产能。重点方向是发展煤制油、煤制天然气、煤制二甲醚等。

（5）土默特右旗—达拉特旗工业区

土默特右旗水资源丰富，达拉特旗煤炭资源丰富，两园区隔黄河相邻。已经形成甲醇年 60 万吨、PVC 年 40 万吨产能，在建 PVC 年 100 万吨、甲醇年 120 万吨项目。重点发展方向是煤制烯烃和 PVC 产品。

（6）甘其毛都口岸加工区

甘其毛都口岸加工区水资源条件好，境内有大型褐煤矿，可利用蒙古国优质焦煤，正在建设年 460 万吨焦化厂。未来重点发展方向是焦化，建设热溶催化法褐煤分级高效清洁利用示范项目。

（7）巴彦淖尔经济技术开发区

目前巴彦淖尔经济技术开发区已经形成年 20 万吨二甲醚生产能力，水资源条件较好，重点方向是二甲醚。

（8）蒙海工业园区

蒙海工业园区水资源条件好。未来重点建设煤电气焦多联产示范项目。

（9）宁东能源化工基地

宁东能源化工基地煤炭资源丰富，已经形成年 25 万吨甲醇、年 21 万吨二甲醚、年 52 万聚丙烯产能，年 70 万吨尿素项目正在建设。重点发展方向是煤制烯烃、二甲醚和天然气。

（10）石嘴山工业园区

石嘴山工业园区是焦煤和无烟煤的主要产地，已经形成电石年 50 万吨、PVC 年 27.5 万吨、烧碱年 21 万吨产能。重点发展方向是焦化、氯碱化工。

（11）榆神工业区

榆神工业区煤炭资源丰富，已经形成甲醇年 120 万吨、煤焦油合成油品年

20 万吨产能,有年 100 万吨 PVC 和 120 万吨兰炭在建项目。重点发展方向是兰炭、煤焦油合成油品、氯碱化工、煤制油、煤电气焦多联产。

(12)府谷工业区

府谷工业区煤炭和水资源丰富。重点发展方向是煤制烯烃。

(13)榆横工业区

榆横工业区煤炭资源丰富,已经形成天然气制甲醇年 51 万吨和醋酸年 35 万吨产能。重点发展方向是煤制天然气和醋酸、乙二醇、芳烃。

(14)一棵树梁低碳产业园区

乌海全市已经形成年 1000 多万吨焦炭和 120 万吨 PVC 的产能,2015 年将形成年 1500 万吨焦炭和 300 万吨 PVC 产能,是我国最大的 PVC 生产基地。一棵树梁产业园区是承接焦化下游精细化工和 PVC 下游塑料等深加工制品的产业园区。

(15)榆林南部工业园区

榆林南部工业园区由吴堡、米脂、子洲和绥德四县的园区构成。吴堡县煤炭储量 15 亿吨,为优质主焦煤,子洲、米脂和绥德的盐储量达到 1.47 万亿吨。重点发展方向是焦化、盐化和氯碱化工产业。

五、冶金产业

经济区是我国多种金属资源的富集地区。稀土按稀土氧化物计资源储量为 5947 万吨,占全国的 92%,占世界的 30%,集中于包头市。铝资源以煤铝共生矿的形式存在,资源储量巨大,目前富铝煤炭年生产能力约 1 亿吨,其粉煤灰可生产氧化铝约 1200 万吨。其他铁、铜、铅、锌、镁、钽、铌、铍等约 30 种金属矿产资源储量居全国前列,发展冶金产业的电力和煤炭充足。2009 年,包头市稀土化合物产量 19.2 万吨,占全国的 62.9%,是全国也是全世界最大的轻稀土原材料产品的生产供应基地。石嘴山市是全国最大的钽铌铍产品生产基地。2009 年经济区电解铝产量 141.6 万吨,占全国产量的 11%。

发展目标是要用 10 年的时间,按照国家的总体部署,从战略高度建设好稀土产业;按照技术领先的战略,进一步发展钽铌铍稀有金属产业;按照循环经济的要求发展有色金属产业和钢铁产业,将经济区建设成为我国重要的战略原材料和部分重要金属原材料的生产基地。

——建设世界级稀土新材料产业基地。按照国家"治乱、治散"的要求,对稀土选冶和原料初加工企业集中进行环保整治和技术改造,显著降低能耗和污染物的排放量。按照控制总量、合理流向的原则,引导稀土上游企业联合重组,资产整合,加强对稀土精矿和冶炼分离产品的产量、供应量和流向的有效控制。

做好稀土高新技术的发展战略的规划,加强稀土高新技术的开发、应用和产业化基地建设,提高稀土产业的竞争力。国家和内蒙古自治区政府共同设立稀土产业发展基金,专项用于战略储备、科学研究和新产品开发,在包头设立国家级稀土研发生产基地和国家级稀土交易中心。

——建设世界一流的钽铌铍稀有金属产业基地。石嘴山经济技术开发区是我国最大的钽铌铍金属冶炼和钽铌铍合金生产基地,在国际上亦具有重要地位。加大研发力度,保持技术领先,努力建设好国家钽铌特种金属材料工程技术研究中心。坚持科研与生产紧密结合,不断提高企业竞争力,按照主业突出、新品多样化的思路,积极开发新产品,拓展产品线,拉长产业链,发展相关高科技的产业领域,开辟新的经济增长点,进一步做强做大产业基地和骨干企业。

——建设我国重要的有色金属冶金基地。有色金属产业重点发展铝、铜、锌、铅、镁产品。支持托克托、包头和吴忠三地建设铝工业基地,支持托克托—大路工业区、千里山—蒙西工业区、土默特右旗工业园区实现煤电铝联营,从高铝粉煤灰中提炼氧化铝的循环经济项目,争取到 2015 年达到氧化铝年产量 100 万吨,2020 年达到年产量 300 万吨。引导乌拉特后旗采冶企业采用先进适用工艺技术,开发利用好铜、铅、锌低品位矿、共伴生矿、难选冶矿、尾矿和熔炼渣,搞好铜、铅、锌冶炼余热利用和废渣的应用,根据资源条件,建设好铜、锌、铅冶炼项目。鼓励经济区内大型企业与蒙古国南戈壁省合作,按照共同开发、共享利益的原则开发奥云陶勒盖铜矿,在甘其毛都口岸加工区建设冶炼和下游深加工基地。鼓励乌海、石嘴山、吴忠、包头石拐区、乌拉特前旗 5 个白云石资源丰富且炼焦规模较大的地区,采用焦炉煤气冶炼金属镁的循环经济发展方式。

——建设好钢铁冶金基地。重点支持包头市钢铁企业的加快发展,加强大型钢铁企业与巴彦淖尔市、乌海市、阿拉善盟等铁矿资源丰富的盟市合作,共同建设钢铁生产原料基地,引导包头市钢铁生产基地向邻近的乌拉特前旗工业区的转移。

下面列出冶金产业重点园区。

(1)包头稀土高新技术开发区

包头稀土高新技术开发区已经形成稀土永磁 8000 吨、储氢材料 6000 吨、永磁电机 100 万台、镍氢动力电池 700 万只、风电发电机 600 台生产能力。重点发展方向是稀土深加工及应用产业链,发展稀土永磁、发光、抛光、储氢等功能电池,LED 光源、电子元器件等应用产品,发展风电机。

(2)石嘴山经济技术开发区

石嘴山经济技术开发区已经形成年产钽粉 550 吨、钽丝 80 吨的生产能力,生产多种合金新材料。骨干企业东方钽业是世界钽铌铍稀有金属研发和生产两强之一。重点发展方向是钽铌铍相关产业基地,研发和生产合金新材料。

(3)包头国家生态工业(铝业)示范园区

包头国家生态工业(铝业)示范园区是铝电联营发展铝业的园区,有 4×30 万千瓦发电机组自备电厂,已经形成电解铝 45 万吨、精铝 2 万吨、化成箔 2060 万立方米、铝轮毂 220 万只、铝型材 5 万吨、汽车零部件 75 万套的生产能力。重点发展方向是铝材的下游深加工。

(4)托克托—大路工业园区

托克托已经形成年 14 万吨硅铝钛合金产能,正在建设 40 万吨粉煤灰提取氧化铝的示范项目。大路亦在进行粉煤灰提取氧化铝的项目前期工作。重点发展方向是铝电联营,从粉煤灰提取氧化铝,再生产电解铝。

(5)乌拉特后旗工业园区

乌拉特后旗工业园区已经形成电解锌年 20 万吨产能和粗铜年 10 万吨产能,正在建设年产能 10 万吨铅冶炼厂。重点发展方向是锌、铜、铅的冶炼和下游深加工。

(6)甘其毛都口岸加工区

甘其毛都口岸加工区与蒙古国奥云陶勒盖铜矿相距 80 公里。奥云陶勒盖铜矿探明储量金属铜 2300 万吨,是亚洲最大的铜矿。中蒙双方正在积极推进共同合作开发铜矿。

(7)千里山—蒙西工业园区

千里山—蒙西工业园区 2009 年已经形成生铁年 240 万吨、焦炭年 360 万吨的产能。其电力充裕,焦炉煤气可用来作为冶金燃料,循环经济特色显著。重点发展方向是特钢、粉煤灰提取氧化铝、金属镁冶炼、金属下游深加工。

(8)包头市石拐工业园区

包头市石拐工业园区硅铁年产能 45 万吨,有 6 家金属镁冶炼企业建成和在建,2009 年生产金属镁 9 万吨,下游深加工镁合金自行车项目正在建设。重点发展方向是形成硅铁—金属镁—镁合金—镁合金制品产业链。

(9)吴忠青铜峡新材料基地

吴忠青铜峡新材料基地有骨干企业青铜峡铝业公司,2009 年生产电解铝 58 万吨。重点发展方向是铝电合营、生产电解铝产品和进行铝产品深加工。

(10)石嘴山工业园区

石嘴山工业园区 2009 年生产钢丝绳 30 万吨、金属镁 5.78 万吨,电力充裕。重点发展方向是钢铁下游制品、金属镁冶炼、金属镁材料下游深加工。

(11)吴忠太阳山工业园区

吴忠太阳山工业园区 2009 年已经形成年产镁及镁合金生产能力 4.75 万

吨,下游加工产能 3.5 万吨。重点发展方向是金属镁冶炼和镁合金下游深加工。

六、装备制造业

经济区重大工程、重大项目和大产业基地建设较多,对装备的需求量大。目前,经济区已经发展起较有特色和有一定规模的工程机械、矿产机械、化工机械、数控机床、发电设备、精密仪表等装备制造业,汽车制造亦开始起步。

发展目标是要用 10 年的时间,通过实施当地大型项目和大型基地建设对装备需求的市场导向战略,主机生产与配套辅具和基础工艺中心协调发展的模具工装驱动战略,以发展现代制造服务业来提升装备制造业整体水平的服务驱动战略,整机生产与专业化零部件配套企业集聚发展的战略,在包头、银川、鄂尔多斯等地建设若干个有竞争力的优势特色装备制造业基地,为经济区资源型产业转型提供关键支撑。

——建设优势装备制造业基地。紧紧依托西部大开发带动的大型煤炭基地和其他矿山开发的建设,重点发展新型采掘、提升、洗选设备,电牵引采煤机,液压支架,大型矿用自卸车,大型露天矿用挖掘机等矿山机械。依托众多大型煤化工产业项目和火电发电项目的建设,发展压力容器、蒸汽发生器等装备。依托铁路和高速公路的大规模建设,发展重载货车、大型养护机械。依托千万千瓦风电基地的建设,重点推进风力发电机、轴承、碳纤维叶片、塔筒、机头等的就地制造。依托光伏发电产业的兴起,发展由从多硅晶高纯料生产、铸锭、拉棒、切片、电池片到电池组件构成的发电系统生产,发展连接器、接线盒、逆变器等配套产品。依托西气东输天然气管道输送和液化储运项目,发展长距离输送管道燃压机组、大型管线球阀和控制系统等装备。依托黄灌区节水农业设施的建设,发展节水型喷灌设备。依托节能减排和循环经济项目的实施,发展污水处理设备、脱硝脱硫设备、余热余气循环再利用设备。依托大规模电网建设,发展智能电网设备。依托汽车改用天然气燃料等,发展相应零部件。

——着力推进配套的模具产业和其他工艺中心建设。装备制造业中 70% 至 90% 的零部件是通过模具加工的,发展装备制造业必须发展好配套的模具产业。只有发展模具产业,才能实现装备制造业带动其他产业特别是金属下游深加工产业和塑料产业发展的目标。经济区重点推进冲压模具、冷挤压模具、压铸模具和塑料模具的制造,在包头、银川、鄂尔多斯、乌海等地着力建设模具产业园区。通过整合区域内铸造、锻造、热处理、表面处理四大基础工艺能力,建设专业化的生产中心。

——发展现代制造服务业提升装备制造业水平。通过发展软件业,提升装备的自动化水平。鼓励骨干企业和龙头企业积极开展研发、设计、信息化等制造业配套服务,为行业内企业和其他企业提供社会化服务,以提升整个行业的技术水平。

——推动装备制造业的集聚发展。装备制造业技术资金密集,产业关联度高,需要大量高技能的劳动力,单一企业难以实现良好发展。鼓励主机生产企业由单机制造为主向系统集成为主转变,引导专业化零部件生产企业向"专、精、特"方向发展,实现整机骨干企业与众多零部件配套的中小企业之间形成企业集群,建设集上中下游企业、模具工装企业、服务企业于一体的产业集聚区,提升产业整体的核心竞争力。

下面列出装备制造业重点园区。

(1)青山装备制造业园区

青山装备制造业园区已经形成载重汽车5万辆、工程机械5万台(套)、铁路车辆5000辆的生产能力。重点发展方向是汽车、工程机械、铁路车辆及配套零部件,发展风电装备、光伏组件,发展模具产业,建设铸造、锻造、热处理、表面处理专业化的生产中心。

(2)银川经济技术开发区

银川经济技术开发区现有机床制造企业6家,风电装备制造企业3家,其他还有起重机、煤炭机械、化工机械和光伏发电系统制造企业。重点发展方向是数控机床、汽车制造、化工机械、矿山机械、精密铸件、轴承、风力发电设备、光伏发电系统。发展模具产业,建设铸造、锻造、热处理、表面处理专业化的生产中心。

(3)金川—金山—裕隆工业集中区

金川—金山—裕隆工业集中区已经形成风电设备800套生产能力,多晶硅产能年1500吨,有组件企业一家,重点发展方向是发展风电设备制造、光伏系统集成、汽车零部件产业。

(4)东胜—康巴什—伊旗装备制造工业集中区

东胜—康巴什—伊旗装备制造工业集中区为构筑装备及配套零部件产业集群,发展汽车整车及零部件、煤炭机械、化工机械、机床、仪器、仪表、风能设备、太阳能设备、航天航空设备、高新材料加工、电子信息产业。

(5)石嘴山经济技术开发区

2009年,石嘴山经济技术开发区生产煤炭矿山机械7.7万台(套),生产能力位于全国第二。重点发展方向是建设煤炭机械制造基地和特种汽车制造产业基地。

（6）土默特右旗光伏产业集聚园区

土默特右旗光伏产业集聚园区目前已经形成金属硅、多晶硅、铸锭、拉晶、切片、电池片和组件完整主产业链。重点发展方向是形成集光伏产业研发、制造、设计与安装、认证、测试、培训、配件和原辅料供应、服务和专业市场为一体的产业链完整的光伏发电装备制造与服务集聚园区。

（7）石嘴山工业园区

石嘴山工业园区已经形成多晶硅产能年 6000 吨、拉单晶产能年 1000 吨、光伏组件年产能 200 兆瓦。重点发展方向是光伏系统集成。

（8）千里山工业园区

千里山工业园区目前已形成年产 5 万辆重卡、年 5000 辆卡车改装、年产 200 台煤炭洗选设备、20 万盏 LED 照明灯的生产能力。重点发展方向是重型卡车及配套组件制造、太阳能电池、矿山机械装备制造、塑料模具等产业。

（9）吴忠金积工业园区

吴忠金积工业园区的精密仪表和模块调节阀制造技术处于国际领先水平，材料试验机生产技术国内领先，风机项目正在建设，多晶硅项目已经投产。重点发展方向是精密仪表和新能源装备制造。

七、现代服务业

西部大开发以来，随着经济区工业化的加快和人民生活水平的提高，整个社会对现代服务业的需求迅速增加。呼包鄂地区的人均 GDP 已经超过了 1 万美元，现代服务业应进入快速发展阶段。

发展目标是要用 10 年的时间，紧紧围绕工业化和农牧业产业化过程对服务业的需求，大力发展生产性服务业，使其成为工业和农牧业产业结构转型升级的推进器。根据经济区居民收入不断提高的情况，提升生活性服务业的品质，使其成为满足经济区居民不断提升的物质文化生活需求的保障。按照现代服务业集聚发展的趋势，在呼和浩特、银川等中心城市建设一批较有竞争力的现代服务业集聚区，在某些领域占领现代服务业发展的高地，逐步做大做强现代服务业，使其成为经济区新的经济增长点和重要的低碳产业。通过努力，实现经济区现代服务业整体由起步期到快速发展期的转变。

——围绕区域产业特色积极发展生产性服务业。在全面推进物流、商贸、金融、科技、文化创意、信息和软件、中介服务业的同时，重点发展与经济区特色支柱产业互动密切的物流业、金融业、专业市场、科技服务业、文化创意产业。物流业重点建设包头、呼和浩特和银川三个区域性物流节点城市，在搞好煤炭等大宗商品物流的同时，注重中小企业的物流需求，建设若干个以第三方物流企业为主的物流产业集聚区。金融业发展的重点是增加中小城市金融机构的密度,深化农村金融改革,着力缓解经济区中小企业融资难这一突出问题。随着电力市场化改革的推进,选择合适的时机在呼和浩特建立电力期货交易所。配合节能减排,在鄂尔多斯进行碳排放交易市场建设的试点。专业市场建设要围绕经济区特色支柱产业发展需要,重点规划和建设好鄂尔多斯煤炭、包头金属及合金材料、乌海 PVC 塑料原料、土默特右旗光伏产品、巴彦淖尔农产品、银川灵武羊绒、清涧县红枣七个专业市场。科技服务业的重点是在鄂尔多斯建设煤炭、天然气开采和煤化工的技术合作平台,在呼和浩特和银川建设新能源科技服务平台,在包头发展软件设计、产品设计、模具设计和其他制造业科技服务平台,在乌海建设为"小三角"地区服务的大学生科创园区。文化创意产业发展的重点是在呼和浩特发展具有地方特色的文化创意产业,在银川发展具有西夏文化特色的文化创意产业,在榆林发展红色主题的文化创意产业,在鄂尔多斯发展能促进沙漠旅游有沙漠风情文化特色的文化创意产业。在银川建设国家级能源综合服务基地。

——提升生活性服务业的品质。通过品牌提升、功能培育、业态优化、环境美化等方面的工作措施,重点发展商业、旅游休闲业、房地产业和社区服务业。在呼和浩特、银川、包头、鄂尔多斯和榆林,打造高水准的中央商务区,建设有特色的商业街,积极探索集购物、旅游休闲、餐饮、商住和办公于一体的城市综合体建设,将服务业发展和楼宇经济结合起来。利用优势旅游资源,发展各具特色的旅游业。与社区文化建设紧密结合,注重发展社区服务业,方便居民生活。

——建设有竞争力的现代服务业集聚区。现代服务业向大城市和中心城市集聚发展的趋势非常显明,集聚发展也是提升现代服务业竞争力的重要手段。要按照规模经济、结构完整、配套完善、功能齐全、布局合理和环境优美的要求,建设物流、商贸、金融、科技、文化创意、信息和软件、中介服务业集聚区,在大城市中心建设 CBD 和大型城市综合体,在中型城市建设微型 CBD 和小型城市综合体。做好服务业集聚区的规划,促进其有序健康发展。支持银川加快实施全国服务业综合改革试点工作。

下面列出现代服务业重点项目。

1. 重点物流业基地建设

(1)包头物流基地

包头是区域物流节点城市,国家现代物流业示范城市。重点建设以包头市九原区、土默特右旗为主的煤炭物流园区和以包钢钢材交易中心为核心的钢铁物流基地。

(2)呼和浩特物流基地

呼和浩特是区域物流节点城市。重点建设东西两大综合物流园区,四个服务生产、生活物流中心,八个物流专业市场以及城乡配送物流体系。

(3)银川物流基地

银川物流基地是区域物流节点城市。以银川为枢纽,中卫、宁东、海原新区为节点的现代物流布局,结合银川铁路枢纽改造、空港物流项目、惠农陆路口岸建设和银川物流园区建设,构建宁夏的综合交通运输体系。

2. 金融业重点项目

(1)呼和浩特电力期货交易所

内蒙古电网是全国唯一一家独立的省级电网,也是国家电价多边交易和大用户直接交易的试点电网。通过推进内蒙古电网电力的市场化,在时机成熟时建设电力期货交易所,先限于在内蒙古区域内进行电力的期货交易,取得试点经验,在全国电力形成市场化时,将电力期货交易范围扩大至全国。

(2)鄂尔多斯碳排放交易所

鄂尔多斯煤炭和煤化工企业较多,先进行煤炭和煤化工大企业自愿形式的碳排放交易,以及将鄂尔多斯市的碳排放与贵州省的退耕还林固碳捆绑进来进行交易试验,适时推进为全国性的碳排放交易市场。

3. 重点文化创意产业园区

(1)银川文化创意产业园区

银川文化创意产业园区的主要发展方向是电子商务、软件制作、产品设计、网络与传媒、艺术品交易、教育与培训、文化会展、有西夏文化特色的影视和动漫游戏创作等产业。

(2)呼和浩特文化创意产业园区

呼和浩特文化创意产业园区的重点发展方向为文化艺术表演、创意设计、软件及计算机服务、咨询、文化会展业以及具有当地特色的文化产品创作和交易。

(3)鄂尔多斯动漫产业园

鄂尔多斯动漫产业园的重点发展方向是结合蒙古族民俗文化、成吉思汗活动足迹、"鄂尔多斯人"遗址、秦直道、阿尔寨石窟等历史文化遗产和响沙湾、恩格贝、七星湖等特色沙漠旅游资源,创作若干特色动漫和游戏产品,打造动漫产业基地,带动当地草原和沙漠特色旅游业发展。

(4)榆林匈奴文化产业园区

榆林匈奴文化产业园区的重点发展方向是以红色文化为内容,进行文化艺术作品创作、动漫游戏创作、文化艺术产品交易和文化休闲。

（5）乌海大学生创业园区

乌海大学生创业园区的重点发展方向是吸引沿海地区大学生骨干,在金融投资、动漫游戏、软件开发、电子商务、合同能源管理、物联网、智能电网等领域孵化一批以文化创意产业为主的高端服务业企业。

4. 重点旅游休闲景区和线路

（1）呼和浩特都市旅游休闲圈

呼和浩特都市旅游休闲圈由文化景观街、大召寺等构成,是集旅游、休闲、购物于一体,具有浓郁的地方文化特色的都市型旅游休闲地。

（2）包头市敕勒川文化旅游精品线

包头市敕勒川文化旅游精品线主要由麻池古城、美岱召、五当召景点构成,通过挖掘敕勒川人文内涵,促进文化旅游融合发展。

（3）鄂尔多斯沙漠旅游区

鄂尔多斯沙漠旅游区以响沙湾、恩格贝、库布齐百里响沙带等为重点,开展各地沙漠旅游项目,打造国内外著名沙漠文化旅游品牌。

（4）银川历史文化旅游精品线

银川历史文化旅游精品线主要由西夏王陵、贺兰山岩画、镇北堡影城、水洞沟、中华回乡文化园等具有西夏文化和回族文化风情的历史人文景区构成。

（5）榆林边塞文化旅游精品线

榆林边塞文化旅游精品线由统万城、镇北台、姜氏庄园、榆林古城、米脂窑洞古城、葭芦古城、府州古城、李自成行宫、绥德汉画像等众多景点构成。

5. 综合性服务基地项目

综合性服务基地项目主要有银川国家能源综合服务基地建设,内容为能源专业市场、会展,能源科研中心、检测中心、设计中心、工程管理中心、融资中心、装备租赁中心,能源公司总部基地、培训基地,国际能源合作与交流基地。

第五节　现代农业与新农牧区

坚持实事求是、因地制宜、统筹规划、分类指导和尊重农民意愿的原则,努力建设"生产发展、生活宽裕、乡风文明、村容整洁、管理民主"的社会主义新农牧区。大力发展高产、优质、高效、生态、安全的现代农业,不断推进农业产业化,加快构建农业社会化服务体系,积极促进农村城镇化,实现农民富裕、农业发展和农村繁荣,形成城乡协调发展的包容性增长。

一、农业生产

坚持走具有中国特色的农业现代化道路,继续确保粮食生产基地与经济作物种植基地并举的农业生产基地建设,加强中低产田改造工程与旱作节水农业工程建设共进的农田基础设施建设。

1. 农业生产基地

——巩固河套平原的粮食核心产区,努力建设我国西北地区重要的玉米、小麦、大米的商品粮基地。培育榆林成为国家重要的绿豆、小米等小杂粮的商品粮基地。加大粮食补贴力度,充分调动农民的种粮积极性。采取最严格的耕地保护措施,稳定粮食种植面积和生产总量。加强优质、广适、抗逆、抗病、高产品种的选育和推广,在保障国家粮食安全的地区任务基础上,着力发展优质专用粮食品种,为生物发酵行业提供优质的大麦、玉米等粮食。积极推行粮食作物全程机械化作业。大力推行精量半精量播种、覆盖栽培等先进适用技术,健全农业气象灾害预警监测服务体系。

——建设经济区的宜农荒地为国家主要的粮食战略储备基地。在确保生态环境不恶化的前提下,优先开发灌溉水源,加大废弃地、撂荒地、闲置地的复垦利用,适时、适度进行粮食生产。

——建设乌兰察布、榆林南部国家薯粮储备基地。将马铃薯集中产区划为粮食产区,享受国家粮食补贴政策。选育和推广抗旱、抗病鲜食用薯和淀粉加工用薯等品种,大力推广旱作节水保墒丰产优质综合栽培技术和早熟优质高产栽培技术。加强种薯生产体系建设,提高种薯质量和供应能力。

——推进中卫和巴彦淖尔国家绿色枸杞种植基地建设。加强药用、菜用、鲜食等专用枸杞开发和枸杞地理标识产品保护。

——打造银川、石嘴山和乌海国家优质葡萄基地。结合观光农业和创意休闲农业特点,着力弘扬西夏葡萄酒文化,优化种植基地设计,引进和培育优质鲜食、酿酒葡萄品种,重点发展酿酒葡萄种植。

——建设以巴彦淖尔五原县、杭锦后旗、临河区和乌拉特前旗为主的全国第二大番茄种植基地。推进番茄订单种植。大力推广番茄规模化、标准化示范种植,做好病虫害防治和品种的选育。

——发展以中卫市"硒砂瓜"为主的国家特色西瓜种植基地。不断改进压砂技术,进一步扩大对西瓜的补灌工程和覆膜种植的覆盖面积,打造绿色、环保、营养的硒砂瓜品牌。

——建设银川,榆林南部的清涧、佳县和绥德的西部重要红枣生产基地。大力推广矮化密植丰产技术和抗裂果优良红枣品种,有效调控果实成熟期和采储保鲜期,积极推进红枣原产地标志认证。

——建设呼和浩特、包头、银川、榆林等核心城市郊区以钢管塑料大棚为主、高标准日光温室为辅的经济区重点设施蔬菜基地。采用设施栽培专用品种,大力发展无土栽培技术,确保种苗、种植、管理、采收等各环节严格按照绿色蔬菜质量安全标准操作。

——推进呼和浩特、包头、银川、吴忠、巴彦淖尔畜牧养殖基地建设。严格实施禁牧、休牧政策,大力推广玉米秸秆等青贮养畜,推进以伊利、蒙牛、鄂尔多斯、小肥羊等知名农业龙头企业为依托的集约化、标准化、优质化和具有国际竞争力的奶牛、清真牛羊等舍饲圈养基地建设。

以下列出农业生产重点建设项目。

(1)河套平原商品粮基地

河套地区土壤肥沃,灌溉系统发达,有可耕地面积960多万亩,现已开垦500多万亩,适于种植小麦、水稻、玉米等作物,被称为"塞外米粮川"、"塞上粮仓"或"塞北江南"。

(2)粮食战略储备基地

宁夏大柳树生态灌区作为未来的粮食战略储备基地,可在实施西线南水北调工程后,通过引黄灌区建设,开垦600万~1000万亩农田作为粮食生产基地。

(3)薯粮储备基地

乌兰察布马铃薯种植面积400万亩,年总产量400万吨,是全国重要的商品薯出口基地,被中国食品工业协会授予"中国马铃薯之都"。榆林是全国马铃薯五大优生区之一,常年播种面积300万亩,总产鲜薯220万吨,占陕西省马铃薯种植面积的50%,占榆林粮食作物播种面积的近三分之一,是榆林第一大宗农作物。2009年,全市马铃薯收入已经占到农民人均纯收入的26.7%。

(4)枸杞种植基地

宁夏平原枸杞产量较多,以中宁县产出的枸杞质量为最佳,产量占全国三成以上,中宁县是"中国枸杞之乡"。中宁县农民人均纯收入一半来自枸杞产业。中宁县已经成为全国唯一的绿色枸杞产地。同时,内蒙古自治区巴彦淖尔市枸杞产量也较大,2009年,全市枸杞种植面积20万亩,年产干果1.7万吨,其中,乌拉特前旗先锋镇是"全国枸杞第一乡"。

(5)葡萄种植基地

乌海市由于昼夜温差大,日照时间长,有效积温高,无霜期达156~165天,很适宜葡萄的生产。乌海市每年给予每亩300元的补贴。乌海市是内蒙古自治区最大的葡萄种植基地。同时,吴忠、银川等贺兰山东麓地区成为继烟台、昌黎之后全国第三个"葡萄酒原产地域产品保护区"。

（6）番茄种植基地

2009 年,巴彦淖尔市番茄种植面积 46 万亩,平均亩产 5 吨,同比每亩增加 0.57 吨,成为继新疆之后全国第二大番茄生产基地。

（7）西瓜种植基地

2009 年,中卫硒砂瓜种植面积扩展到 102 万亩,并建成天景山、大青山两个硒砂瓜现代农业示范园区和白圈子、新庄子等 5 个万亩以上硒砂瓜生产基地,以及 14 万亩全国绿色食品原料硒砂瓜标准化生产基地,落实硒砂瓜出口基地 3 万亩。以"香山硒砂瓜"商标注册的压砂瓜被国家绿色食品发展中心认证为 A 级绿色食品,取得有机食品转换证书,成功创建全国绿色食品原料基地,成为国家地理标志保护产品,成功进入北京奥运会、上海世博会。

（8）红枣种植基地

银川的灵武长枣是宁夏仅有的三个中国地理标志产品之一。2010 年榆林市红枣种植面积达到 170 万亩,有红枣万亩乡 43 个,完成红枣基地建设任务 15.4134 万亩。鲜枣产量 32 万吨,直接经济产值 12 亿元。清涧 1995 年被命名为"中国红枣之乡"。佳县获得"中国红枣名乡"称号,重点种植黄河滩枣。

（9）设施蔬菜基地

《全国蔬菜重点区域发展规划（2009—2015 年）》中规划的设施蔬菜重点产区分布在北纬 32°～42°地区,呼和浩特、包头、银川、榆林地区正好处在该区域。

（10）奶牛养殖基地

2009 年,呼和浩特奶牛存栏达到 97.92 万头,牛奶产量达到 423 万吨,奶牛平均单产达到 5.5 吨,是著名的"中国乳都",并且呼和浩特有著名的奶业企业蒙牛和伊利。2009 年,包头鲜奶产量达 145.9 万吨。奶牛良种化率达到 100%,平均单产达到 6.3 吨。奶牛小区达到 219 个,奶牛规模化水平提高到 80%。2010 年,巴彦淖尔奶牛存栏 10.9 万头,鲜奶总产量 41.5 万吨。宁夏地区形成了以吴忠市和银川市为核心区的产业带;2007 年奶牛存栏数 32 万头,是 2003 年的 2.5 倍,鲜奶总产量 94 万吨,成母牛年均单产突破 6000 千克。吴忠奶牛存栏 15.1 万头,占宁夏的 50%,鲜奶总产量 36 万吨,人均鲜奶产量居全国之首。

（11）牛羊养殖基地

2009 年,巴彦淖尔羊存栏 834.81 万只,出栏 797.83 万只。绵羊存栏数占内蒙古的 26%,肉羊出栏数和出栏率居内蒙古之首,农牧民在畜牧业中的收入 70%来自养羊。2009 年年末,包头牲畜总存栏 226.7 万头,羊规模化饲养水平达 50%以上,优质肉羊改良率达到 30%,并且有著名的企业小肥羊、小尾羊带动发展。吴忠的盐池县是著名的"滩羊之乡",肉牛出栏 25 万头,滩羊饲养量

451 万只,特有的滩羊二毛皮被誉为宁夏"五宝"之一。"盐池滩羊"被确定为"中国驰名商标"。

2.农田基础设施

——中低产田改造工程。按照成片开发、整体推进的原则,逐步把经济区的中产田建成旱涝保收的高产田,把低产田改造成产量稳定的中产田。大力实施沃土工程、测土配方施肥工程、耕地质量检测区域站建设等。

——旱作节水农业工程。经济区加强水资源管理制度改革,建设一批生态与效益双赢的旱作节水灌溉示范区,优先保障节水农业用水需要。到 2020 年,经济区实现农业灌溉水有效利用系数达 65%。宁蒙引黄灌区重点发展水源及渠首工程加固与改造、开挖及灌渠的衬砌防渗、骨干灌排渠道(沟)疏浚,大力推进灌区管理信息化建设,建设量水设施、工程管护设施,尽早开工建设大柳树水利枢纽工程。榆林地区重点发展集雨节灌、地下水回灌补源工程建设。

对马铃薯、小麦等适宜地膜覆盖栽培的农作物,适当推广膜上灌、膜下灌、间歇灌等灌水技术。对设施蔬菜、葡萄、枸杞、红枣、西瓜等经济作物,大力推广微喷灌、滴灌、渗灌等先进高效的节水灌溉技术。建立与水资源承载能力相适应的农业生产体系,压缩高耗水作物种植面积。

以下列出节水农业工程项目。

(1)渠系输配系统节水项目

重点建设宁夏大柳树生态灌区和宁蒙引黄灌区的该项目。通过骨干灌排渠道(沟)疏浚、开挖及灌渠的衬砌防渗、水源及渠首工程加固与改造、井渠结合等减少灌溉渠系(管道)输水过程中的水量蒸发与渗漏损失,实现渠系水利用系数达国家标准规定的灌区标准 0.65。

(2)集雨节灌节水项目

重点建设榆林和宁夏中部干旱带、内蒙古山旱区的该项目。将降雨通过汇流面汇集到蓄水设施进行储存,在作物关键需水期内,采用节水灌溉系统将储存的雨水输送到田间,对作物实施灌溉。

(3)田间灌溉节水项目

重点建设粮食生产基地和设施蔬菜、葡萄、枸杞、红枣、西瓜种植基地的该项目。通过膜上灌、膜下灌、微喷灌、滴灌、渗灌等减少田间灌溉过程中的水分深层渗漏和地表流失,在改善灌水质量的同时减少单位灌溉面积的用水量,实现田间水利用系数满足国家标准规定的不低于 0.9 的条件。

二、农业产业化

以市场化运作、产业化模式、多元化发展、标准化战略、信息化手段为驱动力,通过农畜产品加工基地、农业产业化示范项目和农业龙头企业培育工程建设,大力提升农业产业化水平,建设我国的现代农牧业产业化示范区。

1. 农畜产品加工基地

大力发展玉米、大麦、马铃薯、枸杞、羊绒、牛羊肉、乳制品、药材、番茄酱、葡萄酒、红枣等精深加工基地建设。充分发挥龙头企业带头作用,构建现代农业产业体系,形成农畜产品加工产业集聚,延长产业链,提高农畜产品附加值和综合利用水平。

2. 新型农业产业化项目

积极发展农庄经济型、自然人文景观型、农家乐型、都市农业体验型等多种形态的休闲观光农业。支持发展中国(宁夏)贺兰山东麓葡萄文化长廊,大力发展葡萄产业和与其相关的文化旅游经济、体验经济、会展经济。不断推进农业国际科技合作项目建设,积极引进国外技术、管理经验及农业种质资源,不断拓宽双边、多边和民间国际合作渠道。大力发展少数民族农产品提升项目,结合少数民族特色,促进具有蒙古族、回族特色的乳制品、牛羊肉、药材等加工产品上规模、上档次、上水平。

3. 农业龙头企业培育工程

重点培育一批加工开发水平高、市场开拓能力强、在全国同行业处于领先地位的国家级和省级重点农业产业化龙头企业,提高农畜产品精深加工水平。培育一批国内甚至国际知名农畜产品品牌,全面提高企业产品的市场竞争力和附加值。加大对农业龙头企业的财税金融等的支持力度,搭建企业投融资平台,引导龙头企业优先上市融资。

以下列出农业产业化重点项目。

(1)奶业加工基地

呼和浩特拥有蒙牛、伊利两大奶业企业,销售收入分别达到213亿元和193亿元。两大企业液态奶产量占全国产量的55%。银川、吴忠有乳品加工企业28家,年鲜奶加工能力100万吨,生产液态奶13万吨,各种奶粉5万吨。

(2)羊绒加工基地

鄂尔多斯羊绒集团是全国知名的羊绒加工龙头企业。巴彦淖尔年产绒量高达3000吨,占我国羊绒产量的1/4,是全国最大的无毛绒分梳基地。吴忠羊绒年吞吐量达7000多吨,占全国的60%,占世界近50%。银川灵武已发展成为全国乃至世界重要的羊绒集散地和无毛绒加工基地,2008年,全市境内流通原绒7000余吨,约占世界的44%,占全国的58%。

(3)民族药加工基地

呼和浩特等地区蒙药发展迅速,研发队伍较强,是内蒙古自治区重点发展产业,发展潜力大。而宁夏在回医药文献研究、诊疗技术、药品研发等方面已取得积极进展。

（4）枸杞加工基地

2009年宁夏枸杞产业完成加工产值4.4亿元。中卫、银川、石嘴山等地区枸杞特色农产品加工业的原料基地建设步伐加快,规模初步形成。汇源集团已经在石嘴山一期投资2亿元建设枸杞加工项目。

（5）葡萄酒加工基地

银川、吴忠、中卫等地以西夏王、御马、贺兰山、鹤泉等为主体的葡萄酒加工龙头企业已达16家,贺兰山东麓葡萄产区也已成为张裕、王超、长城等国内知名葡萄酒公司的优质原料基地。乌海市葡萄深加工企业已发展到3家。乌海葡萄获得国家首批农产品地理标志认证。

（6）红枣加工基地

榆林清涧县红枣主产区有清涧巨鹰枣业公司等多家枣业龙头企业,有红枣博物馆、红枣科研所、红枣专业市场和红枣专业网站,已经形成了较为完整的红枣产业链,成为我国西部地区重要的红枣产业基地。

（7）番茄加工基地

巴彦淖尔市等地区番茄制品产量占全国的40%以上,交易量占世界的30%,成为国内第二大番茄及制品产区。

（8）牛羊肉加工基地

包头市形成了小肥羊、小尾羊等龙头企业。宁夏地区建成清真牛羊肉加工企业7家,其中5家达到清真肉品屠宰加工国际标准,取得"出口肉品加工企业"资质。

（9）马铃薯加工基地

乌兰察布、榆林等地区拥有规模较大的马铃薯生产基地。

（10）大豆加工基地

榆林是优质大豆的故乡,大豆资源丰富。

三、农牧业服务

加大对农业的投入,建立健全农牧业服务体系,提高服务水平和质量。大力发展农牧民合作组织,提高农牧民组织化程度,培育农村经济人,提高在农畜产品生产、销售中的中介作用。建立多元化农畜产品现代市场流通体系,优化调整农畜产品市场布局。加强农畜产品质量监测体系和良种繁育体系建设,完善农产品质量安全保障体系。

1. 农牧业产业化服务体系

——农民专业合作经济组织。积极引导农牧民兴办各种类型的专业合作经济组织,完善组织制度和运作模式,加强与龙头企业对接,提高农牧民参与产业化经营和进入市场的组织化程度,打造一批在经济区乃至全国有一定知名度的专业合作组织。

——农村经纪人队伍。以做大做强农村经纪业为目标,积极营造良好环境,在巩固现有经纪大户资源的基础上,重点鼓励、扶持一批经纪企业和个体经纪人,实现"每个乡镇培育一支队伍,一支队伍带动一个基地"。

2. 农牧业科技服务体系

加强地方科技服务网络建设,整合基层农技服务队伍,完善农业科技特派员制度,推广农业技术有偿服务模式,鼓励与引导农业企业、种养大户开展科技创新和自主研发工作,加快科技成果转化。实施农机具购置补贴政策,推广农业机械化新技术的应用,提高主要作物耕、种、收等环节的机械化水平。

3. 农村市场服务体系

完善农畜产品批发市场,大力建设物流、仓储等特色优势农畜产品流通基础设施,完善流通体系。扎实推行"万村千乡市场工程"、"订单农牧业"和"农超对接"等项目,构建农村现代流通网络。加大粮食流通基础设施建设力度,实现与经济区粮食生产基本相适应的基础设施体系。

4. 农畜产品质量安全体系

大力建设农畜产品产销全过程质量安全检测体系,加强农畜产品检验检疫和监督管理力度,确保农畜产品质量安全。加快畜种改良,加强动植物防疫体系建设,完善疫情防控预警机制,扎实推进动植物防疫体系建设。

以下列出农牧业服务重点工程。

(1)农民专业合作组织

枸杞合作社:银川、石嘴山、中卫。

葡萄合作社:中卫、银川、石嘴山、乌海。

番茄合作社:巴彦淖尔。

红枣合作社:榆林。

马铃薯合作社:呼和浩特、包头、乌兰察布。

奶牛养殖合作社:银川、吴忠、呼和浩特、巴彦淖尔。

牛羊养殖合作社:吴忠、石嘴山、巴彦淖尔、乌兰察布。

设施蔬菜合作社:呼和浩特、包头、银川、榆林。

(2)农产品市场流通基础设施工程

重点农畜产品物流配送中心:呼和浩特、包头、银川、榆林。

一般农畜产品物流配送中心:乌兰察布、乌海、吴忠。

现代农畜产品批发市场和配送中心:银川、鄂尔多斯、巴彦淖尔、乌兰察布、乌海、阿拉善盟、吴忠、中卫。

"万村千乡市场工程":呼和浩特、包头、银川、榆林、鄂尔多斯、巴彦淖尔、吴忠、中卫。

"订单农牧业"项目:榆林、鄂尔多斯、巴彦淖尔、乌兰察布、吴忠。

"农超对接"示范项目:银川、鄂尔多斯、乌兰察布、乌海。

(3)农畜产品质量安全体系

农畜产品质量安全监测中心:银川、榆林、鄂尔多斯、乌兰察布。

有害生物预警体系:榆林、鄂尔多斯、乌兰察布、吴忠、石嘴山。

蔬菜、牲畜良种繁育体系:鄂尔多斯、巴彦淖尔、乌兰察布、吴忠。

四、统筹城乡发展

按照城乡统筹发展的要求,促进公共资源在城乡之间的均衡配置,加大公共财政对农牧区的支持力度,鼓励城市优质社会事业资源进入农村,促进道路、水、电、气、垃圾处理、污水处理等公共设施"下乡进村"。推动基本公共服务向农村地区延伸,逐步实现城乡基本公共服务均等化。加大公共财政覆盖农村的力度,为农牧民提供就业、教育、医疗、养老和社区文化事业等方面的支持。

1. 农村城镇化

——人居环境治理工程。加快农牧民住房建设和改造,改善生活居住条件,为农牧民设计布局合理、功能齐全、节能安全、具有地方特色的农牧户住宅,大力推广节能住房新技术。

——村庄整治工程。调整农牧区村镇布局结构,以发展中心村为重点,逐步撤并小村屯。推动城关镇、中心镇转型升级,促进偏远乡镇集聚发展,逐步形成"小县大城关,小乡大集镇"格局。

——生态移民工程。坚持推进新农牧区建设与搬迁转移相结合,全面改善农牧民的生存条件。以实施整村推进、产业化扶贫、移民扶贫和劳动力转移培训等方式为重点,对农村居民点进行合理集聚,加强游牧民定居点建设。

2. 农村基础设施

——农村道路畅通工程。全面提高农牧区道路密度和服务水平,形成以县道为骨干、乡村公路为基础的干支相连、布局合理、服务水平高的农村道路网。

——农村客运工程。按照"路、站、运一体化"原则,统筹规划农村道路与农村客运点,提高农村客运通达深度,实现农村道路客运网络化,争取实现乡镇客车通达率达到100%。

——农牧区饮水安全工程。按照"防治结合,综合治理"的原则,加强农牧区供水基础设施建设,实施"单村集中供水和联片集中供水相结合"的农村安全饮水工程建设。

——沼气推广工程。大力推广沼气等清洁能源的应用,逐步实现农牧区生活垃圾无害化处理,切实改善村容村貌。按照"集中建设,整体推进"的原则,大力发展农村户用沼气和规模化养殖场大中型沼气。

3. 农村公共服务

——农村实用人才培训。完善农牧区实用人才培训体系,以农牧区种养业大户、农牧区经纪人、专业合作社负责人、外出务工返乡创业人员为主要培训对象,以规模化种植养殖、地方特色农产品加工与销售、农牧业信息化、乡村旅游等为主要创业项目,大力培养农牧区创业人才队伍。

——就业实训基地项目。建立健全农牧区培训网络,加强农牧民技能培训和职业教育,实施职业技能振兴计划,建设公共实训基地,形成自治区—盟市—旗县三级互补的实训基地体系。

——统筹城乡教育。统筹城乡教育资源,实施"教育扶贫移民"工程,推进经济区教育扶贫移民学校建设工程,建立教育扶贫移民长效助学机制。加大对农村牧区的教育支持力度,实现少数民族地区蒙语、回语授课学前教育和高中阶段的免费教育,率先普及民族高中阶段教育。

——统筹城乡医疗制度和养老保险制度。完善新型农村合作医疗制度,提高农牧民新型农村合作医疗参合率。实施医疗保险制度改革,扩大"全民医保"试点范围。积极推进新型农村社会养老保险试点,积极发展多层次的养老服务,加快建设基本养老服务体系。落实被征地农民社会保障政策。

以下列出统筹城乡发展建设工程。

(1)国家级统筹城乡综合配套改革试点工程

宁夏"黄河金岸"城乡统筹示范区、宁东—鄂尔多斯—榆林城乡统筹改革示范区。

(2)生态移民工程

宁夏扶贫扬黄灌溉工程、"塞上农民新居"工程、阿拉善盟易地扶贫搬迁工程、鄂尔多斯精品移民小区工程。

(3)基础设施工程

农村饮水安全工程:呼和浩特、包头、银川、榆林、鄂尔多斯、巴彦淖尔、阿拉善盟、吴忠。

农村牧区沼气建设推广工程:鄂尔多斯、巴彦淖尔、阿拉善盟、吴忠。

农牧区通信网络建设工程:鄂尔多斯、巴彦淖尔、阿拉善盟、吴忠。

"六到农家"民生工程建设(水、电、路、气、房和优美环境):呼和浩特、包头、榆林、鄂尔多斯、巴彦淖尔、吴忠、中卫。

（4）农村牧区劳动力转移培训阳光工程

呼和浩特、包头、银川、榆林、巴彦淖尔。

（5）"教育扶贫移民"试点工程

呼和浩特、银川、榆林、阿拉善盟、巴彦淖尔。

（6）"全民医保"试点工程

呼和浩特、包头、银川、阿拉善盟、吴忠、中卫。

（7）新型农村养老保险试点工程

呼和浩特、包头、银川、榆林、乌海。

（8）农牧区文化建设

巴彦淖尔"河套文明长廊"工程、"书香榆林"文化工程。

第六节　资源型经济转型

呼包银榆经济区经济发展对煤的依赖较大，重要工业城市包头和榆林的工业总产值中，重工业的比重达90％，而且这些重工业大多与煤有关。经济区单位国民生产总值的能耗是全国平均水平的2倍以上，大气环境容量有限，水资源总体短缺，生态环境比较脆弱。粗放式的资源型经济增长方式是难以永续发展的，迫切需要实现转型。在经济区资源总体上并未枯竭的情况下，经济区应实施资源型经济的主动转型和自主转型战略，到2020年在全国率先实现资源型经济的转型和在全国资源型地区率先建成现代产业体系。

一、产业转型

通过大力发展循环经济，承接东部地区产业转移延伸产业链，积极培育生态产业和新兴产业，加强资源型经济转型的试验和示范工作，探索资源型经济主动转型和自主转型的新模式和新机制。

——建设循环经济产业体系。经济区的循环经济产业已初具规模，继续完善和推广循环经济技术和方法，打造成熟的循环经济产业体系，使经济区循环经济工作由示范阶段开始转向全面推进阶段，将经济区建设成为我国西部地区循环经济发展的示范区。经济区发展循环经济的重点是利用煤矸石、中煤、泥煤、污泥、冶金过程和水泥煅烧过程中的低温余热发电。焦炉煤气的综合利用，包括焦炉煤气制甲醇、天然气以及用作金属冶炼和陶瓷的燃料等。利用电石渣、脱硫石膏、粉煤灰和冶金固体废渣生产水泥和其他建筑材料。发电过程中的冷凝水用于炼焦和炼焦过程中产生的焦炉煤气替代发电燃料。用高铝煤粉灰提炼硅铝合金或者氧化铝,锌冶炼后的废渣生产氧化锌产品,铅锌冶炼过程中的三氧化硫生产硫酸。煤矿开采过程中产生的疏干水用于发电或者其他锅炉的工业循环水。褐煤干燥过程中的脱水再用作干燥煤生产过程中的循环水等。

——积极向中下游中低碳产业延伸。经济区生产多种类型的大宗原材料和初级加工产品。有钢铁、铝、镁、锌、铅、铜、硅、稀土、钽、铌、铍等金属,有PVC、聚乙烯、聚丙烯、聚甲醛、氯化聚乙烯、氯化聚丙烯、聚乙烯醇等塑料树脂以及有机硅材料。大力发展相对低耗能、低耗水、低排放的上述原材料的下游深加工产业,通过与沿海地区的合作,发展金属压延、机械零部件、五金工具、塑料制品、精细化工、硅橡胶制品等产业。支持建设银川市宁夏生态纺织产业园区。

——建设承接产业转移示范区。经济区承接东部地区产业转移具有原材料丰富、电力充裕和西部大开发优惠政策等独具的优势条件。在呼和浩特和银川重点引进生物制药、战略新兴产业、纺织业和现代服务业。在包头重点引进新材料、机械制造、金属铸造、五金产品生产、模具设计与制作等产业。在鄂尔多斯和榆林重点引进汽车零部件加工、煤化工下游深加工和特色现代服务业。在巴彦淖尔和榆林市南部,重点引进农产品深加工产业。在乌海重点引进精细化工、塑料制品和模具及特色服务业。在石嘴山重点引进光伏产业。在吴忠重点引进铝深加工和光伏产业。

——培育发展生态经济和环境服务业。重点是培育沙产业和环境服务业。鼓励和培育生态经济企业的发展和壮大。在荒漠和沙漠地区大规模种植沙棘、沙柳等特色沙地植物并综合开发利用。大规模种植肉苁蓉,利用肉苁蓉生产保健产品,达到既治沙又发展经济的作用。

经济区资源型的经济结构为环境服务业的发展提供了较大的空间。按照非禁即入的原则开放环境服务市场,政府要将应由社会中介来完成的环境服务业务剥离出来交由社会承担或代理。针对排污、固体废物处理、废气清理、降低噪音、自然和风景保护、其他环境保护和卫生服务等方面的内容,鼓励社会机构和中介组织积极开展环境技术服务、环境咨询服务、污染治理设施运营管理、废旧资源回收处理、环境贸易与金融服务、环境功能服务、合同能源管理及其他环境服务。在鄂尔多斯建立碳排放交易所的试点。

——培育新兴产业。结合经济区已有的产业优势条件和科技条件,按照有所为有所不为的原则,在一些领域培育发展新兴产业。围绕经济区建设循环经济产业的需要,发展各种节能减排的装备制造。围绕千万千瓦级风电基地建设,发展风电装备制造。围绕太阳能发电基地建设,发展光伏发电系统制造和高纯硅材料生产。围绕稀土、稀有金属和有色金属基地建设,发展新合金材料。围绕草原特色药材,发展生物医药。围绕当地特色产业及企业的需求,针对性地发展电子信息、软件制作和网络产业。围绕物流等产业的需求,发展物联网产业。围绕智能电网的建设,发展部分智能电网产品。围绕内蒙古地方文化、宁夏西夏文化和榆林红色文化等特色文化,发展文化创意产业。

以下列出资源型经济转型示范点。

(1)鄂尔多斯市

鄂尔多斯市在资源型经济转型中已经取得初步成效,煤炭就地转化率达到30%以上,煤炭产业占工业增加值的比重下降到三分之一左右。先进制造业取得长足发展。汽车、风机和光伏发电系统等装备制造业占工业增加值的比重上升到10%以上。物流、金融、旅游、文化创意等现代服务业的质量和效益显著提升,增加值占 GDP 比重达到 39%。自主创新能力不断增强,已经形成一批拥有自主知识产权和知名品牌、国内外竞争力较强的优势企业,高新技术产业增加值占工业增加值比重提高到 25%以上,资源型产业和非资源型产业协调发展的格局正在形成。鄂尔多斯通过建设文化创意园区、响沙湾和库布齐沙漠文化旅游区、科技教育创业园和研发服务基地等平台,大力发展文化创意、高技术服务等现代服务业,推动资源型经济转型。

(2)乌海市

乌海市是一个因煤而兴的城市,煤炭资源储量 24 亿吨,经过数十年的开采,保有的资源储量为 10 亿吨,按现有开采规模,仅可供开采约 10 年左右,属于资源即将枯竭型的城市。乌海市曾经是一个严重污染的城市,近年来经过关停大量小炼焦、小型高耗能企业和产业结构调整,已经形成了焦化下游精细化工、PVC 和下游深加工、有机硅、机械制造等产业,资源型经济的转型已经有了初步的成效。乌海市面积仅 1754 平方公里,是经济区内面积最小的市级单位。目前,乌海市三个产业园区乌达、千里山和西来峰基本被开发。乌海市通过开发建设西来峰南部低碳产业园区,承接东部非资源型产业转移,加强与东部地区企业和高校的合作,大力发展塑料制品、模具产业、装备制造、PVC 专业交易市场、文化创意产业以及智能电网产品等下游深加工和新兴产业,实现资源型经济转型。

(3)石嘴山市

石嘴山市是因煤而兴的城市,煤炭储量 17 亿吨,经过数十年的开采,亦属于资源即将枯竭型的城市。近年来石嘴山市扩大钽铌铍生产基地的规模,发展金属冶金业,积极促进机械制造产业的发展,扶持光伏产业和物流产业,经济转型已有一定的成效。石嘴山市应继续完善石嘴山工业园区、石嘴山经济技术开发区和惠农陆路口岸等经济转型平台,大力发展光伏产业、现代物流等新兴产业,实现资源型经济转型。

(4)土默特右旗

土默特右旗年生产煤炭 1000 万吨,煤炭生产一直是其经济和财政的主要依靠。近年来,土默特右旗大力发展光伏、金属深加工、农畜产品深加工、物流、旅游等产业,经济结构实现了较大的调整。土默特右旗应加快打造完整的光伏产业链,建设光伏产品专业市场,扩大以铝为主的金属深加工产业,配套发展模具产业,积极培育敕勒川文化产业、现代物流业和休闲旅游业,实现资源型经济转型。

(5)石拐区

石拐区是一个基本由矿区构成的包头市郊区城镇,其财政收入的 70% 以上长期依赖于煤炭开采。2006 年,煤炭资源基本枯竭而停止开采,经济受到严重影响。2007 年起,石拐区迈出了资源型经济转型的步伐,兴建起了 8 家金属镁冶炼和下游五金工具、汽车部件制造企业。石拐区应利用当地的优势条件,进一步完善石拐工业园区、石拐五金塑料模具园区配套功能,加快建设全国性的金属合金生产基地和交易市场,发展五金、塑料产业并配套发展模具产业,实现资源型经济转型。

二、科技创新

实施国家创新战略,大幅度提高区域科技创新能力。积极引进国内外先进技术,大力推进能源化工重大技术的原始创新和集成创新。加强创新平台建设,实施产业化载体升级工程,引导创新要素向园区和城市集中,培育一批国家级科技创新基地。加大财政性科技投入,引导经济区内企业加强与科研院所、高等院校的合作,建立健全产学研相结合的技术创新体系。完善科技管理体制和运行机制,加大知识产权保护力度,营造有利于自主创新的政策环境。

——构建能源化工重大技术的集成创新和原始创新体系。对经济区发展与转型具有重大影响力的能源化工技术,政府要引导行业协会或者技术合作中心,整合各方面的技术力量,实现行业集成创新和原始创新体系的形成,实施重大产业技术开发专项工程,使经济区在能源化工领域的技术水平达到全国或者全世界先进水平。非常规天然气田勘探和开采,要实现探井试采、二氧化碳压裂、水平井试验、井下节流、中低压集输等关键技术的集成创新,保持经济区在致密天然气田勘探和开采技术上的世界先进水平。现代煤化工产业要将现已建成的煤制烯烃、煤制油、煤制二甲醚以及正在建设的大规模煤制合成天然气、煤制乙二醇等示范项目的核心技术进行消化、吸收和创新,在此基础上,建立煤化工关键技术的集成创新体系。

——大力推进科技孵化基地建设。政府发挥积极主动的引导作用,设立产业引导基金,带动民间资金进入下游深加工产业、新兴产业和现代服务业,大力推进科技孵化基地的建设。通过孵化基地的培育作用,扶持科技企业和科研项目由小到大,逐步做大做强非资源型产业。

——积极扶持一批国家实验室和企业科研中心。发挥呼和浩特、银川、包头、鄂尔多斯、榆林等大中城市的科技资源集聚优势,强化企业创新主体地位。在生态安全、沙漠治理、能源化工、新型能源、先进制造、生物制药、设施农业、农产品深加工、草原畜牧业、现代服务业等关系国家战略安全与对当地经济社会发展有重要影响的关键领域建设和扶持一批国家重点实验室、国家工程实验室、国家和省级技术中心、工程(技术)研发中心和企业科研中心,培育一批具有自主知识产权的中小企业。

——建设多层次的技术推广体系。全面推广"科技特派员创新创业工程",加强技术推广服务平台和技术市场建设,构建经济区科技中介服务体系,建设多层次的技术推广体系。根据经济区转型发展的需要,在农牧业经济领域,重点推广设施农业和节水农业技术,以及红枣、枸杞、葡萄等主要经济作物的栽培技术。在工业领域,重点推广循环经济和节能减排技术、信息化技术、煤矿瓦斯治理技术和煤炭薄层开采技术、"低渗、低压、低产"致密性天然气勘探和开采技术、智能电网技术、难选有色金属资源清洁选矿技术、模具制造和设计技术、塑料制品配方技术等。在现代服务业领域,重点推广软件开发技术、网络技术、动漫制作技术等。在生态保护领域,重点推广治沙防沙技术。

以下列出技术创新重点建设项目。

(1)重大科技基础设施建设工程

银川沙漠防治与利用国家重点实验室、包头稀土国家重点实验室、石嘴山钽铌铌国家工程实验室、鄂尔多斯煤化工国家工程实验室、榆林石油天然气勘探与开发国家重点实验基地、巴彦淖尔和榆林设施农业国家新技术推广中心、呼和浩特生物制药国家新技术推广中心、呼和浩特畜牧业国家新技术推广中心。

(2)区域科技支撑体系建设工程

呼和浩特新能源大型科学仪器设备共享平台、鄂尔多斯煤化工技术研发与合作平台、呼和浩特和银川科技创新投融资平台、呼和浩特和银川科技中介服务平台。

（3）科技创新基地工程

内蒙古大学科技产业园、呼和浩特火炬计划生物医药产业基地、包头国家科技创业服务中心、包头稀土高新技术产业开发区、鄂尔多斯煤化工成果转化及产业化基地、呼和浩特内蒙古高新技术开发区、宁夏大学科技产业园、银川农业先进适用技术成果转化基地、榆林高新技术开发区、榆林农业先进适用技术成果转化基地。

三、人才开发

围绕经济发展与转型的需要，突出培养创新型科技人才，重视培养各个领域的领军人才和复合型人才，通过自主培养和面向全国引进"两条腿走路"的方针，引进对经济区经济发展和经济转型具有举足轻重地位的新能源、煤化工、现代服务业和承接东部地区产业转移方面的人才。重点实施"新能源千名人才工程"、"油气和煤化工千名人才工程"、"现代服务业千名人才工程"和"承接东部产业转移千名人才工程"四个"千名人才工程"。

——"新能源千名人才工程"。重点培养和引进光伏产业、风电设备制造、生物质能发电、智能电网方面的人才。在鄂尔多斯、包头、银川、榆林、石嘴山、吴忠等新能源产业发展城市，实施"新能源百名人才工程"。

——"油气和煤化工千名人才工程"。重点培养和引进油气勘探与开发、煤制油、煤制烯烃、煤制二甲醚、煤制天然气、煤制乙二醇、煤制聚乙烯醇等方面的人才，在鄂尔多斯、银川、榆林，实施"油气和煤化工百名人才工程"。

——"现代服务业千名人才工程"。重点培养和引进软件开发、互联网和信息、动漫和游戏开发、物联网、广播影视、金融、风险投资、规划、建筑设计、工程咨询等方面人才。在呼和浩特、银川、鄂尔多斯、包头、榆林、乌海等城市，实施"现代服务业百名人才工程"。

——"承接东部产业转移千名人才工程"。重点培养和引进模具设计和制作、机械和汽车制造及零部件生产、塑料制品、金属铸造、五金、精细化工、纺织等方面人才。在鄂尔多斯、包头、银川、乌海、石嘴山、榆林等城市，实施"承接东部产业转移百名人才工程"。

第七节　基础设施

着眼于适度超前，着力于综合提升，加强以交通、水利和能源输送通道为重点的基础设施建设，构建结构合理、设施先进、外达内联、城乡共享的基础设施体系,为经济区的资源开发、产业发展和城镇建设提供坚实的基础性支撑。

一、能源通道

根据经济区能源化工产品的产量和流向,加快建设煤炭、石油、天然气、电力、煤化工产品等五大能源化工输送通道,为经济区建设现代能源化工基地提供运力支撑。

——煤炭运输通道。根据经济区煤炭外运需求,加快推进经济区运煤铁路新通道建设,强化既有运煤铁路的扩能改造,着力推进复线建设,提高电气化水平,推动运煤铁路网络向快速化、载重化方向发展。

——石油输送管道。加快经济区石油输送管道建设,为原油、成品油以及煤制油产品的生产和运输提供安全、高效、便捷的输送通道。

——天然气输送管道。加快经济区天然气和煤制气外输管道建设。加强经济区内部天然气管道建设,满足当地生产生活需要。

——电力输送通道。完善经济区内 500 千伏主网架、220 千伏骨干网架和 110 千伏配电网络建设,提高电网运行的稳定性和可靠性。继续加大西电东送力度,结合煤电基地建设,加快经济区特高压电力外送通道和联网工程建设。建设坚强智能电网,提高电网接纳风电、太阳能发电等新能源的能力,为新能源发展提供保障。

——醇醚输送管道。结合经济区煤化工产业布局和产品流向,加快醇醚等液体化学品输送管道建设,为甲醇、二甲醚等煤化工产品提供安全、高效、便捷的外送通道。

以下列出能源运输通道建设重点项目。

(1)煤炭运输通道

煤炭外运第三通道鄂尔多斯—张家口—曹妃甸铁路项目建设。

(2)石油输送管道

呼和浩特炼油厂—包头—鄂尔多斯成品油管道;银川—乌海—临河—包头成品油管道;鄂尔多斯—石家庄煤制油输送管道;长庆—呼和浩特炼油厂原油管道扩建。

(3)天然气输送管道

鄂尔多斯—北京—天津天然气输送管道;杭锦旗—湖北天然气输送管道。

(4)电力输送通道

包头—鄂尔多斯—潍坊±1000 千伏特高压交流输电线路;陕北—长沙±1000 千伏特高压交流输电线路建设;乌海—宁东—浙江±800 千伏特高压直流输电线路特高压交流输电线路建设;乌兰察布—南昌±800 千伏特高压交流输

电线路建设;乌海—鄂尔多斯—广东±800千伏特高压交流输电线路建设;包头—鄂尔多斯—山东±1000千伏特高压交流输电线路建设。

（5）醇醚输送管道

宁东—榆林—鄂尔多斯—曹妃甸二甲醚长输管道;鄂尔多斯—京唐港液体化学品管道。

二、水利工程

水利枢纽工程是经济区实现可持续发展的重要保障。以民生为根本宗旨，以效益为追求目标，以安全为基本要求，以《中共中央国务院关于加快水利改革发展的决定》为指针，大力加强水利工程建设。

——水利枢纽工程。大柳树水利枢纽工程是惠及宁甘陕和内蒙古四省区的重大骨干工程。加快推进大柳树水利枢纽工程的规划和建设。为了充分发挥该工程的经济效益、生态效益和社会效益，大柳树水利枢纽工程的选址宜在宁夏回族自治区中卫市境内的黄河黑山峡出口2公里处。同时，启动大柳树生态灌区工程的规划和建设。实施好乌海市海勃湾和榆林市王圪堵水利枢纽工程。启动榆林市碛口水利枢纽工程的论证与实施。

——水源工程。水源工程是民生工程。大力推进民生水利的发展，重点加强水源地环境保护工作，切实解决城乡居民饮水安全和生产用水问题。加快实施南水北调西线工程方案的前期论证。开展阿拉善盟等地区地下水资源调研评价工作，在保障生态用水安全的前提下合理利用地下水资源。谨慎实施引黄工程，实施"引黄入巴（巴彦浩特）"工程，实施"引黄入榆（榆林市）"工程。

——节水工程。河套灌区节水潜力十分巨大，节水效益十分显著。要加快灌区节水改造工程建设，实施内蒙古引黄灌区、宁夏引黄灌区节水改造项目，继续推进渠道衬砌工程建设，实施灌区信息化工程，建设现代节水型灌区。加快实施宁夏中部干旱区扬黄工程大型泵站更新改造。大力推广渠道防渗、管道输水和管灌、喷灌、滴灌、微灌等高效节水灌溉技术，扩大节水灌溉面积，优化调整种植结构，大力发展节水农业。扩大节水、抗旱设备补贴范围。加大力度推进工业园区和煤化工行业等的污水治理与中水回用工程建设，实现节水和治污的双重效果。

——防洪防凌工程。按照人水和谐理念，统筹安排堤防、河道、湿地建设，不断完善综合防洪、抗旱、排涝减灾体系。加强黄河宁蒙河段防洪防凌堤防工程建设，加强"数字黄河"宁蒙段建设，实现信息化调控和管理。推进贺兰山东麓防洪及洪水资源综合利用工程、阴山南北麓防洪及洪水资源综合利用工程建设。实施宁夏苦水河、清水河流域综合治理工程。

以下列出水利建设重点工程。

（1）大型水利枢纽工程

大柳树水利枢纽工程（宁甘）、大柳树生态灌区建设工程（宁甘陕和内蒙古）、海勃湾水利枢纽工程（蒙）、碛口水利枢纽工程（陕）、王圪堵水利枢纽工程（陕）。

（2）水源工程

南水北调西线方案的前期论证、阿拉善盟地下水调查评价工程、黄河碛口工业供水一期工程、"引黄入巴（巴彦浩特）"工程、"引黄入榆（榆林市）"工程。

（3）节水工程

引黄灌区渠道衬砌工程、工业园区污水治理与中水回用工程。

（4）防洪防凌工程

黄河宁蒙河段防洪防凌堤防工程，贺兰山东麓防洪及洪水资源综合利用工程，阴山南北麓防洪及洪水资源综合利用工程，宁夏清水河、苦水河流域综合治理工程。

三、交通运输

按照综合交通运输体系建设的要求，加快经济区对外大通道建设，完善干线路网，实现对外交通畅通化。加强工矿区之间、产业基地之间的联系交通，构筑工矿区和城际交通网络，实现经济区交通一体化。完善城区与产业基地的交通体系，促进生产与生活空间协调发展。优化路网结构，调整路网等级，加强市县联系，连通县乡道路，构筑城乡一体的交通网络。

1. 轨道交通

——货运铁路。新建和扩能改造货运大通道，畅通省际和通海干线，提高运能。新建城际铁路、地方干线和专线铁路，提高经济区内货物运输能力，保障资源和产业基地货物进出通畅。形成货运重载化的现代化铁路运输网络，承担经济区主要的大宗货物运输（煤运大通道）功能。加快建设连接矿区、工业园区的铁路专用线和集运站场。

——快速客运干线铁路。新建连接国家主要中心城市的快速客运干线，使经济区对外交流便捷，客货运实现分流。加强经济区主要核心城市间的城际轨道交通联系，形成覆盖经济区的客运快速化铁路干线网。

——市区轨道交通和通勤铁路。加快大中城市和产业—城市集聚区的市区轨道交通和通勤铁路建设，形成大城市轨道交通主干化、城郊交通一体化、通勤出行便捷化，保障城市宜居宜业。

——城际客运系统。在呼包鄂、宁夏沿黄城市群等经济发达和人口集聚地区建设城际客运系统,促进城市群一体化。

以下列出铁路建设重点工程。

(1)对外通道

新建呼和浩特—张家口—北京快速客运铁路,西安—榆林—包头高铁,鄂尔多斯—曹妃甸、鄂尔多斯—湖北煤运出区下海通道,临河—哈密铁路;加快甘武铁路复线、宝中铁路复线、太中银铁路银川—定边段复线、太阳山—白银铁路建设以及包兰线惠农—银川复线、银川—兰州复线扩能改造工程。

(2)城际铁路

重点建设环呼和浩特—包头—鄂尔多斯一小时、环包头—临河—乌海—银川—鄂尔多斯两小时快速客运圈。

(3)地方铁路

建设形成宁东地方铁路网;建设红石桥—靖边、准神、朔准、红柳林—大保当、神木—瓦塘等区内干线铁路;建设锡尼—乌拉山、金泉—青山、陶勒盖—白彦花煤田、磴口电厂运煤铁路,塔然高勒矿区铁路专用线,东乌铁路与包西铁路联络线,大饭铺—马栅铁路,榆横铁路,清水工业园,绥德物流业专线,兖矿榆林湾专线,小保当煤矿专用线等一批支专线铁路。

(4)铁路枢纽

重点建设呼和浩特、集宁等地区综合枢纽站场以及二连浩特和策克口岸站场。

2. 公路交通

以高速公路为重点,提高对外通道和城际公路密度,完善公路主骨架,实现运煤通道专线化,高速通达县(旗)中心城镇和旅游中心镇。改造国省道干线一级公路,提高通行能力,完善连接县(旗)重要城镇的高等级公路建设。县(旗)乡(苏木)公路等级化,连接高等级公路便捷化,城乡交通整合成网。站场体系进一步完善,实现市(盟)拥有一级客运站、县(旗)建成二级客运站,乡镇(苏木)建成等级客运站,行政村(嘎查)建成停靠站。基本形成连接干线网,通达县、乡、村的农村公路网络。实现对外联系公路和城际公路高速化,干线公路高等级化,县乡公路网络化的目标。

以下列出公路建设重点工程。

(1)对外通道

新建大饭铺—十七沟、呼和浩特—杀虎口、京新高速呼和浩特—集宁—韩家营、临河—哈密、临河—青山—白疙瘩等高速公路。

(2)口岸公路

重点建设策克—达来呼布、甘其毛都—临河、二连浩特—满都拉图、二连浩特疏港等公路。

（3）区内通道

建成国道 211 线古窑子至青铜峡联络线、银川至巴彦浩特、吴忠黄河大桥、国道 109 线石嘴山黄河大桥、银川兵沟黄河大桥、国道 211 线灵武至甜水堡段公路等重大公路项目；建设榆林—神木—府谷、榆林—绥德、鄂尔多斯蒙西—棋盘井—芒哈图、大路互通—巴拉贡等高速公路；新建包头—东胜高速复线、棋盘井—乌海高速、呼和浩特—白音察干高速、G210 榆林过境线、沿黄公路等，以及 G307 靖边过境线一级公路改建工程、G307 青银线三级改建工程、呼和浩特—包头—东胜高速扩能改造等工程。

3. 航空运输

扩建核心机场，改造与新建支线机场和专用机场，保障经济区对外远程联系便捷化。

机场建设重点工程：重点建设阿拉善、鄂尔多斯通勤机场群；完成包头机场、乌海机场（4C 级）、银川河东机场三期、榆阳机场二期、呼和浩特机场扩建工程；新建定边机场（4C 级），新建府谷机场（4C 级）；新建沙湖旅游支线机场。

4. 交通运输枢纽

加快综合交通运输枢纽建设，统筹规划区域内货运枢纽站场和现代物流基础设施，增强各级枢纽调度组织能力，促进各种运输方式的衔接和配套。配合铁路枢纽站场、机场、公路主枢纽建设大型物流基地，在重点工业园区建设货物集散地和物流配送中心。促进客货运输分流，实现城区站点客运专用化。加强铁路与公路客运站和城市道路的有效衔接，方便旅客的快进快出。加强火车站与机场之间的道路联系，尽量实现客运"零距离换乘"和货运"无缝对接"。

通过实施铁路枢纽扩能改造、客运专线、国际机场扩建、机场专用高速公路、城际铁路网、地铁等项目，实现区域内铁路、公路、航空与城市公共交通、快速轨道交通体系的无缝衔接，在呼和浩特、包头、银川、榆林、鄂尔多斯等中心城市建设现代化综合交通枢纽。完善市（盟）中心城市客货运输站场体系，建设县（旗）、镇（苏木）、村（嘎查）站场体系。

综合交通枢纽建设工程：呼和浩特综合交通枢纽、包头综合交通枢纽、银川综合交通枢纽、榆林综合交通枢纽、鄂尔多斯综合交通枢纽。

四、信息工程

1. 信息网络基础设施

——完善计算机互联网。加快通信光缆扩容改造，发展无线传输，建成大容量、高速率、安全可靠的公众骨干传输网，光缆传输覆盖经济区内的所有城镇和行政村。加快实施宽带网接入和扩容工程,重点建设宽带互联网以及兼容综合业务的接入网。

——扩容提升通信网。大力发展第三代移动通信系统。按照"大容量、多模块、广覆盖"的原则,优化升级固定电话网络,逐步将业务汇聚到宽带、智能、开放的下一代综合业务网络。

——建设数字广电网。全面推进广播电视从模拟向数字化过渡,扩展广电信息系统平台功能。以有线电视数字化为突破口,大力发展数字电视、互动电视。

——促进"三网"融合。统筹规划整合互联网、通信网、广播电视网等网络资源,从业务、网络和终端等层面加速推动网络融合,形成网络各环节信息的统一处理和管理,逐步实现各类信息一网传输。统筹城乡数字化发展步伐,逐步缩小城乡"数字鸿沟"。

2. 电子"双务"网络体系

——电子政务网络体系。建成覆盖省(区)、市(盟)、县(旗)三级电子政务网络体系,建成经济区区域内和区域间的互联互通的电子政务统一平台。推进数字交通、数字档案等重点工程建设。开放政府信息资源,构建起有利于政府—企业—公众相互制衡的信息体系。

——电子商务网络体系。坚持把发展网络经济与提升传统产业结合起来,把发展特色产业与开发特色网站结合起来,把发展商务网站与发展网络经济结合起来,鼓励开发电子商务网站,培育电子商务龙头企业,推进网上交易,显著提升网络经济的市场占有率。建设面向经济区的现代服务业信息支撑平台。

信息基础设施重点工程:面向经济区的现代服务业信息支撑平台、公共安全数字化建设工程、宽带网接入与扩容工程、移动通信网络扩容提升工程、数字化广电工程、"三网"融合工程、电子政务网络工程、特色产业电子商务网络工程。

第八节　资源能源节约与生态环境保护

呼包银榆经济区的生态地位极其重要。该经济区是全国水资源和水环境的生态屏障,是全国防沙治沙和治理水土流失的生态屏障,是全国大气环境保护和温室气体控制的生态屏障。因此,要更加注重资源节约利用,更加注重能源集约开发,更加重视生态工程建设,更加重视环境污染治理,着力建设天人和谐的美好家园,着力建设安全可靠的生态屏障。

一、水资源节约利用

实行最严格的水资源和土地资源管理制度。按照"管好资源权、放开建设权、搞活经营权"的思路,加强水资源管理,建设节水型社会。按照土地利用效率标准合理确定用地指标,集约利用土地资源,保障土地合理需求。

——大力推进以水权制度为核心的水资源管理制度改革。坚持以需定供、以水定人、以水定产的原则,统筹地表水和地下水,统筹生态、生产和生活用水,统筹上下游和左右岸用水。逐步稳定取水总量,实施严格的取水总量控制制度和取水许可制度。加强地下水取水监管,防止地下水超采。推进水权制度改革,实施水权有偿使用制度,鼓励在总量控制前提下开展区域之间、行业之间和用水户之间的水权交易制度,提高水资源配置效率。大力支持宁夏回族自治区开展全国水权交易试点省区的工作,在试点基础上将水权交易制度推向整个经济区,水权制度创新处于全国领先水平。

——大力加强以技术创新为核心的节水型社会建设。高度重视水资源的保护与节约,大力调整用水结构,全面推进节水型经济区建设。加强节水技术的研发与推广使用,建设一批节水型示范项目,提高水资源利用效率。实施内蒙古引黄灌区节水改造工程、宁夏引黄灌区节水改造工程,大型灌区灌溉用水利用系数提高到 0.65。大力加强煤化工等行业的污水治理与中水回用工程建设,工业用水重复利用率达到 90%。加大节水设备与器具的研发、推广普及力度。经济区内万元工业增加值用水量年均下降 10% 左右。到 2020 年基本建成以水资源高效率为基本特征的节水型社会,积极打造河套灌区节水农业示范区,在宁夏回族自治区和榆林市国家级节水型社会建设试点的基础上扩大试点范围。

——强化水环境治理。加强区域中小河流治理,实施水资源统一调配,保障生态用水,严格控制排污总量,有效改善水环境。以制度建设为核心,以监控管理工作为保障,清洁生产与末端治理相结合,实现经济区内河流水质达标。加快城镇污水和工业园区废污水处理厂建设,强化再生水利用,用水量大的生产企业做到自产废水自行处理循环利用,逐步实现"零排放"。

表 8 给出了水资源供需平衡指标。

表 8　水资源供需平衡指标 （单位:亿吨）

主要指标	2010 年	2015 年	2020 年
经济区供水总量	149.00(144.48)	156.00	164.00
农业用水量	127.84(124.02)	112.63	106.93

续表

主要指标	2010 年	2015 年	2020 年
工业用水量	13.70(13.34)	32.60	45.31
其中:火力发电用水量	—	3.4	4.6
煤炭采选用水量	—	2.7	3.6
煤化工用水量	—	5.3	11.1
生活用水量	5.07(4.93)	7.02	8.04

注:括弧内的数据为实际用水量。

二、节能减排与环境保护

高度重视源头控制,减少废弃物排放。高度重视环境修复,明显改善环境质量。加速推进环境友好型社会建设。

——大力推进节能降耗工作。继续推进节能降耗工作,以结构调整促进能源节约,以技术进步促进能源节约,以制度创新促进能源节约。加大淘汰落后产能力度,严格控制高耗能产业过快增长,加快实施节能降耗重点项目,2010—2020 年单位生产总值的能耗水平下降 50%,使单位能源消耗产生最大效益。通过构建煤电产业链、煤化工产业链、硅化工产业链等提高资源利用效益,促进废弃物循环利用。作为能源基地,在节能降耗的指标分配上给以适当优惠。作为新能源基地,在碳汇资源的价值实现方面予以适当倾斜。

——大力推进污染减排工作。根据经济区的环境质量和环境容量,科学合理地确定 COD、氨氮、二氧化硫、二氧化氮等污染物和二氧化碳等温室气体排放总量。黄河干流出境水质稳定好于Ⅲ类,城市空气质量达到Ⅱ级及以上天数稳定高于 320 天。积极开发和推广清洁煤利用技术等环境友好型技术。探索环境容量资源的有偿使用。在排污总量控制和环境质量保障的前提下鼓励企业之间开展排污权交易和碳排放权交易。建设环境权交易机制和机构。大力开展碳汇基地建设,开发利用好新能源开发的碳汇资源、植树造林的碳汇资源、草原修复的碳汇资源、湿地建设的碳汇资源等。鼓励企业参与碳汇工程建设。积极开展二氧化碳捕捉、封存和填埋的技术研发和示范工程建设。

——实施环境治理与修复工程。加强地表水环境保护,提高污水处理厂的治理标准,实施引黄灌区水系沟通工程,实施引黄灌区盐渍化防治工程,实施乌梁素海、红碱淖生态修复和保护建设工程,实施水环境质量在线监测工程。加强地下水环境保护,防止矿产资源开采中对地下水系的破坏,采取有效措施防治地下水超采和污染。加强水环境工程的监督管理和绩效评价。推进绿色矿山创建工作,推进矿山采空区、塌陷区、露天矿坑、矸石山等环境综合治理、生态修复工程和地质灾害防治工作。支持煤矸石、粉煤灰等废弃资源的综合利用。控制煤田自燃现象，加强煤田灭火工作。推进矿区复垦绿化工程。严格实行矿山地质环境治理保证金制度。加快建立重金属污染应急应对体系。加强农牧区环境综合整治工作。

——严格实施产业准入制度。在招商引资中实施严格的产业准入制度，制订禁止发展、限制发展和鼓励发展的产业目录。在接受东部沿海地区产业梯度转移的过程中，要设置产业准入标准，防止污染转移。存量经济和传统产业实现循环化，增量经济和新兴产业实现高新化。积极发展战略性新兴产业，通过产业结构调整促进污染减排。

——大力推进环境友好型社会建设。以生态文明观为指导，大力建设环境友好型社会。大力倡导"天人合一、和谐发展"、"保护自然、敬畏自然"等理念。着力打造一批绿色企业、绿色宾馆、绿色学校。努力建设一批环境友好型社区、环境友好型牧区、环境友好型乡村。选择一批有代表性的市县开展生态文明示范区建设。到 2020 年，经济区生态文明水准显著提高。

三、生态建设

按照"自然恢复为主、人工干预为辅"的原则，大力推进草地、林地、沙地、湿地等生态建设工程。

——荒漠草原生态建设工程。以减少人畜干扰为重点，大力推进荒漠草原生态修复。严格实施退牧还草、禁牧休牧轮牧制度，发展饲草圈养，到 2020 年，经济区草原植被盖度达到 45%。草原生态保护补偿机制要"扩面"——扩大草原范围、"提标"——提高补偿标准、"延期"——延长补偿时间。加大生态移民力度，加大生态移民财政转移支付力度。到 2020 年草原生态系统显著好转，争取用几十年乃至更长的时间使草原生态系统得以根本好转。

——林地生态建设工程。以生态功能为主体大力加强林地生态建设。实施贺兰山东麓生态防护林建设工程、阴山南北麓生态防护林建设工程、黄河两岸生态防护林建设工程、中蒙边境生态防护林建设工程、天然林资源保护工程、黄土高原丘陵区生态治理工程、国道与铁路生态防护林建设工程、农田林网建设工程。到 2020 年，经济区森林覆盖率达到 22%。严格实施退耕还林制度，提高退耕还林的生态补偿标准。大力倡导植树造林活动，提高植树造林的补助标准。建成大青山国家级自然保护区和贺兰山国家级自然保护区。

——沙地生态建设工程。以重点区域为突破，适度开展沙地生态建设。采用工程固沙、飞播造林、人工植树、沙地利用等措施，推进沙漠和沙地的治理。重点开展腾格里、乌兰布和、毛乌素、库布齐等沙漠的工程治沙与生态治沙，遏制沙漠"握手"的趋势,减弱向黄河输沙力度。设立沙漠、沙地治理的专项基金,加强沙漠、沙地治理的补偿力度。以治沙产业发展促进治沙工程建设,适度利用沙地进行"植树—造纸—浇灌"、"光伏发电—饲草种植—家禽放养"等循环经济开发。加强沙尘暴监测体系与设施建设。支持"宁夏防沙治沙大学"建设。

——湿地生态建设工程。以农业尾水和工业中水为主适度开展湿地生态建设。实施宁夏湿地建设工程、内蒙古湿地建设工程、河套灌区水系沟通工程、乌梁素海湿地修复工程、红碱淖生态修复工程。湿地开发要力求生态效益、经济效益和社会效益的最大化。

以下列出生态建设与环境保护重点工程。

(1)草地生态建设工程

退牧还草工程、生态移民工程。

(2)林地生态建设工程

贺兰山东麓生态防护林建设工程、阴山南北麓生态防护林建设工程、黄河两岸生态防护林建设工程、中蒙边境生态防护林建设工程、天然林资源保护工程、黄土高原丘陵区生态治理工程、国道与铁路生态防护林建设工程、农田林网建设工程、退耕还林工程、大青山国家级自然保护区建设工程、贺兰山国家级自然保护区建设工程。

(3)沙地生态建设工程

腾格里沙漠周边区域治沙工程、乌兰布和沙地治沙工程、毛乌素沙地治沙工程、库布齐沙地治沙工程、沙地循环经济开发工程、沙尘暴监测体系与设施建设工程、宁夏防沙治沙大学工程。

(4)湿地生态建设工程

宁夏湿地建设工程、内蒙古湿地建设工程、河套灌区水系沟通工程、乌梁素海生态修复和保护建设工程、红碱淖生态修复和保护建设工程。

(5)环境治理与修复工程

二氧化碳捕捉、封存和填埋示范工程、污水处理厂治理标准提高工程、地下水系修复与污染防治工程、水环境质量在线监测工程、采空区塌陷区地质灾害防治工程、绿色矿山创建工程。

第九节 公共服务

呼包银榆经济区在加大中央财政对经济区公共服务的一般性转移支付力度的同时,通过10年的努力,切实提高地方财政对公共服务的保障能力。进一步建立健全以民生为导向、适应当地社会经济发展需要的公共服务体系,在西部地区率先建成覆盖城乡、功能完备、布局合理、运转高效、保障水平高,体现均等化要求的基本公共服务体系。

一、教育事业

全面贯彻落实《国家中长期教育改革和发展规划纲要》,扎实推进公民素质教育,努力促进经济区教育均衡发展和教育公平。建立与经济区经济社会发展相适应的多元教育体系,着力提高劳动者素质和技能,积极培养"三语"兼通的中高级人才,为经济区持续较快发展提供强有力支撑。积极推进"教育强区"建设,加大地方财政对教育的投入。大力支持民办教育发展,鼓励吸引民间资金投资经济区教育事业。

——巩固提高基础教育。以培养 21 世纪社会主义现代公民为导向,全面实施素质教育。以政府为主导,公办、民办并举,积极发展学前教育,加大政府投入,普及学前三年教育。增加优质教育资源供给,巩固九年义务教育成果,保障留守儿童和流动人口子女享有同等教育权利,全面推进义务教育均衡发展。统筹公共教育资源配置,基本普及高中阶段教育。

结合城镇化的推进,在边远地区、贫困山区、生态脆弱区积极推进"教育移民"和"生态移民"等工程。深入实施"特岗教师"10 年计划,全面提高教师学历层次和专业化水平,重点提高农村教师素质,优化教师结构。

——大力发展职业教育。根据经济区发展方式转变和经济结构调整要求,建立健全现代职业教育体系,鼓励东部职业教育与产业同步向经济区转移,不断满足经济社会发展对高素质劳动者和技能型人才的需要。

以就业为导向大力发展职业教育,把职业教育纳入经济区经济社会发展整体规划,使职业教育规模、专业设置与经济社会发展需求相适应,尤其要注重满足经济区主导产业和人民日益增长的文化生活需要。创新职业教育发展模式,健全政府主导、行业指导、企业参与的办学机制,鼓励职业教育集团化,支持围绕区域产业链进行职业教育资源整合。

加快发展面向农村的职业教育,实施农村职业教育免费制度。以人力资源建设为核心大力发展继续教育,形成学历教育和非学历教育协调发展,职前教育和职后教育有效衔接的终身教育体系。

——稳步发展高等教育。高等教育毛入学率达到 50% 以上。支持内蒙古大学、内蒙古科技大学、内蒙古工业大学、内蒙古医学院、内蒙古师范大学、内蒙古民族大学、宁夏大学、宁夏医科大学、宁夏师范学院、北方民族大学、宁夏理工学院、银川大学、宁夏防沙治沙大学、榆林学院等高校加快发展,建成若干所国内知名、具有区域特色的高水平大学,在水利工程、生态保护、沙漠治理、能源化工、装备制造、新能源、新材料、生物育种、畜牧养殖、现代农业、特色旅游、民族文化等若干领域建设一批省部共建重点学科,形成一批重大科研成果,显著增强区域高等教育竞争力和人才培养水平。

充分发挥内蒙古大学、宁夏大学等高校在区域创新体系建设中的重要作用,鼓励高校在知识创新、技术创新和区域创新中做出贡献。不断优化高等学校学科专业、层次、类型结构,重点扩大符合区域发展需要的应用型、复合型、技能型人才培养规模。

以事关经济区发展的重大问题为导向,加强应用研究。促进区域内外高校、科研院所、企业资源共享,形成区域创新模式,加强重大问题攻关,加快科技成果转化,提高产业支撑能力。

以下列出教育事业重点工程。

(1)基础教育

农牧区寄宿制学校标准化建设工程、"教育扶贫移民"工程、"生态移民"工程、"特岗教师"10年计划、学前教育3年普及工程。

(2)职业教育

政企共建职业教育示范工程、职业教育标准化建设工程。

(3)高等教育

区域特色创新联盟示范工程、十大特色学科省部共建工程。

二、医疗卫生

深化医疗卫生体制改革,积极探索农村免费医疗制度,强化省(区)、市(盟)、县(旗)政府责任和公共投入,实现政府卫生投入与经常性财政支出同步增长,稳步推进基本公共医疗卫生服务均等化。

——推进医疗卫生统筹配置改革。实现经济区农牧民新型合作医疗全覆盖,形成覆盖厂矿、城乡、乡村联动的基层医疗服务新模式。设立医疗救助基金,在经济区范围内率先实现大病统筹制度。

——完善基础卫生设施建设。加强农村三级卫生服务网络和社区、厂矿卫生服务体系的标准化建设,充分利用互联网、物联网等新一代信息技术,通过体制机制创新,建设覆盖城乡、以电子健康档案和电子病历为核心、以卫生信息平台为枢纽、以一卡通医疗信息为纽带的公共数字卫生服务体系。建立远程医疗和区域疾病防控、血液安全和药品供应一体化的保障体系,率先实现城乡社区与医院双向转诊、远程诊疗、远程教育和网络健康咨询,做到小病在社区,大病进医院,康复回社区,实现优质医疗资源共享,体现卫生服务公平性。切实保障人畜饮用水安全,进一步加强经济区集中饮水安全工程水质监测和改水工程监测。

——加强地方病防治工作。继续开展沙鼠鼠疫、大骨节病、碘缺乏病、地方性氟中毒、地方性砷中毒、克山病等严重危害经济区人民群众身体健康的地方病防治和卫生健康教育。对布鲁氏菌病、口蹄疫等自然疫源地区采取以畜间免疫、检疫、淘汰病畜为主的综合性防治措施,严防人畜交叉感染。坚持预防为主,加大政府投入,提高重大疾病、传染病、地方病防控能力和突发公共卫生事件应急处置能力。

——加强人口与计划生育工作。全面实施出生缺陷干预工程,免费提供婚检、优生监测和基本生殖健康保障服务,有效改善人口结构和布局。不断提高人口与计划生育的公共管理与社会服务水平,优化人口素质,促进人口与经济区经济、社会、环境协调发展。

卫生事业重点建设工程:医疗卫生服务数字化工程、地方病联防联治工程、蒙医药及回医药振兴工程、人畜饮用水安全监测工程、优生监测和缺陷干预工程、大型厂矿卫生服务所创优工程。

三、文化体育

加强公共文化设施建设,大力推进文化载体自动化、网络化、数字化工程。积极开展群众文化活动,极大丰富城乡文化生活,满足经济区不同群体的基本文化需求。

——弘扬与保护传统民族文化。推进民族民间传统文化保护、文物保护、重大文化自然遗产保护设施建设,重点做好一批非物质文化遗产保护工作。加强对黄河文化和长城文化的梳理,构建以两种文化为纽带的“飞梭形”文化核心区,加大对历史文化的保护和开发力度,走开发与保护相结合的道路,以开发促进保护。加强对草原文化、回商文化和窑居文化的研究,加大非物质文化遗产保护力度。加强文化载体建设,加大文学创作和影视文化投入,形成一批品牌文化项目和区域性影视基地。培育以“草原三宝”为代表的民族歌舞文化,以“成吉思汗祭祀”为代表的历史民俗文化,以鄂尔多斯羊绒为代表的现代服饰文化,以国际那达慕会为代表的草原节庆文化,以塞上江南生活为代表的休闲宜居文化,以秧歌民歌为代表的陕北风情文化,促进文化交流与传播,打造一批以历史古迹、大漠风情、草原生活相融合的经典生态旅游线路,充分发挥文化在构建和谐经济区中的特殊作用。依托特色文化,做强做大文化产业,促进文化消费。

——大力发展体育事业。以增强人民体质、提高全民整体素质和生活质量为目标,加强特色体育和全民健身服务体系建设,加强体育设施建设,开展全民健身活动。积极发展民族特色体育,建设一批高水平体育场馆,通过举办赛马、赛驼、马术、沙力搏尔式摔跤、骑马射箭、汽车拉力赛等活动,培育形成若干特色品牌赛事。针对大型企业、劳动密集型产业集中的区域特点,积极推进体育设施、体育活动进社区、进乡(苏木)村(嘎查村)、进企业工程。

以下列出文化事业重点工程。

(1)十大特色场馆工程

二连浩特恐龙博物馆、内蒙古敕勒川民俗文化博物馆、宁夏民俗文化博物馆、榆林民俗文化博物馆、内蒙古医学院蒙医药博物馆、宁夏中华回医药文化博物馆、榆林统万匈奴文化博物馆、内蒙古图书馆和宁夏图书馆牵头共建经济区公共数字图书馆、呼和浩特马术馆、阿拉善沙力搏尔摔跤馆。

(2)十大文化体育工程

宁夏镇北堡大漠影视文化基地,银川西部旅游博览会,鄂尔多斯成吉思汗国际文化节,银川伊斯兰文化交流中心(中国—阿拉伯论坛),阿拉善居延文化遗址保护工程,阿尔塞石窟数字化保护工程,贺兰山岩画岩刻数字化保护工程,陕北民间艺术博览会,乌海中国书法城,体育进社区、乡(苏木)村(嘎查村)、企业工程。

四、就业与社会保障

实施更加积极的就业政策,把增加就业放在改善民生、调整产业结构和转变经济增长方式的重要位置。建立覆盖城乡居民,以社会保险、社会救助、社会福利为基础,以基本养老、基本医疗、最低生活保障制度为重点,以慈善事业、商业保险为补充的社会保障体系。

——建设就业服务体系。大力发展劳动力密集型产业、现代服务业、区域特色产业和文化创意产业,积极落实促进就业的各项优惠政策,进一步完善就业结构,整合就业资源,努力扩大区域就业能力,吸引周边就业人口。强化政府投资项目建设对就业的带动作用。大力发展非公有经济,努力创造就业机会。支持劳动者自主创业、自谋职业,以创业带动就业。

完善市场就业机制,建立健全城乡统筹的全国就业信息平台、灵活规范的人力资源市场以及跨省、跨区域就业的公共服务体系,鼓励跨区域就业。加强农村富余劳动力转移就业培训,积极推广现代设施农业和节水农业技术,建立适应产业结构转型升级要求、职业教育与劳动力市场动态调适的就业保障体系。积极推进生态移民,继续推进农牧民转移就业,完善困难群体的就业援助机制,积极开展下岗职工再就业工程。

——完善社会保障体系。扩大城镇基本养老保险覆盖范围,建立反映劳动力市场要求,保障水平和资金筹集渠道的社会养老保障体系,进一步完善个人缴费、集体补助、政府补贴相结合的新型农村养老保险制度与城镇居民养老保险制度,稳步推进社会养老保障城乡统筹。

全面推进城镇居民基本医疗保险、新型农村合作医疗制度建设。加快建立多层次住房保障体系,健全公租房、廉租房制度,多渠道解决城市低收入家庭住房困难。推进厂矿征地制度改革,探索农牧民土地承包经营权入股试点,进一步完善农牧民社会保障机制。

依托资源税改革,建立普惠型社会福利体系,规划建设高水准的儿童福利院、敬老院、残疾人康复中心、救助站等社会福利和社会救助服务机构。建立养老、医疗、工伤、失业、生育一体化的社会保障管理服务体系,提高统筹层次,方便城乡居民社会保障关系转移接续。积极探索社会保障基金的保值增值机制,充实社会保障基金,加强基金监管。

以重大厂矿事故、重大工程质量、重大自然灾害、重大公共卫生事件和重大社会冲突等领域为重点,强化安全监督管理,完善预警机制和应急机制,提高预防风险、保障公共安全和处置突发事件的能力。

深化户籍制度改革,依法保障流动人口合法权益,探索区域内人口自由流动试点工作。

就业与社会保障重点工程:户籍制度改革试点工程、农牧民土地承包经营权入股试点工程、工矿区安全实时监控和预警工程。

第十节　对外开放与区际开放

呼包银榆经济区是我国向北与蒙古国和俄罗斯,向西与中亚、西亚国家和地区开放的重要通道,是连接环渤海地区、华北地区与大西北地区的重要枢纽,是我国东部地区的重要能源供给地和承接东部地区产业转移的重要示范区。以中蒙边境口岸为依托,大力推进经济区向北开放。以中阿论坛为平台,加快推进经济区向西开放。以能源通道建设和承接东部产业转移为载体,着力推动区际开放与联动发展。

一、向北开放

经济区与蒙古国南戈壁省和东戈壁省接壤,通过北京—乌兰巴托—莫斯科国际联运铁路,与俄罗斯联系密切。经济区与蒙古国交界有二连浩特、甘其毛都、策克、满都拉、巴格毛都五个边境口岸,其中二连浩特、甘其毛都、策克口岸是我国与蒙古国贸易规模最大的口岸,二连浩特也是我国与俄罗斯通过国际铁路进行贸易的重要口岸。经济区已成为我国与蒙古国、俄罗斯经济合作的重要通道。

——提升边境口岸经贸合作的能力。加大对口岸基础设施的建设力度,扩大口岸通关能力,增加口岸通关效率,不断提升中蒙经贸合作的规模和水平。贯彻睦邻友好的精神,建设好经济区与蒙古国南戈壁省、东戈壁省交界的二连浩特、甘其毛都、策克和满都拉四个边境口岸,尽力协助蒙方建设好对应的扎门乌德、嘎顺苏海、西伯库伦、哈登宝力格边境口岸。搞好口岸的铁路公路通道、联检配套设施、贸易区域、生产加工区域、物流区域等基础设施建设,使口岸成为中蒙双方加强经贸合作高效便捷的桥头堡。积极推进巴格毛都口岸的复关和乌力吉口岸的审批。

——建设边境地区经济合作试验示范区。按照共同开发、共同开放,实现共享资源、共享市场、共享利益、共享发展的原则,积极发展与蒙古国平等互利的经贸合作关系,不断探索和创新经贸合作的机制和模式,挖掘经贸合作的潜力,扩大经贸合作的规模,深化经贸合作的程度,把经济区建设成为我国边境地区经济合作试验示范区。二连浩特口岸通过北京—乌兰巴托—莫斯科国际联运铁路,重点发展与蒙古国和俄罗斯之间的各种进出口贸易和建设跨境旅游服务中心。甘其毛都口岸重点与蒙古国南戈壁省合作开发塔本陶勒盖煤矿和奥云陶勒盖铜矿。策克口岸重点与蒙古国南戈壁省合作开发那林苏图海煤矿。满都拉口岸重点加强包头钢铁厂与蒙古国东戈壁省之间的联系。

——甘其毛都口岸建设跨境经济合作区。甘其毛都口岸相毗邻的蒙古国南戈壁省有丰富的煤、镁、铜、铅、锌、铁、芒硝、水晶、萤石等资源。南戈壁省煤炭资源储量约530亿吨,距离口岸100公里的塔本陶勒盖煤田探明储量64亿吨,其中世界紧缺的优质主焦煤18.8亿吨。距离口岸70公里的奥云陶勒盖铜矿,金属铜储量2300万吨,是亚洲最大的铜矿。甘其毛都口岸有神华铁路与包兰线相连,正在建设口岸与蒙古国矿区的铁路,口岸所在的乌拉特中旗水资源丰富。甘其毛都口岸具备中蒙跨境经济合作区建设试点的良好条件,在跨境经济合作区,重点建设煤炭和铜矿采、选、加工一体化的重化工业基地。

以下列出重点建设的边境口岸。

(1)二连浩特口岸

二连浩特口岸是国务院首批批准的全国13个沿边开放城市之一,位于内蒙古锡林郭勒盟西部,与蒙古国扎门乌德口岸对应。1956年1月,北京—乌兰巴托—莫斯科国际铁路联运正式通车,二连浩特开辟为一类口岸。1992年,公路口岸也正式开通。二连浩特口岸城市由铁路口岸、公路口岸、货运堆场、物流园区、互市贸易、商贸城、家具建材城、商务区、生活区、休闲旅游区构成。口岸主要从事与蒙古国和俄罗斯的进出口贸易,进口物品主要有原油、木材、铜精粉、铁矿石、钼精粉。出口主要有服装、鞋帽、家电、水果和蔬菜,蒙古国70%的水果、蔬菜和日用品经由二连浩特口岸运入。

(2)甘其毛都口岸

甘其毛都口岸位于内蒙古巴彦淖尔市,与蒙古国嘎顺苏海图口岸对应。1992年6月24日国务院正式批准甘其毛都为国家陆路一类季节性双边口岸。近年来,口岸基础建设力度较大,已累计投资20多亿元,用于口岸疏港公路、城镇基础设施、联检办公生活设施、监管查验设施和物流商贸园区建设。2010年,口岸进口优质焦煤达1000万吨。神华电气化铁路从塔本陶勒盖和奥云陶勒盖矿产资源地开始,经过口岸与包兰线相连。国内大型企业正在与蒙古国南戈壁省积极合作,开发蒙古国煤矿和铜矿。口岸发展重点方向,是与蒙方合作建设中蒙跨境经济合作区,共同开发塔本陶勒盖大型煤矿和奥云陶勒盖大型铜矿,共同建设煤炭和铜矿采、选、加工一体化的重化工业基地。

(3)策克口岸

策克口岸位于内蒙古阿拉善盟,与蒙古国南戈壁省西伯库伦口岸对应。1992年经自治区人民政府批准成为季节性开放口岸,2004年9月29日海关总署批准,2005年6月29日经国务院批准为双边常年开放的边境陆路口岸,分设公路通道和铁路煤炭运输专用线通道。口岸有临策铁路与包兰线相连。2009年,口岸进口优质煤炭650万吨。发展方向是加强与蒙古国那林苏图海煤矿等项目的合作。

二、向西开放

宁夏回族自治区是我国向西开放,开展与中亚、西亚国家和地区友好交往的重点内陆型地区。充分利用宁夏与中亚、西亚国家和地区文化背景相近的有利条件以及在经济上的互补性,积极开展贸易、投资、文化和旅游合作。

——发展面向中亚、西亚国家和地区的经贸文化合作。积极抢占与中亚、西亚国家和地区的合作先机,构建中阿(宁夏)经贸文化论坛永久会址、宁夏穆斯林文化城、国际穆斯林商贸中心三大平台。建设清真食品认证、经贸文化交流、伊斯兰金融三大中心,将宁夏建成中亚、西亚国家和地区资金投资的首选地,建成具有国际影响力的清真食品和穆斯林用品集散地、国际穆斯林旅游目的地。支持将银川列为面向中亚、西亚国家和地区的内陆开放型城市,开展货物贸易人民币结算,开通银川至中东地区的"空中丝绸之路",支持条件成熟的中亚、西亚国家和地区在银川设立领事馆,支持在银川组建宁夏伊斯兰银行。

——推进清真肉制品生产及加工质量规范体系建设。在宁夏建设中国清真食品认证机构,形成国内统一、国际认可的清真食品相互认证机制。制定中国清真食品穆斯林用品产业标准,形成规范有序和相互认可准出、准入两大机制。完善已经形成的宝丰、纳家户、涝河桥三大清真牛羊肉批发市场功能,提升其在全国清真牛羊肉及制品批发市场的地位和层次。充分发挥宁夏航空港的优势,建立全球性的营销配送中心,将宁夏的清真牛羊肉销售到中东地区。

——建设与中亚、西亚国家和地区的物流中转基地和旅游目的地。充分发挥银川区域物流中心和银川航空港的作用,支持在银川建设面向中亚、西亚国家和地区开放的综合保税区,将银川建设成为连接我国各地特别是我国东部地区与中亚、西亚国家和地区的物流中转地。积极打造有穆斯林文化氛围的休闲旅游集聚区和精品旅游线路,将宁夏建设成为中亚、西亚国家和地区的旅游目的地。

三、内陆开放

经济区与我国其他地区特别是东部地区的经济互补性很强,是我国东部地区的重要能源保障地和承接东部地区产业转移的重要示范区。

——提升内陆口岸的营运效率。加强与沿海港口的联系,建设以货物进出境为主的内陆口岸。按照经济区出口货物在内陆口岸一次交运、一次结算、一票到底,进口货物在内陆口岸就地接货、一次清算的要求,实行内陆口岸—国内港口口岸—境外港口口岸—境外内陆口岸间的多式联运。充分发挥经济区内陆口岸在出口货物集散、报关、报检、配送、流通加工、物流信息等方面的综合服务功能,为周边地区产品通过陆路口岸流向全国乃至世界各地提供便捷通道。实现宁夏、甘肃、青海、内蒙古等内陆省区出口货物的铁海联运,带动"临港产业"和"辐射型"经济发展。以铁路集装箱运输的快速通道为纽带,降低经济区乃至周边省区企业进出口成本,为企业提供快捷、高效的大通关服务,建设西北地区东部重要的商业物流、陆港物流、农产品冷链物流中心,形成呼包银榆经济区经济发展的新优势。加强跨区域查验部门间协作,实行"提前报检、提前报关、货到验放"、"属地申报、口岸验放"、"直通式放行"等便捷通关模式,提高口岸的运行效率。建设口岸运营实体和电子口岸平台,实现口岸查验部门、港口、机场、运输、进出口企业等在"大通关"中的信息共享和作业联动,降低重复抽检率。实现多出口、快通关、质量好、省成本的"多快好省"外贸发展新模式。

以下列出重点建设的陆路口岸。

（1）银川陆港物流中心

银川陆港物流中心位于银川国家经济技术开发区西区，规划总面积2300亩，规划有无水港区（陆路口岸区）、仓储物流区、保税加工区、综合物流区、临港服务区、国家物资储备库区6个功能区。该中心主要依托天津港、城市铁路线，建成集内陆口岸、货物集散、物流配送、出口加工、商品检验、保税仓储、临港产业服务、物流信息服务等综合功能于一体的现代物流服务基地。其中，无水港区（即银川陆路口岸）为陆路（二类）口岸。

（2）惠农陆路口岸

惠农陆路口岸为陆路（二类）口岸。该口岸是天津与宁夏合作建设的首个内陆无水港，通过"属地报关、口岸验放"的物流运作模式，实现宁夏、甘肃、青海、内蒙古等内陆省区出口货物"陆海联运"。该口岸无水港集聚了内陆口岸、货物集散、商品配送、流通加工、商品检验、物流信息服务等诸多综合功能，为辐射带动周边地区产品通过天津发向全国和世界各地建立了快速通道。

（3）包头国际集装箱中转站

包头市国际集装箱中转站是我国国际集装箱多式联运系统的内陆中转站之一，中转站于2003年7月20日正式开关运营，属海关监管区。中转站具有内陆口岸、国际集装箱多式联运、国际国内物流等功能。

（4）其他

榆林陆路货运仓库和阿拉善经济开发区陆港正在筹建中。

——充分发挥空港经济在内陆开放中的助推作用。重点依托呼和浩特和银川两个机场的综合优势，以机场业务为核心，积极发展航空客运、货运、物流、机场购物、休闲度假、商务旅游等港区产业，在港区打造产业集聚区并带动空港周边地区的产业发展，形成呼和浩特和银川机场两个空港经济区。

——建设承接东部地区产业转移示范区。以《国务院关于中西部地区承接产业转移的指导意见》为方针，从实际情况出发，立足比较优势，紧紧抓住我国东部地区产业分工调整的重大机遇，发挥经济区资源丰富、要素成本低、市场潜力大的优势，依托已有的产业基础和劳动力、资源等优势，推动东部地区纺织业、五金产业、塑料模具产业、装备制造业、现代服务业、高技术产业和农产品加工业向经济区的转移。建设鄂尔多斯、银川、乌海、石嘴山为承接东部地区产业转移的示范城市。

第十一节　综合配套改革

经济区在发挥经济发展示范作用的同时，加强实施一系列综合配套改革，形成相互配套的管理体制和运行机制,成为国家新一轮西部大开发战略实施中的"新特区"和资源型地区体制机制改革创新的"试验田"。以资源开发和环境保护体制改革为突破口,深化对内对外开放、行政管理体制改革,加强重要领域和关键环节先行先试,着力增强经济区内生发展动力和可持续发展能力,为实现科学发展提供坚实保障。

一、资源开发管理体制

加快资源开发有偿使用市场化改革步伐,以电力体制、资源产品价格机制、土地管理制度和新能源开发利用体制改革为重点,率先形成中央与地方、地方政府与矿产资源开发地及企业与当地居民之间的资源开发利益合理分配机制。

——率先形成市场化的电力体制。坚持市场化改革方向,着力解决能源基地电力外送通道不足问题,鼓励打破电网垄断局面,积极推进智能化建设与改造。以电力企业竞价上网改革为核心,继续深化电价改革,促进煤电企业降低煤耗、改进管理,实现企业效率提高与电价降低的双赢。积极推进大用户与发电企业直接交易和电力多边交易试点,将有规模的重点工业园区和开发区纳入大用户直接交易试点。

——深化资源产品价格机制改革。深化油气、矿产品、水等资源性产品价格改革,建立反映市场供求关系、资源稀缺程度、环境损害成本的价格形成机制,完善差别化能源资源价格制度。加快健全矿产资源分类管理和矿业权有偿取得制度,探索建立经济区的探矿权、采矿权等资源有偿取得、使用和转让制度,进一步规范经济区内资源产权交易市场。积极推进水价改革,完善农业节水和农业用水价格政策。

——推进土地资源管理制度改革。完善农牧区土地流转机制,健全农牧区土地流转市场,鼓励农牧区土地承包经营权依法流转,探索土地承包经营权有偿转让、入股、出租、抵押、融资等多种物权化实现形式,推动农牧区土地使用权的资本化和市场化。深化土地征用、农牧区宅基地使用制度改革,完善征地程序,探索科学合理的征地补偿机制。加快建立转户居民宅基地、承包地和林地的弹性退出机制,完善多元化的土地开发机制。

——积极探索新能源开发利用体制。完善太阳能、风能、地热能、生物质能等可再生能源开发补贴制度,加强电源与电网规划协调,完善定价和分摊机制。经济区内新能源发展纳入电网规划,先规划电网、后建电站,对新增新能源的并网发电采用统一的定价机制,严格避免项目审批与电网规划脱节现象。鼓励自主选择供电方,允许中小发电户将剩余电力在社区网络内调剂和交易。

综述篇 West

二、环境保护管理体制

牢固树立环境容量观、环境资源观、环境价值观,加快建立和完善资源节约管理体制、环境准入和退出机制、环境保护监管体制和生态恢复补偿机制,为建设资源节约型和环境友好型社会提供制度保障。

——建立节约资源管理体制。加强节能减排体制机制建设,进一步完善煤炭资源配置政策,以资源配置促进资源集约开发、节约利用。加快制定资源节约的地方性法规,加强资源节约的标准制定和实施管理,控制资源消耗强度。完善节能减排的激励约束机制,积极开展碳汇核算、碳汇交易等试点工作,探索发展低碳经济的现实途径。

——完善环境准入退出机制。按照生态功能区不同要求实施"分类指导、分区推进",提高建设项目环境准入的门槛,从源头上控制高耗能高排放行业新上项目。加快完善落后产能退出机制,制定污染企业产能退出具体补偿办法,促使高污染行业退出市场。研究制定排污许可证管理办法、主要污染物排污权有偿使用和交易管理办法。

——完善环境保护监管机制。完善规划环评及项目环评机制,建立环境质量公报和企业环境行为公告等制度。建立投资项目节能审查评估制度,探索建立企业节能成效与信用等级评定、信贷资金支持联动机制。加强公众参与和社会监督,推行环境保护社会监督员制度。

——建立生态恢复补偿机制。建立健全资源开发生态补偿机制,加快制定经济区内矿区生态环境恢复治理规划。着力完善生态环境评价及监管制度,提取矿山环境治理恢复保证金,征收煤炭可持续发展基金,加强对矿区周边的环境治理和植被恢复综合治理。深化环保收费改革,实施开征环境税试点。

三、对外对内开放体制

经济区要吸引区际产业转移与投资,加快形成区际联动发展机制。通过构建对外贸易与投资新机制,积极探索对外开放合作机制。完善招商引资的落实机制,鼓励非公有制经济发展,建立优化发展环境的长效机制。

——建立区际联动发展机制。加强与其他经济区的经贸合作,建立经济区间产业转移统筹协调机制、重大承接项目促进服务机制等,引导和鼓励东部沿海地区产业向呼包银榆经济区转移。加快建立经济区多元化的金融支持体系,完善区际开放的资本市场环境。

——探索对外开放合作机制。积极探索与蒙古国、俄罗斯等国家经济合作共建共享的双赢机制,着力建设境外经济合作区、跨境经济合作区、边贸区等平

77

台,为打造沿边国际产业合作带创造良好的体制机制环境。切实提高边境贸易水平,通过赋予优惠的产业、财税、金融、投资等方面的政策措施,拓展与俄罗斯、蒙古国在贸易、资源开发、物流、基础设施等领域的合作,支持优势企业"走出去"。

——优化发展环境长效机制。完善招商引资的落实机制,建立重大外资项目联席会议制度。加强企业上市融资的促进机制,积极建立企业前期培育机制及企业上市前规范化改制机制。着力提高经济区通关效率以及物流服务质量和水平,鼓励建设虚拟无水陆港和保税区。鼓励支持和引导非公有制经济发展,进一步消除制约民间投资的制度性障碍,积极探索资源型地区中小企业集群培育机制。

四、政府行政管理体制

经济区要以深化行政管理体制改革为重点,加快转变各级政府职能,构建服务型政府。重点打破行政区划壁垒,优化政府组织体系和运行机制,改进政府管理和服务机制,完善行政监督体系和问责制,为经济社会发展创造良好服务环境。

——优化政府组织体系和运行机制。按照决策权、执行权、监督权既相互制约又相互协调的要求,在政府机构设置中率先探索实行职能有机统一的大部门体制。适应经济区发展需要,鼓励各地方合理调整行政区划,打破行政区划壁垒,促进生产要素自由流动。鼓励试行省(区)直管县体制,进一步扩大县(旗)级政府经济社会管理权限。积极探索机构编制管理与财政预算、组织人事管理的配合制约机制,合理配置行政事业编制。

——着力改进政府管理和服务机制。深化行政审批制度改革,减少和规范行政审批,简化审批程序,理顺部门之间、部门内部的审批程序。健全政府部门协调配合机制,提高行政效率。推进行政事业性收费改革,减少收费项目,率先实行审批管理"零收费"制度。规范化发展行政服务中心,加快建立跨部门统一互联的电子政务平台,积极推行网上办公和政务处理。

——加快完善行政监督体系和问责制。坚持科学民主决策,严格依法行政,构建法治政府。推进政务公开,完善政府信息发布制度,充分发挥政务信息对经济社会活动和人民群众生产生活服务的引导作用。更加注重群众和舆论监督作用,完善审计、监察独立行使权力保障制度。完善追究有关领导直至行政首长的行政问责制,督促和约束公务人员依法行使职权。

第十二节 政策支撑

经济区要实现科学发展,必须把完善政府调控与充分发挥市场作用结合起来,着力激发经济发展内在动力与活力。在主要依靠经济区自身努力的同时,加大国家支持的力度,推动经济区资源优势向经济优势转化。

一、产业政策

——经济区内实施差别化产业政策。适当放宽在经济区具备资源优势、具有较大市场需求的行业准入限制,允许经济区发展虽属高耗能、但国家必须且技术水平国内先进的项目。将国民经济发展必需的、用能较多且经济区有比较优势的产业向经济区能源基地集中,实现能源资源就地转化。在经济区继续进行煤制燃料项目的推广,加快能源结构调整。

——加大对经济区承接鼓励类产业转移的支持力度。在接受东部地区产业梯度转移的过程中,要设置产业准入标准,防止污染转移。鼓励金融机构改进对企业的资信评估管理,在风险可控的条件下,积极探索对鼓励类产业转移企业知识产权和非专利技术等无形资产的质押贷款,政策性金融机构要运用政策性资金支持鼓励类产业转移企业在经济区的发展。

——引导和扶持战略性新兴产业做大做强。特别是对于具有资源优势和市场需求的新能源、新材料、生物医药和节能环保等产业,加大资金投入和政策支持力度。

二、税收政策

——尽快开展资源税改革。将煤炭、天然气等资源税由从量计征改为从价计征,并适当调高上限标准。根据各地区煤炭行业上划中央税收情况,加大对煤炭资源输出地区转移支付力度,进一步促进煤炭产业可持续发展。

——调整中央和地方共享税收的分成比例。将少数民族地区的增值税地方留成比例提高 10～15 个百分点,将地方企业所得税和个人所得税调整为中央与地方分占 40% 和 60%,取消跨地区经营的企业所得税汇缴政策,执行企业所得税分支机构属地缴库政策,将少数民族地区上划中央的增消两税环比增量部分全额给予返还。

——加大对经济区内重点企业的税收优惠政策。对企业用于研究与开发的费用实行税收抵扣或加倍抵扣。允许企业税前提取技术开发基金,对采用先进技术设备进行新产品生产的企业实行加速折旧。对中间试验产品予以免税，对技术转让、咨询、服务、培训等的收入免征营业税，对循环经济开展配套服务的产业实行定额税。

——加大国家财政贴息的力度。国家对经济区的重大基础设施、基础产业、高技术产业、资源综合利用和特色产业等基建和技改项目贷款，给予一定的财政贴息。

——出台政策，调整"总部经济"造成的税收外流现象。经济区煤炭、天然气、矿产等资源大多数由国家大型企业主导，企业注册地大多在北京、上海等地，经济区仅注册其分支机构。经济区作为资源输出地仅能得到少量的流转税和资源税，大量的资源开发收益通过所得税流向东部地区。经济区内的投资企业必须在资源产生地注册企业法人，以培育当地税源，增加地方财力。

——对经济区发展的太阳能、风力发电、生物质能等清洁能源产业，应在国家已经制定的"三免三减半"税收优惠政策的基础上，对这些行业产生的增值税再给予 3~5 年的 30%~50% 的税收返还或即征即退的优惠，推动经济区新能源产业发展和产业结构调整。

三、金融政策

——在银川、呼和浩特建立区域性金融中心，鼓励各类金融机构在经济区偏远地区设立服务网点，鼓励股份制商业银行和外资银行到经济区设立分支机构。

——鼓励金融机构对经济区的重大基础设施建设项目、国家需要扶持的重点企业、支柱产业的贷款需求及时给予必要支持。对符合国家产业政策和节能环保要求的企业以及吸纳就业强、产品有前景的中小企业，通过信贷产品和服务方式创新，加大支持力度。

——支持企业通过股票市场融资，支持企业申请首次公开发行股票和上市公司再融资，支持该经济区上市公司并购重组、资产注入和整体上市。鼓励设立融资性担保公司和小额贷款风险补偿资金，对融资性担保公司或小额贷款公司为中小企业提供担保或融资的，予以一定的风险补偿奖励。

——引导各类金融机构和民间资金参与科技开发。鼓励金融机构改善和加强对高新技术企业，特别是对科技型中小企业的金融服务。建立以政府财政资金为引导，配合政策性金融、民间商业资本联合投入的风险投资基金，搭建多种形式的科技金融合作平台，采取积极措施，鼓励经济区战略性新兴产业的发展。

四、投资政策

——进一步加大国家投入力度,重点支持国家级能源化工基地、经济技术开发区、高新技术产业开发区、现代农牧业示范区和现代服务业集聚区,对其给予必要的政策和资金扶持。

——对经济区内公益性及以公益性为主的农村基础设施、生态环保、社会事业等领域的项目建设,逐步加大投入力度。

——在经济区布局重大建设项目,对由国家审批或核准的水利、交通、生态环境、特色农业、能源化工、生态纺织、装备制造和现代服务业等重点产业项目给予政策倾斜。

五、土地政策

——实施差别化的土地政策。允许经济区充分利用国有荒山、荒漠和荒地资源,以优惠的土地政策吸引国内外投资者,加快推进经济区新型工业化建设。对于经济区利用国有“三荒”地改善生态环境建设的,免收土地有偿使用费。对利用国有荒山、荒地的工业项目建设用地,免收新增建设用地土地有偿使用费。增加经济区建设用地规模,对新增建设用地年度计划实行差异化管理,将未利用地开发与年度计划指标脱钩,缓解经济区经济发展对建设用地需求与供给之间的矛盾。

——加大土地整理复垦开发力度,保证经济区耕地占补平衡。在不破坏生态环境的前提下,合理利用盐碱地、荒草地、裸土地等未利用地,拓展建设新空间。加大对城镇、村镇闲置、空闲、闲散用地的整合力度,鼓励低效用地增容和深度开发。统筹使用好新增建设用地土地有偿使用费等各类专项资金,用于土地整理复垦开发,优先补充耕地数量,提高耕地质量。将经济区列入城镇与农村建设用地增减挂钩的试点区域,并在新一轮土地利用总体规划修编中,对建设用地指标的分配上向经济区倾斜。

——在统筹安排农用地转为建设用地指标时,应符合土地利用总体规划,优先用于新农村建设,对产业集聚区和重点城镇予以重点倾斜。通过农村整理而增加的存量建设土地,根据土地总体利用规划、年度建设用地计划,优先纳入建设用地规划。按照依法自愿有偿原则,允许农民以转包、出租、互换、转让、股份合作等形式流转土地承包经营权,发展多种形式的适度规模经营。从严控制农牧民住宅建设,农牧民新建住宅应优先利用村内空闲地、闲置宅基地和未利用地,加强对“空心村”用地的改造,严格落实“一户一宅”制度,禁止超标准占地建房,逐步解决现有的超标准用地问题。大幅度提高政府土地出让收益,耕地占用税新增收入的比例用于发展现代农牧业。

六、环保政策

——实施节能减排指标分配的差异化政策。作为能源基地,经济区污染物排放指标应根据区域环境质量和环境容量给以适当提高。能源生产排放的二氧化硫等污染物和二氧化碳等温室气体,作为隐含污染和隐含温室气体计入能源消费者的减排账户。作为新能源基地,太阳能和风能等新能源开发所带来的减排效应,计入经济区账户。

——实行环境指标异地调剂,以接受电量为参照,将用电地区的环境指标让渡经济区,平衡煤电转换过程中的环保负担,为经济区发展其他工业留下环境指标增量空间。

——实施污染总量控制、有偿使用环境容量和排污权交易政策。在区域污染物排放总量严格控制的前提下由地方政府实施初始排污权的有偿使用,所收经费纳入地方政府的非税收入。基于各个企业污染减排的边际成本的差异性,在环境质量保障的前提下鼓励企业之间开展排污权交易,以优化配置排污权资源。

——大力建设新能源开发、植树造林、草原修复、湿地建设等项目形成碳汇资源。鼓励企业参与碳汇工程建设。支持经济区优先发展碳汇造林项目。按照清洁发展机制的基本原理,鼓励开展碳排放权的国际和区际交易。

——加大对生态脆弱地区的扶持力度,扩大生态项目覆盖范围,增加任务量,适度提高补贴标准,对禁牧、休牧、轮牧分别按照10元/亩、3元/亩和2元/亩的标准给予补贴。支持经济区按照15元/吨的标准开征资源开发生态补偿基金,用于生态建设、草原植被恢复以及对资源开发过程中利益受损群众进行补偿。

七、水资源政策

——实施取水总量控制、有偿使用水资源和水权交易政策。在区域取水总量控制的前提下由地方政府实施初始水权的有偿使用,所收经费纳入地方政府的非税收入。

——鼓励在地区之间、行业之间和用水户之间开展水权交易。鼓励企业投资农业节水灌溉工程,促进农业节约用水,为新建工业项目提供水源。

——基于南水北调东线工程和中线工程相继竣工,适时调整黄河分水"八七方案",享受到南水北调水源的地区应酌减黄河分水量,将更多的黄河水资源配置到水资源更加稀缺的呼包银榆经济区。

八、开放政策

——创建沿边国际产业合作带。依托已有的对外开放口岸,建设集边贸区、综合保税区、经济合作区、进出口加工区为一体的沿边国际产业合作带,推动沿边地区的进一步开放与发展,同时辐射和带动次沿边区域的发展。边境经济合作区5年新增财政收入留存当地,对边境经济合作区内基础设施建设的专项贷款提供贷款贴息。

——建立便利、高效的边检管理体系。加大对经济区边检基础设施和管理的投入,推动边检管理体系的效率提升,进一步拓宽其对外开放的渠道,促进内外资源与市场的衔接与整合。

——建立开放型经济的金融服务体系。在一区多园的国际产业合作带内,试点跨境贸易人民币结算,逐步建设成为辐射蒙古国、阿拉伯国家和穆斯林地区的区域性人民币跨境结算次中心。对边境贸易实行税收优惠。

专题篇

第一章

呼包银榆经济区研究范围和战略定位

"十一五"以来,国家颁布实施了关中—天水、广西北部湾等西部地区两大经济区发展规划,同时也研究制定了成渝经济区发展规划。当前,国家层面规划建设重点经济区已成为我国统筹区域协调发展的重要举措,打造带动和支撑西部大开发的战略高地。2010年,《中共中央、国务院关于深入实施西部大开发战略的若干意见》中明确指出"扎实推进成渝、关中—天水和广西北部湾等经济区发展,支持呼和浩特、包头、银川、新疆天山北坡、兰州、西宁、格尔木、陕甘宁等经济区发展"。因此,呼包银榆经济区建设上升为国家战略高度,其将成为我国西部地区第四个重点经济区,具有重要的战略地位和长远意义。

第一节　呼包银榆经济区的研究范围

呼包银榆经济区的研究范围包括内蒙古自治区的呼和浩特市、包头市、鄂尔多斯市、巴彦淖尔市、乌海市、锡林郭勒盟的二连浩特市、乌兰察布市的集宁区、阿拉善盟的阿拉善左旗,陕西省的榆林市,宁夏回族自治区的银川市、石嘴山市、吴忠市、中卫市的沙坡头区和中宁县所辖行政区域,面积37.3785万平方公里,2009年年末常住人口为1781.36万人。直接辐射区域包括内蒙古自治区的乌兰察布市和锡林郭勒盟,以及阿拉善盟的阿拉善右旗与额济纳旗,陕西省的延安市,宁夏回族自治区的固原市与中卫市海原县。

本研究区域范围的选择是按照以线串点、以点带面的总体要求,重点选择了经济基础好、资源环境承载能力强、发展潜力大的地区,主要考虑了矿产资源等自然环境因素、铁路交通等基础设施因素、能源化工等产业发展因素和开放口岸等地理区位因素,保证经济区范围的完整性和重要性。呼包银榆经济区在地理空间和经济、社会、文化、民俗等方面存在着内在联系,自然环境的一体性、基础设施的连贯性以及资源能源、区位等优势,客观上形成了一个人缘、地缘和业缘联系密切的经济统一体,符合重点经济区的特征和要求。

一、考虑自然环境的一体性

经济区内的鄂尔多斯、宁东、榆林、乌海等大部分地区均属于鄂尔多斯盆地,地质特征相似,自然环境具有一体性。该区域内的准格尔、神东、神榆、榆横、灵武等大型整装煤田的煤质、品种类似,是名副其实的"能源聚宝盆"的核心区域。鄂尔多斯盆地北起阴山、大青山,南抵秦岭,西至贺兰山、六盘山,东达吕梁山、太行山,总面积37万平方公里,是我国第二大沉积盆地,包括甘肃东部、宁夏大部、陕西北部,以及内蒙古和山西部分地区。本研究把银川市、石嘴山市、吴忠市、榆林市纳入经济区研究范围的重要原因之一是考虑其自然环境的一体性,考虑能源资源开发利用的完整性,符合经济区战略定位和发展特征。同时,国家已经考虑把宁东、鄂尔多斯和榆林打造成为能源化工"金三角"。2010年2月,时任中共中央政治局常委、国务院副总理李克强在宁夏考察时指出:"宁东、鄂尔多斯、榆林现在看是个'金三角',这块(区域)整体规划、统筹考虑、有序推进,很可能成为我们国家十分重要的能源化工基地,在国家全局当中会有举足轻重的作用。"因此,不管从自然地理环境特征,还是从国家相关规划衔接的角度,都应把宁东、榆林纳入经济区研究范围。

二、考虑基础设施的连贯性

经济区研究范围选择应考虑区域内铁路、公路等主要基础设施的连贯性。呼包银榆经济区研究范围内已经建成的铁路有北京—包头—兰州、包头—西安、准格尔—大同—秦皇岛、包头—神木—朔州、临河—策克—嘉峪关、集宁—通辽、太原—中卫—银川等;已建成的高速公路有北京—银川、青岛—银川、临河—兰州、包头—西安、集宁—太原、包头—茂名等。除此之外,还有若干个电力输送通道和石油天然气输送管道。本研究范围的选择充分考虑了上述基础设施的连贯性,遵循了经济区产业布局向主要交通干线集中的基本原则。例如,经济区研究范围纳入乌兰察布市的集宁区主要是考虑其交通枢纽地位。其是内蒙古自治区东进西出的"桥头堡"、北开南联的交汇点,是连接东北、华北、西北三大经济区的交通枢纽,也是中国通往蒙古国、俄罗斯和东欧的重要国际通道。内蒙古自治区也一直将其纳入呼包鄂经济区中。

三、考虑区域产业的集聚性

经济区研究范围的选择充分考虑了区域内主导产业的关联性和一致性。

呼包银榆经济区基本上形成了以能源、化工、冶金、建材、装备制造等产业为主导的产业体系,绝大部分主导产业均与煤炭、盐矿、金属等矿产资源相关,具有较强的关联性和一致性,在全国已占据重要地位。除了包头、鄂尔多斯、榆林、乌海等资源型城市和工业大市,研究范围把阿拉善盟的阿拉善左旗纳入主要是考虑其产业与经济区主导产业的关联性。阿拉善左旗已形成了以煤炭采掘、盐化工、煤化工为主的资源型产业体系,是阿拉善盟的工业经济重地,也是内蒙古自治区重点打造的"小三角"区域的重要组成部分。研究范围纳入阿拉善左旗,将与乌海、石嘴山、鄂尔多斯等地区产业形成较强的关联和互补,有利于经济区内的产业集聚发展。

四、考虑地理区位的战略性

研究范围的选择慎重考虑了呼包银榆经济区地理区位的战略性特点。该经济区是我国向北与蒙古国和俄罗斯,向西与中亚、西亚国家和地区开放的重要通道,是连接环渤海地区、华北地区与大西北地区的重要枢纽,是我国东部地区的重要能源供给地和承接东部地区产业转移的重要示范区。经济区与蒙古国交界有二连浩特、甘其毛都、策克、满都拉、巴格毛都五个边境口岸。经济区研究范围的选择离不开边境口岸的因素。例如,把二连浩特单独纳入研究范围,主要是考虑其在我国向北开放中的重要战略地位。二连浩特是我国与蒙古国贸易规模最大的口岸,是我国与俄罗斯通过国际铁路进行贸易的重要口岸。因此,无论是从国家向北开放,还是从经济区扩大对外开放的角度,都应把二连浩特纳入经济区研究范围中。

五、考虑水利资源的稀缺性

水资源对经济区研究范围的选择具有重要影响,尤其对西北地区开发利用矿产资源、提高就地转化率、实现资源优势向经济优势转化具有举足轻重的意义。呼包银榆经济区研究范围内普遍缺水,不仅存在资源性缺水和结构性缺水,而且存在水质性缺水和工程性缺水,经济区的新型工业化与工业用水矛盾日益突出。因此,考虑到经济区未来产业发展需要以及区域内部水资源和生产要素的合理配置和自由流动,重点把巴彦淖尔市纳入研究区域范围内,鼓励巴彦淖尔等河套地区发展节水型农业,改造提升水利设施,鼓励区域内部通过水权置换等方式实现合作共赢,保障黄河水资源生态安全。

第二节　呼包银榆经济区的地位和意义

呼包银榆经济区(以下简称经济区)包括内蒙古自治区的呼和浩特市、包头市、鄂尔多斯市、巴彦淖尔市、乌海市、锡林郭勒盟的二连浩特市、乌兰察布市的集宁区、阿拉善盟的阿拉善左旗,宁夏回族自治区的银川市、石嘴山市、吴忠市、中卫市的沙坡头区和中宁县,陕西省的榆林市所辖行政区域,面积达37.3785 万平方公里,2009 年年末常住人口为 1781.36 万人。经济区横跨 3个省、自治区,所辖范围广,涉及内容多,是国家重要的能源资源接续地、战略性能源供应保障基地和新兴化工基地,是我国经济社会发展最快的少数民族聚集地。

一、事关国家能源安全保障

石油是保障国家经济命脉的重要战略资源,但我国能源结构是"富煤、少油、缺气",能源供求矛盾主要体现在以原油为代表的优质能源资源储量不足。石油供应保障关乎国家能源安全。随着石油需求量的逐年递增,我国的石油进口量快速增长。据统计,2008 年年底,中国石油对外依存度已近 50%,已成为世界第二大石油消费国和第二大石油进口国。根据国际能源组织预测,若不改变目前的消费结构,到 2020 年,我国的石油对外依存度将达到 60%～62%。根据国家发改委能源研究所公布数据,2009 年,国内一次性能源消费结构中,煤炭占 68.7%的比例,石油占 18%,天然气占 3.4%,非化石能源,即可再生能源消费比重上升到 9.9%,煤炭消费量依然占据绝对主导地位(见表 1-1、图 1-1和图 1-2)。

表 1-1　我国能源生产总量与生产结构

年　份	能源生产总量 (万吨标准煤)	煤炭(%)	石油(%)	天然气(%)	水电、核电、 风电(%)
1980	63735	69.4	23.8	3.0	3.8
1990	103922	74.2	19.0	2.0	4.8
2000	128978	72.0	18.1	2.8	7.2
2006	221056	76.7	11.9	3.5	7.9

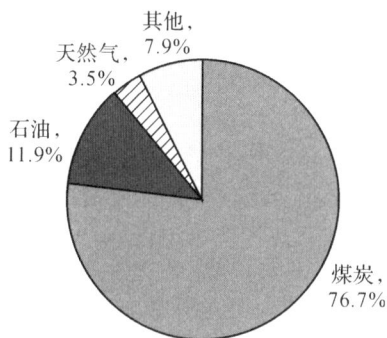

图 1-1　2006 年我国能源生产结构

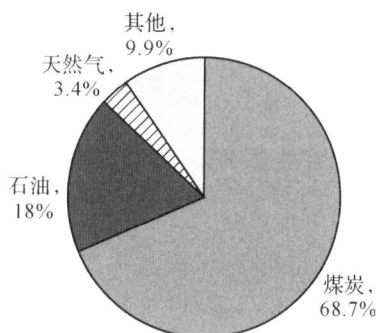

图 1-2　2009 年我国能源消费结构

国家统计局资料显示,我国石油远景资源量 1086 亿吨,可开采资源为 140 亿吨至 150 亿吨。除去新中国成立以来已开采的 50 亿吨,还可开采 100 亿吨。2009 年我国原油消费量近 4 亿吨,按此计算,100 亿吨的石油家底只能够再用 25 年。然而,与巨大的消费量相比,中国的石油剩余探明可开采储量却相对贫乏,仅占世界总量的 2.3%,居世界第十。与石油资源的相对贫乏相比,我国的煤炭资源十分丰富,已发现 1000 米以浅的煤炭资源达 12000 亿吨,已查证的资源量为 6800 亿吨,居世界第二。而呼包银榆经济区是煤炭资源富集区域,是属于鄂尔多斯盆地的核心,分布着丰富的煤矿,是世界上少有的几个巨型聚煤盆地之一。经济区煤炭已经探明的储量为 3548.35 亿吨,占全国的 30%,主要分布于鄂尔多斯、榆林和宁东地区,鄂尔多斯 1676 亿吨,宁东 273 亿吨(含吴忠 64.5 亿吨),榆林 1447 亿吨,具有极为重要的战略地位(见表 1-2)。

表 1-2　经济区三个国家亿吨级煤炭基地

序　号	基地名称	基地概况
1	神东煤炭基地	包括神东、万利、准格尔、包头、乌海、府谷 6 个矿区,主要为长焰煤和不黏煤,其他煤种有褐煤、焦煤、肥煤、气煤、无烟煤等
2	陕北基地	包括榆神、榆横 2 个煤区,主要为长焰煤和不黏煤,其他煤种有肥煤、气煤、贫煤、无烟煤等
3	宁东煤炭基地	包括石嘴山、石炭井、灵武、鸳鸯湖、横城、韦州、马家滩、积家井、萌城 9 个矿区,主要煤种为不黏煤、长焰煤、无烟煤、焦煤、肥煤、气煤等

石油供需的矛盾、价格的波动和由此而产生的能源安全已成为我国不可回避的现实问题。因此,建设呼包银榆经济区,打造若干个国家级能源基地,鼓励应用科学技术的手段,将能源资源加工转化为石油与化工制品,不仅可以缓解我国石油资源相对短缺的矛盾,而且还能较科学地解决煤炭作为终端能源利用

产品,在储存、加工、运输等诸多方面存在的不便。同时,经济区通过煤炭资源的高效清洁利用,创造良好的环境和减少温室气体排放,实现资源优势向经济优势转变,具有重要意义。

二、事关国家区域协调发展

改革开放以来,东部沿海地区借助政策优惠,利用区位优势率先开放,利用资金优势、市场优势、人才优势实现生产要素的空间转移,率先发展起来,逐渐形成"极化效应",实现"扩散效应",推进"经济特区—沿边开放城市—沿海开放区—内地"点线面结合的格局。然而,西部地区由于国家长期以国有重工业为主的战略政策,也由于区位的差异、历史原因、自然条件、产业结构、所有制结构等原因经济发展相对滞后,东西部差距急剧拉大,国家统筹区域协调发展任务日益加重。目前,东部沿海地区已形成有效的市场机制安排,西部仍处于低效的行政安排上,没有完成工业化的道路,二元化结构明显,城乡差距拉大,贫困面依然较大。过去十年西部大开发的重心实际上一直围绕成渝两大城市群展开。尽管广西、新疆、甘肃、陕西都曾先后实施了省域内的国家振兴规划,但与成渝经济区得到的一揽子高强度、全方位的持续倾斜政策相比,力度和影响力仍然不够。尤其是占全国三分之一以上陆地国土面积、土地贫瘠但资源富集的大西北以及内蒙古自治区迫切需要形成具有全国影响力的重点经济区(见表 1-3)。

表 1-3　我国西部地区重点经济区基本情况比较

西部地区重点经济区	区域面积(平方公里)	地区生产总值(GDP)(亿元)	人口(万人)	人均 GDP(元)	备注
呼包银榆经济区	373785	9643.32	1781.36	54134.6	2010 年
	373785	37388			2020 年
关中—天水经济区	79800	3765	2842	13248	2007 年
	79800	16400	3100	53000	2020 年
北部湾地区	42500	1769	1255	14096	2006 年
	42500	2000	1300	15385	2008 年
成渝地区	206100	15800	9840.7	16100	2009 年

呼包银榆经济区是我国能源、矿产资源、生态安全以及国防安全的战略要地,直接辐射内蒙古自治区的中东部地区、陕西北部地区、宁夏回族自治区,推动我国向蒙古、俄罗斯等国家进一步开放合作。经济区的发展不仅有利于形成能够带动整个大西北地区的区域经济增长极,且有利于形成资源型地区实现科

学发展的示范标杆(见表1-4)。经济区的建设将促进资源型地区更加科学合理地开发能源和矿产资源,推动资源优势向经济优势转化,从而缩小区域差距,实现全面协调可持续发展。

表1-4　我国西部地区重点经济区基本情况

序号	西部重点经济区	发展方向	基本情况
1	成渝经济区	带动和支撑西部大开发的重要战略高地	成渝经济区是长江流域重要的战略板块,在我国实施的沿海、沿江的"T"字形国土开发战略中,与长江中下游特别是最发达的长江三角洲遥相呼应。成渝经济区的能源工业、机械装备尤其是重型机械装备制造业、国防工业在全国占有重要地位;电子信息产业发展迅速,特色农副产品加工业也具有相对优势;旅游业发展势头很好;三峡库区形成后,保护和治理长江上游生态环境的重要性也日益突出。
2	关中—天水经济区	我国重要的高新技术产业带和先进制造业基地	关中—天水城市圈是我国西部智力资源最密集、工业基础较好、基础设施完善和城市化程度较高的地区之一。仅关中地区就有4个国家级开发区和2个省级开发区,集中了3个国家级星火技术密集区和13个省级星火技术密集区,在区域经济发展中发挥着越来越重要的带动作用。
3	广西北部湾经济区	西部大开发的重要支撑点,建成西南地区的主要出海口和出口加工基地,以及临海重化工业基地	广西北部湾经济区包括南宁、北海、钦州、防城港4市。本经济区沿海、沿边,区位优越,是中国与东盟的接合部,泛珠三角经济区与东盟经济区、东亚与东南亚的连接点,也是西南地区加强与东盟和世界市场联系的重要门户,开发潜力巨大。加快环北部湾(广西)经济区的开发建设,有利于把我国与东盟国家的互利合作推向新水平,有利于深入实施国家西部大开发战略,有利于推动我国扩大开放、加快发展。

三、事关国家生态安全屏障构筑

呼包银榆经济区生态环境建设是该区域重点任务之一。经济区是我国除新疆之外沙荒地分布最多、最广的地区,周边分布着巴丹吉林沙漠、腾格里沙漠、乌兰布和沙漠、库布齐沙漠和毛乌素沙漠等,能直接影响我国华北地区沙尘天气,也是造成近年来京津地区"沙尘暴"天气的主要原因。经济区位于大陆性干旱、半干旱气候带。这些地区水土流失和土地荒漠化相当严重。植被覆盖率低,生态环境十分脆弱。在煤炭的开采、加工、储运、燃烧使用过程中,会破坏地表,污染地下水资源,排放大量二氧化硫、二氧化碳和烟尘,造成大气污染。资料表明,平均每开采万吨煤炭可造成草原或农田塌陷0.2公顷,开采1吨原煤需排放2吨污水。《2007中国能源蓝皮书》披露,中国煤矿平均资源回收率为

30%,不到国际先进水平的一半。

经济区位于国家黄土高原综合治理范围内,水土流失非常严重。2011年国家颁布的黄土高原地区综合治理规划大纲指出,黄土高原地区共有水土流失面积47.2万平方公里,占该区总面积的72.77%,年均输入黄河的泥沙达16亿吨,涉及陕、晋、内蒙古、甘、宁五省(区)的45个县(旗)。黄土高原地区土地荒漠化和沙化主要集中分布在内蒙古、陕西、宁夏。调查数据显示,仅宁夏全区共有荒漠化面积4461万亩,其中沙化土地面积1774.5万亩。内蒙古鄂尔多斯市的乌审旗、鄂托克旗、鄂托克前旗和杭锦旗地处毛乌素沙地腹地,降雨稀少,蒸发强烈,水蚀模数小、风蚀剧烈,沙尘暴频繁,危害也很严重。呼包银榆经济区水土流失、水资源短缺、环境质量恶化、生态绿化系统简化及城市生态系统的非协同进化等各种生态环境问题日益突出和严重,影响了国家生态安全屏障建设。按照全国主体功能区规划要求,未来五年,我国将加快构建北方防风固沙屏障、黄河流域生态屏障等十大国土生态安全屏障。因此,经济区的建设将有效维护国家生态安全,促进经济社会可持续发展。

四、事关国家安全稳定与民族团结

呼包银榆经济区是少数民族聚集地,是我国各民族安定团结、共同发展的典型区域。经济区涉及的内蒙古自治区和宁夏回族自治区两大少数民族自治地方,是以少数民族为主体、汉族居多数,多民族共居的少数民族自治区。截至2009年,经济区内蒙古族、回族等少数民族人口数量约占12.5%(见表1-5)。

表1-5　经济区内少数民族人口情况　　　　　　　　　　　　　　　(单位:万人)

序　号	市(区、县、旗)	总人口数(2009年)	少数民族人口数量(2009年)
1	银川	170.18	40.0
2	石嘴山	74.52	15.4
3	吴忠	137.2	59.7
4	中卫(中宁和沙坡头区)	71.15	30.0
5	榆林	359.76	0.21
6	呼和浩特	270.85	26.8
7	包头	257.2	9.8
8	巴彦淖尔	173.3	11.4
9	乌海	48.76	6.5

序　号	市(区、县、旗)	总人口数(2009 年)	少数民族人口数量 (2009 年)
10	鄂尔多斯	162.54	17.0
11	集宁	34.43	0.9
12	阿左旗	14.29	4.2
13	二连浩特	7.1786	0.72
14	合计	1781.36	222.63

改革开放以来,内蒙古、宁夏等少数民族聚居地区经济社会实现了又好又快的发展,人民生活水平显著提高,民族贸易和民族用品生产日益繁荣,形成了"汉族离不开少数民族、少数民族离不开汉族、各少数民族之间也相互离不开"的和谐局面。然而,由于历史、文化和自然地理条件等原因,当前少数民族聚居地区的发展仍然相对滞后,区域不平衡格局尚未彻底改变,少数民族聚居地区经济发展任务依然艰巨。经济区的建设将带动少数民族聚集地经济社会又好又快地发展,改善少数民族群众人民生活,有利于民族团结,维护社会稳定和国家统一。通过经济区建设,可以在全社会营造民族团结的良好氛围,使各民族感受到国家经济发展政策的实惠,切身体会到党的民族政策的正确性,切实解决好少数民族群众上学、就业、就医、社保、住房等问题,能让更多的少数民族群众享受到改革开放和经济发展的成果,让少数民族群众不断体会到党和国家民族政策的温暖,为构建和谐社会创造有利条件。

第三节　呼包银榆经济区发展的战略定位

随着国家西部大开发战略的深入推进,呼包银榆经济区将成为我国大西北区域经济发展的强劲发动机,成为全国资源型地区科学发展示范区。从国家战略发展高度,规划建设经济区是未来 10 年深入实施西部大开发战略的重要举措和组成部分,是逐步缩小东西部地区差距和实现区域协调发展的重要途径之一。经济区要依托丰富的能源、矿产资源和特殊的区位优势,打造国家重要的现代能源化工基地、国家生态安全屏障、国家节水农业示范基地、国家向西向北开放和内陆开放的战略高地和统筹城乡发展的公共服务示范区。

一、国家重要的现代能源化工基地

经济区内能源资源丰富。近年来,经济区能源产业逐渐壮大,产能规模日益扩张,在带动地方经济发展的同时,对国家经济发展的支撑作用愈加显著,是国家能源安全战略的重要保障。经济区应统筹规划煤炭油气资源的勘探开发,率先实现煤炭等能源资源开采现代化。要加快推进国家煤化工示范项目建设,鼓励煤炭资源深度转化,进一步优化煤电、煤化工等产业布局,重点建设鄂尔多斯、宁东、榆林能源重化工业基地,实现资源优势向经济优势转化。在开发传统能源的同时,加快发展新能源产业,重点推进千万千瓦级和百万千瓦级大型风电基地建设,推动太阳能发电、生物质能发电建设。

二、国家生态安全屏障

呼包银榆经济区处于我国生态战略地位,是黄河流域中下游地区水资源和水环境的生态屏障、全国防沙治沙和治理水土流失的生态屏障、全国大气环境保护和温室气体控制的生态屏障。改造并保护好呼包银榆地区的生态环境,不仅有利于保证经济区自身工业化和城镇化战略的实施,而且有利于维护全国生态安全,促进资源节约型、环境友好型社会的建设。近年来,呼包银榆地区经济社会发展加快,脆弱的生态环境与经济快速发展之间的矛盾加深,高耗能产业过多,退耕还林政策缺乏可持续性,城市化和城市基础设施建设会带来较大的环境压力和较大的污染等。要坚持保护性重点开发,促进水资源、矿产资源的有效利用和新能源的科学开发。要做好环境治理工作,重点实施黄河保护、草原生态系统保护、防风固沙林营造、治沙产业发展、采煤沉陷区综合治理及矿山生态修复、节能减排等战略。要大力发展清洁生产和循环经济,依靠科技创新带动产业升级,使经济区的生态环境走上良性循环的道路。

三、国家节水农业示范基地

经济区水资源匮乏,工业用水短缺已成为大力发展现代能源化工产业的主要瓶颈之一。应加快推进灌区节水工程建设,鼓励发展节水农业示范项目。加强节水农业技术推广和基础设施建设,引黄灌区建成现代节水型灌区。推进水权转换,提高水资源利用效率。积极争取黄河用水指标,协调周边地区或区外省市参与黄河水权置换工作,解决工业项目用水缺口问题。

四、国家向西向北开放和内陆开放的战略高地

呼包银榆经济区是西部乃至中国向蒙古国、俄罗斯和中亚各国开放的门户和枢纽,也是连接京津唐环渤海地区、华北地区与大西北地区的重要桥梁,具有显著的区域辐射功能。要实现经济区的可持续发展,须形成地区间和国家间相互支持、相互促进、优势互补、共同发展的良好格局。要主动对接东部地区产业

转移,吸引人才、技术等当地稀缺的优质生产要素。要加强与蒙古国、俄罗斯和中亚各国的战略合作,大力发展对外贸易,扩大经济技术交流和合作,承接其丰富的自然资源的加工转化。要加快建设对外通道,完善铁路、公路、航空等交通设施,进一步确保区位优势的充分发挥和有效利用。

五、统筹城乡发展的公共服务示范区

统筹城乡发展是呼包银榆经济区落实科学发展观、推动城乡经济社会发展相互融合、构建社会主义和谐社会的有效抓手。以构建城乡统筹的公共服务体系为重点,加快推进公共服务的均等化,将经济区建成城乡统筹、富区强民的先行地区。要优先发展教育事业,加快普及义务教育。要加强农村基层公共卫生体系建设,改善农村医疗卫生条件。要加大对边疆地区和特殊贫困群体的扶持力度,让更广大的人民群众享受国家的经济发展成果。要建立健全城乡居民社会保障体系,使不同地区的人民都享有基本的生活保障。

第四节　呼包银榆经济区战略定位支撑条件

一、能源化工支撑条件

呼包银榆经济区定位为国家重要的现代能源化工基地,主要包含三个方面内容:一是以煤炭为主的传统能源资源保障基地和接续发展地;二是以风能、太阳能为主的新能源开发建设基地;三是煤基现代化工技术产业化发展基地。能源化工是经济区未来十年规划建设的重中之重,是整个规划的核心内容。当前,呼包银榆经济区所辖范围,不论是资源保障,还是产业基础,完全具备打造国家级能源化工基地的条件。

1. 国家级大型煤炭基地是能源基地的资源保障

经济区是我国罕见的煤炭资源富集区,拥有国家级大型煤炭基地,主要分布在鄂尔多斯、榆林和宁东地区。目前,宁东被列为国家重要的大型煤炭基地、"西电东送"火电基地、大型煤化工基地,已列入国家重点开发区;鄂尔多斯提出建设"国家战略性生态能源基地";榆林将建设我国大型煤炭产业示范基地。据统计,2009年,经济区内原煤产量达到6.4亿吨,油气产量突破3000万吨(见表1-6)。2010年2月27日,时任国务院副总理李克强在宁夏视察时指出:"宁东、鄂尔多斯、榆林现在看是个'金三角',这块(区域)整体规划、统筹考虑、有序推进,很可能成为我们国家十分重要的能源化工基地,在国家全局当中会有举足

轻重的作用。"因此,经济区能源资源富集,拥有发展的先机和动力。

表 1-6 呼包银榆经济区内原煤产量和发电量情况

序 号	市(区、县、旗)	2009 年原煤产量(万吨)	2009 年发电量(亿千瓦时)
1	包头	1490.1	274.9
2	鄂尔多斯	33840	435.7
3	呼和浩特	180	350
4	榆林	20929	293.5
5	银川	3544.83	154.43
6	巴彦淖尔	106.3	72.9
7	乌海	1892.37	117.92
8	石嘴山	1569.04	167.18
9	阿左旗	70.0	3.0
10	吴忠	386	150
11	集宁区	—	—
12	二连浩特	—	—
13	沙坡头区	3.0	5.0
14	中宁县	50.0	30.0
15	合计	64060.64	2054.53
16	全国	30.5 亿吨	37146.5

经济区内的鄂尔多斯、榆林和宁东地区是鄂尔多斯盆地能源基地的核心区,仅煤炭探明储量就超过全国的 30%。其中,鄂尔多斯市是我国煤炭主要资源地和生产基地,全市 8.7 万平方公里的土地上,含煤面积约占 70%,境内拥有准格尔、东胜和卓子山三大煤田。目前全市煤炭已探明储量为 1496 亿吨,预测远景储量 1 万亿吨。其中探明储量约占全国的 16.67%,约占内蒙古自治区的 50%。因此可以说鄂尔多斯市是我国乃至世界的煤炭资源和生产中心。鄂尔多斯三大煤田现已探明储量为 1240 亿吨,其中全市受到采动的普查以上煤田以及浅部区储量约占 175 亿吨,规划而未动用储量(普查以上)达 498 亿吨,覆盖较深的东胜煤田普找区(包括乌兰希里普查区 118 亿吨,杭锦旗塔拉沟地区 40 亿吨埋深 400 米)有 571 亿吨。鄂尔多斯大部分煤田的地质构造简单,煤层

稳定,厚度大,埋藏浅,开采成本低。同时,鄂尔多斯天然气探明储量 8000 亿立方米,境内坐拥世界级苏里格大气田。2009 年,鄂尔多斯市能源生产总量折合标准煤 2.74 亿吨,其中约 2.32 亿吨外运出市。煤炭新增产能 6230 万吨,总产能达到 3.1 亿吨,总产量达到 3.38 亿吨,占全国煤炭总产量的比重达到 11％,占全区的比重达 53％,其中约 2.96 亿吨外运出市。到 2015 年,鄂尔多斯市计划煤炭开发主体控制在 50 个左右,煤炭企业产能全部达到 300 万吨以上,培育 3 户产能超 5000 万吨/年、7 户产能超 1000 万吨/年的地方大型煤炭企业。新增煤炭产能 2.28 亿吨,矿井设计产能规模控制在 5.5 亿吨左右,达到全国同期生产能力的 15％。煤炭就地转化率达到 30％以上,煤矿回采率和洗选比例超过 75％,机械化率达 95％以上(见图 1-3)。

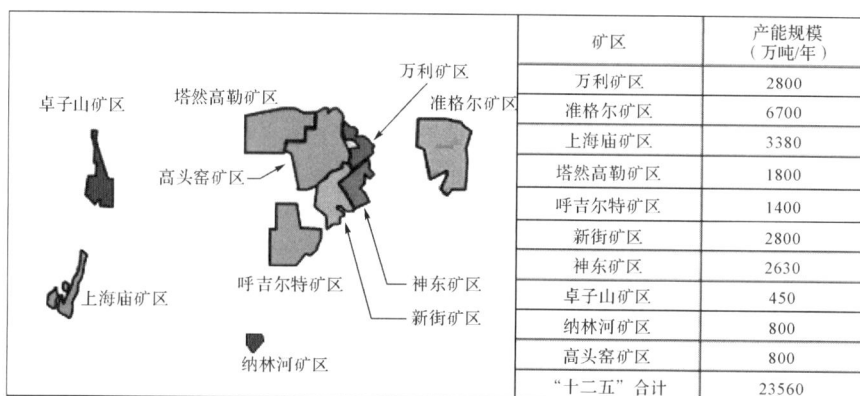

矿区	产能规模 (万吨/年)
万利矿区	2800
准格尔矿区	6700
上海庙矿区	3380
塔然高勒矿区	1800
呼吉尔特矿区	1400
新街矿区	2800
神东矿区	2630
卓子山矿区	450
纳林河矿区	800
高头窑矿区	800
"十二五"合计	23560

图 1-3　"十二五"时期鄂尔多斯市煤炭新增产能布局

在电力生产方面,2009 年鄂尔多斯市电力新增装机 184 万千瓦,总装机达到 1209 万千瓦,总发电量 436 万千瓦时,其中约 216 万千瓦时外输至河北南网。"十二五"时期,全市加快既有火电厂的脱硫改造和新建火电厂的脱硫配套,积极发展整体煤气化联合循环发电(IGCC)、碳捕集等绿色煤电技术,加速火电绿色升级步伐。大力发展大容量、高参数的燃煤机组,组织有实力的大企业以收购、兼并等方式,实现已有电厂的"上大压小"。到 2015 年,全市电力总装机容量达到 2225 万千瓦,其中火电 2000 万千瓦、水电 95 万千瓦、风电 70 万千瓦、太阳能发电 50 万千瓦、生物质能发电 10 万千瓦,可再生能源发电装机占总装机规模的比重提高到 10％以上(见表 1-7)。

表 1-7　鄂尔多斯市已建和在建电厂情况

序　号	项目名称	所在地点	建设规模(万千瓦)	西电东送容量
已建成电厂				
1	准能电厂	准格尔旗	2×10	
2	国华准格尔电厂	准格尔旗	4×33	132
3	达拉特电厂	达拉特旗	6×33+2×60	318
4	鄂绒棋盘井电厂	鄂托克旗	4×33	
5	准能矸石电厂一期	准格尔旗	2×15	
6	万家寨水电站	准格尔旗	3×18	
7	汇能公司蒙南电厂	伊金霍洛旗	2×6	
8	蒙泰公司热电厂	东胜区	4×2.5	
9	神东上湾热电厂二期	伊金霍洛旗	2×1.2+2×13.5	
10	蒙西矸石电厂	鄂托克旗	2×30	
11	亿利PVC自备电厂	鄂托克旗	2×5+4×20	
12	准旗大饭铺电厂	准格尔旗	2×30	
13	神华煤液化自备电厂一期	伊金霍洛旗	2×10	
14	双欣矸石发电厂	鄂托克旗	2×20	
15	东胜热电厂一期	东胜区	2×30	
16	酸刺沟矸石电厂	准格尔旗	2×30	
在建电厂				
1	准能矸石电厂	准格尔旗	2×30	
2	布连电厂	伊金霍洛旗	2×60	
3	杭锦矸石电厂	杭锦旗	2×30	

　　榆林是煤炭资源富集区,从榆林一路向北,到神木、店塔和大柳塔,再跨过乌兰木伦河到内蒙古上湾、到鄂尔多斯市,这条200多公里长的狭长地带被誉为中国的"能源走廊"。全市煤炭资源的预测储量为2714亿吨,探明储量为1447.74亿吨,分别占全省的70%和86%,占全国探明储量的12%。榆林市的煤炭资源主要是在三个不同地质历史时期形成的。一是二叠纪煤田,含煤面积与该地区国土面积相当,探明可采的主要有府谷、吴堡两个矿区,累计探明储量为54.74亿吨。吴堡煤是我国稀有的焦煤和肥煤气煤,将是陕西最大的焦煤基

地。二是三叠纪煤田，主要分布在子洲、米脂、横山、佳县等地，含煤面积 3000 多平方公里，储量约 5 亿多吨，煤层厚度在 1 米以下，为开采利用价值不大的薄煤层。三是侏罗纪煤田，主要分布在榆、神、府、定、靖、横六县，含煤面积 24561 平方公里，占该地区国土面积的 56%。有 5 个含煤组，可采煤层 14 层，单层最大厚度为 12.5 米，探明资源/储量为 1388 亿吨，占全市已探明煤炭总量的 95.87%。侏罗纪煤是榆林市的主力煤，煤质具有特低灰（7%～9%）、特低硫（小于 0.8%）、特低磷（0.006%～0.035%）、中高发热量（6888～8200 卡/千克）的特点，是优质低温干馏、工业气化和动力用煤，是国内少有的理想环保用煤，被誉为"环保煤"、"洁净煤"，可用于煤制甲醇、煤制油、水煤浆、活性炭、超纯煤制作、气化和建筑、工业及民用，在国际上有较强的竞争力。

榆林市煤炭储量相当于 50 个大同矿区、100 个抚顺矿区，与俄罗斯的顿巴斯煤田和库兹巴斯煤田、德国的鲁尔煤田、美国的波德河煤田和阿拉契亚煤田、波兰的西里西亚煤田并称世界七大煤田。目前，榆林市已成为仅次于鄂尔多斯市的全国第二个过亿吨的产煤大市（地级市）。煤炭工业产值突破百亿元，占全市总产值的 35% 以上。煤炭行业提供的税收占财政总收入的 30% 以上，使榆林成为西部乃至全国最有活力的地区之一。

宁夏煤炭远景储量 2027 亿吨，已探明储量 310 亿吨，位居全国第六。在宁东基地 3500 平方公里的规划区域内，就探明煤炭储量 273 亿吨，是全国罕见的整装煤田。尤其是在灵武、盐池、同心、红寺堡地区，有一个南北长 130 公里，东西宽 50 公里，面积约为 3500 平方公里的煤炭富集区——宁东能源化工基地。那里已探明煤炭储量 273 亿吨，远景储量 1394.3 亿吨，是一个全国罕见的储量大、煤质好、地质构造简单的整装煤田，被列为国家 13 个重点开发的亿吨级矿区之一。宁东能源化工基地分为 3 个分基地：宁东煤炭基地、宁东火电基地、宁东煤化工基地。基地核心区位于银川市灵武境内，重点发展煤、电、煤化工三大核心产业，以及机械加工、生物制品、建筑材料等相关产业和一大批辐射产业。宁东能源化工基地规划区总面积约 3484 平方公里，东以鸳鸯湖、马家滩、萌城矿区的边界为限；西与白芨滩东界接壤，延伸到积家井、韦州矿区西界；南至韦州矿区和萌城矿区的最南端沿省界的连接线；北邻内蒙古自治区鄂托克前旗。东西宽 16～41 公里，南北长 127 公里。2008 年 9 月出台的《国务院关于进一步促进宁夏经济社会发展的若干意见》把宁东上升为"国家级重点开发区"，确定了宁东"国家三大基地、一个示范区"的战略定位，要求"把宁东建设成为国家重要的大型煤炭基地、煤化工产业基地、西电东送火电基地和循环经济示范区"。

2. 现代煤化工示范项目为化工基地奠定了产业基础

经济区力争依托资源而不依靠资源，由简单资源输出转向高起点、高附加值资源高效利用,走出一条"高技术"、"多联产"、"低碳经济"新型工业化路子,取得了一定成果。当前,经济区内现代煤化工产业发展迅速,诸多国家级示范项目为打造新型化工基地奠定了产业基础。宁东年产 85 万吨煤制甲醇、50 万吨煤制烯烃以及宁东基地的大型煤焦化等一批现代煤化工产业已经建成,年产 400 万吨煤变油,年产 200 万吨煤制烯烃、40 亿立方米煤制天然气等项目建设步伐进一步加快。煤制油、煤制气、煤制二甲醚、煤制乙二醇等新型化工项目都已在鄂尔多斯落地;包头神华煤制烯烃项目投入应用,榆林锦界天元化工 50 万吨中温煤焦油轻质化项目建成投运,延长醋酸、榆天化甲醇等重大项目顺利推进。2008 年 12 月,国家发展和改革委员会、宁夏回族自治区人民政府、国家能源局为"国家重点开发区——宁东能源化工基地"揭牌,总投资近 400 亿元的 8 个能源化工项目建设在该基地启动。这是一次性开工规模最大的煤电化项目群。神华集团、国内五大发电集团、中石油、中石化、山东鲁能、德国鲁奇和西门子、美国陶氏、南非沙索尔等竞相在经济区内投资合作(见表 1-8)。

表 1-8　经济区内主要现代煤化工项目基本情况

序　号	项目所在地	公司名	产品	设计产能 (千吨/年)	进展
1	鄂尔多斯	神华集团	油品	1080	已投产,调试中
2	鄂尔多斯	伊泰集团	油品	160	稳定运行
3	鄂尔多斯	汇能煤集团	合成天然气	20(亿立方米/年)	开工在建
4	鄂尔多斯	中天合创	二甲醚	3000	开工建设
5	包头	神华集团	聚乙烯、聚丙烯	PE 300 PP 300	已投产,调试中
6	宁夏宁东 煤化工基地	神华宁煤集团	聚丙烯	520	开工建设

现代煤化工是典型的重工业。经济区打造新型化工基地,需要具备电力、水资源、成本、运输条件和投资环境等基本条件。目前,经济区上述条件基本具备,应率先成为现代煤化工技术产业化发展示范基地。在电力方面,国家已经将内蒙古自治区作为重要的能源生产基地和西电东送基地,电力供应不仅数量上有可靠保证,同时在电力价格上也有较大优势,为煤化工发展奠定了坚实的竞争基础。在水资源方面,通过水利工程建设和黄河水权置换,基本可满足经济区能源化工基地近期和中期建设的水资源需求。例如,"十二五"期间,鄂尔多斯市可利用水资源量将达到 23.72 亿立方米,其中黄河水 7.0 亿立方米,地表水 5.1 亿立方米,地下水 10.32 亿立方米,黄河水权置换 1.3 亿立方米。在成本方面,经济区内人口密度较低,可利用土地资源较多,土地开发成本较低,

对环境和农田影响小,因此有利于降低大型煤化工基地和大型煤化工生产装置建设费用。此外,经济区发展煤化工靠近煤产地,加之煤炭开采成本低,煤价低廉,能源费用和劳动力成本都较低,生产出来的煤化工产品具有较强的成本竞争优势。在运输方面,南北方向的包神铁路由北到南贯穿整个鄂尔多斯地区,北部与西部国家东西向干线隔河相望,包兰铁路线在鄂尔多斯市境内有杭锦旗的巴拉贡站、鄂托克旗碱柜站。

"富煤贫油"的能源结构以及相对低廉的煤价是我国"煤制油"发展的主要动力。呼包银榆经济区发展"煤制油"是我国石油战略的现实选择,将"煤制油"作为煤炭的清洁转化和高效利用的重要手段,将是未来世界能源结构调整和保证经济高速发展对石油需求的重要途径。

3. 独特的自然地理条件为开发新能源创造了机遇

呼包银榆经济区不仅拥有丰富的煤炭等能源、矿产资源,且具备得天独厚的风能、太阳能等新能源资源。内蒙古自治区是我国可再生能源最富集的地区之一,10米高度层的年平均风速为3.7米/秒。根据中国气象科学院的估算,全区理论可开发风能储量为78690万千瓦,可开发风能储量为6180万千瓦,占全国总风能储量的24.4%,处于全国各省区第一位。其中,经济区所辖范围的内蒙古中部和西部地区的理论可开发风能储量为64376万千瓦,技术可开发风能储量为5056万千瓦。加之内蒙古西部地区电网较完善,风力发电开发成本较低,能够有效提高风力发电企业的经济收益。内蒙古不仅有储量巨大的风力资源,太阳能资源也很丰富,总辐射量在每平方米4800~6400兆焦耳,年日照时数为2600~3200小时。其中巴彦淖尔及阿拉善盟系全国高植区,太阳能总辐射量高达每平方米6490~6992兆焦耳,仅次于青藏高原,处于中国的第二位。

宁东地区新能源资源也很丰富,属中温带干旱气候区,具有干燥、雨量少而集中、蒸发量大、日照时间长、冬春季风沙多等特点。年平均气温为6.7~8.8℃,年平均风速2.5~2.6米/秒,风能、太阳能开发潜力大。经济区内的榆林市风能、太阳能资源开发利用具有得天独厚的优势条件:第一,有效风出现时间多,长城沿线以北的年有效风小时数一般大于6000小时,甚至达到7500小时;第二,风向稳定,风场质量高;第三,破坏性风速出现概率小;第四,土地面积广阔,地势平坦,交通方便,工程条件好;第五,电网条件好,有利于风电向外输送;第六,地表多为荒漠、草原或退化草场,风能开发对生态环境影响较小。另外,榆林市年太阳辐射达每平方米5500~6000兆焦耳,年平均日照时数2620~2830小时,是全国太阳能资源富集区之一。

表1-9列出了榆林市风力发电项目规划建设情况;表1-10列出了榆林市太阳能光伏项目规划建设情况。

表1-9 榆林市风力发电项目规划建设情况

序 号	项目名称	投资主体	建设规模及主要内容	建设地点
1	鲁能靖边风力发电项目	鲁能集团	建设装机4.8万千瓦风力发电场	靖边县
2	国电定边繁食沟风力发电一期工程	国电集团	建设装机4.95万千瓦风力发电场	定边县
3	大唐定边张家山风力发电项目一期工程	大唐陕西发电有限公司	建设装机4.95万千瓦风力发电场	定边县
4	华能靖边龙洲风电场一期工程	华能集团	建设装机4.95万千瓦风力发电场	靖边县
5	国电靖边草山梁风力发电一期工程	国电西北分公司	建设装机4.95万千瓦风力发电场	靖边县
6	国电靖边祭山梁风力发电一期工程	国电西北分公司	建设装机4.95万千瓦风力发电场	靖边县
7	国电定边繁食沟风力发电二期工程	国电西北分公司	建设装机4.95万千瓦风力发电场	定边县
8	大唐定边张家山风力发电项目二期工程	大唐陕西发电有限公司	建设装机4.95万千瓦风力发电场	定边县
9	华能定边郝滩风电场	华能陕西发电有限公司	建设装机4.95万千瓦风力发电场	定边县
10	华能靖边龙洲风电场二期工程	华能集团	建设装机4.95万千瓦风力发电场	靖边县

表1-10 榆林市太阳能光伏项目规划建设情况

序 号	项目名称	投资主体	建设规模及主要建设内容	建设地点
1	中电投3万千瓦太阳能并网光伏电站	中电投集团	一期1万千瓦太阳能并网光伏电站;由中电投集团黄河上游水电开发有限公司与美国应用材料公司合资建设	榆林市
2	华电3万千瓦太阳能并网光伏电站	华电陕西能源公司	建设3万千瓦太阳能并网光伏电站,其中一期1万千瓦	榆林市
3	华电0.5万千瓦太阳能并网光伏电站	华电陕西能源公司	建设0.5万千瓦太阳能热并网电站	榆林市
4	国电3万千瓦太阳能并网光伏电站	国电集团西北分公司	建设3万千瓦太阳能并网光伏电站,其中一期1万千瓦	榆林市
5	华能1万千瓦太阳能并网光伏电站	华能陕西发电有限公司	建设1万千瓦光伏电站	榆林市

序　号	项目名称	投资主体	建设规模及主要建设内容	建设地点
6	商洛比亚迪公司榆阳区1万千瓦光伏电站	商洛比亚迪实业有限公司	建设1万千瓦光伏电站	榆阳区
7	江苏无锡尚德集团2万千瓦光伏电站	江苏无锡尚德集团	建设2万千瓦光伏电站	榆林市
8	广东志成冠军集团1万千瓦光伏电站	广东志成冠军集团	建设1万千瓦光伏电站	榆林市
9	陕西鼎晟龙科技公司1万千瓦光伏电站	陕西鼎晟龙科技公司	建设1万千瓦光伏电站	榆林市

因此,呼包银榆经济区新能源可进行成规模开发利用的区域主要集中在内蒙古鄂尔多斯、巴彦淖尔,宁东地区,以及榆林市西部的定边、靖边两县。在这些地区风能资源较为丰富,风向稳定,破坏性风速小,地势较为平坦,交通方便,工程地质条件好,风电上网容易。同时,该地区地表为荒漠、草原或退化草场,一般无需保护的动植物,在风能、太阳能等新能源开发利用中对生态环境影响较小,前景十分广阔。

二、生态屏障支撑条件

呼包银榆经济区位于黄河中上游,土地面积以沙漠和沙地为主,是我国重要的水上、陆上、空中生态安全屏障。加强西部地区生态环境保护,不仅是西部地区经济社会发展的重要前提,也是我国可持续发展的必然要求。由于自然条件的相对恶劣以及传统经济增长方式的破坏,大部分区域生态环境变得十分脆弱,生态承载力严重不足,因此需要进一步加强生态建设和环境保护,维护我国的生态安全。

1. 经济区是我国沙尘暴的重要发源地

呼包银榆经济区的地形以沙漠和沙地为主,是我国沙尘暴的重要发源地和其他沙尘暴进入华北地区的必经之地,也是每年泥沙入黄的主要区域。因此,该地区是阻挡沙尘暴南扩东移和防止泥沙入黄的重要屏障。西部大开发十年期间,经济区已经实施了一系列草原生态、林业生态和治沙生态工程。从2000年实施退牧还草政策以来,内蒙古京津沙源治理项目区草原植被盖度提升了14%~16%、牧草产量提高了25%~34%,项目区生态环境明显好转。2004年全区荒漠化和沙化土地面积首次出现"双减少",2.4亿亩风沙危害面积和1.5亿亩水土流失面积得到了初步治理。2008年全区实现了森林面积和森林蓄积量持续"双增长",森林覆盖率由2000年的14.7%上升到2009年的20%。然而,从经济区所承担的生态屏障要求看,非项目区的草原"三化"(退化、沙化、盐渍化)现象仍在加剧,"三化"草原面积占草原总面积的比重由 20 世纪 60 年代的 18% 发展到 80 年代的 39%,进一步从 2003 年的 62.68% 发展到 2009 年的 73.5%,草原生态退化的总体态势并没有得到根本改变。森林资源总量依然不足,森林生态功能十分脆弱。沙尘暴依然十分猖獗,治沙任务仍然十分艰巨。

2. 经济区的资源综合开发利用率较低

呼包银榆经济区总体降雨量少,蒸发量大,主要依靠黄河供水以及少部分地表水和地下水,整体水资源匮乏。经济区的水资源效率依然十分低下,目前,宁夏和内蒙古的黄河用水量为 100 亿立方米,农业用水占水资源总量的 91%,水资源利用系数仅为 0.4 左右,而全国的平均水平为 0.48,差距十分显著。

经济区内各盟市的节能状况堪忧,单位 GDP 的能耗在全国处于落后水平(见表 1-11)。2009 年单位 GDP 能耗状况是:宁夏回族自治区居于全国倒数第一,内蒙古自治区居于全国倒数第五,而陕西省榆林市还劣于全国倒数第五的内蒙古自治区。

表 1-11　2005—2009 年经济区主要盟市单位 GDP 能耗状况

(单位:吨/万元)

地　　区	2005 年	2006 年	2007 年	2008 年	2009 年
全国	1.22	1.205	1.166	1.102	1.078
内蒙古自治区	2.48	2.413	2.305	2.159	2.009
呼和浩特	—	—	1.747	1.645	1.552
包头	—	—	2.486	2.301	2.113
乌海	—	—	6.273	5.671	5.166
鄂尔多斯	—	—	1.930	1.805	1.685
乌兰察布	—	—	2.855	2.481	2.302
巴彦淖尔	—	—	2.739	2.543	2.330
阿拉善	—	—	3.585	3.351	3.132
宁夏回族自治区	4.14	4.099	3.954	3.683	3.454
石嘴山	8.47	—	—	7.206	6.898
银川	2.46	—	3.955	3.686	—
吴忠	5.79	—	5.652	5.29	—
陕西省	1.48	1.426	1.361	1.281	1.172
榆林	2.51	2.401	2.326	2.18	2.072

呼包银榆经济区土地资源丰富,但土地生产率并不高,城市建设、工业园区和企业用地均存在追求"大而全"的现象,个别企业存在圈地现象。例如,鄂尔多斯的康巴什新区,规划面积 155 平方公里,规划建设面积 32 平方公里,试图"建造中国的迪拜";宁东能源化工基地规划区总面积达到 3484 平方公里;宁夏庆华太阳山煤化工循环经济工业园甚至在园区内建设了规模不小的农场。

3. 经济区的污染物排放问题仍较严重

呼包银榆经济区是我国重要的资源富集地带之一,煤炭、石油、天然气等自然资源储量巨大,累计探明煤炭资源储量约 3603 亿吨,约占全国探明煤炭储量的 30%。煤炭开采、电力生产和煤化工等能源产业的发展,造成了严重的水污染、土地污染和大气污染。榆林市因采矿形成的采空区面积约 500 平方公里,塌陷区面积约 118 平方公里,全市湖泊面积由 10533.7 公顷下降到 9809.8 公顷。

由于地处黄河的中上游,该地区水资源配置和水环境保护的好坏直接关系到沿黄 9 省区的社会、经济、生态等方面的发展。传统产业的粗放式发展和生产、生活用水的无节制增加,容易导致下游断流、污染加剧、地下水严重超采、河口生态环境恶化等问题。据统计,1972 年黄河首次出现断流,断流时间长达 226 天,断流河段长达 704 公里,仅山东省工农业产值直接损失就达 135 亿元,200 万亩农田作物绝收。2008 年环保部的环境公报显示,黄河水系为中度污染,尤其是黄河的支流总体为重度污染,只有 60% 的断面达到了地表水Ⅰ~Ⅲ类标准。

由图 1-4 和表 1-12 可知,目前经济区污染减排和环境质量有一定好转。以乌海为例,"十一五"期间,坚持"上大关小、扶优汰劣"的原则,全市共关停了 700多家规模小、污染重的企业,并积极引进产业层次高、环境污染小的循环经济项

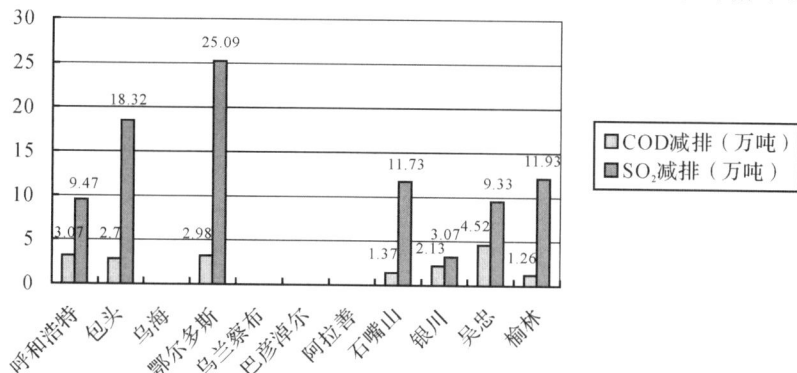

图 1-4　2009 年呼包银榆地区部分盟市 COD 和 SO_2 减排状况

目,使全市单位 GDP 能耗较"十五"末下降了 28.23%,二氧化硫和化学需氧量排放分别控制在 8.6 万吨和 0.8 万吨以内,中心城区空气质量二级以上天数从 2005 年的 87 天增加到 300 天。然而,由于资源禀赋所致的产业结构特征和工业化进程的阶段性特征,决定着"十二五"乃至后续时期经济区污染减排的压力十分巨大,污染排放形势依然十分严峻。

表 1-12　经济区城市空气质量Ⅱ级和好于Ⅱ级的天数 　　（单位：天）

地　　区	2005 年	2006 年	2007 年	2008 年	2009 年
呼和浩特	311	313	331	341	346
包头	256	267	273	295	309
乌海	87	219	266	281	300
鄂尔多斯	328	341	334	348	320
乌兰察布	—	—	—	293	—
巴彦淖尔	—	—	—	341	350
巴彦浩特	—	—	338	328	—
石嘴山	282	284	290	307	319
银川	322	312	317	323	328
吴忠	—	—	—	328	329
榆林	235	—	278	312	336

三、节水农业支撑条件

1. 节水农业是由经济区自然地理条件所决定的

发展现代节水农业是北方干旱地区农业稳定增产和农民持续增收的唯一出路。水是农业的命脉,走节水农业道路是尊重和顺应自然规律的现实选择。从多年来的气候特点看,干旱少雨已是常态,靠天吃饭没有出路,实现农业的增产增效必须加强以现代设施为核心内容的农田节水工作。经初步分析,到 21 世纪中叶,我国井灌区 80% 以上实行喷灌或低压管道输水灌溉,渠道灌区骨干渠道 60% 以上实现防渗,水稻全部推行浅、湿灌溉,旱田实施工程改造,我国的灌溉水利用系数由现在的 0.45 提高到 0.6～0.7 是可能的,由此产生的节水潜力约为 600 亿～1000 亿立方米,基本上能保证实现 9 亿亩左右的灌溉面积。

呼包银榆经济区所辖范围水资源供给能力严重不足,已成为经济社会进一步发展的主要瓶颈之一。例如,内蒙古西部七个盟市是我国经济社会发展最具活力的地区之一,GDP 占内蒙古全区的 77%,人口占内蒙古全区的 47%,自产水资源总量 72.1 亿立方米,占内蒙古全区水资源总量的 13.2%(其中地表水27.5 亿立方米,地下水 44.6 亿立方米,分别占内蒙古全区的 6.8% 和 32%),人均自产水资源量为 634 立方米,约为内蒙古全区平均水平的 1/3。

宁夏回族自治区平均年降水量为 292 毫米,仅为全国平均年降水量的47%;全区当地综合水资源量(不包括黄河可用水量)11.7 亿立方米,仅占全国水资源总量的 0.042%;水资源模数为每平方公里 2.26 万立方米,仅为全国平均值的 7.1%;全区人均水资源拥有量只有 149.8 立方米/人,只有全国平均水平的1/14。这些指标均居全国各省区市的末位。

榆林市年平均降水量 405 毫米,只有陕西省全省平均降雨量 686.8 毫米的59%。榆林市天然水资源总量为 32.29 亿立方米,每平方公里综合产水量为7.4 万立方米,仅占陕西省每平方公里综合产水量 21.5 万立方米的 34.4%;每亩耕地拥有水量 344 立方米,分别占陕西省和全国每亩耕地占有水量的 47% 和26%;人均水资源占有量 979 立方米,分别占陕西省和全国人均占有量的65.9% 和 43%(见表 1-13)。

表 1-13　2008 年全国与内蒙古、陕、宁水资源状况

区　域	水资源总量(亿立方米)	地表水资源量(亿立方米)	地下水资源量(亿立方米)	地表水与地下水资源重复量(亿立方米)	人均水资源量(立方米/人)
全国	27434.3	26377.0	8122.0	7064.7	2071.1
内蒙古	412.1	274.8	235.1	97.9	1710.3
陕西	304.0	285.0	107.6	88.6	809.6
宁夏	9.2	6.6	23.2	20.6	149.8

2. 节水农业是经济区能源化工等工业用水保障

我国现有灌区灌溉水利用系数仅在 0.45 左右,与先进国家在 0.8 以上相比,差距甚远,节水潜力十分可观。尤其是呼包银榆经济区干旱缺水,黄河是唯一的过境河流和水源,但黄河水资源在该区已开发、利用过度,已造成了断流灾害和一系列重大环境问题。几年来,国家"南水北调"西域工程调入黄河的水量,主要是保证黄河流域社会经济结构调整和生态环境保护重建的需水,水源分配也基本上未考虑农业用水。目前,经济区水资源利用系数仅为 0.4 左右,普遍存在重开源轻节流,重骨干工程轻田间配套工程建设,重工程轻管理的思想,水资源浪费损失严重,利用率低,节水潜力巨大。按 30% 的节水率计算,每年可节水 30 亿立方米,基本能满足经济区今后一个时期的工业用水需求。显而易见,经济区若大力发展能源化工产业,首先得积极规划发展节水农业。

表 1-14 所示为黄河"八七分水方案"。

表 1-14 黄河"八七分水方案" （单位：亿立方米）

省区	青海	四川	甘肃	宁夏	内蒙古	山西	陕西	河南	山东	河北天津	合计
分水量	14.1	0.4	30.4	40.0	58.6	43.1	38.0	55.4	70.0	20.0	370.0

四、对外开放支撑条件

扩大开放是一个地区促进经济社会发展的强大动力,呼包银榆经济区地处我国与蒙古国及俄罗斯接壤的边境地区,是中国发展向北开放,输入和利用蒙古国、俄罗斯乃至中亚地区丰富资源的主要通道。同时,随着公路、铁路、航空、管道等交通运输网络以及市政、信息等其他基础设施的日趋完善,呼包银榆经济区又成为连接京津唐环渤海地区、华北地区与大西北地区的重要桥梁,是我国西部地区东进西联、加强南北交流和合作的战略节点。在推进呼包银榆经济区发展的过程中,要充分利用其独特的区位优势,加快从以开发为主向开发和开放并重转变,打造国家向西向北开放和内陆开放的战略高地。

1. 对外开放是吸收优质生产要素的有效途径

呼包银榆经济区要实现长远发展,创新是关键。根据《中国区域创新能力报告 2009》的分析结果,呼包银榆区域所处的陕西、内蒙古和宁夏地区的区域创新能力综合排名分别处于第 14、26、29 位,在全国范围内明显落后。在利用后发优势提升区域创新能力的过程中,人才和技术是最重要也是最紧缺的要素。然而,经济区目前还没有建立起能支撑经济社会快速发展的专业人才队伍,产业高端技术研发、企业经营管理、社会工作等方面的复合型人才大量缺乏。以榆林市为例,全市 80% 劳动力在农村,80% 以上劳动力只受过初中以下的教育,80% 劳动力没有技能培训证书,大部分劳动力资源仍然停留在低端阶段。如表 1-15 所示,呼包银榆所在的陕西、内蒙古和宁夏地区的专利授权量近年来虽然都有显著增长,但与东部地区相比,仍然有很大的差距。

表 1-15 呼包银榆经济区专利授权量情况比较 （单位：件）

地 区	1995 年	1999 年	2002 年	2004 年	2006 年	2008 年
东部	23877	56273	75099	104158	159962	259554
中部	7556	14903	14133	18798	26717	40118
西部	5774	10968	11496	15834	22082	33353
陕西	1085	1569	1524	2007	2473	4393
内蒙古	415	723	679	831	978	1328

续表

地　区	1995 年	1999 年	2002 年	2004 年	2006 年	2008 年
宁夏	111	150	216	293	290	606
广西	665	1232	1054	1272	1442	2228
重庆	305	1078	1761	3601	4590	4820
四川	1714	2921	3403	4430	7138	13369
贵州	274	620	615	737	1337	1728
云南	569	1185	1128	1264	1637	2021
西藏	2	14	7	23	81	93
甘肃	257	494	397	514	832	1047
青海	65	123	85	70	97	228
新疆	312	859	627	792	1187	1493

数据来源:《中国科技统计年鉴 2009》。

通过扩大开放,有利于吸引国内、国外大量资金,并通过乘数效应带动呼包银榆经济区社会经济的全面发展。

表 1-16 列出了呼包银榆经济区限额以上港澳台投资企业工业总产值。表 1-17 列出了呼包银榆经济区限额以上外商投资企业工业总产值。

表 1-16　限额以上港澳台投资企业工业总产值

[单位:万元(当年价格)]

地　区	2004 年	2005 年	2006 年	2007 年	2008 年
呼和浩特	572257	791023	975524	1208241	1219843
包头	52369	33315	125540	179690	152539
乌海	7291	4980	1695	2100	2500
鄂尔多斯	298309	513186	52368	98444	231442
巴彦淖尔	21865	43009	29295	32083	277326
乌兰察布	26709	6904	20581	15912	1191
榆林	11220	47172	101542	0	28484
银川	29616	18498	4887	26753	35347
石嘴山	12118	3526	—	8299	17266
吴忠	—	—	—	—	—
总计	1031754	1461613	1311432	1571522	1965938

表 1-17　限额以上外商投资企业工业总产值

[单位：万元（当年价格）]

地　区	2004 年	2005 年	2006 年	2007 年	2008 年
呼和浩特	705916	900931	1058565	1355270	1702151
包头	108619	216083	862828	1307543	1073560
乌海	—	9104	15232	16100	337128
鄂尔多斯	—	—	559828	1349910	1966775
巴彦淖尔	81211	111342	152946	146830	337431
乌兰察布	1520	19756	—	77716	32759
榆林	33862	25271	34277	73904	78079
银川	252038	309547	388722	520985	561051
石嘴山	59239	52473	72041	85856	109509
吴忠	104022	213627	264078	266461	238481
总计	1346427	1858134	3408517	5200575	6436924

另外，加强与蒙古国、俄罗斯远东地区以及中亚五国在自然资源方面的战略合作，有利于我国承接其资源加工转化，将资源优势转化为经济优势。据统计，与呼包银榆经济区接壤的蒙古国南戈壁省和俄罗斯远东地区分别拥有已探明的煤储量 530 亿吨、298 亿吨，镁、铜、铅、锌、铁、芒硝、水晶、萤石等矿产资源和石油天然气资源储量丰富。

因此，借助地缘优势，通过扩大开放，促进资金、产品、技术、人才与劳动力、资源等多种生产要素的流入，成为呼包银榆经济区提升区域创新能力，发挥后发优势的必然选择。

2. 对外开放是增强内生发展的重要动力

东西部发展不平衡是目前我国经济发展面临的重大难题，也是我国实施区域发展战略要解决的关键问题。从经济规模来看，目前经济区内各盟市地区生产总值之和为 9643.32 亿元，占全国 GDP 总量的 2.9%；人均生产总值除吴忠市外，均高于全国 25125 元的平均水平（见表 1-18、图 1-5）。这主要得益于近几年该地区矿产资源的成功开发和利用。然而从产业结构来看，传统的采矿、化工等工业仍然占据着主导地位，以第三产业为主的现代产业体系尚不够完善（见图 1-6），单位 GDP 能耗系数均高于全国平均水平。根据榆林市政府的估计，每采 1 吨煤就会破坏地表水 2.84 吨，破坏和消耗与煤炭伴生的矿产资源 8 吨，生态环境成本的总价值达到 66.1 元；每开采 1 吨原油造成的生态环境成本是 260 元。按此计算,2009 年榆林市煤、油生产的环境代价已超过 160 亿元,是当年全市地方财政收入的 1.75 倍。

表 1-18　2009 年呼包银榆经济区主要经济指标统计数据

经济区内市区县(旗)	GDP(万元)	人均GDP(元)	城镇居民总收入(元)	农村居民收入(元)	一产增加值(万元)	二产增加值(万元)	三产增加值(万元)
银川	644.24	38392	1786952.65	5389	36.08	318.25	289.91
石嘴山	270.78	36336	626201.80	5315	14.62	177.63	78.53
吴忠	185.89	15110	521012.31	4390.7	29.89	99.544	56.45
中卫(中宁和沙坡头区)	124.88	17184	309793.25	4363	20.85	57.195	47.58
榆林	1302.31	38906	2164519.20	4127	70.32	860.83	371.16
呼和浩特	1643.99	61108	2421115.70	7802	78.91	593.48	971.60
包头	2168.8	84978	4623341.36	7790	54.22	1175.5	939.09
巴彦淖尔	509.9	29384	1179793.56	8066	99.43	279.94	130.53
乌海	311.21	64174	808099.06	8226	3.11	214.11	93.99
鄂尔多斯	2161	134361	2411944.26	7803	60.51	1259.9	840.63
集宁	88.94	29287	357492.45	6448	2.67	42.158	44.11
阿左旗	191.28	133782	145327.59	6170	4.78	156.08	30.41
二连浩特	40.1	44605	140272.36	6527	0.36	13.369	26.37
合计	9643.32		17495865.55		475.76	5247.9	3920.36

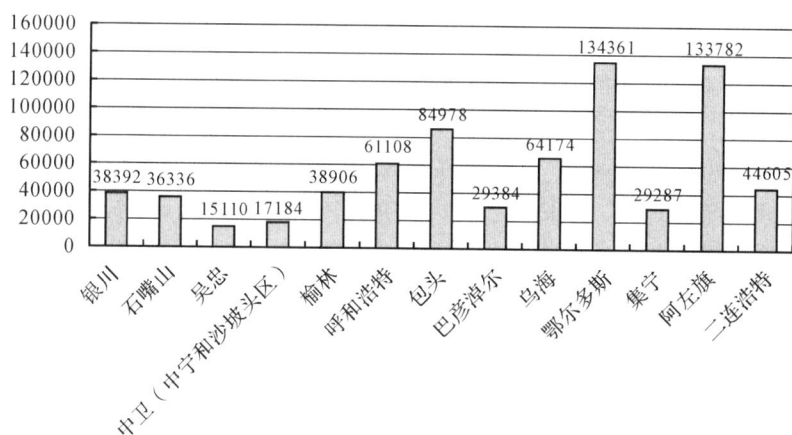

图 1-5　呼包银榆主要城市 2009 年人均地区生产总值(单位:元)

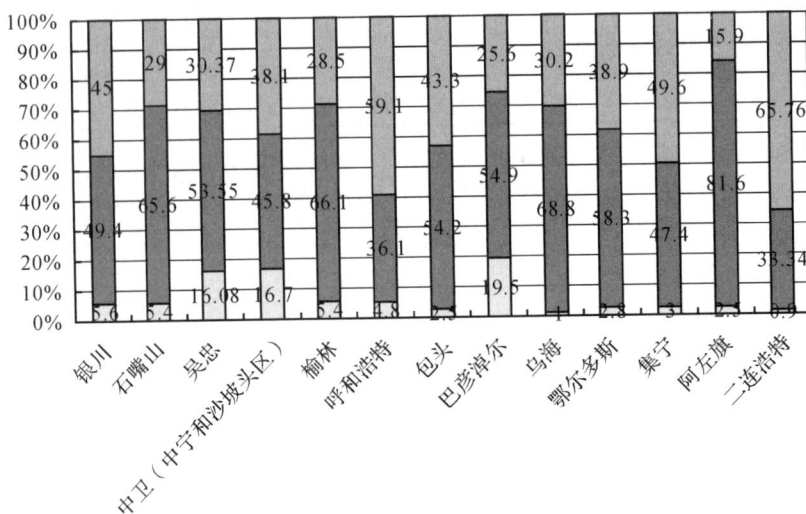

图 1-6　呼包银榆主要城市的三次产业比例

适逢当前东部产业转移和资源枯竭型城市转型的大背景,加大呼包银榆经济区向东部发达地区的开放力度,主动对接东部产业,通过技术溢出、关联带动、竞争引致等效应,优化西部地区产业结构,提高自我发展能力,推动西部地区和东中部地区的优势互补和良性互动。

3. 对外开放是边境口岸经济社会发展的前提

在加快对外开放的同时,必定伴随着各种硬环境和软环境的提升,这将大大增强经济区内城市社会、文化等综合竞争力。主要表现:

一是带动口岸、交通等基础设施的完善。加大对外开放力度促进了呼包银榆地区边境贸易的开展,带动了该地区口岸体系的建设(见表 1-19),经济区目前已有两条亚欧大陆桥(分别通过满洲里和二连浩特两个铁路口岸)和 18 个陆路口岸,向北开放优势更加凸显。以口岸集中的内蒙古自治区为例,2006—2008 年以来,国家、自治区、口岸所在地政府以及各类企业为各类口岸基础设施建设投入资金超过 22.04 亿元,2009 年争取到口岸建设资金 2.06 亿元。边境口岸体系的完善带动了口岸进出境运量的不断增长,2006—2009 年,全区口岸进出境货运量为 13482 万吨,年均增长 7.6%,2009 年满洲里口岸、二连浩特口岸、策克口岸、甘其毛都口岸居于前列,分别达到了 2421 万吨、621 万吨、364 万吨和 331 万吨。

表 1-19　呼包银榆经济区口岸建设情况

口岸类型	主要口岸	建设情况
边境口岸	甘其毛都	位于巴彦淖尔市乌拉特中旗境内,2004 年被国务院批准为双边性常年开放口岸
	二连浩特	2009 年,全年口岸进出口货运量 621.31 万吨,同比增长 0.57%
	满都拉	满都拉口岸是包头市唯一的对外口岸,是季节性对外开放二类口岸
	乌力吉	位于阿拉善左旗,乌力吉口岸开通后,预计年过货量达到 500 万吨
	巴格毛都口岸	位于巴彦淖尔市乌拉特后旗,尚未开通
内陆口岸	银川陆路口岸	银川陆港物流中心位于银川国家经济技术开发区西区,规划总面积 2300 亩
	惠农陆路口岸	项目总占地面积近 23 万平方米,总投资 1.17 亿元,年货物吞吐量达到 200 万吨
	包头无水港	天津市与内蒙古包头市跨区域口岸合作的重点项目
航空口岸	呼和浩特白塔机场	年吞吐旅客量为 300 万人次
	银川国际空港物流中心	项目总投资 50 亿元,占地面积 5000 亩。项目全部建成投入使用后,年货运吞吐量达 100 万~130 万吨

二是推动一批特色边贸型城市的发展。目前,西部漫长的边境线上分布着众多城镇,而这些城镇由于特殊的地理位置和特点,逐渐发展成为边防口岸城市。边境贸易的繁荣会提高这些城市的优势和人口集聚度,通过发展适应陆疆对外开放需要的外向型制造业和适用技术制造业,逐步发展为陆疆国际交通的运输枢纽中心、边境国际贸易流通中心和外向型制造业中心,形成一批新型中等城市,带动边疆区域经济社会的发展。

三是改变西部落后思想。对外开放可以带来与市场经济相适应的新文化、新理念,这些文化将对经济区传统的因循守旧、小富即安等观念起到更新改造作用,为西部区域经济发展注入持续发展的动力源泉。

4. 对外开放是巩固睦邻友好关系的重要保障

通过发展与周边国家地区多方位、多层次、宽领域的战略合作,有利于推动建立和平稳定、公正合理的国际政治经济新秩序。以蒙古国为例,目前,中蒙两国经贸、教育、文化等合作日益密切。中国是蒙古国第一大贸易国,在中国学习的蒙古留学生有 1000 多人,极大地推动了两国关系的发展,也带动了双边区域的经济社会发展进步,是中国开展对外关系、扩大向北开放的典范。"上海合作组织"职能的完善,推进了国际合作的有效展开和次区域合作机制的逐步完善,全面深化了对外合作交流。

表 1-20 所示为呼包银榆地区各盟市进出口情况。表 1-21 所示为与蒙古国的贸易状况。

表 1-20 呼包银榆地区各盟市进出口情况 （单位：亿美元）

地 区	进出口总额	进 口	出 口
包头	12.8	6.2	6.7
鄂尔多斯	4.5	2.2	2.2
呼和浩特	7.1	3.6	3.5
巴彦淖尔	3.5	2	1.5
乌海	0.07	0.03	0.04
二连浩特	24.2	13.9	10.3
阿左旗	0.07	0	0.07
集宁	0.1384	—	—
银川	6.66	1.96	4.7
吴忠	2.0	—	—
中卫	0.4	0.2	0.2
石嘴山	4.0	1.5	2.5
榆林	0.3674	—	—

表 1-21 与蒙古国的贸易状况 （单位：万美元）

项 目		2002 年	2003 年	2004 年	2005 年	2006 年	2007 年	2008 年
出口	全国	14000	15600	23300	31900	43400	68400	90700
	内蒙古	4800	4700	7200	9300	9700	14700	24600
	宁夏	3	8	400	1900	3200	200	1500
	江苏	1800	1600	2300	2500	2300	2800	3200
	广东	900	800	1200	1500	4000	4600	3600
进口	全国	22300	28400	46000	54000	114400	132300	153700
	内蒙古	8300	11000	16100	20700	39200	44600	80200
	宁夏	—	—	170	210	330	—	950
	江苏	300	300	700	400	400	100	100
	广东	—	—	—	—	—	—	—

五、统筹城乡支撑条件

西部大开发战略实施以来,呼包银榆经济区各地的统筹城乡工作取得了一定的成就,基础设施逐渐完善,公共服务功能逐渐健全,社会民生逐渐改善,呼和浩特、银川等大城市的集聚辐射带动能力明显增强。但是,从总体上看,农村牧区生产力发展水平还比较低,农牧民整体素质普遍较低,基础设施还很薄弱,生态建设和环境保护的压力仍然较大,社会事业发展缓慢。资料显示,2007 年呼包银榆经济区所在地区,除内蒙古外,宁夏、陕西的城镇化率分别为 44.1%、40.61%,低于全国 44.9% 的平均水平。因此,打造统筹城乡发展的公共服务示范区成为我国探索具有西部特色的城乡发展模式、构建和谐社会的必经道路。

1. 经济区农村牧区基础设施建设水平仍较低

呼包银榆农牧区目前基础设施还比较薄弱,人居聚集度不高,一部分农牧民还住在棚圈里,水、电、路、通信等滞后。据统计,2008 年银川市农民信息化程度为 62.5%。集中供热水平低,分散的小锅炉供热效率低,能耗大和污染严重问题突出。农村生态环境污染严重,生态移民工程成果不显著。因此,要通过公共服务示范区的建设,进一步完善农牧区基础设施,为农牧民创造良好的生产生活条件。

2. 经济区基本公共服务体系尚未健全

在全国范围内,呼包银榆农村牧区目前社会事业发展仍然缓慢,城乡教育、医疗、文体、社保等方面的差距依然很大。以宁夏为例,新农保每年 660 元的基础养老金就占全区农民人均纯收入的三分之一左右。2009 年只有 3 个县列入国家新农保试点范围,试点的农业人口不足 40 万人。内蒙古自治区的 101 个旗县中,在 2008 年仅有 10 个旗县列入了我国新农保试点,试点范围小,不能使新农保惠及更多的农牧民。2007 年,经济区所在的内蒙古、宁夏、陕西地区参加农村社会养老保障人数一共 153.2 万人,仅占全国的 2.8%。

劳动力供给超出社会提供的岗位以及劳动力素质低下,造成就业压力不断增大,就业渠道不畅,农村劳动力转移受阻。

近三年来,宁夏城镇净增加的就业人口约 20 万人,平均就业率仅为 70% 左右;城镇登记失业率基本都在 4.35% 左右,高于全国 4.2% 的平均水平,城镇登记失业人数呈逐年增长态势。

3. 经济区有待于形成统筹城乡建设管理机制

目前,经济区内大多数县级市财政收入规模偏小,用于扶持经济发展、加强基础设施建设和发展社会事业的财力十分有限。因此,要加快政府财力向公共服务特别是农村基本公共服务倾斜,建设多元投入机制,广泛吸纳社会资金来进行新农村牧区建设,解决资金瓶颈问题。

第五节 实现战略定位的保障措施

一、发展战略性能源和新型化工产业

经济区要按照大型化、规模化、现代化的要求,进一步整合煤炭资源,提高煤炭集中开发度和集约化水平,推进煤炭企业兼并重组,建设大基地、大集团、大企业。大力开发利用风能、太阳能等新能源产业。化工产业重点以示范产品为核心,适度发展煤制烯烃、煤制乙二醇和甲醇制烯烃,积极向下延伸产业链条。控制发展传统煤化工,逐步调整合成氨、焦炭和电石的产品结构。鼓励煤化工与氯碱化工一体化发展,着力打造聚氯乙烯、聚乙烯醇等区域拳头产品。

二、完善生态补偿和环保监测体系

建设国家生态安全屏障,要按"扩面、提标、延期"的要求建立资源保护补偿机制,加大对生态移民的财政转移支付力度,实现资源的合理开发和可持续利用。要健全生态环保监测体系,加强环境监测预警体系、环境执法监督体系、环境事故应急监控和重大环境突发事件预警体系的建设,提高环境信息统计和宣传教育能力,确保环保监测工作进一步得到落实。

三、大力推广节水农业技术

经济区要以节水技术为核心,大力发展集规模、高效与技术为一体的现代农业设施。政府部门积极引导,加快土地使用权流转,通过公司租赁、大户承包、农民联户等形式将土地集中起来,以大型喷灌机为龙头,实现土地的规模化、集约化经营。大力推行软管微喷、膜下滴灌、机械化地下渗灌等现代节水技术。

四、创造开放的良好投资环境

建设向西向北开放和内陆开放的战略高地,最重要的是完善投资环境,使市场机制得到充分发挥。要加大对边境口岸、内陆口岸、航空港在基础设施建设中的投入,带动边境贸易规模的扩大。要完善各类专业产业园区功能,为承接产业转移、合理引导工业企业的集中发展提供载体平台。要提高本地区基础

性工业的聚集和配套服务能力,为产业转移提供产业配套及技术基础。要转变管理型政府职能为服务型政府职能,并充分发挥企业作为市场主体的重要作用,进一步放开市场准入,规范市场秩序,为企业提供公平、高效的投资经营环境。

五、健全城乡基本公共服务体系

建设统筹城乡发展的公共服务示范区,重点是建立完善的城乡互动机制,健全城乡公共服务体系,促进城乡基本公共服务均等化。要加快建立土地承包经营权流转制度,允许农民以转包、出租、互换、转让、股份合作等形式流转土地承包经营权,发展多种形式的适度规模经营。要做好农村劳动力转移工作,加快户籍制度改革,促进农村城镇化发展。要完善农村社会保障体系,逐步建立农村养老保险和医疗保险体系,将均衡教育、社区卫生服务、社会救助体系等城市优质资源引向农村,为农民转变为市民解除后顾之忧。

第二章

呼包银榆经济区能源专题研究

能源是现代经济和社会发展的基础,保障国家能源安全对任何一个国家而言都具有极其重要的战略意义。呼包银榆经济区地处鄂尔多斯盆地,煤炭、石油、天然气资源极其丰富,其中,探明煤炭储量 3648 亿吨,约占全国的 30%,石油探明储量 4.6 亿吨,天然气探明储量 15624 亿立方米,而且风能、太阳能、生物质能等新能源也储量巨大,是 21 世纪我国最重要的能源开发基地,对保障我国的能源安全具有举足轻重的作用。

从国内视角来看,改革开放以来,随着经济的快速发展、工业化和城市化的快速推进,我国的能源消费总量急剧上涨,从 1978 年的 5.7 亿吨标准煤上升到 2009 年的 30.66 亿吨标准煤,年均增长达到 5.6%。而且,可以预见,随着工业化和城市化的进一步推进,未来 10 年,我国的能源消费总量仍将继续保持较快的增长速度。大量的学术研究表明,到 2020 年,我国的能源消费总量很可能在 35 亿～45 亿吨标准煤之间。

综观我国的能源资源富集地区,山西省作为我国第一煤炭大省,其煤炭生产已过峰值,不足以保障我国快速增长的能源需求,而新疆地区则由于地处偏远,运输成本高,更适合作为后备能源基地。呼包银榆经济区地处华北与西北结合部,中东部地区面向京津唐,靠近东三省,西部靠近甘肃、青海、新疆,是连接西北与东部地区重要的交通枢纽地带,为输送煤炭、电力及能源化工产品提供了便利条件。同时,呼包银榆经济区北部与蒙古国接壤,有甘其毛都、策克、满都拉、二连浩特等多个边境口岸,为充分利用蒙古国丰富的煤炭、石油、天然气资源提供了便利。毫无疑问,呼包银榆经济区将成为 21 世纪保障我国能源安全的战略承接地。

从国际视角来看,呼包银榆经济区丰富的煤炭资源,将成为我国进行石油替代、保障我国石油安全的战略要地。随着经济的发展,特别是私人汽车的快速增长,我国的石油消费快速增长,但是我国的能源储量结构以煤炭为主,油气资源则相对缺乏，大部分石油消费必须依赖进口。2009年，我国的石油消费总量达到4亿吨，对外依存度则达到51%。过高的石油对外依存度加剧了我国石油安全的风险。另外，我国的石油进口主要集中在中东和非洲少数几个国家，而且80%以上的石油运输必须途经马六甲海峡，一旦战争爆发，极易受制于人，危及我国的石油安全。通过煤制油、煤制二甲醚等煤化工产品进行石油替代，将是未来一段时间我国保障石油安全的可行途径。呼包银榆经济区富含煤炭资源，且几个主要的国家大型煤制油、煤制二甲醚等煤化工项目基本都集中在该地区，因此该地区对我国进行石油替代、保障我国的能源安全具有举足轻重的作用。

第一节　发展基础

一、能源资源禀赋

呼包银榆经济区能源资源储量极为丰富，不但煤炭、石油、天然气等传统化石能源储量巨大，而且风能、太阳能、生物质能等新能源也极具开发潜力。宁东—鄂尔多斯—榆林地区被李克强总理誉为"能源金三角"。

1. 煤炭资源

呼包银榆经济区地处鄂尔多斯盆地，是我国煤炭资源富集区之一。该地区不但煤炭资源储量丰富、品种齐全，而且煤炭品质优良，开发条件良好，具有建设我国大型煤炭基地的良好条件。表2-1列出了呼包银榆经济区主要煤田情况。

表 2-1　经济区煤炭资源储量、分布及煤种情况　　　（单位：亿吨）

地　区	探明储量	主要煤种	主要分布地区
呼和浩特	1.35	长焰煤	清水河
包头	61.6	褐煤	大青山、白彦花
鄂尔多斯	1676	长焰煤、不黏煤、焦煤	准格尔、卓子山、东胜、乌兰格尔
巴彦淖尔	25.4	褐煤、不黏煤	白彦花、莱富、温更
乌兰察布	11.7	褐煤、焦煤、无烟煤	前旗、中旗、四子王旗、集宁、兴和、后旗
乌海	24	焦煤	乌达、卓子山
阿拉善	11.3	无烟煤、焦煤	古拉本、二道岭、呼鲁斯太、黑山、西大窑、希热哈达

续表

地　区	探明储量	主要煤种	主要分布地区
蒙西合计	1811.35		
银川	208.5	不黏煤、长焰煤、焦煤	宁东
石嘴山	17	无烟煤（太西烟）、焦煤、肥煤	贺兰山
吴忠	64.5	焦煤、肥煤	宁东
中卫	1.7	无烟煤	宁东、香山
宁夏合计	291.7	不黏煤、焦煤、无烟煤、肥煤	
榆林合计	1447	不黏煤、长焰煤、气煤、焦煤、贫煤	神府、榆神、榆横、府谷、吴堡
经济区总计	3550.05		

　　从煤炭资源的储量来看,呼包银榆地区煤炭储量极其丰富,累计探明煤炭资源储量约 3550 亿吨,约占全国探明煤炭储量(约 1.2 万亿吨)的 30%,其中,蒙西约 1811 亿吨,宁夏约 292 亿吨,榆林约 1447 亿吨。

　　从煤炭资源的种类来看,呼包银榆经济区煤炭资源种类齐全,从高变质的无烟煤、贫煤、炼焦煤到低变质的不黏结煤、弱黏结煤和长焰煤,均有分布。不但可以为电力、冶金等行业提供优质的动力用煤,而且也为煤化工产业的发展提供了理想的资源保障。

　　从煤炭资源的分布及开采条件来看,呼包银榆经济区的煤炭资源分布较为集中、地质构造简单、煤层稳定、易于开采,主要分布在内蒙古的准格尔、东胜、上海庙、乌审、白彦花、塔然高勒、乌达、卓子山煤田,宁夏的宁东、贺兰山煤田,以及榆林的神府、榆神、榆横、府谷、吴堡煤田。

　　呼包银榆经济区主要煤田介绍如下。

　　宁东煤田:探明资源量 315 亿吨,包含灵武、横城、鸳鸯湖、韦州、马家滩、积家井、萌城 7 个矿区和石沟驿独立井田,以不黏结煤为主。

　　贺兰山煤田:已大规模开发,主要形成了石嘴山、沙巴台、石炭井、马连滩、呼鲁斯太和汝箕沟 6 个矿区。目前各矿区已进入中后期生产阶段,主要以保证矿井正常生产、稳定矿区产量、尽可能延长矿井和矿区服务年限为主。

　　准格尔煤田:探明储量为 257.9 亿吨,以长焰煤为主。

　　东胜煤田:探明储量 727 亿吨,以不黏结煤为主,是良好的化工用煤。

　　卓子山煤田:储量 29.6 亿吨,煤种属焦煤、肥煤、肥气煤等。

　　乌审煤田:初探储量 90 亿吨,煤种以不黏煤、弱黏煤为主。

上海庙煤田:储量 142 亿吨,为长焰煤、不黏煤、气煤和肥煤。

塔然高勒煤田:储量 40 亿吨,为低灰、低硫、低磷、高发热量不黏结煤。

白彦花煤田:储量 86 亿吨,煤种为褐煤。

府谷矿区:探明储量 64 亿吨,共划分为段寨、尧峁、西王寨、冯家塔、海则庙、沙川沟等 6 个井田。煤种以长焰煤为主。

神府矿区:探明储量 429 亿吨,包括神木北区、新民区和庙哈孤区三个独立的详查勘探区,其中神木北区和新民区共 24 个井田,庙哈孤区 2 个井田。煤种以不黏煤、长焰煤为主。

榆神矿区:探明储量 477 亿吨,以秃尾河为界将矿区分为一期规划区和二期规划区。一期规划区共 19 个井田,二期规划区 8 个井田。煤种以长焰煤、不黏煤、弱黏煤为主。

榆横矿区:探明储量 455 亿吨,共规划 15 个井田,以无定河为界将矿区分南区和北区两区,北区规划 11 个井田,南区 4 个井田。煤种以不黏煤、长焰煤为主,可做动力用煤、气化用煤、低温干馏用煤、炼焦配煤。

吴堡矿区:探明储量 16 亿吨,共规划横沟、柳壕沟两个井田。煤种以肥煤、瘦煤为主,主要用途为工业炼焦用煤。

2. 石油和天然气资源

呼包银榆经济区石油和天然气资源蕴藏量也非常可观,但是勘探程度较低,发展潜力巨大。呼包银榆经济区的石油资源主要分布在鄂尔多斯盆地,包括靖安、姬塬和盐池三个油田,另外巴彦淖尔、乌兰察布、阿拉善也相继发现油田,探明储量 4.61 亿吨,预测储量 28.1 亿吨。具体如表 2-2 所示。

表 2-2　呼包银榆经济区石油资源储量　　　　　　（单位:亿吨）

地　区	探明储量	主要分布
巴彦淖尔	0.21	巴音杭盖、乌力吉
乌兰察布	1	四子王旗
蒙西合计	1.21	
宁夏合计	0.40	盐池
榆林合计	3	靖安、姬塬
经济区总计	4.61	

鄂尔多斯盆地天然气资源也极为丰富,探明储量 15624 亿立方米,预测储量 49950 亿立方米以上,主要分布在苏里格、乌审、大牛地、靖边、榆林、神木等气田。具体如表 2-3 所示。

表 2-3　经济区天然气资源储量　　　　　　（单位：亿立方米）

地　区	探明储量	主要分布
鄂尔多斯	8000	苏里格、乌审、大牛地
巴彦淖尔	150	乌后旗乌力吉
榆林	7474	靖边、榆林、神木
经济区总计	15624	

3. 煤层气资源

呼包银榆经济区煤层气资源也相当丰富，但是勘探程度较低，具体储量有待进一步查明。

4. 可再生能源与新能源

（1）风能资源

呼包银榆经济区地处我国北部风能富集区，地势较为平坦，风向稳定，风能资源较为丰富。而且该地区地表多为荒漠、草原或退化草场，一般无需要保护的动植物，风能资源开发利用中对生态环境影响较小，具有十分广阔的开发前景。

蒙西地区风能资源丰富，具备建设千万千瓦级和百万千瓦级风电场，其中，包头风能总储量4300万千瓦，乌兰察布6000万千瓦，巴彦淖尔10000万千瓦。宁夏风能资源也较为丰富，风能总储量2253万千瓦，适宜风电开发的风能资源储量为1214万千瓦。榆林长城沿线是陕西三个大风带之一，风能资源也较为丰富。据测算，榆林市风能资源储量为3283万千瓦，长城沿线的测风塔10米高平均风速为5米/秒左右，风功率密度可达150瓦/平方米，具备开发大型风电场的条件。

（2）太阳能资源

呼包银榆经济区地势海拔高、阴雨天气少、日照时间长、辐射强度高、大气透明度好，太阳能资源十分丰富。据测算，内蒙古年日照时数为2600~3400小时，全年太阳辐射总量为4800~6400兆焦耳/平方米，仅次于西藏，居全国第二位。宁夏年日照时数为2250~3100小时，日照百分率50%~69%，太阳总辐射量年均为4950~6100兆焦耳/平方米，是全国日照资源丰富地区之一，属于我国太阳辐射的高能区。榆林市平均每天日照时间近8小时，年平均日照时数2300~2800小时，年平均日照百分率52%~66%，年太阳能总辐射量5000~5200兆焦耳/平方米，为太阳能资源较丰富区，开发利用潜力巨大。

（3）水能资源

呼包银榆经济区水力资源总量不大，但分布集中，主要分布于黄河干流以及清水河、泾河、无定河、秃尾河等黄河支流上。

（4）生物质能资源

呼包银榆经济区农作物秸秆、薪柴、畜禽粪便、城市生活污水和垃圾、工业有机废水等资源丰富，具备生物质能开发和利用的有利条件。

二、交通区位条件

呼包银榆经济区地处华北、西北与东北结合部，中东部地区面向京津唐，靠近东三省，西部靠近甘肃、青海、新疆，是连接西北与东部地区重要的交通枢纽地带。优越的地理区位条件为呼包银榆经济区向东北、华北、华东等地区输送煤炭、电力及能源化工产品提供了便利条件。同时，呼包银榆经济区北部与蒙古国接壤，有甘其毛都、策克、满都拉、二连浩特等多个边境口岸，为充分利用蒙古国丰富的煤炭、石油、天然气资源提供了便利。另外，呼包银榆经济区地处我国"西气东输"大通道的中部，在天然气化工方面，具有其他省市区无法比拟的区位优势。经过多年的发展，呼包银榆经济区已形成由铁路、公路、航空、管道、电网等组成的十分便利的立体交通综合运输体系和能源输送通道，为经济区的进一步发展提供了基础保障。

1. 铁路

在铁路方面，呼包银榆经济区已建成较为完善的出区铁路网和区内煤炭运输网络，为经济区能源产品的外送提供了保障。目前，已建成的出区铁路包括北京—包头—兰州铁路、包头—西安铁路、准格尔—大同—秦皇岛铁路、包头—神木—朔州—黄骅港铁路、临河—策克—嘉峪关铁路、集宁—通辽铁路、太原—中卫—银川铁路、宝鸡—中卫铁路、神木—延安铁路等。已建成的区内运煤铁路包括呼和浩特—准格尔铁路、准格尔—东胜—乌海铁路、大坝车站—古窑子铁路、红柳林—神木西铁路等。

2. 公路

在公路方面，呼包银榆经济区已形成以国家高速公路网为主骨架，以国、省道为干线，以农村公路为脉络的公路交通运输体系。其中，已建成的高速公路有北京—银川高速、青岛—银川高速、临河—兰州高速、包头—西安高速、集宁—太原高速、包头—茂名高速公路等。

3. 航空

在航空方面，呼包银榆经济区已建成和在建民用航空机场多个，包括银川河东机场、呼和浩特白塔机场、包头东河机场、鄂尔多斯东胜机场、二连浩特机场、乌海机场、榆阳机场等，可通往北京、西安、上海、广州、成都等大中城市。

4. 电网

在电网方面，呼包银榆经济区已形成区内 500 千伏主网架、220 千伏骨干网架和110千伏配电网络,同时,电力外送通道也形成一定规模,为"西电东送"基地建设打下了一定的基础。

蒙西电网外送通道方面,已建成丰镇—万全—顺义双回500千伏线路、汗海—沽源—平安城双回500千伏线路,外送能力达到430万千瓦。此外,已建成点对网外送通道三条,包括托克托电厂(呼和浩特)—浑源—安定(霸州)的四回500千伏线路(送电容量480万千瓦)、岱海电厂(乌兰察布)—万全双回500千伏线路(送电容量240万千瓦)、上都电厂(锡林郭勒)—承德双回500千伏线路(送电容量240万千瓦)。

宁夏方面,已建成电力外送通道有宁东—兰州1回750千伏线路、宁东—山东±660千伏直流输电工程。

榆林方面,已建成榆横—延安750千伏线路、神木—锦界500千伏线路。

5. 管道

近年来,由于石油、天然气、煤化工产业的发展,呼包银榆经济区管道运输从无到有,得到了快速的发展。不但原油、成品油、天然气管道大量建设,而且能源化工产品输送管道建设也已提上日程。

蒙西方面,已建成长庆气田—准格尔—呼和浩特天然气输气管道及其复线、长庆气田—呼和浩特—集宁—北京天然气输气管道、大牛地气田—杭锦旗输气管道、长庆气田—乌审召输气管道、长庆气田—乌海—临河输气管道、玛拉迪—上海庙输气管道、陶利—嘎鲁图输气管道等。

宁夏方面,已建成长庆油田—盐池—包兰铁路石空站原油管道、石空—银川原油管道、"西气东输"一线、陕甘宁气田—银川输气管道、兰州—银川天然气输气管道、"西气东输"二线工程及中卫至靖边联络线、涩宁兰输气管道及其复线,在建"西气东输"三线和四线。

榆林方面,靖边已成为"西气东输"的中心枢纽,年输出天然气60亿立方米,目前有靖边—定边—北京一线和二线、靖边—西安、靖边—银川、靖边—上海等多条天然气输运干线,长庆—咸阳、长庆—小河天锡湾原油管线,靖边—榆林成品油管线,管道总里程已达到1953公里。

三、水资源禀赋

呼包银榆经济区总体降雨量少,蒸发量大,而且分布不均衡,整体水资源匮乏,主要依靠黄河供水以及少部分地表水和地下水。总体而言,水资源短缺将成为制约呼包银榆经济区能源产业发展的重要因素。经济区黄河"八七"分水情况如表2-4所示。

表 2-4　经济区黄河"八七"分水情况　（单位：亿立方米）

地　区	黄河分水量
呼和浩特	5.1
包头	5.5
鄂尔多斯	7
巴彦淖尔	40
乌海	0.5
阿拉善	0.5
蒙西合计	58.6
宁夏合计	40
经济区总计	98.6

　　内蒙古自治区年平均降水量在 50～500 毫米，但蒸发量却达到 1000～3000 毫米。降水量由东向西递减，呼伦贝尔市和兴安盟水资源丰富，水资源占全区的 64％，而蒙西地区降水则普遍稀少，其中，额济纳旗年降水量不足 50 毫米，蒸发量则由东向西递增。内蒙古水资源总量 546 亿立方米，地表水资源量 407 亿立方米，与地表水不重复地下水资源量 139 亿立方米。自治区水资源可利用总量 285 亿立方米，其中蒙西地区约为 68 亿立方米。[①] 根据 1987 年国务院批准的黄河水量分配方案，在南水北调工程生效前，内蒙古每年可耗用黄河干支流地表水资源量 58.6 亿立方米，再加上地表水和地下水可利用量 285 亿立方米，内蒙古多年平均可利用水资源总量约为 344 亿立方米。

　　就宁夏方面而言，年平均降水量在 200 毫米左右，但蒸发量却达到 2000 毫米以上。宁夏多年平均地表水资源量为 9.493 亿立方米，地下水资源量为 17.9 亿立方米，与地表水资源量间重复计算量 16.48 亿立方米。黄河干流从中卫入境，横贯宁夏北部，流程 397 公里，黄河多年平均入境水量约 306.8 亿立方米，出境水量约 281.2 亿立方米，进出境相差 25.6 亿立方米。根据 1987 年国务院批准的黄河水量分配方案，在南水北调工程生效前，宁夏可耗用黄河干支流地表水资源量 40 亿立方米，再加上不重复地下水可利用量 1.5 亿立方米，宁夏多年平均可利用水资源总量约为 41.5 亿立方米。

　　榆林市多年平均水资源总量为 26.72 亿立方米，其中地表水资源总量为 18.46 亿立方米，地下水资源量为 16.31 亿立方米，地下水和地表水的重复量为

---

　　① 以上数据转引自：何永林.内蒙古资源的科学开发和利用[M].呼和浩特：内蒙古人民出版社，2010.

8.04亿立方米。全市水资源较为贫乏且时空分布不均匀,北六县水资源总量为22.61亿立方米,占总量的84.6%。全市水资源可利用量为10.44亿立方米,其中地表水8.6亿立方米,地下水4.6亿立方米,重复计算量2.8亿立方米。主要河流水系地表水可利用量为8.61亿立方米,其中窟野河0.93亿立方米,秃尾河1.59亿立方米,无定河5.32亿立方米;地下水可利用量为4.58亿立方米,其中窟野河流域0.19亿立方米,秃尾河流域0.56亿立方米,无定河流域2.76亿立方米。

四、土地资源禀赋

呼包银榆经济区土地资源丰富,存在大量未利用土地,数量大,分布广,主要为荒草地、裸岩石砾地、盐碱地和沙地,地价低廉,建厂条件好,具备各类建设后备资源开发利用的基本条件和发展空间。因此,土地资源丰富是呼包银榆经济区发展能源产业的有利条件。

内蒙古共有未利用土地2.66亿亩,约占全区国土面积的15.54%。未利用土地在全区各地都有不同程度的分布,其中阿拉善盟、达拉特旗、鄂托克前旗、鄂托克旗、杭锦旗、乌审旗等为主要分布地。

宁夏全区共有未利用土地1089万亩,约占全区国土总面积的11%。其中,荒草地129万亩、盐碱地95万亩、沙地225万亩、裸土地1.5万亩、裸岩石砾地155万亩、其他未利用地484万亩。此外,还有大片的牧草地,面积为3400万亩,占全区国土总面积的34%。荒地和沙漠主要分布在石嘴山市和青铜峡市西侧贺兰山东麓、中部干旱带红寺堡开发区、中卫市腾格里沙漠南缘。

榆林全市土地面积4.35万平方公里,北部为风沙草滩区,占总面积42%,南部为黄土丘陵沟壑区,占总面积58%,耕地面积很少。未利用地面积为26.587万公顷,占土地总面积的比例为6.17%。其中,以河地和裸岩石砾地为主。从各县差异来看,未利用土地面积最大的是神木县,主要类型为沙地和裸土地;其次是榆阳区和府谷县,主要类别为沙地、裸岩石和裸土地。

五、生态环境条件

呼包银榆经济区环境承载能力普遍较弱,大多分布在大陆性干旱、半干旱气候带,水土流失和土地荒漠化现象十分严重,植被覆盖率低,生态环境十分脆弱。煤炭开采、电力生产和煤化工等能源产业的发展,对生态环境必然会产生非常大的负面影响,包括对土地的破坏、对大气的污染和对水资源污染等。据不完全统计,迄今为止,我国平均每开采万吨煤炭塌陷农田0.2公顷,开采造成水资源的污染对生态环境的影响也量大面广,平均每开采1吨原煤须排放2吨污水。生态环境的脆弱对呼包银榆经济区能源的开发方式及其科技含量提出了更高的要求。在环境容量允许的情况下,统筹能源开发和利用规模,大力发展循环经济,成为该地区能源产业发展的必由之路。

第二节　发展现状及存在的问题

一、发展现状

呼包银榆经济区蕴藏着丰富的煤炭、石油、天然气、煤层气、风能、太阳能等能源资源,具有以煤为主、多能互补、综合开发的优越条件,开发利用前景广阔。近年来,呼包银榆经济区各地方政府部门坚持以科学发展观为指导,紧紧抓住国家西部大开发的历史机遇,按照资源优势向经济优势转化的发展思路,加快煤炭资源开发,不断优化产业结构和布局,提高资源综合利用水平,基本形成了以煤炭开采、火力发电、煤化工和新能源开发竞相发展的能源产业格局,能源产业已经成为呼包银榆经济区的支柱产业。

1. 煤炭产业

经过 50 多年的发展,呼包银榆经济区煤炭工业已形成煤田地质勘探、设计、建设、开采、洗选加工等协调发展的工业体系和以大型煤炭企业开发为主,市县国有、乡镇煤矿协同开发的煤炭开采格局。2009 年,呼包银榆经济区煤炭总产量 6.49 亿吨。具体如表 2-5 所示。

表 2-5　经济区煤炭产量及外运量　　　　　（单位:万吨）

地　区	产　量	外运量
呼和浩特	180	0
包头	1490	0
鄂尔多斯	33800	29300
巴彦淖尔	106	0
乌兰察布	0	0
乌海	1892	800
阿拉善	969	160
蒙西合计	38437	960
宁夏合计	5553	2500

续表

地　区	产　量	外运量
榆林合计	20900	18603
经济区总计	64890	51363

注：鄂尔多斯煤炭外运量中部分送到呼和浩特、乌海、巴彦淖尔等周边地区。

目前，呼包银榆经济区共有三个亿吨级国家大型煤炭基地，分别是宁东煤炭基地、神东煤炭基地和陕北煤炭基地。宁东煤炭基地包括石嘴山、石炭井、灵武、鸳鸯湖、横城、韦州、马家滩、积家井、萌城9个矿区。神东煤炭基地包括神东、万利、准格尔、包头、乌海、府谷6个矿区。陕北煤炭基地包括榆神、榆横2个矿区。

2. 火力发电

基于煤炭资源优势，呼包银榆经济区电力产业快速发展，形成了煤电为主的电源结构。除经济区内自用电厂外，大量电力外送到东部发达地区，已经成为我国举足轻重的"西电东送"煤电基地。截至2009年年底，呼包银榆经济区火电总装机容量5202.5万千瓦，占全国发电装机容量的6%左右（见表2-6）。

表 2-6　经济区火电装机容量　　　　　　　　（单位：万千瓦）

地　区	总装机容量	外送装机容量
呼和浩特	700	540
包头	623.9	0
鄂尔多斯	1092	450
巴彦淖尔	200	0
乌兰察布	650	240
乌海	254	136
阿拉善	100	0
蒙西合计	3619.9	1306
银川	320.4	0
石嘴山	276	0
吴忠	306	0
中卫	70	60
宁夏合计	972.4	60
榆林合计	610.2	360
经济区合计	5202.5	1726

表2-7进一步报告了呼包银榆经济区已建成和在建的主要火电厂情况。

表 2-7　经济区已建和在建主要火电厂一览表　　　（单位:万千瓦）

地　区	电厂名称	机组构成	总容量	备　注
银川	马莲台电厂	2×33	66	建成
	灵州煤矸石综合利用电厂	2×13.5	27	建成
	灵武电厂一期	2×60	120	建成
	灵武电厂二期	2×100	200	在建
	鸳鸯湖电厂一期	2×66	132	在建
	华能集团热电厂	2×33	66	在建
	宁东矸石电厂一期	2×33	66	在建
	宁东热电厂一期	2×33	66	在建
	临河动力站	3×35	105	在建
	水洞沟电厂一期	2×66	132	在建
石嘴山	石嘴山电厂	2×33	66	建成
	石嘴山二厂	4×33	132	建成
	大武口电厂	2×33	66	建成
	西部热电	2×15	30	建成
吴忠	大坝电厂	3×30+1×33+2×60	243	建成
中卫	中宁电厂	2×33	66	建成
呼和浩特	托克托电厂	8×60+2×30	540	建成
	金山热电厂	2×30	60	建成
	金桥热电厂	2×30	60	建成
	托园区域自备电厂	2×30	60	建成
	丰泰热电厂	2×30	60	建成
	丰泰热电厂二期	2×35	70	在建
包头	神华土右煤矸石电厂	2×30	60	在建
	华东电厂	2×30	60	建成
	希望铝业自备电厂	4×15.5+2×35	132	建成
	华电包头河西电厂	2×60	120	建成
	第一热电厂	2×30+2×20	100	建成
	第二热电厂	3×2.5+3×5+2×10	42.5	建成
	第三热电厂	2×30	60	建成

续表

地 区	电厂名称	机组构成	总容量	备 注
鄂尔多斯	达拉特电厂	6×33+2×60	318	建成
	国华准格尔电厂	4×33	132	建成
	准格尔大饭铺坑口电厂	2×30	60	建成
	神华准能电厂	2×10	20	建成
	神华煤液化自备电厂一期	2×10	20	建成
	酸刺沟矸石电厂	2×30	60	建成
	神华准能矸石电厂	2×15	30	建成
	蒙西矸石电厂	2×30	60	建成
	鄂绒棋盘井电厂	4×33	132	建成
	双欣矸石发电厂	2×20	40	建成
	汇能公司蒙南电厂	2×6	12	建成
	亿利PVC自备电厂	2×5+4×20	90	建成
	神东上湾热电厂	2×1.2+2×13.5	29.4	建成
	蒙泰公司热电厂	4×2.5	10	建成
	准能矸石电厂	2×30	60	在建
	布连电厂	2×60	120	在建
	杭锦旗矸石电厂	2×30	60	在建
巴彦淖尔	临河热电厂	2×30	60	建成
	乌拉山电厂	2×30	60	建成
	磴口华润金能电厂	2×33	66	建成
	五原宏珠热电厂	4×2.5	10	建成
乌兰察布	丰镇电厂	6×20	120	建成
	丰镇电厂三期	2×30	60	在建
	岱海电厂	4×60	240	建成
	卓资华电厂	4×20	80	建成
	新丰热电厂	2×30	60	建成
	华宁热电厂	2×15	30	建成

地　区	电厂名称	机组构成	总容量	备　注
乌海	海勃湾电厂	2×10＋2×20＋2×33	126	建成
	乌海热电厂	2×20＋2×1.2＋2×60	161.2	建成
	蒙西电厂	2×30	60	建成
	华电乌达电厂	2×15	30	建成
	神华乌海煤矸石电厂	2×20	40	建成
	京海电厂	2×30	60	在建
阿拉善	乌斯太电厂	2×30	60	建成
	中盐吉兰泰电厂	2×13.5	27	建成
榆林	锦界国华电厂	4×60	240	建成
	庙沟门电厂	2×60	120	建成
	榆横电厂一期	2×60	120	建成
	清水川煤矸石电厂	2×30	60	建成
	榆林上河热电厂	4×13.5	54	建成
	神木店塔电厂	2×13.5	27	建成
	府谷沙川沟电厂	2×13.5	27	建成
	榆林银河电厂	2×13.5	27	建成
	神华矸石电厂	2×13.5	27	建成
	神木国华电厂	2×10	20	建成
	锦界国华电厂三期	4×100	400	在建
	段寨电厂一期	2×100	200	在建
	华电榆横电厂	2×66＋6×100	732	在建
	吴堡横沟煤矸石电厂	1×30	30	在建
	神木店塔电厂	2×60	120	在建
	府谷清水川煤电一体化项目电厂二期	2×100	200	在建
	庙沟门电厂二期	2×100	200	在建

3. 煤化工

呼包银榆经济区除焦炭、兰炭、电石和煤制小化肥等传统煤化工产业外,煤制油、煤制烯烃、煤制天然气、煤制二甲醚、煤制乙二醇和大型煤焦化等现代煤化工产业也已全面起步。

目前,宁夏方面已建成投产神华宁夏煤业集团公司 25 万吨/年甲醇项目;神华宁夏煤业集团公司 83 万吨/年煤制二甲醚项目一期 21 万吨/年装置已建成,60 万吨/年甲醇装置正在建设;神华宁煤集团 52 万吨/年煤基烯烃项目于 2005 年开工建设,计划 2010 年建成。神华宁煤集团与南非沙索公司合作开展的 320 万吨/年煤炭间接液化项目,正在开展第二阶段可研工作。庆华集团公司焦化项目(一期 110 万吨/年)和宝丰集团公司焦化项目(一期 110 万吨/年)2008 年已建成。

榆林方面,目前已建成兖州煤业 60 万吨/年、神木化学 60 万吨、煤化科技 20 万吨等煤制甲醇项目。榆天化 60 万吨煤制甲醇、北元化工 100 万吨聚氯乙烯扩建等项目即将建成。神华陶氏煤化工、兖矿 100 万吨煤液化等重大项目前期工作取得突破。

内蒙古方面,已建成神华包头 180 万吨/年煤制甲醇、60 万吨/年甲醇制烯烃、30 万吨/年聚乙烯、30 万吨/年聚丙烯项目;神华鄂尔多斯煤制油项目一期 108 万吨/年煤制油(直接液化)项目;伊泰 16 万吨/年煤制油(间接液化)项目;新奥集团 60 万吨/年甲醇项目;亿利公司 100 万吨/年 PVC 项目;博源 100 万吨/年甲醇项目等一大批煤化工项目。

4. 石油和天然气

呼包银榆经济区石油和天然气开采形成一定规模。2009 年,经济区原油产量达到 870.36 万吨,占全国产量 1.89 亿吨的 4.6%,其中,巴彦淖尔市产量 9.36 万吨,宁夏 10 万吨,榆林市产量 851 万吨。经济区天然气产量 246 亿立方米,其中鄂尔多斯市产量 146 亿立方米,榆林市产量 100 亿立方米,占全国产量 852 亿立方米的 29%。

经济区石油炼化产业稳步发展。目前,经济区主要有中国石油天然气股份有限公司宁夏石化分公司和呼和浩特石化分公司、陕西延长石油榆林炼油厂。原油加工能力年 675 万吨,其中,宁夏石化分公司炼油厂装置原油加工能力年 225 万吨,呼和浩特石化分公司加工原油能力年 150 万吨,榆林炼油厂原油加工能力年 300 万吨。目前,宁夏分公司 500 万吨/年炼油改扩建项目和呼和浩特分公司 500 万吨/年炼油改扩建项目正在建设之中,宁夏分公司项目于 2011 年完工,呼和浩特分公司项目于 2012 年完工,预计至 2015 年,经济区的原料加工能力将达到年 1300 万吨。

5. 水电

截至 2010 年,黄河干流宁夏段已建成大型水电站 1 座(青铜峡水电站)、中型水电站 1 座(沙坡头水电站),宁夏全区水电装机容量达 42.866 万千瓦,占技术可开发量总装机容量的 29.4%。黄河干流内蒙古段已在鄂尔多斯准格尔旗建成龙口水电站、万家寨水电站,呼和浩特托克托县建成天桥水电站,蒙西地区水电装机容量达到 162.8 万千瓦。表 2-8 报告了呼包银榆经济区主要水电站情况。

表 2-8 呼包银榆经济区现有主要水电站一览表 （单位:万千瓦）

地 区	电站名称	装机容量
吴忠	青铜峡水电站	27.2
中卫	沙坡头水电站	11.5
	泉眼山水电站	0.32
准格尔旗	龙口水电站	42
准格尔旗	万家寨水电站	54
托克托县	天桥水电站	12.8

6. 新能源

(1)太阳能

呼包银榆经济区太阳能发电已正式起步。目前,宁夏方面已建成中节能投资公司太阳山 10 兆瓦太阳能光伏电站、中节能投资公司石嘴山 10 兆瓦太阳能光伏电站、宁夏发电集团太阳山 10 兆瓦太阳能光伏电站、正泰集团石嘴山 10 兆瓦太阳能光伏电站、国电宁夏平罗一期 10 兆瓦光伏电站、华电宁夏分公司宁东 5 兆瓦太阳能光伏电站和宁夏电投集团 5 兆瓦太阳能光伏电站,在建国投石嘴山光伏发电有限公司 10 兆瓦光伏并网发电项目、吴忠红寺堡 45 兆瓦、青铜峡 30 兆瓦、盐池县 20 兆瓦、太阳山 50 兆瓦太阳能发电项目。榆林方面,华电靖边 5 兆瓦并网光伏发电项目、国电靖边 5 兆瓦并网光伏发电项目作为国家金太阳示范工程举行了开工仪式,商洛比亚迪公司榆阳区光伏电站一期 5 兆瓦项目列入国家金太阳示范工程。蒙西方面,鄂尔多斯已建成 205 千瓦光伏发电沙漠示范电站,呼和浩特已建成神舟光伏 5 兆瓦和神州硅业 1.1 兆瓦光伏电站、在建日月光伏 2 兆瓦和香岛 2 兆瓦光伏电站。同时,呼包银榆经济区在太阳能热水器、日光温室、太阳灶、太阳能路灯等太阳能利用项目上也获得了快速发展。

（2）风能

近年来,呼包银榆经济区风力发电获得快速发展。宁夏方面,截至 2009 年,风电总装机 50.4 万千瓦,已建成石嘴山风电场宁夏中瑞风能一期 4.95 万千瓦等项目。已建成的风电场主要位于贺兰山麓、青铜峡、红寺堡、宁东、太阳山等地区。

榆林方面,鲁能靖边 4.8 万千瓦风力发电项目将于 2010 年年内建成;国电定边繁食沟风电场一期 4.95 万千瓦工程首台机组现场吊装成功;大唐定边张家山风力发电项目一期 4.95 万千瓦工程正在试装风机;华能靖边龙洲风电场一期 4.95 万千瓦工程陕西省发改委已核准,并举行了开工仪式。

蒙西方面,截至 2009 年,呼和浩特建成风电 15 万千瓦,包头 51 万千瓦,鄂尔多斯 10 万千瓦,巴彦淖尔已建成风电并网装机容量 105 万千瓦,乌兰察布建成风电 200 万千瓦,阿拉善 22 万千瓦。

表 2-9 报告了呼包银榆经济区主要已建成的风电项目。

表 2-9 经济区主要建成和在建风电项目一览表　　　　（单位:万千瓦）

地　区	电厂名称	总容量	备　注
吴忠	太阳山风电场	15	已建
	贺兰山风电场	5.06	已建
	红寺堡区风电场	15	已建
	青铜峡市风电场	15	在建
	盐池县风电场	35	在建
	太阳山风电场	25	在建
银川	宁东杨家窑风电场	4.5	已建
石嘴山	石嘴山风电场宁夏中瑞风能一期	4.95	已建
中卫	红寺堡风电项目	4.95	已建
呼和浩特	华能一至四期	4.95×4	已建
	中国风电一期	4.95	已建
	国电一期	4.95	已建
	龙源一期	4.95	在建
	国电二期	4.95	在建
	大唐大元山	4.95	在建

地　区	电厂名称	总容量	备　注
包头	达茂百灵庙、巴音风电场	55	已建
	白云风电场	4.5	已建
	固阳红泥井、怀朔风电场	9.9	已建
	巴音风电场7家140万千瓦	140	在建
	华能白云风电场一期	4.9	在建
	中广核白云风电场一期	4.95	在建
	国电龙源远斯满都拉风电场	4.95	在建
鄂尔多斯	内蒙古能源杭锦旗伊和乌素风电场一期	4.95	在建
巴彦淖尔	国电龙源乌拉特中旗、后旗风电场	35	已建
	京能乌拉特中旗风电场	30	已建
	国华能源投资有限公司乌拉特中旗风电场	15	已建
	国电电力乌拉特后旗风电场	10	已建
	中广核乌拉特后旗风电场	10	已建
	大唐河北乌拉特后旗风电场	10	已建
	大唐新能源有限公司乌拉特中旗、后旗风电场	10	已建
	鲁能风电公司乌拉特中旗风电场	5	已建
	山西漳泽电力乌拉特中旗风电场	5	已建
	乌拉特中旗百万千瓦风电基地	180	在建
乌兰察布	北方龙源辉腾锡勒风电场	6.85	已建
	北方龙源商都大南坊风电场	0.36	已建
	内蒙古北方龙源风电公司辉腾锡勒风电项目	4	已建
	内蒙古北方龙源风电公司风电项目	2.4	已建
	内蒙古北方龙源风电公司风电项目	10	在建
	华电内蒙古辉腾锡勒风力发电有限公司风电项目	2	已建
	华电内蒙古辉腾锡勒风力发电有限公司风电项目	10.15	已建
	华电内蒙古辉腾锡勒风力发电有限公司风电项目	20.1	已建
	北京京能新能源辉腾锡勒特许权项目	10.05	已建
	北京京能国际辉腾锡勒一期风电项目	4.95	已建

续表

地 区	电厂名称	总容量	备 注
乌兰察布	北京京能国际辉腾锡勒二期风电项目	4.95	已建
	中广核辉腾锡勒风电项目	30	已建
	北京君达卓资财神梁风电项目	4.95	已建
	大唐国际一期风电项目	4	已建
	大唐国际二期风电项目	4.8	已建
	卓资大唐三期风电项目	4.95	已建
	大唐国际四期风电项目	4.95	已建
	后旗大唐国际风电项目	4.95	已建
	后旗华润巴音锡勒风电项目	4.95	已建
	内蒙古风电机组综合测试园项目	4.95	在建
	上海弘昌晟集团公司卓资风电项目	4.95	已建
	国电龙源电力集团公司风电项目	4.95	已建
	汇德公司一期 4.95 万千瓦风电项目	4.95	已建
	汇德公司二期 4.95 万千瓦风电项目	4.95	已建
	大地泰泓风电项目	4.95	已建
	中国水利投资公司风电项目	4.95	已建
	华仪电气三胜风电场项目	4.95	已建
	中海油长顺风电场项目	4.95	已建
	天润风电项目	4.95	已建
	商都京能国际一期风电项目	4.95	已建
	中广核四子王风电项目	4.95	已建
	香港新能源风电项目	4.95	已建
	卡瑞能源公司察右前旗风电项目	4.93	已建
	北京万源公司风电项目	4.95	已建
	北京北能风电项目	4.95	已建
	察右后旗红牧风电场二期 4.95 万千瓦风电项目	4.95	已建
	兴和大西坡中节能 4.95 万千瓦风电项目	4.95	在建
	国水化德 35 万千瓦风电项目	35	在建

地　区	电厂名称	总容量	备　注
阿拉善	阿拉善左旗贺兰山风电场、乌力吉风电场	22	已建
榆林	山东鲁能靖边风力发电项目	4.8	已建
	华能靖边龙洲风电场一期	4.95	已建
	国电定边繁食沟风力发电项目	4.95	已建
	大唐定边张家山风力发电项目一期	4.95	已建

（3）生物质能

呼包银榆经济区在生物质能利用方面也取得了较大的发展。

宁夏方面，截至 2008 年，全区推广户用沼气池 18 万口，小型沼气工程 50 处，规模养殖场沼气工程 7 座；建成秸秆气化站 4 座；建成以甜菜为原料的 1.5 万吨/年乙醇工业示范工程 1 个。

榆林主要是利用沼气，已建成 7922 口沼气池，年产沼气 238 万立方米，生产优质有机肥 8 万吨，节约化肥 750 吨，保护生态植被 4.75 万亩。

蒙西方面，已建成呼和浩特 $2 \times 0.6 + 1 \times 1.2$ 万千瓦丰华生物质能电厂、鄂尔多斯乌审旗毛乌素 2×1.5 万千瓦生物质热电厂及配套 60 万亩配套生态林基地，在建包头 3.6 万千瓦垃圾发电厂、鄂尔多斯杭锦旗源丰 2×1.2 万千瓦生物质热电厂、巴彦淖尔 4×1.2 万千瓦盛华生物质电厂、2×1.2 万千瓦麦绿生物质电厂和 2×1.5 万千瓦华鑫生物质热电联产项目。

二、存在的问题

1. 交通建设滞后

呼包银榆经济区各地交通建设滞后、运输能力不足问题已经成为制约该地区能源产业发展的主要瓶颈。我国的煤炭资源分布不平衡，煤炭资源富集区和经济增长核心区错位，使我国长期存在"北煤南运、西煤东运"的问题。目前，呼包银榆经济区已形成了以煤炭开采、煤电生产、煤化工和新能源产业齐头并进的能源产业格局，而且发展迅速，规模不断扩大，但本区域内并不能完全消化这些产品，产品主要运送到东部地区。虽然各地政府都通过煤电和煤化工转化，大大减少了煤炭外运量，但是仍然有大量煤炭需要外运（目前，榆林煤炭就地转化率不到 20%，蒙西的煤炭就地转化率也不到 30%，宁夏转化比例较高，达到 90% 以上，但仍然有部分煤炭需要外运），同时煤化工产品的外运任务也仍然很重。

根据我国《中长期铁路网规划》，为了解决煤炭运输矛盾，国家计划将在未来 10 年时间内,加快铁路网的建设,到 2020 年,使我国铁路总里程达到 12 万公里,复线率和电气化率分别达到 50% 和 60%,未来煤炭运输紧张问题有望得到一定程度的缓解,但是这种以煤炭运输为主的能源运输紧张局面在短期内难以得到根本改变。因此,呼包银榆经济区在能源产业规划的同时,必须合理确定能源生产规模和加工转化比例,同时加快能源产品外送通道的建设。

2. 电力外送通道不足

为了变资源优势为经济优势,同时缓解煤炭运输瓶颈问题,呼包银榆经济区各地方政府普遍提出了"变运煤为输电"的发展思路,煤电、风电以及太阳能发电已经成为呼包银榆经济区的支柱产业,但是该地区自身的经济容量并不足以消耗如此大规模的电力,因此多余电力必须外送至华北、东北、华东等经济发达地区,实行"西电东送"战略,大容量输电通道至关重要。

从目前情况来看,宁夏方面已有宁东—兰州 750 千伏输电线路一条,2010年宁东—山东 ±660 千伏直流输电工程完成,新增送电规模 400 万千瓦;2012年建成宁夏至浙江直流 ±800 千伏直流联网输电工程后,又新增送电规模 720万千瓦。同时,根据国家电网规划,2020 年宁夏特高压外送电规模将达到 840万千瓦,由电源点采用"点对网"方式接入国家特高压交流同步网。由此看来,宁夏的电力外送问题解决得比较好。

榆林方面,目前已建成神木锦界 500 千伏点对网输电通道、榆横 750 千伏变接入延安 750 千伏变;到 2015 年,将进一步建成府谷 1000 千伏变电站,与华北电网连接,新建的神木 75 千伏变电站,将与榆横 750 千伏变电站连接;到2020 年,将建成靖边 1000 千伏变电站,与渭南东 1000 千伏变电站连接。届时,榆林将形成大能力外送通道,将会较好地解决电力外送问题。

相对而言,蒙西地区的电力外送问题要严重得多。目前,蒙西地区仅有丰镇—万全、汗海—沽源两条通道共四回 500 千伏线路与华北主网相连,两个通道设计送电能力为 430 万千瓦,电力外送能力严重不足,"窝电"和"弃风"现象严重。2009 年,蒙西火电机组利用小时数仅为 4344 小时,低于全国平均水平4900 小时,风电也大量"弃风",特别是在冬季供热期"弃风"问题尤为突出。蒙西电网第三条送电通道建设方案从 2006 年开始研究论证,至今未开工建设。

3. 风电上网困难

新能源产业是呼包银榆经济区的支柱产业,蒙西是国家规划的 7 个千万千瓦级风电基地之一,宁夏和榆林的风电建设规模也相当可观。如此大规模的风电建设,而没有与之相配套的电网建设,使得风电上网困难重重,限制风电出力的现象时有发生,特别是在冬季取暖时,这一问题显得更为严重。事实上,风电上网难问题并不单出现在呼包银榆经济区,其在全国已成为普遍困扰的问题。

根据我们的调查研究,风电上网困难主要有两个原因:

第一个是成本原因。风电的发电成本要远远高于火力发电,以蒙西地区的包头市和乌兰察布市为例,风电的发电成本大约在 0.46 元/千瓦时左右,当地风电上网电价一般在 0.5 元/千瓦时左右;而当地火电的发电成本不到 0.2 元/千瓦时,上网电价一般在 0.3 元/千瓦时左右。根据《可再生能源发电价格和费用分摊管理试行办法》,大型上网风电的电价高于火电的电价差需要在电网中分摊。而且,根据《可再生能源发电有关管理规定》,大型风电场接入系统工程由电网企业投资,这就会大大提高电网公司的成本,因此电网公司对风电的上网并不积极。

第二个原因是技术原因。和火电相比,风电的波动性较大,这就对并网和调度提出了更高的要求,风电接入工程的单位投资往往远高于火电,因此风电长期以来被称为“垃圾电”。在电网建设没有进行相应规划的情况下,各地风电盲目进行大规模扩张,造成电网发展和风电发展不协调,势必造成上网困难的问题。

值得指出的是,蒙西电网受益于其独特的体制,在接纳风电方面走在了全国前列。内蒙古自治区政府从社会经济全局考虑,通过改造电网、压缩火力发电机组的出力等措施,大大提高了风电的上网比重。2009 年,蒙西电网风电上网电量 60.63 亿千瓦时,占全网上网电量的 6%,甚至一度达到创纪录的 18.7%。而当年全国范围内风电上网电量占比约为 0.7%,国家电网公司经营区域内的风电上网电量占比也仅为 1.1%。

4. 税源与税收背离

最近几年,呼包银榆经济区依托资源优势,大力发展能源产业,社会经济得到了长足发展,但是总体来说,地方收益和能源发展规模不匹配,税源和税收背离,使得地方政府在环境治理、民生改善方面力不从心。事实上,税收与税源背离是西部资源型地区普遍存在和迫切需要解决的问题。

根据我们的调研,税源和税收背离的根本原因在于,呼包银榆经济区的能源类企业大部分是大型中央企业,以宁夏煤炭生产为例,2007 年国有重点煤矿产量占到近 90%,而地方煤矿产量仅占 10% 左右。根据我国的税收制度,中央企业的增值税和所得税全额上缴中央,地方企业的所得税和增值税则实行中央和地方共享,其中,增值税中央占 75%,地方 25%;所得税中央占 60%,地方40%。显然,以中央企业为主的能源产业格局对地方政府的财政贡献并不是很大。

另外,企业的总分机构和跨区经营也往往造成税收转移。根据我国现行税制的规定,分支机构不是独立的法人,不进行独立核算,而实行总公司统一核算,使得分支机构所在地产生的税收由税源地转移到了企业核算地,即总机构所在地。而且,企业的跨区经营,也导致税收由生产、经营的应税劳务发生地向注册地、机构所在地转移。据初步统计,2006 年度榆林市煤炭、石油、天然气因税收与税源的背离,有多达 60 亿元税收转移到外地,占到当年全市财政总收入的 52%。

而且,中央企业在缴纳地方政府开征的费用时,也并不积极。以内蒙古为例,自治区政府对煤炭企业征收每吨煤 15 元的可持续发展基金,对中央企业的征收难度很大,这对地方政府在生态保护和环境治理方面造成了一定的影响。陕西榆林也遇到类似的问题。《陕西省煤炭价格调节基金征收使用管理办法》于 2006 年 10 月施行,目前地方煤炭生产企业征收工作进展顺利,但部分大型央企未能执行。但是,能源资源的开采确实将环境问题留给了当地。根据测算,榆林每采 1 吨煤就会破坏地表水 2.84 吨,破坏和消耗与煤炭伴生的矿产资源 8 吨,生态环境成本的总价值达 66.1 元,每开采 1 吨原油造成的生态环境成本是 260 元。按此计算,2009 年,榆林煤、油生产的环境代价已超过 160 亿元,是当年全市地方财政收入的 1.75 倍。

5. 缺乏差别化产业政策

呼包银榆经济区发展起步较晚,其产业结构有别于东部经济发达地区,但是国家当前仍然实行"一刀切"的产业政策,存在一定的不合理性。首先,呼包银榆经济区属经济不发达地区,当前产业发展主要在于承接东部地区淘汰的落后产能,因此,不可能和东部地区同步进行产业结构升级;其次,呼包银榆经济区的资源禀赋和东部地区不同,该地区不但能源资源丰富,而且稀土、白云岩、盐矿等矿产资源也储量巨大,因此煤电、煤化工、电石、焦炭、电解铝等高耗能、高污染产业成为各地的支柱产业,而这些产业在东部发达地区是受到限制的。如果东部地区和西部地区实行统一的产业政策,则显然对西部地区的发展是不利的,也不能发挥西部地区的资源优势。

针对这一问题,国家可制定体现差别化政策的产业发展指导目录,凡列入目录内的建设项目,都可以享受国家鼓励类建设项目相关政策,并在项目建设用地、环境评价审批等方面给予政策倾斜。例如,水泥、钢铁、电力、煤化工、多晶硅等产业,虽然在全国范围内可能面临产能过剩压力,但是呼包银榆经济区具备资源优势,如果这些产品在本地区和周边地区有市场需求,则可以考虑放宽其准入限制。

6. 节能减排难度大

呼包银榆经济区作为经济欠发达的少数民族地区,经济总量仍然相对较小,而能源化工、电力、金属冶炼加工等产业则比重较高,高耗能高污染产业较为集中,产业结构重型化特征比较明显,能源使用效率不高。2007 年,内蒙古的万元 GDP 能耗为 2.31 吨标准煤,宁夏为 3.95 吨标准煤,榆林为 2.34 吨标准煤,而当年全国的平均水平仅为 1.16 吨标准煤。同时,呼包银榆经济区各地的发展成就基本上都是西部大开发最近 10 年间发展起来的,当前正处于高速发展时期,如果和东部地区实行同样的节能减排政策,地方政府的压力比较大。在下一个西部大开发的十年,呼包银榆经济区的电力、煤化工、金属冶炼等高耗能产业将进一步发展,因此节能任务十分艰巨。

7. 天然气勘探权问题

呼包银榆经济区部分地区的天然气资源勘探权被中央企业垄断,既不利于天然气资源的加速勘探,也不利于天然气的定价竞争。以内蒙古为例,目前内蒙古境内天然气富集区的鄂尔多斯和巴彦淖尔地区的探矿权已由中石油和中石化两大集团登记,形成了对自治区天然气勘探开发垄断的形势。"十五"以来,中石油放慢了勘探速度,直接影响了内蒙古天然气的资源勘探工作,并且由于中石油垄断了大部分天然气资源勘探权和开发权,其他企业无法进入,导致气价偏高,严重阻碍了该地区天然气工业的发展。打破中央企业对天然气开采权的垄断,适度引入地方企业,将有利于促进呼包银榆经济区天然气开发利用的速度和效率。

8. 企业创新能力不足

长期以来,由于研发资金不足、没有连续的研发投入计划,呼包银榆经济区企业创新能力普遍不足。以新能源产业为例,呼包银榆经济区尚未建立新能源重点实验室和公共研究平台,缺乏有力的技术研究支撑平台,新能源基础性研究工作开展较少、起步较晚、水平较低,在光伏发电、电网接入、风机核心部件生产等方面缺乏大规模发展所需的核心技术。虽然经济区通过获取三菱、恩德等国外企业生产许可证的方式具备了兆瓦级机组设备生产能力,但仍以组装国外部件为主,设备本地化率低,带动能力不强。太阳能光伏材料的生产也"两头在外",企业核心技术来自国外,而生产的多晶硅、单晶硅等产品也主要销往国外,国内企业仅获取微薄的加工费用,但是生产过程中产生的大量污染则留在了国内。技术创新不足已经成为严重制约经济区新能源产业的发展速度和规模的主要原因之一。

9. 生态环境破坏严重

大规模的资源开发给呼包银榆经济区的生态环境带来很大压力。以榆林市为例,据统计,目前榆林全市煤炭采空区已达 499.41 平方公里,每年新增约 70～80 平方公里,已塌陷 118.14 平方公里,每年新增约 30～40 平方公里,全市湖泊由开发前的 869 个减少为 79 个,仅 4 条天然气输气管线就破坏植被 100 多平方公里。榆林开采 1 吨煤、油的生态环境成本分别达到 66.1 元和 260 元,煤、油生产的环境代价大大超过地方财政收入,生态承载力不足已成为能源资源大规模开发的主要制约因素。

第三节　发展思路、产业布局及重点项目

总体思路　依托呼包银榆经济区的资源优势,按照"环保优先、输转并举、循环发展"的思路,处理好资源输出与就地转化的关系,全面统筹能源资源的开发和利用。加快电网、铁路、公路、管道等能源外送通道建设,全面提升呼包银榆经济区能源产品外送能力。大力发展风能、太阳能、生物质能等新能源产业,优化能源生产及消费结构。最终建立起稳定、经济、清洁、安全、高效的能源供应体系,把资源优势转化为经济优势,促进呼包银榆经济区经济社会又好又快发展,保障国家能源和经济安全。

总体目标　将呼包银榆经济区建设成为我国重要的大型煤炭基地、"西电东送"煤电基地、先进的煤化工基地和新能源产业基地,使之成为保障我国能源安全的现代化能源化工基地。

一、煤　炭

1. 发展思路

加强煤炭地质勘探,科学编制矿区总体规划;优先安排大型煤炭基地内的大中型煤矿项目,继续关闭小煤矿;加快资源整合,在环境容量允许的前提下,适度提高煤炭产能,着力提升资源回采率;支持现有生产煤矿及选煤厂技术改造,建设节能、环保和安全高效矿井;合理安排煤炭外运与就地转化之间的关系,将呼包银榆经济区建设成为我国最重要的大型煤炭基地之一。

2. 发展目标

到2015年,呼包银榆经济区原煤产量达到9亿吨左右,煤炭平均就地转化率达到45%左右。

到2020年,呼包银榆经济区原煤产量进一步达到12亿吨左右,煤炭平均就地转化率达到50%左右。

3. 产业布局

呼包银榆经济区煤炭开采主要布局在宁夏的宁东煤炭基地,蒙西的准格尔煤田、东胜煤田、乌审煤田、上海庙煤田、卓子山煤田、塔然高勒煤田、白彦花煤田,榆林的府谷煤田、神府煤田、榆横煤田、榆神煤田和吴堡煤田。

4. 重点项目

表2-10报告了呼包银榆经济区重点规划的煤矿一览表。

表 2-10 经济区重点规划建设煤矿一览表

煤矿名称	建设规模	建设时间	地 区
郭家湾煤矿	800 万吨/年	2010—2015	
青龙寺煤矿	300 万吨/年	2010—2015	
波罗煤矿	500 万吨/年	2011—2015	
小纪汉煤矿	1000 万吨/年	2009—2013	
红石桥煤矿	500 万吨/年	2010—2014	
巴拉素煤矿	2000 万吨/年	2011—	
西红墩煤矿	1000 万吨/年	2011—2014	
横沟煤矿	300 万吨/年	2009—2012	
柳壕沟煤矿	60 万吨/年	2009—2012	
魏墙煤矿	300 万吨/年	2011—2015	
朱家峁煤矿	150 万吨/年	2011—2014	
金鸡滩煤矿	一期 500 万吨/年	2012—	
杭来湾煤矿	800 万吨/年	2009—2012	
常兴煤矿	120 万吨/年	2010—2013	
大梁湾煤矿	120 万吨/年	2011—2014	榆林
大保当煤矿	1000 万吨/年	2012—2015	
西湾煤矿	1000 万吨/年	2010—2014	
曹家滩煤矿	1500 万吨/年	2012—	
段寨煤矿	一期 800 万吨/年,二期 600 万吨/年	2012—	
朱盖塔煤矿	1000 万吨/年	2012—	
神树畔煤矿	120 万吨/年	2012—	
柳巷煤矿	120 万吨/年	2012—	
双山煤矿	120 万吨/年	2012—	
千树塔煤矿	120 万吨/年	2012—	
尚合煤矿	120 万吨/年	2012—	
半坡山煤矿	120 万吨/年	2012—	
韩界煤矿	120 万吨/年	2012—	
郝家梁煤矿	120 万吨/年	2012—	

续表

煤矿名称	建设规模	建设时间	地　区
麻黄井煤矿	120 万吨/年	2012—2013	
红树梁煤矿	500 万吨/年	2011—2013	
泊江海子煤矿	300 万吨/年	2010—2013	
尔林兔煤矿	400 万吨/年	2011—2013	
红庆河煤矿	600 万吨/年	2011—2013	
石拉乌素煤矿	1000 万吨/年	2011—2013	
葫芦素煤矿	1000 万吨/年	2011—2013	
圪柳沟煤矿	240 万吨/年	2011—2013	
色连二号煤矿	500 万吨/年	2011—2013	
色连一号煤矿	500 万吨/年	2011—2013	
龙王沟煤矿	600 万吨/年	2011—2013	
玻璃沟煤矿	500 万吨/年	2011—2013	
马泰壕煤矿	240 万吨/年	2011—2013	
唐家会煤矿	300 万吨/年	2011—2013	
满来煤矿	300 万吨/年	2011—2013	鄂尔多斯
新上海庙一号煤矿	400 万吨/年	2011—2013	
门克庆煤矿	1000 万吨/年	2011—2013	
罐子沟煤矿扩建	210 万吨/年	2011—2013	
图克煤矿	500 万吨/年	2011—2013	
达海庙煤矿	800 万吨/年	2011—2013	
孔兑沟煤矿	120 万吨/年	2011—2013	
麻地梁煤矿	500 万吨/年	2011—2013	
母杜柴登煤矿	600 万吨/年	2011—2013	
塔拉壕煤矿	600 万吨/年	2011—2013	
纳林河二号井	500 万吨/年	2011—2013	
东坪煤矿	400 万吨/年	2011—2013	
长滩露天矿	1000 万吨/年	2011—2013	
巴彦淖煤矿	600 万吨/年	2011—2013	
红庆梁煤矿	120 万吨/年	2011—2013	
梅林庙煤矿	600 万吨/年	2011—2013	

煤矿名称	建设规模	建设时间	地　区
黄陶勒盖煤矿	120 万吨/年	2011—2013	鄂尔多斯
长滩西煤矿	120 万吨/年	2011—2013	
白家海子煤矿	1000 万吨/年	2011—2013	
油房壕煤矿	120 万吨/年	2011—2013	
新街台格庙矿区	1500 万吨/年	2011—2013	
不拉岽煤矿	120 万吨/年	2011—2013	
满来梁煤矿	180 万吨/年	2011—2013	
石岩沟煤矿	300 万吨/年	2011—2013	
营盘壕煤矿	120 万吨/年	2011—2013	
无定河煤矿	120 万吨/年	2011—2013	
巴音敖包煤矿	120 万吨/年	2011—2013	
布日齐煤矿	800 万吨/年	2011—2013	
巴彦柴达木煤矿	1000 万吨/年	2011—2013	
中海油煤矿	300 万吨/年	2011—2013	
新蒙煤矿	300 万吨/年	2011—2013	
后柳沟煤矿	120 万吨/年	2011—2013	
刘三圪旦煤矿	120 万吨/年	2011—2013	
老三沟煤矿	120 万吨/年	2011—2013	
黑岱沟煤矿	120 万吨/年	2011—2013	
纳林河一号井	120 万吨/年	2011—2013	
黑梁煤矿	120 万吨/年	2011—2013	
横山堡煤矿	120 万吨/年	2011—2013	
凯通露天矿	45 万吨/年	2010—2011	包头
白彦花勘查区矿井项目	1000 万吨/年	2013—2014	
白彦花煤矿项目	500 万吨/年	2012—2013	
凯越露天煤矿	45 万吨/年	2008—2009	
京鹿露天矿	120 万吨/年	2011—2012	
中卜圪素煤田露天煤矿	300 万吨/年	2011—2013	

续表

煤矿名称	建设规模	建设时间	地 区
葫芦斯太煤田露天煤矿	300 万吨/年	2012—2014	包头
野马兔煤田矿井建设项目	120 万吨/年	2012—2014	
神华水泉矿井建设项目	120 万吨/年	2014—2016	
骆驼山煤矿扩建项目	150 万吨/年扩建至 300 万吨/年	2011—2015	乌海
平沟煤矿扩建项目	180 万吨/年扩建至 300 万吨/年	2011—2015	
公乌素煤矿扩建项目	270 万吨/年扩建至 300 万吨/年	2011—2015	
续建和新建麦垛山、清水营、金凤、双马、金家渠、丁家梁、红一、红二、红四、红五、宋新庄、贺家窑、银星二号、石槽村、红石湾等煤矿	新增 5200 万吨原煤产能	2011—2015	银川
永安煤矿	120 万吨/年	2009—2012	吴忠
韦一煤矿	90 万吨/年	2009—2012	
金凤煤矿	400 万吨/年	2009—2012	
韦二煤矿	150 万吨/年	2010—2012	
金家渠煤矿	400 万吨/年	2011—2015	
贺家瑶煤矿	150 万吨/年	2011—2015	
月儿湾煤矿	180 万吨/年	2011—2015	
新乔煤矿	240 万吨/年	2011—2015	
萌城矿区煤矿	300 万吨/年	2016—2020	
洪涝池煤矿建设项目	240 万吨/年	2010—2015	

二、火　电

1. 发展思路

根据呼包银榆经济区社会经济发展对电力的需求以及国家"西电东送"煤电基地的定位,依托准格尔、东胜、宁东、神府、府谷、榆横、榆神等大型煤田丰富的煤炭资源和良好的电源建设条件,重点加快大型坑口电站开发建设,促进煤电的集约化、规模化开发,满足区内用电和外送电需要,同时,根据经济区内各矿区煤矸石产生量和其他产业发展需要,配以一定容量的煤矸石电厂和热电厂。新建火电厂应全部采用超临界或超超临界空冷机组,机组脱硫率应达到

95％以上,废水排放达标率应达到100％。将呼包银榆经济区打造成我国重要的"西电东送"煤电基地。

2. 发展目标

到2015年,经济区火电装机容量达到0.8亿千瓦,其中,外送装机容量0.55亿千瓦;到2020年,火电装机容量达到1.1亿千瓦,其中,外送装机容量0.8亿千瓦。

3. 产业布局

宁夏方面,新建火电项目主要布局在宁东能源化工基地。榆林方面,火电项目主要布局在神府经济开发区(包括锦界工业园、塔店工业园)、府谷煤电化工业园区(包括清水川工业集中区、皇甫川工业集中区、庙沟门工业集中区、郭家湾工业集中区、府谷工业集中区)、榆神煤化学工业园区(包括清水煤化工业园、榆树湾煤化工集中区、麻黄梁工业集中区、神木县工业集中区)、榆横煤化学工业园区(包括榆横煤化工区、鱼河盐化工业区、横山县工业集中区)、定靖能源综合利用园区(包括定边县定边盐化工集中区、靖边县靖边能源化工综合利用产业园)。蒙西方面,火电项目主要分布在大路—托克托—清水河工业集中区、土右—达旗工业集中区、巴彦淖尔经济技术开发区。

4. 重点项目

表2-11报告了呼包银榆经济区重点规划建设火电项目。

表2-11　经济区重点建设火电项目一览表　　　　　　(单位:万千瓦)

地　区	电厂名称	机组构成	总容量	备　注
银川	国电方家庄电厂一期	2×60	120	预可研
	华电灵武电厂三期	2×100	200	预可研
	鲁能鸳鸯湖电厂二期	2×100	200	预可研
	京能水洞沟电厂二期	2×100	200	预可研
	宁夏发电马莲台电厂二期	2×60	120	预可研
	国电英力特宁东热电项目	2×33	66	具备上报条件
	宁夏电投西夏热电厂二期	2×33	66	规划
	银川东部热电厂	2×33	66	规划
	宁东宝丰热电厂	2×33	66	可研完成
	国华电力宁东矸石电厂	2×30	60	已上报申请"路条"
	华电永利电厂一期	2×100	200	预可研

续表

地 区	电厂名称	机组构成	总容量	备 注
银川	枣泉电厂一期	2×60	120	预可研
	华能罗山电厂一期	2×60	120	预可研
吴忠	大坝电厂四期扩建	2×100	200	可研完成
	吴忠热电厂	4×35	70	正协调"路条"批复
	华能韦州综合利用电厂	2×30	60	具备上报条件
	矸石综合利用电厂项目	2×60	120	可研完成
	罗山电厂项目	2×60	120	前期工作
	枣泉电厂项目	2×60	120	项目前期
	青铜峡水电厂抽水蓄能电站项目	2×30	60	前期工作
	太阳镁业矸石综合利用电厂项目	2×33	66	预可研完成
石嘴山	石嘴山惠农区热电厂	2×33	66	规划
	大武口煤矸石电厂	2×30	60	具备核准条件
呼和浩特	托克托电厂五期	2×60	120	可研
	和林电厂	2×60	120	可研
	清水河电厂	2×60	120	可研
	呼和浩特热电	2×30	60	可研
包头	土右电厂	2×60	120	可研
	达茂电厂	2×60	120	初可研
	包头热电	2×30	60	可研
鄂尔多斯	康巴什热电厂	2×30	60	核准
	东胜热电二期	2×30	60	可研
	阿镇热电厂	2×30	60	可研
	大路矸石热电厂	2×30	60	策划
	上海庙矸石热电厂	2×30	60	策划
	棋盘井热电厂	4×5	20	策划
	达拉特热电厂	4×5.5	22	策划
	图克热电厂	3×15	45	策划

地　区	电厂名称	机组构成	总容量	备　注
鄂尔多斯	独贵特拉热电厂	4×5	20	策划
	东胜西南热电厂	4×5	20	策划
	巴拉贡热电厂	4×5	20	策划
	布尔台矸石电厂	2×30	60	策划
	酸刺沟矸石电厂二期项目	2×60	120	策划
	内蒙古伊泰京能塔拉壕矸石电厂	2×30	60	策划
	罐子沟矸石电厂	2×30	60	策划
巴彦淖尔	临河电厂二期	2×30	60	可研报告
	乌拉山电厂四期	2×60	120	筹划
	神华神东金泉电厂	4×60	240	可研报告
	大唐国际金泉电厂	2×60	120	可研报告
	大唐五原电厂	2×60	120	可研报告
	国网白彦花电厂	8×100	800	可研报告
	杭锦后旗蒙海园区电厂	4×60	240	可研报告
	国电蒙能乌拉特前旗电厂	2×30	60	核准
	恒旺青山热电厂	1×20	20	可研报告
	飞马电厂（背压式汽轮发电）	1×1.35＋1×0.6	1.95	可研报告
	乌中旗海流图镇背压型机组电厂	2×2.5	5	可研报告
	乌后旗巴音宝力格镇电厂	2×2.5	5	可研报告
	五原县麦绿背压式电厂	1×1.2	1.2	可研报告
	杭后旗热电联产项目	2×60	120	筹划
	乌拉特中旗神东金泉火力发电项目	4×60	240	可研报告
	乌拉特中旗国网公司火力发电项目	8×100	800	可研报告
乌兰察布	岱海电厂三期	2×60	120	前期
	察右后旗热电厂	4×30	120	前期
	华宁热电厂二期	2×35	70	前期
	新丰热电厂二期	2×66	132	前期
	平地泉热电	2×60	120	可研

续表

地　区	电厂名称	机组构成	总容量	备　注
乌兰察布	内蒙古京隆发电有限公司发电项目	2×66	132	前期
	新奥气化采煤火电机组项目	30	30	前期
	国电集团四子王坑口电站项目	4×60	240	前期
	丰镇发电厂	2×100	200	前期
阿左旗	国电蒙能公司乌斯太电厂	2×60	120	策划
榆林	府谷清水川煤矸石电厂	2×30	60	新建
	榆横华电电厂	2×66＋6×100	732	新建
	府谷段寨电厂	6×100	600	新建
	锦界国华电厂三期	4×100	400	新建
	吴堡横沟煤矸石电厂	1×30	30	新建
	神木大柳塔煤矸石电厂	2×30	60	新建
	榆横煤矸石热电厂	4×30	120	新建
	红柳林煤矸石电厂	2×30	60	新建
	神木店塔电厂	2×66	132	改建
	神木瓷窑湾综合利用电厂	2×60	120	新建
	榆阳区热电厂	2×30	60	新建
	神木大柳塔综合利用热电厂	2×30	60	新建
	陕西国华神木热电厂	2×30	60	新建
	神木赵家梁工业区煤矸石电厂	2×30	60	新建
	神木石窑店工业区煤矸石电厂	2×30	60	新建
	靖边4×1000MW煤电一体化项目	4×100	400	新建
	府谷清水川煤电一体化二期	2×100	200	续建
	府谷庙沟门煤电一体化二期	2×100	200	续建
	府谷大唐煤电化一体项目发电厂	2×100	200	新建
	府谷热电厂	2×30	60	新建

三、煤化工

1. 发展思路

依托呼包银榆经济区煤炭资源优势,在做好已有现代煤化工大型示范项目技术经济评估、核心技术消化吸收的基础上,在考虑市场需求、环境承载力和水资源供给的前提下,按照规模化、大型化、一体化、产业基地化的发展模式,重点建设煤制油、煤制烯烃、煤制二甲醚、煤制天然气、煤制乙二醇等新型煤化工产业,大力发展下游精细化工产品深加工项目和资源综合利用项目,延长产业链,形成产业集群,提升产业整体竞争力,推动资源优势向经济优势转变。加大焦炭行业结构调整力度,关停区内现有小炼焦炉,发展大型煤焦化项目。

2. 发展目标

呼包银榆经济区各地方政府对主要现代煤化工产品产量进行了规划,具体如表 2-12 所示。

表 2-12　经济区主要煤化工产品产量规划

地　区	煤制油 (万吨)		煤制气 (亿立方米)		煤制烯烃 (万吨)		煤制二甲醚 (万吨)		煤制乙二醇 (万吨)		焦炭 (万吨)	
	2015	2020	2015	2020	2015	2020	2015	2020	2015	2020	2015	2020
呼和浩特	0	0	86	100	110	150	0	0	0	0	100	200
包头	0	0	20	40	120	180	0	0	0	0	100	200
鄂尔多斯	500	1500	100	400	60	400	300	700	100	100	1800	2000
巴彦淖尔	0	0	60	80	80	200	100	300	40	60	2000	3000
乌兰察布	0	0	0	0	0	0	0	0	0	0	0	0
乌海	0	0	46.8	46.8	0	0	0	0	0	0	2000	2000
阿拉善	0	0	40	40	10	30	0	0	0	0	500	800
蒙西合计	500	1500	352.8	706.8	380	960	400	1000	140	160	6400	8000
宁夏合计	0	400	40	100	100	300	50	50	0	0	500	800
榆林合计	100	100	0	0	477	477	120	120	20	20	3000	6000
经济区总计	600	2000	392.8	806.8	957	1737	570	1170	160	180	10000	15000

注:榆林焦炭规划产量为兰炭产量;榆林和乌海未提供 2020 年规划产量数据,表中数据为估计值。

3. 产业布局

宁夏煤化工产业主要布局在宁东能源化工基地。

蒙西地区煤化工产业主要布局在乌达—乌斯太工业集中区、西来峰—棋盘井工业集中区、土右—达旗工业集中区、大路—托克托—清水河工业集中区、上海庙工业园区。

榆林煤化工产业主要布局在神府经济开发区(包括锦界工业园、塔店工业园)、府谷煤电化工业园区(包括清水川工业集中区、皇甫川工业集中区、庙沟门工业集中区、郭家湾工业集中区、府谷工业集中区)、榆神煤化学工业园区(包括清水煤化工业园、榆树湾煤化工集中区、麻黄梁工业集中区、神木县工业集中区)、榆横煤化学工业园区(包括榆横煤化工区、鱼河盐化工业区、横山县工业集中区)、定靖能源综合利用园区(包括定边县定边盐化工集中区、靖边县靖边能源化工综合利用产业园)。

4. 重点项目

呼包银榆经济区现代煤化工主要向煤气化、煤液化、煤焦化三个方向发展,重点发展以煤制油为代表的石油替代产品产业链,以煤基烯烃为代表的煤基石化产品产业链,以合成氨为代表的无机化工产品产业链,以煤制甲醇及下游深加工为代表的精细化工产品链,以焦炭和兰炭为代表的兰炭、煤焦油及焦炉气深加工系列产品链。具体煤化工产业链如图 2-1 所示。

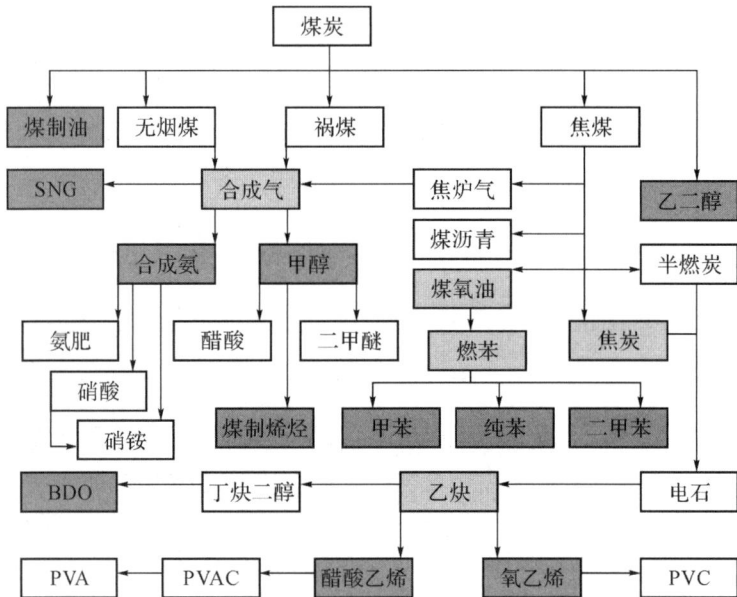

图 2-1 煤化工产业链示意图

表 2-13 报告了呼包银榆经济区煤化工产业规划的重点项目。

表 2-13 经济区煤化工产业规划重点项目一览表

地 区	项目名称	规划内容及规模	建设时间	备 注
呼和浩特	60 万吨烯烃项目及其配套项目	年产 60 万吨烯烃	2012—2015	前期
	煤气化经甲醇制烯烃工程项目	年产甲醇 185 万吨、烯烃 50 万吨、聚乙烯 30 万吨、聚丙烯 20 万吨、醋酸 20 万吨、醋酸液生物 14 万吨	2012—2015	前期
	煤制天然气项目	年产 40 亿立方米	2011—2013	前期
	中海油煤制天然气项目	年产 40 亿立方米	2011—2013	洽谈
	天野化工合成氨、尿素、粉煤气化项目	年产 35 万吨合成氨、60 万吨尿素、6 亿立方米天然气	2011—2013	已核准
	100 万吨/年苯胺项目	年产苯胺 100 万吨	2012—2015	前期
包头	包头神华煤制烯烃二期项目	建设年产 60 万吨聚烯烃产品	2012—2017	前期
	泛海集团煤化工二期、三期项目	建设年产甲醇 300 万吨、聚丙烯 120 万吨及配套设施	2013—2015	前期
	中国海洋石油总公司包头市土右旗年产 180 万吨甲醇及其下游产品	建设年产 180 万吨甲醇及其下游 60 万吨烯烃、醋酸产品	2013—2014	前期
	肥醇联产二期、三期项目	建设年产 50 万吨合成氨生产线	2012—2014	前期
	包头市固阳县煤炭综合利用项目	年产钾肥 100 万吨、合成氨 60 万吨	2011—2015	前期
	泛海煤化工项目	一期建设 60 万吨/年甲醇生产线	2008—2012	续建
鄂尔多斯	神华煤直接液化第二、第三条生产线	年产油品 216 万吨	2010—2013	已核准
	伊泰煤间接液化项目	年产油品 540 万吨	2011—2013	可研
	兖矿煤间接液化项目	年产油品 100 万吨	2012—2014	策划
	兖州煤业鄂尔多斯能化有限公司 180 万吨甲醇转烯烃项目	年产烯烃 56 万吨	2010—2013	已核准
	中电投 80 万吨煤制烯烃项目	年产烯烃 80 万吨	2011—2013	策划
	中国双维投资集团上海庙能源化工基地 75 万吨/年烯烃项目	年产烯烃 75 万吨	2010—2013	可研
	中天合创能源有限公司 300 万吨二甲醚项目	年产 300 万吨二甲醚	2010—2013	核准

续表

地 区	项目名称	规划内容及规模	建设时间	备 注
鄂尔多斯	内蒙古汇能煤化工公司煤制天然气项目	年产煤制甲烷气 16 亿立方米	2010—2013	已核准
	神华集团煤制天然气项目	年产煤制甲烷气 20 亿立方米	2010—2013	核准
	新奥集团煤制天然气项目	年产煤制甲烷气 20 亿立方米	2010—2013	核准
	中海油集团煤制天然气项目	年产煤制甲烷气 40 亿立方米	2011—2014	可研
	中石化华润杭锦旗煤制天然气项目	年产煤制甲烷气 40 亿立方米	2011—2014	可研
	新蒙能源公司煤制天然气项目	年产煤制甲烷气 40 亿立方米	2011—2014	可研
	中石化华润准格尔旗煤制天然气项目	年产煤制甲烷气 40 亿立方米	2011—2014	可研
	国电集团煤制天然气项目	年产煤制甲烷气 40 亿立方米	2011—2013	可研
	中煤能源公司煤制天然气项目	年产煤制甲烷气 20 亿立方米	2011—2013	可研
	恒源公司煤制天然气项目	年产煤制甲烷气 16 亿立方米	2011—2013	可研
	智能慧远化工有限公司煤制天然气项目	年产煤制甲烷气 20 亿立方米	2011—2013	可研
	内蒙古开滦化工多联产	2×20 万吨/年乙二醇、2×4 万吨/年汽油、2×15 万吨/年柴油、2×5.7 万吨/年混合醇、2×3.5 万吨/年混合烯烃和 2×120 万吨/年半焦	2009—2014	已核准
	内蒙古东华能源有限公司乙二醇项目	年产 60 万吨乙二醇	2010—2012	可研
	中国双维投资集团 150 万吨/年乙二醇项目	年产 150 万吨乙二醇	2010—2012	可研
	鄂尔多斯市恒远化工有限公司年产 30 万吨乙二醇项目	年产 30 万吨乙二醇	2010—2013	已核准
	东海新能源公司 60 万吨/年乙二醇生产项目	年产 60 万吨乙二醇	2011—2013	已核准
	易高能源公司乙二醇项目	年产 40 万吨乙二醇	2011—2013	已核准
	内蒙古汇能煤电集团有限公司煤制甲烷气深加工和废气废渣综合利用项目	年液化天然气 8 亿立方米,年产乙二醇 40 万吨、碳酸二甲酯 6 万吨、食品级二氧化碳 5 万吨、二氧化碳降解塑料 6 万吨和灰渣砖 3 亿块	2011—2014	已核准

地　区	项目名称	规划内容及规模	建设时间	备　注
	中煤集团公司年产 200 万吨合成氨 350 万吨尿素项目	年产 200 万吨合成氨、350 万吨尿素	2011—2015	已核准
	伊化实业有限责任公司 100 万吨/年合成氨联产 100 万吨/年尿素、120 万吨/年联碱项目	年产尿素 100 万吨、氯化铵 120 万吨、纯碱 120 万吨	2011—2014	已核准
	杭锦旗中科化肥有限责任公司年产 104 万吨尿素项目	年产合成氨 60 万吨、尿素 104 万吨	2011—2014	已核准
	亿利资源集团有限公司年产 60 万吨合成氨 104 万吨尿素项目	年产合成氨 60 万吨、尿素 104 万吨	2011—2015	已核准
	双欣资源集团年产 60 万吨电石项目	年产 60 万吨电石	2010—2011	可研
	内蒙古中古矿业有限公司 100 万吨电石项目	年产 100 万吨电石	2010—2011	可研
鄂尔多斯	鄂尔多斯君正能源化工公司 100 万吨电石项目	年产 100 万吨电石	2010—2011	可研
	新矿内蒙古能源有限责任公司 1.2 亿立方米/年焦炉煤气制甲烷项目	年产 1.2 亿立方米甲烷	2010—2013	核准
	恒坤化工 30 万吨/年煤焦油加工及 10 万吨/年苯加氢项目	年加工焦油 30 万吨、精苯加氢 10 万吨	2010—2011	已核准
	鄂尔多斯市伊腾高科有限公司 1 万吨/年聚苯硫醚生产项目	年产 1 万吨聚苯硫醚	2011—2013	核准
	鄂尔多斯市华屹资源有限公司 60 万吨醋酸乙烯项目	年产 60 万吨醋酸乙烯	2012—2014	已核准
	国电内蒙古晶阳能源有限公司年产 7000 吨多晶硅项目	年产 7000 吨多晶硅	2012—2014	核准
	鄂尔多斯集团年产 2500 吨多晶硅项目(二期)	年产 2500 吨多晶硅	2011—2012	已核准
	准旗蒙南公司甲醇制汽油项目	年产 60 万吨汽油	2011—2013	策划

续表

地 区	项目名称	规划内容及规模	建设时间	备 注
鄂尔多斯	鄂托克旗建元煤焦有限公司 20 万吨煤焦油加氢制燃料油项目	年产 20 万吨煤焦油加氢制产燃料油	2011—2013	已核准
	双欣资源集团环保材料股份有限公司年产 22 万吨 PVA 项目	年产 22 万吨 PVA 项目及下游产品加工	2011—2012	可研
	内蒙古中磊精细化工有限责任公司年产 100 万吨聚氧醚示范项目	年产 100 万吨聚氧醚	2011—2013	可研
	蒙大新能源化工有限公司年产 30 万吨甲醇制 MEB 工程塑料母粒项目	年产 30 万吨甲醇制 MEB 工程塑料母粒	2011—2014	可研
	内蒙古远兴能源股份有限公司碱湖试验站 3 万吨/年多聚甲醛项目	年产 3 万吨多聚甲醛	2011—2012	已核准
	伊东集团煤焦油加氢项目	年加工 40 万吨煤焦油	2011—2013	策划
	久泰能源公司甲醇制烯烃项目	年产烯烃 60 万吨	2011—2013	可研
	鄂尔多斯市西北能源化工有限公司年产 180 万吨（一期 60 万吨）甲醇制烯烃项目	180 万吨/年甲醇制烯烃	2011—2013	可研
	鄂尔多斯市宏得化工有限责任公司年产 2 万吨混合吡啶项目	年产混合吡啶 2 万吨	2011—2014	已核准
	鄂尔多斯市华屹煤化工有限公司 30 万吨/年聚乙烯醇及其下游产品项目	以醋酸乙烯为原料,年产 30 万吨聚乙烯醇、5 万吨高强高模聚乙烯醇纤维、5 万吨胶粉、10 万吨醋酐	2011—2014	已核准
	内蒙古伊东投资集团有限责任公司年产 60 万吨甲醇制烯烃项目	年产烯烃 60 万吨	2011—2015	可研
	久泰能源内蒙古有限公司年产 100 万吨甲醇、10 万吨二甲醚配套多联产项目	年产柴油 27 万吨,汽油 7.55 万吨,甲醇 40 万吨,轻油 1 万吨,液化石油气 1 万吨,沥青 12.41 万吨,混合烯烃 5.15 万吨,粗苯 1.41 万吨,硫胺 1.1 万吨和硫黄 2 万吨,生产的低温干馏煤全部用于一期甲醇项目水煤浆原料	2011—2016	已核准

地　区	项目名称	规划内容及规模	建设时间	备　注
巴彦淖尔	庆华集团煤制天然气项目	年产 20 亿立方米煤制天然气	2011—2015	可研
	内蒙古磴口金牛煤电有限公司煤制天然气项目	年产 20 亿立方米煤制天然气	2011—2015	可研
	磴口金牛煤电有限公司煤化工项目	聚乙烯 64 万吨、聚丙烯 60 万吨、聚氯乙烯 100 万吨	2011—2015	可研
	杭锦后旗蒙海工业园区煤化工项目	年产焦炭 650 万吨、甲醇 200 万吨、二甲醚 186 万吨、聚乙烯 30 万吨	2011—2015	筹划
	乌拉特前旗煤化工项目	年产煤制甲醇 300 万吨、MTP200 万吨、PVC300 万吨	2011—2015	筹划
	华隆国际投资公司 PVC 项目	年产 PVC100 万吨	2011—2015	可研
	白彦华大型褐煤低温热解项目	年产干馏褐煤 500 万吨,年产半焦 200 万吨、焦油 30 万吨、粗苯 1.25 万吨、煤气 5.5 亿立方米	2011—2015	筹划
	五原县冀中能源集团公司尿素项目(金牛煤化尿素项目)	年产 30 万吨合成氨,52 万吨尿素	2011—2015	初步
	乌拉特前旗乌化公司洗煤项目	年产 100 万吨焦炭	2011—2015	筹划
	巴彦淖尔市乌拉特中旗煤焦化项目	1200 万吨/年焦炭	2011—2015	可研
乌兰察布	乌兰察布市卓资县山东大地盐化集团有限公司 30 万吨/年聚氯乙烯项目	30 万吨/年聚氯乙烯	2011—2015	可研
	乌兰察布市四子王旗山东枣庄矿业(集团)有限责任公司煤采掘及煤化工项目	年产原煤 1000 万吨、煤化工产品 120 万吨	2011—2015	前期

续表

地　区	项目名称	规划内容及规模	建设时间	备　注
银川	国电英力特煤化工项目	年产 240 万吨甲醇、30 万吨醋酸、30 万吨醋酸乙烯、10 万吨聚乙烯醇、20 万吨 BDO、5 万吨聚醋酸乙烯乳液、5 万吨聚四氢呋喃、42 万吨甲醛、10 万吨聚甲醛、60 万吨二甲醚、8 万吨 TDI、8 万吨 MDI、10 万吨乙二醇、10 万吨丁辛醇、10 万吨 CO_2 降解塑料、5 万吨 PBI、5 万吨 EVA、5 万吨醋酐、5 万吨醋酸纤维、2 万吨氯醋树脂、10 万吨甲醇蛋白、47 万吨乙炔、18 万吨 CO、67 万吨脱硫剂、30 万吨烧碱、48 万吨生石灰项目		续建和新建
	青铝业煤制烯烃项目	年产 120 万吨煤基烯烃		新建
	神华宁煤	年产 6 万吨聚甲醛,煤基烯烃二期 100 万吨聚丙烯、100 万吨聚乙烯,甲醇制烯烃 60 万吨聚乙烯、83 万吨二甲醚、10 万吨甲醇,煤变油 400 万吨柴油、汽油,煤制 40 亿立方米天然气、320 万吨煤炭间接液化项目		新建和续建
	盛大宁东化工	年产 150 万吨甲醇、100 万吨二甲醚二期项目		新建和续建
	华电煤业	甲醇生产线 2 套,年产 120 万吨甲醇		新建
	宝丰能源	年产 220 万吨焦化、30 万吨煤焦油、10 万吨苯加氢、20 万吨甲醇、20 万吨甲醛、40 万吨醋酸、15 万吨丁二醇、10 万吨乙炔、30 万吨电石项目		新建和续建
	宝塔石化	年产 120 万吨甲醇、10 万吨二甲醚、8 万吨聚丙烯、90 万吨半焦、10 万吨醋酸、30 万吨醋酸乙烯、10 万吨聚乙烯醇、5 万吨草酸和乙二醇		新建和续建
	中国国电集团	年产甲醇 120 万吨、醋酸 30 万吨、醋酸乙烯 30 万吨、乙炔 30 万吨、BDO10 万吨		新建
	中石化、捷美、宝丰	140 万吨合成氨、230 万吨尿素、联产 20 万吨甲醇,新建 275 万吨合成氨、470 万吨尿素		续建
	开发区宁东工业区	25 万吨烧碱和聚氯乙烯、100 万吨水煤浆、30 万吨乙二醇、2 万吨聚甲醛树脂、天然气液化、醇醚燃料		新建

地　区	项目名称	规划内容及规模	建设时间	备　注
吴忠	宁夏昊盛阳光能源有限公司洪涝池煤矿建设项目	120万吨煤化工生产线及配套设施	2010—2015	续建
	焦炉尾气制甲醇项目	建设年产30万吨/年甲醇	2011—2012	续建
	煤焦化项目	建设100万吨/年焦化	2008—2012	续建
石嘴山	石嘴山工业园100万吨煤焦化项目	关停石嘴山地区现有小炼焦装置,建设100万吨/年大型焦化装置	2011—2015	
	宁夏大地公司电石化工循环经济建设项目	PVA三、四期,2×350MW热电联产,氯丁橡胶,1,4丁二醇,PVB建设,PVA工程纤维等		续建
榆林	兖矿榆林煤制油	规划总规模1000万吨/年,分两期实施。一期采用低温费托合成技术,建成100万吨/年间接液化工业示范装置后,再分别采用低温和高温费托合成技术各建设200万吨间接液化煤制油装置。二期新增油品500万吨,同时建设石脑油、烯烃和含氧化合物的下游加工利用工程	2012—	
	延长益业煤化工	规划年产甲醇240万吨,甲醇制烯烃80万吨(含一期60万吨煤制甲醇)	2012—	
	延长集团甲醇醋酸系列产品深加工	150万吨/年煤制甲醇、40万吨/年醋酸、20万吨/年醋酐、30万吨/年醋酸乙烯、10万吨醋酸纤维生产装置(含一期20万吨甲醇、20万吨醋酸)	2012—	
	榆天化140万吨甲醇	年产140万吨甲醇	2008—2013	
	兖州煤业榆林化工项目	年产180万吨甲醇,CO设计能力20万吨/年,醋酸40万吨/年、聚乙烯20万吨/年、醋酸乙烯60万吨/年等	2012—	
	陕西德林1,4丁二醇	年产6万吨1,4丁二醇、4.6万吨聚四氢呋喃	2012—	
	神华陶氏煤化工	1046万吨/年煤炭气化、332万吨/年甲醇、122万吨/年MTO、50万吨/年氯碱装置等	2012—	
	大唐205万吨甲醇60万吨MTP	年产60万吨烯烃配套205万吨甲醇	2012—	

续表

地 区	项目名称	规划内容及规模	建设时间	备 注
榆林	靖边煤油气综合利用产业园项目	一期以两个 150 万吨甲醇为龙头双线进行规划,综合匹配 50 万吨 MTP、50 万吨 MTO、150 万吨渣油 DCC、聚丙烯、聚乙烯等十多个烯烃下游产品,匹配热电联产、粉煤灰制水泥等。二期以现代煤化工为主,再建 300 万吨甲醇、100 万吨烯烃及下游产品项目。远期年产 1000 万吨甲醇、300 万吨烯烃及下游产品	2012—	
	府谷 30 万吨合成氨及 52 万吨尿素	年产 30 万吨合成氨及 52 万吨尿素	2009—2014	
	延长西湾煤化工项目	640 万吨原煤/年低温干硫装置,200 万吨原煤/年流化床多联产装置,100 万吨/年煤焦油综合利用装置,160 万吨/年甲醇装置及 80 万吨乙二醇装置等	2012—	
	榆神煤炭分质高效转化产业园项目	年热解转化 6000 万吨煤炭,一期规模为年热解转化 3000 万吨煤炭	2011—	
	榆神煤、盐清洁高效综合利用项目	建设规模为 1200 万吨/年原煤及 250 万吨/年原盐加工处理能力,包括 450 万吨粉煤干馏装置、40 万吨煤焦油轻质化装置、600 兆瓦热电装置、85 万吨电石装置及后续深加工装置等。分期建设	2012—	
	榆神 360 万吨/年粉煤裂解及加氢项目	360 万吨/年粉煤热裂解及 40 万吨/年煤焦油加氢装置	2012—	
	榆神 100 万吨/年煤焦油深加工及 20 万吨/年针状焦项目	以煤焦油为原料深加工成粗苯、粗酚及煤沥青等产品,再以煤沥青为原料生产高级针状焦实现煤焦油的增值加工	2012—	
	榆神聚甲醛项目	6 万吨聚甲醛	2012—	
	榆神硅胶产业园项目	30 万吨硅胶、100 万吨泡花碱、64 万吨元明粉等	2012—2015	
	中煤集团 180 万吨烯烃	180 万吨烯烃,一期 60 万吨烯烃	2011—	
	华电集团煤化工项目	300 万吨甲醇、120 万吨 MTO 及下游深加工	2012—	
	陕西方圆集团 30 万吨合成氨及尿素项目	12.7 万吨/年工业液氨、30 万吨/年尿素	2012—2015	

续表

地　区	项目名称	规划内容及规模	建设时间	备　注
榆林	府谷恒源煤焦电化有限公司资源综合利用项目	年20万吨中低温焦油,形成年产粗酚3.2万吨、硫酸钠2.6万吨、改质沥青5.1万吨、轻柴油8.9万吨、石脑油2.6万吨的生产能力;以焦化厂产生的焦炉气为原料,年产20万吨甲醇	2010—2015	
	府谷镁业集团镁节能联产综合利用项目	110万吨/年捣固焦、5万吨金属镁、10万吨硅铁、10万吨镁合金深加工产品、40万吨免烧砖、12万吨炭黑油,配套120万吨/年镁渣水泥	2009—2015	
	神木赵家梁工业区100万吨电石项目	100万吨电石	2012—2014	
	府谷煤干馏综合利用项目	建设240万吨兰炭,20万吨甲醇,石脑油、燃料油66.4万吨/年,4万吨金属镁,2×2.5万千瓦发电项目	2009—2015	
	府谷煤焦油深加工生产线	建设100万吨/年煤焦油加工生产线	2012—	
	横山100万吨/年洁净煤项目	建设年产100万吨洁净煤生产项目,分三期建设	2012—	
	横山县30万吨/年合成氨及尿素项目	建设年产30万吨合成氨及尿素项目	2012—	
	榆横煤基清洁燃料低碳循环经济项目	1000万吨兰炭、100万吨煤焦油加氢、60万吨乙二醇及配套煤矿	2012—	
	靖边兰炭及炭化煤气综合利用项目	年产150万吨兰炭、20万吨焦油加氢	2012—	

四、新能源

呼包银榆经济区风能、太阳能资源丰富,而且有广大的荒漠化土地,具有大规模开发利用风能和太阳能的良好条件,而且该地区火电装机容量庞大,为风电和太阳能发电的上网提供了良好的基础①。同时,呼包银榆经济区是我国重要的农牧业基地,沙柳、柠条、秸秆等作物原料充足,具有发展生物质能的优势和潜力。在未来十年的发展中,呼包银榆经济区应充分发挥其可再生能源资源优势,大力发展风电、太阳能发电、风光互补、生物质能发电等新能源产业,不断改善能源消费结构,着力提高新能源在能源消费中的比重。有效实施火电、风电、太阳能发电打捆外送,积极开展抽水蓄能发电和风电配合运行研究。

1. 风能

(1)发展目标

到 2015 年,呼包银榆经济区风电总装机将达到 1800 万千瓦以上;到 2020 年,呼包银榆经济区风电总装机达到 3000 万千瓦以上。

(2)产业布局

宁夏方面:重点规划建设十一个风电场,即贺兰山风电场、青铜峡风电场、宁东风电场、长山头风电场、红寺堡风电场、麻黄山风电场、太阳山风电场、石嘴山风电场、盐池风电场、固原风电场和中卫风电场。风机制造产业重点布局在银川市和吴忠市,其中,风机整机制造布局在银川市,吴忠市主要生产风机配套的零部件。

榆林方面:规划建设定边周台子风电场、黄儿庄风电场、董新庄风电场,靖边的牛圈梁风电场、马项口风电场、黄蒿塘风电场、草山梁风电场、烟墩山风电场和神木的中鸡风电场。

蒙西方面:风电项目主要布局在包头的达茂旗、白云矿区、固阳县;巴彦淖尔的乌拉特中旗、乌拉特后旗、乌拉特前旗、杭锦后旗、磴口县、五原县;乌兰察布的察右中旗、察右后旗、四子王旗、卓资县、化德县、兴和县、商都县;鄂尔多斯乌吉尔、伊和乌素、鄂尔多斯新能源产业示范区发电园区;阿拉善左旗贺兰山风电场、乌力吉风电场等。

(3)发展重点

表 2-14 报告了呼包银榆经济区重点规划的风电项目。

---

① 太阳能发电包括光伏发电和光热发电两个途径。光伏发电是利用半导体界面的光生伏特效应,直接将光能转化为电能,没有中间转换过程,发电过程不消耗资源、不排放废物、无噪声、不用水、维护成本极低,主要原料(硅)在地壳中含量高达 26%,没有资源短缺和耗尽问题,且技术日趋完善并形成产业链,但也存在转换效率不高、能源密度不高、发电不连续、不可调度、上网难以及成本过高等问题。光热发电则通过集热技术将太阳能聚集起来,驱动汽轮机发电,其后端的汽轮机、发电机基本与火力发电兼容,发电的质量与火电类似,稳定且可调度,非常适合于在直射光较强的荒漠荒地中建设,但光热发电维护成本高,需水量大,很多相关技术都还在实验室研发和中试阶段。目前国内仍以光伏发电为主,但光热发电也在快速发展。

表 2-14　经济区规划重点风电项目一览表　　（单位：万千瓦）

地　区	电厂名称	总容量	建设时间
包头	达茂巴音华电 1 号风电场	20	2011—2015
	达茂巴音内蒙古能源发电投资有限公司 2 号风电场	20	2011—2015
	达茂巴音华能 3 号风电场	20	2011—2015
	达茂巴音龙源 4 号风电场	20	2011—2015
	达茂巴音 5 号风电场（包头物化与中国风电合资）	20	2011—2015
	达茂巴音京能 6 号风电场	20	2011—2015
	达茂巴音中电投 7 号风电场	20	2011—2015
鄂尔多斯	内蒙古能源杭锦旗伊和乌素风电场项目	30	2009—2012
	新锦公司乌吉尔风电项目	15	2009—2013
	新能源产业示范区发电园区风力发电	150	2011—2013
	新锦公司伊和乌素风力发电（三、四期）项目	10	2011—2013
巴彦淖尔	大唐乌中旗巴音杭盖风电场	34.95	2011—2020
	中电投乌中旗巴音杭盖风电场（漳泽）	24.95	2011—2020
	国电龙源乌中旗川井风电场	39.69	2011—2020
	鲁能乌中旗川井风电场	29.45	2011—2020
	国华乌中旗川井风电场	59.9	2011—2020
	中国风电乌拉特中旗川井风电场	30	2011—2020
	蒙升乌中旗乌兰风电场	10	2011—2020
	华能乌中旗川井风电场	30	2011—2020
	华电乌中旗川井风电场	30	2011—2020
	大唐新能源兴安盟科右中旗新能源有限责任公司乌兰风电场	100	2011—2020
	中水电乌中旗乌兰风电场	30	2011—2020
	香港 UPC 乌中旗乌兰风电场	30	2011—2020
	国电华北乌中旗川井风电场	110	2011—2020
	乌兰伊力更风电特许权项目（京能）	30	2011—2020
	乌兰伊力更 1 号风电场（华能）	20	2011—2020
	乌兰伊力更 2 号风电场（华电）	20	2011—2020

续表

地 区	电厂名称	总容量	建设时间
巴彦淖尔	川井1号风电场(国华)	20	2011—2020
	乌兰3号风电场(大唐赤峰)	20	2011—2020
	乌兰4号风电场(中广核)	20	2011—2020
	乌兰5号风电场(蒙能＋大唐国际)	20	2011—2020
	巴音杭盖1号风电场(鲁能＋北京东宝)	20	2011—2020
	巴音杭盖2号风电场(中电投＋中科宇能)	20	2011—2020
	巴音杭盖3号风电场(国电龙源)	20	2011—2020
	大唐乌后旗获各琦风电项目	29.95	2011—2020
	国电龙源乌后旗赛乌素风电项目	29.9	2011—2020
	中广核乌后旗乌力吉风电项目	30	2011—2020
	国电电力乌后旗潮格风电项目	59.95	2011—2020
	内蒙古大漠乌后旗获各琦风电项目	15	2011—2020
	大唐乌后旗乌力吉风电场	20	2011—2020
	北方龙源乌力吉风电场	30	2011—2020
	北京基和乌后旗赛乌素风电项目	5	2011—2020
	内蒙古天兰乌后旗赛乌素风电场	5	2011—2020
	华能新能源乌力吉风电项目	30	2011—2020
	国华乌后旗乌力吉(哈沙图)风电场	50	2011—2020
	蒙电华能乌后旗朝格温都尔风电场	20	2011—2020
	北京建技中研乌后旗获各琦风电场	10	2011—2020
	国电华北乌后旗潮格风电场	40	2011—2020
	大唐新能源兴安盟科右中旗新能源有限责任公司宝音图风电场	100	2011—2020
乌兰察布	吉庆风电基地400万千瓦项目	280	2011—2015
	中电投华北公司四子王风电基地200万千瓦项目	200	2011—2015
	北京万源四子王200万千瓦风电项目	200	2011—2015
	三峡集团四子王旗210万千瓦风电项目	210	2011—2015
	大板梁风电场项目	150	2011—2015
	察右前旗风电场项目	100	2011—2015

地 区	电厂名称	总容量	建设时间
乌兰察布	辉腾锡勒风电场项目	80	2011—2015
	察右后旗风电场项目	100	2011—2015
	兴和县大西坡风电场项目	60	2011—2015
	化德县风电场项目	100	2011—2015
	商都县风电场项目	80	2011—2015
	集宁风电场项目	30	2011—2015
	凉城县中节能风电项目	50	2011—2015
	丰镇大唐新能源风电项目	30	2011—2015
	丰镇市中节能风电项目	30	2011—2015
阿左旗	大唐集团新能源公司200万千瓦风力发电项目	200	2011—2015
	中国国电联合动力技术有限公司150万千瓦风力发电项目	150	2011—2015
银川	风力发电站2个	14	2011—2015
吴忠	五里坡新能源项目区建设项目	75	2010—2015
	青铜峡市风力发电项目	35	2010—2015
	哈纳斯集团风电项目(盐池县)	40	2010—2015
	宁夏发电集团风电项目	10	2010—2015
	国电集团风力发电项目	20	2010—2015
	北京意科光伏发电项目	13	2010—2015
	中国天洁风力发电项目	10	2010—2014
	中国大唐风力发电项目	50	2010—2015
	中国华电风电发电项目	30	2010—2015
	宁夏中部风光能源带建设工程	100	2009—2015
	宁发电太阳山风力发电项目	50	2010—2015
	宁电投太阳山风力发电项目	30	2010—2015
	大唐太阳山风力发电项目	30	2011—2015
	神鹏太阳山风力发电项目	4.95	2011—2012
	德能太阳山风力发电项目	10	2011—2015
	京能太阳山风力发电项目	8	2011—2012

续表

地 区	电厂名称	总容量	建设时间
吴忠	浙江运达风电	40	2011—2015
	宁夏哈纳斯风电项目(新能源工业园)	20	2011—2015
	中国电力投资公司风电项目	30	2011—2015
榆林	鲁能靖边风力发电项目	4.8	2009—2010
	国电定边繁食沟风力发电一期工程	4.95	2009—2010
	大唐定边张家山风力发电项目一期工程	4.95	2009—2011
	华能靖边龙洲风电场一期工程	4.95	2009—2012
	国电靖边草山梁风力发电一期工程	4.95	2010—2011
	国电靖边祭山梁风力发电一期工程	4.95	2010—2011
	国电定边繁食沟风力发电二期工程	4.95	2010—2012
	大唐定边张家山风力发电项目二期工程	4.95	2010—2012
	华能定边郝滩风电场	4.95	2010—2012
	华能靖边龙洲风电场二期工程	4.95	2010—2012

2. 太阳能

(1)发展目标

到 2015 年,呼包银榆经济区将建成太阳能并网发电装机容量 150 万千瓦以上,到 2020 年,建成太阳能并网发电装机容量 600 万千瓦以上。

(2)产业布局

宁夏方面:近期重点建设吴忠市红寺堡、青铜峡、太阳山及石嘴山市、中卫市等太阳能光伏电站;中远期,在继续扩大现有光伏电站建设规模基础上,开发建设石嘴山陶乐、吴忠同心、中卫市沙坡头区和中宁县太阳能光伏电站。

榆林方面:光伏并网电站重点分布在榆阳区和靖边县,同时在榆阳区开展 5000 座太阳能节能灯改造工程。

内蒙古方面:太阳能发电主要分布在呼和浩特的武川县,包头达茂旗,鄂尔多斯的杭锦旗,巴彦淖尔乌拉特中旗、乌拉特后旗、乌拉特前旗、杭锦后旗、磴口县、五原县,乌兰察布的四子王旗,阿拉善盟的阿左旗。

(3)重点项目

表 2-15 报告了呼包银榆经济区重点规划太阳能利用项目。

表 2-15　经济区规划太阳能利用项目　　　　　（单位：万千瓦）

地　区	项目名称	总容量	建设时间	备　注
呼和浩特	华能武川风光互补风电项目	2	2011—2014	策划
	呼和浩特市武川县大唐哈萨图光伏发电项目	2	2011—2014	策划
包头	包头市2万千瓦太阳能光伏发电国家特许权招标项目	2	2011—2012	核准
	达茂旗召河光伏电场一期	1	2011—2014	策划
	达茂旗百灵庙光伏电场一期	2	2011—2014	策划
	包头市红泥井太阳能光伏发电项目	1	2011—2014	策划
	包头市太阳能光伏发电项目	2	2011—2014	策划
鄂尔多斯	美国第一太阳能公司太阳能光伏发电项目	200	2011—2013	可研
	强茂能源鄂尔多斯市有限公司太阳能光伏发电项目	10	2011—2013	可研
	施德普太阳能开发公司太阳能发电项目	5	2011—2013	已核准
	亿利集团有限公司10兆瓦太阳能光伏电站建设项目	1	2011—2013	可研
	长联发电有限公司十万千瓦塔式太阳能集热发电商业示范电厂项目	10	2011—2013	可研
	大唐国际鄂尔多斯电厂筹备处杭锦旗10兆瓦太阳能光伏发电项目	1	2011—2013	可研
	大唐杭锦旗新能源有限公司杭锦旗10兆瓦太阳能光伏发电站建设项目	1	2011—2013	可研
	中国节能投资公司10兆瓦太阳能光伏发电站建设项目	1	2011—2013	可研
	新能源产业示范区太阳能发电项目	110	2011—2013	可研
巴彦淖尔	国电蒙能乌中旗项目	2	2011	
	盾安巴音宝力格项目	1	2011	
	华电乌中旗项目	2	2011	
	国电杭锦后旗项目	1	2011	
	大唐新能源乌中旗项目	2	2012	
	国电华北分公司乌后旗项目	2	2012	
	华电磴口项目	2	2012	
	国电蒙能乌前旗项目	2	2012	

续表

地　区	项目名称	总容量	建设时间	备　注
巴彦淖尔	乌中旗风光互补项目	30	2011—2015	
	乌后旗风光互补项目	30	2011—2015	
	乌前旗卧羊台光伏项目区	10	2011—2015	
	磴口县巴彦高勒光伏项目区	10	2011—2015	
	五原隆兴昌光伏项目区	5	2011—2015	
	杭锦后旗光伏项目区	10	2011—2015	
乌兰察布	四子王旗40兆瓦太阳能光伏特许权招标项目	4	2011—2015	前期
	中电投华北分公司四子王旗开发风电及太阳能发电一体化项目	50	2011—2015	前期
	华电玫瑰营风电场10兆瓦太阳能发电项目	一期工程1万千瓦	2011—2015	前期
	华电辉腾锡勒2♯(库伦)风电场20兆瓦太阳能发电项目	2	2011—2015	前期
	华能新能源产业控股有限公司四子王旗20兆瓦太阳能光伏电站项目	2	2011—2015	前期
	北京京能国际能源股份有限公司内蒙古风电分公司50兆瓦光伏发电场项目	5	2011—2015	前期
	内蒙古大唐国际卓资西山光电场一期10兆瓦太阳能发电项目	1	2011—2015	前期
	北京汉能控股集团光伏能源项目	100	2011—2015	前期
	华能新能源察右后旗土牧尔台10兆瓦太阳能发电项目	1	2011—2015	前期
	上海华东电器(集团)有限公司化德30兆瓦太阳能发电项目	3	2011—2015	前期
乌海	蓝星玻璃公司光伏发电金太阳示范项目	0.2	2010—2011	在建
阿左旗	大唐集团新能源公司50万千瓦光伏发电项目	50	2011—2015	策划
	中国节能投资公司李井滩10万千瓦光伏发电一期工程	10	2010—2012	策划
	国家电网公司光伏发电工程	10	2013—2015	策划
银川	中电投光伏电站	10	2010—2015	规划
	大唐投资光伏电站	10	2010—2015	规划

续表

地　区	项　目　名　称	总容量	建设时间	备　注
银川	中冶恩菲光伏电站	10	2010—2015	规划
	兴庆区光伏电站	10	2010—2015	规划
吴忠	五里坡新能源项目区建设项	20	2010—2015	编制园区规划
	青铜峡市太阳能光伏发电项目	30	2010—2015	在建3万千瓦
	中广核太阳能光伏发电项目	1	2011—2013	已核准
	宁夏中部风光能源带建设工程	60	2009—2015	规划已完成
	宁发电太阳山光伏发电项目	20	2011—2015	10兆瓦并网发电
	中节能太阳山光伏发电项目	50	2009—2015	10兆瓦并网发电
	宁电投太阳山光伏发电项目	50	2011—2015	7兆瓦并网发电
	中电投太阳山光伏发电项目	10	2011—2015	前期
	汉能太阳山光伏发电项目	50	2011—2015	前期
	华电太阳山光伏发电项目	10	2011—2015	前期
	江苏天合光伏发电项目	50	2011—2015	前期
	德能太阳山光伏发电项目	2	2011—2015	前期
	京能太阳山光伏发电项目	2	2011—2015	前期
	太阳能光热发电项目	10	2011—2015	前期
榆林	中电投3万千瓦太阳能并网光伏电站	3	2010—2015	前期
	华电3万千瓦太阳能并网光伏电站	3	2010—2015	前期
	华电0.5万千瓦太阳能并网光伏电站	0.5	2010—2015	前期
	国电3万千瓦太阳能并网光伏电站	3	2010—2015	前期
	华能1万千瓦太阳能并网光伏电站	1	2010—2015	前期
	商洛比亚迪公司榆阳区1万千瓦光伏电站	1	2010—2015	前期
	江苏无锡尚德集团2万千瓦光伏电站	2	2010—2015	前期
	广东志成冠军集团1万千瓦光伏电站	1	2010—2015	前期
	陕西鼎晟龙科技公司1万千瓦光伏电站	1	2010—2015	前期

3. 生物质能

利用河套平原和呼包银榆经济区生物质资源丰富的优势,继续在农村地区大力推广沼气池、秸秆气化站、秸秆固化成型厂项目,通过生物质能源开发工程建设解决农村用能问题;积极发展秸秆发电、沼气发电等生物质能发电项目,利用相对成熟的技术稳步发展油藻制柴油、甜高粱制燃料乙醇等生物质燃料项目,推进生物质替代能源发展步伐。

表 2-16 报告了呼包银榆经济区生物质能利用重点项目情况。

表 2-16　经济区生物质能利用重点项目

地　区	项目名称	建设时间	备　注
呼和浩特	农村沼气建设,共建设户用沼气池 7.25 万个;养殖小区和联户沼气工程 220 处;大中型沼气工程 110 处;服务网点 283 个;县级服务站 6 个	2011—2015	续建
	沼气资源综合利用及秸秆颗粒饲料工程,年产 12 万吨秸秆颗粒饲料、日产 12 万立方米沼气,前期秸秆饲料生产车间、沼气发生、净化装置及 2×20 吨燃气锅炉,2×3 兆瓦汽机间及其相应的公用工程辅助工程和生活设施	2011—2015	前期
	动物污染源治理工程,前期户用沼气池 6.95 万个,前期养殖小区联户沼气工程 220 处,前期大中型沼气工程 110 处,前期乡村服务网点 283 个	2011—2015	前期
鄂尔多斯	内蒙古特弘生物有限责任公司年产 10 万吨甜高粱茎秆制燃料乙醇项目	2011—2013	可研
	农村牧区沼气建设项目	2013—2015	续建
巴彦淖尔	临河兆鑫生物质能电厂	2010—2015	在建
	五原华鑫生物质能热电联产项目	2010—2011	在建
	乌拉特前旗新正生物质能电厂	2011—2015	可研
	五原县 30 万吨甜高粱制生物燃料乙醇项目	2011—2015	可研
	五原县 20 万吨甜菜制生物燃料乙醇项目	2011—2015	可研
乌兰察布	察右前旗 2×15 兆瓦生物质发电项目	2011—2015	前期
银川	建设一座规模 5 亩的微藻吸纳二氧化碳制生物能源产品示范装置	2011—2015	新建
	推广一池三改生态节能户用沼气池 1.5 万个,在规模化养殖基地配套建设大型沼气池	2011—2015	续建
吴忠	建设户用沼气池 2000 座,大型沼气工程 10 处,服务网点 113 个,联户沼气工程 50 处	2010—2015	已批复 900 座
榆林	生物质能源综合项目,建设 50 万亩能源林基地、1×3 万千瓦生物质能热电厂、有机肥料厂	2011—2016	新建

五、煤层气

目前,呼包银榆经济区煤层气勘探程度较低,抽采量也不多,2009年,宁夏抽采了1.57亿立方米,乌海抽采了783万立方米。目前,经济区煤层气勘探工作正在进行中,未来10年有望获得较大突破。

根据各地政府初步规划,2015年,经济区煤层气抽采量将达到8亿立方米左右(其中,蒙西约4亿立方米,宁夏2.97亿立方米,榆林1亿立方米);2020年进一步达到约20亿立方米(其中,蒙西约13亿立方米,宁夏3.15亿立方米,榆林约4亿立方米)。

六、石油、天然气

1. 发展目标

鼓励现有油气田滚动开发,扩边、挖潜、增储、上产,加强新一轮油气资源勘查,增加油气资源总量和可持续开发能力,积极开展利用二氧化碳气驱提高低渗低压油气储层采收率的应用示范,争取采收率提高5%~10%。

到2015年,经济区原油产量达到1000万吨左右;到2020年,原油产量仍维持在1000万吨。

到2015年,经济区天然气产量达到445亿立方米(其中,鄂尔多斯240亿立方米,巴彦淖尔5亿立方米,榆林200亿立方米);到2020年,天然气产量进一步达到585亿立方米(其中,鄂尔多斯280亿立方米,巴彦淖尔5亿立方米,榆林300亿立方米)。

2. 产业布局

石油的勘探和开采主要集中在内蒙古西部的巴彦淖尔、阿拉善和榆林的定边、靖边;天然气的勘探和开采主要集中在蒙西的鄂尔多斯、巴彦淖尔和榆林的定边、靖边等地区。重点加快鄂尔多斯盆地、巴彦浩特盆地、乌拉特中旗川井盆地油田勘探开发,以及鄂尔多斯盆地苏里格、乌审、大牛地三大天然气田的开发利用。石油加工主要在呼和浩特、银川和榆林。

3. 重点项目

表2-17报告了呼包银榆经济区石油、天然气重点规划项目情况。

表 2-17 经济区油气开发利用重点项目一览表

地 区	项目名称	建设内容及规模	建设时间	备 注
呼和浩特	中石油呼和浩特石化公司500万吨炼油扩能	厂房、车间、设备、年加工原油500万吨	2009—2012	续建
	中石油呼和浩特石化公司二期炼油扩能改造项目	新增炼油生产能力500万吨	2012—2015	前期
鄂尔多斯	石油和天然气钻采及天然气转化利用项目	400眼天然气井和10眼石油生产井	2011—2014	策划
	敖镇40万吨LNG项目	40万吨	2011—2012	可研
	上海庙25万吨LNG项目	25万吨	2011—2012	可研
	乌审旗华夷能源有限公司城镇天然气储气调峰输配气站工程项目	6座	2011—2013	可研
银川	500万吨炼油改建项目、新建100万吨炼油项目	500万吨炼油改建,新建100万吨炼油项目	2011—2015	续建、新建
吴忠	盐池采油厂二氧化碳气驱提高采收率应用示范	3万吨二氧化碳/年注入量,进行混合相与非混合相驱油试验	2011—2013	策划
榆林	石油产能建设	从2011年起每年新增原油产能120万吨	2015—2020	新建
	天然气产能建设	从2011年起每年新增天然气产能15亿立方米	2015—2020	新建
	榆天化100万吨MTO	采用煤气结合工艺,100万吨/年MTO	2011—2015	新建
	榆天化醋酸及醋酸乙烯项目	依托榆天化现有15万吨/年醋酸,实现装置改造,60万吨/年醋酸	2012—2016	新建
	米脂高效液体金属切割气项目	高效液体金属切割气项目,日处理天然气90万立方米	2011—2015	新建
	横山天然气LNG液化及输配工程	建设$2\times30\times104Nm^3/d$天然气液化项目,年生产液化天然气60万吨,新建生产辅助厂房、罐区围堰、设备平台等设施	2011—2015	新建
	定边天然气净化项目	苏格里50亿立方米天然气净化项目	2011—2015	新建

地　区	项目名称	建设内容及规模	建设时间	备　注
榆林	中石油天然气地下储气库项目	在北三乡新打天然气井120口,新建储存天然气规模为120亿立方米的地下储存库及配套设施	2011—2015	新建
	榆林炼油厂扩能技改项目	到"十二五"末力争原油加工能力达到800万～1000万吨	2011—2015	扩建
	子洲县天然气盐化工综合利用项目	一期天然气化工生产1,4丁二醇,年产6万吨;年产8万吨醋酸乙烯和1亿LNG;二期盐化工完成盐井钻探、设备购置、基础工程设施以及设备组装和运营;三期当地煤炭资源与盐气化工综合利用	2011—2018	新建

七、水　电

蒙西地区重点推进乌海海勃湾水利枢纽工程(装机容量9万千瓦);宁夏境内重点推进大柳树水利枢纽工程(装机容量200万千瓦);榆林境内重点推进碛口水利枢纽工程(装机容量180万千瓦)。此外,加快推进鄂尔多斯杭锦旗20万千瓦抽水蓄能电站、巴彦淖尔二狼山水库200万千瓦抽水蓄能电站、乌后旗200万千瓦抽水蓄能电站、乌海市120万千瓦抽水蓄能电站等项目建设。

第四节　能源供求分析

一、煤　炭

1. 煤炭供给分析

按照呼包银榆经济区各地政府规划,到2015年,煤炭产量将达到11.73亿吨左右,到2020年将进一步达到14.18亿吨。呼包银榆各地政府的煤炭产能规划如表2-18所示。

表 2-18　经济区煤炭产能规划　　　　　（单位:万吨）

地　区	2009 年实际	2015 年规划	2020 年规划
呼和浩特	180	540	540
包头	1490	4000	8000
鄂尔多斯	33800	55000	60000
巴彦淖尔	106	1100	2100
乌兰察布	0	1000	1500
乌海	1892	3400	3000
阿拉善	969	1270	1480
蒙西合计	38762	66270	76580
宁夏合计	5553	11000	15200
榆林合计	20929	40000	50000
呼包银榆总计	64919	117310	141820

注:表中数据由各地政府提供;乌海未提供 2020 年数据,表中数据为估计值。

2. 煤炭需求分析

(1)经济区煤炭需求测算

根据测算,到 2015 年,呼包银榆经济区火电和煤化工所需煤炭约为 4.5 亿吨,到 2020 年将进一步上升到约 6.6 亿吨。具体测算如表 2-19 所示。

表 2-19　经济区煤炭需求测算

项　目	2015 年		2020 年		备　注
	规　模	煤　耗	规　模	煤　耗	
煤制油(万吨)	600	2400	1000	4000	按照 4 吨煤生产 1 吨油品计算
煤制烯烃(万吨)	250	2000	400	3200	按照 8 吨煤制 1 吨烯烃计算
煤制乙二醇(万吨)	40	224	100	560	按照 5.6 吨煤制 1 吨乙二醇计算
煤制二甲醚(万吨)	100	240	200	800	按照 1 吨二甲醚耗煤 4 吨计算
煤制天然气(亿立方米)	36	1260	120	4200	按照 1 亿立方米天然气耗煤 35 万吨计算
焦炭(万吨)	4000	6660	5000	8250	按照 1 吨焦炭耗煤 1.65 吨计算
兰炭(万吨)	2000	3400	3000	5100	按照 1 吨兰炭耗煤 1.7 吨计算
甲醇(万吨)	500	1250	500	1250	按照 2.5 吨煤制 1 吨甲醇计算
尿素(万吨)	500	550	500	550	按照 1.1 吨煤制 1 吨尿素计算

项　目	2015 年		2020 年		备　注
	规　模	煤　耗	规　模	煤　耗	
火电(万千瓦)	8000	19712	11000	25410	火电按年发电 5500 小时计算,煤耗 2015 年为 320 克/千瓦时标准煤,2020 年为 300 克/千瓦时标准煤,原煤按 0.714 折算为标准煤,合 448 克原煤/千瓦时和 420 克原煤/千瓦时。
其他		4000		4000	除上述火电和煤化工以外的煤炭消费,包括农业、工业、交通、餐饮、建筑、居民等部门煤炭消费。
合　计		41636		58320	

注:此处煤化工产量和火电装机容量为课题组预测,各地政府产量规划明显过高,因此不采用。

(2)全国煤炭需求预测

"十五"以来,我国的能源消费快速增长,从 1996 年的 12.97 亿吨标准煤上升到 2008 年的 27.75 亿吨,煤炭消费比重则从 77% 下降到 75% 左右,如图 2-2 所示。

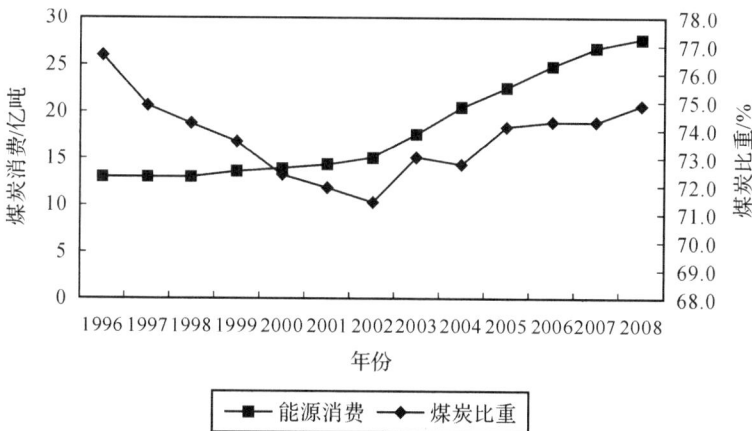

图 2-2　我国煤炭消费量

"十二五"期间,我国的能源需求增长率大致在 3.5% 左右,"十三五"期间大致在 2.5% 左右。据此测算,到 2015 年,我国的能源需求将达到 35 亿吨标准煤;到 2020 年,则进一步达到 40 亿吨标准煤。

根据国家最新规划,未来 10 年,我国新能源占能源消费总量的比重将从目前的 3％上升到 15％左右。但是，由于煤制油、煤制天然气、煤制二甲醚等石油替代产业的发展，我国煤炭消费比重则有可能上升，而石油消费比重有可能下降。综合来看，以煤炭为主的能源消费结构在未来 10 年不会有大的改观。如果到 2015 年和 2020 年，煤炭消费比重分别维持在 72％和 70％，则 2015 年和 2020 年的煤炭需求大致为 25 亿吨标准煤和 28 亿吨标准煤（约合 36 亿吨原煤和 40 亿吨原煤）。

考虑到呼包银榆经济区作为国家能源接续区，其生产的能源在国家中的比重将有所上升。如果 2015 年和 2020 年呼包银榆经济区煤炭产量占全国的比重分别达到 25％和 30％，则 2015 年和 2020 年呼包银榆经济区的煤炭合理产量分别为 9 亿吨原煤和 12 亿吨原煤。

3. 煤炭供求平衡分析

根据以上测算，到 2015 年，呼包银榆经济区煤炭规划产量应控制在 9 亿吨左右，其中，区内消费 4.2 亿吨，外运 4.8 亿吨，煤炭就地转化率约为 46％。到 2020 年，经济区煤炭规划产量 12 亿吨，其中，区内消费 5.8 亿吨，外运 6.2 亿吨，煤炭就地转化率 48％左右，如表 2-20 所示。

表 2-20　经济区煤炭供求平衡分析　　　　　　　（单位：亿吨）

年　份	区内供给	区内需求	外运量	本地转化率	经济区产量占全国比重	全国需求
2015	9	4.2	4.8	46％	25％	36
2020	12	5.8	6.2	48％	30％	40

二、电　力

1. 电力供给分析

2009 年，呼包银榆经济区电力总装机 5782.4 万千瓦，其中，火电 5202.5 万千瓦，风电 453 万千瓦，太阳能 5 万千瓦，水电 119.5 万千瓦，生物质发电 2.4 万千瓦，占全国电力总装机 8.74 亿千瓦的 6.6％。

按照呼包银榆经济区各地政府规划，到 2015 年，电力装机容量将达到 1.55 亿千瓦左右，其中火电 1.21 亿千瓦，新能源 0.34 亿千瓦；到 2020 年将进一步达到 2.63 亿千瓦，其中火电 1.95 亿千瓦，新能源 0.68 亿千瓦。呼包银榆各地政府的电力装机规划如表 2-21 所示。

表 2-21　经济区电力装机规划　　　　　　（单位:万千瓦）

地　区	火　电		风　电		太阳能		水　电	
	2015 年	2020 年	2015 年	2020 年	2015 年	2020 年	2015 年	2020 年
呼和浩特	1100	1500	0	0	4	4	0	0
包头	1200	1800	500	1000	30	100	60	120
鄂尔多斯	1600	2500	70	200	50	300	95	95
巴彦淖尔	900	1600	600	1000	50	100	2.861	2.861
乌兰察布	1000	2000	1000	2000	20	100	0	0
乌海	600	800	5	5	15	15	129	129
阿拉善	480	800	240	500	40	120	0	0
蒙西合计	6880	11000	2415	4705	205	720	286.861	346.861
宁夏合计	3000	4800	300	500	60	200	42.86	242.86
榆林合计	2200	3727	49.35	55	15.5	20	2.67	3.97
经济区总计	12080	19527	2764.35	5260	284.5	959	332.391	593.691

注:表中数据由各地政府提供;乌海未提供 2020 年数据,表数据为估计值。

2. 电力需求分析

(1)经济区内电力装机需求

根据《内蒙古电网"十二五"电力需求预测报告》,2015 年蒙西电网的最高电力负荷需求为 2530 万千瓦,"十二五"年均增长 12.8%。保守估计,蒙西电网"十三五"电力负荷年均增长在 8% 左右,由此 2020 年,蒙西电网最高电力负荷在 3717 万千瓦左右。(注:尚未减去锡林郭勒装机需求,2009 年锡林郭勒消费装机 39 万千瓦,2015 年 80 万千瓦,2020 年 130 万千瓦)

"十二五"期间宁夏电力装机容量需求年均增长 10% 左右,"十三五"年均增长 8% 左右,则 2015 年宁夏回族自治区内电力装机需求约为 1800 万千瓦,2020 年约为 2600 万千瓦。

根据《陕西榆林 110 千伏电网规划设计》,2015 年,榆林最大电力负荷约 580 万千瓦,"十二五"年均增长 16.98%;2020 年约 928 万千瓦,"十三五"年均增长 9.86%。

总计,2015 年呼包银榆经济区内电力装机需求约为 4830 万千瓦,2020 年约为 7115 万千瓦。

(2)全国电力需求预测

"十五"以来,我国的电力消费快速增长,从 1996 年的 10764 亿千瓦时上升到 2009 年的 36973 亿千瓦时,年均增幅达到 9.2%,如图 2-3 所示。

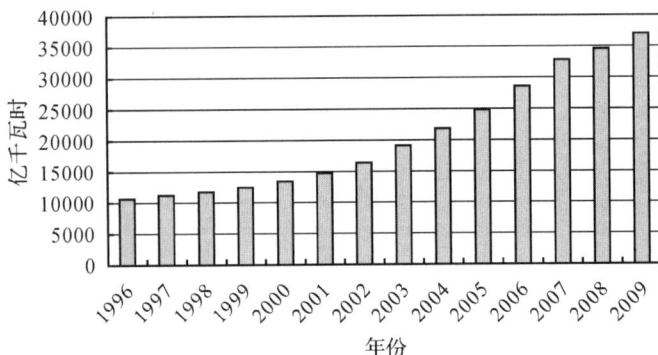

图 2-3 我国电力消费量

电力需求和经济增长之间存在长期依存关系,一般用电力消费弹性系数表示。1996—2009 年,我国平均电力弹性系数为 1,考虑到节能减排的推进和新能源的发展,假设我国平均电力消费弹性"十二五"期间为 0.9,"十三五"期间为 0.7。如果 GDP 增长率"十二五"期间维持在 7%,"十三五"期间维持在 6%,则到 2015 年我国电力消费量将达到 53344 亿千瓦时,到 2020 年进一步达到 65527 亿千瓦时。

根据国家最新规划,到 2015 年,我国的水电将达到 2.8 亿千瓦,风电 9000 万千瓦,太阳能发电 500 万千瓦,核电 3000 万千瓦。到 2020 年,水电将进一步达到 3.8 亿千瓦,风电 1.5 亿千瓦,太阳能发电 2000 万千瓦,核电 8000 万千瓦。

根据以上基本情况,可以对电力供求进行测算,如表 2-22 所示。

表 2-22 全国电力供求平衡分析 （单位:亿千瓦时）

年　份	电力需求	电力供给					备　注
		水　电	核　电	风　电	太阳能	火　电	发电机组年平均利用小时:水电 3300 小时;核电 7600 小时;风电 2000 小时;太阳能 1000 小时。火电供给量为电力总需求量减去水电、核电、风电、太阳能发电以后的余额。
2015	53344	9240	2280	1800	50	39974	
2020	65527	12540	6080	3000	200	43707	

从表 2-22 可以看出,去掉优先上网的水电、核电、风电、太阳能发电量以后,留给火电的发电量 2015 年约 39974 亿千瓦时,2020 年约 43707 亿千瓦时。如果按照全国火电机组年平均利用 5500 小时计算,则火力发电装机容量 2015 年需求约 7.27 亿千瓦,2020 年约 7.95 亿千瓦。2009 年,我国火电装机容量 6.5

亿千瓦,这说明 2015 年和 2020 年火电机组的增长空间分别为 0.77 亿千瓦和 1.45 亿千瓦。

2009 年,呼包银榆经济区火电装机 5187.8 万千瓦,占全国火电装机总容量的 8%左右,如果"十二五"和"十三五"期间全国火电装机容量的增长有 40%在经济区,则经济区合理的火电装机容量增长量为 2015 年 0.31 亿千瓦,2020 年 0.58 亿千瓦。据此测算,呼包银榆经济区火电的合理规划容量为,2015 年 0.8 亿千瓦左右,2020 年 1.1 亿千瓦左右。由此我们认为,呼包银榆经济区各地政府的火电发展规划应适度控制。

根据国家新能源规划,2015 年全国风电装机达到 9000 万千瓦,2020 年达到 1.5 亿千瓦。考虑到呼包银榆经济区风能资源特别丰富的现实,保守估计将有 20%的装机容量在呼包银榆经济区,因此 2015 年呼包银榆经济区风电装机将达到 1800 万千瓦,2020 年将进一步达到 3000 万千瓦。

根据国家新能源规划,2015 年全国太阳能发电装机达到 500 万千瓦,2020 年达到 2000 万千瓦。考虑到呼包银榆经济区太阳能资源特别丰富的现实,保守估计将有 25%~30%的装机容量在呼包银榆经济区,因此 2015 年呼包银榆经济区太阳能发电装机将达到 150 万千瓦,2020 年将进一步达到 600 万千瓦。

根据呼包银榆经济区各地政府规划,2015 年经济区水电装机容量将达到 300 万千瓦左右,2020 年则将达到 600 万千瓦左右。

根据上述分析,大致可以预测,2015 年呼包银榆经济区电力装机容量在 1.125 亿千瓦左右,2020 年将达到 1.52 亿千瓦左右。具体如表 2-23 所示。

表 2-23 经济区电力装机容量 （单位:亿千瓦）

项 目	2015 年	2020 年
火电	0.8	1.1
水电	0.03	0.06
风电	0.18	0.3
太阳能	0.015	0.06
总量	1.025	1.52

如果太阳能和水电只在经济区内消费,风电在经济区内的消费比例 2015 年达到火电装机的 10%,2020 年达到火电装机的 15%,则可以测算经济区电力外送量。具体平衡分析如表 2-24 所示。

表 2-24 经济区电力装机平衡分析   (单位:亿千瓦)

时 间	2015 年			2020 年		
项 目	发电装机	本地消费	外送容量	发电装机	本地消费	外送容量
火电	0.8	0.355	0.445	1.1	0.425	0.675
水电	0.03	0.03	0	0.06	0.06	0
风电	0.18	0.08	0.1	0.3	0.165	0.135
太阳能	0.015	0.015	0	0.06	0.06	0
总计	1.025	0.48	0.545	1.52	0.71	0.81

三、煤化工

1. 煤制油

我国能源禀赋呈现"多煤、少油、缺气"的格局,随着工业化和城市化的推进,特别是私人汽车的普及,我国的石油需求逐年增加,但国内石油产量有限,主要依赖进口。2009 年我国石油消费量为 4 亿吨,石油进口达到 2.2 亿吨,石油进口依存度达到 53.6%,面临巨大的石油安全风险。煤制油为我国缓解石油供求矛盾提供了一条出路,因此,长期而言,煤制油是我国未来发展的一个方向。

但是,目前,煤制油技术(特别是直接液化技术)尚不成熟,而且项目耗水严重,每吨油耗水超过 10 吨,而且碳排放量也比传统石油精炼多 50%,对呼包银榆经济区而言存在较大的制约。另外,煤制油项目受石油价格的影响较大,据测算,如以项目税后的内部收益率 12% 为参考基准,当煤价为 150 元/吨时,煤制油项目的竞争力相当于 28 美元/桶;当煤价为 300 元/吨时,煤制油项目的竞争力相当于 35 美元/桶。在煤炭价格大幅上涨、石油价格不稳定的情况下,煤制油项目存在一定的价格风险。

目前,呼包银榆经济区在建煤制油项目主要有兖矿榆林煤间接液化项目(100 万吨/年)、神华鄂尔多斯煤直接液化项目(500 万吨/年)、内蒙古伊泰煤间接液化项目(一期 16 万吨/年,预计"十二五"末规模将达到 500 万吨/年)、神华宁煤与南非沙索公司合作宁东煤间接液化项目(400 万吨/年)。按照国家发改委政策,经济区应重点做好已有煤制油项目建设工作,待技术和市场成熟后再稳步发展。

2. 煤制烯烃

传统的乙烯、丙烯制取主要通过石油裂解生产,过分依赖石油,而我国的石油消费有一半以上依赖进口,因此,煤制烯烃的发展有助于进行石油替代,保障国家能源战略安全。而且,随着国际石油价格的不断攀升,煤制烯烃在成本上具有一定的优势。

从产品销量来看,市场潜力巨大。据亚化咨询的研究数据,2010 年中国的乙烯当量缺口约为 960 万吨,丙烯的当量缺口约为 340 万吨,因此存在广阔的市场空间。

从技术上来说,目前我国煤气化制甲醇再制烯烃的技术已经比较成熟,已适宜于产业化发展。

目前,呼包银榆经济区主要有神华包头年产 60 万吨煤制烯烃项目、神华宁煤年产 50 万吨煤制聚丙烯项目、神华陶氏化学榆林 100 万吨煤制烯烃项目、陕西延长石油集团 120 万吨煤制烯烃项目等。未来十年可进一步扩大产业规模。

3. 煤制天然气

随着经济的发展和生活水平的提高,能源清洁化逐步提上日程,天然气作为清洁能源,需求量也不断上涨。2000 年以来,我国天然气消费以 15% 的速度增长,2009 年天然气消费量达到 900 亿立方米。未来 10 年将是我国天然气产业发展的黄金十年,天然气消费量增速有望继续维持在 14%~15%。这为呼包银榆经济区发展煤制天然气产业提供了良好的机遇。

从经济成本上看,目前煤制天然气的生产成本约为 1 元/立方米,和常规天然气出产价持平,远低于进口天然气价格 2 元/立方米,因此在成本上具有一定的优势。另外,呼包银榆经济区发展煤制天然气具有地理上的优势,使煤制天然气的成本优势更加突出。

从效率上来看,煤制天然气的转化效率较高,超过 45%,耗水量也相对较低,只有甲醇等其他产品的三分之一,对呼包银榆经济区具有重要意义。而且,煤制天然气技术相对比较成熟,技术上风险不大。

需要注意的是,近年来美国、加拿大等地的煤层气、页岩气等非常规天然气产业迅猛发展,国际天然气市场的供求关系已经逐渐出现逆转,国际天然气价格有下行压力,给煤制天然气带来较大的价格风险。另外,呼包银榆经济区的天然气管网建设必须配套跟上。

综合分析而言,呼包银榆经济区煤制天然气产业有较大的发展潜力,但也有较大的风险,因此应稳步发展,不宜遍地开花。

4. 煤制乙二醇

乙二醇主要用作聚酯原料。我国是世界最大的聚酯生产国,国内乙二醇消费量占亚洲总消费量的二分之一,世界总消费量的 30%。在我国乙二醇消费中,约 95% 用于生产聚酯。截至 2009 年年末,我国乙二醇产能达到 249 万吨每年,但由于我国聚酯产能庞大,我国乙二醇绝大部分依赖进口,近几年国内乙二醇进口依存度一直在 70% 以上,且呈逐年上涨趋势。这为呼包银榆经济区发展煤制乙二醇提供了巨大的机遇。

目前国内外乙二醇生产主要以原油为原料,我国作为石油进口大国,在原料上受到一定制约,煤制乙二醇则提供了一种替代方法。与原油制乙二醇相比,煤制乙二醇具有消耗低、污染少、成本低的优点。据了解,目前原油制乙二醇成本在 6000~7000 元/吨,而煤制乙二醇成本约为 4000 元/吨。另外,呼包银榆经济区煤炭资源丰富,发展煤制乙二醇具有地理优势,更突出了成本上的优势。

综上分析,呼包银榆经济区煤制乙二醇产业在未来 10 年有较大发展潜力。

5. 煤制二甲醚

二甲醚目前主要掺混液化石油气(LPG)使用,是一种性能良好的民用燃料,同时可以作为车用燃料,是柴油的替代品,具有一定的石油替代战略的作用,具有一定的发展前景。从 2008 年 7 月 1 日开始,二甲醚按 13% 的增值税税率征收,享受能源初级产品待遇,这意味着二甲醚作为能源替代产品已经得到国家的认可。

煤制二甲醚的生产技术已较为成熟,市场潜力也较大,呼包银榆经济区利用其煤炭资源丰富的优势,在成本上也可占有较大的优势,因此经济区煤制二甲醚产业具有一定的发展潜力。

6. 焦炭、兰炭

焦炭是烟煤在隔绝空气的条件下,经过高温干馏而制成,主要用于高炉冶炼、铸造和气化。呼包银榆经济区煤炭资源丰富,具有发展焦炭产业的优势,但是必须看到全国焦炭产能过剩的危机。据统计,截至 2009 年年末,我国焦炭产能约 4 亿吨,焦炭消费量仅为 3 亿吨,产能严重过剩。虽然工信部在 2009 年淘汰了 2600 万吨焦炭落后产能,但是总体来看,未来焦炭行业产能过剩的局面短期内不会改变。因此,呼包银榆经济区焦炭产业发展应适度控制。

兰炭是不黏煤和弱黏煤在隔绝空气的条件下,经过中低温干馏而制成,目前主要代替冶金焦作为生产铁合金、电石的优质还原剂,同时也作为化肥生产的优质原料和民用清洁燃料。目前,全国兰炭产能大致在 5000 万吨以上,需求量在 3000 万吨左右。据估计,"十二五"期间,全国兰炭年需求量在 5000 万吨左右,因此可能会出现局部过剩。呼包银榆经济区兰炭产业应根据市场形势,稳步发展。

第五节　支撑体系建设

一、外送通道

能源外送通道建设是呼包银榆经济区煤炭、电力、石油、天然气及能源化工产品顺利送往东部经济发达地区的前提条件,不但直接影响经济区自身经济的发展水平,而且对国家实施"西电东送"、"西气东输"、"北煤南运"等国家能源战略具有至关重要的影响。能否建成符合其发展水平的能源外送通道,特别是运煤铁路、电网外送通道和油气管道,是呼包银榆经济区能否建设成为 21 世纪我国重要能源战略基地的重要前提条件。

1. 运煤铁路

目前,呼包银榆经济区铁路外运能力已形成一定规模,主要铁路包括东西向的集宁—通辽铁路、北京—包头—兰州铁路、朔州—黄骅港铁路、大同—秦皇岛铁路,南北向的宝鸡—中卫铁路、包头—西安铁路。同时,经济区内部运煤铁路已形成一定规模,包括呼准铁路、包神铁路、准神铁路、神朔铁路、大准铁路等。各铁路具体运能分析如表 2-25 所示。

表 2-25　呼包银榆经济区铁路运能分析

序　号	名　　称	运力分析	备　注
1	包西铁路 (包头—西安)	起自包头,经鄂尔多斯、榆林、延安至西安,与陇海铁路相连,主要承担蒙西、榆林煤炭、化工产品及其他货物外运。包西线复线 2010 年建成后,年运量达到 1 亿吨,如果一般用于运煤,则煤炭运力在 5000 万吨左右。	南北向外运通道
2	宝中铁路 (宝鸡—中卫)	北起中卫,南至宝鸡,与陇海线相连,年运量 2500 万吨,主要承担宁夏煤炭和化工产品外运,如果一般用于运煤,则煤炭运力为 1300 万吨左右。	南北向外运通道
3	大秦铁路 (大同—秦皇岛)	西起山西省大同市,东至河北省秦皇岛市,是我国"西煤东运"的主要通道之一,目前年运量 4 亿吨,主要通过大准铁路、北同蒲铁路、京包兰铁路集运。经济区运量约占 20%,即 8000 万吨左右。2015 年,大秦线扩能到 4.5 亿,届时经济区运量将在 1 亿吨左右。	东西向外运通道
4	朔黄铁路 (朔州—黄骅港)	西起山西省神池县神池南站,东至河北省黄骅市黄骅港,是我国"西煤东运"的第二大通道,主要通过神朔铁路、北同蒲铁路集运,年运量 2 亿吨。如果经济区运量占 50%,则年运量在 1 亿吨左右。	东西向外运通道

续表

序号	名称	运力分析	备注
5	太中银铁路（太原—中卫—银川）	起自山西太原，经陕西省的榆林至宁夏中卫和银川，主要承担榆林、银川、吴忠、中卫煤炭和化工产品东运，其中煤炭运量占50%左右。目前年总运量6000万吨，其中运煤3000万吨。	东西向外运通道
6	集通铁路（集宁—通辽）	西起集宁，东至通辽，与京包铁路相连，主要向东北地区运煤，年运量700万吨。	东西向外运通道
7	京包兰铁路（北京—包头—兰州）	由京包铁路和包兰铁路组成，目前年运量1.2亿吨，煤运主要作为大秦铁路集运线。	东西向外运通道
8	神朔铁路（神木—朔州）	神朔铁路自陕西神木县大柳塔镇至山西朔州市，向东与朔黄铁路相连，煤炭可在黄骅港转水运至华东、华南及国外市场，运力1.6亿吨。	经济区内通道
9	准神铁路（准格尔—神木）	该铁路北连呼准铁路，西通东准铁路，南接神延铁路，主要承担准格尔、东胜、榆神煤田地方煤炭的外运。本线远景年货运能力3000万吨。	经济区内通道
10	呼准铁路（呼和浩特—准格尔）	北起呼和浩特，南至准格尔，以煤炭运输为主，年运量2670万吨。	经济区内通道
11	包神铁路（包头—神木）	神东煤田主要的外运通道，主要承担神华煤和包神沿线电厂及煤化工企业所需煤炭的运输任务，包神线2010年后承担运量9000万吨。	经济区内通道
12	大准铁路（大同—准格尔）	东起山西省大同市，西至内蒙古鄂尔多斯市准格尔旗薛家湾，与大秦铁路相连，目前年运力4800万吨，远景运能1.5亿吨。	经济区内通道

从表2-25可以看出，目前呼包银榆经济区铁路煤炭外运能力在3亿吨左右。2009年，呼包银榆经济区煤炭产量6.5亿吨，其中外运4.5亿吨左右，煤炭运力严重不足。2015年，呼包银榆经济区煤炭产量将达到9亿吨，外运约4.8亿吨，2020年经济区煤炭产量12亿吨，外运约6.2亿吨，届时煤炭运力缺口将分别达到1.8亿吨和3.2亿吨。如果进一步考虑到新疆、甘肃煤炭和化工产品外运需求的增长，则届时铁路运力缺口将更大。因此，加快煤炭外运通道建设，是呼包银榆经济区下一阶段的重要任务。

根据国家中长期铁路网规划以及呼包银榆经济区各地方政府铁路规划，呼包银榆经济区铁路网规划如下：

（1）出境干线铁路规划

西向铁路：新建策克—哈密铁路、太阳山—白银铁路、包兰铁路惠农—银川复线；包兰铁路银川—兰州段扩能改造。

东向铁路：新建鄂尔多斯—张家口—曹妃甸铁路；包头—神木—黄骅港铁路扩能改造。

南向铁路：新建中卫—宝鸡铁路复线、定边—庆阳—西安铁路、银川—西安高铁；包头—西安全线扩能改造。

北向铁路：集宁—二连浩特铁路扩能改造。

（2）境内干线铁路规划

新建太中银铁路银川—定边复线、集宁—包头铁路第二双线、红柳林—大保当铁路、新上海庙—嘎鲁图—神木铁路、西小召—嘎鲁图—靖边铁路、惠农—定边铁路。

同时，根据经济区煤炭、火电、能源化工等产业的发展，新建或扩建一批支线和专线铁路，使经济区各矿区、基地和园区能和区内主干铁路直接接轨。宁夏方面，新建古窑子—梅花井铁路、鸳鸯湖—红柳铁路、黎家新庄—红墩子铁路、红柳—汪水塘铁路、马儿庄—萌城铁路、萌城—永庄铁路、永安—韦州矿区铁路、马跑泉—新上海庙等支专线铁路；榆林方面，新建红柳林—神木西专用线，榆横煤化工专用线，榆林榆佳铁路专用线，小纪汗专用线，黄甫川、清水川及庙沟门铁路专用线等支专线铁路；蒙西方面，建设锡尼—乌拉山、金泉—青山、陶勒盖—白彦花煤田、磴口电厂运煤铁路，塔然高勒矿区铁路专用线，东乌铁路与包西铁路联络线，大饭铺—马栅铁路等一批支专线铁路。

2. 电网外送通道

呼包银榆经济区电力外送通道建设严重滞后，不但风力发电等新能源难以上网，而且火力发电机组也大量"窝电"，严重影响了国家"西电东送"战略的实施和经济区的发展，必须加快该地区大容量电力外送通道建设，为火力发电和新能源提供大能力外送通道。

蒙西电力外送电主要流向为华北京津唐、河北南部、山东及华东地区。目前，蒙西电网有丰泉—万全—顺义、汗海—沽源—平安城 2 条向华北电网送电的通道，共计 4 回 500 千伏线路，最大外送电力 390 万千瓦。另外，还有三条"点对网"外送通道，即托克托电厂以 500 千伏输电线经安定（霸州）接入京津唐电网、岱海电厂以 500 千伏输电线经河北万全接入京津唐电网、上都电厂以 500 千伏输电线经河北承德接入京津唐电网。

除充分利用现有输电线路外，蒙西方面重点推进以下特高压输电项目：

（1）包头—鄂尔多斯—潍坊±1000 千伏特高压交流输电线路

(2)乌兰察布—南昌±800千伏特高压交流输电线路建设

(3)乌海—鄂尔多斯—广东±800千伏特高压交流输电线路建设

(4)包头—鄂尔多斯—山东±1000千伏特高压交流输电线路建设

宁夏方面,目前已有宁东—兰州750千伏输电线路一条,2010年宁东—山东±660千伏直流输电工程完成,新增送电规模400万千瓦。在充分利用已有输电线路基础上,宁夏方面重点推进宁夏—浙江直流±800千伏直流联网输电工程,规划2012年建成,届时新增送电规模720万千瓦。同时,推进特高压线路建设,由电源点采用"点对网"方式接入国家特高压交流同步网,规划到2020年特高压外送电规模达到840万千瓦。

榆林电网是陕西省主网最北边的地区电网,以330千伏线路与陕西主网(延安主网和关中主网)联系。2010年新建成榆横750千伏变电站,通过信义—延安—榆横两回750千伏线路加两回330千伏线路与陕西主网联系。

在充分利用现有外送容量的基础上,规划2012年新增榆横—宁夏宁东一回750千伏联络线,"十二五"新增神木和府谷750千伏变电站两座,通过两回750千伏线路接入榆横750千伏变电所。同时,推进特高压外送线路建设,规划建设榆林—长沙1000千伏特高压交流输电线路,建设府谷1000千伏变电站与华北电网连接、靖边1000千伏变电站与渭南东1000千伏变电站连接。

3.油气管道

管道运输是继铁路、公路之后,呼包银榆经济区又一种可采用的有效运输方式。结合能源化工基地建设及产品流向,呼包银榆经济区应加快长距离输送管道建设,为成品油、原油、天然气以及甲醇、二甲醚等能源化工产品提供安全、高效、便捷的外送通道。同时,加强经济区内油气资源供应和管道建设,满足当地生产生活需要。

重点推进宁东—银川天然气管道,鄂尔多斯大路—北京—天津天然气输送管道(200亿立方米),杭锦旗—湖北天然气输气管道(200亿立方米),苏米图—东胜—准格尔输气管道,临河—五原—乌拉特前旗—包头天然气输气管道,临河—杭锦后旗—乌拉特后旗天然气管道,呼和浩特炼油厂—包头—鄂尔多斯成品油管道,银川—乌海—临河—包头成品油管道,鄂尔多斯大路—石家庄煤制油输送管道(500万吨/年),长庆—呼和浩特炼油厂原油管道,宁东—榆林—鄂尔多斯—曹妃甸二甲醚输送管道,鄂尔多斯—京唐港甲醇、二甲醚管道(各600万吨/年),鄂尔多斯图克—黄骅港液体化学品输送管道(300万吨)建设。

二、水资源

经济的发展,特别是能源化工产业的发展,需要大量水资源支撑。表2-26

和表 2-27 估算了煤炭开采、火力发电和煤化工产业的需水量。

表 2-26　2015 年经济区能源化工产业需水量

项　目	建设规模（万吨）	需水量（万吨）	备　注
煤炭	90000	27000	参照宁东，原煤生产耗水按 0.13 吨水/吨煤计算
火电	8000	33760	参照宁东，按 1 千瓦耗水 4.22 吨计算
煤制油	600	6000	按照伊泰煤制油示范项目，每吨煤制油耗水 10 吨至 12 吨，达到经济规模后可降至 6 吨至 8 吨。
烯烃	250	7500	参照宁东，按 30 吨水/吨烯烃计算
煤制天然气（亿立方米）	36	18000	按照 500 万吨水/亿立方米天然气计算，网络数据
二甲醚	100	1770	参照宁东，按 17.7 吨/吨醚计算
兰炭	2000	3000	根据炉型不同，兰炭耗水量从 0.3～2.5 吨/吨兰炭不等，此处按 1.5 吨水/吨兰炭计算
焦炭	3000	4920	参照宁东，按 1.64 吨/吨焦炭计算
甲醇	500	6460	参照宁东，按 12.92 吨/吨甲醇计算
尿素	500	5850	参照宁东，按 11.7 吨/吨尿素计算
总计		114260	

表 2-27　2020 年经济区能源化工产业需水量

项　目	建设规模（万吨）	需水量（万吨）	备　注
煤炭	120000	36000	参照宁东，原煤生产耗水按 0.13 吨水/吨煤计算
火电	11000	46420	参照宁东，按 1 千瓦耗水 4.22 吨计算
煤制油	1000	10000	按照伊泰煤制油示范项目，每吨煤制油耗水 10 吨至 12 吨，达到经济规模后可降至 6 吨至 8 吨。
烯烃	400	12000	参照宁东，按 30 吨水/吨烯烃计算
煤制天然气（亿立方米）	120	60000	按照 500 万吨水/亿立方米天然气计算，网络数据
二甲醚	200	3540	参照宁东，按 17.7 吨/吨醚计算
兰炭	3000	4500	根据炉型不同，兰炭耗水量从 0.3～2.5 吨/吨兰炭不等，此处按 1.5 吨水/吨兰炭计算
焦炭	5000	8200	参照宁东，按 1.64 吨/吨焦炭计算
甲醇	500	6460	参照宁东，按 12.92 吨/吨甲醇计算

续表

项 目	建设规模 （万吨）	需水量 （万吨）	备 注
尿素	500	5850	参照宁东,按 11.7 吨/吨尿素计算
总计		192970	

从以上两表中可以看出,2015 年,煤炭、电力和煤化工产业需水量 11.4 亿吨左右,2020 年进一步上升到 19.3 亿吨左右。

经济区 2015 年和 2020 年水资源供求状况(包括农业、工业和生活用水)如表 2-28 所示(更详细的分析请参见节水专题研究)。

表 2-28　经济区水资源供求分析　　（单位:亿立方米）

地 区	2015 年			2020 年		
	供水量	需水量	缺水量	供水量	需水量	缺水量
呼和浩特	15.12	12.16	−2.96	17.20	13.12	−4.08
包头	11.60	14.40	2.80	12.00	19.30	7.30
巴彦淖尔	48.84	51.17	2.33	49.48	50.09	0.61
乌海	2.82	6.50	3.68	6.31	9.30	2.99
鄂尔多斯	16.95	19.38	2.43	16.95	20.97	4.02
集宁	0.25	0.30	0.05	0.14	0.15	0.01
阿盟左旗	1.37	1.38	0.01	1.37	1.32	−0.05
银川	12.50	11.30	−1.20	13.00	12.00	−1.00
石嘴山	6.54	6.50	−0.04	6.54	6.55	0.01
吴忠	17.10	20.00	2.90	16.10	21.00	4.90
中卫	11.98	13.28	1.30	11.20	13.60	2.40
榆林	10.77	14.21	3.44	13.95	20.92	6.97
合计	155.84	170.58	14.74	164.24	188.32	24.08

榆林方面,根据《榆林能源化工基地总体规划》,榆林市将主要通过以下方法提高其供水能力:

(1)充分利用地表水资源。据统计,2007 年榆林市境内尚有地表水供水潜力每年约为 2.87 亿立方米。

(2)榆林府谷岩溶水、第四纪松散层潜水总开发量约为 3.65 亿立方米,省市水利部门初步认定可开采 2.33 亿立方米。

(3)矿井疏干水和中水利用。预计到 2015 年和 2020 年,榆林市分别有 3.5 亿立方米和 3.97 亿立方米煤炭开采量,每年可用矿井疏干水约为 0.7 亿立方米和 0.79 亿立方米,每年中水回用为 0.06 亿立方米。

(4)据《榆林市节水规划》,全市通过节水型社会建设,到 2020 年,全市农业节水潜力约 2.05 亿立方米。

(5)黄河调水。随着榆林经济社会的快速发展和能源化工基地建设的有序推进,到 2020 年,境内水资源开发将无法满足各行业的需求,只能通过从黄河干流引水解决。引黄线路分为南线、北线、西线三条线路,三条引黄线路总引水量约 14 亿立方米。其中南线为古贤引水工程,淹没区至吴堡,可沿吴堡取水供绥、米、佳、横山用水;北线为大泉引水,位于府谷县大泉村附近,引水 6.81 亿立方米;西线为大柳树引水。其次的第二梯次引水工程还有碛口引水 3.6 亿立方米,可供远期榆林社会发展用水。

(6)引汉济渭。引汉济渭工程通水后,每年可从汉江向渭河调水 15 亿立方米,主要配给关中地区。关中地区节余下的引黄指标可调配给榆林约 6 亿立方米,加之榆林尚有未用完的引黄指标 9.35 亿立方米,因此,从引黄指标分配角度看榆林市未来尚有较大的引水潜力。

宁夏方面,根据《宁夏回族自治区鄂尔多斯盆地区域能源开发利用总体规划》,主要通过建设节水型社会、水权转换等方式,着力提高水资源的承载能力。具体采取如下措施:

(1)调整农业内部结构,减少高耗水作物的种植比例,增加耐干旱高产粮食作物面积,大力推广管灌、喷灌、滴灌等高效节水灌溉技术。

(2)积极实施黄河水权置换,从工业项目中提取相应资金,用于渠道衬砌工程,以换取引黄灌区农业节水,解决工业发展新增用水。

(3)加大重点水利工程基础设施建设力度,提高地表水利用率,有效地缓解水资源供求矛盾。

(4)以水权和水价制度建设为重点,加强总量控制与定额管理,发挥水价对节水的促进作用。

(5)调整和优化产业结构,加大污水处理和中水回用力度,提高水的重复利用率。关闭、取缔了小炼焦、小硅铁、小造纸和小火电等高耗水、高耗能、高污染企业。

蒙西方面,根据《内蒙古以呼包鄂为核心沿黄河沿交通干线经济带重点产业发展规划(2010-2020)》,为保证工业发展用水,将在保持总量平衡的基础上,坚持以供定需,统筹生活、生产、生态用水,提高工业用水比重。以水权转换为抓手,重点实施沿黄大型农业灌区工程和滞洪区、退水利用工程,支撑工业发展。加强疏干水、再生水和劣质地下水等非传统水资源利用。到2020年,通过增加地表水供水、非传统水资源利用和水权转换,新增工业用水10亿立方米左右。

三、生态环境

能源产业是呼包银榆经济区的支柱产业,而能源产业在建设和运行中对生态环境会产生较大破坏作用,尤其是煤炭、电力、煤化工对环境的破坏较为严重。煤炭开采、电力生产和煤化工会产生大量的废渣、粉末和废气,不但会造成地表塌陷,破坏地表,污染地下水资源,而且排放大量二氧化硫、二氧化碳和烟尘,造成大气污染。同时煤化工和火力发电需用大量的水资源,会进一步加剧经济区的水资源紧张状况,而排出的废水又会污染河流湖泊及地下水,造成恶性循环。

考虑到呼包银榆经济区水资源紧张的现实,在能源产业发展进程中,走循环经济之路是可行的和必要的。循环经济使资源利用与环境要素协调发展,符合可持续发展的经济模式。在煤炭行业重点项目建设中,利用煤矸石和粉煤灰回填塌陷区;利用煤矸石发电、生产建筑材料和化工原料;对采煤矿井水进行处理,达到工业用水和生活用水标准并回用;开发利用煤层甲烷资源,加强煤层甲烷资源评价,引进井下开发或地面直接开采煤层甲烷和甲烷利用技术,控制煤矿向大气排放温室气体。在电力行业重点项目建设中,应鼓励发展热电联产,提高资源利用效率,实现低开采、高利用、低排放,最大限度地减少废物排放,保护生态环境。煤化工产业应对废气、废水进行无害化处理,废渣则应进行综合利用。

在发展循环经济的同时,应借鉴国际上生态效益的补偿办法,建立生态效益补偿机制,实行生态效益有偿使用。建设用地造成植被破坏、风蚀沙化、水土流失的要依法给予补偿,并将补偿资金回笼到生态环境建设主管部门,负责恢复和建设生态环境。项目建设单位必须改变传统的经营理念和方式,调整发展思路和经营策略。强化管理,严格控制污染物的排放总量,积极配合地方政府环保部门的监管,在项目建设过程中和投产运行中,均应严格执行国家规定的环保指标,实现清洁生产,提供符合环境标准的清洁产品。

第六节　政策建议

一、建立区域协调发展机制

建立呼包银榆经济区协调发展机制,合理布局经济区内优势产业,建立互惠互利和利益共享机制,避免产业雷同和恶性竞争。建立统一高效的信息化服务体系,实现经济区内信息通网。建立统一高效的人才市场和人力资源市场服务体系,依托重大项目、重点基地和重点园区,培养造就掌握核心技术、关键技术和共性技术的工程技术人才,引导和鼓励专业技术人才和经营管理人才服务呼包银榆经济区。制定产业、土地、人口、环境、资源开发、投融资等方面的政策和与经济分工合作相配套的制度安排,统筹区内城乡一体化规划、区域一体化专项规划的制度和衔接,引导生产要素实现经济区内自由流动和合理配置,对重大基础设施建设、重点项目、重点产业、生态环境和公共服务等项目进行统筹安排。特别应打破行政区域束缚,优化生活要素和生产要素的组合配置,科学规划产业园区布局,合理、有效配置资源,明确区域内成员的功能定位、产业分工、城市体系,加快生产要素、产品和服务市场一体化发展进程,解决条块矛盾,促进区域经济社会协调发展,进而形成一个集聚与辐射功能更强大的经济带。

二、建立生态补偿机制

目前,呼包银榆经济区资源开发补偿机制尚未形成,"谁开发、谁保护,谁破坏、谁恢复,谁受益、谁补偿,谁污染、谁付费"的原则不能完全被贯彻,资源的开发利用者没有承担环境成本,导致治理经费难以落实,经济发展与环境资源之间的矛盾日趋尖锐。应尽快开展基地建设对生态环境影响的勘察评估工作,提出全面、科学的生态环境治理措施和方案。按照国家环保总局《关于开展生态补偿试点工作的指导意见》,建议国家制定呼包银榆经济区能源化工基地资源与环境管理条例,出台矿区沉陷、"三废"污染等治理补偿办法及细则,改变现有采矿企业成本核算制度,将生态环境治理与生态恢复费用列入企业的生产成本,建立生态环境补偿机制。建议呼包银榆经济区参照山西省做法,开征 20元/吨煤的可持续发展基金、10 元/吨的矿山环境治理恢复保证金、5 元/吨的煤矿转产发展基金。

三、实行差别化产业政策和节能减排政策

呼包银榆经济区经济发展相对落后,工业起步较晚,而且产业结构有别于东部经济发达地区,主要是依托煤炭、石油、天然气等资源优势,重点发展电力、能源化工、焦炭等高污染、高耗能产业,因此国家在产业政策上不应一刀切。而且,直到"十五"末,一些重大项目才开始陆续在该地区落户,以 2005 年污染物排放量为基数作为总量控制指标,与建设国家能源基地和能源化工基地的要求不相适应,与东部发达城市相比较也有失公平。作为国家级能源化工基地,呼

包银榆经济区是 21 世纪我国的能源接续地，负有保障我国能源安全的重大责任，因此必须有特殊的政策进行保障和支撑。建议国家制定体现差别化政策的产业发展指导目录，凡列入目录内的建设项目，都可以享受国家鼓励类建设项目相关政策，并在项目建设用地、环境评价审批等方面给予政策倾斜。例如，水泥、钢铁、电力、煤化工、多晶硅等产业，虽然在全国范围内可能面临产能过剩压力，但是呼包银榆地区具备资源优势，如果这些产品在本地区和周边地区有市场需求，则可以考虑放宽其准入限制。同时，根据呼包银榆地区实际环境容量和产业结构，专门制定针对该地区发展状况的节能减排政策。

四、尽快研究解决税源与税收背离问题

呼包银榆经济区是资源富集区，其税收类型体现为典型的资源型税收。由于我国目前的征税制度安排等原因，该地区存在较为严重的税收与税源地背离的现象，导致该地区财政收入的流失。造成该现象的主要原因有三点：一是当前的财政税收制度不够完善，共享税占整个税收的比重较大。就共享税当中的营业税来说，其实行的是注册地纳税原则，如果劳务发生地和注册地不一致，就会使得劳务发生地无法征收营业税，产生税源与税收收入背离的问题。同理，增值税及附征的城市维护建设税、教育费附加和所得税也存在税源与税收收入背离的问题。二是跨区经营造成的税收与税源背离，即按照现行属地征收原则，由于企业注册地和生产、经营活动地不一致，税收由生产地向注册地转移，造成税收与税源背离。三是总分支机构所在地不同造成的税收与税源背离，即由于实行总公司汇总纳税，使分、子公司所在地的税收向总公司所在地转移，造成税收与税源背离。

为了切实解决呼包银榆经济区税源与税收背离的问题，增加该地区的财政收入，以更好地解决当地的生态环境和民生问题，政府应从国家层面对此进行研究，制定合理可行的政策措施。在力求促进企业公平竞争、地区经济协调发展和经济结构合理调整的前提下，完善和改革现行税收制度，制定出有利于税源产生地的税收制度，减少税源地的税收流失，缩小地区之间的税收收入差距，关注资源型城市未来的发展。对总分机构分离、跨区经营的企业，不论其企业所得税是在总机构所在地汇总缴纳，还是在公司注册地缴纳，都应按照一定的标准，根据税源产生地提供税源的比例进行分配。

五、保障新能源电力接入电网

经济区应加强适应新能源的电网前期研究工作，综合考虑资源分布、电网消纳能力和电力输送方向，制定适应可再生能源电力发展的电网规划，做好新

能源、常规能源与电网统一协调。加强配套调峰电源建设,实现打捆送出、平滑出力,提高安全稳定水平。

同时,中央政府应从国家层面考虑经济区的新能源消纳问题。呼包银榆经济区风电等新能源的开发和消纳不仅仅是经济区本身的责任,也是全国新能源战略的一部分,因此必须实现跨地区、跨电网统筹安排规划,中东部省区在电力市场中应留出接纳呼包银榆经济区新能源的空间。建议国家有关部门充分考虑资源、环境、需求、成本等因素,深入研究风电送出通道以及在国家电网大范围消纳风电的总体规划。

六、加强企业自主创新能力

建立以企业为主体的技术创新体系,鼓励企业与大专院校、科研单位实行产学研联合,围绕火力发电、能源化工、风机关键部件、太阳能电池组件、电网接入等重点技术建立国家级研发机构、重点实验室、产学研研究基地等研发平台,通过多种途径,引进消化吸收国外先进技术,增强自主创新能力。掌握一批具有自主知识产权的关键技术,打造一批具有国际核心竞争力的能源品牌。加快能源与化工科技成果转化,设立技术推广和服务机构,组织实施有关能源与化工建设的重大技术装备研发和产业化示范工程项目。制订能源与化工人才培养、专家储备计划,吸引国内外优秀相关专业技术人才、管理人才和技术工人,支持宁夏大学、北方民族大学、银川大学等区内高等院校发挥学科优势,培养新能源专业人才,组织业务和技术培训,培养一支懂技术、会管理的能源化工及新能源专业人才队伍。

七、落实新能源发展优惠政策

落实国家支持新能源发展的各项政策措施,按照国家相关规定减免新能源企业所得税、增值税、进口专用设备关税和进口环节税等;如风电、生物质能开发、太阳能发电、地热发电等列入国家公布的企业所得税优惠目录的项目的投资所得,自项目取得第一笔生产经营收入所属纳税年度起,第一年至第三年免征企业所得税,第四年至第六年减半征收企业所得税。贯彻落实国家电价和费用分摊政策,对煤层气发电在全区销售电价中分摊,风电、太阳能发电、生物质能发电由全国可再生能源电价附加中负担。引导和支持新能源企业积极争取建设清洁发展机制(CDM)项目。加快研究制定呼包银榆经济区支持新能源产业发展优惠措施,对风电、太阳能光伏电站建设项目使用国有荒地的,享受自治区有关在土地出让金、新增建设用地有偿使用费、土地管理费方面的优惠政策。

鉴于蒙西电网作为内蒙古自治区直属电网、全国性送端电网、风电绿色大网的实际，建议国家在蒙西电网探索开展国家绿色能源战略相关政策试点，研究实施电力多边交易、抽水蓄能调峰电站运营费用分摊、风电送出电网项目投资补贴等方面政策，将蒙西电网千万千瓦级风电基地外送通道建设资金和调峰补贴纳入全国可再生能源附加分摊。

第三章

呼包银榆经济区产业发展专题研究

第一节 产业发展的背景和目标

一、呼包银榆经济区"十二五"迫切需要改变产业结构

西部大开发以来,呼包银榆经济区是我国西部地区产业发展最快的地区(见表3-1),已经建立起规模较大、体系较完整的以能源化工产业为主的产业体系。

表 3-1 2009 年有关地区 GDP 增长情况

地 区	增长率(%)
乌兰察布	13.2
呼和浩特	15.9
包头	17.6
鄂尔多斯	23.0
巴彦淖尔	19.3
乌海	22.8
阿拉善盟	23.0
银川	13.0
石嘴山	13.2
吴忠	13.0
榆林	13.3
全国平均	8.7

但是,经济区产业结构"一煤独大"、过于单一的情况严重存在。例如,包头、鄂尔多斯、榆林三市,重工业总产值占全部工业的产值均达90%左右,这些重工业大多又与煤有关,其中,榆林市重工业产值占全部工业总产值高达98.6%,煤炭产值占到全部工业总产值约70%。这种资源和能源消耗多、废弃物的排放量大、总体上处于低端的资源型经济,是难以实现可持续发展的,这从山西的情况来看很明显。2010年,国家已经把山西省确定为国家资源型经济转型发展的政策试点省份,呼包银榆地区某种程度上作为山西省传统能源的接续地和新开发地区,不能再走山西省的老路。

在目前气候变化影响和节能减排压力很大的背景下,资源型经济也是难以为继的。呼包银榆地区的煤炭产量2009年已经达到6.5亿吨,占全国总产量30.5亿吨的五分之一左右,算上正在建设的煤矿和即将新上的煤矿,产量很快将达到10亿吨。如果2015年全国的煤炭产量是38亿~40亿吨,而且这是顶,未来不再增加的话,那么,呼包银榆地区煤炭产量达到10亿~12亿吨(经济区储量占全国30%,如果产量按同一比例,则产量占40亿吨的30%,为12亿吨),也就是顶了,煤炭产能的增加,其空间已经非常小。未来经济发展必须有新的增长点,特别是榆林市、银川市、乌海市和石嘴山市。

综上所述,"十二五"时期,呼包银榆经济区迫切需要加快产业结构调整升级的步伐,改变资源型经济结构的特征。

二、经济区转变产业结构的条件比较优越

从现有的情况来看,呼包银榆经济区有实现产业转型的非常优越的条件,比起山西来要好得多。一是经济区"十一五"时期煤化工产业发展很快,建成和正在建多个大型现代煤化工项目,可依托这些煤化工项目进行深加工。这些深加工项目,相对于上游的煤化工来说,应该属于中碳产业。二是经济区风能资源和太阳能资源非常丰富,2009年,经济区的风电装机容量已经达到487万千瓦,占全国总装机容量1613千瓦的30%。光伏发电达到39万千瓦,亦已经开始起步,潜力很大。经济区可以建设大型新能源基地,新能源产业可以成为经济的新增长点。三是经济区的资源禀赋使得发展循环经济产业也可以成为新的增长点。例如,鄂尔多斯的煤炭是煤铝共生的,其粉煤灰中,氧化铝的含量达到30%~50%,初步估算,氧化铝资源量达150亿吨,是全国铝土矿储量的8倍。大唐国际公司正在进行粉煤灰制氧化铝产业化项目的试点。四是,经济区经济发展很快,人均GDP水平已经很高,特别是呼包鄂地区,2009年人均GDP都已经超过了1万美元,超过了作为东部地区发达城市的杭州市水平。只是,经济区居民收入占GDP的比重比较低。例如,鄂尔多斯市,居民人均收入仅占

GDP 的 16%。但是，一般情况下，人均 3000 美元以上，就是现代服务业的快速发展期。考虑通货膨胀和美元贬值的因素，东部沿海地区城市现代服务业进入快速发展期是人均 5000 美元。因此，尽管呼包银榆经济区经济结构与东部地区有较大差别，但是，也完全有条件进入现代服务业的快速发展期。

如果发挥好上述四个方面条件，经济区实现产业结构转型升级是可能的。

三、产业结构升级的内容

（1）按照一体化、多联产、循环经济的要求继续稳步发展能源化工产业，建设若干个大型能源化工基地，将呼包银榆经济区建设成为国家重要的能源化工基地和我国西部地区循环经济示范区。

（2）按照依靠科技进步和政府引导的原则，促进战略性新兴产业发展，建设国家重要的新能源基地、战略性新材料基地并提高高新技术产业在区域经济中的比重。

（3）按照产业集聚和功能配套的原则大力发展装备制造业和对钢铁、有色金属、塑料树脂等大宗商品进行精深加工的产业，提高商品的附加值，减少工业对能源和资源的依赖，实现节能减排和产业由低端逐步向中高端转型升级，成为我国西部地区资源型产业结构转型升级的示范区。

（4）按照现代服务业集聚发展的大趋势，以打造有竞争力的现代服务业集聚区为载体，加快发展现代服务业，使生产性服务业和生活性服务业成为促进经济区主导产业转型升级和提升居民生活质量的推进器。

四、产业布局

产业布局，要依据国家和经济区所在地区的主体功能区规划，按照集约发展和区域密切合作、协调发展的原则，工业向资源和原材料、水源、基础设施和产业现有基础组合条件较好的沿黄和沿交通干线的园区集中，现代服务业要向大中城市和交通枢纽集聚。

在布局上形成 6 个产业带：一是沿黄河能源化工产业带，重点地区是鄂尔多斯、包头、呼和浩特、巴彦淖尔、乌海、石嘴山、宁东、榆林；二是以阴山北麓、贺兰山为主的新能源产业带，重点地区是乌兰察布、包头、巴彦淖尔、石嘴山、吴忠、榆林；三是沿阴山、贺兰山金属矿产和金属冶金产业带，重点地区是包头、巴彦淖尔；四是河套包括前套和后套的农业产业带以及榆林南部的农业产业带，重点地区是巴彦淖尔、银川、榆林南部；五是沿边开放带，重点是二连浩特、甘其毛都、策克、满都拉四个口岸；六是沿黄河区域中心城市和次中心城市现代服务业产业带，区域中心城市包括呼和浩特、银川、包头、鄂尔多斯、榆林，次中心城市包括集宁、临河、乌海、石嘴山。

五、产业转型发展的目标

如果说"十一五"期间,经济区发展是以高碳产业为主的话,那么,"十二五"期间,经济区要大力发展中碳产业,创造好条件,到"十三五"期间,经济区就可以大力发展低碳产业。这样,经济区可以成为全国资源型地区,产业发展由高碳为主到高、中碳并重再到高、中、低碳并重的示范区,产业发展的总目标是经济区在全国率先实现由资源型经济向现代经济的转型。

如果长三角、珠三角、环渤海湾为中国经济的三个增长极,成渝规划提出打造中国经济增长第四极,那么,呼包银榆经济区可以打造中国经济增长第五极。

第二节 煤炭产业

一、煤炭资源

1. 煤炭储量大

呼包银榆地区煤炭资源主要分布于鄂尔多斯盆地,煤炭已经探明的储量为3550.05亿吨,已经探明的储量占全国2009年探明储量约1.2万亿吨的30%,具有极为重要的战略地位(见表3-2)。

表3-2 规划区域探明的煤炭储量

地 区	煤 种	储 量(亿吨)
乌兰察布	褐煤、焦煤、无烟煤	11.7
呼和浩特	长焰煤	1.35
鄂尔多斯	长焰煤、不黏煤、焦煤	1676
巴彦淖尔	褐煤、不黏煤	25.4
包头	褐煤	61.6
乌海	焦煤	24
阿拉善盟	无烟煤、焦煤	11.3
银川	不黏煤、长焰煤、焦煤	208.5
石嘴山	无烟煤(太西烟)、焦煤、肥煤	17
吴忠	焦煤、肥煤	64.5

地　　区	煤　　种	储　量(亿吨)
中卫	无烟煤	1.7
榆林	不黏煤、长焰煤、焦煤、气煤、肥煤、贫煤	1447
总计		3550.05
全国		约 12100
相关地区:蒙古南戈壁省	焦煤、烟煤	80

注:据 2008 年全国第 3 轮煤炭资源预测,全国垂深 2000 米以内浅煤炭资源总量为 5.6 万亿吨,其中垂深 1000 米以内浅煤炭资源总量为 2.86 万亿吨,已查明煤炭资源储量达到 11598 亿吨。再根据 2009 年国家统计局公报,全国 2009 年新增查明资源 503.6 亿吨,推算 2009 年查明储量约 1.2 万亿吨。

2. 大型整装煤田多

经济区有准格尔、神东、神榆、榆横、灵武等大型整装煤田,且埋藏浅,容易开发,开采较安全,开采成本低,适合多种用途的利用,煤炭供应我国东北、华北地区的市场距离近,是我国优势较为突出的煤田。国家确定的全国 13 个亿吨级煤炭基地为神东、晋北、晋东、蒙东、云贵、河南、鲁西、晋中、两淮、黄陇、冀中、宁东和陕北,其中有神东、宁东和陕北 3 个在经济区内。具体为:

(1)神东煤炭基地

神东煤炭基地包括神东、万利、准格尔、包头、乌海、府谷 6 个矿区,主要为长焰煤和不黏煤,其他煤种有褐煤、焦煤、肥煤、气煤、无烟煤等。

(2)陕北基地

陕北基地包括榆神、榆横 2 个煤区,主要为长焰煤和不黏煤,其他煤种有肥煤、气煤、贫煤、无烟煤等。

(3)宁东煤炭基地

宁东煤炭基地包括石嘴山、石炭井、灵武、鸳鸯湖、横城、韦州、马家滩、积家井、萌城 9 个矿区,主要煤种为不黏煤、长焰煤、无烟煤、焦煤、肥煤、气煤等。

三个基地已探明的煤炭资源储量 3536.65 亿吨(乌兰察布煤田不计在内),主要分布于鄂尔多斯、宁东、榆林三地,其中,鄂尔多斯 1676 亿吨,宁东 273 亿吨(含吴忠 64.5 亿吨),榆林 1447 亿吨。

3. 煤种齐全,煤质好

经济区煤炭资源煤种类较齐全,有褐煤、长焰煤、不黏结煤、弱黏结煤、气煤、肥煤、焦煤、无烟煤等,煤质有害元素含量低,是优质的化工和动力用煤。

主要的煤田和煤种、煤质情况如下:

(1)准格尔煤田

探明储量为 257.9 亿吨,煤种属中灰、高挥发分、高灰熔点、低硫、中高发热量的长焰煤。煤质具体指标有灰分 20%～25%,水分 5.57%,硫分 0.25%～2.95%,挥发分 38%～40%,灰熔点 1300℃,低位发热量 5700 千卡/千克以上。

(2)东胜煤田

探明储量 727 亿吨。东胜煤田南部,煤种属特低灰、特低硫、特低磷、高发热量的不黏结煤,煤质具体指标为灰分约 6.5%,水分 5%～7%,硫分 0.15%～0.25%,磷分 0.01%,挥发分 34%,低位发热量 6500 千卡/千克以上;东胜煤田北部区煤种属低灰、低硫、高挥发分、中高发热量的不黏结煤。煤质具体指标为:灰分约 10.5%～12.5%,水分 11%～13%,硫分 1.0%～1.1%,挥发分 35.5%～37.5%,灰熔点 1200℃,低位发热量 6000 千卡/千克左右,是良好的化工用煤。

(3)乌海矿区

乌海矿区由海渤湾矿区和乌达矿区两部分组成,储量 24 亿吨,为焦煤、肥煤和气煤。其中乌达煤田总地质储量 6.3 亿吨,目前剩余地质储量约 2.8 亿吨,可采储量约 1.9 亿吨。煤种属于肥煤和气煤,煤质为灰分 6.9%～30%,含硫 0.8%～3.85%,挥发分 24.69%～33.29%,发热量 4800～6300 千卡/千克。

(3)卓子山煤田

卓子山煤田储量 29.6 亿吨,煤种属焦煤、肥煤、肥气煤等,煤质具体指标为灰分约 24.7%～30.5%,水分 0.63%～1.07%,硫分 0.59%～2.65%,挥发分 29.01%～31.91%,发热量 5400～6200 千卡/千克;洗精煤含灰分 9.10%～11.00%,水分 0.75%～1.03%,硫分 0.68%～1.7%,挥发分 27.0%～30.5%,发热量 6700～7960 千卡/千克。

(4)乌审煤田

初探储量 90 亿吨,为低灰、低硫、低磷、高挥发分,高发热量的不黏煤或弱黏煤。

(5)上海庙煤田

储量 142 亿吨,为长焰煤、不黏煤、气煤和肥煤。煤质具有低硫、低瓦斯、特低磷、高发热量特点。

(6)塔然高勒煤田

储量 40 亿吨,为低灰、低硫、低磷、高发热量不黏结煤。

(7)白彦花煤田

储量 86 亿吨,为中富灰分、中硫、高熔灰、低磷、中高发热量褐煤,平均发热量为 4700 千卡/千克。

（8）宁东煤田

储量 273.1 亿吨,以特低灰、特低硫、特低磷和较高发热量的不黏结煤为主,其他煤种亦较齐全。灵武、横城、鸳鸯湖、韦州四个矿区总体规划获得国家批准,其他矿区开发在规划中。

（9）古拉本煤矿

储量 4 亿吨,煤种是著名的无烟煤太西煤。

（10）呼鲁斯太煤田

储量 19 亿吨,煤种为贫煤。

（11）府谷矿区

储量 64.8 亿吨,主要为低硫、低磷、低灰、中高发热量的长焰煤,亦有部分气煤、焦煤、贫煤。

（12）神府矿区

储量 131.1 亿吨,为特低硫、特低磷、特低灰、中高发热量的不黏煤、长焰煤。

（13）榆神矿区

储量 301.7 亿吨,为低灰、低硫、低磷、低砷、中高发热量的长焰煤和不黏弱黏煤。

（14）榆横矿区

储量 270 亿吨,属低灰、中硫、低磷、中高挥发分、高发热量的长焰煤和弱黏煤。

（15）德日存呼都格煤田

估算总储量 28 亿吨,煤种为褐煤,灰分 24.91%,挥发分 47.23%,发热量 6568 千卡/千克,全硫 2.67%。

二、煤炭产业发展现状

2009 年,经济区 3 个基地煤炭产量约 6.5 亿吨,其中主要产地鄂尔多斯 3.38 亿吨,宁东 5500 万吨,榆林 2.09 亿吨,乌海约 1900 万吨。经济区煤炭产量占全国 2009 年煤炭产量 30.5 亿吨的 21.4%。（见表 3-3）

表 3-3　规划区域 2009 年煤炭产量

地 区	煤 种	产量（万吨）
乌兰察布	褐煤	0
呼和浩特	长焰煤	180
鄂尔多斯	长焰煤、不黏煤、焦煤	33800
巴彦淖尔	褐煤、不黏煤	106

续表

地　区	煤　种	产量(万吨)
包头	褐煤	1490
乌海	焦煤	1892
阿拉善盟	无烟煤、焦煤	969
银川	不黏煤、长焰煤、焦煤	3545
石嘴山	无烟煤(太西烟)、焦煤、肥煤	1569
吴忠	焦煤、肥煤	386
中卫	无烟煤	53
榆林	不黏煤、长焰煤、焦煤、气煤、肥煤、贫煤	20900
总计		64892
相关地区:蒙古南戈壁省	焦煤、烟煤	甘其毛都和策克口岸进口 650
全国		30.5 亿吨

三、存在的问题

1. 煤炭运输不畅

煤炭经济而且环保的运输方式是铁路运输,但是,目前经济区外运煤炭约4.5亿吨,其中铁路运输大致占三分之二,公路运输占三分之一,铁路运输不能完全满足煤炭的运输需要。如果煤炭几乎全由铁路来运输,按 2009 年情况,需要增加运力约 1.5 亿吨。公路运输,集宁到张家口段高速公路堵塞严重。由于运力紧张,内蒙古有 5000 万吨的产能不能得到释放。

2. 矿区生态破坏较严重

矿区采空区塌陷情况较严重,老的没有完全解决,新的塌陷区还在不断增加。鄂尔多斯盆地是干旱地区,生态环境先天不足,煤炭开发将可能加速土地沙漠化、水土流失和破坏地下水系统,并造成环境污染。据测算,当地每采一吨煤,破坏的地下水资源约 2.84 吨,有的地方因为采煤导致地下水枯竭而使河流干涸、消失;一些采矿地区,植被被破坏,没有恢复起来。这些情况与中央企业不向地方交资源税有一定关系。

3. 煤矿整合还不够

煤矿集约度还不够高,还存在一些小矿,有乱采乱挖现象存在。

4. 选煤企业规模较小

选煤点和堆煤场遍地开花,对环境造成污染。

5. 机械化程度还不够高

存在拣肥挑瘦的资源浪费现象,回采率不够高。

6. 缺水情况严重

根据 2007 年的《大型煤炭基地煤炭资源、水资源和生态环境综合评价》,在十三大基地中,神东、陕北和宁东属于三大缺水基地。

7. 环境容量小或者较小

根据 2007 年的《大型煤炭基地煤炭资源、水资源和生态环境综合评价》,在十三大煤炭基地中,神东和陕北基地属于环境容量小的基地,宁东属于环境容量较小的基地。

8. 煤层气利用的产业化规模较小

四、发展目标

建设国家现代化大型煤炭示范基地。经济区多大型煤田,煤炭开采相对较迟一些,因此,建设现代化的煤田的条件较好。要用五年左右的时间,将经济区建设成为我国现代化的大型煤炭示范基地,形成以大型煤炭基地和大型煤炭企业集团为主体的煤炭供给体系,以先进技术和先进管理手段为支撑的高回采率和安全生产保障体系,以煤炭加工转化、资源综合利用和矿山环境治理为核心的循环经济体系,以保护、节约、安全、环保和生态为重点,切实贯彻执行国家《煤炭法》的煤炭资源开发管理政府高效监管体系。煤炭产能达到 10 亿~12 亿吨。

五、发展措施

1. 提高煤炭产业的集约化程度

美国全部的煤炭开采企业就 20 多家,相对来说,中国的中小矿太多。要搞好宁东的矿业权设置的体制改革试点,实现整装勘探、集约开发和合理布局,按照一个矿区一个开发主体、一个开发主体可以开发多个矿区、多个企业组合为一个开发主体的原则,重点建设好准格尔、东胜、灵武、府谷、神府、榆神等大型整装煤田,不断促进中小型煤矿重组联合改造,继续培育若干家年产 5000 万吨和亿吨级的大型煤炭企业和企业集团,使特大型煤炭企业的产煤量占经济区全部产煤量的 80% 以上,建设神东、陕北和宁东成为现代化的国家亿吨级大型煤炭基地;鼓励煤炭企业加快与蒙古国南戈壁省合作开发塔本陶勒盖和纳林苏图海煤田,5 年内,争取两大煤矿从甘其毛都和策克口岸运入的焦煤量达到 5000 万吨,补充当地紧缺的焦煤供应。

2. 提高机械化水平

发达国家煤炭开采的机械化水平平均达到 90% 以上,呼包银榆地区大型煤炭企业的机械化率亦接近国外水平,但是,中小煤炭的机械化率较低。例如,榆林的中小煤矿机械化率仅 40% 左右。要进一步提高大型煤矿装备现代化、系统自动化、管理信息化水平,大力推进中小型煤矿机械化,鼓励采用先进技术开采难采煤层和极薄煤层,建设高产高效矿井,使经济区煤炭开发的回采率和机械化率逐步接近或者达到国际先进水平。

3. 实现产业联合和综合经营

鼓励企业开展煤炭、电力、化工、铁路、港口一体化经营或者与冶金、建材产业企业进行联合经营,实现煤炭产业的集约化、规模化,开展煤矸石、煤泥、煤层气、矿井水以及与煤共伴生资源的综合开发与利用,打造煤炭产业循环经济产业链,提升大型企业的国际竞争能力,带动地方经济协调发展。对于乌海和石嘴山这两个即将出现煤炭资源枯竭的城市,内蒙古自治区和宁夏回族自治区两地政府,要做好接续煤矿的规划和落实工作,使两地煤炭和相关的深加工产业实现可持续的发展。

4. 建设安全、生态的煤炭产业

要把煤矿安全放在首位,落实各级地方人民政府煤矿安全监督管理职责,严格执行煤矿领导干部下井带班作业制度;加强对选煤和运煤过程的环境污染管理,鼓励在坑口优先建设大型洗煤厂,推动在运煤通道枢纽地和煤炭消费地集中建设全封闭洗煤厂和配煤中心,将可选的煤炭洗选比例提高到 100% 以上;井矿开采区要实现不增加新的沉陷区面积,逐步减少原有的沉陷区面积,露天开采区要做好植被的恢复工作;要采取切实有效的措施,定时完成乌达等矿区的灭火工作;对优质和有特种用途的太西煤和焦煤矿要实行保护性开采。

六、布　局

鄂尔多斯盆地的煤炭主要分布于沿黄河的几字形谷地,其中,区域内沿东段黄河以西谷地区域,煤炭储量最大,神东煤炭基地和陕北煤炭基地均位于此,煤种主要是长焰煤和不黏煤,是优质的动力煤和原料煤基地;沿西段黄河两岸谷地区域,有乌海矿区、石嘴山矿区、贺兰矿区和宁东基地,除宁东基地灵武矿区等以不黏煤为主外,其他矿区主要煤种为焦煤和无烟煤,是优质的炼焦煤和特种用煤基地。其中,石嘴山的石炭井矿区是西北地区现有最大的焦煤基地,汝箕沟所产无烟煤("太西煤")具有低灰、低硫、低磷和高发热量、高化学活性、高比电阻率、高强度、高含碳量、高块煤率等特点,其质量为全国之冠,适用于造气、生产碳素制品、冶金高炉喷吹的优质煤种。

七、重点项目

表 3-4 所示为各地提供的"十二五"规划采煤项目。

表 3-4　各地提供的"十二五"规划采煤项目

地　区	规 划 项 目
乌兰察布	玫瑰营子煤炭乌兰水泥集团矿区 180 万吨； 玫瑰营子新奥无井式气化采煤矿区 1020 万吨； 察右前旗马莲滩矿区 120 万吨； 四子王旗煤田 2000 万吨； 察右中旗煤田 120 万吨； 兴和县五股泉白脑包煤矿 300 万吨； 察右后旗煤田 120 万吨。 总计项目 7 个,规划总产能 3860 万吨。
呼和浩特	棘木河露天矿 300 万吨； 武川县流通壕煤矿 60 万吨。 总计项目 2 个,规划总产能 360 万吨。
包头	国网公司开会河 3♯、2♯ 矿井 1000 万吨； 泛海能源公司白彦花露天矿 1200 万吨； 包头海平面高分子公司开会河 1♯ 300 万吨； 包头蒙汉实业公司矿井 500 万吨； 中海油包头公司矿井 500 万吨； 包头铝业公司矿井 300 万吨； 土右旗中卜圪素露天矿 300 万吨； 土右旗葫芦斯太矿井 300 万吨； 土右旗野马兔矿井 120 万吨； 神华水泉矿井 120 万吨。 总计项目 10 个,规划总产能 4640 万吨。
鄂尔多斯	鄂托克前旗： 麻黄井煤矿,年产 120 万吨； 新上海庙一号煤矿,年产 400 万吨； 黑梁煤矿,年产 120 万吨； 横山堡煤矿,年产 120 万吨。 准格尔旗： 红树梁煤矿,年产 500 万吨； 圪柳沟煤矿,年产 240 万吨； 龙王沟煤矿,年产 600 万吨； 玻璃沟煤矿,年产 500 万吨； 唐家会煤矿,年产 300 万吨； 罐子沟煤矿扩建,年产 210 万吨； 孔兑沟煤矿,年产 120 万吨； 长滩露天矿,年产 1000 万吨； 红庆梁煤矿,年产 120 万吨； 长滩西煤矿,年产 120 万吨； 不拉峁煤矿,年产 120 万吨；

续表

地　区	规划项目
鄂尔多斯	石岩沟煤矿,年产 300 万吨; 后柳沟煤矿,年产 120 万吨; 刘三圪旦煤矿,年产 120 万吨; 老三沟煤矿,年产 120 万吨; 黑岱沟煤矿,年产 120 万吨。 东胜区: 泊江海子煤矿,年产 300 万吨; 色连一号煤矿,年产 500 万吨; 色连二号煤矿,年产 500 万吨; 塔拉壕煤矿,年产 600 万吨; 油房壕煤矿,年产 120 万吨。 伊金霍洛旗: 尔林兔煤矿,年产 400 万吨; 红庆河煤矿,年产 600 万吨; 葫芦素煤矿,年产 1000 万吨; 马泰壕煤矿,年产 240 万吨; 满来煤矿,年产 300 万吨; 梅林庙煤矿,年产 600 万吨; 黄陶勒盖煤矿,年产 120 万吨; 新街台格庙矿区,年产 1500 万吨; 满来梁煤矿,年产 180 万吨。 乌审旗: 石拉乌素煤矿,年产 1000 万吨; 门克庆煤矿,年产 1000 万吨; 图克煤矿,年产 500 万吨; 达海庙煤矿,年产 800 万吨; 麻地梁煤矿,年产 500 万吨; 母杜柴登煤矿,年产 600 万吨; 纳林河二号井,年产 500 万吨; 东坪煤矿,年产 400 万吨; 白家海子煤矿,年产 1000 万吨; 营盘壕煤矿,年产 120 万吨; 无定河煤矿,年产 120 万吨; 巴音敖包煤矿,年产 120 万吨; 布日齐煤矿,年产 800 万吨; 巴彦柴达木煤矿,年产 1000 万吨; 中海油煤矿,年产 300 万吨; 纳林河一号井,年产 120 万吨。 杭锦旗: 巴彦淖煤矿,年产 600 万吨; 新蒙煤矿,年产 300 万吨。 总计项目 52 个,规划总产能 23110 万吨。

续表

地　区	规划项目
巴彦淖尔	国网能源白彦花煤矿扎尔格楞图桑根达来矿井 2000 万吨。 总计项目 1 个，规划总产能 2000 万吨。
乌海	海南区中科宝诚煤业有限公司煤矿，年产 120 万吨； 海南区永安西来峰煤业有限公司煤矿，年产 120 万吨。 总计项目 2 个，规模总产能 240 万吨。
阿拉善盟	庆华集团煤矿 90 万吨； 天荣公司二道岭煤矿 240 万吨； 额济纳旗红柳大泉煤田 120 万吨； 阿右旗潮水盆地煤矿 500 万吨； 阿左旗新井煤矿三号井改扩建项目 60 万吨； 阿左旗黑山煤矿 240 万吨； 阿左旗李井滩苏力德公司 240 万吨； 内蒙古太西煤集团二道岭煤矿 120 万吨。 总计项目 8 个，规划总产能 1610 万吨。
银川	马家滩矿区： 双马煤矿，年产 800 万吨； 金凤煤矿，年产 400 万吨； 金家渠煤矿，年产 400 万吨； 贺家窑煤矿，年产 150 万吨。 积家井矿区： 银星一号煤矿，年产 400 万吨； 银星二号煤矿，年产 180 万吨； 宋新庄煤矿，年产 120 万吨； 月儿弯煤矿，年产 180 万吨； 新乔煤矿，年产 240 万吨； 李家坝煤矿，年产 90 万吨。 灵武矿区： 英子梁煤矿，年产 120 万吨。 横城矿区： 丁家梁煤矿，年产 60 万吨。 其他： 红墩子矿区煤矿，年产 1000 万吨； 蒙城矿区煤矿，年产 300 万吨。 共 14 个项目，规划总产能 4980 万吨。
石嘴山	陶乐能源基地 2 个年产 1000 万吨煤矿井口建设项目。 共 2 个项目，规划总产能 2000 万吨。

续表

地 区	规划项目
吴忠	韦州矿区： 永安煤矿,年产 120 万吨; 韦一煤矿,年产 90 万吨; 韦二南矿,年产 150 万吨; 韦二北矿,年产 150 万吨; 韦三煤矿,年产 180 万吨; 韦四煤矿,年产 150 万吨; 韦五煤矿,年产 90 万吨; 月儿湾煤矿,年产 180 万吨; 新乔煤矿,年产 240 万吨。 萌城矿区： 洪涝池煤矿,年产 240 万吨; 宋家红沟煤矿,年产 45 万吨; 曹家湾煤矿,年产 90 万吨; 李家小庄煤矿,年产 90 万吨; 石岗沟煤矿,年产 150 万吨; 宋儿庄煤矿,年产 150 万吨。 红寺堡开发区： 线驮石矿区煤矿,年产 195 万吨。 同心县： 窑山煤矿,160 万吨。 共 17 个项目,规划总产能 2370 万吨。
中卫	规划 2015 年建设 12 对矿井,年产能 180 万吨。
榆林	府谷矿区： 西王寨煤矿,年产 600 万吨。 神府矿区： 三道沟煤矿二期,年产 600 万吨; 袁家梁煤矿,年产 400 万吨; 青龙寺煤矿,年产 300 万吨; 郭家湾煤矿,年产 800 万吨。 榆神矿区： 曹家滩煤矿,年产 1000 万吨; 大保当煤矿,年产 1000 万吨; 西湾煤矿,年产 1000 万吨; 金鸡滩煤矿,年产 500 万吨。 榆横矿区： 西红墩煤矿,年产 1000 万吨; 波罗煤矿,年 500 万吨; 魏墙煤矿,年产 300 万吨。 吴堡矿区： 横沟煤矿,年产 300 万吨; 柳壕沟煤矿,年产 60 万吨。 总计项目 14 个,规划总产能 8360 万吨。
地区总计	共计项目 135 个,共计规划总产能 53710 万吨。

2010年,我国煤炭产量32.35亿吨。至2015年,全国合理的煤炭产量是38亿～40亿吨,所以"十二五"全国产能增加的空间是5亿～8亿吨,如果山西产能增加1亿吨左右,呼包银榆地区增加的空间包括在建和规划建设项目的总产能空间在3亿吨左右。因此,目前呼包银榆经济区"十二五"规划煤炭产能规模过大。

八、支撑体系

1. 通道建设

经济区的外运煤炭通道,目前主要有四条:

第一条,大准线—大秦线。大准铁路东起大同东站,西至内蒙古准格尔旗薛家湾,目前运力年7000万吨,大秦铁路自山西省大同市至河北省秦皇岛市,纵贯山西、河北、北京、天津,全长653公里,是中国西煤东运的主要通道之一。大秦线目前运量达到4亿吨,从经济区运送的约占20%,8000万吨左右。2015年,大秦线扩能到4.5亿吨。

第二条,神黄铁路。神黄铁路自陕西省神木神东煤田大柳塔东至河北省沧州市的黄骅港,全长815公里,是中国"西煤东运"的第二大通道,由神朔铁路和朔黄铁路所组成。神朔铁路自陕西神木县大柳塔镇至山西朔州市,主要承担神府东胜煤田的煤炭外运任务,复线运力1.4亿吨。朔黄铁路为神华铁路的一段,西起山西省神池县,东至河北省黄骅市。

第三条,包神铁路,自陕西省神木县至内蒙古自治区包头市,全长170.15公里,目前运力1亿多吨。神华铁路目前运力约3亿吨,满负荷。

第四条,包西铁路。包西铁路起自包头,经鄂尔多斯市、榆林市、延安市至西安。正线全长800.9公里,是陕北、黄陇煤田煤运的重要通道,运力1.6亿吨,已经通车。

第五条,太中银(太原—中卫—银川)线,运力6000万吨,运煤3000万吨,已经通车。

上述五条线的运力在4亿吨左右。如果按2015年,经济区产煤10亿～12亿吨计算,外运6亿吨,并做到以经济环保的铁路外运为主,另有2亿吨的运输缺口。

因此,需要加快"西煤东运"第三条专线的规划和立项。第三条大通道为鄂尔多斯—张家口—曹妃甸铁路。

2. 水资源

1吨煤采和选按消耗0.3吨水(其中采按0.2吨,选按0.1吨)计算,按2015年10亿吨煤炭产量计,增加煤炭产量约3.5亿吨,需增加水供给约1.05亿吨。

九、重点攻关或者推广的技术

1. 瓦斯治理技术

沁水盆地、鄂尔多斯盆地东源两地是国家确定的两大煤层气产业化基地，因此，需要在全国率先开发瓦斯的治理技术。重要技术有：高性能瓦斯传感器研制开发、瓦斯区域超前探测、矿井瓦斯高效抽采、煤层气产业。

2. 薄层利用技术

无人开采薄层煤开采技术。2005 年，大同煤矿首先开采薄层煤，用电脑操控着刨煤机，对 200 米以外的采煤面进行采煤，既减轻了工人的劳动强度，确保了安全，又提高了产量，最关键的是把过去没有办法采出来的厚度在 1.3 米以下的煤全都采出来了。最高日产量达到 6000 多吨，年产超过百万吨，相当于又建设了一座大型煤矿，而只投资了 1 亿元，比新建节省了四分之三。

3. 煤田灭火技术

目前主要采用打钻孔向地下煤层注泥浆等材料等方法。

十、体制改革内容

进一步重组中小煤矿，对分散的煤矿勘探权和开采权，政府引导其集中到一个主体，特别是实现整装煤田由一个主体负责勘探和开采。

第三节　石油、天然气产业

一、油气资源概况

我国陆上六大富含油气的盆地是鄂尔多斯盆地、四川盆地、柴达木盆地、塔里木盆地、准噶尔盆地和松辽盆地。从目前的地质勘探情况，呼包银榆地区所属的鄂尔多斯盆地（陕蒙宁地区），是我国陆上六大富含油气的盆地中探明资源储量最多、开发规模最大的区块。

鄂尔多斯盆地，北起阴山、大青山，南抵秦岭，西至贺兰山、六盘山，东达吕梁山、太行山，总面积 37 万平方公里，是中国第二大沉积盆地。鄂尔多斯盆地跨陕、甘、宁、蒙、晋五省（区）地域，石油资源在陕甘蒙均有分布，但天然气资源大多分布在鄂尔多斯和榆林两地，油气田是典型的"低渗、低压、低产"油气藏。由于储层物性差、油气藏隐蔽性强及复杂的黄土、沙漠地表条件等客观因素的限制，勘探开发难度都很大。

鄂尔多斯盆地有安塞、靖安、西峰、姬塬、白豹、合水、镇北、湖盆西北部、华庆九个油田,目前,探明的石油储量超过 20 亿吨(含基本探明储量)。其中位于呼包银榆经济区的油田为靖安、姬塬、盐池三个油田,至 2007 年年底,前两个油田探明地质储量约为 6 亿吨,可采储量 1.17 亿吨。

鄂尔多斯盆地天然气资源丰富,探明的储量有常规天然气田,也有非常规天然气田包括煤层气田,天然气田多大型整装气田。目前,整个盆地查明的天然气储量 3.46 万亿立方米,约占全国 2009 年查明储量 8.76 万亿立方米的40%。盆地中的呼包银榆经济区的天然气田主要有苏里格、乌审、大牛地、靖边、榆林、神木 6 大气田,查明储量 32442 亿立方米,占全国查明储量的 37%。

二、石油和天然气产业现状

1. 石油开采

2009 年,经济区石油产量 861.4 万吨,占全国产量 1.89 亿吨的 4.6%。其中,榆林市产量 852 万吨,巴彦淖尔市产量 9.4 万吨。

2. 天然气开采

2009 年,经济区天然气产量 246.7 亿立方米,其中鄂尔多斯市产量 146 亿立方米,榆林市产量 100.7 亿立方米,占全国产量 852 亿立方米的 29%,超过了全国产量的五分之一。苏里格、乌审、大牛地、靖边、榆林和神木 6 大气田天然气产量 204 亿立方米。

经济区已经成为全国重要的油气能源基地和全国最大的天然气生产基地。在鄂尔多斯盆地开发的长庆油田,2009 年油气当量突破 3000 万吨,达到3006.06 万吨。目前,大庆油田的年产量在 4000 万吨左右,胜利油田年产量在2700 万吨左右。

3. 石油化工产业

经济区在银川和呼和浩特分别有中国石油天然气股份有限公司宁夏石化分公司和呼和浩特石化分公司,在榆林有陕西延长石油榆林炼油厂。宁夏石化分公司炼油厂装置原油加工能力年 225 万吨,呼和浩特石化分公司加工原油能力年 150 万吨,榆林炼油厂原油加工能力年 300 万吨,目前,经济区共计原油加工能力年 675 万吨。目前,宁夏分公司 1000 万吨/年炼油改扩建项目和呼和浩特分公司 500 万吨/年炼油改扩建项目正在规划或者建设之中。预计至 2015年,经济区的原料加工能力将达到年 1300 万吨。上述公司的炼油装置主要由长庆油田提供原油。

三、存在的问题

(1)勘探程度还不高。至 2007 年,鄂尔多斯盆地勘探率仅为 14%,勘探的潜力还很大。

(2)煤层气与煤炭资源伴生,但是,煤炭和天然气的勘探与开采往往由不同的行业分头进行,人为地将煤炭与天然气的勘探和开采割裂。煤层气开发量小。

四、发展目标

经济区石油天然气产业的发展,重点是鄂尔多斯盆地天然气的勘探和开发。要将鄂尔多斯盆地建设成为我国重要的陆上天然气供输枢纽和低碳产业应用基地,形成非常规天然气勘探和开发技术集成创新体系,气田低成本技术体系和低成本管理体系相结合的高效经营体系,气田开采和管理体制改革的试验地,集西气东输管道输送主线气源供给、输送、储备于一体的枢纽地,通过天然气应用来大力促进低碳产业发展的示范地。

至2015年,长庆油田的目标是累计探明石油储量39亿吨,累计探明天然气储量4.81万亿立方米。2012年,油气生产当量要突破4000万吨,2015年,将达到5000万吨,其中原油年产量2600万吨,天然气年产量达到350亿立方米。其中苏里格250亿立方米,接替大庆油田,成为我国最大的油田,成为国家重要的石油和天然气生产基地。经济区年原油加工能力达到1300万吨。

经济区的目标是,到2020年石油稳定在1000万吨左右,天然气实现500亿立方米,按天然气国内2020年产量预测1500亿立方米,经济区产量占全国产量的三分之一;按全国2015年消费量1500亿立方米、2020年3000亿立方米的消费量计,2020年经济区产量占到全国消费量的六分之一。

五、发展措施

1. 运用新技术加大对石油天然气的勘探力度

2020年,我国天然气需求将达到3000亿立方米,天然气储气量700亿~1000亿立方米,国内天然气生产不能自给,因此,需要大力发展。

2. 建设国家重要的石油供应基地和天然气供输枢纽地

经济区目前的天然气供应近输银川、呼和浩特、西安、太原,中输石家庄、北京、天津、远输上海等30个大中城市,是我国陆上三大主力气源地之一,通过西气东输管道,在全国天然气供输管网中具有枢纽地位。要通过加强对非常规天然气田勘探技术和探井试采、二氧化碳压裂、水平井试验、井下节流、中低压集输等关键开发技术的集成创新,继续保持致密天然气田勘探和开采技术的世界先进水平。要大力推进数字化技术在天然气勘探和开采中的应用,通过信息化管理降低开发成本。要合理规划天然气管道的输送以及与西气东输其他管道的衔接,加快榆林天然气储备库的立项和建设进度。

3. 搞好煤层气开发产业化试点

山西沁水和鄂尔多斯盆地是我国煤层气产业化基地,要重点搞好乌审煤田的煤层气开发。坚持采气、采煤一体化,煤层气富集区开展勘查开发活动,必须进行统筹规划,加强煤层气和煤炭的综合勘查和综合开发,鼓励煤矿瓦斯的综合治理和综合利用。对已设立煤炭矿业权的区域,必须对煤层气进行综合勘查和开采。

4. 搞好煤炭和煤层气的一体化勘探和开发

可将乌审煤气田作为试点,在试点的基础上积极推进。

5. 推动低碳经济

天然气是低碳能源,要利用天然气资源丰富的优势,按照国家天然气的相关产业政策,做好天然气在当地汽车运输和民用等领域的应用研究和推广使用的规划,推动相关配套产业在当地的发展,使天然气应用成为解决当地城市污染和改善人民生活环境质量的优质能源。

六、布　局

石油勘探和开采重点在榆林,天然气勘探和开采重点在鄂尔多斯和榆林,原油加工在银川和呼和浩特。

七、重点项目

1. 油气资源的重点勘探区

油气资源的勘探重点是鄂尔多斯盆地油气资源勘探。鄂尔多斯盆地,北起阴山、大青山,南抵秦岭,西至贺兰山、六盘山,东达吕梁山、太行山,总面积37万平方公里。盆地跨陕、甘、宁、内蒙古、晋五地,油气资源非常丰富,是目前探明储量最大的天然气田和最大的天然气产地。石油在甘肃、陕北、内蒙古都有分布,天然气则多分布在鄂尔多斯和榆林两地,是典型的"低渗、低压、低产"油气藏。至2007年年底,鄂尔多斯盆地勘探率仅为14%,勘探潜力大。目标是到2015年,累计探明石油39亿吨,天然气4.8万亿立方米。

2. 重点开发的油田

(1)靖安油田

靖安油田为整装特低渗透三叠系油田,截至2007年年底,探明地质储量31624万吨,可采储量6448.01万吨,年产油达到300万吨。

(2)姬塬油田

姬塬油田为典型的低渗透、多类型、隐蔽性、非均质性强的复杂油田,截至

2007 年年底,探明地质储量 28349 万吨,可采储量 5296 万吨,年产油能力超过 200 万吨。

(3)盐池油田

勘探工作正在积极推进。

3. 重点开发的天然气田

(1)苏里格气田

苏里格气田是世界级特大型气田,也是中国目前陆上最大的整装气田,探明储量 2.2 万亿立方米,2009 年产量 80 亿立方米。规划 2015 年 250 亿立方米。

(2)乌审气田

乌审气田探明储量 1012 亿立方米,2009 年产量 1.6 亿立方米。

(3)大牛地气田

大牛地气田探明储量 3522 亿立方米,2009 年产量 19.6 亿立方米。

(4)靖边气田

截至 2007 年,靖边气田探明储量 4101 亿立方米。近年稳定产气 50 亿立方米。

(5)榆林气田

榆林气田探明储量 1807 亿立方米,2009 年产量 54 亿立方米。

(6)神木气田

正在试采中。

(7)吴堡煤层气田

正在勘探中,初步探测的储量超过 160 亿立方米。

4. 地下天然气净化厂和储气库项目

(1)靖边地下天然气储气库项目

靖边地下天然气储气库项目由长庆油田公司投资,规划建设规模为 120 亿立方米的地下天然气储气库,这一储气库是陕京管线的配套系统。

(2)由长庆油田公司投资苏里格气田第四、第五天然气净化厂,年处理能力各为 50 亿立方米。

5. 石油化工项目

(1)中国石油天然气股份有限公司宁夏分公司 500 万吨/年炼油改扩建项目。

(2)中国石油天然气股份有限公司呼和浩特分公司 1000 万吨/年炼油改扩建项目,其中年产 200 万吨精对苯二甲酸(PTA)。

(3)中国石油天然气股份有限公司宁夏分公司 80 万吨/年尿素项目。

八、支　撑

1. 管道

煤炭是高碳能源,石油是中碳能源,天然气属于低碳能源。天然气燃烧效率高,不产生废渣,二氧化碳排放是煤炭的52%,二氧化硫排放比煤炭少98%,因此,天然气是化石类燃料中最理想的"绿色能源",有可能成为21世纪的世界第一能源。2007年,美国天然气的消费量6529亿立方米,俄罗斯4388亿立方米,日本902亿立方米,而中国仅673亿立方米,因此,我国"十二五"期间,天然气的消费量将会有大幅度的上升,预计将达到3000亿~4000亿立方米。近几年来,国内天然气市场的不断扩大,鄂尔多斯盆地天然气向全国供气。

原油外输管线主要有靖咸线、马惠宁线、中银线以及附属支线网络。

天然气管道主要有长庆—呼和浩特管道、靖边—北京的陕京一线、靖边—西安、靖边—银川线、榆林—北京的陕京二线,通过与西气东输一线连接向浙江、上海等地输气,通过与建设中的西气东输二线连接向珠三角供气。

苏里格已经建成第一天然气处理厂生产能力30亿立方米,第二天然气处理厂50亿立方米,第三处理厂50亿立方米。

重点规划:

(1)天然气管道

中海油煤制天然气管道。鄂尔多斯市准格尔旗至天津滨海新区管道工程,全长835公里,输气能力为150亿立方米/年,建设年限2011—2014年,申请开展前期工作的请示已报至国家发改委。

(2)天然气处理厂

规划建设第四、第五天然气处理厂,计划设定处理天然气能力均为年50亿立方米的规模。

2. 水资源

按采注率为1计算。

九、重点攻关和推广技术

低渗、低压、低产致密气(致密砂岩气藏)勘探与开采技术,包括探井试采、二氧化碳压裂、水平井试验、井下节流、中低压集输技术的集成创新,关键技术是多井、多层、多压裂改造增产工艺技术。上述技术在苏里格气田开采过程中成功运用,可应用在类似地质特性的乌审旗气田。

十、体制改革内容

由国土资源部和国家发改委部门牵头,联合其他部门,解决煤炭和煤层气勘探和开采分离的状况,即煤炭勘探和开采权一般发给煤炭行业企业,而煤层气勘探和开采权一般发给石油天然气行业企业。要共同做好煤炭和煤层气的一体化勘探和开发的试点工作。

第四节 电力产业

一、发展条件

呼包银榆经济区发展电力产业的各种资源比较齐备,有黄河水能资源,有非常丰富的煤炭资源和天然气资源,是全国风能资源一类地区,全国太阳能资源丰富地区,而且风能和太阳能资源丰富的区域又大多是荒漠,有利于建设大型风电和以光伏发电为主的太阳能电站,农业发达,生物质发电的原料丰富。因此,经济区可以发展水电、煤电(包括煤炭、煤矸石、煤泥、焦炉煤气、锅炉余热发电)、煤层气发电、风电、光伏发电、生物质发电和抽水蓄能电站等多类的电站,火、风、光电互补,有利于形成稳定的大规模的电源供应基地。

二、产业发展现状

表 3-5 所示为经济区 2009 年电力产业规模。

表 3-5 经济区 2009 年电力产业规模

地 区	装机容量(万千瓦)	发电量(亿千瓦时)
乌兰察布市	853(其中:火电 650;风电 203)	269.5(其中:火电 257.4;风电 12.1)
呼和浩特市	715(其中:火电 700;风电 15)	324(风电未入网)
包头市	673.9(其中:火电 624.4;风电 49.5)	274.9
巴彦淖尔市	305(其中:火电 200;风电 105)	72.9
乌海市	254	117.9
阿拉善盟	127(其中:火电 100;风电 27)	33
鄂尔多斯市	1209.42(其中:水电 75;火电 1092;天然气发电 30;风电 10;光伏发电 0.02;生物质发电 2.4)	435.7
石嘴山市	306(其中:火电 276;光伏发电 30)	167.2
银川市	336.4(其中:火电 320.4;风电 15;光伏发电 1)	154

续表

地 区	装机容量(万千瓦)	发电量(亿千瓦时)
吴忠市	375(其中:火电 306;风电 35;光伏发电 3;水电 31)	90
中卫市	101.82(其中:火电 70;风电 15;光伏发电 5;水电 11.82)	45.8
榆林市	638(其中:火电 610.2;风电 27.8)	293.5
总 计	5894.54(其中:火电 5202.6;水电 117.82;风电 502.3;光伏发电 39.42;生物质发电 2.4;天然气发电 30)	2278.4
全 国	87407(其中:水电 19679;火电 65205;风电并网总容量 1613)	37146.5

2009 年,呼包银榆经济区装机容量达到 5894.54 万千瓦,占全国的 6.7%;发电量完成 2278.4 亿千瓦时,占全国的 6.1%。2005 年内蒙古首次超越山西成为全国最大的电力外送省区。呼包银榆经济区已经成为我国西电东送的最大电源基地。目前在建电厂初步统计约 2500 千瓦,则至今建成和在建的规模达到 8292 万千瓦(见表 3-6)。

风电发展很快,已经成为主要电源。其中蒙西电网上网风电 409.5 万千瓦(另外的渠道是 430.2 万千瓦),宁夏四地 65 万千瓦,榆林 27.8 万千瓦,总计 502.3 万千瓦,占全国上网风电 1613 万千瓦的 31%。蒙西被国家规划确定为七大千万千瓦级风电基地之一(其他六大基地是哈密、酒泉、河北、吉林、江苏沿海、蒙东)。蒙西电网风电装机居国内省级电网第一位,风电装机已占电网最高发电负荷的 23%、最高供电负荷的 28%,国家能源局已批复了蒙西地区乌拉特中旗、包头达茂和乌兰察布吉庆三个百万级风电基地建设规划,其中,吉庆 400万千瓦,乌拉特中旗 210 万千瓦,达茂 140 万千瓦。

太阳能发电已经起步。已经建成 39.02 万千瓦,占全国 2009 年 750 万千瓦的 5.2%。

表 3-6 经济区建成和在建的主要电厂

地 区	建成主要电厂(万千瓦)	在建电厂(万千瓦)
乌兰察布	岱海电厂 4×60 丰镇电厂 6×20 丰镇发电厂 120 新丰热电厂 2×30 华电卓资发电有限公司 80 集宁华宁热电厂 30 风电 203 共计 853	风电在建规模 100 共计 100

续表

地 区	建成主要电厂（万千瓦）	在建电厂（万千瓦）
呼和浩特	金山热电厂 2×30 托克托电厂 8×60+2×30 金桥热电厂 2×30 丰泰热电厂一期 2×30 托克托自备电厂 2×30 华能风电 4.95×4 中国风电一期 4.95 国电一期风电 4.95 共计 809.7	丰泰二期热电厂 2×35 龙源一期风电 4.95 国电二期风电 4.95 大唐大元山风电 4.95 日月光伏发电 0.2 香岛光伏发电 0.2 丰华生物质发电 0.24 共计 85.49
包头	华东电厂 60 华电包头 120 希望铝业 132 包三 60 宝钢 39 包头第一热电厂 105 包头第二热电厂 100 龙源风电 20 华能风电 5 金风风电一期 5 宏腾风电二期 5 共计 651	华锐风电 210 中航工业风电 5 金风二期风电 5 华电风电 20 蒙能风电 20 中电投风电 20 中国风电 20 土右电厂 2×60 共计 420
巴彦淖尔	临河电厂 2×30 乌拉特前旗电厂 2×30 磴口电厂 2×33 乌拉特中旗等风电 105 共计 291	磴口华润金牛二期项目 2×60 麦绿生物质热电联产 2×1.2 五原华鑫生物质热电联产 2×1.2 杭后盛华生物质电厂 4×1.2 总计 129.6
乌海	海勃湾电厂 106 乌海热电厂 40 神华集团 2×20 华电乌达电厂 30 蒙西电厂 2×30 共计 276	金沙太阳能热风发电 2.75 京海电厂 2×30 共计 62.75
阿拉善盟	乌斯太电厂 2×30 吉兰太电厂 2×13.5 阿拉善右旗自备电厂 2×5 建成风电 27 共计 124	风电 5 共计 5

地　区	建成主要电厂（万千瓦）	在建电厂（万千瓦）
鄂尔多斯	准能电厂 2×10 国华准格尔 4×33 准能矸石电厂一期 2×15 准格尔大饭铺 2×30 准格尔旗酸刺沟电厂 2×30 万家寨水电站 3×18 达拉特电厂 $6 \times 33 + 2 \times 60$ 棋盘井电厂 4×33 蒙西矸石电厂 2×30 汇能蒙南电厂 2×6 蒙泰热电厂 4×2.5 神华煤制气自备 2×10 亿利自备 $2 \times 5 + 4 \times 20$ 双欣矸石发电公司 2×20 东胜热电厂一期 2×30 风电 10 共计 1108	杭锦矸石电厂 2×30 准格尔矸石二期 2×30 布连电厂 2×60 共计 240
石嘴山	石嘴山电厂 $2 \times 33 + 2 \times 5$ 石嘴山二厂 4×33 大武口电厂 $4 \times 11 + 4 \times 0.3$ 西部热电 2×15 光伏发电 30 共计 313.2	国电大武口热电有限公司 2×33 大地冶金公司天瑞电厂 2×5 金海永和泰煤化公司兰炭炉尾气 年发电项目 3.7 亿度项目 正泰光伏发电 10 中节能尚德光伏 5 羿飞新能源光伏 10 共计 101
银川	银川热电厂 $2 \times 3 + 2 \times 1.2$ 西夏热电厂 2×20 马莲台电厂 2×33 灵武电厂 2×60 灵州电厂 2×13.5 达力斯头关风电 4.05 杨家窑风电场 4.5 共计 270	国电英力特热电 2×33 共计 66
吴忠	大坝电厂 $3 \times 30 + 1 \times 33 + 2 \times 60$ 青铜峡水电厂 30.2 贺兰山风电场 13.23 贺兰山神州风电场 3.09 红磴子风电场 1.95 石墩子风电场 3 太阳山风电场 4.5 红寺堡风电场 3.3 共计 302.27	青铜峡牛首山风电场 15 太阳山风电场 25 盐池风电场 35 红寺堡光电厂 5 太阳山光电厂 5 青铜峡光电厂 3 盐池光电厂 2 共计 90

续表

地　区	建成主要电厂（万千瓦）	在建电厂（万千瓦）
中卫	中宁电厂 2×30 红寺堡二期风电 4.95 光伏 15 水电 11.82 共计 91.77	
榆林	锦界国华电厂 4×60 庙沟门电厂 2×60 榆横电厂一期 2×60 清水川煤矸石电厂 2×30 榆林上河热电厂 4×13.5 神木店塔电厂 2×13.5 府谷沙川沟电厂 2×13.5 榆林银河电厂 2×13.5 神华矸石电厂 2×13.5 神木国华电厂 2×10 段寨电厂一期 2 锦界国华电厂三期 4×100 鲁能靖边风力发电项目 4.8 烟墩山风电场 10 国电繁食沟风力发电项目 3 周台子风电场 10 共计 1151.8	榆横华电厂 2×66＋6×100 吴堡横沟煤矸石电厂 1×30 神木店塔电厂 2×66 府谷清水川二期 2×100 庙沟门二期 2×100 共计 1294
总计	总装机容量 6241.74	总在建装机容量 2594.11

三、存在的问题

（1）输电不畅，电力总体过剩，特别是内蒙古自治区，约有 1000 万千瓦的发电机组冷备，发电厂的机组平均发电利用小时数仅为 4044 小时，低于全国平均水平。

（2）风电规模较大，但是，由于风电外送通道不畅，弃风现象严重。目前，经济区风电建设速度很快，至 2009 年年底蒙西电网风电装机容量 409 万千瓦（其他资料为 430.2 万千瓦），蒙西电网风电量占全部电量的比重最高时超过了 25%，突破了一般认为 10% 的界限，而且，是在部分风电机组建成后还不能上网、新的风电机组正在大规模建设的情况下。未来，还要为光伏发电留下空间，对电网的稳定带来风险。

（3）火电发展受到水资源、环境容量的制约，空间有限。经济区的电力以火电为主，但是，建设火电站要消耗大量的水资源，废弃物的排放量亦很大。

四、发展目标

从国家能源资源的布局来看,至 2005 年,我国煤炭资源的保有储量中,新疆、内蒙古、陕西、山西、贵州和宁夏,占全国的 81％;根据中国气象局 2009 年 12 月底公布的我国风能资源详查阶段性成果,我国风能开发潜力超过 25 亿千瓦,集中在内蒙古蒙东和蒙西、新疆哈密、甘肃酒泉、河北坝上、吉林西部和江苏近海;蒙西、宁夏北部、陕北地区也是我国太阳能资源丰富的地区,太阳能发电潜力巨大。也就是说,我国 80％以上传统能源和可再生能源的资源集中分布在我国西部和北部地区,而西部和北部地区,除了水电资源集中于西南地区外,传统能源和新能源又多集中于新疆、内蒙古、山西、陕西北部和宁夏。这一地区新疆比较偏远,山西主要为煤炭,开发潜力已经不大,因此,作为内蒙古、陕西和宁夏能源资源集中分布的呼包银榆经济区,是我国未来 20 年能源的最重要的供给地区,也应该是我国电力产业发展的优先地区。

在经济区加快发展电力产业,也符合国家大规模集约化开发可再生能源基地的规划思路,有利于实现经济区常规能源和新能源的合理布局和优化配置,有利于国家特高压输电线路大规模打捆输送电力。

按照上述资源条件和国家规划要求,经济区的电力开发,其速度应快于全国平均速度。按照国家规划,至 2020 年,全国电力总装机容量为 16 亿千瓦,其中,可再生资源发电装机容量 5.7 亿千瓦。从火电发电来看,经济区的煤炭储量占全国储量的 30％,火电装机占全国的 6.7％。从可再生资源来看,经济区大部分地区是全国风资源和太阳能资源丰富地区,可开发的风能和太阳能可达数万亿千瓦,经济区是全国千万千瓦风电规划区,风力发电已经占到全国的 31％,太阳能发电占到全国的 5.2％。鉴于当地火、风、光、水电互补性强,综合考虑,经济区到 2020 年的发电装机容量,可以占到全国的 8％～10％,即达到 1.28 亿～1.6 亿千瓦的装机容量,其中,火电 1.0 亿～1.2 亿千瓦,可再生能源发电装机 2800 万～4000 万千瓦。

五、发展措施

1. 建设我国大型西电东送绿色电源基地

通过发展水电、煤电(包括煤炭、煤矸石、煤泥、焦炉煤气、锅炉余热发电)、煤层气发电、风电、光伏发电、生物质发电,实施电源多元化清洁化发展战略。按照电网建设与经济社会发展需求相适应和适度超前的原则,根据市场负荷导向及投资效益优先的原则,通过"上大关小",利用先进减排技术和节水技术,在水、煤、输电条件较好的清水河、托克托、准格尔、达拉特、土默特右旗、乌拉特前旗、乌海、石嘴山、宁东、府谷和神木等地继续适度发展火力发电,建设西电东送大型送端电网基地。

在察哈尔右旗、乌拉特中旗、达茂、定边等风电建设条件好的地区,建设百万千瓦级的风电基地,做好风电的汇集和并网工作,将风电规划融入国家电网总体规划,在全国范围内消纳风电;在鄂尔多斯、石嘴山、吴忠和榆林地区,积极发展光伏发电;在五原、杭锦后旗等生物质资源丰富的地区发展生物质发电;加快电力外输通道的建设,推进宁东至浙江、包头至长沙、乌兰察布至南昌的输电工程立项和建设,通过五年的努力,将经济区建设成为我国西电东送重要的大型绿色电力供应基地。

2. 率先建设坚强智能电网

经济区电力的多元化,迫切要求其在全国率先建设坚强智能电网,而且,经济区蒙西电网,已经有 500 千伏电网架构,因此,要加快建设以特高压为骨干电网,各级电网协调发展,信息化、自动化、互动化为特征的智能电网,使经济区的电网由传统电网向安全可靠、经济高效、清洁环保、透明开放、友好互动的现代电网转化,在全国率先建成坚强智能电网,以满足多元化电力体系对电网稳定的需要。按照未来电力结构、电网结构和用户需求的变化趋势,未来智能型电网技术发展模式主要是:电力结构将是大规模集中式电力与大范围分布式电力相结合,电网的结构将是兼容于大容量电力传输的骨干电网与分布式电力和电力能源高效利用的电网。电力结构的变化和用户需求能够相互调配,从上而下地整合发电层、输电层、配电层,进而实现智能、全自动调控、高效、可靠、自愈、绿能和经济效益良好的电力体系。为了更好地解决风电的并网,风电场都应强制推行低电压穿越能力。为了解决各种电力的峰谷矛盾,要建设抽水蓄能电站,进行光伏发电储能电池的开发、示范和应用。

3. 率先建成电力市场化体制

内蒙古 2003 年实施厂网分开,内蒙古电网是全国唯一一家独立的省级电网,电力过剩,因此,是我国电价多边交易的试点区。要增加改革的力度,继续积极推进电价多边交易和大用户直接交易,逐步完善多边交易的长效机制,根据市场进程逐步放宽市场准入范围,将有规模的工业园区作为用电大户,目标是最终建设开放金融性电力市场,实现实时交易和市场自由准入,建立起多层次的市场竞争体系。

4. 建设我国西部地区电力产业带动低碳产业发展的示范区

要将电价与产业发展结合起来,电价引导产业合理布局、产业结构转型。可在有效控制烟气污染的情况下适度发展高载能的电石、硅铁、金属硅等产品,因为经济区电力过剩,需要消化。而且这些产业的水资源消耗较少,污水排放亦不多。要依靠电力优势,实现东部企业转移。要大力发展低碳的产业,进行电动汽车充电站的试点和示范。

六、布　局

火电电源点的布局,要综合考虑接近坑口、接近水源地、接近消费地、接近特高压输送线路和电力集中输送以及发展循环经济的要求,应重点布局于丰镇、清水河、托克托、准格尔、包头、达拉特、乌拉特前旗、杭锦后旗、乌海、石嘴山、宁东基地、府谷和榆神等地。风电的布局,要综合考虑风能资源、有大面积可建设风场的荒漠地或者草原、电力的并网条件和汇集等因素,应重点布局于察哈尔右旗、四子王旗、武川、达茂旗、乌拉特中旗、乌拉特后旗、吴忠、定边等地。光伏发电的布局,要考虑光能资源、有大面积可建设光伏电站的荒漠地或者草原、电力的并网条件和汇集、产业基础等因素,重点布局于杭锦旗、石嘴山、吴忠、定边等地。

重点建设的电力基地和输电工程:

1. 火电基地

(1)丰镇基地

现有装机容量 300 万千瓦,是国家西电东送的电源点,与山西和鄂尔多斯煤田距离均较近,是蒙西电网与华北电网连接的枢纽。

(2)托克托基地

现有装机容量 600 万千瓦,是目前亚洲最大的火电基地,也是我国西电东送的重要电源点。与准格尔和东胜大型煤田相隔黄河。有托克托电厂—浑源—安定的四回 500 千伏输电线路与华北电网相连。

(3)包头基地

现有火电装机容量 623.9 万千瓦,电力需求量大。

(4)准格尔基地

现有装机容量 364 万千瓦,有准格尔大型煤田,邻近托克托电厂—浑源—安定的四回 500 千伏输电线路。

(5)达拉特基地

现有装机容量 318 万千瓦,邻近准格尔大型煤田,邻近托克托电厂—浑源—安定的四回 500 千伏输电线路。

(6)乌拉特前旗基地

现有装机容量 60 万千瓦,水资源丰富。实现均衡布局。

（7）乌海基地

现有装机容量 336 万千瓦，有乌达矿等多个煤田，当地电力消费大。

（8）宁东基地

现有装机容量 304 万千瓦，有宁东大型煤田。电力外送通道为宁东—兰州 1 回 750 千伏线路、宁东—山东±660 千伏直流输电工程。

（9）石嘴山基地

现有装机容量 306 万千瓦，境内有石嘴山煤矿，电力外送通道为宁东—兰州 1 回 750 千伏线路、宁东—山东±660 千伏直流输电工程。

（10）吴忠基地

现有装机容量 306 万千瓦，有宁东大型煤田，通过宁东—山东±660 千伏直流输电工程外送电力。

（11）府谷基地

现有装机容量 180 万千瓦，有府谷煤矿。

（12）神木基地

现有装机容量 287 万千瓦，其中四华锦界电厂 4×60 万千瓦是国家西电东送北线电源启动项目。

2. 风电基地

（1）蒙西千万千瓦级风电基地

蒙西地区属于我国一类风资源区域，荒漠面积广，火电规模较大，是国家西电东送的重要基地，宜于建设大规模的风电基地并在基地内建设吉庆、达茂和乌拉特中旗等多个百万千瓦级基地。至 2009 年年底，蒙西地区风电装机容量已达 409 万千瓦。

（2）吴忠百万千瓦级风电基地

吴忠太阳山、红寺堡及周边地区是宁夏回族自治区风能资源条件最好的区域，同时，吴忠火电规模较大，又有青铜峡水电站，可实现火、风、水电打捆外送。2009 年年底风电装机容量已达 35 万千瓦。

（3）灵武百万千瓦级风电基地

灵武风能资源条件好，可依托宁东火电基地，可实现风电和火电打捆外送，至 2009 年年底风电装机容量已达 15 万千瓦。

（4）定边和靖边百万千瓦级风电基地

定边和靖边是榆林市风资源条件最好的区域，至 2009 年年底风电装机容量已达 27.5 万千瓦。

3. 太阳能发电基地

(1)惠农太阳能发电基地

惠农太阳能资源丰富,正在形成光伏发电的原料和装备制造基地,至 2009 年年底,光伏发电装机容量已达 30 万千瓦。

(2)杭锦旗太阳能发电基地

杭锦旗太阳能资源丰富,可建太阳能电站的土地面积大,与国外大公司已经签订建设大规模光伏电站的协议。

(3)吴忠太阳能发电基地

吴忠是宁夏太阳能资源最丰富的地区,正在形成光伏发电的原料和装备制造基地,至 2009 年年底装机容量 3 万千瓦。

4. 生物质能发电基地

(1)杭锦后旗生物质能发电基地

杭锦后旗农业发达,生物质来源丰富,正在建设 4×30 兆瓦生物质能发电厂。

(2)五原生物质能发电基地

五原县是农业大县,生物质来源丰富,正在建设 2×1.2 生物质电厂。

5. 电源外送通道建设

(1)宁东至浙江±800 千伏直流输电工程。

(2)宁格尔至河北霸州 500 千伏双回交流输电工程。

(3)鄂尔多斯至长沙±800 千伏直流输电工程。

6. 风电汇集工程

(1)四子王旗 500 千伏风电汇集站。

(2)察右中旗 500 千伏风电汇集站。

(3)灰腾梁 500 千伏风电汇集站。

(4)乌拉特中旗 500 千伏风电汇集站。

7. 换流站工程

(1)鄂尔多斯±800 千伏特高压直流换流站。

(2)吉庆±600 千伏直流换流站。

表 3-7 列出了各地区重点建设的风电基地。表 3-8 列出了各地区重点建设的光伏发电基地。

表 3-7 重点建设的风电基地

地 区	产业基础、风能资源、荒漠或者草原面积、输电线路、电源汇集
乌兰察布市察右中旗、察右后旗、四子王旗	乌兰察布市风电资源丰富,风电资源占据全区三分之一。2009 年,察右中旗的辉腾锡勒风电场总装机规模 107 万千瓦,占自治区五分之一,是亚洲最大的风能开发基地;10 米高度年平均风速 7.2 米/秒,40 米高度年平均风速为 8.8 米/秒;察右后旗巴音锡勒风电园区规划装机 120 万千瓦,平均风速 10 米高约每秒 7.1 米以上,全年有效风速时数达 6225~7293 小时,四子王旗巴音、幸福、夏日三个风场开发区域面积将达到 2700 平方公里,规划到"十二五"末装机容量达到 400 万千瓦。中旗辉腾锡勒草原面积 180 多平方公里,后旗草场面积 366 万亩。附近有汗海—沽源—平安城双回 500 千伏线路、岱海电厂—万全双回 500 千伏线路。
巴彦淖尔市乌拉特中旗、乌拉特后旗	巴彦淖尔市境内的风能资源丰富,总储量达 9849 万千瓦,技术可开发量为 8000 万千瓦。其中乌拉特中旗已取得国家及自治区风电开发指标 280 万千瓦,目前风电产业总投资达到 100 多亿元,共六家企业完成并网规模约 85 万千瓦。风能资源占全国的十二分之一、自治区的四分之一,理论可开发量 3000 万千瓦,70 米高度年平均风速为每秒 8.9 米,年有效风时为 8370 小时。全旗总面积 230 万公顷,其中牧草地面积 220 万公顷,可开发风场面积 150 万公顷。乌拉特后旗是自治区规划的六大风电基地之一。有效风时 6500 小时以上地区,年平均风速达 7.2 米/秒,10 米高度平均风速 7.6 米/秒,40 米高度可达到 8.7 米/秒以上。
包头市达茂旗、白云矿区、固阳县	包头北部地区的达茂旗、白云矿区、固阳县有着丰富的风能资源,是自治区Ⅰ级风能资源富集区。全市风能资源储量 4253.7 万千瓦,占自治区的 5%,技术可开发量 2767 万千瓦,占自治区的 18.4%。全市年平均风速 5~6.5 米/秒,年平均可利用小时数 6000~7800 小时,年最长连续无有效风速小时数小于 100 小时。2009 年,达茂旗风电项目累计开工建设 175 万千瓦、吊装 55 万千瓦、并网 45 万千瓦。风能富集区面积 1.8 万平方公里,技术开发量约为 2497 万千瓦,占全区丰富区风能资源储量的 15%,年平均有效风速时数 6000 小时以上。重点规划了巴音、满都拉、百灵庙、珠日和、召河五个风电场,规划面积 2800 平方公里。全旗天然草场面积为 642640 公顷。附近电网有托克托电厂—浑源—安定的四回 500 千伏电路。
吴忠市盐池	盐池基地吴忠市辖区范围内规划的新能源项目建设用地面积 29.97 万公顷,规划新能源发电装机总容量 1276 万千瓦。风能资源总储量 1300 万千瓦,适宜风电开发的风能资源储量为 760 万千瓦。吴忠市各地年平均风速为 2.0~7.0 米/秒,其中青铜峡市西北部贺兰山南端,同心县韦州冲积洪积平原和罗山附近,盐池县麻黄山地区是全市风能资源丰富区,年平均风速为 4.0~7.0 米/秒,适合于风力发电机组全年运行。全市高压配电网主要以 22 座 110 千伏变电站及 19 座 35 千伏变电站为节点,已形成较强结构,为新能源发电项目接入创造了一定条件。

续表

地　区	产业基础、风能资源、荒漠或者草原面积、输电线路、电源汇集
靖边和定边	定边、靖边中部地区属风能资源 2 级区，区域面积 2783 平方公里，潜在装机容量为 557 万千瓦。已建成山东鲁能 4.8 万千瓦风电项目，在建项目有华能靖边风电场一期工程 4.95 万千瓦。地处毛乌素沙漠南缘，年有效风速时数 1500～2200 小时，从西到东中部 70 米高度年平均风速达到每秒 6.3 米，是全省最好的七块风能中心区之一。附近电力通道有榆横—延安 750 千伏线路、神木—锦界 500 千伏线路。
总计	

表 3-8　重点建设的光伏发电基地

地　区	产业基础、光能资源、荒漠或者草原面积、输电线路、电源汇集
杭锦旗	杭锦旗太阳能发电基地。杭锦旗太阳能资源丰富，年平均日照时数 3166.0 小时，历年日照百分率 71%。可建太阳能电站的土地面积大，与国外大公司已经签订建设大规模光伏电站的协议。
石嘴山	矿产资源丰富。石嘴山市境内硅石资源质优量大且运输距离近，基础储量达 42 亿吨，硅石的二氧化硅平均含量达 99.6% 以上，为光伏产业发展提供了丰富的原材料保障。产业配套齐全。位于石嘴山工业园区的西部热电厂、国电石嘴山发电厂能够提供可靠稳定的蒸汽，西部聚氯乙烯公司 12 万吨 PVC、英力特化工股份公司 10 万吨 PVC，能够保障氯气原料供给，这可为光伏产业原料项目建设节省大量投资。气候条件优越。据 30 多年气象统计资料显示，石嘴山市地区年平均日照时数达到 3083.65 小时，太阳总辐射值全年为 6027 兆焦耳/平方米，仅次于青藏，为太阳能发电提供了充足的光照资源。电力供应可靠。全市电力装机容量达 380 万千瓦，变电总容量为 550.4 万千伏安，充足的电力供应和完备的输变电系统为光伏产业的发展奠定坚实的基础。基础设施完备。石嘴山现有经国家发改委核准的工业园区 3 家，占地面积 170 平方公里，目前各园区路网纵横交错，交通四通八达，基础设施完备，为光伏产业发展打造了良好平台。人力资源充足。现有劳动力 28 万人，技术工人 15 万人，6 所大中专学院，每年可为各类企业提供所需的大中专毕业生和技术工人。
吴忠盐池	吴忠是宁夏太阳能资源最丰富的地区，正在形成光伏发电的原料和装备制造基地，2009 年年底装机容量 3 万千瓦。盐池、同心—吴寺基地吴忠市辖区范围内规划的新能源项目建设用地面积 29.97 万公顷，规划新能源发电装机总容量 1276 万千瓦。全市年日照时数为 2250～3100 小时，年均太阳总辐射量在 5864～6100 兆焦耳/平方米之间，日照时间长、辐射强度高，是全国日照资源丰富地区之一，属于我国太阳辐射的高能区。全市高压配电网主要以 22 座 110 千伏变电站及 19 座 35 千伏变电站为节点，已形成较强结构，区域内土地属荒漠、半荒漠土地。附近电力外送通道有宁东—兰州 1 回 750 千伏线路、宁东—山东±660 千伏直流输电工程，为新能源发电项目接入创造了一定条件。

续表

地 区	产业基础、光能资源、荒漠或者草原面积、输电线路、电源汇集
定边	已建成罗源、张塬畔等光伏电站,在建尚德能源公司 20 兆瓦光伏并网项目。北部为毛乌素沙漠南缘风沙滩区,年平均日照 2743.3 小时。附近电力通道有榆横—延安 750 千伏线路、神木—锦界 500 千伏线路。

七、重点项目

表 3-9 列出了各地提供的电力规划项目。

表 3-9　各地提供的电力规划项目　　　　　　　　（单位:万千瓦）

地 区	规划项目
乌兰察布	察右后旗热电厂项目 4×30,华宁热电厂二期项目 2×35,平地泉热电厂项目 2×60,新丰热电厂二期项目 2×66,岱海电厂三期超临界空冷机组发电项目 2×66,丰镇发电厂机组发电项目 2×100,内蒙古京隆发电有限公司机组发电项目 2×66,新奥气化采煤火电机组项目 30,察右前旗生物质发电项目 2×1.5,内蒙古佳辉化工有限公司发电机组发电项目 4×0.6,国电集团四子王坑口电站项目 4×60;吉庆风电基地项目 400,中电投华北公司四子王风电基地项目 200,北京万源四子王风电项目 200,三峡集团四子王旗风电项目 210,大板梁风电场项目 150,察右前旗风电场项目 100,辉腾锡勒风电场项目 80,察右后旗风电场项目 100,兴和县大西坡风电场项目 60,化德县风电场项目 100,商都县风电场项目 80,集宁风电场项目 30,凉城县中节能风电项目 50,丰镇大唐新源风电项目 30,丰镇市中节能风电项目 30;四子王旗太阳能光伏特许权招标项目 4,中电投华北分公司四子王旗开发风电及太阳能发电一体化项目 50,华电玫瑰营风电场太阳能发电项目 1,华电辉腾锡勒 2♯(库伦)风电场太阳能发电项目 2,华能新能源产业控股有限公司四子王旗太阳能光伏电站项目 2,北京京能国际能源股份有限公司内蒙古风电分公司光伏发电场项目 5,内蒙古大唐国际卓资西山光电场一期太阳能发电项目 1,北京汉能控股集团光伏能源项目 100,华能新能源察右后旗土牧尔台太阳能发电项目 1,上海华东电器(集团)有限公司化德太阳能发电项目 3。 总计:总装机容量 3170.4 万千瓦,其中,火电装机容量 1181.4 万千瓦,风电1820 万千瓦,太阳能 169 万千瓦。
呼和浩特	

地　　区	规划项目
鄂尔多斯市	东胜热电二期项目 2×30,阿镇热电厂项目 2×30,大路矸石热电厂项目 2×30,上海庙矸石热电厂项目 2×30,棋盘井热电厂项目 4×5,达拉特热电厂项目 4×5.5,图克热电厂项目 3×15,独贵特拉热电厂项目 4×5,东胜西南热电厂项目 4×5,巴拉贡热电厂项目 4×5,布尔台矸石电厂项目 2×30,酸刺沟矸石电厂二期项目 2×60,内蒙古伊泰京能塔拉壕矸石电厂项目 2×30,罐子沟矸石电厂项目 2×30;新能源产业示范区发电园区风力发电项目 150,伊和乌素风力发电项目 10;美国第一太阳能公司光伏发电项目 200,强茂能源光伏发电项目 10,施德普光伏发电项目 5,亿利集团光伏发电项目 1,长联公司塔式太阳能集热发电商业示范电厂项目 1,大唐国际鄂尔多斯电厂筹备处杭锦旗太阳能光伏发电项目 10,大唐国际杭锦旗光伏发电项目 10,中国节能投资公司光伏发电站建设项目 10,新能源产业示范区太阳能发电项目 110;化学储能发电项目 2,抽水蓄能发电项目 20。 总计:总装机容量 1226 万千瓦,其中,火电总装机容量 687 万千瓦,风电 160 万千瓦,太阳能 357 万千瓦,其他 22 万千瓦。
巴彦淖尔市	临河电厂二期项目 2×30,乌拉山电厂四期项目 2×60,神华神东金泉电厂项目 4×60,大唐国际金泉电厂项目 2×60,大唐五原电厂项目 2×60,国网白彦花电厂项目 8×100,杭锦后旗电厂项目 4×60,国电蒙能乌拉特前旗电厂项目 2×30,恒旺青山热电厂项目 1×20,杭锦后旗飞马电厂项目 1×1.35+1×0.6,海流图镇背压型机组热电厂项目 2×2.5,巴音宝力格镇热电厂项目 2×2.5,五原县麦绿背压式电厂项目 1×1.2,国电华北电力公司热电联产项目(杭后)项目 2×60,乌拉特中旗神东金泉火力发电项目 4×60,乌拉特中旗国网公司火力发电项目 8×100;巴彦淖尔市风电项目 1000;巴彦淖尔市太阳能项目 100;二狼山水库抽水蓄能电站项目 200,乌后旗抽水蓄能电站项目 200;新正生物质能电厂项目 2×1.2,临河兆鑫生物质能电厂项目 2×1.2。 总计:总装机容量 4457.95 万千瓦,其中,火电总装机容量 2953.15 万千瓦,水电 400 万千瓦,太阳能 100 万千瓦,风能 1000 万千瓦,生物质能 4.8 万千瓦。
包头市	达茂巴音 140 万千瓦风电基地;120 万千瓦太阳能光伏发电基地。 总计:总装机容量 260 万千瓦,其中风电装机容量 140 万千瓦,太阳能 120 万千瓦。
乌海市	海勃湾区北方联合电力乌海热电厂三期扩建项目 2×30 万千瓦,海勃湾区京海煤矸石有限责任公司二期扩建项目 2×33 万千瓦,神华海南区西来峰电厂二期扩建项目 2×30 万千瓦,乌达区华电乌达热电二期扩建项目 2×35 万千瓦,海勃湾区北方联合电力海勃湾发电厂四期扩建项目 2×60 万千瓦,海南区内蒙古恒业成有机硅有限公司背压机组项目(2×12 兆瓦抽气背压式和 1×25 兆瓦背压式汽轮发电机组);海南区内蒙古京能新能乌海市风光互补项目(2 万千瓦太阳能发电,5 万千瓦风力发电);海勃湾区抽水蓄能电站项目 100 万千瓦;海勃湾区中德环保有限公司垃圾发电项目 2×1.5 万千瓦。 总计:总装机容量 490.9 万千瓦,其中,火电总装机容量 380.9 万千瓦,水电 100 万千瓦,太阳能 2 万千瓦,风电 5 万千瓦,其他 3 万千瓦。

续表

地　区	规划项目
阿拉善盟	国电蒙能公司乌斯太电厂项目 2×60 万千瓦;大唐集团新能源公司 200 万千瓦风力发电项目,中国国联合动力技术有限公司 150 万千瓦风力发电项目;国家电网公司光伏发电工程 10 万千瓦项目。 总计:总装机容量 480 万千瓦,其中,火电总装机容量 120 万千瓦,风电 350 万千瓦,太阳能 10 万千瓦。
银川(宁东)	中电投临河动力站二期项目 3×35,中电投枣泉电厂一期项目 2×60,中电投积家井电厂项目 2×100,宁夏宝丰能源集团热电站项目 2×33,宁夏京能水洞沟电厂二期项目 2×100,宁夏鲁能能源开发公司鸳鸯湖电厂二期项目 2×100,华电集团灵武电厂三期扩建工程项目 2×100,华电集团永利电厂项目 2×100,中国国电集团方家庄电厂项目 2×60,中国发电集团马莲台电厂二期项目 2×60,国华宁东公司宁东电厂项目 2×100,国电英力特集团、宁电集团灵武热电联产工程项目 2×63;宁夏达利期发电公司风力发电二期项目 4.95,华电集团宁东风电三期项目 9;兴庆区光伏发电站工程项目 15,大唐投 10 万千瓦光伏电站工程,中冶恩菲投项目 10 万千瓦光伏电站工程,瑞明集团 0.6 万千瓦太阳能热气流发电项目。 总计:总装机容量 1906.55 万千瓦,其中,火电总装机容量 1857 万千瓦,太阳能 35.6 万千瓦,风能 13.95 万千瓦。
石嘴山	电投集团循环经济项目矸石电厂机组项目 2×33,惠农区矸石电厂项目 30,剩余煤气联合循环发电及余热再利用项目 8×1.5+2×1.5,参股惠农区热电联产电厂项目 2×60,参股星海镇及平罗热电联产电厂项目 2×33,国电石嘴山发电有限公司、国电石嘴山第一发电公司、国电集团大武口发电厂、西部聚氯乙烯公司热电分公司机组治理工程项目 282,大武口区热电联产项目 2×33,太西电力公司等小火电机组治理工程 17.8,大武口区热动力站项目 2×33,平罗县大型空冷式火电机组项目 6×100,超临界热电联产机组项目 2×35,平罗县利用煤矸石建设矸石电厂项目 3×2.5,回收特种合金矿热炉尾气建设余热发电项目 10×0.4;大武口区光伏并网电站及光伏组建项目 20,国电石嘴山发电公司石嘴山惠农区光热发电项目 1,宁夏阿特斯新能源有限公司光伏电站项目 1,惠农区太阳能光伏并网发电示范站建设项目 2,国投等二期建设项目 5,国电科环项目 5;内蒙古中瑞风力发电项目 15;宁波凤神太阳能光板和风力发电项目 10,大武口区—神华国华投资有限公司风力及太阳能发电项目 5,神华国投风力及太阳能发电项目 10,惠农区风光电互补项目 10。 总计:总装机容量 1494.3 万千瓦,其中,火电总装机容量 1410.3 万千瓦,太阳能 34 万千瓦,风能 15 万千瓦,风能及太阳能项目 35 万千瓦。

地　区	规划项目
吴忠	国电吴忠热电厂项目 4×35,青铜峡大坝电厂四期项目 2×100,华能韦州综合利用电厂项目 4×30,罗山电厂项目 2×60,枣泉电厂项目 4×60;五里坡新能源项目区建设项目风电 75,青铜峡市风力发电项目 35,宁夏发电集团风电项目 10,国电集团风力发电项目 20,北京意科光伏发电项目 13,中国天洁风力发电项目 10,中国大唐风力发电项目 50,中国华电风电发电项目 30,宁夏中部风光能源带建设工程风力发电项目 100,宁电投太阳山风力发电项目 30,大唐太阳山风力发电项目 30,神鹏太阳山风力发电项目 4.95,德能太阳山风力发电项目 10,京能太阳山风力发电项目 8,浙江运达风电项目 40,宁夏哈纳斯风电项目 20,中国电力投资公司风电项目 30;五里坡新能源项目区建设项目 20,青铜峡市太阳能光伏发电项目 2×30,中广核太阳能光伏发电项目 1,宁夏中部风光能源带建设工程光伏发电项目 60,宁发电太阳山光伏发电项目 20,宁电投太阳山光伏发电项目 50,中投太阳山光伏发电项目 10,汗能太阳山光伏发电项目 50,华电太阳山光伏发电项目 10,江苏天合光伏发电项目 50,德能太阳山光伏发电项目 2,京能太阳山光伏发电项目 2,太阳能光热发电项目 10;青铜峡水电厂抽水蓄能电站项目 2×30。 总计:总装机容量 1740.95 万千瓦,其中,火电装机容量 820 万千瓦,风电 515.95 万千瓦,太阳能 345 万千瓦,水能 60 万千瓦。
榆林	府谷段寨电厂项目 6×100,锦界国华电厂三期项目 4×100,神木大柳塔煤矸石电厂项目 2×30,榆横煤矸石热电厂项目 4×30,红柳林煤矸石电厂项目 2×30,神木瓷窑湾综合利用电厂项目 2×60,榆阳区热电厂项目 2×30,神木大柳塔综合利用热电厂项目 2×30,陕西国华神木热电厂一期项目 2×30,神木赵家梁工业区煤矸石电厂项目 2×30,神木石窖店工业区煤矸石电厂项目 2×30,靖边 4×10 煤电一体化项目,府谷大唐煤电一体化项目发电厂 2×100,府谷热电厂项目 2×30;靖边风力发电项目 35,神木风力发电项目 9.9,府谷风力发电项目 15;定边太阳能光伏发电项目 50,榆阳太阳能光伏电站项目 6,神木县太阳能发电项目 10,府谷太阳能光伏发电项目 3;生物质能源综合项目 3。 总计:总装机容量 2091.9 万千瓦,其中,火电 1960 万千瓦,风电 59.9 万千瓦,太阳能 69 万千瓦,生物质能 3 万千瓦。

八、支撑体系

1. 输电线路建设

表 3-10 列出了输电线路建设项目。

表 3-10　输电线路建设　　　　　　　　　　　　　　（单位：万千瓦）

地　区	建成通道	在建通道	规划通道
蒙西	丰镇—万全—顺义 500 千伏线路 托克托—安定 500 千伏线路 岱海—万全 500 千伏线路目前的外送能力是 400 万千瓦，实际外送 300 多万千瓦。	形成"三横四纵、四出口" 500 千伏电网结构，与华北电网形成统一体。	包头—鄂尔多斯—潍坊 ±1000 千伏特高压交流输电线路 乌兰察布—南昌 ±800 千伏直流线路 乌海—鄂尔多斯—广东 ±800 千伏直流输电线路。
宁东	宁东—兰州 750 千伏输电线路	宁东至山东的 ±660 千伏直流输电工程，年输电 400 万千瓦，将于 2011 年完工。	宁东至浙江 ±800 千伏直流输电工程
榆林	神木锦界 500 千伏点对网输电通道 榆横 750 千伏变接入延安 750 变		陕北—长沙 ±1000 千伏特高压交流输电线路

2. 水资源

按每建设 1 万千瓦火电新鲜水供应 2.9 万吨计（采用空冷机组），如果火电达到 1.1 亿千瓦，需要消耗新鲜水 3.2 亿吨。

九、体制改革内容

由电监局和发改委牵头，重点研究如何加快推进内蒙古电力多边交易市场。

目前风电项目与电网项目审批脱节，国家和地方分别审批，先批风电项目，后批电网项目使得一批风电场建成后无法及时并网发电。风电被地方政府钻政策空子分拆审批，但电网项目无法分拆。

第五节　煤化工产业

一、发展条件

煤化工产业是一个高耗水的产业，也是一个高耗能、高污染的产业，因此，发展煤化工产业最重要的三个条件：一是煤炭资源丰富；二是水资源条件好；三是环境容量大。在目前情况下，需要有足够的排放指标。

1. 煤炭资源条件好

呼包银榆经济区煤炭资源探明的储量达到 3575.3 亿吨,煤种齐全,有害元素总体上含量较低,大多数煤炭的变质程度较低,容易气化,而现代煤化工的大多数产品要先通过气化来实现,因此,大多数煤种均既适合于发展传统煤化工如焦化、煤制化肥、小规模煤制甲醇和煤气等,也很适合于发展现代煤化工产品诸如大规模煤制甲醇、煤制二甲醚、煤制天然气、煤制烯烃、煤制乙二醇、煤制油等。

2. 在发展好节水产业的情况下,发展煤化工产业的水资源就有保障

经济区处于黄河流域,黄河多年平均径流量 580 亿立方米,分配给各地的水资源量见表 3-11,但是,这些水资源 90% 以上用于农业。农业用水自然必须得到保证,这是国家的既定政策,不能改变,但是,目前农业是一种粗放型的农业,节水潜能很大,在工业合理用水和农业节约用水,建设节水社会的情况下,发展现代煤化工所需的水资源就有保障。

表 3-11　黄委会分配给各地的水资源量　　　　（单位:亿立方米）

地　区	黄河分配的水资源	黄河调整指标	2008 年实际耗水量（农业：工业）
内蒙古全区	58.6		
乌兰察布	无	无	4.48：0.60
呼和浩特	5.1	0.3	6.62：1.85
包头	5.5	0.5	5.88：3.09
巴彦淖尔市	40	—3.6	46.97：0.96
乌海市	0.5	0.7	1.02：1.22
阿拉善盟	0.5	0.1	2.86：0.50
鄂尔多斯	7	2	12.62：3.27
宁夏全区	40(10 年平均每年只有 32.61)		37.45：1.48
银川			黄河供水 17 亿立方米
石嘴山	指标 4.74 2009 年获得的 黄河水量为 6.969		农业:6.098 亿 工业:5333.68 万 生活:1730 万 生态:1471.36 万
陕西全省	38		
榆林			5.1：1

3. 排放情形非常严峻

煤化工的废水、废气和固体废弃物粉煤灰、脱硫石膏等的排放量都很大。新建的现代煤化工项目,已经基本上做到废水不排厂外。但是,二氧化碳、二氧化硫、二氧化氮、氨氮和固体废弃物的排放量很大,煤化工产业的发展在排放问题上是非常困扰当地政府的一个问题。

我国煤炭资源与水资源呈逆向分布状态,煤炭资源主要分布在西北地区的新疆、内蒙古、山西、陕西地区,水资源主要分布在南方地区。而在西北地区中,呼包银榆经济区还是水煤组合条件相对比较好的地区,因此,国家曾经启动的七大煤化工基地(黄河中下游、蒙东、黑东、苏鲁豫皖、中原、云贵和新疆)规划,呼包银榆经济区是黄河中下游基地中的核心区域,也是最重要的煤化工基地。

二、产业发展现状

呼包银榆经济区煤化工产业近年来发展非常迅速,国家现代煤化工示范项目大部分落户在这里(见表 3-12)。其中,国家煤制烯烃示范项目落户有两个:神华包头煤基 30 万吨聚乙烯 30 万吨聚丙烯项目、神华宁东 50 万吨煤基聚丙烯项目;国家煤制油唯一的示范项目为神华年产 500 万吨直接煤制油,一期年产 108 万吨在鄂尔多斯投产,其他还有伊泰年产 16 万吨间接煤制油项目亦在鄂尔多斯投产;煤制二甲醚有天河巴彦淖尔年 20 万吨项目、新奥鄂尔多斯年 20 万吨项目和神华宁东年 21 万吨项目投产;天然气有神华鄂尔多斯年 20 亿立方米、汇能鄂尔多斯年 16 亿立方米两个煤基合成天然气示范项目动工兴建。(见表 3-13)呼包银榆经济区已经成为我国最重要的煤化工基地。

表 3-12 经济区建成和在建的重要煤化工示范项目及与全国比较

	经济区项目	全国其他地区项目
煤制烯烃	1. 神华包头煤基年 30 万吨聚乙烯 30 万吨聚丙烯项目 2. 神华宁东煤基年 50 万吨聚丙烯项目	内蒙古大唐国际锡林郭勒煤基年 46 万吨聚丙烯项目
煤制油	1. 神华伊金霍洛旗年 500 万吨直接煤制油,一期年 108 万吨项目 2. 伊泰准格尔年 16 万吨间接煤制油项目	山西潞安长治年 16 万吨间接煤制油项目
煤制二甲醚	1. 天河临河年 20 万吨煤制二甲醚项目建成 2. 新奥达拉特旗年 40 万吨煤制二甲醚项目建成 3. 神华宁东年 21 万吨煤制二甲醚项目建成投产	1. 山东久泰年 15 万吨煤制二甲醚 2. 新能张家港年 20 万吨煤制二甲醚

续表

	经济区项目	全国其他地区项目
煤制天然气	1.神华伊金霍洛旗年产20亿立方米煤制天然气项目 2.汇能伊金霍洛旗年产16亿立方米煤制天然气项目	1.辽宁大唐国际阜新年产40亿立方米煤制天然气项目 2.内蒙古大唐国际克什克腾旗年产40亿立方米煤制天然气项目
煤制乙二醇		通辽金煤化工年20万吨煤制乙二醇项目

表3-13　各地煤化工建成项目和在建项目情况表

地　区	建成项目	在建项目
乌兰察布	1.京九龙冶金化工有限公司2×12500千伏安电石项目 2.兴和县海化辰兴20万吨电石生产项目	
呼和浩特市	1.呼市煤气公司焦化甲醇一体化项目（年产焦炭100万吨、甲醇10万吨） 2.年产30万吨烧碱和PVC	
包头	神华集团煤制烯烃项目30万吨/年聚乙烯、30万吨/年聚丙烯	1.包头海平面PVC项目（年产40万吨聚氯乙烯、32万吨烧碱、60万吨电石） 2.新源化工60万吨电石项目（年产60万吨电石） 3.九台公司100万吨焦炭、60万吨合成氨项目 4.东方希铝年40万吨PVC项目
鄂尔多斯市	1.神华集团煤液化项目年产成品油108万吨项目 2.新奥年产40万吨二甲醚项目 3.伊泰集团年产16万吨成品油 4.内蒙古博源联合化工有限公司天然气甲醇项目（年产100万吨天然气甲醇） 5.奈伦大化肥项目（年产52万吨尿素） 6.国际能源和矿产资源投资有限公司建设的PVC联产项目（年产25万吨PVC） 7.鄂尔多斯电力冶金股份有限公司年产30万吨电石项目	1.内蒙古开滦化工有限公司2×20万吨/年煤制乙二醇、2×120万吨/年半焦，2×20万吨/年煤焦油加氢 2.鄂尔多斯市新华结晶硅公司年产40万吨PVC、32万吨烧碱 3.希望集团与内蒙古鄂尔多斯市鄂托克旗政府60万吨电石项目（40万吨PVC、60万吨电石、32万吨烧碱） 4.鄂尔多斯集团投资的氯碱化工年产40万吨PVC项目 5.电石制聚乙烯醇项目

续表

地　区	建成项目	在建项目
巴彦淖尔市	1.乌拉山化肥厂年产13万吨甲醇,尿素26万吨项目 2.临河天河年产二甲醚20万吨	乌拉特前旗新湖集团年产100万吨PVC项目
乌海市	1.海吉氯碱化工公司扩建项目(年产20万吨聚氯乙烯、36万吨电石) 2.黄河工贸集团96万吨捣固焦 3.君正科技产业集团公司聚氯乙烯项目(年产40万吨聚氯乙烯、20万吨电石) 4.内蒙古中润镁业有限公司96万吨捣固焦 上海美方公司煤焦化及联产甲醇项目(年产2×96万吨捣固焦、20万吨甲醇) 5.神华乌海煤焦化公司焦化及联产甲醇项目(年产4×96万吨捣固焦、50万吨甲醇) 6.中盐吉盐化集团公司聚氯乙烯项目(年产40万吨聚氯乙烯、64万吨电石) 7.庆华集团熔融还原铁及煤气制甲醇项目(年产100万吨熔融还原铁及50万吨熔融煤气制甲醇) 8.乌海煤化工循环产业链项目(年产96万吨捣固焦、16万吨炭黑及配套30兆瓦尾气余热发电煤化工循环产业) 9.内蒙古乌海化工股份有限公司30万吨PVC、30万吨烧碱项目(年产30万吨PVC、30万吨烧碱)	1.乌海中联240万吨电石项目(年产200万吨白灰、240万吨电石、120万吨电石法聚氯乙烯、100万吨烧碱;25兆瓦背压式发电机组、600万吨电石渣制水泥及粉煤灰综合利用循环产业项目) 2.乌海蒙金冶炼电石项目(年产26万吨电石、30万吨白灰)
阿拉善盟	1.内蒙古庆华集团10万吨/年煤焦油加氢、5万吨/年粗苯加氢项目 2.中盐吉盐化集团为龙头,组织实施了年产100万吨聚氯乙烯二期工程	
银川	1.神华宁东年50万吨煤制聚丙烯项目 2.神华宁东年21万吨二甲醚项目 3.宁夏宁东重化工项目区年产30万吨电石法PVC项目 4.宁夏实德一期PVC型材项目 5.宁夏年产15万吨电石联产项目(年产15万吨电石,联产乙二醇和草酸各5万吨)	1.宁夏宝丰能源集团220万吨焦化二期项目(220万吨/年) 2.神华宁煤集团年产6万吨聚甲醛项目(6万吨/年) 3.盛大集团年产50万吨甲醇和30万吨二甲醚二期项目(年产甲醇50万吨、二甲醚30万吨)

续表

地　区	建成项目	在建项目
石嘴山	1. 宁夏石嘴山市 10 万吨/年煤焦油深加工项目 2. 宁夏石嘴山市永宏煤化工有限公司年产 98 万吨煤焦化项目 3. 宁夏大地公司电石化工循环经济建设项目（建设年产 10 万吨 PVA 大型电石矿热炉，利用电石炉尾气开发合成氨、乙二醇、PVC、甲醇、醋酸等电石化工系列产品。规划建设聚甲醛、二甲醚、醋酸酯等）	1. 年产 240 万吨焦炭联产 20 万吨甲醇项目（宁夏众元煤焦化公司焦炭 240 万吨、甲醇 20 万吨） 2. 年产 100 万吨煤焦化项目（建设年产捣固冶金焦 100 万吨生产规模） 3. 石嘴山市盛港煤焦化公司 60 万吨焦炭联产 10 万吨煤化项目（60 万吨焦炭、10 万吨甲醇）
吴忠	1. 宁夏庆华太阳山 220 万吨/年焦化项目、30 万吨/年焦炉尾气制甲醇项目 2. 吴忠市常信同盛化工有限公司 2×31500 千伏安密闭式电石炉技术改造项目 3. 宝钢工程供宁夏吴忠同盛化工 31.5 兆伏安电石炉项目 4. 宁夏吴忠市泰丰乳业 2×9000 千伏安电石炉生产线	
榆林	1. 陕西煤化工集团年产 110 万吨的聚氯乙烯项目 2. 榆林经济开发区建设有限公司 7 万吨 PVC 建材项目 3. 陕北榆林 10 万吨/年聚氯乙烯项目 4. 神府经济开发区 9 万吨全密闭电石项目	1. 榆天化 140 万吨甲醇项目 2. 府谷 30 万吨合成氨、52 万吨尿素项目（年产 30 万吨合成氨及 52 万吨尿素） 3. 府谷镁业集团镁节能联产综合利用项目（110 万吨/年捣固焦、5 万吨/年金属镁） 4. 陕西北元化工 100 万吨/年聚氯乙烯循环综合利用项目（100 万吨/年聚氯乙烯、80 万吨/年离子膜烧碱）
总计		

三、存在的问题

1. 核心技术缺失，技术协同不够

现代煤化工总体上是一个煤制燃料替代石油燃料、煤制化工产品规模超石油化工产品的产业，是一个新兴的产业。经济区现代煤化工产业发展存在着技术和人才准备不充分、核心技术缺乏、主要依靠国外引进的情况。目前许多企业投资煤化工，但是，煤化工行业内部以及煤化工与石油化工之间还没有建立

239

起完善的技术交流平台,存在着重复研究的情况,一些工艺流程不能在行业内有效进行集成和共享,浪费了科技资源。

2. 水资源落实困难

经济区近年来发展的煤化工项目主要是依靠水权置换,即通过灌区渠道衬砌工程节约的水资源转换给煤化工项目。但是,由于水权转换涉及各种体制问题,实施的难度亦较大,因此,关于发展煤化工产业的大量用水问题,并没有一个完整或者长远的规划。

3. 排放压力大

煤化工产业大企业目前废水基本不出厂,但是,二氧化碳、二氧化硫、COD、二氧化氮、氨氮排放的指标,总体上没有明确落实。

4. 污染较重

目前主要的污染是固体废弃物粉煤灰和脱硫石膏。

5. 部分产品市场不成熟,配套设施没有跟上

例如二甲醚的生产,涉及市场的推广、应用和输送问题。有的企业在这些问题都没有解决的情况下就盲目建设,建成后基本上停产。例如天河公司临河年产 20 万吨二甲醚项目,建成后基本上处于停工状态,因为二甲醚的运输管道没有建立和市场的推广不成熟。

6. 园区建设不能充分体现一体化和循环经济的要求

煤化工产业的装置是连续和一体化的。煤化工产业的废弃物较多,需要通过循环产业链来实现废物再利用,煤化工产业与其他产业的合理布局,可以实现能量和水的梯级利用,从而实现节能减排。但是,目前煤化工园区从规划到实施,还都不能很快体现煤化工产业的上述要求。同时,煤化工产业的分散布局,给管道等配套设施建设带来困难。比如,煤制天然气的项目最好布局在西气东输的管线附近;煤制二甲醚项目应集中布局,可以建设专门的管道来输送。像天河公司在临河的二甲醚项目,就难以建设管道。

四、发展目标

建设我国重要的现代煤化工产业示范基地,打造国家现代煤化工技术集成创新和原始创新产业示范基地,建设一批一体化和循环经济的煤化工特色产业基地。

五、发展措施

1. 建设我国重要的现代煤化工产业示范基地

通过稳步发展煤基甲醇、二甲醚、油品、合成天然气,建设煤基燃料替代石

油燃料产业化示范基地,通过积极发展煤基烯烃、乙二醇,适当发展聚乙烯醇,适时启动煤基芳烃项目,并逐步延伸产业链,建设我国煤基大宗化工原料替代石油大宗化工原料基地。

2. 打造国家现代煤化工技术集成创新和原始创新产业示范基地

现代煤化工技术是高新技术,通过联合煤化工行业内企业、相关石油化工企业、煤化工科研单位、煤化工和相关石油化工装备制造企业,建立一个现代煤化工的产业联盟,打造一个煤化工产业技术合作的平台。特别是将现已建成的煤制烯烃、煤制油、煤制二甲醚以及正在建设的大规模煤制合成天然气、煤制乙二醇等示范项目的核心技术进行消化、吸收和创新,在此基础上,建立煤化工关键技术的集成创新体系。要加快褐煤高效清洁利用的产业示范进度,实现褐煤高效综合利用产业化的国际领先地位。褐煤资源不宜长途运输,但是,褐煤作为变质程度最低的煤种,含油气、含氢量最高,是比较适合油品转化的煤种。国内顺鑫公司的中试成果表明,褐煤高效清洁利用的投资成本仅为其他煤制油工艺投资的一半,并可大幅度减少能源的消耗。该技术属于原创技术,达到国际领先水平。要通过上述努力,使经济区的现代煤化工技术达到国际先进水平,部分领域达到国际领先水平。

3. 建设一批一体化、多联产和循环经济的煤化工产业园区

加强经济区之间的资源整合,特别是加强煤炭资源地和水资源地之间的联合,共建共享煤化工工业园区。在乌达—乌斯太工业区、西来峰—棋盘井工业区和甘其毛都口岸加工区重点建设焦化、焦炉煤气综合利用、煤焦油下游深加工的循环经济园区;在府谷化工区、榆横和榆神工业园区,建设半焦、煤气综合利用、煤焦油合成油品的循环经济产业基地;在乌拉特前旗、乌达—乌斯太、石嘴山、榆神等工业园区,建设电石、氯碱、PVC、盐化工及建材多联产一体化的氯碱产业循环经济产业基地;在宁东能源化工基地和土默特右旗—达拉特、府谷工业区,建设煤气化、甲醇、烯烃及烯烃下游一体化产业基地;在大路—托克托—清水河工业区和宁东、榆横工业园区建设煤制油;在大路—托克托—清水河工业区和宁东、榆神建设煤制天然气产业基地以及煤气化、甲醇、二甲醚或者煤气化、二甲醚(一步法)一体化产业基地;积极推进甘其毛都口岸加工区热溶催化法褐煤分级高效清洁利用示范项目和榆林地下煤气化示范项目;积极研究并适时推进杭锦旗—乌拉特前旗工业区、榆横工业区煤制甲醇、芳烃、对二甲苯、对苯二甲酸,煤制醋酸和乙二醇,并用对苯二甲酸和乙二醇生产聚酯的一体化基地建设;积极推进榆神、蒙海工业园区煤电气焦多联产示范项目建设。

4. 合作共建煤化工产业园区

一些地区煤炭资源较丰富,但是水资源紧张;另一些地方通过发展节水农

业,有较多的水资源可用于工业。鼓励相邻地区又有不同资源条件的地区合作共建煤化工产业园区。鼓励准格尔旗与托克托县、达拉特旗与土默特右旗、杭锦旗与杭锦后旗等地合作共建煤化工产业园区。

六、布　局

煤化工产业布局要综合考虑:一是接近坑口;二是水源有保障;三是一体化的需要;四是循环经济的需要;五是多联产的需要;六是产品的安全运输的需要,包括管道运输;七是产业基础;八是企业投资意向或者有望获得批准。

按照这一原则,焦化工业园区集中于乌海、石嘴山、阿拉善左旗、鄂托克前旗棋盘井工业区,以及甘其毛都口岸。这里是焦煤的主要产地,也是焦化产业基础发展较好的地区。氯碱化工、电石和 PVC 布局于产业条件较好的乌达、乌斯太、惠农、乌拉特前旗、土默特右旗、榆神工业园区;现代煤化工产业布局于煤水组合条件较好的沿黄河地区土默特右旗、乌拉特前旗、巴彦淖尔经济技术开发区、大路、树林召、宁东、榆神、榆横等工业园区。建设煤制天然气和地下煤气化,要考虑利用西气东输的管道。同样,二甲醚的生产基地,亦要考虑专门的输送管道。

以下列出重点煤化工产业园区和下游深加工园区。

1. 乌达—乌斯太工业区

两园区紧邻,当地煤炭以焦煤为主,已经形成电石年 265 万吨、PVC 年 140 万吨、焦炭年 350 万吨、甲醇年 80 万吨、碱类年 80 万吨产能。重点发展方向是焦化、氯碱化工产业等。

2. 西来峰—棋盘井工业区

两园区紧邻,当地煤炭以焦煤为主,已经形成电石年 160 万吨、焦炭年 610 万吨、化肥年 120 万吨产能。重点发展方向是焦化和氯碱化工产业等。

3. 杭锦旗—乌拉特前旗工业区

杭锦旗煤炭资源丰富,乌拉特前旗水资源丰富,两园区隔黄河相邻。在建年 40 万吨甲醇、年 104 万吨化肥、年 100 万吨 PVC。重点发展方向是氯碱化工、煤制乙二醇、芳烃和聚酯等。

4. 大路—托克托—清水河工业区

三园区相邻,形成煤炭资源和水资源的优势互补,已经形成油品年 16 万吨、甲醇年 110 万吨、炼焦年 100 万吨产能。重点方向是发展煤制油、煤制天然气、煤制二甲醚等。

5. 土默特右旗—达拉特旗工业区

土默特右旗水资源丰富,达拉特旗煤炭资源丰富,两园区隔黄河相邻。已经形成甲醇年 60 万吨、PVC 年 40 万吨产能,在建年 PVC100 万吨、年甲醇 120 万吨项目。重点发展方向是煤制烯烃和 PVC 产品。

6. 甘其毛都口岸加工区

甘其毛都口岸加工区水资源条件好,境内有大型褐煤矿,可利用蒙古国优质焦煤,正在建设年 460 万吨焦化厂。未来重点发展方向是焦化,建设热溶催化法褐煤分级高效清洁利用示范项目。

7. 巴彦淖尔经济技术开发区

巴彦淖尔经济技术开发区目前已经形成年 20 万吨二甲醚生产能力,水资源条件较好,重点方向是二甲醚。

8. 蒙海工业园区

蒙海工业园区水资源条件好。未来重点建设煤电气焦多联产示范项目。

9. 宁东能源化工基地

宁东能源化工基地煤炭资源丰富,已经形成年 25 万吨甲醇、年 21 万吨二甲醚、年 52 万吨聚丙烯产能,年产 70 万吨尿素项目正在建设。重点发展方向是煤制烯烃、二甲醚和天然气。

10. 石嘴山工业园区

石嘴山工业园区是焦煤和无烟煤的主要产地,已经形成电石年 50 万吨、PVC 年 27.5 万吨、烧碱年 21 万吨产能。重点发展方向是焦化、氯碱化工。

11. 榆神工业区

当地煤炭资源丰富,已经形成甲醇年 120 万吨、煤焦油合成油品年 20 万吨产能,在建项目有年 100 万吨 PVC 和年 120 万吨兰炭项目。重点发展方向是兰炭、煤焦油合成油品、氯碱化工、煤制油、煤电气焦多联产。

12. 府谷工业区

煤炭和水资源丰富。重点发展方向是煤制烯烃。

13. 榆横工业区

煤炭资源丰富。已经形成天然气制甲醇年 51 万吨和醋酸年 35 万吨产能。重点发展方向是煤制天然气和醋酸、乙二醇、芳烃。

14. 包头石拐塑料模具园区

包头即将形成年 30 万吨聚乙烯、30 万吨聚丙烯树脂产能,包头和周边正在形成数百万吨的 PVC 树脂产能,有包钢和五二研究所生产和研发模具材料,包头职业技术学院有模具专业培养人才,当地机械工业较发达,有数十家中小模具企业可集聚,建设塑料模具产业园的条件良好。

15. 乌海一棵树梁塑料模具园区

乌海全市已经形成年 120 万吨的 PVC 产能,2015 年将形成年 300 万吨产能,是我国最大的 PVC 生产基地。已有 PVC 下游制品企业到乌海落户,建设塑料模具产业的条件较好。

七、重点项目

表 3-14 所示为各地提供的重点项目。

表 3-14　各地提供的重点项目

地　区	重点项目
呼和浩特	
包头	
乌海	
鄂尔多斯	鄂尔多斯市神华煤直接液化第二、第三条生产线(年产油品 216 万吨); 鄂尔多斯市伊泰煤间接液化项目(年产油品 540 万吨); 鄂尔多斯市兖矿煤间接液化项目(年产油品 100 万吨); 兖州煤业鄂尔多斯能化有限公司 180 万吨甲醇转烯烃项目(年产烯烃 56 万吨); 中电投 80 万吨煤制烯烃项目(年产烯烃 80 万吨); 中国双维投资集团上海庙能源化工基地 75 万吨/年烯烃项目(年产烯烃 75 万吨); 中天合创能源有限公司 300 万吨二甲醚项目(年产 300 万吨二甲醚); 内蒙古汇能煤化工公司煤制天然气项目(年产煤制甲烷气 16 亿立方米); 神华集团煤制天然气项目(年产煤制甲烷气 20 亿立方米); 新奥集团煤制天然气项目(年产煤制甲烷气 20 亿立方米); 中海油集团煤制天然气项目(年产煤制甲烷气 40 亿立方米); 中石化华润杭锦旗煤制天然气项目(年产煤制甲烷气 40 亿立方米); 新蒙能源公司煤制天然气项目(年产煤制甲烷气 40 亿立方米); 中石化华润准格尔旗煤制天然气项目(年产煤制甲烷气 40 亿立方米); 国电集团煤制天然气项目(年产煤制甲烷气 40 亿立方米); 中煤能源公司煤制天然气项目(年产煤制甲烷气 20 亿立方米); 恒源公司煤制天然气项目(年产煤制甲烷气 16 亿立方米); 智能慧远化工有限公司煤制天然气项目(年产煤制甲烷气 20 亿立方米); 内蒙古东华能源有限公司乙二醇项目(年产 60 万吨乙二醇); 中国双维投资集团 150 万吨/年乙二醇项目(年产 150 万吨乙二醇); 鄂尔多斯市恒远化工有限公司年产 30 万吨乙二醇项目(年产 30 万吨乙二醇); 东海新能源公司 60 万吨/年乙二醇生产项目(年产 60 万吨乙二醇); 易高能源公司乙二醇项目(年产 40 万吨乙二醇); 内蒙古汇能煤电集团有限公司煤制甲烷气深加工和废气废渣综合利用项目(年液化天然气 8 亿立方米,年产乙二醇 40 万吨、碳酸二甲酯 6 万吨、食品级二氧化碳 5 万吨、二氧化碳降解塑料 6 万吨和灰渣砖 3 亿块); 双欣集团 40 万吨 PVC、32 万吨烧碱、60 万吨电石项目(年产 40 万吨 PVC、32 万吨烧碱、60 万吨电石); 东海新能源公司 40 万吨/年 PVC、36 万吨/年烧碱项目(年产 40 万吨 PVC、36 万吨烧碱);

地　区	重点项目
鄂尔多斯	内蒙古亿利能源股份有限公司40万吨/年烧碱、50万吨/年特种聚氯乙烯树脂、5万吨/年偶氮二甲酰胺及其配套工程(年产40万吨烧碱、50万吨特种聚氯乙烯树脂、5万吨偶氮二甲酰胺); 东海新能源公司40万吨/年聚氯乙烯、36万吨/年烧碱项目(年产40万吨PVC、36万吨烧碱); 鄂绒集团年产40万吨PVC、30万吨烧碱项目(年产40万吨PVC、30万吨烧碱); 内蒙古中谷矿业有限责任公司年产60万吨PVC、60万吨烧碱项目(年产60万吨PVC、60万吨烧碱); 鄂尔多斯市君正能源化工有限公司60万吨/年烧碱、60万吨/年PVC树脂项目(年产60万吨烧碱、60万吨PVC树脂)
乌兰察布	
巴彦淖尔	规划项目: 庆华集团煤制天然气项目(年产20亿立方米煤制天然气); 内蒙古磴口金牛煤电有限公司煤制天然气项目(年产20亿立方米煤制天然气); 磴口金牛煤电有限公司煤化工项目(聚乙烯64万吨、聚丙烯60万吨、聚氯乙烯100万吨); 杭锦后旗蒙海工业园区煤化工项目(年产焦炭650万吨、甲醇200万吨、二甲醚186万吨、聚乙烯30万吨); 乌拉特前旗煤化工项目(年产煤制甲醇300万吨、MTP200万吨、PVC300万吨); 白彦花大型褐煤低温热解项目(年干馏褐煤500万吨,年产半焦200万吨、焦油30万吨、粗苯1.25万吨、煤气5.5亿立方米); 五原县冀中能源集团公司尿素项目(也即金牛煤化尿素项目,年产30万吨合成氨、52万吨尿素); 乌拉特前旗乌化公司洗煤项目(年产100万吨焦炭) 新建项目: 磴口金牛煤电有限公司煤化工项目(聚乙烯64万吨、聚丙烯60万吨、聚氯乙烯100万吨); 杭锦后旗蒙海工业园区煤化工项目(年产焦炭650万吨、甲醇200万吨、二甲醚186万吨、聚乙烯30万吨); 乌拉特前旗煤化工项目(年产煤制甲醇300万吨、MTP200万吨、PVC300万吨); 华隆国际投资公司PVC项目(年产100万吨PVC); 巴彦淖尔市年产25万吨PVC、22万吨烧碱项目
阿拉善	

续表

地　区	重点项目
石嘴山	规划项目： 年产 40 万吨焦炉尾气制甲醇联产 30 万吨二甲醚项目（土建及设备安装）； 年产 40 万吨焦炉尾气制甲醇项目（土建及设备安装）
银川	规划项目： 银川经济技术开发区宁东基地化工产业园区基础设施（银川经济技术开发区）； 宁夏宝丰能源集团 30 万吨焦油加工项目（30 万吨/年）； 宁夏宝丰能源集团 10 万吨苯加氢项目（10 万吨/年）； 宁夏宝丰能源集团 40 万吨合成氨、70 万吨尿素项目（40 万吨/年、70 万吨/年）； 宁夏宝丰能源集团 40 万吨焦炉煤气制甲醇二期项目（40 万吨/年）； 宁夏宝丰能源集团 30 万吨电石项目（30 万吨/年）； 宁夏宝丰能源集团 10 万吨乙炔项目（10 万吨/年）； 宁夏宝丰能源集团 20 万吨甲醛项目（20 万吨/年）； 宁夏宝丰能源集团 40 万吨醋酸项目（40 万吨/年）； 宁夏宝丰能源集团 15 万吨 1,4-丁二醇项目（15 万吨/年）； 宁夏宝丰能源集团 6 万吨聚四氢呋喃项目（6 万吨/年）； 宁夏宝丰能源集团 20 万吨醋酸乙烯项目（20 万吨/年）； 宁夏宝丰能源集团 20 万吨乙二醇项目（20 万吨/年）； 宁夏宝丰能源集团 10 万吨甲醇蛋白项目（10 万吨/年）； 宁夏宝丰能源集团 3 万吨苯酐项目（3 万吨/年）； 宁夏宝丰能源集团煤热解多联产项目 800 万吨煤热解/年、二期 220 万吨焦化及焦炉煤气利用、180 万吨（含一期 30 万吨）甲醇/年、30 万吨聚丙烯/年、30 万吨聚乙烯/年、48 万吨煤焦油加氢/年）； 神华宁煤集团 400 万吨煤制油项目（400 万吨/年）； 神华宁煤集团年产 200 万吨煤基烯烃二期项目（200 万吨/年）； 神华宁煤集团年产 40 亿立方米煤制天然气项目（40 亿立方米/年）； 宁夏捷美丰友化工年产 40 万吨合成氨、70 万吨尿素、20 万吨甲醇项目（40/70/20 万吨/年）； 宁夏捷美丰友化工年产 90 万吨合成氨、160 万吨尿素项目（90/160 万吨/年）； 宁夏捷美丰友化工年产 180 万吨贺家窑煤矿项目（180 万吨/年）； 华电集团年产 120 万吨煤业甲醇项目（建成甲醇生产线两套。年产 120 万吨甲醇）； 宁东管委会振鸣煤化循环经济综合利用工程（建设振鸣煤化工厂、占地 333500 平方米） 新建项目： 银川开发区年产 25 万吨烧碱和聚氯乙烯项目（年产 25 万吨）
吴忠	

地　区	重点项目
榆林	续建项目： 兖矿榆林煤制油(规划总规模 1000 万吨/年,分两期实施。一期采用低温费托合成技术,建成 100 万吨/年间接液化工业示范装置后,再分别采用低温和高温费托合成技术各建设 200 万吨间接液化煤制油装置。二期新增油品 500 万吨,同时建设石脑油、烯烃和含氧化合物的下游加工利用工程); 延长益业煤化工(规划年产甲醇 240 万吨,甲醇制烯烃 80 万吨(含一期 60 万吨煤制甲醇); 陕西德林 1,4-丁二醇(年产 6 万吨 1,4 丁二醇、4.6 万吨聚四氢呋喃); 靖边煤油气综合利用产业园项目(一期以两个 150 万吨甲醇生产线为龙头双线进行规划,综合匹配 50 万吨 MTP、50 万吨 MTO、150 万吨渣油 DCC、聚丙烯、聚乙烯等十多个烯烃下游产品,匹配热电联产、粉煤灰制水泥等。二期以现代煤化工为主,再建 300 万吨甲醇、100 万吨烯烃及下游产品项目。远期年产 1000 万吨甲醇、300 万吨烯烃及下游产品); 吴堡慕家塬工业区焦化项目(年焦化生产能力 200 万吨、焦油 15 万吨、甲醇 20 万吨); 吴堡李家塌工业区焦化项目(年生产能力 100 万吨、甲醇 10 万吨、粗苯加氢 5 万吨); 府谷恒源煤焦电化有限公司资源综合利用项目(年 20 万吨中低温焦油,形成年产粗酚 3.2 万吨、硫酸钠 2.6 万吨、改质沥青 5.1 万吨、轻柴油 8.9 万吨、石脑油 2.6 万吨的生产能力;以焦化厂产生的焦炉气为原料,年产 20 万吨甲醇); 横山 100 万吨/年洁净煤项目(建设年产 100 万吨洁净煤生产项目,分三期建设); 横山县 30 万吨/年合成氨及尿素项目(建设年产 30 万吨合成氨及尿素项目) 新建项目： 延长集团甲醇醋酸系列产品深加工(150 万吨/年煤制甲醇、40 万吨/年醋酸、20 万吨/年醋酐、30 万吨/年醋酸乙烯、10 万吨醋酸纤维生产装置)(含一期 20 万吨甲醇、20 万吨醋酸); 兖州煤业榆林化工项目(年产 180 万吨甲醇,CO 设计能力 20 万吨/年,醋酸 40 万吨/年、聚乙烯 20 万吨/年、醋酸乙烯 60 万吨/年等); 神华陶氏煤化工(1046 万吨/年煤炭气化、332 万吨/年甲醇、122 万吨/年 MTO、50 万吨/年氯碱装置等); 大唐 205 万吨甲醇、60 万吨 MTP(年产 60 万吨稀烃配套 205 万吨甲醇); 延长西湾煤化工项目(640 万吨/年原煤低温干硫装置,200 万吨/年原煤流化床多联产装置,100 万吨/年煤焦油综合利用装置,160 万吨/年甲醇装置及 80 万吨/年乙二醇装置等); 榆神煤炭分质高效转化产业园项目(年热解转化 6000 万吨煤炭,一期规模为年热解转化 3000 万吨煤炭);

地 区	重点项目
榆林	榆神煤、盐清洁高效综合利用项目(建设规模为1200万吨/年原煤及250万吨/年原盐加工处理能力,包括450万吨粉煤干馏装置、40万吨煤焦油轻质化装置、600兆瓦热电装置、85万吨电石装置及后续深加工装置等。分期建设); 榆神360万吨/年粉煤裂解及加氢项目(360万吨/年粉煤热裂解及40万吨/年煤焦油加氢装置); 榆神100万吨/年煤焦油深加工及20万吨/年针状焦项目(以煤焦油为原料深加工成粗苯、粗酚及煤沥青等产品,再以煤沥青为原料生产高级针状焦实现煤焦油的增值加工); 榆神聚甲醛项目(6万吨聚甲醛); 榆神硅胶产业园项目(30万吨硅胶、100万吨泡花碱、64万吨元明粉等); 中煤集团180万吨烯烃(180万吨烯烃,一期60万吨烯烃); 华电集团煤化工项目(300万吨甲醇、120万吨MTO及下游深加工); 陕西方圆集团30万吨合成氨及尿素项目(12.7万吨/年工业液氨、30万吨/年尿素); 神木赵家梁工业区100万吨电石项目(100万吨/年电石); 府谷煤焦油深加工生产线(建设100万吨/年煤焦油加工生产线); 榆横煤基清洁燃料低碳循环经济项目(1000万吨兰炭、100万吨煤焦油加氢、60万吨乙二醇及配套煤矿); 靖边兰炭及炭化煤气综合利用项目(年产150万吨兰炭、20万吨焦油加氢); 府谷清水川聚氯乙烯厂(近期60万吨/年,远期40万吨/年)

八、支撑体系

1. 水资源

通过发展节水农业,水权置换。

计算煤化工规划的耗水量。

2. 管道

煤制天然气通过西气东输管道输送;二甲醚建设专门的管道输送。

表3-15所示为管道建设项目。

表3-15　管道建设

	名　称	输送能力 (万吨/年)	输送距离 (公里)	建设性质	总投资 (亿元)
1	大路至石家庄煤制油输送管道	500	550	拟建	
2	鄂尔多斯至京唐港甲醇、二甲醚输送管道	甲醇、二甲醚各600万吨/年	3320	拟建	116.54

3. 环境指标

计算煤化工规划需要增长的排放指标。

九、体制改革问题

项目一般由发改局管理,循环经济一般由经贸局管理,规划由城建局管理,环境由环保局管理,使煤化工产业园区往往难以做到按一体化、多联产和循环经济的要求来布局。应按一体化、多联产、循环经济的要求打捆审批项目为改革方向,以整体规划(包括产业规划、循环经济、总体规划)、多规合一,切实落实园区规划。

第六节　金属冶金产业及下游深加工

一、发展条件

呼包银榆经济区用于发展冶金产业的多种金属矿产资源储量丰富,在国内占有重要的地位。其中稀土氧化物计资源储量 5947 万吨,占全国的 92%,约占世界的 30%,集中于包头市;铝资源以煤铝共生矿的形式存在,资源量巨大,初步估算氧化铝达 150 亿吨;有色金属集中分布在乌拉特后旗,其中铜金属探明储量 180 万吨,金属铅探明储量 300 万吨,锌金属探明储量 1156 万吨;经济区其他铁、镁、钽、铌、铍等约 30 种金属矿产资源储量居全国前列,主要集中分布在包头市、巴彦淖尔市、石嘴山市。此外与巴彦淖尔市相邻的蒙古国东戈壁省铜矿储量位居亚洲第一。

电力资源丰富,具备实现煤电金属冶炼多联产的条件。呼包银榆规划区能源资源富集,是我国规划建设的最重要的能源基地之一,可为发展金属冶炼提供能源支持。

二、产业发展现状

目前经济区的钢铁和多种有色金属在我国甚至在世界上占有重要地位。2009 年,包头市稀土化合物产量 19.2 万吨,占全国的 62.9%,是全国也是全世界最大的轻稀土原材料产品的生产基地和供应基地。此外石嘴山市是全国最大的钽铌铍产品生产基地。2009 年,包头市钢铁企业累计生产生铁 1127.8 万吨、粗钢 1108.4 万吨、钢材 1051.5 万吨,包头已经成为我国最大的钢铁生产基地之一,此外乌海市、阿拉善盟、巴彦淖尔市也有一定的钢铁冶炼规模。铝行业产能主要集中在包头和吴忠,2009 年包头市电解铝产量 83.6 万吨,吴忠市 58 万吨,两地相加 141.6 万吨,占全国产量的 11%,拥有希望铝业、包头铝业、青铜峡铝业等大型龙头企业。另外,托克托用粉煤灰生产氧化铝示范项目部分建成。乌拉特后旗引进了西部铜业公司、紫金矿业有限责任公司、大中矿业公司、宁夏太平矿业公司等一批有实力的企业进行铜、铅、锌等有色金属资源开发。规划区的镁及镁合金产业在我国占有重要地位。

三、存在的问题

1. 部分矿产资源紧缺

目前经济区部分重点发展的冶金产业自给率偏低,包头市已经被列入了进入资源枯竭期城市名单,用于冶钢、电解铝的原料很大部分依赖于外购,向周边地区转移部分上游产业的要求十分紧迫;巴彦淖尔市的有色金属资源较为丰富,但是富矿比例不高;银川、鄂尔多斯等地的金属矿产资源储量少。

2. 产业集中度低

经济区的大部分金属冶炼企业普遍规模过小,普遍达不到最低经济规模;在产能快速增长的同时,淘汰落后小型铜、铝、铁合金冶炼与加工产能进展过慢,部分企业能耗较高、资源回收利用率低,抵御市场风险的能力薄弱。由于缺乏统一的规划管理,资源得不到优化配置,产业布局分散、产业集中度偏低的矛盾较为突出。

3. 产品结构不合理

除了包头市和石嘴山市外,乌拉特后旗、阿拉善盟、乌海市等地的冶金产业还处于初级阶段,矿产资源开发利用结构尚需进一步调整和优化。矿产品结构较单一,主要以原矿和初级产品为主,高端精深加工产品严重不足,产业链较短,附加值和科技含量偏低,资源优势尚未得到充分发挥。

4. 整体技术装备落后

与东部等发达地区的冶金产业相比,经济区的冶金产业整体技术装备明显较为落后,采富弃贫的情况仍然严重,共伴生有用元素回收率低,单系列冶炼规模达到行业准入条件的不多,多数生产企业单位能耗、原材料消耗距先进水平有很大的差距,导致消耗高、排放多,节能降耗压力大。

5. 环境治理压力大

矿山在开采过程中造成的地面塌陷、植被破坏、地下水位下降、固体废弃物占用破坏土地等现象仍较为普遍地存在,在金属选矿、冶炼过程中产生的尾矿和固渣的利用率偏低,由于环保设施投入不足,金属冶炼过程中单位产量排放的二氧化硫、COD等有害物质比全国平均水平偏高,环境治理压力较大。

四、发展目标

依托资源和产业基础优势,重点把包头稀土高新区打造成世界级稀土战略产业基地；把石嘴山经济开发区打造成世界一流的钽铌铍稀有金属产业基地；建设以铝、镁、铜、铅、锌为重点有色金属产品的我国重要的有色金属冶金基地；建设以包头为中心，阿拉善盟、乌海、巴彦淖尔等铁矿资源富集地为支撑的我国重要钢铁冶炼基地。

五、发展措施

1. 加快重点矿区的资源整合

加强主要矿区的勘探力度，继续挖掘现有稀土、铜、铅、锌等储量较大的矿山勘探力度，增加可持续发展的后备资源，加大新矿找矿力度。支持优势企业实施跨省区、跨行业的资源整合，提高矿场准入标准，提升产业的集中度，促进企业间的兼并重组，优化区域内资源配置。依靠科技进步，加强对尾矿、低品位矿、共生矿、伴生矿产资源的研究，提高资源综合利用效率。对稀土等稀缺资源实施保护性开发战略。

2. 延伸完善重点产品产业链

进一步延伸稀土、钢铁、镁、铝、铅、锌、铜等重要金属的产业链，优化产品结构，加快产业升级，发挥重点园区的产业集聚效应。其中稀土产业围绕稀土氧化物和稀土金属加快发光材料、磁性材料、储氢材料、非晶材料、发热材料、催化材料、稀土合金材料等下游高端产品的开发应用。加快铜铅锌铝镁等重点有色金属下游深加工产业发展，大力发展特种金属合金、高精密板带箔材、管棒型材等下游高附加值产品。钢铁产品由普通产品向优质钢专用材、普碳钢向合金钢发展。

3. 攻克一批关键核心技术

稀土产业重点攻关技术有稀土高效清洁分离技术、稀土高端材料的开发技术等。铜加工行业积极开发伴生铜矿资源高效利用技术、铜加工短工艺流程技术、高性能专用铜材加工技术等高、精、尖产品关键技术。铝工业重点突破电解铝直流电耗节能技术、高档铝材加工技术等。其他有色金属冶炼及加工关键技术有短流程连续炼铅节能冶金技术，锌直接浸出技术和大极板、长周期电解技术，镁冶炼节能技术，有色金属污染防控技术等。

4. 培育一批循环经济试点

以重点冶金产业园为核心，打造金属深加工及循环经济产业带。推进尾矿综合利用，减少资源浪费。鼓励铝电联营，鼓励冶炼企业发展煤电冶一体化，引导企业推进节能技术改造，大力发展余热利用。支持工业废（污）水循环利用和供水系统改造。研究高炉渣、钢渣、粉煤灰的利用新技术、新工艺，鼓励提高废弃资源的二次利用率，努力实现生产"零排放"。

六、布　局

按照靠近资源、产业集聚的布局原则,规划建设经济区重点冶金产业带。重点打造以包头为中心的轻稀土材料研发生产、铝材及镁合金深加工、钢铁冶炼及机械装备制造的综合型冶金产业基地,以乌拉特后旗、甘其毛都口岸为支撑点的巴彦淖尔铁、铜、铅、锌冶炼及深加工基地,以乌海千里山—蒙西工业园为载体的特钢、电解铝、镁合金采选、冶炼、深加工基地,以石嘴山经济开发区为中心的钽铍铌稀有金属材料研发生产一体化基地。

金属冶金和下游深加工重点园区有:

1. 包头稀土高新技术开发区

已经形成稀土永磁 8000 吨、储氢材料 6000 吨、永磁电机 100 万台、镍氢动力电池 700 万只、风电发电机 600 台的生产能力。重点发展方向是稀土深加工及应用产业链,发展稀土永磁、发光、抛光、储氢等功能电池,LED 光源,电子元器件等应用产品,发展风电机。

2. 石嘴山经济技术开发区

已经形成年产钽粉 550 吨、钽丝 80 吨的生产能力,生产多种合金新材料。骨干企业东方钽业是世界钽铌铍稀有金属研发和生产两强之一。重点发展方向是钽铌铍相关产业基地,研发和生产合金新材料。

3. 包头国家生态工业(铝业)示范园区

包头国家生态工业(铝业)示范园区是铝电联营发展铝业的园区,有 4×30 万千瓦发电机组自备电厂,已经形成电解铝 45 万吨、精铝 2 万吨、化成箔 2060 万立方米、铝轮毂 220 万只、铝型材 5 万吨、汽车零部件 75 万套的生产能力。重点发展方向是铝材的下游深加工。

4. 托克托—大路工业园区

托克托—大路工业园区有大量高铝粉灰堆积,火电规模大,具有铝电联营发展铝业的突出优势。托克托已经形成年 14 万吨硅铝钛合金产能,正在建设粉煤灰提取氧化铝的示范项目。大路亦在进行粉煤灰提取氧化铝的项目前期工作。重点发展方向是铝电联营、从粉煤灰提取氧化铝、再生产电解铝。

5. 清科乐工业园区

清科乐工业园区已经形成电解锌年 20 万吨产能、粗铜年 10 万吨产能,正在建设年产能 10 万吨铅冶炼厂。重点发展方向是锌、铜、铅的冶炼和下游深加工。

6. 甘其毛都口岸加工区

甘其毛都口岸加工区与蒙古国奥云陶勒盖铜矿相距 80 公里。奥云陶勒盖铜矿探明储量金属铜 2300 万吨,是亚洲最大的铜矿。中蒙双方正在积极推进共同合作开发铜矿。

7. 千里山—蒙西工业园区

千里山—蒙西工业园区 2009 年已经形成生铁年 240 万吨、焦炭年 360 万吨产能。电力充裕,焦炉煤气可用来作为冶金燃料,循环经济特色显著。重点发展方向是特钢、粉煤灰提取氧化铝、金属镁冶炼、金属下游深加工。

8. 石拐工业园区

石拐工业园区硅铁年产能 45 万吨,有 6 家金属镁冶炼企业建成和在建,2009 年生产金属镁 9 万吨,下游深加工镁合金自行车项目正在建设。重点发展方向是形成硅铁—金属镁—镁合金—镁合金制品产业链。

9. 石嘴山工业园区

石嘴山工业园区 2009 年生产钢丝绳 30 万吨、金属镁 5.78 万吨,电力充裕。重点发展方向是钢铁下游制品、金属镁冶炼、金属镁材料下游深加工。

七、支撑体系

电力供应。能源是经济区重点规划产业,煤炭、电力资源丰富,可完全提供金属冶炼的电力需求,加快完善重点冶金基地的电力供应设施建设。

第七节　装备制造产业

一、建设条件

呼包银榆经济区发展装备制造业在部分领域具有一些区域优势,表现为经济发展迅速,重大工程、重大项目和大产业基地建设较多,对装备的需求量大。重大基地建设项目有三个亿吨级煤炭基地的建设,一个百万千瓦级风电基地的建设,煤制烯烃、煤制油、煤制二甲醚示范项目,大规模的火电建设,金属矿产的开发以及即将开展的较大规模的光伏发电基地建设,西部大开发大规模的铁路和公路建设。上述建设项目给装备制造业带来了大量的机会。

二、发展现状

经济区已经发展起较有特色和有一定规模的工程机械、矿产机械、化工机械、数控机床、发电设备等装备制造业,汽车制造亦开始起步。主要产业分布在包头、银川、鄂尔多斯和石嘴山。其中,包头主要有载重汽车、矿山机械、工程机械、风电装备产业,银川主要有数控机床、风电和光伏装备产业,鄂尔多斯主要有汽车、光伏和风电装备产业,石嘴山主要有矿山机械和光伏装备产业。

三、存在的问题

规模小,技术工人比较欠缺,缺乏零部件的配套,模具和其他工艺中心没有建立起来,装备制造服务业不发达,龙头企业缺少配套的中小企业的合作。

四、发展目标

建设起若干个有优势的特色装备制造业基地,并带动起其他产业的发展。

五、发展措施

装备制造产业较为落后的地区,发展其产业的总体思路是要实施"市场+模具+制造服务业+集聚""四轮驱动"的战略。"四轮驱动"是指,如果汽车要开得好,需要有四个轮子。同样,装备制造业要发展得好,也需要"市场+模具+制造服务业+集聚"四个因素,才能发展好。

市场即依托当地大型项目建设和大型基地建设对装备的需求来选择装备制造业的发展的方向和选择产品。

模具和工艺中心。模具被称为工业之母,机械装备零部件70%以上由模具成型,模具工业可以推动其他产业20~50倍的工业产值。因此,装备制造业如果没有模具产业的配套,就很难很快地发展。如果有一个发达的模具产业配套,就可以推动装备制造和其他产业很快发展。其他还需要有铸造、锻造、热处理、表面处理四大基础工艺能力的配套。

研发、设计、信息化服务业、工程承包、系统集成、设备租赁、提供解决方案、再制造等方面开展增值服务等。例如,发展模具需要软件设计配套。

装备制造业集聚发展的状况十分明显,可以说,没有集聚就没有竞争力。集聚区建设具有以下特征:(1)有一个边界明确的地理空间。不同类型的服务业的地理空间大小会有不同。(2)有多个投资主体和众多相关联企业围绕主体产业有机集聚。这些企业存在着横向或纵向的紧密联系,或者是该服务业的上、中、下游配套的企业,或者是有关联的服务业企业。(3)有配套比较完善的基础设施,较为完备的公共服务平台。(4)它是一个有机的有竞争力的产业系统。由于集聚能产生外部效应,因而它在行业内具有很强资源整合能力,在区域内具有很强的辐射带动功能。浙江的装备制造业几乎就是依靠集聚成功的。苏州、广州、深圳等地都如此。

"四轮驱动"具体来说,就是建设优势装备制造业基地的市场驱动战略,实施主机生产与配套辅具和基础工艺水平协调发展的模具工装驱动战略,实施以发展现代制造服务业来提升装备制造业整体水平的服务驱动战略,实施发展整机、扶持专业化零部件配套企业,并使其与其他相关企业紧密联系的集聚驱动战略。通过实施上述战略,在经济区建设若干个有竞争力的装备制造业基地。具体措施如下:

——建设优势装备制造业基地。要紧紧依托西部大开发以来,经济区大型煤炭基地建设和其他矿山开发大项目的建设,重点发展新型采掘、提升、洗选设备,电牵引采煤机,液压支架,大型矿用自卸车,大型露天矿用挖掘机等矿山机械;依托众多大型煤化工产业项目和火电发电项目的建设,发展压力容器、蒸汽发生器等装备;依托铁路和高速公路的大规模建设,发展重载货车、大型养护机械;依托千万千瓦级和百万千瓦级风电基地的建设,重点推进风力发电机、轴承、碳纤维叶片、塔筒、机头等的就地制造;依托经济区光伏发电产业的兴起,发展由金属硅生产到多硅晶高纯料、铸锭、拉棒、切片、电池片生产,再到电池组件生产构成的光伏发电系统生产,同时发展金属支架、铝合金框架、连接器、接线盒、逆变器等配套产品;依托西气东输天然气管道输送和液化储运项目,发展长距离输送管道燃压机组、大型管线球阀和控制系统等装备;依托黄灌区节水农业设施的建设,发展节水型喷灌设备;依托节能减排和循环经济项目的实施,发展污水泥处理设备、脱硝脱硫设备、余热余气循环再利用设备;依托汽车改用天然气等,发展相应零部件。通过依托上述大项目,重点将包头青山装备制造园区、银川经济技术开发区、呼和浩特金川—金山—裕隆工业集中区、鄂尔多斯东胜—康巴什—伊旗装备制造工业集中区、石嘴山经济技术开发区、土默特右旗光伏产业集聚园区,建设成为优势突出的装备制造业基地。

——着力推进配套的模具产业和其他工艺中心建设。装备制造业中70%至90%的零部件是通过模具加工而来的,因此,发展装备制造业必须发展作为装备制造业一部分又为装备制造业配套的模具产业。同时,只有发展模具产业,才能实现装备制造业带动其他产业特别是金属下游深加工产业和塑料产业发展的目标。经济区重点要着力推进冲压模具、冷挤压模具、压铸模具和塑料模具的制造,在包头、银川等地,着力建设模具产业园区。此外,还要通过整合区域内铸造、锻造、热处理、表面处理四大基础工艺能力,建设专业化的生产中心。

——发展现代制造服务业。要通过发展软件业,提升装备的自动化水平;要鼓励骨干企业和龙头企业积极开展研发、设计、信息化服务业务,为行业内企业和其他企业提供社会化服务,以提升整个行业的技术水平。

——建设有核心竞争力的产业集聚区。装备制造业技术资金密集,产业关联度高,需要大量高技能的劳动力,单一企业难以实现良好发展。因此,要鼓励主机生产企业由以单机制造为主向以系统集成为主转变,引导专业化零部件生产企业向"专、精、特"方向发展,实现生产整机骨干企业与众多生产配套零部件的中小企业之间形成企业集群,建设集上中下游企业、模具工装企业、服务企业于一体的产业集聚区,从而提升产业的核心竞争力。

六、布　局

装备制造业重点园区:

1. 青山装备制造园区

青山装备制造园区已经形成载重汽车 5 万辆、工程机械 5 万台(套)、铁路车辆 5000 辆的生产能力。重点发展方向是汽车、工程机械、铁路车辆及配套零部件,发展风电装备、光伏组件,发展模具产业,建设铸造、锻造、热处理、表面处理专业化的生产中心。

2. 银川经济技术开发区

银川经济技术开发区现有机床制造企业 6 家,风电装备制造企业 3 家,其他还有起重机、煤炭机械、化工机械、拖拉机制造企业和光伏发电系统制造企业。重点发展方向是数控机床、精密铸造、风力发电设备、汽车制造、光伏发电系统。发展模具产业,建设铸造、锻造、热处理、表面处理专业化的生产中心。

3. 金川—金山—裕隆工业集中区

金川—金山—裕隆工业集中区已经形成风电设备 800 套年生产能力、多晶硅产能年 1500 吨,有组件企业一家,重点发展风电设备制造、光伏系统集成、汽车零部件产业。

4. 东胜—康巴什—伊旗装备制造工业集中区

东胜—康巴什—伊旗装备制造工业集中区为构筑装备及配套零部件产业集群,发展汽车整车及零部件、煤炭机械、化工机械、机床、仪器、仪表、风能设备、太阳能设备、航天航空设备、高新材料加工、电子信息产业。

5. 石嘴山经济技术开发区

石嘴山经济技术开发区 2009 年生产煤炭矿山机械 7.7 万台(套),生产能力位于全国第二,重点发展方向是建设煤炭机械制造基地和特种汽车制造产业基地。

6. 土默特右旗光伏产业集聚园区

土默特右旗光伏产业集聚园区目前已经形成金属硅、多晶硅、铸锭、拉晶、切片、电池片和组件完整主产业链。重点发展方向是形成集光伏产业研发、制造、设计与安装、认证、测试、培训、配件和原辅料供应、服务和专业市场为一体的产业链完整的产业集聚园区。

　　7. 石嘴山工业园区

　　石嘴山工业园区已经形成多晶硅年 6000 吨、拉单晶年 1000 吨、光伏组件年 200 兆瓦的产能。重点发展方向是光伏系统集成。

第八节　现代服务业

一、发展条件

　　服务业的发展与居民收入直接相关,从国际经验来看,一般来说,人均 GDP 达到 3000 至 5000 美元,就是现代服务业的快速发展期;人均 GDP 达到 1 万美元,就进入后工业化时代也即以服务业为主导的时代,服务业将向占 GDP 主要构成方向发展。呼包银榆经济区的人均 GDP 达到 9000 美元,特别是呼包鄂地区,人均 GDP 超过了 1 万美元,正常情况下达到了向服务业时代发展的水平。但是,由于经济区经济发展的特殊性,特别是经济区资源型产业特征,经济区服务业发展不适用于一般的规律。但是,经济区的这一发展水平,总体上说,至少达到了现代服务业进入快速发展阶段的条件。因为从东部地区来说,人均 GDP 达到 5000 美元就进入了服务业的快速发展期。

二、发展现状

　　经济区服务业发展的模式总体上还是传统服务业的发展模式,少量的地区、少数的行业开始按现代服务业的要求来发展。例如包头市的物流业,信息化达到了较高的水平。

三、存在的问题

　　总体上,政府的主要精力放在工业上,对现代服务业的认识不够到位,对现代服务业的发展没有做出足够的努力,抓好现代服务业的政策不够到位。现代服务业具有以下特点:一是服务的高知识和高技术含量以及高度的专业化。例如现代服务业中的文化创意产业、信息和软件产业、金融产业,都具有高技术和高附加值的特点,物流产业等具有高度专业化的特点。二是服务过程有较强的互动性。现代服务的一个重要特征就是顾客参与服务的过程,例如旅游休闲业、信息产业、影视业、娱乐业等。其他,如文化创意产业、广告、中介服务等,为顾客提供服务时,需要与顾客进行高度的交互。三是服务产品的非独立性。现代服务业许多行业为顾客提供的主要是一个总的解决方案。例如物流业中的第四方物流(供应链管理方案),软件服务业中的企业信息管理系统(ERP)、管理咨询,金融服务业中的投资银行业务等。一个完整的服务方案在大多数情况下要涉及各个方面的知识、技术和技能。因此,这一部分现代服务业在完成服务产品的过程中,需要与多个其他专业的单位进行合作,将各方面的成果加以综合或者整合。例如,ERP 产品,需要将管理咨询、信息与软件技术、会计、法律等业务加以整合。四是现代服务业具有高度信息化特征。例如,设计产业、影视产业、软件产业、咨询产业、金融产业等,要随时跟踪市场和顾客的信息。因此,现代服务业对信息具有高度的依赖性。五是现代服务业一般由城市中心向四周辐射。现代服务业的高知识性、高价值性以及互动性,要求现代服务业一般只能先布局在大城市的智力密集区、人流密集区,才能获得大群的顾客、高素质的员工,然后再通过大城市发达的信息和交通网络,向周边地区辐射。

从以上特点来看,现代服务业是高技术的产业,需要按照发展高科技的模式和方法来推动。而经济区总体科技水平相对落后,因此,发展思路有所欠缺。

四、发展目标

经济区现代服务业的发展,要紧紧围绕工业化和农牧业产业化过程的需求,大力发展生产性服务业,使其成为工业和农牧业产业结构转型升级的推进器;要根据经济区居民收入不断提高的情况,继续发展生活性服务业,使其成为满足经济区居民不断提升的物质文化生活需求的保障;要依托经济区资源型产业众多的环境工程项目,积极引导和大力推进环境服务业的发展,使其成为经济区节能减排、实现科学发展的重要推动力;要按照现代服务业集聚发展的趋势,在区域性中心城市建设一批较有竞争力的现代服务业集聚区,在某些领域占领现代服务业发展的高地,逐步做大、做强现代服务业,使其成为经济区新的经济增长点和重要的低碳产业。通过努力,实现经济区现代服务业整体由起步期到快速发展期的转变。

五、发展措施

——围绕区域产业特色发展生产性服务业。要在全面推进物流、商贸、金融、科技、文化创意、信息和软件、中介服务业的同时,重点发展与当地支柱产业互动密切的物流业,金融业,商贸服务业中的专业市场和总部经济,科技服务业,文化创意产业。物流业要重点建设好包头、呼和浩特和银川三个区域性物流节点城市,在重点搞好煤炭等大宗商品物流的同时,注重中小企业的物流需求,建设若干个以第三方物流企业为主的物流产业集聚区;金融业要通过积极引导国内外金融机构进入，着力缓解中小企业融资难问题，支持企业发行债券和上市融资，深化农村金融改革等措施，形成呼和浩特和银川两个区域内的金融中心，随着电力体制改革的深化，在合适的时机在呼和浩特建立电力期货交易所；专业市场要围绕经济区支柱产业发展过程中对大宗物资的供需要求或者产业基地建设中配套的产品销售市场、原料和装备零部件供应市场建设及口岸贸易的要求，重点建设包头金属材料、乌海PVC塑料原料、土默特右旗和石嘴山光伏产业、巴彦淖尔农产品、鄂尔多斯煤炭，二连浩特、甘其毛都和策克三个口岸的专业市场，建设银川针对阿拉伯国家贸易的专业市场；在呼和浩特、包头、鄂尔多斯、银川、榆林发展总部经济；科技服务业的发展重点，是在鄂尔多斯建设煤炭、天然气开采、煤化工的技术合作平台，在呼和浩特和银川建设新能源科技服务平台，在包头发展软件设计、产品设计、模具设计和其他制造业科技服务平台；在呼和浩特、银川、榆林建设具有地方文化特色的文化创意产业，在鄂尔多斯发展能促进沙漠旅游有沙漠风情文化特色的文化创意产业；在银川建设国家级能源综合服务基地。

——提升生活性服务业的品质。要通过品牌提升、功能培育、业态优化、环境美化等方面的工作措施，重点发展商业、旅游休闲业、房地产业，注重发展社区服务业，提升生活性服务业的品质。在呼和浩特和银川，要打造高水准的中央商务区，建设有特色的商业街。各大中城市可积极探索集购物、旅游休闲、餐饮、商住和办公于一体的城市综合体建设。要将服务业发展和楼宇经济结合起来。各地要利用优势旅游资源，建设有特色的旅游业，避免雷同。要注重发展社区服务业，与社区文化建设紧密结合，在社区建设小商店、健身厅、棋牌室、网吧、图书室、电影院、餐馆、茶馆、社区医疗站、美容美发中心及其他便民服务中心。

——培育环境服务业发展。经济区资源型的经济结构，使经济发展与节能减排之间的矛盾较为突出，但同时，也为环境服务业的发展提供了良好的条件。要按照非禁即入的原则开放环境服务市场，政府要将应由社会中介来完成的环境服务业务剥离出来交由社会承担或代理。针对排污、固体废物处理、废气清理、降低噪音、自然和风景保护、其他环境保护和卫生服务等方面的内容，鼓励社会机构和中介组织积极开展环境技术服务、环境咨询服务、污染治理设施运营管理、废旧资源回收处理、环境贸易与金融服务、环境功能服务与其他环境服务。在鄂尔多斯进行建立碳排放交易所的试点。

——建设有竞争力的现代服务业集聚区。现代服务业向大城市和中心城市集聚发展的趋势非常明显。集聚发展也是提升现代服务业竞争力的重要手段。要按照规模经济、结构完整、配套完善、功能齐全、布局合理和环境优美的要求,建设物流、商贸、金融、科技、文化创意、信息和软件、中介服务业集聚区,在大城市中心建设 CBD 和大型城市综合体,在中型城市建设微型 CBD 和小型城市综合体。要做好服务业集聚区的规划,促进其有序健康发展。

六、布 局

现代服务业总体上集聚发展于中心大城市,因此,现代服务业主要在呼和浩特、包头、银川发展。但是,鄂尔多斯和榆林可大力发展特色服务业。乌海和石嘴山可以围绕当地的工业,发展部分生产性服务业。

以下列出现代服务业重点项目:

1. 包头物流基地

包头物流基地是区域物流节点城市,国家现代物流业示范城市。重点建设以包头市九原区、土默特右旗为主的煤炭物流园区和以包钢钢材交易中心为核心的钢铁物流基地。

2. 呼和浩特物流基地

呼和浩特物流基地是区域物流节点。重点建设东西两大综合物流园区,四个服务生产、生活物流中心,八个物流专业市场以及城乡配送物流体系。

3. 银川物流基地

银川物流基地是区域物流节点。形成以银川为枢纽,中卫、宁东、海原新区为节点的现代物流布局,结合银川铁路枢纽改造、空港物流项目、惠农陆路口岸建设和银川物流园区建设,构建宁夏的综合交通运输体系。

4. 呼和浩特电力期货交易所

内蒙古电网是国家电价多边交易和大用户直接交易的试点电网,通过不断推进电力的市场化,时机成熟时建设电力期货交易所。

5. 鄂尔多斯碳排放交易所

鄂尔多斯煤炭和煤化工企业较多,建设煤炭和煤化工大企业自愿形式的碳排放交易市场,适时发展为强制交易的市场。

6. 银川国家能源综合服务基地

银川国家能源综合服务基地内容为能源专业市场、碳排放交易市场、会展,能源科研中心、检测中心、设计中心、工程管理中心、融资中心、装备租赁中心、能源公司总部基地、培训基地、国际能源合作与交流基地。

本章附录为至 2020 年经济区资源消耗和排放量测算。

附表 1　到 2020 年经济区重点项目主要污染物排放量

主要项目 （生产规模）	CO₂ （万吨/年）	COD （吨/年）	NH₃-N （吨/年）	SO₂ （吨/年）	NOₓ （吨/年）	固废 （万吨/年）
煤制甲醇 （500 万吨/年）	318.3	885.8	147.7	302.7	147.2	93
煤制油 （1000 万吨/年）	3211	225	37.66667	5780	76066.67	735
煤制烯烃 （400 万吨/年）	3133.3	960.0	16.0	2666.7	63666.7	509.3
煤制天然气 （120 亿立方米/年）	4392.0	1368.0	228.0	1434	2364.0	326.4
煤制乙二醇 （100 万吨/年）	192.9	112.0	18.7	2581.7	2603.7	105.6
煤制二甲醚 （200 万吨/年）	780.0	300.0	50.0	1476.8	644.4	380.4
火电 （1.1 亿千瓦/年）	54982.8	2200.0	366.7	28911.7	885156.3	4981.8
焦炭 （5000 万吨/年）	14850	3852.6	384.2	6994.7	4457.9	361.1
兰炭 （4000 万吨/年）	11515.6	191.1	31.1	4671.1	2973.3	142.2
尿素 （500 万吨/年）	1028.9	3012.8	324.4	1987.2	3672.2	0.5
煤制醋酸 （100 万吨/年）	44.5	502.5	84.0	122.5	55.0	54.5
PVC （500 万吨/年）	27.5	2093.3	476.7	31733.3	31030.0	845.0
焦炉气制甲醇 （20 万吨/年）	2.8	7.1	1.2	152.3	66.4	0.0
焦炉气制天然气 （9.5 万吨/年）	0.8	18.9	3.1	64	173.2	128.0
PTA （100 万吨/年）	2119.4	1265.2	11.2	1762.5	32836.8	256.3
镁 （100 万吨/年）	374.0	50.0	25.0	1084	10278.0	635.0
锌 （20 万吨/年）	0.6	25.2	6.6	20.4	17.8	17.8
铅 （10 万吨/年）	2.6	17.1	2.9	92.8	74.0	6.3

续表

主要项目 (生产规模)	CO_2 (万吨/年)	COD (吨/年)	NH_3-N (吨/年)	SO_2 (吨/年)	NO_x (吨/年)	固废 (万吨/年)
铜 (30万吨/年)	35.4	4.4	19.2	966.9	421.8	98.4
氧化铝 (200万吨/年)	398.0	147.0	5.0	1620	802.0	160.0
电解铝 (230万吨/年)	964.2	26.3	139.2	3019.6	1943.5	6.1
稀土 (19万吨/年)	363.7	596.6	99.3	3308.7	2749.6	25.3
钢 (1100万吨/年)	1982.8	366.3	149.6	13053.7	10595.2	733.7
合计	100721.1	18227.2	2627.2	100753.6	1132795.5	10601.7

附表2 到2020年经济区重点项目能源消耗

主要项目 (生产规模)	标煤 (万吨/年)	耗水 (万吨/年)	耗电 (万千瓦时/年)
煤制甲醇 (500万吨/年)	892.5	8356.7	82716.7
煤制油 (1000万吨/年)	2856.0	8033.333	616666.7
煤制烯烃 (400万吨/年)	2284.8	12352.0	370333.3
煤制天然气 (120亿立方米/年)	2982.0	8070.0	136038.0
煤制乙二醇 (100万吨/年)	399.8	2583.0	200000.0
煤制二甲醚 (200万吨/年)	571.2	2505.9	68249.6
火电 (1.1亿千瓦/年)	18150.0	38271.8	3025000.0
焦炭 (5000万吨/年)	5500.0	7152.6	157894.7
兰炭 (4000万吨/年)	4855.2	1600.0	120000.0
尿素 (500万吨/年)	392.7	5500.0	225000.0

续表

主要项目 （生产规模）	标煤 （万吨/年）	耗水 （万吨/年）	耗电 （万千瓦时/年）
煤制醋酸 （100 万吨/年）	152.8	1164.0	72300.0
PVC （500 万吨/年）	0.0	4800.0	416666.7
焦炉气制甲醇 （20 万吨/年）	0.0	420.0	5680.0
焦炉气制天然气 （9.5 万吨/年）	0.0	50.9	948.8
PTA （100 万吨/年）	1542.7	6872.7	538166.7
镁 （100 万吨/年）	142.8	3645.0	36000.0
锌 （20 万吨/年）	0.2	323.0	82980.0
铅 （10 万吨/年）	1.0	55.9	4841.5
铜 （30 万吨/年）	13.5	660.0	10200.0
氧化铝 （200 万吨/年）	152.0	1282.0	80000.0
电解铝 （230 万吨/年）	368.0	1000.5	353855.0
稀土 （19 万吨/年）	139.0	1050.4	15.2
钢 （1100 万吨/年）	756.8	5005.0	314710.0
合计	42152.0	120754.7	6918262.8

第四章

呼包银榆经济区生态屏障建设专题研究

呼包银榆经济区的生态地位极其重要。该经济区是全国水资源和水环境的生态屏障,是全国防沙治沙和治理水土流失的生态屏障,是全国大气环境保护和温室气体控制的生态屏障。因此,要更加注重资源节约利用,更加注重能源集约开发,更加重视生态工程建设,更加重视环境污染治理,着力建设天人和谐的美好家园,着力建设安全可靠的生态屏障。本专题研究所指的"生态屏障"既是指经济区自身的生态安全屏障,更是指全国范围的生态安全屏障。为了表述方便,将本专题研究题目简称为"呼包银榆经济区生态屏障建设专题研究"。

第一节　呼包银榆经济区生态屏障建设的重大意义

呼包银榆经济区的生态地位极其重要。生态建设与环境保护的好坏不仅关系到呼包银榆经济区的可持续发展,而且关系到全国的生态安全。从全国角度看,该经济区是全国的水上生态屏障、地上生态屏障和空中生态屏障所构成的立体生态屏障。

一、呼包银榆经济区是黄河流域中下游地区水资源和水环境的生态屏障

呼包银榆经济区处于黄河的中上游,该地区水资源配置和水环境保护的好坏直接关系到宁夏大部、内蒙古西部、陕西北部和黄河中下游山西、河南、山东等省市的水生态安全,由于部分黄河水引入河北和天津,因此,也关系到河北与天津的水资源安全。

1. 水资源安全的生态屏障

"水少沙多"是黄河的突出特点。黄河多年平均径流量 580 亿立方米,相当于长江的 1/17,仅占全国的 2%;流域内人均水资源量仅占全国的四分之一,占

全世界的 1/16。黄河流域人多水少,容易导致上下游争水的局面,黄河上中游用水过多就会导致中下游断流的局面。因此,呼包银榆经济区必须坚持取水总量制度,在保障本区域的生态用水和兼顾黄河中下游地区的生态用水、生产用水和生活用水的前提下确定取水总量。

2. 水环境保护的生态屏障

随着黄河流域人口的增加和经济的发展,生产和生活污水的排放量呈现出递增的趋势。由于黄河的水环境容量是有限的,如果黄河流域上中游地区不注意污水减排和污水治理,就可能危及黄河中下游地区的水环境安全。呼包银榆经济区必须加强水环境保护,保障黄河中下游地区的水生态需求和水环境质量。

二、呼包银榆经济区是我国华北和西北地区防沙治沙的生态屏障

呼包银榆经济区拥有腾格里沙漠、乌兰布和沙漠、毛乌素沙漠、库布齐沙漠和浑善达克沙地等,与其相连的还有巴丹吉林沙漠、亚马雷克沙漠等,该区域的沙漠与其相连的沙漠累加在一起,成为我国沙漠和沙地最集中的区域之一,也是沙漠和沙地面积占土地面积比例最高的区域。

1. 防止沙尘暴的生态屏障

有研究表明,我国沙尘暴境内源区主要有四个:新疆的塔克拉玛干沙漠、吉尔班通古特沙漠,内蒙古西部的巴丹吉林沙漠、中部的浑善达克沙地。可见,呼包银榆经济区既是我国沙尘暴的重要发源地,又是其他沙尘暴进入华北地区的必经之地,由此决定该地区是阻挡沙尘暴南扩东移的重要屏障。"宁夏多种一棵树,北京少下一粒沙"的谚语就是说明该经济区防沙治沙的重要地位。

2. 防止泥沙流失的生态屏障

研究表明,每年进入黄河下游的泥沙达 16 亿吨,河床平均每年抬高 10 厘米,形成"地上悬河"。输入黄河的泥沙中,近 90% 的细泥沙和全部粒径 0.05 毫米的粗泥沙,集中来自内蒙古河口镇至陕西潼关一带,而该区域大部分处于经济区范围之内。由此可见,呼包银榆经济区是防止泥沙入黄的重点区域之一。阻挡泥沙入黄,减缓泥沙淤积,必须在该区域下功夫。

三、呼包银榆经济区是我国华北地区和西北地区大气环境的生态屏障

呼包银榆经济区是我国重要的传统能源和新能源基地。能源基地的特性使得二氧化硫、二氧化氮、二氧化碳等废气排放的控制面临巨大压力。内蒙古自治区的阿拉善、乌海、鄂尔多斯、包头、乌兰察布、锡林郭勒,宁夏回族自治区的银川、石嘴山,陕西省的榆林均有丰富的煤炭储量,不少地方拥有丰富的石油

和天然气储量。化石能源开发本身就面临水资源消耗、地质灾害、污染排放、生态破坏等环境问题。特殊的资源禀赋，又使经济区内产业结构呈现出煤化工等重化工业的趋同现象。以包头市为例，六大支柱产业中，钢铁、铝业、稀土、电力、煤化工等五大产业均为资源型产业。包头市已经成为被污染包围的城市，乌海市、石嘴山市、巴彦淖尔市也十分类似。与污染排放并存的是，以二氧化碳为主的温室气体的排放处于显著上升趋势，低碳发展面临严峻挑战。在低碳经济成为全球发展共识的时代背景下，呼包银榆经济区很容易成为众矢之的。倒逼机制要求该区域走低碳发展之路，为全国营造一个良好的生态屏障。

第二节　呼包银榆经济区生态屏障建设的总体评估

一、生态建设的评估

1. 草原生态工程取得显著成就，但是草原生态状况依然十分脆弱，草原退化现象依然十分严重

在国家草原生态建设工程的支持下，相对于 21 世纪初这一草原退化最严重的时期而言草原生态功能有了明显的改善，草原生态持续退化的趋势有所缓解。从 2000 年实施退牧还草政策以来，内蒙古京津风沙源治理项目区草原植被盖度提升了 14%～16%，牧草产量提高了 25%～34%；退牧还草工程区植被盖度提高了 12.5%，牧草亩产量比全区平均亩产提高了 25%，项目区生态环境明显好转。宁夏牧区从西部大开发以来，全面实施退牧还草、禁牧休牧政策，草原生态保护成效明显。2003 年之后的 7 年，近 400 万只依赖天然草原放牧的羊只全部实行了饲料圈养。由此，草场盖度由 30% 提高到 60%～70%。

内蒙古自治区草原面积为 13.2 亿亩，其中划入退牧还草、京津风沙源治理项目区的仅有 2.5 亿亩。虽然内蒙古项目区的草原生态得到明显改善，但是，非项目区的草原"三化"（退化、沙化、盐渍化）现象仍在加剧。"三化"草原面积达到 7.02 亿亩，"三化"草原面积占草原总面积的比重由 20 世纪 60 年代的 18% 发展到 20 世纪 80 年代的 39%，进一步从 2003 年的 62.68% 发展到 2009 年的 73.5%。与草原"三化"相对应，草原产草量下降，生产力降低。据草原监测显示，内蒙古草原亩均产草量在 20 世纪 60 年代是 214.7 千克，80 年代下降为 71.36 千克，到 2009 年仅 57.78 千克。[①] 如果与 20 世纪 80 年代以前相比

---

① 王欲鸣，田玥. 国家 10 年投资 325 亿　内蒙古非项目区草原仍退化[N]. 新华每日电讯，2010-08-1.

较,草原生态退化的总体态势并没有得到根本改变。

2. 林业生态工程取得显著成效,但是森林资源总量依然不足,森林生态功能十分脆弱

西部大开发以来,经济区内各级政府都把"打造祖国北疆重要生态屏障"作为林业发展的头等大事。经过2000—2009年近10年的治理,内蒙古基本形成了阴山北麓长300公里、宽50公里的生态屏障,以及浑善达克沙地南缘长约400公里、宽1公里至10公里的防护林体系,为华北筑起"绿色屏障"。据2008年第六次森林资源连续清查,内蒙古自治区实现了森林面积和森林蓄积量持续"双增长",森林覆盖率由2000年的14.7%上升到2009年的20%。宁夏回族自治区的森林覆盖率从2002年的8.4%提高到2006年的9.84%,进一步提高到2010年的11.4%。

但是,从经济区所承担的生态屏障要求看,林业生态建设依然存在下列突出问题:第一,森林资源总量不足,森林分布不均,林分质量不高,生态功能十分脆弱;第二,受资源开发、经济发展和工程建设的影响,局部地区生态恶化的趋势尚未得到有效控制;第三,随着生态建设的深入开展,营造林逐渐向远山大沙推进,造林地块立地条件越来越差,造林成本越来越高,治理难度越来越大,生态建设投入严重不足。

3. 治沙生态工程取得明显成效,但是沙尘暴依然十分猖獗,治沙任务仍然十分艰巨

据2004年全国第三次荒漠化和沙化土地监测,内蒙古荒漠化和沙化土地面积首次出现"双减少"。2.4亿亩风沙危害面积和1.5亿亩水土流失面积得到了初步治理,五大沙漠周边重点治理区域沙漠扩展现象得到遏制,沙漠面积相对稳定;五大沙地林草覆盖度均有提高,沙地向内收缩。经过治理,毛乌素沙地、浑善达克沙地的生态状况呈现整体好转态势。宁夏回族自治区实现了全区范围内的"人进沙退"效果,其中宁夏回族自治区中卫市,在腾格里沙漠边缘建立了55公里的防风固沙林带,打造了有效的生态屏障,保障了包兰铁路的顺利通行,对沙漠治理做出了巨大贡献,被联合国评为"全球环境保护500佳单位",被授予全国科技进步特等奖。陕西省榆林市57万公顷的流沙有50万公顷得到固定或半固定,实现了由"沙进人退"到"人进沙退"的历史性转变。

但是,由于经济区是沙尘暴的发源地或必经之地,几大沙漠相互"握手"的可能性依然存在,乌兰布和沙漠向黄河输沙的威胁十分巨大,威胁全国的沙尘暴并未得到有效控制,治沙的边际成本呈现出迅速增长的趋势。因此,经济区治沙任务依然十分繁重,只有持之以恒地努力和投入才能够取得稳定的治沙效果。

如果以时间为横轴,生态质量为纵轴,那么经济区生态建设的总体状况可以描述为 U 字形:20 世纪中叶到 20 世纪末,生态状况总体趋于恶化,2000 年前后达到最差状态;西部大开发以来的 10 年,生态状况恶化的趋势得到缓和,并呈现出趋于好转的态势,但是,达到稳定好转尚需时日。

二、资源节约的评估

1. 节水

经济区大多数地方政府大力倡导节水型社会建设,并在以水权制度改革为核心的节水型社会建设方面有了初步探索,宁夏回族自治区被国务院列为全国节水型社会建设的重点示范区。"十一五"以来,农业用水以引黄灌区渠道衬砌为重点、工业用水以中水回用为重点、生活用水以节水器具推广为重点,推广了一大批节水实用技术,保障了生产用水需求和人畜饮水安全,水资源利用效率提高 20% 以上。

但是,经济区的水资源利用效率依然十分低下,水资源供求矛盾十分尖锐。目前,宁夏和内蒙古的黄河用水量为 100 亿立方米,农业用水占水资源总量的 91%,水资源利用系数仅为 0.4 左右,而全国的平均水平为 0.48,差距十分显著。如果与黄河中下游的河南省和山东省等比较,经济区内的农业灌溉系数更显低下。

2. 节地

经济区正好处于工业化迅猛发展的阶段,用地需求快速增加。近年来国家下达经济区的用地指标稳中有升。经济区内各级政府采取一系列措施提高用地效率:一是优化工业用地结构,引导工业项目向园区集中;二是建立土地用地效益和土地管理绩效评价体系;三是出台工业用地出让低价标准管理办法;四是加强建设用地批后监管。由此,保障了部分工业园区的土地投资密度大和土地产出效益好。

但是,经济区总体上地广人稀,用地方面存在两大突出问题:一方面,土地供求矛盾十分尖锐,如宁夏回族自治区 2010 年的用地需求高达 14 万亩,而国家下达的新增建设用地指标只有 7.32 万亩;又如榆林市 2006—2020 年规划建设用地指标是 30 万亩,平均每年 2 万亩,而每年的建设用地需求却是 7 万~8 万亩。另一方面,土地生产率不够高,城市建设、工业园区和企业用地均存在追求"大而全"的现象,个别企业存在圈地现象。例如,鄂尔多斯的康巴什新区,规划面积 155 平方公里,规划建设面积 32 平方公里,试图"建造中国的迪拜";宁东能源化工基地规划区总面积达到 3484 平方公里;宁夏庆华太阳山煤化工循环经济工业园甚至在园区内建了规模不小的农场。

3. 节能

节能降耗是国家"十一五"时期的约束性指标,包括经济区在内的全国各地均做出了艰苦努力。各地单位 GDP 的能耗下降情况见表 4-1。

表 4-1 经济区各地单位 GDP 能耗状况(2005—2010 年)

（单位：吨标准煤/万元）

地　区	2005 年	2006 年	2007 年	2008 年	2009 年	2010 年目标值
全国	1.22	1.205	1.166	1.102	1.078	
内蒙古自治区	2.48	2.413	2.305	2.159	2.009	
呼和浩特			1.747	1.645	1.552	
包头			2.486	2.301	2.113	
乌海			6.273	5.671	5.166	
鄂尔多斯			1.930	1.805	1.685	
乌兰察布			2.855	2.481	2.302	
巴彦淖尔			2.739	2.543	2.330	
阿拉善盟			3.585	3.351	3.132	
宁夏回族自治区	4.14	4.099	3.954	3.683	3.454	
石嘴山	8.47			7.206	6.898	6.6
银川	2.46		3.955	3.686	1.966	
吴忠	5.79		5.658	5.296	4.817	
中卫	4.36		4.300	4.046	4.230	
陕西省	1.48	1.426	1.361	1.281	1.172	
榆林	2.51	2.426	2.343	2.195	2.072	2.008

数据来源:国家统计局等.2005—2009 年各省、自治区、直辖市单位 GDP 能耗等指标公报;内蒙古自治区统计局等.2008—2009 年内蒙古各盟市单位 GDP 能耗等指标公报;陕西省统计局等.2009 年陕西省各市、区单位 GDP 能耗等指标公报;银川市统计局.银川统计信息第 18 期,2007 年 1 月 30 日。部分数据根据降耗率计算获得。

由表 4-1 可见,经济区内多数地区基本能够完成"十一五"减排任务。虽然经过"十一五"时期艰苦卓绝的节能工作,能耗明显下降,但是,仍然处于高位运行。经济区内各地总体上看,由于自身的能源产地优势,该地区的单位 GDP 的能耗在全国处于落后水平。2005 年单位 GDP 能耗远高于全国平均水平 1.22 吨标准煤/万元,到 2009 年单位 GDP 能耗依然远高于全国平均水平的 1.078 吨标准煤/万元。2009 年单位 GDP 能耗状况是:宁夏回族自治区居于全国倒数第一,内蒙古自治区居于全国倒数第五,而陕西省榆林市还劣于全国倒数第五的内蒙古自治区。石嘴山市和乌海市的单位 GDP 能耗更是居高不下,分别为6.898 吨标准煤/万元和 5.166 吨标准煤/万元,接近全国平均水平的 7 倍和 5 倍。

三、环境保护的评估

1. 污染减排与环境质量

西部大开发以来,"循环、清洁、绿色、低碳"的发展理念越来越被经济区内各级政府、各类企业和广大公众所接受。"十一五"以来,经济区内部分地市,如包头市、乌兰察布市、榆林市等,通过调整产业结构、实施减排工程、发展集中供热、加强减排监管等措施,保证了污染减排指标的如期完成(见表 4-2 和表 4-3)。但是,还有相当多的地市,污染减排的规划指标难以如期完成,如呼和浩特、鄂尔多斯、石嘴山等城市的 COD 排放量不减反增。通过污水减排和污水治理,黄河干流的水质状况总体呈现好转趋势,2009 年全部达到Ⅲ类及以上(见表 4-4)。但是,黄河部分支流水体质量不容乐观。

表 4-2　2005—2010 年经济区各地 COD 减排状况　　　(单位:万吨)

地　区	2005 年	2006 年	2007 年	2008 年	2009 年	2010 年目标值
内蒙古	29.7	29.8	28.8	28.0	27.9	
呼和浩特	2.43			3.09	3.07	2.30
包头	2.94			2.71	2.70	2.70
乌海	1.04			0.83		0.80
鄂尔多斯	2.30			3.00	2.98	2.50
乌兰察布	1.44			1.38		1.60
巴彦淖尔	8.02			5.85		4.00
阿拉善	0.67			0.79		0.60
宁夏	14.3	14.0	13.7	13.2	12.5	
石嘴山		1.27	1.63	1.38	1.37	
银川		2.76	2.63	2.49	2.13	
吴忠		5.38	5.20	4.67	4.52	
陕西	35.0	35.5	34.5	33.2	31.8	
榆林	1.34	1.37	1.39	1.32	1.26	1.26

注:数据由内蒙古自治区环境保护厅、宁夏回族自治区环境保护厅和榆林市环境保护局提供。

表 4-3 2005—2010 年经济区各地 SO₂ 减排状况 （单位：万吨）

地 区	2005 年	2006 年	2007 年	2008 年	2009 年	2010 年目标值
内蒙古	145.6	155.7	145.6	143.1	139.9	—
呼和浩特	11.56	—	—	8.10	9.47	9.40
包头	19.21	20.45	18.87	18.38	18.32	18.00
乌海	12.06	—	—	9.02	—	8.60
鄂尔多斯	28.15	—	—	23.33	25.09	20.10
乌兰察布	13.58	—	—	9.29	—	9.30
巴彦淖尔	9.46	—	—	7.14	—	8.00
阿拉善	2.81	—	—	3.87	2.15(左旗)	3.90
宁夏	34.3	38.3	37.0	34.8	31.4	—
石嘴山	—	13.25	15.88	13.86	11.73	—
银川	—	2.23	2.13	2.61	3.07	—
吴忠	—	12.12	11.03	10.44	9.33	—
中卫	—	—	—	6.78	4.92	—
陕西	92.2	98.1	92.7	88.9	80.4	—
榆林	12.3	13.81	12.38	12.18	11.93	11.93

注：数据由内蒙古自治区环境保护厅、宁夏回族自治区环境保护厅和榆林市环境保护局提供。

表 4-4 黄河干流部分断面水质变化情况（2001—2009 年）

断面	2001 年	2002 年	2003 年	2004 年	2005 年	2006 年	2007 年	2008 年	2009 年
拉僧庙	Ⅲ	Ⅳ	Ⅳ	劣Ⅴ	劣Ⅴ	劣Ⅴ	Ⅳ	Ⅲ	Ⅲ
下海勃湾	Ⅲ	Ⅳ	Ⅳ	劣Ⅴ	Ⅳ	Ⅲ	Ⅲ	Ⅲ	Ⅲ
碱柜	Ⅴ	Ⅴ	取消	—	—	—	—	—	—
乌斯太	—	—	—	—	—	Ⅲ	Ⅲ	Ⅲ	Ⅲ
三盛公	—	—	Ⅳ	Ⅳ	Ⅲ	Ⅲ	Ⅲ	Ⅱ	Ⅲ
三湖河口	Ⅴ	Ⅴ	取消	—	—	—	—	—	—
黑柳子	—	—	Ⅳ	Ⅳ	Ⅲ	Ⅲ	Ⅱ	Ⅱ	Ⅲ
昭君坟	Ⅳ	Ⅲ	Ⅳ	Ⅳ	Ⅲ	Ⅲ	Ⅲ	Ⅲ	Ⅲ
画匠营子	Ⅳ	Ⅲ	Ⅳ	Ⅳ	Ⅳ	Ⅳ	Ⅳ	Ⅲ	Ⅲ

续表

断面	2001 年	2002 年	2003 年	2004 年	2005 年	2006 年	2007 年	2008 年	2009 年
磴口	Ⅳ	Ⅲ	劣Ⅴ	Ⅳ	Ⅳ	Ⅳ	Ⅳ	Ⅲ	Ⅲ
河口镇	Ⅴ	Ⅳ	Ⅳ	Ⅳ	Ⅳ	Ⅳ	Ⅲ	Ⅲ	Ⅲ
喇嘛湾	Ⅴ	Ⅳ	Ⅳ	Ⅳ	Ⅳ	Ⅳ	Ⅲ	Ⅲ	Ⅱ

注:数据由内蒙古自治区环境保护厅、宁夏回族自治区环境保护厅和榆林市环境保护局提供。

经济区内各个城市空气质量达到Ⅱ级和Ⅱ级以上的天数显著增加,见表4-5。可见,大多数城市满足《环境空气质量标准》。银川市等城市的空气质量达到了创模城市标准,石嘴山市一举摘掉了"全国十大空气污染严重城市"的帽子。以包头市为例,空气质量优良天数从2001年到2009年分别是:45天、57天、110天、178天、256天、267天、273天、295天、309天,呈现出逐年好转的趋势。

表4-5　经济区各个城市空气质量Ⅱ级和好于Ⅱ级的天数　　（单位:天）

地　区	2005 年	2006 年	2007 年	2008 年	2009 年
呼和浩特	311	313	331	341	346
包头	256	267	273	295	309
乌海	91	219	266	281	290
鄂尔多斯	328	341	334	348	320
乌兰察布	—	—	—	293	—
巴彦淖尔	—	—	—	341	350
巴彦浩特	—	—	338	328	—
石嘴山	282	284	290	307	319
银川	322	312	317	323	328
吴忠	—	—	—	328	329
榆林	235	—	278	312	336

注:数据由内蒙古自治区环境保护厅、宁夏回族自治区环境保护厅和榆林市环境保护局提供,并参考《中国统计年鉴2010》,不一致时以统计年鉴为准。

但是,由于资源禀赋所致的产业结构特征和工业化进程的阶段性特征,决定着"十二五"乃至后续时期经济区污染减排的压力十分巨大,污染排放形势依然十分严峻。再加上"十二五"时期将增加二氧化氮、氨氮等污染减排的约束性指标和二氧化碳等温室气体减排的约束性指标,环境保护压力极大。

2. 矿区生态环境评估

呼包银榆经济区在开发矿产资源的过程中也十分重视生态环境保护。积极开展煤矿采空区和塌陷区的治理,注重露天矿的回填,积极创建绿色矿区。

但是,矿产资源尤其是煤炭资源的开发,引发了严重的矿区环境问题。矿产资源开发的环境代价巨大。据不完全统计,内蒙古平均每开采万吨煤炭就会造成 0.2 公顷的农田塌陷,平均每开采 1 吨原煤需排放 2 吨污水。榆林市因采矿形成的采空区面积约 500 平方公里,塌陷区面积约 118 平方公里。全市大小湖泊由 20 世纪 70 年代的 869 个减少到现在的 79 个,总面积由 10533.7 公顷下降到 9809.8 公顷。中国最大的沙漠淡水湖——红碱淖近 6 年来水位下降 3 米,水面缩小了三分之一。根据榆林市政府的估计,每采 1 吨煤就会破坏地表水 2.84 吨,破坏和消耗与煤炭伴生的矿产资源 8 吨,生态环境成本的总价值达到 66.1 元;每开采 1 吨原油造成的生态环境成本是 260 元。按此计算,2009 年榆林市煤、油生产的环境代价已超过 160 亿元,是当年全市地方财政收入的1.75 倍。

关于生态建设与环境保护的总体评价各地不一。内蒙古自治区主席巴特尔在 2010 年的自治区人代会报告中指出:"生态脆弱的局面没有根本改变,部分地区生态环境仍在恶化,生态保护任重道远。"宁夏回族自治区的总体评价是:由 10 年前的"整体恶化、局部治理"转向目前的"整体遏制、局部好转"。"整体遏制"是指生态环境质量恶化的趋势得到遏制,"局部好转"是指局部地区生态环境质量呈现好转趋势。这是区域内部的纵向比较。

如果做一个全国的横向比较,从中国科学院发表的《2010 中国可持续发展战略报告》可见,经济区的可持续发展能力总体处于较低水平(见表 4-6)。

表 4-6　1995—2007 年经济区相关省区可持续发展能力排名

地 区	1995	1996	1997	1998	1999	2000	2001	2002	2003	2004	2005	2006	2007
内蒙古	25	20	25	20	19	21	23	24	21	19	18	20	20
宁夏	27	26	27	26	27	26	26	26	28	28	29	29
陕西	20	17	19	17	18	16	17	19	16	17	16	16	18

资料来源:中国科学院可持续发展战略研究组.2010 中国可持续发展战略报告[M].北京:科学出版社,2010:278—279.

表 4-6 针对的是内蒙古、宁夏、陕西 3 个省区的整体排序,本专题针对的是蒙宁陕部分盟市,但是两者的总体排序状况应该基本一致。可以做一个粗略判断:内蒙古西部地区的可持续发展能力弱于整个内蒙古自治区,宁夏沿黄地区的可持续发展能力强于整个宁夏回族自治区,榆林市的可持续发展能力弱于整个陕西省,由此可以判断,经济区的可持续发展能力在全国属于较弱区域。

以北京林业大学严耕为组长的生态文明建设评价课题组,按照生态活力(30%)、环境质量(20%)、社会发展(20%)、协调程度(30%)加权得出了各省的排序。2008 年,宁夏排名第 30 位,内蒙古排名第 24 位,陕西省排名第 20 位。(见表 4-7)内蒙古和宁夏均属于最低层次的"低度均衡型"省区。可见,生态文明指数排序与可持续发展能力排序基本一致。

表 4-7   经济区所在各省区 2005—2008 年生态文明指数排名情况

省 区	2005 年	2006 年	2007 年	2008 年
内蒙古	27	30	28	24
宁夏	30	27	31	30
陕西	24	16	22	20

数据来源:北京林业大学生态文明研究中心等.中国省域生态文明建设评价报告(2010)[M].北京:社会科学文献出版社,2010:2—3.[①]

由北京大学杨开忠教授主持完成的"中国生态文明地区差异研究"项目显示,除西藏自治区外,全国各省市自治区的生态文明水平排序如下:北京、上海、广东、浙江、福建、江苏、天津、广西、山东、重庆、四川、江西、河南、湖南、(以下为全国平均水平线下)湖北、海南、安徽、陕西、黑龙江、吉林、青海、河北、辽宁、新疆、云南、甘肃、内蒙古、贵州、宁夏、山西。可见,各省区的生态文明水平排序中,陕西处于全国倒数 13,内蒙古处于全国倒数第 4,而宁夏处于全国倒数第 2。[①] 这进一步说明经济区生态环境之脆弱。

本专题研究的基本结论是:呼包银榆经济区生态环境状况相对于 2000 年左右最严峻的时期而言有所好转,相对于历史上生态环境理想时期而言依然十分严峻。具体地看,水上生态屏障已经实现由恶化向改善的转变,地上生态屏障还处于实现转折前的胶着状态,空中生态屏障还存在恶化的可能性。因此,呼包银榆经济区的生态建设与环境保护有喜有忧,喜忧参半。

第三节   呼包银榆经济区生态屏障建设的总体目标

一、总体目标规划

以科学发展观和生态文明观为指导,按照"更加注重生态建设和环境保护,着力建设美好家园和全国生态安全屏障"的要求,以更大的努力、更多的投入、更长的时间、更好的政策建设更加安全可靠的呼包银榆经济区全国生态安全

---

① 我国首份省市区生态文明水平排名出炉[J/OL]. 中国经济周刊,http://www.sina.com.cn. 2009-08-17.

屏障。

2015 年,生态退化和环境污染得到更好的遏制,生态建设和环境保护工程效益显现,自然资源配置更趋合理,科学发展和生态文明观念深入人心,节水农业示范基地基本建成,国家生态安全屏障框架形成。

2020 年,生态改善和环境修复取得显著成效,生态环境系统与经济社会系统的良性循环开始进入健康轨道,生态文明水准显著提升,节水农业示范基地建成并产生示范效果,国家生态安全屏障基本建成。

二、具体指标估算

呼包银榆经济区生态屏障建设的规划指标由资源节约、环境保护、生态建设等三个方面的指标构成(见表 4-8)。

表 4-8　呼包银榆经济区生态屏障建设规划指标

一级指标	二级指标	2015 年(规划值)	2020 年(规划值)
生态建设	1.植树造林面积(亩)	"十二五"期间 2500 万亩	"十三五"期间 2500 万亩
	2.森林覆盖率(%)	20%	22%
	3.草原盖度(%)	40%	45%
	4.建成区绿化覆盖率(%)	32%	35%
环境保护	5.SO_2 排放量(万吨)	达到国家要求	达到国家要求
	6.NO_2 排放量(万吨)	达到国家要求	达到国家要求
	7.CO_2 排放量(万吨)	达到国家要求	达到国家要求
	8.COD 排放量(万吨)	达到国家要求	达到国家要求
	9.氨氮排放量(万吨)	达到国家要求	达到国家要求
	10.黄河干流出境水质(类)	稳定达到Ⅲ类	稳定好于Ⅲ类
	11.城市空气质量达到Ⅱ级及以上天数(天)	各个城市至少达到 300 天	各个城市至少达到 320 天
资源节约	12.万元地区生产总值能耗(吨标煤)	"十二五"期间下降 25%	"十三五"期间下降 25%
	13.万元地区生产总值水耗(吨)	年均下降 13%	年均下降 13%
	14.农业灌溉水有效利用系数	0.55	0.60
	15.万元工业增加值用水量(吨)	年均下降 10%五年下降 40%	年均下降 10%五年下降 40%

1. 生态建设指标

生态建设指标主要有植树造林面积(亩)、森林覆盖率(%)、草原盖度(%)、建成区绿化覆盖率(%)等。

——植树造林面积(亩)。内蒙古自治区在"十一五"期间每年完成林业生态建设 1000 万亩以上。根据内蒙古自治区"十二五"林业发展规划初稿,"十二五"期间,完成林业重点生态建设任务 5000 万亩,其中:人工造林 2500 万亩,封山育林 2000 万亩,飞播造林 500 万亩。……根据森林覆盖率规划的推测,"十三五"期间的规划指标同"十二五",内蒙古自治区尚有 2.34 亿亩宜林荒山荒沙。据此,可以大致确定,在规划期内经济区完成植树造林面积 5000 万亩,分两个五年规划实施。

——森林覆盖率(%)。森林覆盖率的确定可以参照下列规划:一是《陕甘宁革命老区振兴规划》。全区 2008 年的森林覆盖率为 23.3%,2015 年达到 25%,2020 年达到 26%。二是内蒙古自治区"十二五"林业发展规划初稿。2008 年森林覆盖率为 20%;到 2015 年,森林覆盖率达到 21.5%;到 2020 年,森林覆盖率达到 23%。(其中包头市的"十一五"规划为,2010 年森林覆盖率达到 15%,到 2020 年达到 18%。)三是《宁夏回族自治区主体功能规划(2010—2020)》初稿。2008 年的森林覆盖率为 9.84%,到 2020 年达到 20%。四是榆林市"十二五"规划初稿。林木覆盖率在"十五"末为 24.9%,"十一五"末预计为 30.7,到 2015 年达到 35%。经济区所属的蒙西地区的森林覆盖率明显低于内蒙古全区的平均水平,经济区所属的宁夏沿黄地区的森林覆盖率也低于宁夏回族自治区全区的平均水平,经济区所属的榆林市北六县的森林覆盖率也低于榆林市全市的平均水平。据此,确定经济区森林覆盖率 2015 年达到 20%,2020 年达到 22%。

——草原盖度(%)。内蒙古自治区草原植被盖度,2000 年为 32.25%;2010 年达 38.85%;到 2015 年将达 45% 以上。经济区的草原盖度应低于内蒙古自治区的指标。设定 2015 年达到 40%,2020 年达到 45%。

——建成区绿化覆盖率(%)。建成区绿化覆盖率的确定要考虑两个因素:从生态建设效果看,比例越大越好;从土地资源节约和水资源稀缺程度看,比例不宜过高。2008 年经济区各城市建成区的绿化状况见表 4-9。

表 4-9 2008 年呼包银榆经济区城市建成区绿化状况

地　　区	绿地面积 (公顷)	其中:公园绿地 面积(公顷)	人均绿地 面积(平方米)	建成区绿化覆盖 面积(公顷)	建成区绿化 覆盖率(%)
全国城市合计	1600371	303498	42.54	1113535	37.87
呼和浩特	5650	2143	48.41	5411	35.14

地　区	绿地面积（公顷）	其中:公园绿地面积（公顷）	人均绿地面积（平方米）	建成区绿化覆盖面积（公顷）	建成区绿化覆盖率（%）
包头	6812	1906	48.50	6722	37.34
乌海	1175	425	24.34	1502	20.03
鄂尔多斯	2120	460	85.38	2237	22.37
乌兰察布	950	778	31.34	894	25.54
巴彦淖尔	832	141	14.92	907	28.34
石嘴山	4439	788	98.32	3705	39.41
银川	5239	830	58.97	4058	36.56
吴忠	807	259	21.60	746	26.64
中卫	1416	196	36.28	1399	53.81
榆林	1871	174	37.55	1183	28.85

数据来源:《中国城市统计年鉴2009》,第383、390页。

由表4-9可见,经济区建成区绿化覆盖率普遍低于全国城市的平均水平37.87%的比例,只有石嘴山市高于全国平均水平,达到39.41%。据此设定2015年达到32%,2020年达到35%。但是,要防止过于奢侈地搞建成区的绿化建设。

2. 环境保护指标

环境保护指标主要考虑 SO_2 排放量(万吨)、NO_2 排放量(万吨)、CO_2 排放量(万吨)、COD排放量(万吨)、氨氮排放量(万吨)、黄河干流出境水质、城市空气质量优于Ⅱ类天数(天)。

——SO_2 排放量(万吨)。在"十一五"期间,火电机组基本完成脱硫改造,继续减排压力极大。"十二五"期间应根据区域大气质量及国家减排目标确定经济区的减排目标。

——NO_2 排放量(万吨)。二氧化氮等氮氧化物的减排是"十二五"新增的约束性指标,要按照国家减排任务及区域大气质量确定经济区的减排指标。

——CO_2 排放量(万吨)。二氧化碳的减排需要经历强度减排即"相对脱钩"(单位地区生产总值的二氧化碳)到总量减排即"绝对脱钩"(二氧化碳排放的绝对值)的过程。规划期内总体上属于强度减排,到2020年后要转向总量减排。

——COD排放量(万吨)。在生态用水不少于"十一五"末的情况下,COD的排放量控制在"十一五"末的水平即可。

——氨氮排放量(万吨)。氨氮排放量的减排是"十二五"新增的约束性指标,要按照国家减排任务及区域水体质量确定经济区的减排指标。

——黄河干流出境水质。黄河跨界(省区)断面以及经济区出境水"十一五"末基本达到Ⅲ类水质,在"十二五"末稳定达到Ⅲ类水质和"十三五"末稳定好于Ⅲ类水质要求。

——城市空气质量达到Ⅱ级及以上天数(天)。2015年,经济区内各个城市空气质量达到Ⅱ级及以上的天数至少达到300天以上,各个城市的平均达到320天以上。2020年,经济区内各个城市空气质量达到Ⅱ级及以上的天数至少达到320天以上,各个城市的平均达到340天以上。

3. 资源节约指标

资源节约指标主要考虑万元地区生产总值能耗(吨标煤)、万元地区生产总值水耗(吨)、农业灌溉水有效利用系数、万元工业增加值用水量(吨)等。

——万元地区生产总值能耗(吨标煤)。虽然经济区属于能源基地,能源富余,但是能耗强度指标既关系到能源资源的消耗,又关系到二氧化硫、二氧化碳等废弃物的排放,必须继续坚定不移地实施节能战略。2009年的能耗强度是:内蒙古,2.009;宁夏,3.454;榆林,2.072。而全国的平均水平是1.078。可见,经济区的能耗强度是全国平均水平的两倍以上。因此,经济区既要坚决节能,又要稳步节能。参考《陕甘宁革命老区振兴规划》等规划,在"十一五"和"十二五"能耗强度各降低25%,到2020年时经济区的能耗强度接近目前全国的平均水平。

——万元地区生产总值水耗(吨)。该指标的设定需要考虑下列因素:第一,取水总量的控制问题。在黄河"八七"分水方案不改变的情况下,经济区向黄河的取水总量不应超过现状。如果用 E_w 表示万元地区生产总值水耗,那么,$E_{w2010} \times GDP_{2010} = E_{w2015} \times GDP_{2015} = E_{w2020} \times GDP_{2020}$。第二,各类用水的变化趋势问题。总体上看,在生态用水保持不变的前提下,随着节水技术的提高,农业用水呈现出下降的趋势;工业用水呈现出先上升后下降的趋势;生活用水呈现出缓慢上升并趋于稳定的趋势。对于经济区而言,节水潜力的挖掘首先是农业,其次是工业。第三,地区生产总值的规划指标。在取水总量控制的情况下,地区生产总值的规划指标越大,要求万元地区生产总值水耗就越小;地区生产总值的规划指标越小,允许万元地区生产总值水耗就越大。

同时,借鉴以下两组数据:一是《陕甘宁革命老区振兴规划》。规划称:"到2015年全区平均万元GDP用水量由现状的194立方米降至60立方米,年均下降12%;……到2020年老区万元GDP用水量降至35立方米。"二是中国万元GDP(当年价格)水耗降幅状况(见表4-10)。可见,中国的万元GDP水耗年下降速度处于7%～10%。经济区属于干旱半干旱地区,万元GDP的水耗下降幅度应当大于全国的平均水平。

表4-10　中国万元GDP(当年价格)水耗及其降幅

年　　度	2004	2005	2006	2007	2008
万元GDP(当年价格)水耗(吨)	399	304	272	229	193
比上年降幅(%)(按可比价计算)		7.8	7	10	7

数据来源:中国水资源公报,2004年至2008年。

陕甘宁革命老区的水资源稀缺程度大于呼包银榆经济区,呼包银榆经济区的水资源稀缺程度又大于全国。呼包银榆经济区的节水潜力既大于全国也大于陕甘宁革命老区。基于上述种种因素,结合经济区各地万元GDP用水量的规划指标(见表4-11),如果经济区在2011—2020年期间的年均地区生产总值的增长率确定为15%左右,那么万元地区生产总值水耗年降幅可确定为13%左右。水资源缺口部分或者通过重新分配黄河水权,或者水权交易,或者通过节约用水平衡,或者是三者兼而有之来解决。

表4-11　经济区各地万元GDP用水量规划指标(立方米/万元GDP)

年　　度	2009	2015	2020
呼和浩特市	62	33	30
包头市	46	32	25
乌海市	86	65	61
鄂尔多斯市	105	78	57
阿盟左旗	351	246	172
银川市	172	70	38
吴忠市	523	123	323
中卫市	870	800	750
榆林市	53	90	60

注:呼和浩特市2015年和2020年的数据为万元工业增加值的用水量。

——农业灌溉水有效利用系数。经济区各地农业灌溉水有效利用系数规划指标见表4-12。内蒙古各盟市和陕西省榆林市的规划指标比较合理,宁夏各地的规划指标与节水型社会的建设目标不吻合。宁夏"十二五"规划中,灌溉水利用系数现状为0.41,2015年达到0.46,2020年达到0.50以上。这也是一个明显偏低的指标。

表 4-12　经济区各地农业灌溉水有效利用系数

年　度	2009	2015	2020
呼和浩特市	0.60	0.81	0.81
包头市	0.52	0.6	0.65
乌海市	0.65	0.70	0.75
鄂尔多斯市	0.46	0.50	0.55
阿盟左旗	0.47	0.65	0.70
银川市	0.40	0.50	0.55
石嘴山市	0.43	0.50	0.60
吴忠市	0.44	0.47	0.50
中卫市	0.42	0.50	0.60
榆林市	0.46	0.55	0.65

《陕甘宁革命老区振兴规划》可以作为参照。按照该规划:到 2015 年全区平均灌溉水有效利用系数提高至 0.55 以上,到 2020 年全区平均灌溉水有效利用系数至 0.6 以上。据此,确定农业灌溉水有效利用系数,到 2015 年达到 0.55以上,到 2020 年达到 0.60 以上,其中,部分地区达到发达国家低限 0.75 的水平。

——万元工业增加值用水量(吨)。下列规划数据可以作为参考依据:一是《陕甘宁革命老区振兴规划》。按照规划:到 2015 年全区万元工业增加值用水量由现在的 22 立方米降至 14.5 立方米,比期初减少 35%;到 2020 年老区万元工业增加值用水量降至 10 立方米。二是宁夏"十二五"规划。万元工业增加值用水量降至 75 立方米以下。三是中国工业增加值(当年价格)水耗及其降幅。根据 2004—2008 年的水资源公报,全国的万元工业增加值水耗 2004 年为 196吨,2008 年为 108 吨,大概达到五年减半的效果。

根据水资源禀赋及稀缺程度,经济区的万元工业增加值水耗降幅应适当低于陕甘宁革命老区,而应明显高于中国平均状况。据此,经济区的万元工业增加值水耗从 2010 年到 2020 年年均下降 10%,每个五年计划工业增加值水耗减少 40% 左右。

三、创建工作构想

1. 资源节约型城市

大力建设宁夏回族自治区全国节水型社会建设重点示范区,积极打造河套灌区节水农业示范区。大力开展石嘴山市全国资源枯竭型城市经济转型试点城市建设工作,促进乌海市建设资源枯竭型城市经济转型试点城市的立项工作。建成 3 个资源节约型示范城市。

2. 环境友好型城市

以创建国家环保模范城为契机,建设呼和浩特市、银川市等 3 个城市为环境友好型城市。

3. 循环经济试点城市

以循环经济示范园区建设为基础,大力推进呼和浩特市、包头市、鄂尔多斯市、乌海市、阿拉善盟、银川市、石嘴山市、榆林市等 8 个循环经济试点城市建设。

4. 低碳经济示范园区

创建一批以风能和太阳能光伏发电为主要内容的低碳经济示范基地。创建一批以森林碳汇、草原碳汇和湿地碳汇为主要内容的碳汇园区。创建一批以节水农业与生态农业相结合的低碳农业园区。累计建设 30 个低碳经济示范园区。

5. 绿色企业数量

建设和命名一批资源节约型和环境友好型的绿色企业,累计命名 200 个。

6. 绿色社区数量

每个县市区建设不少于 2 个绿色社区,其中 1 个城区社区,1 个农牧区社区。共计建设绿色社区 100 个。

第四节　呼包银榆经济区生态屏障建设的战略构想

呼包银榆经济区生态屏障的建设是立体性的,包括水上生态屏障、地上生态屏障和空中生态屏障。理论上讲,还应包括地下生态屏障,如地下水的保护、矿井地质灾害的防治等,但由于地下生态屏障建设对于经济区自身的生态安全来说是重要的,而对全国生态安全的影响不大,因此这里略去。为了水上、地上和空中生态屏障的建设,必须有生态科技和生态制度作保障。

一、大力实施保护黄河战略,构筑水上生态屏障

本经济区的显著特征之一是黄河按照倒 U 字的形状蜿蜒而过,形成河套地形。黄河是呼包银榆经济区的生命之河,经济区内大多数城市因河而建,大多数产业因河而兴。黄河是中华民族的母亲河,经济区对黄河的开发、使用和保

护的状况直接关系到黄河中下游数以亿计的居民的安康和福利,更关系到全国人民对母亲河的文化依恋。因此,必须大力实施保护黄河战略,构筑水上生态屏障。

1. 科学配置黄河水资源

水资源数量和水环境质量是密不可分的。水资源数量少,一方面会影响河流的自然生态,另一方面又会影响水体纳污的能力。因此,基于黄河全流域普遍存在严重缺水的现状,科学配置黄河水资源是保护黄河的基础。黄河水资源配置的关键是水权制度改革。首先,在确保生态用水的前提下确定可取水总量,并将取水总量分配给沿河各个地区;其次,按照稀缺性法则实施有偿使用水资源,以价格杠杆显示水资源的稀缺程度;再次,允许水资源产权在区域之间、行业之间和用水户之间的交易,以提高水资源配置效率。课题调研发现,经济区内各个盟市普遍要求进行水权制度改革,而且水权交易已经在宁夏的工业与农业之间、内蒙古的鄂尔多斯与巴彦淖尔之间有了成功的实践。黄河水利委员会也已经就黄河水权交易做了大量前期研究。因此,水利部门要克服畏难情绪,要服从流域大局,要顺乎民心,抓紧推动黄河流域的水权制度改革。

2. 大力保护黄河水环境

由表4-4可见,黄河宁蒙陕段各个断面水质监测结果表明,近10年来,有的断面水质呈现稳定好转的趋势,有的断面水质呈现先恶化后好转的趋势,有的断面呈现时好时坏的趋势,2009年黄河干流的各个断面水质全部达到Ⅲ类以上。不过,黄河支流的水质总体上明显劣于干流的。因此,黄河水环境保护不可掉以轻心。首先,要控制生产和生活污水的排放,大力实施中水回用工程,努力做到污水零排放;其次,要加强污水处理改造和改建工程的建设,加强污水截污纳管工程的建设;再次,要适度建设黄河湿地工程、河套灌区水系沟通工程,用生态工程措施改善黄河水质。

3. 适度建设黄河水工程

黄河安澜事关沿河居民的生命财产安全。因此,要按照人水和谐理念,统筹安排堤防、河道、湿地建设,不断完善综合防洪、抗旱、排涝减灾体系。加强黄河宁蒙陕河段防洪防凌堤防工程建设,加强"数字黄河"宁蒙陕河段建设,实现信息化调控和管理。基于黄河流域水资源的极度稀缺性状况,要继续开展南水北调西线方案的论证工作。

在以往几十年科学论证的基础上,正式启动大柳树水利枢纽生态工程的规划和建设,并启动大柳树生态灌区建设工程的规划和建设。大柳树工程位于黄河黑山峡出口2公里处,是黄河干流七大控制性骨干工程中3座最为关键却是尚未开工的水利枢纽。该工程的建设具有下列重大意义:第一,可通过调节河流泥沙和水量,消除冰凌灾害,保持河道畅通,有利于维护黄河的健康;第二,可解决工程周边区域 200 万群众的饮水安全,促进西部地区生态绿洲建设,有利于解决民生问题;第三,可使 1000 万亩后备耕地资源得以开发,再造一个自流式大型灌区,有利于解决国家粮食安全问题;第四,可促使沿黄城市带的产业集聚和科学发展,有利于推动"黄河金岸"城市群的健康发展;第五,可为南水北调西线工程的实施奠定基础,有利于水资源的全局性优化配置。该工程的主要障碍在于:一是水利枢纽所涉及的地区之间的利益分配难度大;二是库区移民工程量大。但是,相对于该工程所能够带来的巨大收益,障碍是有能力扫除的,也是应该扫除的。

二、大力实施固沙防沙战略,构筑地上生态屏障

本经济区的显著特征之二是高山横亘、沙漠绵绵、草原无边。通过治山、治草、治沙工程,实施固沙防沙战略,构筑地上生态屏障,是经济区持续发展的"小局"需要,而且是保障全国生态安全的"大局"需要。

1. 持续实施治山生态工程

以生态功能为主体大力加强林地生态建设。开展以阴山山脉和贺兰山脉为框架的"厂"字形山地森林建设。实施贺兰山东麓生态防护林建设工程、阴山南北麓生态防护林建设工程、黄河两岸生态防护林建设工程、中蒙边境生态防护林建设工程、三北防护林建设工程、天然林资源保护工程、黄土高原丘陵区生态治理工程、国道与铁路生态防护林建设工程、农田林网建设工程。大力开展植树造林、封山育林,继续实施退耕还林、生态移民工程。提高退耕还林的生态补偿标准,提高植树造林的补助标准。建成大青山国家级自然保护区建设工程、贺兰山国家级自然保护区建设工程。

2. 大力实施治草生态工程

以减少人畜干扰为重点大力推进草原生态修复。按照"以草定畜、以畜定人"的原则建设和发展牧区现代生态家庭牧场,控制牲畜总量,实行饲草圈养。严格实施退牧还草、禁牧休牧轮牧制度。草原生态保护补偿机制要"扩面"——扩大草原范围,"提标"——提高补偿标准,"延期"——延长补偿时间。加大生态移民力度,加大生态移民财政转移支付力度。争取用十几年乃至几十年的时间使草原生态系统得以根本好转。

3. 适度实施治沙生态工程

以重点区域为突破适度开展沙地生态建设。采用工程固沙、飞播植树、人工造林、沙地利用等措施,推进沙漠和沙地的治理。重点开展腾格里沙漠周边地区以及乌兰布和沙地、毛乌素沙地、库布齐沙地的工程治沙与生态治沙,遏制

沙漠"握手"的趋势,减弱向黄河输沙力度。设立沙漠、沙地治理的专项基金,加强沙漠、沙地治理的补偿力度。以治沙产业发展促进治沙工程建设,适度利用沙地进行"植树—造纸—浇灌"、"光伏发电—饲草种植—家禽放养"等循环经济开发。加强沙尘暴监测体系与设施建设。

三、大力实施废气减排战略,构筑空中生态屏障

本经济区的特征之三是能源基地和碳汇基地并存。作为传统能源的能源基地,属于工业废气排放的重点区域;作为新能源开发的能源基地,属于节能减排的示范基地;作为国土辽阔且林草资源十分丰裕的地区,属于国家碳汇储备基地。因此,必须大力实施废气减排战略,构筑空中生态屏障。

1. 大力控制工业废气排放

"十一五"时期,国家将二氧化硫的减排作为约束性指标,经济区部分地市艰苦地完成了国家任务,使得经济区主要城市的空气质量有所好转。但是,"十二五"以后,继续面临二氧化硫的减排任务,还要增加二氧化氮等污染物和二氧化碳等温室气体的减排任务。为此,必须做到:一是坚持总量控制制度,二氧化硫、二氧化氮等采取总量减排政策,二氧化碳等温室气体先实行强度(单位地区生产总值的二氧化碳排放量)减排,为将来过渡到总量减排奠定基础;二是采取结构减排战略,避免产业结构趋同,通过规划措施解决煤化工一哄而上的局面,有条件的区域大力发展高新技术产业、文化创意产业和现代服务业;三是努力改善能源结构,大力开发风能、太阳能、生物质能等新能源,使经济区的新能源基地成为全国示范基地,并依靠科技进步尽快实现产业化。

2. 大力实施碳汇工程建设

应对气候变化的国际谈判十分艰巨,减少碳源和增加碳汇是实现低碳发展的两条路径。经济区具有丰富的碳汇资源,如新能源开发的碳汇资源、植树造林的碳汇资源、草原修复的碳汇资源、湿地建设的碳汇资源等,要加强碳汇资源库建设。同时,要用足用好《京都议定书》所确定的清洁发展机制,充分利用发达国家的碳减排技术和资金,加大碳权交易的机制创新力度。

四、大力实施产业升级战略,构筑生态科技屏障

本经济区的特征之四是资源依赖度强,产业结构雷同,技术含量不高,产品附加值低。因此,必须实施依靠科技进步的产业升级战略,实现产业生态化——经济区的经济发展不以破坏生态环境为代价,并争取依靠经济发展改善生态环境质量。其重点是:

1. 依靠科技创新实现工业结构转型升级

目前,经济区的工业经济的主导产业是矿产资源开采、钢铁冶炼、电力产

业、煤化工、制造业、乳制品业等,其核心技术主要依赖进口,其主要设备基本依赖进口。要实现产业生态化,必须做到:传统产业和存量经济循环化——按照减量化、再使用、再资源化的原则发展循环经济;新兴产业和增量经济高新化——以技术投入为主发展新兴产业以改善工业结构及其比重。无论是循环化还是高新化,都必须依靠科技创新。

2.依靠科技创新实现农业结构转型升级

目前,经济区的农业主要是种植业和养殖业。河套灌区是国家重要商品粮基地,而目前粮食生产基本依靠漫灌,农业耗水量巨大。为此,必须加快灌区节水改造工程建设。实施内蒙古引黄灌区、宁夏引黄灌区节水改造项目,继续推进渠道衬砌工程建设,实施灌区信息化工程,建设现代节水型灌区。加快实施宁夏中部干旱区扬黄工程大型泵站更新改造。大力推广管灌、喷灌、滴灌、微灌等高效节水灌溉技术,优化调整种植结构,大力发展节水农业。在大柳树灌区的规划和建设中,要努力做到起点高、模式新、机制活、效益好,使之成为现代生态农业示范区和节水农业示范区。

3.依靠科技创新实现服务业结构转型升级

目前,经济区的服务业主要是旅游业和商品贸易。除了继续发挥传统产业优势,应着力发展金融产业、信息产业、咨询产业、文化产业,提高服务业产值的比重,提高服务业的技术含量,提高服务业对工业和农业的支撑作用。

4.依靠人才与教育实施科技创新战略

制约经济区健康发展的重要因素是技术落后、人才短缺、高等教育实力不强。因此,一要培育技术市场,加速技术扩散;二要加强人才引进,推动人才储备;三要加强高等教育,办出富有区域特色的大学和学科。除了办好现有大学以外,大力支持在宁夏创建"宁夏防沙治沙大学",并争取联合国及其他国际组织和社会各界的支持。

五、大力实施机制创新战略,构筑生态制度屏障

本经济区的特征之五是:垄断性强,竞争性弱;央企强大,民企薄弱;计划惯性强,市场发育弱。这些特征不仅在经济发展领域暴露无遗,而且在资源开发和环境保护领域屡见不鲜。因此,必须大力实施机制创新战略,构筑起政府机制创新、市场机制创新和社会机制创新协同的生态制度屏障。

1.政府机制创新

地方政府的基本职能是提供公共物品、维持竞争秩序、提供社会保障。这三者都与生态屏障建设相关。生态环境是基本的公共物品,生态建设与环境保护是基础的公共服务;生态环境问题与资源能源紧密关联,资源能源的垄断开

发必然影响生态环境保护;生态质量与环境服务保障民生需求,生态权和环境权是基本人权。因此,经济区的地方政府应对照基本职能,抓好生态屏障建设;而中央政府则应从全国大局出发给经济区提供相应的资金支持和政策支持。

2. 市场机制创新

新制度经济学的研究表明,资源能源与生态环境领域同样可以利用市场机制提高资源配置效率。尤其在要素市场的配置方面,要积极推进水权制度改革、林权制度改革、矿产权制度改革、排污权制度改革、碳排放权制度改革和土地使用权流转制度改革等,通过产权的界定和交易,提高资源配置效率和使用效率,从而以尽可能少的资源消耗和成本投入建设生态屏障。

3. 社会机制创新

公众参与是环境保护的一大法宝。公众参与不仅可以对政府的环境服务和企业的环保行为进行监督,而且可以提高自身的环境意识,在政府失灵和市场失灵领域进行环境保护的机制创新。例如,举行每年一度的"黄河之歌"音乐会、"草原生态之旅"夏令营、"科学治沙论坛"等,将环保理念植入每个居民的脑海。要大力鼓励公众参与生态屏障建设,而且要赋予公众以更大的发言权。

第五节 呼包银榆经济区生态屏障建设的政策措施

一、实施取水总量控制、有偿使用水资源和水权交易政策

实践经验表明,水权制度改革总是率先发生在水资源极度短缺的区域,无论是美国西部的水权交易还是澳洲中部的水权交易,概无例外。呼包银榆经济区属于我国典型的干旱和半干旱区,最有条件在较大范围内开展水权制度改革。课题组调研所到达的经济区内每个盟市政府都对水权交易制度持期盼的态度。

水权交易的前提是取水总量控制,也就是每个区域在特定流域内的可取水量是给定的。为此,就要统筹地下水和地表水,切实保障生态用水需求,严格控制取水总量。按照取水总量来确定经济社会发展目标,即"以水定产"(经济产出)、"以水定人"(城市规模)、"以水定事"(有多少水办多少事)。

价格是显示资源稀缺性程度的最佳杠杆。由于经济区的水资源极度稀缺,为了直接显示其稀缺性程度,实施水资源有偿使用政策是一个有效的制度安排,即在取水总量控制的前提下,实施初始水权的有偿使用。

基于水资源的极度稀缺性和水资源利用效率的显著差异性,在地区之间、

行业之间和用水户之间开展水权交易,可以大大提高水资源利用效率。因此,要大力推进水权交易制度改革。其实,宁夏回族自治区的水权交易已经有了成功的实践。宁夏大坝电厂三期扩建、马莲台电厂、灵武电厂建设需要 5385 万立方米/年的水量,但没有黄河取水权;而青铜峡灌区的汉渠、惠农渠、唐徕渠三个灌区存在节水潜力,但缺乏节水改造资金。在水权理论的指导下,三个电厂总投资 1.51 亿元资金,获取 5385 万立方米/年的水权,其中,大坝电厂三期扩建投资 4932.7 万元,获取 1800 万立方米/年的水权;马莲台电厂投资 5748.6 万元,获取 2145 万立方米/年的水权;灵武电厂投资 4464 万元,获取 1440 万立方米/年的水权。据测算,宁夏回族自治区单方水用于农业生产的效益为 0.97 元,而用于工业生产的效益为 57.9 元。三个水权交易的试点项目在现状条件下将新增经济效益 30.7 亿元/年。[①] 这就是水权交易的威力。

二、实施污染总量控制、有偿使用环境容量和排污权交易政策

区域环境质量是环境容量与污染物排放量的函数,它与环境容量成正比,与污染物排放量成反比。换言之,区域污染物排放总量取决于所设定的该区域的环境质量及其环境容量。因此,污染排放总量的确定不能简单地以某一年的排放量为基数搞全国"一刀切"。

确定了区域污染排放总量以后,面临着如何分配的问题。按照国际上的经验,既有无偿使用的做法,又有有偿使用的实践。结合呼包银榆经济区环境容量资源的极度稀缺性的现状,可以实施有偿使用环境容量,也就是实施初始排污权的有偿使用。

由于各个企业污染减排的边际成本是不同的,因此,在排污总量控制和环境质量保障的前提下鼓励企业之间开展排污权交易,以优化配置排污权资源。

从污染现状看,呼包银榆经济区的污水排放的减排效果不错,污染减排压力特别大的是二氧化硫、二氧化氮等废气,而且废气排放权交易可以在更大范围内开展,因此,首先鼓励探索工业废气污染权的排放权交易机制。

三、进一步完善生态保护补偿政策

西部大开发以来,无论是林业生态保护工程,还是草原生态保护工程,项目区的生态保护均取得了可喜的绩效。但是,存在的突出问题是,生态保护项目的面积不够大,生态补偿的标准不够高,生态补偿的期限不够长。因此,林业生态保护、草原生态保护的生态补偿政策要"扩面、提标、延期",生态移民的财政

---

① 数据来源:宁夏回族自治区水利厅水政水资源处.宁夏水资源及水权转换概况.2010 年 8 月.该数据尚未扣除节水改造的投入成本。

转移支付力度要进一步加大。

1. 提高植树造林的补助标准

根据内蒙古自治区林业局、宁夏回族自治区林业局、呼和浩特市林业局、吴忠市林业局等有关人员的测算,植树造林成活一亩乔木大约每年需要 400～800元,成活一亩灌木大约每年需要 120～240 元,而现状补助的标准是:乔木每亩每年补 200 元,灌木每亩每年补 100 元。因此,应该将补助标准调整为:乔木每亩每年补 400 元,灌木每亩每年补 200 元。

2. 扩大退草还牧的面积,提高生态补偿的标准,延长生态补偿的期限

据内蒙古自治区的统计结果,对牧民的补贴是对农民补贴的 1/97;据国家统计局的统计结果,对牧民的补贴是对农民补贴的 1/120。例如,宁夏回族自治区已经全部实行禁牧政策,但是禁牧围栏只给予每亩 4.95 元的补助,而且只补5 年。内蒙古自治区的情况则是,禁牧休牧的只是部分草原,急需扩大禁牧的面积。根据各个地方政府的测算,禁牧政策的实施范围应该是全部荒漠化草原,退牧还草的生态补偿标准应提高到每亩每年 10 元,生态补偿的期限应该在原来 5 年的基础上再延长 10 年。利用 10 年左右的时间让大部分牧民完成转业或生态移民,从而做到一退永退。

3. 增加生态移民的财政投入

为了建设生态屏障,采取生态移民政策是一个英明之举。生态移民工程要做到"移得出,留得住,能致富",就要解决两个方面的投入:一方面,要增加对移民的投入,保障其基本的生产和生活条件,尤其要增强其就业的本领,通过移民的转业和再就业确保移民不再返乡;另一方面,要增加对移民迁出区域的生态建设投入,真正发挥其生态功能。

四、实施节能减排指标分配的差异化政策

呼包银榆经济区是国家能源基地——能源开发为全国;是国家粮食生产基地——粮食生产为全国;是国家生态安全屏障——生态安全为全国。基于这种特殊的地位,在节能降耗和污染减排方面的指标分配应该予以优惠。一是能源基地自身能源使用的数量(能耗指标)及其价格享受优惠政策,允许以更低的价格支持当地产业的发展;二是能源基地污染排放指标应享受优惠政策,基于环境容量和环境质量确定经济区的污染减排指标;三是基于能源输出的特殊性,将能源中隐含的环境污染的减排指标转由能源消费者承担;四是新能源开发的奖励政策,太阳能和风能等新能源开发可以奖励部分污染排放指标。当然,节能减排的优惠政策以不损害经济区自身的美好家园和秀美山川建设为前提,以不危及全国生态安全屏障建设为前提。

五、大胆探索低碳发展的财税政策改革

应对气候变化是全球的共同责任。中国政府已经做出庄严承诺：从 2005 年到 2020 年，单位 GDP 的二氧化碳排放量下降 40%～45%。为此，需要全国的共同努力。呼包银榆经济区更是应该大有作为。

1. 用好《京都议定书》所确定的清洁发展机制

由于发达国家二氧化碳减排的边际成本远远高于中国，因此，经济区应主动加强与发达国家及有关组织的联系，用好碳排放权交易政策，吸收发达国家的资金和技术，加大二氧化碳减排的力度。

2. 积极探索低碳发展的财税政策

对于高碳资源、高碳生产、高碳产品给以征税，对于低碳资源、低碳生产、低碳产品给以补贴。如表 4-13 所示，在现有的技术水平条件下，风力发电和光伏发电是典型的政策性产业，需要政府补助。因此，要设立低碳发展基金，促进低碳发展。

表 4-13　各类电力的生产成本及其上网电价

发电类型	火　电	风　电	光伏发电
成本（元/度）	0.25 左右	0.47 左右	1.1 左右
上网电价（元/度）	0.28	0.45～0.58	1.15

3. 大力建设碳汇资源库

呼包银榆经济区相对于我国其他地区，总体上属于地广人稀的地区，有条件成为我国重要的碳汇基地。要大力建设新能源开发的碳汇资源、植树造林的碳汇资源、草原修复的碳汇资源、湿地建设的碳汇资源等。要鼓励企业参与碳汇工程建设。总之，呼包银榆经济区要为我国碳汇资源的开发和利用做出贡献。

第五章

呼包银榆经济区节约用水专题研究

　　水是生命之源、生产之要、生态之基。水资源是不可替代的战略性资源。水资源安全是区域经济安全、社会安全和生态安全的前提。呼包银榆经济区是水资源极度稀缺的地区,增加水资源供给的潜力十分有限,必须大力开展节约用水工作,积极建设节水型社会。

第一节　呼包银榆经济区水资源供求分析

一、水资源供给分析

　　呼包银榆经济区的水资源供给可以从区域内产水量、过境水量和外部引水等三个角度进行考察。

　　1. 经济区自产水量

　　内蒙古、陕西、宁夏3省区均属于产水量较少的省份。3省区的水资源总量及人均状况见表5-1。从表5-1可见,2008年全国的人均水资源量为2071.1立方米/人,而内蒙古为1710.3立方米/人,是全国平均水平的82.5%;陕西为809.6立方米/人,是全国平均水平的39.1%;宁夏为149.8立方米/人,是全国平均水平的7.2%。其中,内蒙古的降雨量较多集中在东中部,也就是蒙西地区的降雨量更少;陕西的降雨量较多集中在中南部,也就是榆林市的降雨量更少;宁夏的降雨量南北差异不大。因此,由蒙西地区、宁夏中北部地区和陕西榆林市构成的经济区的水资源总量显得更加稀缺。总体上看,呼包银榆经济区属于中国典型的干旱半干旱地区。

表 5-1　全国与蒙陕宁 2008 年水资源状况

区　域	水资源总量 （亿立方米）	地表水资源量 （亿立方米）	地下水资源量 （亿立方米）	地表水与地下水 资源重复量 （亿立方米）	人均水资源量 （立方米/人）
全国	27434.3	26377.0	8122.0	7064.7	2071.1
内蒙古	412.1	274.8	235.1	97.9	1710.3
陕西	304.0	285.0	107.6	88.6	809.6
宁夏	9.2	6.6	23.2	20.6	149.8

注：(1)数据来源：《中国统计年鉴 2009》，第 393 页；(2)区域水资源总量是指当地降水形成的地表和地下水产量。

内蒙古西部 7 个盟市是我国经济社会发展最具活力的地区之一，GDP 占内蒙古全区的 77％；人口占内蒙古全区的 47％；自产水资源总量 72.1 亿立方米，占内蒙古全区水资源总量的 13.2％（其中地表水 27.5 亿立方米，地下水 44.6 亿立方米，分别占内蒙古全区的 6.8％和 32％）；人均自产水资源量为 634 立方米，约为内蒙古全区平均水平的三分之一。

宁夏回族自治区平均年降水量为 292 毫米，仅为全国平均年降水量的 47％；全区当地综合水资源量（不包括黄河可用水量）11.7 亿立方米，仅占全国水资源总量 0.042％；水资源模数 2.26 万立方米/平方公里，仅为全国平均值的 7.1％；全区人均水资源拥有量只有 149.8 立方米，只有全国平均水平的 1/14。这些指标均居全国各省市区的末位。

榆林市年平均降水量 405 毫米，只有陕西省全省平均降雨量 686.8 毫米的 59％。榆林市天然水资源总量为 32.29 亿立方米，每平方公里综合产水量为 7.4 万立方米，仅占陕西省每平方公里综合产水量 21.5 万立方米的 34.4％；每亩耕地拥有水量 344 立方米，分别占陕西省和全国每亩耕地占有水量的 47％和 26％；人均水资源占有量 979 立方米，分别占陕西省和全国人均占有量的 65.9％和 43％。

上述可见，经济区水资源供给形势十分严峻。

2. 经济区过境水量

经济区的过境水量主要靠黄河。黄河多年平均径流量 580 亿立方米，相当于长江的 1/17，仅占全国的 2％；流域内人均水资源量仅占全国的 1/4，占全世界的 1/16。黄河流域人多水少，容易导致上下游争水的局面。黄河流域协调发展的战略要求不允许经济区过度取用黄河水。1987 年，国务院办公厅转发了《国家计委和水电部关于黄河可供水量分配方案的报告的通知》，该通知简称黄河分水"八七方案"。该方案的精神是，在南水北调工程通水前，各省市区的黄河取水量如表 5-2 所示。

表 5-2 黄河"八七分水方案" （单位：亿立方米）

省市区	青海	四川	甘肃	宁夏	内蒙古	山西	陕西	河南	山东	河北天津	合计
分水量	14.1	0.4	30.4	40.0	58.6	43.1	38.0	55.4	70.0	20.0	370.0

数据来源：水利部黄河水利委员会.黄河水权转换制度构建及实践.2008 年 8 月.

表 5-2 表明，虽然黄河在宁夏的过境水量大约是 300 亿立方米，但是宁夏能够取用的黄河水只有 40 亿立方米，内蒙古西部 7 个盟市能够取用的黄河水量只有 58.6 亿立方米。

综合考察地区自产水量和取用过境水量，经济区的人均水资源量仍然低于全国的平均水平。例如，宁夏回族自治区全区的人均水资源占有量（包括分配的黄河可用水量）仅是全国平均值的 45.3%。

3. 外部引水量

南水北调工程分为长江下游的东线、中游的中线和上游的西线三条线路，规划调水量 440 亿～450 亿立方米，调水干线总长 4046 公里。三条调水线路可以将长江、黄河、淮河和海河等四大江河连接起来，形成"四横三纵"的河道与引水水道网络。南水北调工程的基本情况见表 5-3。

表 5-3 南水北调工程基本情况

线路	干线长度（公里）	调水量（亿立方米/年）	投资估算（亿元）	实施时间	供水范围
总计	4046	440～450	4616	2002—2050 年	沿线城市及周边地区
东线：一期 二期 三期	1857	148 89 16 43	415 117 124 115	2002—2009 年 2011—2030 年 2011—2030 年	江苏、山东、河北、天津、安徽
中线：一期 二期	1421	120～130 95 35	1161 917 244	2002—2009 年 2031—2050 年	河南、河北、北京、天津
西线：一期 二期 三期	1072	170 40 50 80	3040 469 641 1930	2011—2030 年 2011—2030 年 2031—2050 年	青海、甘肃、宁夏、内蒙古、陕西、山西

数据来源：水利部《南水北调工程总体规划（2002）》及水利部《南水北调工程总体规划（汇报材料）（2002）》。转引自：李善同，许新宜.南水北调与中国发展[M].北京：经济科学出版社，2004:1—7.其中，东线、中线、西线的干线长度总和超过 4046 公里，疑原著有误。

　　南水北调西线工程可能是增加经济区水资源供给的一种可能选择。但是，由于西线引水工程所涉及的地质结构极其复杂，引水线路极其漫长，生态平衡的不确定性极其突出。因此，现阶段还不能把西线引水的水资源供给纳入近中期的规划。

　　经济区各地可供水量的预测见表5-4。从表5-4可见，经济区内各地的水资源供给规划，每5年增加10亿立方米的可供水量。这显然还是供给管理的思路，也不符合《中共中央、国务院关于加快水利改革发展的决定》(2012年12月1日)的基本精神。

表 5-4　经济区各地可供水量的预测　　　　　（单位:亿立方米）

地　区	2010 年	2015 年	2020 年
呼和浩特	10.28	15.12	17.20
包头	10.37	11.60	12.00
巴彦淖尔	48.58	49.26	50.09
乌海	2.24	2.82	6.32
鄂尔多斯	19.31	20.00	20.00
集宁	0.18	0.25	0.40
阿拉善左旗	1.37	1.37	1.37
银川	12.00	12.50	13.00
石嘴山	6.54	6.54	6.54
吴忠	18.10	17.10	16.10
中卫两区县	12.11	11.28	11.28
榆林	8.09	10.77	13.95
合计	149.17	158.61	168.25

　　注:表格内的数据由各地水务、水利部门提供。鄂尔多斯2010年的供水量为2009年的数据,2015年和2020年的数据为作者参照其他地区而推测的数据。因缺石嘴山的数据,以2009年的用水量替代。银川市2010年的可供水量是20亿立方米,是实际用水量的两倍,这说明要么是数据有误,要么是供水能力的严重浪费;而且20亿立方米是整个宁夏可引黄水量的一半,这是不可思议的,因此将银川的供水量调整为,2010年为12亿立方米,2015年为12.5亿立方米,2020年为13亿立方米。

二、水资源需求分析

1. 水资源需求量的总体趋势

李周、于法稳等所著的《西部的资源管理与农业研究》揭示了发达国家在工业化过程中普遍经历过的"水资源库兹涅茨曲线"的轨迹:随着经济快速发展,用水总量先是呈现递增的趋势;随着经济发展水平的不断提高,用水总量再是呈现递减的趋势。反映在以横轴表示 GDP,以纵轴表示用水总量的坐标系上,那么,这一轨迹就是一条倒 U 形的曲线。瑞典从 1930 年开始,用水量呈现持续递增,到 1965 年达到极大值,随后,用水量持续下降。美国从 1950 年开始,用水量呈现缓慢上升,到 1980 年达到极大值,随后,用水量时而下降时而上升,但是变化幅度不大。日本从 1975 年开始用水量较快递增,到 1991 年达到极大值,随后呈现出快速下降的趋势。

呼包银榆经济区各地的总用水量的时间序列数据见表 5-5。由表 5-5 可见,经济区各地总用水量的变化呈现出不同的类型:一是稳定下降型,如吴忠市等;二是保持稳定型,如巴彦淖尔市、石嘴山市、阿盟左旗等;三是持续上升型,如包头市、鄂尔多斯市、榆林市等;四是先下降后上升型,如呼和浩特市、中卫市等。

表 5-5 经济区各地总用水量的时间序列数据 （单位:亿立方米）

年份	呼和浩特	包头	巴彦淖尔	乌海	鄂尔多斯	集宁	阿盟左旗	银川	石嘴山	吴忠	中卫两县	榆林
1990										40.11	13.58	
1991										39.20	13.50	
1992										37.87	13.96	
1993										37.34	14.01	
1994										37.64	13.86	
1995										37.46	14.14	
1996										37.19	12.77	
1997										36.07	12.72	5.64
1998										35.23	12.92	5.69
1999										34.42	12.88	5.83
2000					14.70			10.44		33.78	11.68	5.77
2001			50.74		15.05			10.41		32.74	11.60	5.84
2002		8.80	50.56		14.85	0.17		10.41		31.60	11.48	5.98
2003		7.50	45.41		15.63	0.16		10.25		31.19	10.02	6.00
2004		8.70	48.13		16.70	0.16		10.26		20.61	11.58	6.02
2005	11.06	9.90	51.27		17.15	0.16		10.28	5.99	21.22	10.88	6.33

年份	呼和浩特	包头	巴彦淖尔	乌海	鄂尔多斯	集宁	阿盟左旗	银川	石嘴山	吴忠	中卫两县	榆林
2006	10.74	10.10	49.95	—	16.58	0.16	—	10.10	6.42	20.76	10.82	6.77
2007	10.61	10.18	49.23	2.69	16.56	0.16	—	10.06	6.72	19.01	10.21	6.90
2008	9.38	10.01	48.89	2.61	16.95	0.17	—	11.05	7.08	20.20	10.76	7.09
2009	9.49	10.04	53.69	2.81	16.22	0.17	—	11.10	6.54	19.91	11.03	6.90
2010	9.46	10.37	48.60	2.82	16.31	0.18	1.34	11.25	6.47	19.48	11.28	6.92
2015	12.16	11.60	51.17	2.82	19.38	0.25	1.38	11.30	6.50	18.39	13.28	14.21
2020	13.12	12.00	50.09	6.31	20.97	0.40	1.32	12.00	6.55	18.08	13.66	20.92

注:2010、2015、2020 年的数据为规划或预测数据。本表及表5-7、表5-9、表5-11 中石嘴山市 2015、2020 年的数据由作者估计得出。

2. 各业水资源需求量的变化趋势

——农业用水的变化趋势。发达国家在 20 世纪 50—70 年代,由于灌溉面积的增加,农业用水量普遍增长;70 年代以来,集约高效农业的发展以及节水灌溉技术的推广应用,使得农业产出增加而用水量基本稳定,农业用水量的零增长趋势十分明显。出现极大值的时间:美国是 1980 年,农业用水量为 2070 亿立方米;日本是 1985 年,农业用水量为 600 亿立方米。

我国的农业用水量情况见表5-6。由表5-6 可见,我国农业用水量呈现出"先是不断递增,然后趋于稳定"的轨迹,农业用水所占的比例则呈现出"先是不断递减,然后趋于稳定"的轨迹。

表 5-6　我国农业用水量情况

年　份	1949	1957	1965	1980	1993	1997	2000	2001
农业用水量(亿立方米)	1001	1938	2545	3700	3800	3920	3784	3826
农业用水比例(%)	97	94.6	92.5	83.4	74.1	70.4	68.8	68.7
年　份	2002	2003	2004	2005	2006	2007	2008	2009
农业用水量(亿立方米)	3736	3433	3586	3580	3664	3600	3663	3723
农业用水比例(%)	68.0	64.5	64.6	63.6	63.2	61.9	62.0	62.4

1949—1997 年的数据来源于:李善同,许新宜主编.南水北调与中国发展[M].北京:经济科学出版社,2004 年:第 101 页;2000—2009 年的数据来源于《中国统计年鉴 2010》,第418 页。

呼包银榆经济区的农业用水量的变化趋势见表5-7。由表5-7 可见,经济区大多数地方的农业用水呈现出下降的趋势,也有少数地区农业用水呈现缓慢上升态势,如包头市、石嘴山市、榆林市等。

——工业用水的变化趋势。发达国家在工业化过程中,工业化初期的用水量呈现快速增长的趋势,而后达到零增长状态甚至负增长。但工业用水量并不固定,而是处于一种增减幅度不大的相对稳定状态。出现极大值的时间:瑞典与荷兰是 1965 年,日本是 1975 年,美国是 1980 年。

表 5-7　经济区各地农业用水量的时间序列数据　　（单位:亿立方米）

年份	呼和浩特	包头	巴彦淖尔	乌海	鄂尔多斯	集宁	阿盟左旗	银川	石嘴山	吴忠	中卫两县	榆林
1990										38.78	12.76	
1991										37.86	12.67	
1992										36.52	13.13	
1993										35.94	13.18	
1994										36.22	12.98	
1995										36.01	13.31	
1996										35.75	11.94	
1997										34.52	11.92	4.57
1998										33.68	12.11	4.65
1999										32.86	12.06	4.76
2000					13.22			10.0		32.21	10.92	4.68
2001			49.75		13.49			10.0		31.15	10.83	4.73
2002		6.60	49.27		13.82	0.054		10.0		30.03	10.73	4.84
2003		5.10	44.12		14.07	0.024		9.8	5.13	29.34	10.32	4.85
2004		6.10	46.85		14.87	0.025		9.8	5.24	19.12	10.42	4.95
2005	8.74	7.10	49.70		14.08	0.014		9.8	5.17	20.02	10.14	5.13
2006	6.48	7.23	48.28		13.68	0.025		9.5	5.53	19.67	10.07	5.32
2007	6.46	7.28	47.45	1.34	13.74	0.016		9.5	5.72	17.90	9.48	5.19
2008	6.05	7.16	47.14	1.14	13.20	0.029		9.5	6.19	19.19	10.01	5.39
2009	6.23	7.12	51.94	1.20	13.00	0.021		9.3	5.65	18.85	10.26	4.89
2010	6.15	7.10	46.53	1.10	12.84	0.026	1.23	9.3	5.62	18.65	10.52	4.95
2015	5.60	7.90	41.29	0.60	11.87	0.020	1.03	9.0	5.50	17.50	10.52	6.53
2020	5.39	8.50	38.84	0.50	11.72	0.020	0.92	8.0	5.42	17.20	10.73	7.13

2010、2015、2020 年的数据为规划或预测数据。榆林市的农业用水为灌溉用水。

　　我国工业用水量情况见表 5-8。由表 5-8 可见,我国工业用水量在 1949—2007 年期间一直呈现递增的趋势,2007 年以来呈现出趋于稳定的状态。工业用水量所占的比例也表现出同样的轨迹。

表 5-8　我国工业用水量情况

年　份	1949	1957	1965	1980	1993	1997	2000	2001
工业用水量(亿立方米)	24	96	181	457	908	1121	1139	1142
工业用水比例(%)	2.3	4.7	6.6	10.3	17.7	20.1	20.7	20.5
年　份	2002	2003	2004	2005	2006	2007	2008	2009
工业用水量(亿立方米)	1142	1177	1229	1285	1344	1403	1397	1391
工业用水比例(%)	20.8	22.1	22.2	22.8	23.2	24.1	23.6	23.3

　　1949—1997 年的数据来源于:李善同,许新宜主编.南水北调与中国发展[M].北京:经济科学出版社,2004 年:第 102 页;2000—2009 年的数据来源于《中国统计年鉴 2010》,第 418页。

　　呼包银榆经济区工业用水量的变化趋势见表 5-9。由表 5-9 可见,除了极个别地区,经济区各地的工业用水普遍处于上升趋势。从对 2015 年和 2020 年的工业用水预测看,上升势头十分强劲。随着经济区工业化进程的加速以及煤化工等行业的快速发展,经济区各地工业用水增加是一个基本趋势,也是用水增加的主要方面。

表 5-9　经济区各地工业用水量的时间序列数据　　（单位:亿立方米）

年份	呼和浩特	包头	巴彦淖尔	乌海	鄂尔多斯	集宁	阿盟左旗	银川	石嘴山	吴忠	中卫两县	榆林
1990										1.12	0.49	
1991										1.13	0.49	
1992										1.14	0.49	
1993										1.15	0.49	
1994										1.16	0.49	
1995										1.18	0.49	
1996										1.21	0.49	
1997										1.25	0.48	0.42
1998										1.27	0.49	0.51
1999										1.28	0.48	0.50

续表

年份	呼和浩特	包头	巴彦淖尔	乌海	鄂尔多斯	集宁	阿盟左旗	银川	石嘴山	吴忠	中卫两县	榆林
2000					1.18			0.07		1.29	0.46	0.51
2001			0.43		1.29			0.06		1.28	0.46	0.52
2002		1.73	0.60		0.81	0.41		0.05		1.28	0.45	0.53
2003		1.93	0.58		1.22	0.4		0.07		1.27	0.43	0.54
2004		2.15	0.52		1.47	0.4		0.07		0.75	0.46	0.57
2005	1.25	2.26	0.77		2.15	0.4		0.05	0.71	0.78	0.45	0.68
2006	1.63	2.32	0.88		2.17	0.48		0.04	0.77	0.73	0.46	0.92
2007	1.77	2.36	0.97	0.72	2.15	0.48		0.04	0.87	0.71	0.44	1.17
2008	1.85	2.25	0.96	0.90	2.68	0.50		1.00	0.77	0.71	0.45	1.14
2009	1.73	2.28	0.98	1.00	2.12	0.50		1.20	0.77	0.72	0.47	1.43
2010	1.74	2.62	1.00	1.00	2.26	0.057	0.07	1.30	0.74	0.71	0.46	1.38
2015	3.51	2.80	5.63	3.50	5.64	0.07	0.20	1.50	0.88	0.75	1.61	6.78
2020	4.62	3.03	6.82	6.50	7.27	0.10	0.22	3.00	1.00	0.72	2.41	12.78

注:2010、2015、2020 年的数据为规划或预测数据。

——生活用水的变化趋势。除了瑞典因人口负增长造成生活用水量零增长乃至负增长外,其余国家大都呈现稳定上升趋势。由于生活用水量占各国用水总量的比重较低,对用水总量的总体变化趋势的影响不大,但是对水质有特定的要求。

我国生活用水量情况见表 5-10。由表 5-10 可见,我国生活用水量及其生活用水量所占的比例始终处于递增的状态。

表 5-10　我国生活用水量情况

年份	1949	1957	1965	1980	1993	1997	2000	2001
生活用水量(亿立方米)	6	14	18	280	421	525	574.9	599.9
生活用水比例(%)	0.7	0.7	0.7	6.3	8.2	9.4	10.5	10.8
年份	2002	2003	2004	2005	2006	2007	2008	2009
生活用水量(亿立方米)	618.7	630.9	651.2	675.1	693.8	710.4	729.3	748.2
生活用水比例(%)	11.3	11.9	11.7	12.0	12.0	12.2	12.3	12.5

注:1949—1997 年的数据来源于:李善同,许新宜主编.南水北调与中国发展[M].北京:经济科学出版社,2004 年:第 108 页;2000—2009 年的数据来源于《中国统计年鉴 2010》,第 418 页。

呼包银榆经济区生活用水量的变化趋势见表 5-11。由表 5-11 可见，到 2010 年为止，各地生活用水有两种情况：一是稳定下降型，如乌海市；二是先升后降型，如吴忠市；三是基本稳定型，如石嘴山市；四是不断上升型，如鄂尔多斯市。

表 5-11　经济区各地生活用水量的时间序列数据　（单位：亿立方米）

年份	呼和浩特	包头	巴彦淖尔	乌海	鄂尔多斯	集宁	阿盟左旗	银川	石嘴山	吴忠	中卫两县	榆林
1990										0.21	0.28	
1991										0.21	0.28	
1992										0.21	0.28	
1993										0.26	0.28	
1994										0.26	0.28	
1995										0.28	0.28	
1996										0.23	0.28	
1997										0.30	0.29	0.64
1998										0.28		0.54
1999										0.28	0.28	0.56
2000					0.24			0.37		0.28	0.27	0.58
2001			0.56		0.23			0.35		0.30		0.59
2002		0.47	0.69		0.20	0.10		0.36		0.29	0.27	0.61
2003		0.48	0.72		0.21	0.10		0.38		0.28	0.28	0.61
2004		0.50	0.76		0.32	0.12		0.39		0.28	0.27	0.51
2005	0.69	0.57	0.80		0.43	0.11		0.43	0.11	0.22	0.28	0.52
2006	0.70	0.54	0.79		0.35	0.11		0.47	0.12	0.19	0.28	0.53
2007	0.70	0.55	0.82	0.48	0.41	0.12		0.52	0.13	0.18	0.27	0.55
2008	0.72	0.61	0.79	0.34	0.44	0.13		0.55	0.12	0.11		0.56
2009	0.79	0.65	0.77	0.30	0.33	0.12		0.60	0.12	0.12	0.27	0.58
2010	0.81	0.67	0.86	0.30	0.34	0.12	0.08	0.65	0.11	0.13	0.27	0.59
2015	1.87	0.25	1.16	0.21	0.45	0.15	0.15	0.80	1.12	0.14	0.23	0.90
2020	1.87	0.28	1.33	0.40	0.72	0.25	0.18	1.00	1.13	0.16	0.25	1.01

注：2010、2015、2020 年的数据为规划或预测数据。

3. 水资源需求的结构分析

表 5-12 所示是 2008 年全国及蒙陕宁地区用水量及其用水结构状况。可见,2008 年中国的各业用水比例分别是:农业占 62%,工业占 23.6%,生活用水占 12.3%。而经济区所在的 3 个省区的农业用水比例均高于全国的平均水平,尤其是宁夏回族自治区,农业用水占总用水的 91.6%。经济区所在的 3 个省区的工业用水比例则全部低于全国的平均水平。

表 5-12　全国及蒙陕宁 2008 年用水量

区　域	用水总量 (亿立方米)	农业用水量 (亿立方米)	工业用水量 (亿立方米)	生活用水量 (亿立方米)	生态用水量 (亿立方米)	人均用水量 (立方米/人)
全国	5910.0	3663.5 (62.0%)	1397.1 (23.6%)	729.3 (12.3%)	120.2 (2.0%)	446.2
内蒙古	175.8	134.1 (76.3%)	20.5 (11.7%)	14.7 (8.3%)	6.5 (3.7%)	729.5
陕西	85.5	57.5 (67.3%)	12.9 (15.1%)	14.0 (16.4%)	0.9 (1.1%)	227.6
宁夏	74.2	68.0 (91.6%)	3.3 (4.5%)	1.6 (2.2%)	1.2 (1.6%)	1208.1

注:(1)数据来源:《中国统计年鉴 2009》,第 394 页;(2)括弧内的数据为各业用水占总用水量的比例。

2008 年,全国的人均用水量约 446 立方米,陕西省大约是全国平均水平的一半,而内蒙古则是全国平均水平的 163.5%,宁夏则是全国平均水平的 270.8%。这表明,经济区内大部分地区的用水效率严重低下。

三、水资源供求矛盾分析

1. 水资源供不应求

根据《内蒙古自治区水资源综合规划》,预计 2020 年内蒙古西部地区 GDP 达到 1.48 万亿元,其中农业增加值 0.16 万亿元,工业增加值达到 0.66 万亿元,第三产业增加值达到 0.66 万亿元,城镇化率达到 68%,总需水达到 134 亿立方米,较现状需水增加 32 亿立方米。而该地区水资源进一步开发利用的潜力约为 14 亿立方米,其中地表水约 2.5 亿立方米,地下水约为 7.5 亿立方米,再生水、矿井疏干水可利用量约为 4 亿立方米。通过各种措施新增可供水量为 10.4 亿立方米。这是区域水资源开发的极限。平衡缺口仍达 21.6 亿立方米,缺水率高达 16%。

宁夏的水资源开发利用过于依赖黄河过境水,水资源开发的潜力更加有限。按照国务院批准的黄河配水方案,在西线南水北调实现之前,宁夏可耗用黄河水量 40 亿立方米,但目前实际耗用黄河水为 32.7 亿立方米。根据宁夏国民经济长远发展规划,在用足 40 亿立方米黄河水量和充分利用当地水资源的前提下,到 2010 年水平年仍缺水 1 亿～3 亿立方米,2020 年水平年缺水 8 亿～10 亿立方米。当出现类似 2002—2003 年黄河严重缺水情况,将大幅度削减黄河供水量,那时,宁夏水资源严重缺乏的局面将更加严峻。

对经济区各地供水量和需水量的预测调查,汇总成表 5-13。由表 5-13 可见,到 2015 年,缺水 1 亿立方米以上的有包头市、巴彦淖尔市、乌海市、鄂尔多斯市、吴忠市、中卫市、榆林市;到 2020 年缺水 1 亿以上的有包头市、乌海市、鄂尔多斯市、吴忠市、中卫市、榆林市。到 2015 年,经济区缺水总量为 14.74 亿立方米;到 2020 年,经济区缺水总量为 24.08 亿立方米。

表 5-13　经济区各地缺水的预测　　　　　　　　　　(单位:亿立方米)

地　区	2015 年			2020 年		
	供水量	需水量	缺水量	供水量	需水量	缺水量
呼和浩特	15.12	12.16	−2.96	17.20	13.12	−4.08
包头	11.60	14.40	2.80	12.00	19.30	7.30
巴彦淖尔	48.84	51.17	2.33	49.48	50.09	0.61
乌海	2.82	6.50	3.68	6.31	9.30	2.99
鄂尔多斯	16.95	19.38	2.43	16.95	20.97	4.02
集宁	0.25	0.30	0.05	0.14	0.15	0.01
阿盟左旗	1.37	1.38	0.01	1.37	1.32	−0.05
银川	12.50	11.30	−1.20	13.00	12.00	−1.00
石嘴山	6.54	6.50	−0.04	6.54	6.55	0.01
吴忠	17.10	20.00	2.90	16.10	21.00	4.90
中卫	11.98	13.28	1.30	11.20	13.60	2.40
榆林	10.77	14.21	3.44	13.95	20.92	6.97
合计	155.84	170.58	14.74	164.24	188.32	24.08

注:石嘴山的需水量数据由作者估算得出;石嘴山供水量数据以 2009 年用水量数据替代。鄂尔多斯的供水量数据以 2009 年及其以往年份的最大用水量数据替代。银川提供的 2015 年的供水量是 21 亿立方米,需水量是 11.30 亿立方米,2020 年供水量是 22 亿立方米,需水量是 12 亿立方米,如此巨大的富余水量不合情理,因此将供水量分别调整为接近于现状供水量的 12.5 亿和 13 亿立方米。

需要说明的是,表 5-13 的数据与根据表 5-5 得出的数据不一致。按照表 5-5 计算出来的 2015 年的需水量预计是 162.44 亿吨,那么,缺水量是 6.6 亿吨;2020 年的需水量预计是 175.42 亿吨,那么缺水量是 11.18 亿吨。

2. 水资源供求矛盾的具体表现

呼包银榆经济区的水资源供求矛盾突出表现在下列几个方面:

(1)资源性缺水

1993 年"国际人口行动"提出的"持续水—人口和可更新水的供给前景"报告认为:人均水资源量少于 1700 立方米为用水紧张的国家;人均水资源量少于 1000 立方米为缺水国家;人均水资源量少于 500 立方米为严重缺水国家。1996 年第三届国际自然资源会议划分水资源丰富程度的标准是:人均水资源量 500~1000 立方米为紧缺,少于 500 立方米为贫乏;水资源利用率 25%~50% 为紧缺,超过 50% 为贫乏。[1] 我国水利部水资源司综合联合国和著名国际专家的观点,并结合中国实际,制订了水资源紧缺的标准(见表 5-14)。无论用哪个缺水标准来衡量,呼包银榆经济区中的大部分地区属于典型的严重缺水区域。

表 5-14 水资源紧缺指标

紧缺性	人均水资源量(立方米/年)	主要问题
轻度缺水	1700~3000	局部地区、个别时段出现水问题
中度缺水	1000~1700	将出现周期性和规律性用水紧张
重度缺水	500~1000	将经受持续性缺水,经济发展受到损失,人体健康受到影响
极度缺水	<500	将经受极其严重的缺水,需要调水

数据来源:李善同,许新宜主编.南水北调与中国发展[M].北京:经济科学出版社,2004:249.

(2)结构性缺水

结构性缺水突出地表现在两个方面:一方面,在各类自然资源分布的短板效应加剧了水资源短缺。呼包银榆经济区的各类资源呈现出极不协调的状态,矿产资源极为丰富,土地资源比较丰富,水资源极其短缺。矿产资源和土地资源的开发利用都离不开水资源的保障。另一方面,用水结构不合理加剧了水资源短缺。内蒙古西部七盟市,农业用水约占总供水量的 80%,高出全国平均水平 20 个百分点,特别是 93% 的黄河水用于农田灌溉,而农业增加值只占区域 GDP 的 6.18%。工业用水比例占 11%,比全国平均水平低 15 个百分点,而第二产业的增加值占区域 GDP 的 53.12%。不合理的用水结构难以满足经济社会发展对水资源配置的要求。经济区 10 盟市农业用水占比情况见表 5-15。由表 5-15 可见,除了乌海市外,农业用水占比在 90% 以上的有巴彦淖尔市、吴忠

---

[1] 李善同,许新宜主编.南水北调与中国发展[M].北京:经济科学出版社,2004:249.

市和中卫两县;占比在80％以上的有呼和浩特市、石嘴山市、银川市和鄂尔多斯市;占比在70％以上的有包头市和榆林市。10盟市加总的农业用水占比为86.9％。如此高的农业用水比例,在全国也是少见的。

表5-15 2009年经济区部分地区农业用水占总用水量的比例(％)

年 份	呼和浩特	包头	巴彦淖尔	乌海	鄂尔多斯	银川	石嘴山	吴忠	中卫两县	榆林	合计
总用水量(亿立方米)	9.49	10.04	53.69	2.81	16.22	11.10	6.54	19.91	11.03	6.90	147.73
农业用水量(亿立方米)	6.23	7.12	51.94	1.20	13.00	9.3	5.65	18.85	10.26	4.89	128.44
农业用水比例(％)	87.5	70.9	96.7	42.7	80.1	83.8	86.4	94.7	93.0	70.9	86.9

(3)水质性缺水

经济区内地表水不同程度存在污染问题。内蒙古西部7盟市主要河流50％河长受到不同程度的污染,特别是城市下游河段。表5-16所示是内蒙古部分水系和湖泊的平均综合污染指数。可见,无论是黄河、黄河支流还是乌梁素海,水体质量均呈现好转趋势,但是,除了黄河干流水质达到Ⅱ类水质外,黄河支流的环境污染十分严重,乌梁素海的环境修复的形势也十分严峻。

地表水供不应求以及地表水的污染,导致地下水超采,使得地下水水位下降问题凸显,如呼和浩特等部分城市地下水水位持续下降。地下水水位的下降同时又加剧了地下水的污染。目前经济区内地下水污染问题已经成为不可忽视的问题。

表5-16 2005—2008年内蒙古黄河水系和湖泊的平均综合污染指数

年份	黄 河	黄河支流	乌梁素海
2005	0.87	28.2	3.28
2006	0.46	14.5	2.11
2007	0.45	11.9	2.05
2008	0.35	8.44	0.95

数据来源:何永林.内蒙古资源的科学开发和利用[M].呼和浩特:内蒙古人民出版社,2010:124—125.

(4)工程性缺水

经济区水利工程设施大部分建于20世纪70年代到90年代,工程老化失修,工程标准低,节水效果不佳。部分具有较好水资源条件的地区由于缺少有效的控制性工程,大量的雨洪水资源得不到合理利用。

3. 水资源承载能力

水资源承载能力是指在一定流域或区域范围内,其自身的水资源能够持续支撑的经济社会发展规模并维系良好生态系统的能力。[①] 夏军教授提出用流域水资源承载力的平衡指数 $IWSD$ 来度量水资源承载能力。

$$IWSD = \frac{W_S - W_D}{W_S} = 1 - \frac{W_D}{W_S} \tag{5-1}$$

式中:W_D 表示流域社会经济系统的需水量;W_S 表示流域可持续利用水量。

如果 $W_S < W_D$,即 $IWSD < 0$,说明流域水资源对应的人口及经济规模是不可承载的;如果 $W_S > W_D$,即 $IWSD > 0$,说明流域水资源对应的人口及经济规模是可承载的,供需为良好状态。

从呼包银榆经济区看,无论是内蒙古西部,还是宁夏中北部以及陕西榆林,普遍都是 $W_S < W_D$,即 $IWSD < 0$。可见,经济区属于典型的水资源不可承载的地区。

当然,通过调水增加 W_S 和通过节水减少 W_D 可提高 $IWSD$。增加 W_S 的途径不外乎两条:一是增加黄河水量;二是实施西线引水。黄河水量调度受到"八七"分水方案的限制,该方案实际上已经成为黄河初始水权的分配方案。实施西线引水至今尚处于论证过程中,存在诸多不确定性。因此,经济区主要要依靠节约用水来增强水资源承载力。

第二节 呼包银榆经济区节约用水的总体评价

一、经济区在节约用水方面所采取的措施

我国自 20 世纪 80 年代初就开始国家层次的节水工作,1990 年首次提出"节水型城市"建设的任务,但是,提出"节水型社会"建设则是在 21 世纪之初。在节约用水方面,经济区内各地并无统一的制度和政策,但是分别做出了积极探索。这里主要梳理近 10 年来的节水工作的重大举措。

1. 节水型社会建设试点

2001 年年初,由 43 位院士和 300 名专家合作完成了《中国可持续发展水资源战略研究报告》。报告认为,解决中国水问题,核心是提高用水效率,建设节

---

① 胡鞍钢,王亚华.中国如何建设节水型社会[EB/OL].中国节水灌溉网 http://www.jsgg.com.cn/Index/Display.asp? NewsID=4288,2013-10-22.

水型社会。国家"十五"计划纲要首次明确提出要建设节水型社会,并大力推进节水型社会建设试点。2002 年 12 月 16 日水利部下发了《开展节水型社会建设试点工作指导意见》。内蒙古自治区包头市(2004 年)、呼和浩特市(2008 年)、鄂尔多斯市(2008 年),陕西省的榆林市(2004 年)等被水利部确定为全国节水城市建设试点。

2005 年,根据全国人大十届三次会议重点议案"将宁夏作为全国省级节水型社会建设试点的建议",水利部在论证的基础上明确将宁夏列为全国省级节水型社会建设试点。2007 年,《宁夏节水型社会建设实施意见》和《宁夏节水型社会试点建设实施方案》编制完成。

2007 年,《内蒙古自治区人民政府关于建设节水型社会的实施意见》由内蒙古自治区人民政府正式颁布。《关于加快陕西省节水型社会建设的意见》由陕西省政府颁布实施。

由此可见,经济区是全国节水型社会建设试点层次最高的地区,全国唯一一个省区层面的节水型社会建设试点——宁夏回族自治区就在该经济区;经济区也是全国节水型社会试点最密集的地区,除了宁夏回族自治区外还有呼和浩特、包头、鄂尔多斯和榆林等地级市被纳入节水型社会建设的试点。这既说明经济区内开展节水工作的极端重要性,也说明经济区内地方政府和广大群众对节水工作的高度自觉性。

2. 节水制度创新

国家层面对节水工作制定了一系列法律、法规和规划。除了修订了《水法》外,全国节约用水办公室于 2002 年 8 月 23 日印发了《全国节水规划纲要(2001—2010)》。GB/T18870—2002《节水型产品技术条件与管理通则》于 2002 年 9 月 9 日发布并于 2003 年 3 月 1 日起正式实施。2004 年水利部制定了《节水型社会建设规划编制导则(试行)》。2005 年,国家发改委和水利部联合编制了《"十一五"全国节水型社会建设规划》。

在国家法规和规章的指导下,经济区内的地方政府围绕节水型社会的建设目标,积极开展节水工作的制度创新。

• 宁夏回族自治区

2002 年 11 月自治区人大常委会审议通过了《宁夏回族自治区水工程管理条例》,并自 2003 年 1 月 1 日开始实施。2006 年水利部审查通过了《宁夏节水型社会建设规划》。编制完成《宁夏回族自治区节约用水条例(草案)》、《宁夏回族自治区城市生活用水定额》等。

• 内蒙古自治区

2004 年《内蒙古自治区行业用水定额标准》全面实施。2005 年,《包头市节水型社会建设规划》《包头市节约用水管理办法》等通过审查。

• 陕西省

2003 年省政府在全国省级层面首家制定发布了《陕西省节水型社会发展纲要》，并出台了《陕西省节约用水办法》和《陕西省行业用水定额》。2008 年，《榆林市节水型社会建设规划》通过水利部审查。《榆林市节约用水管理办法》颁布实施，《榆林市水权转换实施办法》即将颁布，《榆林市工业企业水量平衡测试规定》和《榆林市节水型企业考核办法》等制定完成。

上述制度性文件隐含了大量先进的节水理念，如取水总量控制的理念、用水定额分配的理念、阶梯式水价的理念、水权界定和交易的理念等。如果将这些制度切实付诸实施，必将有力促进节水型社会的建设。

3. 水权交易实践

水利部于 2004 年出台了宁夏、内蒙古黄河干流水权转换试点工作的指导意见，以指导宁夏、内蒙古"投资节水，转换水权"实践。《宁夏黄河水权转换总体规划》《内蒙古黄河水权转换总体规划》经黄河水利委员会审查通过。地方政府还制定了《水资源初始水权分配方案》《水权转换实施意见》等规章制度。由此，使得经济区内的水权交易成为国内比较活跃的区域，既出现了产业与产业之间的水权交易，如灌区农户与火电企业之间的水权交易；又出现了区域和区域之间的水权交易，如鄂尔多斯市和巴彦淖尔市之间的水权交易。

根据《宁夏黄河水权转换总体规划》，到 2010 年转换水量 3.3 亿立方米，转换资金 23.49 亿元；到 2015 年转换水量 4.94 亿立方米，转换资金 35.56 亿元。

水权交易一方面提高了农业用水效率，另一方面又满足了工业的用水需求。由于经济区正处于工业化迅速推进的过程中，工业用水迅速增长而农业用水比例过高，因此，内蒙古自治区政府于 2006 年 2 月决定，从巴彦淖尔市河套灌区调整出 3.6 亿立方米的水量，作为沿黄其他五个盟市工业发展的后备水源。鄂尔多斯市、包头市等沿黄城市利用水权交易的契机，加快推进节水工程建设。华能魏家峁电厂、亿利 PVC 二期、达电四期、鄂绒硅电联产、大饭铺电厂一期、新奥煤化工等六个项目通过农业节水工程建设，获得了 8100 万立方米的黄河水权。黄河流域实施的第一个水权转换项目——鄂绒硅电联产项目水权转换节水改造工程顺利通过了黄委会的核验并投入运行，年可节约黄河水 2173 万立方米，可向工业项目转换水量 1880 万立方米。

到 2008 年年底，宁夏、内蒙古两个自治区共完成水权转换节水工程衬砌 1716.705 公里，其中衬砌总干渠 155.424 公里，分干渠 36.46 公里，支、斗、农渠 1524.821 公里；建成各类渠系建筑物 31794 座；累计完成投资 7.89 亿元；完成转换水量 1.64 亿立方米。[①]

水权交易不仅提高了水资源的利用效率，而且改善了水资源的配置效益。宁夏大坝电厂三期扩建、马莲台电厂、灵武电厂建设需要 5385 万立方米／年的水量，但没有黄河取水权；而青铜峡灌区的汉渠、惠农渠、唐徕渠 3 个灌区存在节水潜力，但缺乏节水改造资金。在水权理论的指导下，3 个电厂总投资 1.51 亿元资金，获取 5385 万立方米／年的水权，其中，大坝电厂三期扩建投资 4932.7 万元，获取 1800 万立方米／年的水权；马莲台电厂投资 5748.6 万元，获取 2145 万立方米／年的水权；灵武电厂投资 4464 万元，获取 1440 万立方米／年的水权。据测算，宁夏回族自治区单方水用于农业生产的效益为 0.97 元，而用于工业生产的效益为 57.9 元。3 个水权交易的试点项目在现状条件下将新增经济效益 30.7 亿元／年。[②] 这就是水权交易的威力。

二、经济区节约用水的成效评价

经济区大多数地方政府大力倡导节水型社会建设，并在以水权制度改革为核心的节水型社会建设方面有了初步探索，宁夏回族自治区被国务院列为全国节水型社会建设的重点示范区。"十一五"以来，农业用水以引黄灌区渠道衬砌为重点、工业用水以中水回用为重点、生活用水以节水器具推广为重点，推广了一大批节水实用技术，保障了生产用水需求和人畜饮水安全，水资源利用效率提高 20％以上。

但是，经济区的水资源效率依然十分低下，水资源供求矛盾十分尖锐。目前，宁夏和内蒙古的黄河用水量为 100 亿立方米，农业用水占水资源总量的 91％，水资源利用系数仅为 0.4 左右，而全国的平均水平为 0.48，差距十分显著。如果与黄河中下游的河南省和山东省等比较，经济区内的农业灌溉系数更显低下。

用水效率不高。内蒙古西部 7 盟市万元工业增加值用水量低于全国平均水平；农田灌溉水利用系数与全区平均水平相当，约为 0.44，低于全国平均水平 5 个百分点，河套灌区约为 0.39，低于全国平均水平 10 个百分点；亩均用水量约为全区平均的 1.22 倍，河套灌区为全区平均的 1.68 倍。

表 5-17 所示为 2009 年经济区各盟市部分水资源效率指标。由表 5-17 可见，人均用水量低于全国平均水平的有呼和浩特市、包头市、乌海市、鄂尔多斯市、银川市、榆林市，其他地区全部高于全国平均水平，巴彦淖尔市、吴忠市和中

---

① 资料来源：《中国水利年鉴 2009》，第 235 页。
② 数据来源：宁夏回族自治区水利厅水政水资源处.宁夏水资源及水权转换概况.2010 年 8 月。该数据尚未扣除节水改造的投入成本。

卫市远高于全国平均水平;万元 GDP 用水量低于全国平均水平的有呼和浩特市、包头市、乌海市、鄂尔多斯市、银川市、榆林市,其他地区均高于全国平均水平,有的还远高于全国平均水平;万元工业增加值用水量全部低于全国平均水平;亩均灌溉用水量低于全国平均水平的有呼和浩特市、包头市、鄂尔多斯市、榆林市,其他地区均高于全国平均水平。从用水效率指标看,经济区内有的地区的节水工作已经成效明显,例如榆林市各项用水效率指标均比全国平均水平好;但是,也有的地区形势依然十分严峻,例如宁夏回族自治区的四个市和内蒙古自治区的巴彦淖尔市,用水效率明显偏低。当然,这种低效率的用水状况也意味着节水潜力之巨大。

表 5-17　2009 年经济区各盟市部分水资源效率指标(单位:立方米/人)

地　区	人均用水量(立方米/人)	万元 GDP 用水量(立方米/万元)	万元工业增加值用水量(立方米/万元)	工业水重复利用率(%)	亩均灌溉用水量(立方米/亩)
全国	446	193	108		435
内蒙古自治区	730	226			
呼和浩特	350	62	43	68	204
包头	390	46	22	88	300
乌海	576	86	50	68	955
鄂尔多斯	998	105	34	62	320
巴彦淖尔	3106	1063	46	60	598
阿盟左旗	972	351	69	57	610
宁夏回族自治区	1208	675			
石嘴山	925	241	43	60	900
银川	652	172	44	96	465
吴忠	1493	958	82	96	920
中卫	1580	870	74	26	900
陕西省	228	125			
榆林	196	53	16	38	331
经济区各地区间	228～3106	46～1063	16～82	26～96	204～955

　　注:数据由各地发改委提供。呼和浩特、乌海、鄂尔多斯、银川提供的人均用水量数据有误,作者按照 2009 年常住人口和总用水量重新测算得到。石嘴山的万元 GDP 用水量和万元工业增加值用水量为作者根据相关统计数据计算得出。

　　表 5-18 所示是全国及部分省区人均用水量情况,可见内蒙古和宁夏的指标

始终高于全国,而陕西则低于全国。

表 5-18 全国及部分省区人均用水量 （单位:立方米/人）

区 域	2004 年	2005 年	2006 年	2007 年	2008 年
全国	427	432	442	442	446
内蒙古	>600	>600	>600	>600	730,>600
宁夏	>600	>600	>600	>600	1208,>600
陕西	<300	<300	<300	<300	228,<300

数据来源:中国水资源公报,2004 年至 2008 年。

胡鞍钢、王亚华认为,节水型社会包含三重相互联系的特征:效率——降低单位实物产出的水资源消耗量;效益——提高单位水资源消耗的价值量;可持续性——水资源利用不以牺牲生态环境为代价。据此,可以就经济区的状态与发达国家的状态进行比较(见表 5-19)。

表 5-19 经济区节水型社会的特征与度量

特 征	标 志	指 标	经济区状态	发达国家状态
效率	节水型农业 节水型工业 节水型城市	农业水有效利用系数	0.40～0.65	0.7～0.8
		工业水有效利用系数	0.26～0.96	0.75～0.85
		单位产品耗水(立方米/吨钢)	23～56	6
		城市管网漏损率	0.10～0.25	0.12～0.25
		城市废水处理率	0.61～0.88	0.8～1.0
效益	节水型经济	农业用水比例	42.7～96.7	0.09～0.64
		总体	1.74～33	14～48
		农业	0.29～2.14	1.4～5.8
		工业	18～95	8～100
		服务业	—	27～175
可持续性	持续发展型社会	水资源承载力供需平衡指数	<0	>0

表 5-19 表明,经济区各地节水型社会建设的度量指标总体上明显低于发达国家的状况,不过部分地区的指标已经达到或者超过发达国家的指标。这说明,一方面经济区水资源承载能力依然呈现出供需不平衡的状况,另一方面经济区有能力通过节水型社会建设实现水资源的供需平衡。

三、经济区节约用水方面存在的突出问题

1. 节约用水意识有待进一步提高

经济区在节约用水方面有以下错误的观点：

（1）节水不如引水观

有些缺水地区的干部群众虽然深切感受到水资源紧缺的危机和压力，但仍然首先考虑如何开辟水源，甚至是首先考虑不惜代价到黄河引水，没有对节水工作引起足够重视。殊不知，过度取用黄河水，不仅面临高额的引水成本，而且面临全流域的生态风险。

（2）节水阻碍发展观

有些地区的干部认为，节水减污是发达地区的事，是跨越了工业化中期以后的事，对于经济欠发达地区而言，首要的任务是发展经济，过早强调节水会阻碍经济的发展。殊不知，节水技术的提高，产业结构的调整，不仅不会阻碍经济增长，而且会促进经济又好又快发展。

（3）节水治污分离观

节约用水不仅可以减少用水，提高水资源利用效率，而且可以减少污水排放，变末端治理为源头减污，变被动治污为主动减污，从根本上减少水污染。因此，"节水就是治污"。但是，还有相当多的企业和居民仍然把节水与治污截然分离，难以做到资源节约与环境保护的统筹兼顾。

2. 节约用水的技术有待进一步突破

（1）用水结构不尽合理

经济区的产业结构在不断升级，表现在三大产业的用水结构上，随着工业化进程加快，生活水平的提高，第二产业、第三产业用水量不断增加。由于农业的用水量大而水资源利用效率低，而工业、服务业的用水量相对小而水资源利用效率高。因此，呈现出用水的结构性矛盾。这就要求在保证粮食安全的前提下，通过节水措施，减少农业用水，协调三大产业用水结构，促进三大产业之间的用水和谐。同时，在各大产业内部也存在结构性矛盾。

（2）工业用水重复率偏低

经济区尚处于工业化中期，工业用水重复率大多数地区处于 $26\% \sim 70\%$，而发达国家工业用水重复率一般达到 $75\% \sim 80\%$ 的水平。工业用水重复率低的一个重要原因是污水治理技术、循环用水技术、分质供水技术等尚未突破，导致企业"循环不经济"，从而缺乏循环用水的动力。虽然经济区部分城市提倡在冲厕、洗车、浇灌植物、喷洒地坪使用河道水或"中水"，但是由于技术突破缓慢、投入成本过高，各城市还没有铺设统一的中水专用管道。

（3）节水产品研发推广缓慢

经济区的节水产品市场准入制还没真正建立，同时由于节水产品生产厂家优惠政策措施不到位，节水产品的研制和开发水平较低，缺乏市场竞争力，影响了节水产品的推广和普及。城市用水户实行"一户一表"是推进梯级水价的基本条件，大部分城市因"一户一表"工程建设不到位，致使用水户阶梯式水价难以推行。

（4）供水管网漏损率大

经济区各城市供水管网的漏损率在 $10\% \sim 25\%$。如果经过改造管网漏损率下降 5%，意味着工业和城市生活用水就可以节约 5%。但管网改造往往需要大量资金投入，在资金投入不足的情况下实施进度较慢。

3. 节约用水的制度有待进一步创新

（1）水权制度改革进展不快

经济区是全国较早开展水权交易的地区，而且在已有的水权交易中已经实现了"双赢"结局。但是，水权交易制度没有在较大范围推开，水权制度供给相对滞后。

（2）水价制度改革进展缓慢

在水权制度没有根本突破的情况下，水价制度改革是促进节约用水的最快捷的手段。但是，水价不能显示水资源的稀缺程度、终端水价构成不合理、自来水与循环水的比价不合理等问题都反映出经济区水价制度改革进展缓慢的状况。

（3）节水制度缺乏统筹整合

经济区作为全国严重缺水的区域，有可能在节水制度创新方面走在全国前列，但是，政出多门、各自为政的体制导致节水制度虽有零星供给，却无系统整合，无法形成完整的制度体系和制度结构。

4. 节约用水的管理体制有待进一步理顺

目前，在节水管理体制上存在两大问题：一是在区域水资源管理上的"城乡分割"。长期以来，水行政主管部门一直归属农口，主要负责农村水利工程建设与管理、防汛、取水许可审批与管理等；建设部门负责城市供水、排水设施建设与管理；城市节水办负责城市节水；工业节水管理属于经贸行政主管部门。管水体制上的"城乡分割"导致了在水资源的保护和开发利用上存在着竞争性开发、粗放式管理等短视行为，导致用水效益低下，忽视水生态保护。二是在功能管理上的"部门分割"，作为同一属性的水资源，在同一区域，按不同的功能和用途，被水利、建设、市政、经贸委、环保、地矿等多个部门分别管理，形成"管水量的不管水质，管水源的不管供水，管供水的不管排水，管排水的不管治污，管治污的不管回用"的分割局面,导致管理冲突和巨大交易成本。

另外,节水管理存在多头管理、缺乏统筹的状况,导致节水政策的不一致或不协调,有时甚至发生冲突;节水机构存在可有可无、或有或无的状态,导致节水工作缺乏必要的人力投入;节水资金与设备投入离节水工作的要求相比还有较大差距,导致节水技术、设备的更新速度缓慢;节水的信息统计几乎还是一片空白,导致决策者难以利用充分信息进行决策,也难以利用对称信息进行相互比较。

5. 节约用水的相关措施有待进一步配套

节约用水工程不健全。河套灌区引黄水量多年来保持在 50 亿立方米左右,是黄河中上游的用水大户。按照 1999 年水利部批准的河套灌区节水改造规划,由国家投资 61.2 亿元实施节水改造工程后,灌区农业用水量降为 40 亿立方米。1999—2009 年,国家累计批复节水改造工程投资 8.2 亿元,占节水规划总投资 61.2 亿元的 13.4%,占一期项目投资的 25.6%,年节水量 1.46 亿立方米,节水效益明显。但是,由于整体节水工程投资不足,严重影响河套灌区的整体节水效益。

第三节 呼包银榆经济区节约用水的基本思路与总体目标

一、节约用水的基本思路

1. 基本思路

以科学发展观为指导,从"重供给管理、轻需求管理"转向供给管理与需求管理并重,从"重技术手段、轻制度手段"转向技术手段与制度手段并重,从"重工程设计、轻政策设计"转向工程设计与政策设计并重。严格控制取水总量,坚决保障生态用水;大力推进产业节水,严格控制高耗水产业;大力推进生活节水,倡导树立虚拟水理念。实施最严格的水资源管理制度,依靠制度创新提高水资源配置效率;利用最先进的水资源节约技术,依靠科技创新提高水资源利用效率。通过十年左右的时间,将经济区建设成为全国节水型经济示范区。

2. 基本原则

——统筹局部利益和全局利益的原则。由于水资源的流动性特征使得水资源的开发和水环境的保护具有极强的外部性。因此,既要反对为了局部地区的利益损害全局利益的做法,又要反对为了全局利益不顾局部利益的做法,而要统筹局部利益和全局利益。为此,在黄河流域水资源配置中要形成"全局兼顾局部,局部服从全局"的格局,避免出现新的"公地的悲剧"现象。

——统筹水环境与水资源的原则。水环境问题不仅仅是水环境问题,同时也是水资源问题,而且两者密不可分。生态用水充足了,水环境就会改善;生态用水不足了,水环境就面临威胁。水环境改善了,水质型缺水就可以缓解;水环境恶化了,水质型缺水就会加剧。水资源的改善会促进水环境的保护;水环境的改善会促进水资源的优化。因此,必须统筹水污染治理与水资源管理,而要反对资源归资源部门管、环境归环保部门管的单打独斗的做法。

——统筹地表水和地下水的原则。地下水和地表水都是宝贵的水资源,地下水保护和地表水保护都是重要任务。经济区存在的一个突出问题和演绎逻辑是:地表水的缺乏和严格管理→驱使开采地下水→地下水的超采→地下水漏斗→加大地表水的治理难度。虽然经济区的地表水管理还不尽理想,但是,相对而言,地下水超采及其水环境管理更加薄弱。因此,在水资源的使用和水环境的保护方面要统筹地表水和地下水。环境保护部门和国土资源部门要像保护地表水一样重视地下水的环境保护。

二、节约用水的情景假设

呼包银榆经济区的节约用水要求取决于不同的情景假设。大致上有三种可能的情况。

情景之一:经济区的用水总量不能突破现状用水量,黄河初始水权的分配以"八七分水方案"为准,经济区既不向区外输水,也不向区外引水。在这种情景下,经济区的水资源保障只能采取节约用水措施,也就是只能采用需求侧管理。

在这种情景下,还有两种不同的情况:一是维持现有的自然用水(生态用水)与社会用水(生产用水和生活用水)结构;二是增加自然用水,减少社会用水。如果采取第二种方案,那么节约用水的要求就更高。

假如自然生态用水不变,生活用水适度增加,那么,万元地区生产总值的水耗的年均下降速度必须适度大于地区生产总值年均增长速度。否则,就会出现水资源缺口。

情景之二:根据国家能源基地建设的特殊要求,经济区的用水总量适当予以增加,对黄河初始水权分配的"八七分水方案"进行适度调整,并且,经济区既不向区外输水,也不向区外引水。在这种情景下,经济区的水资源保障主要依靠节约用水措施,加强需求侧管理,同时,利用黄河分水方案的调整提供节约用水技术创新和制度创新的过渡时期。

与黄河分水方案的调整相配套,谨慎实施引黄工程,实施"引黄入榆(榆林市)"工程,实施"引黄入巴(巴彦浩特)"工程。

假如自然生态用水不变,生活用水适度增加,黄河分水方案的调整可以使经济区增加 15 亿立方米①的黄河取水量,那么,经济区要根据现状用水加上 15 亿新增的黄河取水量,来确定经济社会发展目标和节约用水目标。在这种情况下,万元地区生产总值水耗的年均下降速度可以适度小于地区生产总值年均增长速度。

情景之三:根据国家能源基地建设的特殊要求,经济区在现状用水量的基础上,通过建设大柳树水利枢纽工程,向黄河获取更多的水资源,依靠水资源供给的增加以平衡水资源需求,保障水资源安全。

这是一种典型的供给侧管理的措施。在供给可以大量增加的情况下,"总量控制"政策就会落空,节约用水就会成为一句空话。因为,节约用水制度就是基于"水资源是有限的"、"用水总量是受到控制的"这一基本前提。

大柳树水利枢纽工程的上马是必要的。但是,该工程上马除了防洪功能、发电功能外,并不是为了增加经济区现有区域的用水总量,而是用于开发陕甘宁蒙交界部位的千万亩级的新灌区。就宁夏回族自治区而言,大柳树水利枢纽工程建成后,可以将原来扬黄灌溉改用自流式灌溉,大大节约引水成本,但是,原有灌区的用水量并不能因此而突破。

我们认为,第二种情景在理论上是可行的,也是必要的,但是在实际操作中难度极大。第三种情景是一种典型的供给侧管理做法,对于节约用水是十分有害的,不可取。第一种情景,对于经济区的节约用水要求比较高,需要在较短时间内实现节水技术、节水工程、节水制度等方面的突破。虽然难度大,但是经过努力是可以实现的。

三、经济区水资源供需平衡测算

根据表 5-5、表 5-7、表 5-9、表 5-11 的预测数据,可以得到表 5-20。

表 5-20 中,虽然经济区各地汇总的需水数量存在高估问题,但是,其需水的比重还是具有参考价值的。

---

① "八七分水方案"中将黄河的 15 亿立方米水资源跨流域分配给河南、河北和天津。基于南水北调工程的实施,提出"黄河水还是属于黄河流域"的诉求是不无道理的。

表 5-20　经济区各业需水占比预测

	农业用水量（亿吨）	农业用水占比（%）	工业用水量（亿吨）	工业用水占比（%）	生活用水量（亿吨）	生活用水占比（%）
2010 年	124.02	85.8	13.34	9.2	4.93	3.4
2015 年	117.36	72.2	32.87	20.2	7.36	4.5
2020 年	114.34	65.2	48.47	27.6	8.58	4.9

从水资源供给的角度看,根据《中共中央国务院关于加快水利改革发展的决定》(2010 年 12 月 31 日),国家将"实行最严格的水资源管理制度","建立用水总量控制制度"。这一精神也十分符合经济区的水情。从经济区自身看:黄河取水受到严格控制,其他水源开发潜力十分有限,地下水超采问题已经十分严重。因此,经济区水资源供需平衡测算,以 2010 年的供水能力为基数,2015 年和 2020 年的计划供水量均为 150 亿吨。

按照表 5-20 的各业用水占比,可以测算得到表 5-21 的各业用水状况。表 5-21 表明,在经济区供水总量维持稳定的情况下,由于工业需水量增加的幅度和总量均较大,因此,主要依靠农业节水才能实现水资源的供需平衡。

表 5-21　经济区水资源供需平衡测算　　　　　　　　　　　　　　（单位:亿吨）

主要指标	2010 年	2015 年	2020 年
供水总量	149.00（144.48）	150	150
农业用水量	127.84（124.02）	113	107
工业用水量	13.70（13.34）	25	35
生活用水量	5.07（4.93）	7	8

注:括弧内的数据为实际用水量。

四、节约用水的总体目标

到 2015 年,基本建成节水型灌区、节水型园区、节水型社区、节水型企业等方面的基本框架,基本建成节水农业示范基地,农业灌溉水有效利用系数达到 0.55 以上,水资源合理配置和高效利用体系基本建成,节水型社会的制度框架基本形成,节水型社会的技术保障显著加强。

到 2020 年,基本建成节水型农业、节水型工业、节水型城市的框架,节水农业示范基地发挥示范效应,农业灌溉水有效利用系数达到 0.65 以上,节水型消费模式全面推广,节水型社会的制度建设比较完善,节水型社会的技术比较先进,基本建成节水型社会,步入人水和谐的健康轨道。

五、节约用水的规划指标

采用人均用水量、万元地区生产总值水耗、农业灌溉有效利用系数(灌溉渠系水利用系数)、亩均灌溉用水量、万元工业增加值的水耗、工业水重复利用率、城市管网漏损率、城市废水处理率等指标。

——人均用水量(立方米/年·人)。该指标是衡量区域社会用水情况的基本指标。经济区各地的人均用水量规划指标见表5-22。

表5-22　经济区各地人均用水量规划指标（单位:立方米/年·人）

年　度	2009	2015	2020
呼和浩特市	350(16)	340(34)	330(37)
包头市	390	429	439
乌海市	570(76)	470(49)	400(44)
鄂尔多斯市	998(20)	700(28)	500(45)
阿盟左旗	925	767	710
银川市	652(34)	550(35)	450(36)
吴忠市	1193	1300	1200
中卫市	1580	1400	1300
榆林市	196	200	150

注:数据由各地发改部门提供。由于呼和浩特市、乌海市、鄂尔多斯市、银川市在提供人均用水量规划指标时有误,作者根据2009年的测算结果进行调整,括弧内的数据为所在地区提供。

由于经济区的人口增加速度缓慢而经济增长速度极快,因此,人均用水量的下降幅度可以明显小于单位地区生产总值用水量下降的幅度。经济区各地的人均用水量的差异十分显著。因此,各地不宜采取同一标准。2015年,人均用水量为:非灌区250立方米,灌区1200立方米;2020年,人均用水量为:非灌区200立方米,灌区1000立方米。

——万元地区生产总值水耗(吨)。该指标的设定需要考虑下列因素:第一,取水总量的控制问题。在黄河"八七分水方案"不改变的情况下,经济区向黄河的取水总量不应超过现状。如果用E_w表示万元地区生产总值水耗,那么,$E_{w2010} \times GDP_{2010} = E_{w2015} \times GDP_{2015} = E_{w2020} \times GDP_{2020}$。第二,各类用水的变化趋势问题。总体上看,在生态用水保持不变的前提下,随着节水技术的提高,农业用水呈现出下降的趋势；工业用水呈现出先上升后下降的趋势；生活用水呈现出缓慢上升并趋于稳定的趋势。对于经济区而言，节水潜力的挖掘首先是农业，其次是工业。第三，地区生产总值的规划指标。在取水总量控制的情况下，地区生产总值的规划指标越大，要求万元地区生产总值水耗就越小；地区生产总值的规划指标越小，允许万元地区生产总值水耗就越大。

中国万元GDP（当年价格）水耗降幅状况，见表5-23。可见，中国的万元GDP水耗年下降速度处于7%～10%。经济区属于干旱半干旱地区，万元GDP的水耗下降幅度应当大于全国的平均水平。

表5-23　中国万元GDP（当年价格）水耗及其降幅

年　　度	2004	2005	2006	2007	2008
万元GDP（当年价格）水耗（吨）	399	304	272	229	193
比上年降幅（%）（按可比价计算）	—	7.8	7	10	7

数据来源：中国水资源公报，2004年至2008年。

陕甘宁革命老区的水资源稀缺程度大于呼包银榆经济区，呼包银榆经济区的水资源稀缺程度又大于全国。呼包银榆经济区的节水潜力既大于全国也大于陕甘宁革命老区。基于上述种种因素，结合经济区各地万元GDP用水量的规划指标（见表5-24），如果经济区在2011—2020年期间的年均地区生产总值的增长率确定为15%左右，那么万元地区生产总值水耗年降幅也可确定为13%左右。水资源缺口部分或者通过重新分配黄河水权，或者通过水权交易，或者通过节约用水，或者是三者兼而有之来平衡。

表5-24　经济区各地万元GDP用水量规划指标

（单位：立方米/万元GDP）

年　　度	2009	2015	2020
呼和浩特市	62	33	30
包头市	46	32	25
乌海市	86	65	61
鄂尔多斯市	105	78	57
阿盟左旗	351	246	172
银川市	172	70	38

续表

年 度	2009	2015	2020
吴忠市	523	123	323
中卫市	870	800	750
榆林市	53	90	60

注:呼和浩特市2015年和2020年的数据为万元工业增加值的用水量。

——农业灌溉水有效利用系数。经济区各地农业灌溉水有效利用系数规划指标见表5-25。内蒙古各盟市和榆林市的规划指标比较合理,宁夏各地的规划指标与节水型社会的建设目标不吻合。宁夏"十二五"规划中,灌溉水利用系数现状为0.41,2015年达到0.46,2020年达到0.50以上。这也是一个明显偏低的指标。

表5-25 经济区各地农业灌溉水有效利用系数

年 度	2009	2015	2020
呼和浩特市	0.60	0.81	0.81
包头市	0.52	0.6	0.65
乌海市	0.65	0.70	0.75
鄂尔多斯市	0.46	0.50	0.55
阿盟左旗	0.47	0.65	0.70
银川市	0.40	0.50	0.55
石嘴山市	0.43	0.50	0.60
吴忠市	0.44	0.47	0.50
中卫市	0.42	0.50	0.60
榆林市	0.46	0.55	0.65

《陕甘宁革命老区振兴规划》可以作为参照。按照该规划:到2015年全区平均灌溉水有效利用系数提高至0.55以上,到2020年全区平均灌溉水有效利用系数至0.60以上。据此,确定农业灌溉水有效利用系数,到2015年达到0.55以上,到2020年达到0.60以上,其中,部分地区达到发达国家低限0.75的水平。

假设2010年经济区的灌溉水有效利用系数是0.45,按照规划指标所确定的农业节水力度,以2010年经济区农业用水量124亿吨为基数,那么,意味着2015年农业用水量只需要101亿吨,少于表5-21所测算的需水量113亿吨,尚有 12 亿吨水可用于生态用水；2020 年农业用水量只需要 86 亿吨，少于表 5-21 所测算的需水量 107 亿吨，尚有 21 亿吨水可用于生态用水。

——亩均灌溉用水量（立方米/亩）。亩均灌溉用水量是用来衡量灌区节水状况的重要指标。经济区各地的差异极大，见表 5-26。因此，经济区规划指标取各地平均值，2015 年 510 立方米，2020 年 420 立方米。

表 5-26　经济区各地亩均灌溉用水量　（单位：立方米/亩）

年　度	2009	2015	2020
呼和浩特市	204	186	164
包头市	300	280	270
乌海市	955	650	400
鄂尔多斯市	320	320	310
阿盟左旗	610	500	450
银川市	465	450	400
石嘴山市	900	800	700
吴忠市	920	870	720
中卫市	900	800	700
榆林市	331	250	150

——万元工业增加值用水量（立方米）。经济区各地万元工业增加值用水量规划指标见表 5-27。银川市、包头市等地的规划指标相对比较合理，其他地区总体过于保守。如果万元工业增加值的用水量随着工业化进程的推进而递增的话，那么水资源是不可能实现供需平衡的。即使实施农业用水向工业用水的转变，也要求工业增加值用水量的下降。

表 5-27　经济区各地万元工业增加值水耗　（单位：立方米）

年　度	2009	2015	2020
包头市	22	18	15
乌海市	50	45	40
鄂尔多斯市	34	43	36
阿盟左旗	69	49	34
银川市	44	22	19
吴忠市	82	60	72

续表

年　　度	2009	2015	2020
中卫市	74	70	65
榆林市	16	30	20

　　下列规划数据可以作为参考依据:一是《陕甘宁革命老区振兴规划》。按照规划,到 2015 年全区万元工业增加值用水量由现状的 22 立方米降至 14.5 立方米,比期初减少 35%;到 2020 年老区万元工业增加值用水量降至 10 立方米;二是宁夏"十二五"规划:万元工业增加值用水量降至 75 立方米以下;三是中国工业增加值(当年价格)水耗及其降幅。根据 2004—2008 年的水资源公报,全国的万元工业增加值水耗 2004 年为 196 吨,2008 年为 108 吨,大概达到五年减半的效果。

　　根据水资源禀赋及稀缺程度,经济区的万元工业增加值水耗降幅应适当低于陕甘宁革命老区,而应明显高于中国平均状况。据此,经济区的万元工业增加值水耗从 2010 年到 2020 年年均下降 10%,每个五年计划工业增加值水耗减少 40% 左右。

　　——工业水重复利用率(%)。工业水重复利用率是衡量工业节水和水资源循环利用水平的重要指标。根据各地的规划指标(见表 5-28),可以考虑 2015 年的规划指标为 80%,2020 年的规划指标为 90%。

表 5-28　经济区各地工业水重复利用率规划指标　　　　　　　　　(%)

时　　间	2009	2015	2020
包头市	88	90	92
乌海市	68	80	90
鄂尔多斯市	62	80	85
阿盟左旗	57	70	95
集宁	55	58	60
银川市	96	97	98
吴忠市	60	70	80
中卫市	26	40	45
榆林市	38	80	90

　　——城市管网漏损率(%)。城市管网漏损率是衡量城市用水基础设施先进程度及其节水设施水平的指标。经济区各地的城市管网漏损率规划指标(见

表 5-29),基本合理,但是,包头市、鄂尔多斯市等人口集聚条件好、经济发展基础强的地区规划指标明显偏高。据此,可以考虑经济区的 2015 年的规划指标为 13%,2020 年的规划指标为 8%。

表 5-29　经济区各地城市管网漏损率规划指标　　　　　　　(%)

指　标	2009	2015	2020
包头市	23	20	18
乌海市	15	10	8
鄂尔多斯市	—	14	12
阿盟左旗	25	10	8
集宁	15	15	15
银川市	9.8	9.5	9.0
吴忠市	20	15	10
中卫市	25	22	15
榆林市	15	10	8

——城市废水处理率(%)。城市废水处理率既是用水效率高低的指标,又是环境治理状况的一个指标。经济区各地城市废水处理率规划指标(见表 5-30),总体上看比较切合实际。据此,经济区的规划指标可确定为,2015 年达到 80%,2020 年达到 90%。

表 5-30　经济区各地城市废水处理率规划指标　　　　　　　(%)

年　度	2009	2015	2020
包头市	62	90	95
乌海市	88	90	100
鄂尔多斯市	87	88	92
阿盟左旗	61	70	80
银川市	87	90	95
吴忠市	60	70	80
中卫市	80	85	90
榆林市	30	70	90

根据上述分析,经济区节约用水的规划指标见表 5-31。

表 5-31　经济区节约用水的规划指标

指　　标	2009	2015	2020
人均用水量(立方米/年·人)	196～1580	250(非灌区) 1200(灌区)	200(非灌区) 1000(灌区)
万元地区生产总值水耗(立方米/万元 GDP)	46～870	年均下降 13% 五年下降一半	年均下降 13% 五年下降一半
农业灌溉有效利用系数	0.40～0.65	0.55 以上	0.60 以上
亩均灌溉用水量(立方米/亩)	300～955	510	420
万元工业增加值的水耗(立方米)	16～82	年均下降 10% 五年下降 40%	年均下降 10% 五年下降 40%
工业水重复利用率(%)	26～96	80	90
城市管网漏损率(%)	9.8～25	13	8
城市废水处理率(%)	61～88	80 以上	90 以上

第四节　呼包银榆经济区节约用水的制度构建

一、节约用水的正式制度

1. 建立水价调节制度

水价制度是指政府以水资源供求关系为基础,通过对水资源的价格管制实行水资源配置并达到节约用水目的的一种经济制度。水价制度改革不是简单地提价,而是具有丰富的内容,主要有:

第一,适当提高水价,使水资源价格充分显示出水资源的稀缺程度。水资源价格是影响水资源需求者用水数量的直接杠杆。"高价少用,低价多用"是需求定律在水资源领域的反映。总体上讲,水资源的价格体现水资源的稀缺程度。随着时间的推移,水资源的稀缺性呈现加剧趋势,因此,水资源价格的上升是一个长期的趋势。但是,水资源价格的调节机制并不是一味地提价,而要体现一些基本原则:基本生活用水和公共用水体现公平优先;生产性用水和享乐型生活用水体现效率优先;少用低价,多用加价;分质供水,分质定价;优质水高价,劣质水低价。

内蒙古河套灌区的水价长期以来十分低廉。从 1995 年开始,按照"小步快走"原则,灌区加大了水价改革的力度,从 1994 年的每立方米水 0.009 元一直上调到目前的每立方米水 0.04 元。这样的水价大致只占成本水价的 75%,更谈不上资源水价的问题了。

根据宁夏回族自治区物价局、自治区水利厅《关于调整我区引黄灌区水利工程供水价格的通知》(宁价商发〔2008〕54 号),宁夏引黄自流灌区供水价格从 2009 年 1 月 1 日起有所上涨。上涨后的价格定价见表 5-32。

表 5-32　宁夏引黄自流灌区供水价格标准

计量点	供水类别	定额内水价(分/立方米)				超定额用水加价水价(分/立方米)
		合　计	其　中			
			干渠	支渠	沟道排水	
干渠直开口(支渠进水口)	农业用水:粮食作物、经济作物、林草地。为人饮工程供水	3.05	2.50	0.55		2.0
	水产养殖业、生态用水	3.40	2.80	0.60		4.0
	其他用水:旅游、城镇、工矿企业	5.95	3.74	1.61	0.60	8.0
支渠直开口(斗渠进水口)	农业用水:粮食作物、经济作物、林草地。为人饮工程供水	3.40	2.80	0.60		2.0
	水产养殖业、生态用水	3.70	3.00	0.70		4.0
	其他用水:旅游、城镇、工矿企业	6.40	3.90	1.80	0.70	8.0

由表 5-32 可见,即使是水价上调后,各类引黄用水的价格也只有每吨 3~6 分,即使超定额用水,也只要每吨 5~10 分的价格。如此低廉的水价仅仅反映了水资源的工程成本,而没有考虑水资源的资源水价。农业用水的低价格,弱化了节水技术和设施的投资激励,固化了农业的大水漫灌方式;而工业和城镇居民用水没有严格落实"定额供水、超定额加价"的政策,"加价"的价格没有起到调节用水量的作用。

第二,改善终端水价结构,使水价充分显示环境保护成本。终端水价由资源水价、工程水价和环境水价构成。经济区在终端水价中,工程水价占主体,环境水价比重过低,远远达不到治理污水的目的。例如,榆林市居民生活污水处理收费为 0.6 元/吨。有的发达国家(澳大利亚)环境水价已经超过了工程水价,经济区的终端水价中也应加大环境水价的比重。

2006 年 12 月 29 日,陕西省物价局关于调整榆林市城区供水价格有关问题的批复(陕价函〔2006〕247 号),对水价做了调整。调整后的水价构成见表 5-33。

表 5-33　榆林市城区自来水销售价格　　　　　　（元/立方米）

用户类别	自来水价格		污水处理费	用户最终负担价格
	基本水价	水资源费		
居民生活用水	1.55	0.30	0.60	2.45
工业用水	2.80	0.30	0.60	3.70
行政事业用水	2.30	0.30	0.60	3.20
经营服务用水	2.80	0.30	0.60	3.70
特种行业用水	4.80	0.30	0.60	5.70

注:特种行业是指车辆冲洗业,婚纱摄影、美容美发业,桑拿、冲浪、浴足等洗浴业,酒吧、茶秀、咖啡厅、歌舞厅、卡拉 OK、室内游泳、水上游乐等休闲娱乐业。

第三,改变单一水价制度,逐步建立阶梯式水价或两部制水价形式。在供水设施比较完善的地区,宜采用阶梯式水价形式;在供水基础设施还需要投入较大的地区,考虑采用两部制水价形式,以筹集供水基础设施投入资金。为了充分利用阶梯式水价和两部制水价的优点,也可以采取混合的水价形式。阶梯式水价对企业表现为超定额、超计划累进加价,而对居民则就直接称之为阶梯式水价。针对居民的阶梯式水价以分为三个阶梯为宜。第一个阶梯是基本的生活用水,宜采用较低的水价,以体现居民的生存权、保障低收入家庭的利益和确保社会公平;第二个阶梯是奢侈性用水,宜采用较高的水价,以体现水资源的经济效率,促使水资源的优化配置;第三个阶梯则是浪费性用水,宜采用特高的水价,以促使居民节约用水。并且这三种阶梯水价应该有相当程度的差价,否则达不到促使居民节水的目的。

2. 完善用水定额制度

用水定额管理制度是指政府以水资源供求状况为基础,通过对用水户用水数量的管制实行水资源配置并达到节约用水目的的经济制度。"依水而居,以水定产"是人们长期以来对自然规律的尊重而形成的经验总结。在水资源日渐稀缺的情况下很有必要采取用水定额管理制度。

(1)确定用水定额

地方政府水行政主管部门根据本地区的水资源状况,在扣除生态用水、公共用水等需求以外,确定本区域的可用水总量。在此基础上确定所在区域各行业、各用水户的用水定额。用水定额的制定要适当尊重历史惯性,应考虑用水户近几年平均用水状况。各地区的用水定额要允许根据各自的实际因地制宜地确定,不宜追求各地区标准划一的用水定额。

(2)实施水平衡测试制度

在制定用水户用水定额时应推广水平衡测试经验,确定合理用水水平系数,以此激励用水户的"跑、冒、滴、漏"现象。

$$单位用水定额＝合理用水水平系数×前三年实际用水总量的平均值$$

这里,合理用水水平系数$=\dfrac{单位末端水管的出水总量}{单位入户水管总量}$。一般来讲,这个数字至少要达到$95\%$才能称之为"合理用水水平系数"。如果低于$95\%$,就需要找出原因解决"跑、冒、滴、漏"问题,从而提高用水水平系数。

（3）采取累进加价制

如果用水户获得的用水定额不能满足其生产生活的需要,在水资源可能供给的情况下,可以增加其用水定额,但是,增加部分的用水定额应采取累进加价制,以起到节约水量和提高水资源利用效率的目的。

（4）允许用水定额交易

要保护各用水户获得的用水定额的产权。如果用水户通过节水技术的改造等手段出现用水定额的结余或者水资源利用效率低而放弃使用该定额,要允许用水定额在用水户之间开展自由交易。这样,用水定额结余的用水户或水资源利用效率低的用水户会因为能够通过用水定额交易获得收入而控制浪费用水或粗放用水,通过交易使得水资源自动流向水资源配置效率较高的用水户。从这个意义上来讲,用水定额交易能够起到节约用水的目的。

3. 推广水权交易制度

水权交易制度就是初始水权分配到各个地区或用水户后,由于各个地区或用水户的边际节水成本和边际用水收益是不同的,因而形成区域与区域之间、用水户与用水户之间开展水权余缺调剂的市场机制。

（1）水权供给

区域水权总供给由三个部分组成,即

$$水权总供给数量＝区域地表水水权数量＋区域地下水水权数量＋跨流域引水水权数量$$

如果用 WRS 表示水权总供给数量、WRS_1 表示区域地表水水权数量、WRS_1 表示区域地下水水权数量、WRS_1 表示跨流域引水水权数量,那么

$$WRS＝WRS_1＋WRS_2＋WRS_3 \tag{5-2}$$

其中:区域地表水水权数量 WRS_1 由可用水权数量与生态水权数量两个部分组成;区域地下水水权数量 WRS_2 也由可用水权数量与生态水权数量两个部分组成;跨流域引水水权数量 WRS_3 受到被引水区域的约束,加上引水成本高的因素,一旦引水工程竣工后就趋于相对稳定的状态。

为了保障必需的生态水权数量,区域内必须推行取水总量控制及其对应的可用水权总量控制制度,坚决杜绝随意侵占生态水权的做法。据此,在制定区域取水许可总量的基础上,分解到各个区域后进一步逐级分解到各个行政区,

建立覆盖流域和省、市、县（市、区）、乡（镇）各级行政区域的取水许可总量控制指标体系。

（2）水权需求

区域水权总需求也由三个部分组成，即

水权总需求数量＝生态水权数量＋生产水权数量＋生活水权数量

如果用 WRD 表示水权总需求数量、WRD_1 表示生态需水权数量、WRD_2 表示生产需水权数量、WRD_3 表示生活需水权数量，那么

$$WRD＝WRD_1＋WRD_2＋WRD_3 \tag{5-3}$$

可使用与交易的水权数量是指剔除生态水权数量以外的水权数量，也就是生产水权数量与生活水权数量之和，也就是水权总供给与生态水权数量之差，即

可使用与交易水权数量＝生产水权数量＋生活水权数量＝水权总供给数量－生态水权数量

用 WRT 表示可使用与交易水权数量，那么

$$WRT＝WRD_2＋WRD_3＝WRS－WRD_1 \tag{5-4}$$

式(5-4)表明，可使用与交易水权数量与水权总供给数量成正比，与生态水权数量成反比，它必须受到生态水权数量的约束。在水资源极度稀缺的情况下，人们往往不顾生态水权需求，出现侵占生态水权数量的严重问题，导致大量河段的干涸和地下水超采。从中也说明，水污染防治，不能就环境论环境，必须与水资源问题结合起来予以考虑。

（3）水权交易

水权交易的精髓在于不同地区、不同产业、不同用水户的边际用水收益是不同的，从而通过水权交易可以提高水资源配置效率。水权交易的基本原理见图 5-2。

假设用水户 1 和用水户 2 分别获得了 W_1、W_2 的水权，W_1 与 W_2 之和为扣除生态水权等水权以后的全部水权，它们各自的用水边际收益曲线是 MNB_1 和 MNB_2，如图 5-2 所示。当水资源配置处于两个用水户的边际收益曲线 MNB_1 和 MNB_2 的交点时达到社会福利的最优，即从第一个用水户的角度看处于 W_1^*，从第二个用水户的角度看处于 W_2^* 时，社会水资源配置达到最优。用水户 2 如果将 $(W_2－W_2^*)$ 数量的水权转让给用水户 1，即用水户 1 得到 $(W_1－W_1^*)$ 数量的水权，$(W_1－W_1^*)＝(W_2－W_2^*)$。

针对中国以及经济区的实际，水权交易是由一级水权交易、二级水权交易与三级水权交易等不同层级构成的。一级水权交易就是上级政府主导下区域水权的初始配置。二级水权交易就是区域政府主导下水权在区域之间的交易。

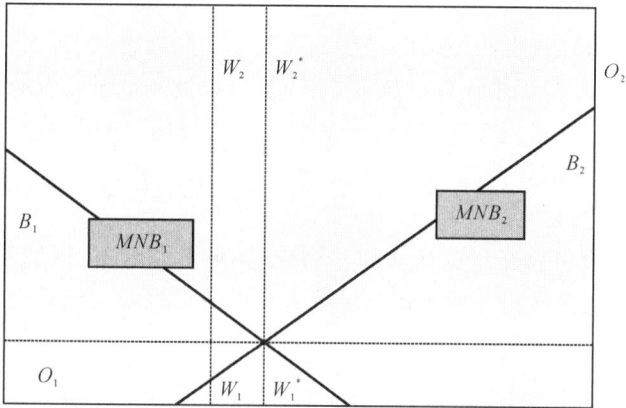

图 5-2　水权交易的社会福利

三级水权交易就是用水户主导下用水户之间的水权交易。中国的水权交易制度属于多层次水权交易模式。如图 5-3 所示。

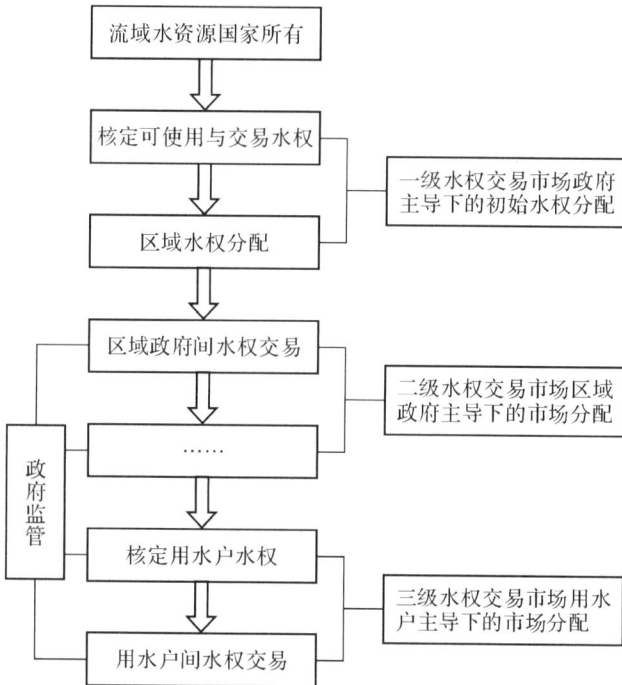

图 5-3　中国多层次水权交易模式

- 一级水权交易

各个区域可以获得的初始水权数量取决于下列因素：区域人口——区域人口越多，可获得的初始水权数量越多；地区生产总值——区域生产总值越大，可获得的初始水权数量越多；区域用水基数——区域用水基数越大，可获得的初始水权数量越多；等等。

- 二级水权交易

二级水权交易就是根据区域用水需求、区域节水成本、区域水资源禀赋等状况决定买进还是卖出区域水权。区域水权交易可以是同级政府之间的交易，也可以是不同级政府之间的交易。

- 三级水权交易

当各级政府将水权有偿分配给各个用水户后，由于用水户的水资源利用效率的差异、节水技术及节水成本的差异等因素，可以导致用水户之间的水权调剂，例如宁夏回族自治区开展的热电企业与农户之间的水权交易。

（4）水权管理

随着水资源短缺状况的加剧，各国普遍认识到水资源管理重心必须从"供给侧管理"转向"需求侧管理"，也就是从"因需定供"原则转向"因供定需"原则。而水权制度改革是"需求侧管理"的核心，是节水型社会建设的核心。为了加强水权制度的改革，推进水权交易制度，建议在各地水利或水务部门增设水权交易中心。该中心的主要职责是：核定区域可使用和交易水权数量、负责区域水权的初始分配、制定水权交易规则、管理水权交易秩序。

二、节约用水的非正式制度

在节水制度实施过程中，舆论氛围、公众参与等非正式制度可以发挥极其重要的作用。

1. 节约用水教育制度

要利用学校教育、家庭教育等各种教育手段加强经济区节水教育，要动员各种舆论工具，利用"世界水日"、"中国水周"等各种节日，广泛开展节水宣传和节水制度宣传，做到节水宣传进政府、节水宣传进企业、节水宣传进农村、节水宣传进社区，使得人人懂得"水是生命之源、生产之基、生态之要"、"节水就是节约资源"、"节水就是保护环境"、"节水就是节约成本"、"节水就是谋求和谐"，使得每个用水户都明白节水制度的基本内涵、主要内容、实施效果、权利义务、奖惩措施等，从而自觉参与到节水工作中来。

2. 节水公众参与制度

节水公众参与应当包括预案参与、过程参与、行为参与等。节约用水的公众参与范围十分广泛,主要包括:第一,建设项目环境影响评价的公众参与。目前,建设项目的环境影响评价制度只是局限于机构评价,缺少公众参与。公众参与环境影响评价的意义在于:一方面,行动建议人评价、专家评价不可能穷尽该项目可能对环境的全部影响,公众参与可以提供给主管部门更充分的资料作为决策依据;另一方面,与开发建设最有利害关系的是社区居民,从公民环境权的角度出发,居民有权对开发计划提出反对或修正意见。另外,政府在改善环境中的作用往往是基于公众对环境状况的强烈不满和改善环境的强烈愿望。因此,鼓励公众参与是一个重要方面。例如,在重大项目的环境评价中要求进行公众听证,既可以提高公众的环境意识,又可以在判定开发过程将如何对其周围环境产生重大影响时向整个社区提供有效的声音。公众参与的方法也是对环境基础设施进行成功管理的关键。第二,战略环境影响评价的公众参与。除了建设项目要改善环境影响评价外,还要积极推动战略环境影响评价。也就是要对区域水资源开发、水环境规划、水环境法规等事关全局和长远利益的战略思路、战略目标、战略举措等进行环境影响评价。对于这种环评,必须加强基础研究,充分尊重专家意见,让同行专家在充分研究的基础上,提供定量测算的依据。第三,公众参与流域节约用水的建言献策。经常开展"节水热点"、"节水难点"问题讨论,吸引群众献计献策。让全经济区居民上至省市领导,下至平民百姓,老至退休工人,幼至小学生,都踊跃参加,为节约用水提供"金点子"。

3. 节水公众监督制度

节约用水需要公众监督。监督方式主要有:一是新闻监督。在新闻媒介上设立群众栏目和节目,如设立"节水监督哨",专门刊登群众投诉的浪费用水和水环境问题;电台开通观众"节水热线电话",让水资源管理部门和群众直接对话。二是群众监督。学校可以设立"节水监督员",街道、乡镇可以设立"兼职节水员",高耗水企业与园区签订"节水公约",高耗水家庭与居委会签订"节水公约"等等,使居民感到节约用水成了一种新的时尚。三是信访监督。建立节约用水信访制度,负责处理群众的节水信访,接待群众举报,设立节水举报电话,并制定了接待群众制度、举报制度、复函回访制度等。

三、节约用水的实施机制

1. 节水信息披露机制

节水信息具有不完全性和不对称性的特点。这种特点将增加节水相关制度的运行成本,降低制度运行效率。节水信息通报制度就是通过强制力或激励措施,促使政府涉水部门和用水户向节水主管部门提供节水信息进而由节水主管部门向社会提供节水信息的一系列规则。

(1)健全节水信息统计制度

科学决策的前提是信息充分。节水工作必须保证信息畅通。为此,要加强节水信息的统计、汇总和处理工作。要建立水资源和节水信息月报制度。经济区内各级政府的涉水部门都要将有关水资源和节水信息报送水行政主管部门下设的节水办公室。节水信息的统计工作应纳入统计部门的职责。同时,要加速水资源管理信息系统的建设和维护,对用水单位(户)的用水节水信息进行采集、管理、发布和评价,掌握取、供、用、排、节水及用水权交易等多方位信息,实现用水节水数字化管理和网络化管理,实现"数字化节水",从而做到对水资源进行数字化动态管理。

(2)建立政府涉水部门之间的节水信息通报制度

政府水行政主管部门属下的节水办公室处于节水信息需求的核心位置。与节水有关的政府职能部门要定期和及时地将各自领域的节水信息向节水办通报;节水办要认真负责节水信息的汇总、整理、加工等工作,根据工作必要性和信息保密性的实际情况发布《节水信息通报》或在节水办的网上予以发布,政府各职能部门通过节水办信息网了解相关节水信息。

(3)政府节水主管部门向社会通报节水信息制度

对于公众具有知情权的节水信息,政府应该向社会予以通报,公众也可以通过水行政主管部门节水办的网站了解相关节水信息。其中,节水办要对两方面的重点信息在电视、报刊等媒体上予以公布:一是违反节水法规和政策的相关信息;二是节约用水的典型案例和先进经验。从正反两个方面起到促进全社会节水的效果。

2. 节约用水考核机制

节水考核制度是指通过制定节水考核指标,对各经济主体进行定性或者定量评估的指标体系。该项制度的实质是为节水目标的有效落实提供制度保证,是节水过程管理制度化和正式化的体现。

(1)构建三级节水考核体系

结合水资源利用分类和经济区水资源管理体制的现状,节水考核体系可以分为三级考核体系:一级节水考核体系考核行政区域政府;二级节水考核体系考核本行政区域内的政府职能部门;三级节水考核体系考核单位和用水户(见图5-4)。

(2)设计考核指标

考核指标的设计要坚持定性考核指标与定量考核指标相结合、绝对数量指标与相对数量指标相结合、硬性考核指标和软性考核指标相结合的原则。例如,绝对节水数量指标与相对节水数量指标可以构建为表5-34。

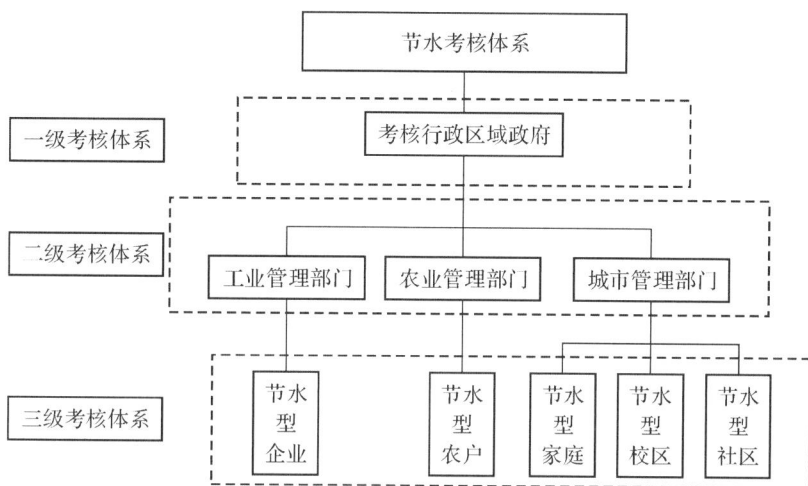

图 5-4　三级节水考核体系

表 5-34　绝对节水数量指标与相对节水数量指标

序　号	绝对节水数量指标	相对节水数量指标
1	万元地方 GDP 总值取水量	节水器具普及率
2	万元工业产值取水量	城市供水管网漏损率
3	城市人均综合取水量	工艺水回用率
4	万元工业产值取水减少量	冷凝水回用率
5	第二、三产业万元 GDP 取水量	间接冷却水循环率
6	单位产品取水量	农业水利灌溉系数
7	城镇人均日生活用水取水量	城市污水处理率
8	附属生产人均日取水量	工业用水重复利用率
9	城市污水处理工业回用量	工业废水排放达标率

（3）实施考核行为

政府节水主管部门对区域政府节水状况及行业主管部门进行考核，政府行业主管部门对各行业用水户进行考核。考核结果汇总到水行政主管部门下设的节水办公室。

（4）利用考核结果

根据考核结果对节水先进的区域、单位和个人要予以奖励，对违法违规的区域、单位和个人要予以惩处。

3. 节约用水奖惩机制

节水奖惩制度是指在节水管理及实施过程中对有关机构、单位或者个人的行为进行正面或负面的评价，并给予相应的物质或者精神上的奖励或者处罚，或者要求其实施或停止一定行为的制度。节水奖惩制度的目的在于对节水工作中取得突出成绩的有关机构、单位和个人进行表彰和鼓励，对违反节水法律法规、政策制度或者未能有效履行节水管理职能的有关机构、单位和个人进行批评和鞭策，从而引导其节水行为。

(1)节水奖励制度

对于节水工作的奖励可以设立以下几个奖项：节水管理奖、节水奖、节水技术开发奖、节水宣传推广奖等。

——节水管理奖。节水管理奖是对在节水管理工作中具有突出贡献的单位和个人的奖励，如实施节水管理取得了重大效果、对节水管理制度创新做出了重大贡献的奖励可以列入该奖项。奖励方式可以采取授予荣誉称号并颁发奖金的形式予以奖励。

——节水奖。节水奖是对在模范执行用水计划、节水、提高用水效率中取得突出成绩的用水户的奖励。节水奖应当重点考虑用水效率的提高，而不是单纯用水量的减少。对在采用先进节水器具、节水工艺节水、废水循环利用、非常规水源利用方面取得突出成绩的用水户的奖励可以列入该奖项。为了促进众多节水主体的节水行为，节水奖宜采取非竞争性、非排他性的奖励制度。根据奖励主体的不同，可以考虑设立以下奖励项目：节水型城市奖、节水型社区奖、节水型灌区奖、节水型企业奖、水型家庭、先进节水个人奖。

——节水技术开发奖。节水技术开发奖是对节水器具的设计制造、节水技术、工艺的开发方面做出了突出贡献的单位和个人的奖励。可以采用通报表扬、颁发奖金、授予荣誉称号等方式。该奖项也可以在科技成果奖评选中予以体现。

——节水宣传推广奖。节水宣传推广奖是对在节水意识的宣传、节水技术的教育、推广等方面做出突出贡献并有重大影响的单位和个人的奖励。可以采用通报表扬、颁发奖金、授予荣誉称号等方式。

(2)节水不力的惩罚制度

除保留现有行政处罚之外，可以考虑新设以下处罚制度：节水管理不力的处罚制度；超定额用水处罚制度；浪费用水处罚制度等。

——节水管理不力的处罚制度。节水管理不力的处罚制度是对节水管理工作中未能有效履行职责导致严重后果的单位和个人的处罚制度。根据严重程度可以给予警告、通报批评、责令检查等处罚方式。节水管理不力的处罚制度主要针对的是政府各个节水管理部门及其负有责任的工作人员。对单位的处罚可以由水资源统一管理联席会议决定,对个人的处罚则可以由所属单位负责,情节特别严重时也可以由联席会决定对其的处罚。

——超定额用水处罚制度。超定额用水处罚制度是对严重超定额用水的用水户给予处罚的制度,根据严重程度,可以给予警告、罚款、通报批评等一种或几种处罚方式,还可以根据当事人的纠正情况渐进式使用几种方式。由于超定额用水处罚制度主要针对的是各类企业和其他组织、社区等,因此其处罚也由各行业主管部门实施较为合适。

——浪费用水处罚制度。浪费用水处罚制度是对严重浪费水资源的行为予以处罚的制度,处罚对象以呈组织形态的用水户为主,从执行成本上考虑一般不涉及个人。根据严重程度,可以给予警告、罚款、通报批评等一种或几种处罚方式,还可以根据当事人的纠正情况渐进式使用几种方式。浪费用水的处罚也由各行业主管部门实施。其他节水管理部门在履行节水管理职责过程中发现有严重浪费用水的,可以建议主管部门进行处罚。

第五节 呼包银榆经济区节约用水的政策支持

一、经济区节水型社会建设的项目支持

按照《中共中央国务院关于加快水利改革发展的决定》(2010 年 12 月 31 日)关于"建立水利投入稳定增长机制"的要求,加大公共财政对节约用水的投入,加强对节约用水的金融支持,广泛吸引社会资金投资节约用水。

1. 加大政府节水资金投入

中央政府和地方政府要增加节约用水的财政投入。财政投入节约用水的资金,从 2010 年到 2020 年要成倍增长,其中,以中央政府投入为主。各级政府要把节水工作列入本级经济社会发展规划,加大地方财政投入力度,确保政府用于节水工作支出与总体支出的同步增长。严格执行国家有关鼓励生产、使用节水产品的税收政策,落实国家工业企业节水技术改造设备投资和以废水为原料生产产品的减免税费优惠政策。各级部门征收的水资源费、排污费、污水处理费、超计划用水加价收费等规费必须实行专款专用,当年度全部返回各行政主管部门,全部用于节水工作。重点支持农业节水工程,工业和城市节水示范工程,节水关键技术开发、示范、推广和制度建设等。

2. 加快市场机制筹措资金步伐

要充分发挥市场机制的作用,拓宽融资渠道,建立多元化的投资机制。通

过制定优惠政策和措施,鼓励社会各界积极参与城镇供水、节水灌溉、中小型水电、污水处理等项目的投资建设和经营管理,加速培育、发展节水产业。应着重突出引导、激励和推动功能,通过对节水设施建设项目的适当补助,吸引社会各界对节水工作进行资金投入。

3. 建立节水专项资金

各级政府按照建设目标和任务,设立节水专项资金投入,重点支持节水型社会试点及示范区建设。节水专项资金筹措以政府财政拨款为主,水资源费、污水治理费等提取为辅。具体数额由各级政府节水办、供水行政管理部门、财政部门共同确定。专项资金由节水办公室统一管理,独立核算,专款专用。专项资金使用范围包括:研发性资助、项目性补助、奖励性开支和管理性投入等。

二、经济区节水工程建设的项目支持

1. 农业节水

以节水农业示范区建设为龙头,加大农业节水工程投入。以黄灌区渠道衬砌为主,井灌区以推广管灌、喷灌、滴灌技术为主。对农业主产区、控制灌溉面积较大的骨干水利工程实施渠道防渗处理建设工程。因地制宜地选择示范区,通过示范工程在农业主产区推广应用。

2. 工业节水

在高耗水行业建设节水技术改造示范工程,降低单位产品取水量;结合行业技术革新改造配套新的节水设施,提高水重复利用率;控制水质,减少排污,采用高效水处理和冷却水闭路循环系统。

3. 城镇生活节水

对现有浪费用水、漏水严重的国家明令淘汰的用水卫生器具分期分批进行改造。建设节水型校园、节水型社区、节水型医院、节水型宾馆等服务示范工程。加快推进节水产品的认证制度和市场准入制度建设。鼓励使用中水用于城市绿化等。充分利用再生水和雨水替代部分生态用水。

三、经济区水权交易试点等的项目支持

初始水权有偿使用的收益按照属地管理的原则,由区域财政部门作为非税收收入收取,其中大部分(例如80%)由区域政府支配,小部分(例如20%)交水权交易中心,作为流域内水资源保护及其补偿的专项基金。为了鼓励水权交易,建议免征水权交易的相关税费。这样,既体现自然资源的稀缺性,又鼓励了地方政府的积极性,还预留了流域生态补偿资金。

第六章

呼包银榆经济区社会主义
新农牧区建设专题研究

继十六届五中全会提出建设社会主义新农村的任务后,2006 年中央 1 号文件又对如何推进社会主义新农村建设做出了具体部署,明确提出了要以"生产发展、生活宽裕、乡风文明、村容整洁、管理民主"作为新农村建设的整体目标和要求,这也构成了新农村建设的内涵。农业作为社会经济的重要组成部分和最基础的生活必需品的提供者,农村作为整个社会生活的有机成分,在我国的现代化发展中占有举足轻重的地位。十七大进一步强调:"解决好农业、农村、农民问题,事关全面建设小康社会大局,必须始终作为全党工作的重中之重。"十七届三中全会在把关注点聚焦到农民政治权利的实现时,也更加凸显了新农村建设的长期性、全局性战略定位。

在 21 世纪之初展开的新农村建设是现阶段中国社会经济发展的一个战略性的必然选择。经过改革开放以来的快速发展,我国整体经济实力已经有了大幅度提高,但农村发展仍然相当滞后,农业基础仍然十分薄弱,无力应对现代市场经济和国际化大农业的竞争,农民收入增长缓慢,消费能力差,消费层次仍然很低,占全国人口总量绝对多数的人口在整个消费的比例非常低。如果任由农村的贫困和农业的薄弱继续下去,占人口大多数的农民不仅不能参与分享我国已有的发展成果,更为重要的是,农业发展将再次出现困难的危险局面,我国的粮食安全将面临严峻的挑战。而另一方面,我国已经进入工业化发展中期阶段,有能力实行"以工促农,以城带乡"的"反哺"政策,实现农村繁荣和农业经济的发展。

本专题旨在对呼包银榆经济区的社会主义新农牧区建设问题进行研究。

第一节　呼包银榆经济区农牧业基本概况

呼包银榆经济区包括了呼包鄂经济圈和沿黄城市经济圈。该区域既有农业发展的精华地带——北部引黄灌区,也有降雨稀少、蒸发强烈的严重沙化、盐渍化、缺水的生态环境脆弱干旱区。

榆林市 18 项特色产业面积、产量居全陕西省第一。经农业部专家组测产验收,2007 年靖边玉米和马铃薯创当年全国最高单产纪录;2008 年夏秋马铃薯大面积单产、玉米千亩和核心攻关田单产、百亩球茎甘蓝单产、百亩地膜花生单产以及甜荞、苦荞、高粱、黑豆、芸豆 5 种小杂粮示范田单产均创当年全国纪录;2009 年十万亩春玉米单产和万亩春玉米单产再创两项全国最高纪录,山旱地大豆、绿豆、黑豆、糜子、谷子、黄芥等 6 类作物示范田再创 12 项全国高产纪录。榆林发展现代特色农业具有得天独厚的优势,被认为是陕西现代农业的优势所在和希望所在。

宁夏现代设施农业快速发展,各类温棚面积达到 100 万亩,优质粮食、枸杞、马铃薯、酿酒葡萄、硒砂瓜、清真牛羊肉等 13 个特色优势产业上规模、增效益。培育壮大了一批知名的农业产业化龙头企业,农副产品加工转化率达到 50% 以上。大力加强农田水利建设,新增灌溉面积 56 万亩,改造中低产田 273 万亩,建设高标准旱作农田 100 万亩,耕地连续 23 年保持净增长。农机化综合水平提高到 50% 以上。北部引黄灌区现代农业建设取得积极成效。

内蒙古现有耕地 549 万公顷,人均占有耕地 0.24 公顷,是全国人均耕地的 3 倍,实际可利用的耕地面积超过 800 万公顷,人均耕地面积居全国首位。内蒙古农业区和半农半牧区主要分布在大兴安岭和阴山山脉以东和以南。河套、土默川、西辽河、嫩江西岸平原和广大的丘陵地区,有适于农作物生长的黑土、黑钙土、栗钙土等多样性土壤地带和可利用的地上地下资源,从而形成自治区乃至我国北方的重要粮仓。内蒙古农作物多达 25 类 10266 个品种,主要品种有小麦、玉米、水稻、谷子、莜麦、高粱、大豆、马铃薯、甜菜、胡麻、向日葵、蓖麻、蜜瓜、黑白瓜子等许多独具内蒙古特色的品种,其中莜麦、荞麦、华莱士瓜颇具盛名。还有发展苹果、梨、杏、山楂、海棠、海红果等耐寒耐旱水果的良好条件。内蒙古天然草场辽阔而宽广,总面积位居全国五大草原之首,是我国重要的畜牧业生产基地。草原总面积达 8666.7 万公顷,其中可利用草场面积达 6800 万公顷,占全国草场总面积的 1/4。内蒙古现有呼伦贝尔、锡林郭勒、科尔沁、乌兰察布、鄂尔多斯和乌拉盖 6 个著名大草原,生长有 1000 多种饲用植物,饲用价值高、适口性强的有 100 多种,尤其是羊草、羊茅、冰草、披碱草、野燕麦等禾本和豆科牧草非常适于饲养牲畜。从类型上看,内蒙古东北部的草甸草原土质肥沃,降水充裕,牧草种类繁多,具有优质高产的特点,适宜于饲养大畜,特别是养牛;中部和南部的干旱草原降水较为充足,牧草种类、密度和产量虽不如草甸草原,但牧草富有营养,适于饲养马、牛、羊等各种牲畜,特别宜于养羊;阴山北部和鄂尔多斯高原西部的荒漠草原,气候干燥,牧草种类贫乏,产草量低,但牧草的脂肪和蛋白质含量高,是小畜的优良放牧场地;西部的荒漠草场很适合养殖骆驼。著名的三河马、三河牛、草原红牛、乌珠穆沁肥尾羊、敖汉细毛羊、鄂尔多斯细毛羊、阿尔巴斯绒山羊等优良畜种在区内外闻名遐迩。2009 年粮食总产量达到 396 亿斤,是历史上第二个高产年。牧业年度牲畜总头数连续 5 年稳定在 1 亿头(只)以上,牲畜出栏数和肉产量明显增长。现代农牧业加快发展,设施蔬菜、设施马铃薯种植面积双双突破百万亩,优质高产作物、良种牲畜比重继续提高,新增有效灌溉面积和节水灌溉面积均创历史新高。农牧业产业化稳步推进,乳业生产销售基本恢复正常,羊绒临时收储政策初见成效。落实各类补贴资金 75.9 亿元,比上年增加 15.4 亿元。补贴资金全部实现"一卡通"发放。

呼包银榆经济区农牧业发展中主要有以下资源优势条件:

一、土地资源广阔,后备土地丰富

经济区人均耕地面积居全国前列。如表 6-1 所示,经济区平均的人均耕地是全国平均水平的 3 倍左右,有我国的四大自流灌区和重要的商品粮基地,有一定的后备土地和较为丰富的宜渔低洼盐碱地及盐渍化中低产田,是我国重要的后备耕地集中分布区。

表 6-1　经济区耕地情况　　　　　　　　　　　　(单位:亩)

地　　区	耕地总面积	人均耕地	后备耕地
榆林	956 万	5.6	434 多万
内蒙古	1.2 亿	3.6	超过 1.2 亿
宁夏	1660 万	2.6	待开发荒地 1000 多万 可利用草地 4500 万
总计或平均	1.5 亿	4	
全国	18.3 亿	1.4	

二、光热资源丰富

该区域光热资源丰富,日照时间长,有利于农作物干物质积累;昼夜温差大,有利于马铃薯等农产品形成独特的品质。

榆林地区平均每天日照时间近 8 小时,全年日照时数 2600～2800 小时,日照百分率 60%～64%,年太阳能总辐射量 5000～5200 兆焦耳/平方米,为太阳能资源较丰富区。

宁夏年日照时数为 2254.9～3112.3 小时,是全国日照资源最丰富的地区之一。

内蒙古冬季漫长而寒冷,多数地区冷季长达 5 个月到半年之久。其中 1 月份最冷,月平均气温从南向北由零下 10℃ 递减到零下 32℃,夏季温热而短暂,多数地区仅有一至两个月,部分地区无夏季。最热月份在 7 月,月平均气温在 16～27℃,最高气温为 36～43℃。气温变化剧烈,冷暖悬殊甚大。内蒙古晴天多,阴天少,日照时数普遍都在 2700 小时以上,长时达 3400 小时。

第二节　社会主义新农牧区建设规划的战略定位

随着后工业社会的来临,城市化发展也进入了一个新的历史阶段。现代工业的发展和人口在城市的大量集中也带来了巨大的问题,工业污染和城市拥挤的负面效应对人们的身体健康提出了严峻的挑战,对环境的压力也不断加大,人类的生活质量下滑甚至恶化。因此,20 世纪 60 年代以后,发达工业国家出现了一种"逆城市化"运动,人们离开城市到新的阳光地带,追求更高的生活质量和工作品质。人们的环保意识也不断苏醒并逐渐演化成一种全球化的运动,农业发展也因此从过去追求产量的经济型生产主义向后生产主义转变,应运而生了多功能农业。

Casini 等(2004)认为,农业功能是指"通过农业部门的结构、农业生产的过程和农业空间的范围来满足社会性的需求或需要,从而在事实上或潜在地提供满足社会需求的物质或精神产品和服务。"这一概念更加注重地域或边界概念,并将农村地区视作一种消费空间(consumptive space)。因此,土地成为农业多功能性的基本分析单元。从保护野生动物、生物多样性、农村景观以及农村社区活力和食品安全的角度出发,Maier 和 Shobayashi(2001)认为,这些额外的功能或产出物实际上属于一种联合产品(joint product)、外部性产品或是公共物品,这就带来了市场机制失灵的可能性。因此,对现代农业多功能的研究不仅全方位关注农业的社会、经济、生态意义,更为政府干预、制定合理的农业发展战略提供了理论依据。

因此,本研究依据农业多功能理念,将呼包银榆经济区的社会主义新农牧区建设规划作以下战略定位:

——我国重要的生态保护区域。呼包银榆经济区是我国北方地区最重要的生态屏障,但是该经济区水土流失与土地沙化问题严重,有众多生态脆弱地区。另外,经济区有几个较大的沙源地,严重影响我国北方气候。宁夏是我国沙尘暴西路、西北路传输的主要路径和加强区,也是强沙尘暴天气袭击的重灾区。其中境外强冷空气造成的沙尘暴屡屡通过乌鲁木齐—哈密—酒泉—中卫这条沙漠通道，从宁夏一路东进，侵入京津唐地区。特殊的地理位置决定了"宁夏多栽一棵树，北京少落一粒沙"，宁夏如果卡住了沙尘暴的咽喉，京津唐地区乃至亚洲的生态安全系数就会大大提高。内蒙古地区是我国北疆最重要的生态屏障和防线，其境内从西到东分布着巴丹吉林、腾格里、乌兰布和、库布齐、巴彦温都尔等五大沙漠和毛乌素、浑善达克、乌珠穆沁、科尔沁、呼伦贝尔等五大沙地频繁的沙尘暴和扬沙天气，不仅给内蒙古各族人民生产生活造成巨大损失，而且严重影响到京津、"三北"乃至华东的生态安全。沙尘暴天气发生频率的增加反映了生态环境的逐步恶化。在《全国生态环境建设规划》中提及的八个类型区域，其中有 4 个重点治理环境类区就在内蒙古自治区。规划优先实施的黄河上中游地区、长江上中游地区、风沙区、草原区中，有 3 个重点环境类区直接涉及内蒙古自治区。因此，农牧业结构的合理调整、大力推广节水农业，事关我国整体的生态环境保护。

——西部重要的扶贫区域。呼包银榆经济区建设中，要重点抓两个方面：第一是重点项目的建设；第二是扶贫。西部地区 2008 年贫困发生率高达 7.8%，远远高于东、中、东北地区，而宁夏和内蒙古贫困发生率又分别位列我国各省的第三位和第十位，可见该区域是扶贫的重要区域之一。农牧区作为扶贫的主要区域，农牧民是主要的扶贫对象，如何发挥农牧业的比较优势，探索长效的扶贫机制，事关西部地区整个区域扶贫的成效。

——西北地区重要的粮食核心产区和国家粮食安全战略储备区。2009 年通过的《全国新增 1000 亿斤粮食生产能力规划（2009—2020 年）》中，到 2010 年，全国粮食生产能力稳定在 5000 亿千克以上，与现有能力持平略增。到 2015 年，全国粮食生产能力达到 5300 亿千克以上，比现有能力增加 300 亿千克。到 2020 年全国粮食生产能力实现 5500 亿千克以上，比现有能力增加 500 亿千克。内蒙古作为粮食生产核心区确定全内蒙古自治区到 2015 年增产粮食 50 亿千克，占全国增产任务的 1/6。宁夏、榆林地区也承担了相应的粮食增产任务。因此，经济区的粮食安全责任和意义重大。粮食安全与社会的和谐、政治的稳定、经济的持续发展息息相关。随着人口增加，我国粮食消费呈刚性增长，同时，城镇化、工业化进程加快，水土资源、气候等制约因素使粮食持续增产的难度加大；生物燃料发展，全球粮食消费增加，国际市场粮源偏紧，粮价波动变化加剧，利用国际市场调剂余缺的空间越来越小。为此，必须坚持立足国内实现粮食基本自给的方针，着力提高粮食综合生产能力，完善粮食应急储备体系，确保粮食市场供应，确保国家粮食安全。经济区有较丰富的土地资源，粮食品质较好，单产高，有条件作为未来粮食战略储备区或后备基地。

——我国重要的稳定团结少数民族区域。经济区少数民族人口众多,在社会主义新农牧区建设中,重点关注少数民族人群的发展,做好少数民族自治区的农牧区建设,大力发展少数民族特色农业,事关民族的稳定团结。

第三节　农业生产

一、商品粮基地和粮食战略储备基地

1. 分布

河套平原、宁夏大柳树生态灌区。

2. 发展现状

2004年以来,我国粮食连续6年增产,2009年粮食总产量达到历史最高水平的5308亿千克,比2003年增产1000亿千克,粮食自给率保持在95%以上。据联合国世界粮食计划署公布的《2010年粮食安全风险指数》[①]显示,我国风险指数位列第96位,属于"中度风险"国家。从粮食储备来看,我国已建立了一个从中央到地方的完善的粮食储备体系。从经济区来看,我国大陆31个省(区、市)划分为粮食主产区、主销区和产销平衡区。内蒙古是主产区、宁夏是产销平衡区。

从粮食供需来看,我国粮食消费呈刚性增长态势,口粮消费稳定增长,饲料用粮特别是工业用粮快速增长。2010年我国人口数接近14亿,按照人均占有390千克粮食计算[②],我国粮食总需求量达到5460亿千克。据专家经验推断,我国粮食综合生产能力目标需高于国产粮食需求的3%。依据95%自给率方案预测,2010年我国粮食综合生产能力应达到5170亿千克,2020年应达到5580亿千克。要实现2010年粮食综合生产能力目标,至少需要耕地12880万公顷、粮食播种面积10370万公顷、涉粮有效灌溉面积3880万公顷、涉粮机械动力60470万千瓦、涉粮固定资产投资1230亿元、涉粮化肥2010万吨、种子840万吨。要实现2020年粮食综合生产能力目标,至少需要耕地

---

① 《2010年粮食安全风险指数》是由英国风险分析公司Lecroft和联合国世界粮食计划署按照12个主要影响因素评判出的。该判定标准包含谷物产量、人均国内生产总值、极端天气发生风险、农作物品质、粮食分派的基础设施、冲突,以及政府效率等。

② 按照《90年代中国食物结构改革与发展纲要》和城乡居民的饮食习惯,今后中国人民的食物构成将是中热量、高蛋白、低脂肪的模式,在保留传统膳食结构的基础上,适当增加动物性食品数量,提高食物质量。由于食物构成的变化,直接食用的口粮将继续减少,饲料粮将逐渐增加。这样,根据预测,2010年人均占有粮食390千克左右,其中口粮200多千克,其余转化为动物性食品,就可以满足人民生活水平提高和营养改善的要求。

12390万公顷、粮食播种面积9970万公顷、涉粮有效灌溉面积4020万公顷、涉粮机械动力100670万千瓦、涉粮固定资产投资2340亿元、涉粮化肥1470万吨、种子760万吨[①]。因此,目前我国的粮食供需呈现出紧平衡状态。但是,随着人民生活水平的不断提高,畜产品的增加和食品工业快速发展,粮食产需缺口将扩大。

从经济区各区域[②]来看,宁夏目前已经形成了540万亩的引黄自流灌区和150多万亩的扬黄灌区,是我国的7大商品粮基地之一。2009年粮食生产实现山川同丰、夏秋同增,总产达340.7万吨,再创历史新高,连续5年实现增产。新中国成立以来,宁夏的粮食总产由38万吨实现第1个100万吨的突破用了27年,第2个100万吨的突破用了15年,第3个100万吨的突破用了13年,至2005年总产水平突破了300万吨。其增产的原因由20世纪50年代的耕地面积扩大、引黄灌区农田改造,到80年代扬黄新灌区的开发,以及90年代山区水浇地的开发,使得宁夏山川的粮食综合生产能力大大提高。同时,粮食结构调整、品种更新(小麦、水稻、玉米品种分别实现了4、6、5次更新)、化肥投入量的增加以及栽培技术的配套,均对通过提高粮食单产来提高其总产起了非常重要的作用。

内蒙古自治区每年为国家提供商品粮超过1000万吨,是全国5个粮食净调出省区之一。2009年在遭遇特大历史罕见旱灾情况下,粮食产量仍达到1981.17万吨。

榆林的靖边是传统的农业大县,耕地面积168万亩,其中小杂粮的种植面积已达16.4万亩,主要有荞麦、小米、绿豆等。米脂县同样是一个农业大县,耕地面积57万亩,以生产小米、扁豆、豇豆、豌豆、绿豆等各种小杂粮闻名。

但是,呼包银榆经济区在粮食生产中也存在一定的问题,主要体现在:

第一,生产经营粗放、管理水平低。由于经济区基本上是自然农业,农民靠天吃饭的局面未得到根本转变。此外多年来投入不足,导致农田基础设施建设相对薄弱,抗御自然灾害的能力较低,缺少精耕细作的田间管理,玉米种植密度不足,水稻育秧方式落后。

第二,有灌溉条件的垦区及农场用水矛盾突出,节水灌溉措施跟不上。水利灌溉是粮食能否稳定增长的重要基础条件,部分地区水利设施陈旧、落后,建设缓慢。内蒙古地区蓄引提工程明显不足,农田灌排设施建设严重滞后。局部

[①]　摘自:马晓河,蓝海涛.加强粮食综合生产能力保障我国粮食安全.国家发改委宏观经济研究院,中国发展观察网 2008-10-07.

[②]　由于粮食生产核心区与粮食战略储备工程都分布在呼包银榆区域内的宁夏、内蒙古,所以本专题重点分析介绍宁夏、内蒙古的情况。榆林地区主要分析其小杂粮的商品粮基地情况。

地区开垦面积较大,水稻产区地下水灌溉比例高,湿地退化萎缩。表 6-2 所示的是 2008 年内蒙古、宁夏地区的有效灌溉面积占总耕地面积的比例。可见,内蒙古、宁夏地区的有效灌溉面积占总耕地面积的比例都低于全国平均水平。

表 6-2　2008 年内蒙古、宁夏地区有效灌溉面积占总耕地面积的比例

地　区	有效灌溉率
全国	48.40%
内蒙古	40.17%
宁　夏	40.82%

第三,种粮比较效益长期偏低。随着农资价格上涨、人工费用增加,粮食生产成本呈逐步上升的趋势,而粮食价格涨幅低于成本增幅,种粮比较效益长期偏低。种粮每亩收益一直在几百元左右徘徊,相对于经济作物等其他生产效益一直偏低,不利于保护和调动农民种粮的积极性。

第四,农业劳动力素质下降。农村青壮年劳动力大多外出务工,留守的劳动力接受新知识、新技术的能力相对偏弱,劳动技能提高难度大,影响粮食新品种和配套栽培技术的推广应用,制约了粮食科技水平的提升。

第五,灾害性天气、极端性天气引发气候事件增多,病虫害影响加大。从表 6-3 中可见,2008 年内蒙古、宁夏地区受水灾面积达 437 千公顷,旱灾面积达 2152 千公顷。

表 6-3　2008 年内蒙古、宁夏地区水灾旱灾受灾面积　　　（单位:千公顷）

地　区	水灾受灾面积	旱灾受灾面积
内蒙古	434	1658
宁　夏	5	494
共计	437	2152

3. 发展潜力或优势

《全国粮食生产发展规划(2006—2020 年)》提出:根据我国农业自然资源、生产条件、技术水平和其他发展条件,未来粮食仍具备一定的生产能力潜力。主要途径有:提高良种良法对粮食增产的作用;提高农田基础产出能力;加强植物保护;提高粮食生产机械化水平;开发后备耕地资源等。

第一,从提高粮食单位面积产量来看。我国粮食单产的总体水平依然还是比较低的,与国际先进水平差距还比较大。从品种来看,水稻单产只相当于国际先进水平的 85%;小麦和大豆都仅达到国际水平的 55%;玉米和马铃薯更低

了，还不足 50%。

从经济区来看，内蒙古、宁夏谷物单产区较全国平均水平低，即使排除由于粮食的品种不同造成的差异，经济区的粮食单产还是有较大的发展潜力，而榆林地区在粮食单产方面有一定的优势。根据现有 2008 年播种面积计算（见表 6-4），如果谷物产量达到全国平均水平，近似将谷物单产作为粮食的单产，内蒙古、宁夏地区可增产约 549.8 万吨；如果按照《全国粮食生产发展规划（2006—2020 年）》估计，我国粮食单产有望提高 10%[①]，可增产 604.8 万吨；如果保守按照水稻仅为国际水平的 85% 计算，可近似增产 711.5 万吨。

表 6-4　2008 年各地区谷物单产比较

地　区	谷物单产（千克/公顷）	粮食播种面积（千公顷）	粮食总产（万吨）
全国	4950.8	106793	52870.9
内蒙古	4056.2	5254.5	2131.3
宁夏	3985.2	826.2	329.2

第二，从提高农田基础产出能力来看。主要可以通过土地整理，对土地利用现状进行调整，通过加强田间水利工程和耕地质量建设，提高耕地保水、保土和保肥能力，改善土地利用结构，提高土地资源的利用率和产出率，增加可利用耕地数量，提高耕地质量，从而提高粮食产量。时任总理温家宝指出："开展土地整理不仅可以增加耕地，补充建设用地，保持耕地占补平衡，而且可以改善生产条件、城乡建设布局和生态环境，促进可持续发展。"据计算，2008 年内蒙古农用地利用等级以中等（8 等）为标准，如果将全区 8 等以下耕地通过土地整理工程整理为耕地等级为 8 等的耕地，8 等以上耕地等级不变，根据内蒙古不同等级农用地平均利用等指数与标准粮产量关系对照表，通过计算，预测通过土地整理工程，全区粮食产量将达到 3859 万吨，比整理前提高了 2000 万吨。如果按照自治区农牧业厅提供的数据，内蒙古 1.07 亿亩耕地中仍有 8300 万亩为中低产田，其中 6100 多万亩为可改造中低产田，粮食单产只有 500 斤左右，是全国平均水平的 80%。在不扩大耕地面积的情况下，通过对现有中低产田改造、扩大水浇地面积和推广优良品种种植、提高农业机械化作业水平，将单产水平由现在的 282 千克/亩提高到 322 千克/亩，可实现内蒙古增产 244 万吨。如果按照《全国粮食生产发展规划（2006—2020 年）》提出的，通过土地整理每亩可以提

[①]　《全国粮食生产发展规划（2006—2020 年）》提出："从历史经验判断，我国主要农作物品种平均每 10 年更新换代一次，每次增产幅度都在 10% 以上。随着科技进步和政策扶持力度的持续增强，品种更新周期还将进一步缩短。初步判断，2006—2020 年，通过大面积推广超级稻等优良品种及配套节水节肥技术，我国粮食单产有望再提高 10%。"

高 200 千克粮食产出测算,整个内蒙古和宁夏地区共可以增产 1824 万吨。

第三,从开发后备耕地资源来看。在切实加强后备耕地资源保护的基础上,发展与生态环境相适应的后备耕地资源开发。保守估计,按照宁夏 600 万亩、榆林 400 万亩、内蒙古 1000 万亩计算,并且在单产达到全国平均水平基础上,粮食可增产 658.5 万吨。

另外,通过植物保护,加强农业气象灾害预测预报,增加人工降雨及防雹设施可以减少粮食由于病虫害、自然灾害造成的损失。据内蒙古地区测算,通过减少旱灾、冰雹等自然灾害损失,每年可挽回粮食损失 50 万吨以上。

榆林的小杂粮主要种植在海拔 1500～2900 米之间,年平均气温较低,高寒冷凉气候条件适宜小杂粮种植。特别是小杂粮的生长发育习性与本地气候特点相吻合,发展小杂粮有利于充分利用本地区光、热、水等气候资源。主产区的各县相对海拔较高,是生产小杂粮的一片净土,而且在小杂粮生产过程中使用农业投入品少,生产的小杂粮是自然态的绿色食品。

二、薯粮储备基地

1. 分布

乌兰察布、榆林。

2. 发展现状

乌兰察布马铃薯种植面积 400 万亩,年总产量 400 万吨,约占内蒙古自治区的 50%,是全国重要的商品薯出口基地,被中国食品工业协会授予"中国马铃薯之都"。

榆林是全国马铃薯五大优生区之一,常年播种面积 300 万亩,总产鲜薯 220 万吨,占全省马铃薯种植面积的 50%,占榆林粮食作物播种面积的近三分之一,是榆林第一大宗农作物。目前,全市马铃薯收入已经占到农民人均纯收入的 26.7%。

3. 发展意义

联合国宣布 2008 年为"国际马铃薯年",强调了马铃薯对缓解全球粮食危机、保证食品安全和实现千年发展目标具有的至关重要的作用。联合国秘书长潘基文指出:土豆代替粮食将是全球趋势。建设经济区的薯粮储备基地,具有重大的现实和战略意义。

(1)保障粮食安全

在人口增加、耕地面积减少、水资源缺乏、水稻、小麦和玉米三大粮食作物种植面积下降,以及粮食生产基础还比较脆弱、抗御自然灾害能力不强等因素的影响下,中国粮食安全仍存在着危机①。马铃薯作为继水稻、小麦和玉米之后的世界第四大粮食作物,对中国粮食安全具有重要意义。每人每天吃 0.25 千克的新鲜马铃薯,能产生 100 多千卡的热量,食用后有很好的饱腹感,加上马铃薯无异味,可以作为良好的主食。目前,马铃薯是按照 5∶1 的比例折合成粮食的,如果能够按照 1∶1 折粮计算,马铃薯对粮食安全的贡献将大大提高。

(2)稳定粮食价格

2011 年 1 月我国粮食价格上涨了 15% 左右。而国际市场上近几年粮价也多次上涨,联合国秘书长潘基文在 2008 年发表的"饥饿的新面孔"一文中指出:2008 年近 6 个月来,玉米、小麦和大米等谷物的价格上涨了 50%,这可能使世界上数百万人面临食物短缺的威胁,造成饥饿和营养不良的加剧。另外,生物能源产业的兴起,加剧了粮食市场供需矛盾。在这种情况下,其貌不扬的马铃薯因适应性强、种植容易、食用简单,完全可以为缓解粮食危机贡献力量。

(3)促进农民增收

以榆林为例,正常年景全市马铃薯种植、加工、销售总产值超过 11 亿元,纯收入近 7 亿元,农民人均收入 250 多元,占农民人均纯收入的 20% 左右。与此同时,马铃薯产业的发展,带动了养殖业、运输业、农机加工业等相关产业的发展,解决了部分冬闲农村剩余劳动力的就业问题。特别是如果按照规划中享受与其他粮食同等的补贴水平,将能进一步增加种马铃薯农民的收入。

4. 发展潜力或优势

(1)马铃薯耐旱抗灾能力强

马铃薯作为一种粮菜兼用型农作物,凭借较高的水分利用率、较长的产业链和比较效益高等优势条件,种植面积仍有增加趋势。在中国现有的耕地中,60% 以上耕地为旱地,后备耕地资源也多分布于干旱少雨地区,在水分条件受限的情况下,各种粮食作物的水分利用率不及马铃薯高。特别是对于北方干旱少雨地区,由于马铃薯产量随着生产季节的延长而逐步提高,在丰水年产量为100%,几种作物在干旱年份的产量分别为:谷子 55%,荞麦 57%,春小麦 58%,马铃薯 76%。马铃薯即使生长后期严重干旱,也不至于绝收,而其他粮食作物,一旦生育期遭遇严重干旱条件,可能导致颗粒无收,这一优势已在内蒙古地区近几年所遭遇的严重旱灾中得到充分体现①。

(2)马铃薯营养丰富

马铃薯富含碳水化合物,在块根块茎类作物中,它的蛋白含量最高(湿重条

---

① 赵永华.决策参考——47 万亩种薯基地激活全国一亿亩优质马铃薯[J].今日中国论坛杂志,2009.

件下的含量约为 2.1%），质量也较高，其氨基酸模式与人类的需求非常匹配。它还富含维生素 C。一个中等大小的马铃薯含有正常人建议日摄入维生素 C 量的大约一半，而且还含有钾的建议日摄入量的 1/5[①]。

（3）薯粮储备基地自然优势明显

乌兰察布市马铃薯主产区年降水量是 300～450mm，主要集中在六、七、八三个月，占全年降水量的 70% 左右，那也正是马铃薯生长需水量最大的时期。自然降水规律与马铃薯需水规律基本吻合，加之雨热同季，对马铃薯生长发育十分有利；气候冷凉，昼夜温差大，土壤疏松，加之海拔高、空气干燥，不但有利于马铃薯块茎膨大、干物质积累，与全国其他省区相比，严重危害马铃薯毁灭性的晚疫病在当地发生频率低，传毒蚜虫少，因而生产的马铃薯种薯及商品薯质量上乘，在全国马铃薯生产中占有较大优势；日照时间长，辐射强度大，完全可满足马铃薯生长发育对光照的要求，而且光能利用潜力很大。另外，当地地势相对平坦，种植面积大，集中连片，适合机械化、规模化、标准化生产，发展前景广阔。榆林地处黄土高原和毛乌素沙漠过渡地带，土地广阔、土质疏松、土壤富含钾元素、光照充足、雨热同季、昼夜温差大、海拔高、环境无污染，非常适宜马铃薯的生长发育，气候生产潜力每亩 1600～3000 千克，具有生产无公害产品得天独厚的条件。

（4）薯粮储备基地现有种植基础较好

在前述发展现状中，可以看出乌兰察布和榆林不论在种植面积和产量上在经济区甚至全国都有一定优势。

（5）薯粮储备基地增产潜力较大

马铃薯生产增产潜力巨大。从单产水平来看，马铃薯种植面积排在前 5 名的国家均超过 1000 万亩，总产量排在前 7 名的国家均超过 1000 万吨。马铃薯的世界平均单产为 1146 千克/亩，有两个国家（比利时和俄罗斯）单产超过 3000 千克/亩，有 15 个国家单产超过 2000 千克/亩，而我国的平均单产仅为 1087 千克/亩，在世界排名第 83 位，比较靠后。以内蒙古为例，内蒙古马铃薯平均亩产鲜薯 952 千克，比全国平均亩产 1000.5 千克低 48.5 千克。通过加强农田基本建设、提高节水灌溉、测土配方施肥、应用脱毒种薯和高产高效栽培技术，内蒙古马铃薯单产可提高 550 千克以上，按年种植面积 950 万亩计算，可增产 52.3 亿千克，按 5:1 折粮，可增产粮食 10.5 亿千克。

（6）马铃薯加工、储藏潜力大

目前，马铃薯加工开始起步，产业化进程加快，发展具有一定潜力。经济区

---

① 徐娟娟.马铃薯——粮食安全战略中的重要角色[J].农产品加工业,2008(10).

鲜薯加工企业普遍规模较小,难以组织农户提高马铃薯质量。马铃薯加工企业面临着建立食品安全体系、生产符合市场需求的马铃薯的挑战。我国与国外比较,从加工的"量"到加工的"质"上都有较大的差距,也充分体现了发展马铃薯加工基地的潜力。例如拥有欧洲最大规模的马铃薯加工业的荷兰,将其总产量320万吨马铃薯的70%～80%被用来加工成薯条和薯片,其中90%的加工产品用于出口。在储藏方面,以乌兰察布为例,马铃薯从收获到封冻仅有一个多月的时间,销售时段非常有限,大量鲜薯需要通过储藏后第二年销售。马铃薯储藏主要有三种方式:农户井筒式储窖储藏、马道式储窖储藏和恒温库储藏。目前乌兰察布市建成贮存能力在200吨以上的储窖2700座,加上农户土窖总储存能力达20亿千克,由一季销售变为四季销售,保证了马铃薯全年均衡上市。但是目前乌兰察布市马铃薯储窖建设标准不高,在储贮过程中由于温度湿度控制不好,导致烂窖率较高(10%～15%)。通过进行高标准的气调储藏库,可以使烂窖率下降到5%左右,另外通过加大马铃薯的加工体系建设,可以大大增加马铃薯的保质时限。

(7)马铃薯消费市场潜力大

随着人们生活水平的提高和膳食结构的改变,消费量将逐步增加。目前发达国家年人均消费马铃薯74千克,而我国还不足15千克,缺口很大。

三、红枣种植基地

1. 分布

榆林、银川。

2. 发展现状及优势[①]

2010年榆林市红枣保存面积达到170万亩,其中挂果面积为135万亩,枣农人均拥有枣树2亩多,有红枣万亩乡43个,完成红枣基地建设任务15.4134万亩。鲜枣产量32万吨,较2009年减产三成,但由于鲜枣价格是2009年的3倍多,形成减产不减收的现象,直接经济产值12亿元。榆林全市红枣收入1万～2万元的有5.7125万户;2万～5万元的有1.1657万户;5万～10万元的有538户;10万元以上的有154户;20万元的有2户,佳县、清涧农民人均红枣收入超过3000元,红枣已成为榆林市沿黄地区的主导产业。银川的灵武长枣是宁夏仅有的三个中国地理标志产品之一。榆林地区发展红枣加工基地的优势主要有:

---

①　本专题重点介绍榆林红枣种植基地。

（1）自然条件适合

榆林地处黄土高原峁状丘陵沟壑区，且有黄河流经，以土石山为主，土层深厚，土质松软，多为绵黄土，宜于红枣生长，故成为红枣种植基地。

（2）发展历史悠久

红枣已有 3000 年的食用历史，历来被视为补血益气之佳品，民间更有"日食五枣，长生不老"的说法。榆林大红枣味道甘美，营养丰富，有"天然维生素丸"的美誉。据研究分析，榆林红枣除了含有丰富的蛋白质、脂肪和纤维素外，并富含钙、磷、铁、胡萝卜素等，还含有黏液质、皂甙、生物碱、黄酮类、苹果酸、酒石酸及多种矿物质，其维生素的含量是柑橘的 8～17 倍、香蕉的 50～100 倍、苹果的 50 倍。榆林出产的"黄土地"牌陕北御枣，经农业部品及苗木质量监督检验测试中心检验，达到国家一级标准，其维生素、环磷酸腺苷的含量在各种干制枣中居于领先地位。

（3）国内外市场广阔

目前，我国红枣占全球的 98％，只有韩国、伊拉克有少量红枣栽培，约为我国红枣总量的 2％。红枣的市场前景和销路好，现在全国红枣总产量为 153 万吨，全国人均不到 2 千克。如果外国人每年人均食用 1 千克红枣，红枣市场潜力巨大。

四、设施蔬菜基地

1. 分布

呼和浩特、包头、银川、榆林。

2. 发展现状

近年来，随着我国城乡居民收入水平不断提高，消费观念逐步转变。家庭蔬菜消费呈现出以下特点：

第一，人均消费量呈现出一定的下降趋势，城镇家庭的人均蔬菜消费量略高于农村家庭。由于目前我国家庭蔬菜消费仍然以鲜菜为主，所以用家庭的鲜菜消费量来衡量我国家庭的蔬菜消费量。图 6-1 所示是城乡人均消费量的对比。城镇家庭平均每人全年购买鲜菜量从 2000 年到 2004 年略有上升，到 2004 年达到一个峰值，达到人均 122.3 千克；2004 年之后有一定的下降，但是总体都保持在人均 120 千克左右。农村家庭人均消费量也是有一个先上升后下降的态势，但是总体也稳定在人均 105 千克左右。总体上城镇家庭人均蔬菜消费量都略高于农村家庭。

第二，从消费者结构来看，高收入阶层消费蔬菜较多，并且对质量更加关注。图 6-2 所示是 2007 年按收入等级分城镇居民家庭平均每人全年购买主要

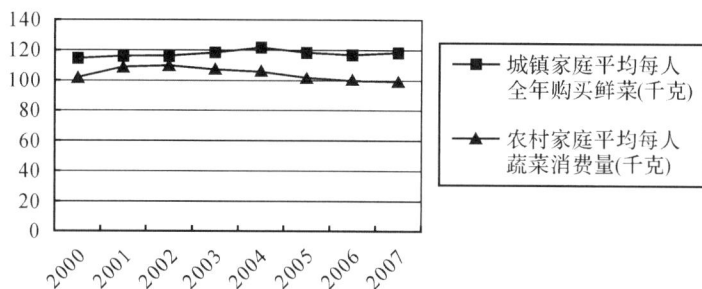

图 6-1　城乡人均蔬菜消费量对比(资料整理自《中国统计年鉴》)

蔬菜商品数量,可见随着收入的增加,城镇居民对蔬菜的购买量是呈上升态势的,仅最高收入户的蔬菜购买量略低于中等偏上户和高收入户。另外,据调查,家庭月收入在 1000 元以下的消费者通常去菜市场买"毛菜",很少有人去过问超市销售的"净菜";家庭月收入达到 5000 元以上的消费者中有 50% 以上更愿意购买净菜。收入越高,消费者去超市购买净菜的比例越高。目前,蔬菜占我国居民食物构成的 33.7%。

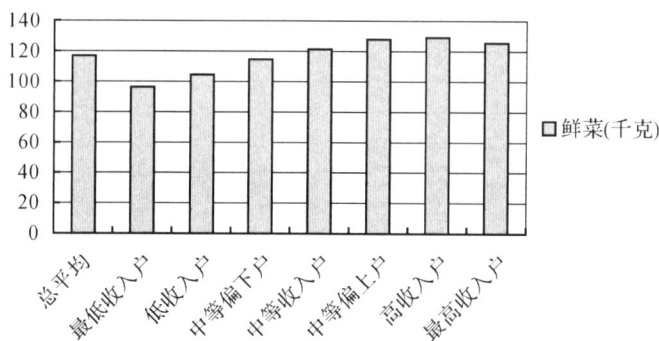

图 6-2　2007 年按收入等级分城镇居民家庭平均每人全年购买蔬菜数量

　　第三,家庭蔬菜总消费量呈现出一定下降趋势,家庭蔬菜总消费量占蔬菜总产量份额较少。本专题按照"家庭蔬菜总消费量＝城镇人口×城镇人均消费量＋农村人口×农村人均消费量"计算。图 6-3 所示的是家庭蔬菜总消费量,可见和人均消费量类似。2004 年,家庭蔬菜总消费量达到峰值,而之后总消费量呈现下降的态势,但是近几年总体稳定在 14300 万吨左右(见图 6-4)。但是,与之相对应的是,蔬菜总产量呈现出每年递增的态势,我国蔬菜总产量已经位居世界第一位。因此,家庭蔬菜总消费量占蔬菜总产量比例仅为 20%～30%(见图 6-5)。

　　蔬菜消费分为家庭消费、损耗、餐饮消费、加工消费、出口需求、贮存等,家

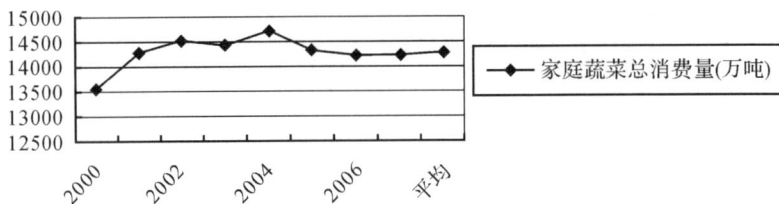

图 6-3　家庭蔬菜总消费量(资料整理自《中国统计年鉴》)

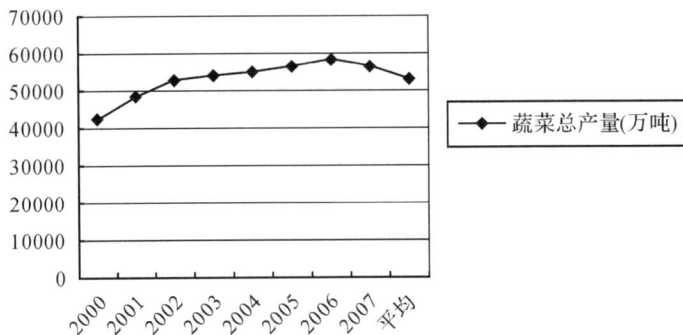

图 6-4　我国蔬菜总产量(资料整理自《中国统计年鉴》)

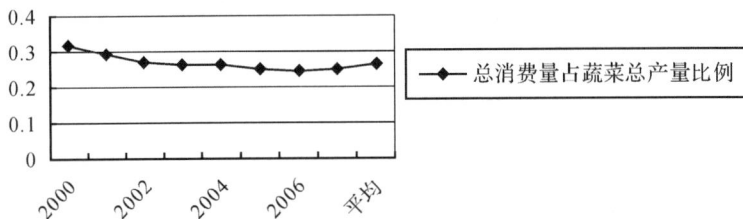

图 6-5　家庭总消费量占蔬菜总产量比例(资料整理自《中国统计年鉴》)

庭总消费量仅占总产量的 20％～30％,本专题也对其他的消费或消耗方式进行了分析。

从损耗来看,据保守估计,我国蔬菜目前的损耗率在 45％～50％左右。随着蔬菜的保险、加工、物流水平的提高,蔬菜的损耗率可能会有一定的降低,但是由于蔬菜自身的易腐坏性和季节性,损耗率仍然将占蔬菜总消费的大部分比例。

从餐饮消费和加工消费来看,首先,随着人们收入的增加,餐饮消费量会不断增加,据测算,城镇居民收入与在外消费的相关系数约为 0.9 左右,呈现出强相关性。我国目前的农产品加工企业还较少,乡镇规模的蔬菜、水果和坚果加工企业仅有 1629 个(见表 6-5)。但是我国农产品加工行业已经进入一个快速发展阶段,我国农产品加工业总产值年均增长 16％,所以蔬菜的加工消费也将呈现出一个上升的趋势。

表 6-5　全国 2007 年乡镇规模工业企业生产销售情况统计

（蔬菜、水果和坚果加工）

企业个数	从业人员年平均数（人）	增加值（万元）	总产值（万元）	销售产值（万元）	营业收入（万元）	利润总额（万元）	上缴税金（万元）
1629	249377	2213937	8669954	8204225	8504066	500508	188822

在出口需求方面，近年来，我国蔬菜出口量不断增加，并且占蔬菜总产量比例也在不断上升。由表 6-6 可知，我国蔬菜出口量由 2000 年的 269.90 万吨增加到 2007 年的 622.0 万吨，增加了 2.3 倍左右，年均增长 12.94%。但是从总量上看，近几年蔬菜出口量仍然较低，平均仅占总蔬菜产量的 0.8% 左右。

表 6-6　中国（2000—2007）蔬菜出口量

年　份	出口（万吨）	蔬菜出口占蔬菜总产量比例
2000	269.9	0.63%
2001	333.8	0.69%
2002	402.9	0.76%
2003	484.9	0.90%
2004	496	0.90%
2005	547.4	0.97%
2006	578.0	0.99%
2007	622.0	1.10%
平均	466.9	0.80%

资料整理自《中国统计年鉴》。

在国际市场上，欧洲的蔬菜进口量占世界的 54.57%，美洲的蔬菜进口量占世界的 22.07%，而我国对这两个蔬菜进口大洲的出口量均不足其进口量的 4%，市场开发具有一定的空间。另外，一些发达国家的蔬菜自给率持续下降，如加拿大为 77%、英国为 76%、日本为 50%、瑞士为 42.6%。经济发达国家如美国和欧洲各国都在大力提倡以素食为主，洋葱、胡萝卜、生姜、蒜薹具有其他任何食品所无法取代的保健作用，这将导致洋葱、胡萝卜、生姜、蒜薹的需求量剧增，同时也为这些蔬菜的出口带来巨大的机遇。

目前国内蔬菜出口以大蒜、洋葱（青葱）、姜、马铃薯、番茄为主，以及其他冷冻蔬菜、脱水蔬菜。我国蔬菜出口居世界第五位。从 2008 年近半年通过阿里巴巴采购的买家地区分布来看，46% 的买家分布在亚洲，24% 的买家分布在欧洲与北美等地,非洲占据 17%,其他地区占据 13%。另据统计,我国 70% 以上的蔬菜出口到亚洲市场。与我国在饮食文化及地缘相近的东亚及东南亚地区是我国蔬菜出口的最主要的贸易伙伴。

总的来说,2000 年以来,我国蔬菜供给量呈增长态势,这是我国实施"菜篮子工程"的显著成果。但是伴随着我国蔬菜产量不断增长同时,家庭蔬菜总消费量呈现出一定下降趋势,家庭蔬菜总消费量占蔬菜总产量份额较少。蔬菜供给总量与家庭蔬菜消费量、蔬菜出口量之间存在相当大的缺口,这往往会使人们认为我国蔬菜已经供大于求,但是实际情况未必如此。原因在于:第一,蔬菜需求量中还应包括餐饮、加工等用途的需求量。伴随着近年来我国经济的持续发展和人民生活水平的提高,蔬菜加工业也在不断发展,外出就餐家庭数和家庭外出就餐次数也不断增加,使得蔬菜的加工、餐饮需求量不断增加。第二,在计算家庭消费量时是按照蔬菜最终出售或者被消费(城镇家庭按照购买量计算,农村家庭按照消费量计算)的数量计算的,蔬菜的产出却是按照田间生产出的蔬菜产量计算的。第三,蔬菜的损耗一直是蔬菜的最大消费(消耗)部分,大约占到蔬菜产量的一半,所以出现了产出与消费之间较大的缺口。

在蔬菜生产上,《全国蔬菜重点区域发展规划(2009—2015 年)》指出,据中国农业统计资料显示,我国瓜菜播种面积在 20 世纪 80 年代年均增长近 10%,90 年代年均增长 14.5%,21 世纪前 7 年平均增长 1.9%,到 2007 年达到 2.94 亿亩,总产量 6.41 亿吨。其中,蔬菜 2.6 亿亩,5.65 亿吨,人均占有量 427 千克。设施蔬菜发展更快,1980 年设施蔬菜不足 10 万亩,到 2007 年达到 5050 多万亩,增长 504 倍。另据 FAO 统计,2006 年我国蔬菜产量占世界的 49.6%,居世界第一。

从地域分布来看,在中国有三大蔬菜主产区:北部主产区,包括山东(蔬菜第一大省)、河北、辽宁省,由于其特有的自然条件和先进的农业设施和发达的农业市场,使该产区成为我国主要的蔬菜供给区域;南部主产区,包括广东、广西、海南、四川和云南省,该区域由于其气候优势,能够生产反季节蔬菜,供给我国北部、西北部、东北部地区;中部主产区,包括河南、江苏、湖北、湖南和安徽省,该区域蔬菜主要满足本区域和邻近地区需求(见图 6-6)。

呼包银榆经济区虽然不是蔬菜的主产区,但是,发展称为"1.5 产业"的设施农业,推广建设以简易蔬菜大棚为主、高标准日光温室为辅的设施栽培农业是呼包银榆经济区农业收益增长的一个重要新兴点。设施农业相较露地栽种的优势在于能够更加有效地实现对栽种过程的全程控制,降低农药和化肥的使用,栽种更高质量标准的蔬菜,并且获得更高的收益。

从宁夏地区来看,截至 2009 年,宁夏设施农业面积已达百万亩,提前一年

```
                    山东
             北部 ── 河北        供给全国
                    辽宁

                    河南
                    江苏
  蔬菜主产区 ─ 中部 ── 湖北        主要自给
                    湖南
                    安徽

                    广东
                    广西
             南部 ── 海南        冬季主产区
                    四川
                    云南
```

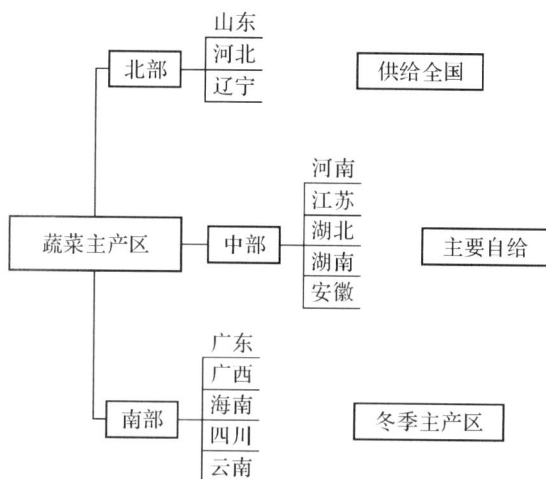

图 6-6　我国蔬菜主产区分布

完成目标任务,设施农业成为农民增收的主要途径。设施农业规模和效益的提升,带动上半年农民现金收入达到 2801.3 元,同比增加 350.97 元,增长 14.3%。宁夏设施农业建设起步于 20 世纪 80 年代中期,但至 2006 年全区设施农业面积仅 22.9 万亩,并主要集中于引黄灌区,中部干旱带和南部山区不到 1 万亩。2007 年至 2009 年,全区设施农业新增 80 余万亩,年均增长 20 万亩以上,形成了设施类型多样、山川共同发展、规模效益同增、农民积极参与、园区化建设、集约化生产、产业化经营的发展格局。2009 年,全区日光温室亩产值平均达到 1.5 元至 2 万元,纯收入达到 1 万元以上,大中拱棚亩产值平均达到 6000元至 8000 元以上,纯收入达 3500 元以上,小拱棚亩产值平均达到 3500 元以上,纯收入达 2000 元以上。设施农业总产量达到 180.4 万吨,总产值 25.673 亿元,净产值 15.4 亿元。据测算,全区农民来自设施农业的纯收入 361.4 元,设施主产区农民人均来自设施农业的纯收入达到 1000 元以上。

3. 发展潜力或优势

《全国蔬菜重点区域发展规划(2009—2015 年)》指出,由于我国人口众多、蔬菜消费量大,而我国运力严重不足,贮运设施和保鲜技术落后,必须走适地生产与设施生产相结合的道路,以解决春、秋淡季蔬菜供需矛盾。按照《全国蔬菜重点区域发展规划(2009—2015 年)》中规划的设施蔬菜重点产区,分布在北纬 32°～42°地区,呼和浩特、包头、银川、榆林地区正好处在该区域中。呼和浩特、包头、银川、榆林地区发展大棚蔬菜的优势主要体现在:

(1)良好的自然资源条件

该地区素有"北有寿光、南有贺兰"之称,虽然经济区水资源分布参差不齐,但是呼包银榆四个城市带水资源较丰富,并且有一定的后备土地资源。只是目前设施农业发展主要还存在着资金、技术、市场和配套设施等方面的制约。可见,发展大棚蔬菜的自然条件充足,但是尚受到资金、技术等生产要素的制约,发展有较大的潜力。

(2)各地区目前蔬菜供给尚不足

以包头为例,蔬菜自给率为55%左右,夏秋旺季时,部分调往外地,冬春淡季时,多数从外地调入。因此,如果发展标准设施蔬菜栽培基地,可以解决包头等地季节性缺菜的状态。另外,该四个城市是经济区的核心或次核心城市,人口规模大都在100万人以上,有较大的蔬菜消费能力,并且该四个城市又有丰富的旅游资源,外来人口较多,对蔬菜的需求量也较大。

(3)大棚蔬菜比较优势明显

一般露地蔬菜亩纯收入1000元左右,大棚蔬菜亩纯收入5000元左右。蔬菜比较效益高,对生产的发展有驱动作用。

具体通过《2009年全国农产品成本收益汇编》来看。由于成本收益汇编中数据有限,仅以银川的露地西红柿、黄瓜、菜椒、茄子与全国的大棚蔬菜水平作对比。

第一,从成本收益来看。如表6-7所示,虽然大棚蔬菜在产量上较露地蔬菜优势不太明显,菜椒、茄子的露地产量甚至高于大棚产量,但是从产值上看,大棚蔬菜的优势十分明显,大棚西红柿的亩产值较露地西红柿的产值高了5590.13多元,最少的菜椒也高了1787.13元。而大棚蔬菜在成本上的劣势主要体现在成本均高于露地栽种,成本约高了1200~2200元/亩。大棚蔬菜的净利润优势也十分明显,西红柿的大棚净利润是露地的9倍左右,高了3369.86元。所以,即使排除大棚蔬菜在满足各大城市的蔬菜供给上的作用,单从收益来看,大棚蔬菜生产还是较露地栽种有一些优势。

表 6-7　银川露地蔬菜与全国大棚蔬菜平均水平成本收益比较

		亩产量(公斤)	亩产值(元)	亩成本(元)	亩净利润(元)
西红柿	全国大棚	5166.60	8109.57	4336.97	3772.60
	银川露地	3709.20	2519.44	2116.70	402.74
	差额	1457.40	5590.13	2220.27	3369.86
黄瓜	全国大棚	4913.30	7455.81	4195.67	3260.13
	银川露地	3603.30	3098.99	2101.03	997.96
	差额	1310.00	4356.82	2094.64	2262.17

续表

		亩产量(公斤)	亩产值(元)	亩成本(元)	亩净利润(元)
菜椒	全国大棚	2796.40	4662.63	3227.28	1435.35
	银川露地	2862.20	2875.50	1907.53	967.97
	差额	−65.80	1787.13	1319.75	467.38
茄子	全国大棚	3660.10	6199.95	3154.25	3045.70
	银川露地	5168.30	2549.93	1889.30	660.63
	差额	−1508.20	3650.02	1264.95	2385.07

第二,大棚生产的成本较高,表6-8所示为对大棚生产的成本与露地栽种的具体成本进行的比较分析。

表6-8 银川露地蔬菜栽种与全国大棚栽种具体成本比较 (单位:元/亩)

项 目	银 川	平 均	差 额
人工成本	1509.483	528.7125	980.77
农膜费	476.1525	88.015	388.1375
固定资产折旧	387.2575	0	387.2575
销售费	95.5	46.035	49.465
农药费	140.935	105.035	35.9
燃料动力费	35.595	0	35.595
修理维护费	25.855	1	24.855
水费	15.935	54.75	−38.815
化肥费	300.1775	389.1675	−88.99
种子费	128.8275	290	−161.173

说明:具体成本比较数据是将银川和全国平均的西红柿、黄瓜、茄子、菜椒取加权平均计算的数值。

从表6-7可以得出以下结论:

——人工成本是大棚蔬菜的主要成本,也是造成大棚成本较露地成本普遍较高的原因之一。但是,人工成本的偏高恰恰能够反映大棚蔬菜产业是一个劳动密集型产业,而且由于从事大棚栽种的农民可以获得和外出务工差不多甚至更多的收益[①]，对缓解劳动力结构的不合理有一定的积极意义。

——农膜费和固定资产折旧费用是造成大棚栽种成本较高的另一主要原因。而实际上，建造大棚的费用大致在每亩 2 万元[②]，农民并不需要完全承担建造的费用。例如海南省规定农民（或农民合作社）建设设施大棚，每亩将获 8000 元补贴，企业建设设施大棚每亩则给予 3000 元补贴。另外还有一些地方性的补贴，如三亚市对每亩瓜菜钢架大棚给予 5 万元扶持，北京大兴区对兴建大棚基地给予 4 万元每亩的补贴。其他地区也有不同程度的补贴。

即使不能完全由政府通过补贴来承担大棚的费用，通过抵押大棚获取抵押贷款等金融融资方式，也能够承担大棚的建造费用。目前，北京大兴区的蔬菜大棚基地已经可以利用蔬菜大棚进行抵押贷款，一个占地 4 亩的大棚可以抵押贷款 40 万元，最长贷款期为 8 年。各地区的村镇银行和农村商业银行等涉农金融机构的发展，无疑对大棚蔬菜产业的发展起到了积极的促进作用。

——如果发展大棚栽种，可以在一定程度上节约水和化肥的费用，也可以反映出大棚的栽种能够减少水和化肥的使用量。这对于发展节水农业有重要的现实意义。

因此，在积极推动各区域产业转型升级的进程中，发展被称为"1.5 产业"的设施农业，推广建设高质量的塑料大棚，是经济区收益增长的一个重要的新兴点。大棚瓜菜较露地栽种的优势在于能够更加有效地实现对栽种过程的全程控制，降低水、化肥的使用，栽种更高质量标准的瓜菜，并且获得更高的收益，对于节水农业的发展也有重要的现实意义。

作为经济区的重要交通枢纽中心，在该四大城市周边大力发展设施蔬菜栽培，可以较好地发展满足自身的蔬菜需求和周边各大城市的蔬菜需求。

设施蔬菜产业属于劳动密集型产业，可以吸纳较多的劳动力，并且能够实现农民的增收。

（4）粮菜协调发展

《全国蔬菜重点区域发展规划（2009—2015 年）》指出，蔬菜生育期短，既可以与粮食间套作，也可以轮作，互补发展。间套作有利于农业生态建设，轮作不仅可以增加粮食生产投入、培肥地力，还可以减轻病虫害的发生，提高粮食综合生产能力，实现粮食稳定增产、农民持续增收，具有重要的战略意义。

---

① 以山东寿光为例，占地 4 亩的大棚约需要两个劳动力的投入，每年能够获得纯利润 4 万～5 万元。
② 以海南大棚为例，设施大致可分为四档，投入分别为 15 万元/亩、3 万～5 万元/亩、5000 元/亩和 1000 元/亩。15 万/亩的大棚是具有观光大棚性质的，北方大棚由于需要进行更多的保暖设施成本较高，也仅 3 万～5 万元/亩左右，因此本专题按照高标准的生产大棚计算为 2 万元/亩。

五、西瓜种植基地

1. 分布

中卫。

2. 发展现状

压砂瓜是中卫市在无灌溉条件的干旱戈壁滩上通过铺上一层砂石层保墒，生产出来的一种西瓜。硒是人类生命活动中不可缺少的必需微量元素，素有"生命火种"、"抗癌之王""、"天然解毒剂"等美誉，有较高的研究利用价值。硒砂瓜中的硒含量居其他西瓜之首。

2009年，中卫市硒砂瓜种植面积扩展到102万亩，并建成天景山、大青山两个硒砂瓜现代农业示范园区和白圈子、新庄子等5个万亩以上硒砂瓜生产基地，以及14万亩全国绿色食品原料硒砂瓜标准化生产基地，落实硒砂瓜出口基地3万亩。以"香山硒砂瓜"商标注册的压砂瓜被国家绿色食品发展中心认证为A级绿色食品，取得有机食品转换证书，成功创建全国绿色食品原料基地，取得国家地理标志保护产品，成功进入北京奥运会、上海世博会。

第四节 节水农业

一、发展现状

近年来，黄河中上游来水明显偏少，可用水受到严格限制，致使生产、生活、生态用水严重不足。加之黄河两岸土壤风蚀、水蚀严重，输入黄河流域泥沙量增大，河道淤积日趋严重，局部地区盐渍化加重，瓶颈制约因素日益显现。不少国家的经济学家普遍认定，21世纪国际投资取向和区域经济的发展，一是看国民素质能否跟上文明发展；二是区域内的水资源是否满足经济社会的发展。

内蒙古是以旱作为主的地区，水资源十分匮乏，气候十年九旱，生态环境十分脆弱。同时，用水浪费严重，节水水平与水资源形势不相适应。全区人均综合用水量高出全国人均水平近290立方米。农业灌溉水利用率和工业用水重复利用率低于全国近10个百分点，城市管网漏失率达20%以上。用水浪费进一步加剧了水资源的供需矛盾。由于降水不足，年际变化大，空间分布不均匀，干旱对农业生产的危害严重。近年来，内蒙古重点在旱作农业区着力推广了膜下滴灌、大型指针式喷灌、半移动式喷灌等节水设施与深耕深松免耕、地膜覆盖等农艺农机措施相结合的旱作节水模式，取得明显成效。到目前为止，内蒙古全区已建设大型指针式喷灌圈 1375 台套,控制面积达到 95 万亩;半移动式喷灌面积达到 615 万亩。内蒙古的实践证明,大型指针式喷灌既节水,又能够提高抗灾增产增收能力。以 2007 年为例,在全区旱作区遭遇春夏秋连旱的恶劣条件下,一个 500 亩的自走式喷灌圈,种植马铃薯的效益可以达到 100 多万元,不仅当年收回了喷灌圈及配套设施的全部投资,而且还稍有节余。在干旱面前充分展示了节水设施农业良好的抗旱节水增产增收作用,还有力地推动了农田节水工作的快速发展。2008—2009 年的两年间,内蒙古全区新上大型指针式喷灌圈 1324 台套,建设面积达到 90 万亩,是前几年建设面积总和的十几倍。

宁夏地处西北干旱地区,年均降水量仅 289 毫米,全区人均可利用水资源仅为 706 立方米,约为全国平均水平的三分之一,工业、农业、城镇和生态用水严重不足。面对水资源短缺的严峻形势,宁夏确立了北部节水、总部调水、南部开源增效的分区治水思路,优化种植结构,推广节水技术,大力开展制度建设和水价改革,积极开展农业水权转换,着力解决人饮安全问题,加大重点水资源配置工程建设,加强工业企业节水改造,不断推进城市生活节水。与节水型社会建设开展前相比,全区年总耗水量 5 年减少了 7 亿立方米,万元 GDP 用水量和耗水量分别下降了 34% 和 33%,城市节水器具普及率由 40% 提高到 60%。与此同时,宁夏的水生态环境质量状况得到明显改善。目前工业废水排放达标率已达 69.7%,日污水处理能力达 65.5 万立方米;城市污水处理率达 60%,污水处理回用率达 40%。宁夏近年来节水工作取得一定进展,2004—2008 年 5 年间节水 7 亿立方米,用水效益显著提高,水生态环境质量状况得到明显改善。

榆林市是一个新兴的能源工业城市,同时也是一个水资源短缺严重的城市。随着区域经济社会的快速发展,水资源供需矛盾日趋突出,缺水已成为榆林经济社会发展的主要制约因素之一。榆林市平均水资源总量为 32.01 亿立方米,水资源可利用总量为 12.75 亿立方米,每亩耕地拥有水量 405 立方米,占全省和全国每亩耕地占有水量 734 立方米和 1330 立方米的 55% 和 30%;人均占有水量 889 立方米,仅占全省及全国人均占有水量的 68.38% 和 38.65%。

二、发展潜力或优势

探索呼包银榆经济区节水旱作灌溉农业的发展潜力主要可以从开发水资源可利用量潜力和节约现有农业用水两个方面入手。

从开发水资源可利用潜力上看,虽然通过水资源开发利用率的提高可以在一定程度上增加水资源的可利用量,但是目前黄河水资源开发利用率都超过 50%,而国际上一般认为对一条河流的开发利用不能超过其水资源量的 40%。因此,经济区的水资源开发利用率可以作为一个约束性指标。

　　节约现有农业用水主要分：工程措施，包括渠系输配系统节水、灌溉节水、集雨节灌；技术措施，主要是通过土地平整、平衡施肥、耕作保墒技术、井渠结合等提高水分生产率；经济措施，包括研究制定合理的水价政策，利用经济杠杆改变种植业结构，加大节水投入等；管理措施，包括实行水资源统一管理，制定节水灌溉政策法规、加强组织管理、加强宣传教育和推广节水灌溉技术等。本研究主要对内蒙古自治区和宁夏两省的渠系输配系统节水潜力、田间灌溉节水潜力和提高水分生产率进行分析，能够较好地反映经济区的节水农业情况。但是，由于经济区仅是内蒙古、宁夏的一部分和榆林地区，所有计算的节水潜力绝对值会有一点偏大。

　　1. 渠系输配系统节水潜力

　　经济区农田供水受投资限制，管理粗放，渠系输配系统浪费严重。内蒙古现有水利灌溉设施中20%的灌溉机电井配套不完善，70%的渠系建筑物老化失修，73%的输水、配水渠系需要整治。宁夏灌溉水渠系利用率也仅为40%左右，一半多的灌溉水在输配过程中被损失掉。

　　渠道防渗技术能最有效地减少渠道渗漏损失，提高渠系水利用系数和农业水利用率。如果采取浆砌石防渗、混凝土护面防渗、膜料防渗和暗管输水四种不同的防渗技术，可以有效减少渠系输配系统的渗漏损失（见表6-9）。由此可见，渠系输配系统节水潜力十分巨大。提高渠系水利用系数，可以有效减少水的渗漏损失，大大提高水的利用率。

表 6-9　不同渠系防渗技术的节水潜力[①]

防渗技术	减少渗漏损失（%）
浆砌石防渗	50～60
混凝土护面防渗	60～70
膜料防渗	70～80
暗管防渗	95（利用率）

表 6-10　不同渠系防渗技术的节水潜力（《全国节水灌溉规划》测算）

节水类型	节水措施	节水潜力估计值	对照条件与说明
减少输水损失	渠道衬砌	30%～40%	无衬砌

---

　　① 何荣智，卢喜平.四川省农业节水潜力分析与实践[J].中国水利，2007(17).

具体而言,以《节水灌溉技术规程》(GB/T50363—2006)中的大型、中型和小型灌区规定的渠系水利用系数为目标[①],结合《全国节水灌溉规划》目标,对内蒙古和宁夏地区的渠系输配系统的节水潜力进行计算,结果见表6-11。从中可以看出,以2008年农业用水为基准,在大中小三个不同目标下,内蒙古和宁夏通过输水过程共可节约水量为30.3亿～70.7亿立方米。

表6-11　不同节水目标下的渠系节水潜力

地　区	现　状		节水潜力					
	农业用水量(亿立方米)	渠系水利用系数(%)	大型灌区目标(%)	节水量(亿立方米)	中型灌区目标(%)	节水量(亿立方米)	小型灌区目标(%)	节水量(亿立方米)
内蒙古	134.1	40	55	20.115	65	33.525	75	46.935
宁夏	68.0	40	55	10.1955	65	16.9925	75	23.7895
合计	202.1	40	55	30.3	65	50.5	75	70.7

注:渠系水利用系数统一按照40%计算。

　2. 灌溉节水潜力

由于灌溉基础设施简陋,农民往往采用"大水漫灌"等传统落后的灌溉方法,灌溉用水效率低,用水浪费严重。田间灌水技术常分为全面灌溉和局部灌溉。全面灌溉是指全面湿润整个农田根系活动层的土壤,包括地面灌溉(如畦灌、沟灌、淹灌、漫灌、波涌灌、细流沟灌等)及喷灌(比地面灌溉节水30%～50%);局部灌溉只湿润作物周围的土壤,行间或棵间的土壤仍然保持干燥。局部灌溉又称微量灌溉(如滴灌、微喷灌、涌泉灌、渗灌、膜上灌等,比地面灌溉节水45%～75%)。采用不同的节水灌溉技术,可以有效提高水分利用效率,节水潜力十分巨大。另外,通过灌溉节水制度和土壤保墒技术也能够有效节水。以2008年内蒙古、宁夏地区农业用水现状为基础,以农业用水202.1亿立方米、灌溉用水占农业用水比重98%[②]和渠系水利用系数40%为现状参数,通过对田间不同灌溉技术的节水潜力进行计算表明(见表6-12),如果在灌溉过程中实施相应的节水技术或措施[③],可节约用水量7.92亿～39.61亿立方米。

---

　① 大型灌区不应低于55%,中型灌区不应低于65%,小型灌区不应低于75%。全部实行井渠结合的灌区可在上述范围内降低10%,部分实行井渠结合的灌区可按井渠结合灌溉面积占全灌区面积的比例降低。井灌区采用渠道防渗不应低于90%,采用管道输水不应低于95%。

　② 灌溉水占总农业用水比重是全国平均数据。

　③ 假定综合利用多种技术按照单一的节水潜力值计算。

表 6-12　田间不同灌溉技术节水潜力

节水类型	节水措施	节水潜力估计值	对照条件与说明	节水量（亿立方米）
灌溉节水技术	滴灌	40%～50%	地面灌溉	31.69～39.61
	喷灌、微灌	30%～35%	地面灌溉	23.77～27.73
	小畦、管带	20%～25%	地面灌溉	15.84～19.81
	暗灌、渗灌	20%～25%	地面灌溉	15.84～19.81
	波涌、间歇	15%～20%	地面灌溉	11.88～15.84
灌溉节水制度	灌水定额	30%	与一般定额对照	23.77
	灌溉次数	1 次	返青水与拔节水合并	—
	灌关键水	2 次	小麦 5 次灌水	—
土壤保墒	覆盖技术	10%～20%	抑制土壤蒸发	7.92～15.84
	深翻耕	10%	平原地区拦蓄雨水	7.92
	增肥调水	30%～50%	提高水分利用率	23.77～39.61

注：按照《全国节水灌溉规划》潜力估计值测算。

3. 提高水分生产率节水

我国水资源利用方式比较粗放，用水效率也不高，平均水分生产率为 1 千克/立方米（生产 1 吨粮食要消耗水 1000 立方米），远远低于世界上先进国家的水平。如果按照以《节水灌溉技术规程》（GB/T50363—2006）规定的实现节水灌溉后，水分生产率不低于 1.2 千克/立方米的标准计算，以内蒙古、宁夏地区现有的平均生产率为全国平均水平 1 千克/立方米计算，2008 年内蒙古、宁夏共生产粮食 2460.5 万吨，可节水 41.09 亿立方米。可见，提高水分生产率，可以在不增加农业用水量的情况下增加粮食产量。在农业用水日益短缺的情况，通过提高水分生产率实现节水增产，这是农业可持续发展的根本出路。

4. 节水农业工程相关指标测算

通过节水措施后，宁夏和内蒙古的渠系输配系统节水潜力为 30.3 亿～70.7 亿立方米，灌溉节水潜力 7.92 亿～39.61 亿立方米，提高水分生产率节水潜力 41.09 亿立方米，假定各节水方式不能加总，节水潜力在 7.92 亿～70.7 亿立方米，按照有效灌溉面积＝灌溉用水/单位面积用水计算，内蒙古、宁夏地区单位面积用水 5959.74 立方米/公顷约为可新增有效灌溉面积 133.076 万～254.038 万公顷，提高有效灌溉率 16.1%～30.8%。灌溉水利用系数可以达到43.90%～74.96%。

第五节 农业产业化

一、奶业加工基地

1. 分布

银川、吴忠、呼和浩特。

2. 发展现状

宁夏地区形成了以吴忠市和银川市为核心区的产业带;2007年奶牛存栏数32万头,是2003年的2.5倍,鲜奶总产量94万吨,成年母牛年均单产突破6000千克,人均鲜奶占有量154千克;有乳品加工企业28家,年鲜奶加工能力100万吨,生产液态奶13万吨,各种奶粉5万吨。

内蒙古地区截至2007年年底,全区奶牛存栏达到251.23万头,是十年前的4倍,占全国奶牛总数的17%;鲜奶产量达到909万吨,是十年前的10倍,占全国牛奶总产量的25%。2007年全区销售收入百万以上的乳品加工企业为100家,其中,国家级农业产业化龙头企业3家,自治区级龙头企业10家,牛奶加工设计能力为880万吨,其中,加工能力在10万吨以上的旗县有9个,规模以上企业年加工鲜奶665万吨,占全区鲜奶产量的70%,能够满足加工能力的75.5%。全区乳品企业销售收入423.60亿元,是"九五"期末的36倍。蒙牛、伊利两大企业销售收入分别达到213亿元和193亿元。两大企业液态奶产量占全国产量的55%。

3. 发展潜力或优势

(1)城乡居民消费水平不断提高,消费市场潜力大

2008年,城镇居民人均乳品消费22.72千克,比2000年增长56.8%;农村居民人均乳品消费4.81千克,为2000年的3.9倍;城镇居民家庭人均乳品消费金额比2000年增长了1.8倍。但是城镇居民的人均乳品消费量只有世界平均水平的四分之一,农村居民的人均乳品消费量只有城镇居民的五分之一,随着人口增长特别是城镇人口大量增加、城乡居民收入持续较快增长和消费结构不断改善,乳品消费需求增长空间巨大。

从政策环境看,《国务院关于促进奶业持续健康发展的意见》、《乳品质量安全监督管理条例》、《奶业整顿和振兴规划纲要》和《乳制品工业产业政策》相继出台,国家扶持奶业发展的政策日趋完善,规范奶业发展的管理制度逐步健全。

（2）龙头企业发展潜力大

蒙牛、伊利两大奶业龙头企业目前的生产规模与世界乳业十强相比，规模仍然有一定差距，仍有很大的发展空间。另外两大龙头企业生产的乳制品，其主要市场不在内蒙古，而是在包括北京、上海、深圳、广州在内的发达地区。而且常温奶的保质期是 6～8 个月，更适合长途运输。

二、羊绒加工基地

1. 分布

吴忠、鄂尔多斯、巴彦淖尔、银川。

2. 发展现状

巴彦淖尔有销售收入百万以上的羊绒加工企业 37 家，是全国最大的无毛绒分梳基地。羊绒业是一个资源依托型产业，原料的有限性极大地制约着产业的发展，同时羊绒产品又是一种外向型出口产品，是市场的需求变化的晴雨表。旺盛的需求和有限的供给是市场趋势，价格是最终的拉动力和决定因素。巴彦淖尔绒毛产业发展所具备的两大优势让国内同行望其项背：一是原料优势，巴彦淖尔年产绒量高达 3000 吨，占我国羊绒产量的四分之一，也是饲养山羊、生产优质羊绒的重要经济地带，二郎山白山羊绒享誉海内外；二是区位优势，蒙古国、俄罗斯以及甘肃、宁夏、西藏、新疆等国家和地区的绒毛大部分经巴彦淖尔中转到内地、沿海和国外，羊绒流通量大。另外，如鄂尔多斯有鄂尔多斯羊绒集团的龙头企业带动。

吴忠市是全国最大的羊绒集散地。羊绒加工是纺织第一大行业。"世界的羊绒在中国，中国的羊绒在吴忠"。全世界羊绒产量约 1.5 万吨，全国羊绒产量约 1 万吨，吴忠羊绒年吞吐量达 7000 多吨，占全国的 60%，占世界近 50%。同心羊绒工业园区已经形成了羊绒生产、购销、加工产业链和较强的集散功能。

羊绒产业是银川市"一强五优"产业和自治区重点扶持的优势特色产业之一。银川市羊绒产业发展迅速，技术设备达到国内一流水平，形成完整的产业链，拥有了自主品牌，已发展成为全国乃至世界重要的羊绒集散地和无毛绒加工基地，赢得了"世界羊绒看中国，精品羊绒在灵武"的美誉。2008 年，全市境内流通原绒 7000 余吨，约占世界的 44%，占全国的 58%；生产无毛绒 3600 吨，约占世界的 50%，占全国的 65%；羊绒条 350 吨，占全国的 58%；羊绒纱 700 吨，占全国的 35%；羊绒衫等制品 360 万件，实现产值 45 亿元，同比增长 29%，出口创汇近 1 亿美元，占全区绒毛行业出口创汇的 74%；上缴利税 2600 多万元；解决就业人员累计达 7400 多人。银川市先后被授予"中国精品羊绒产业名城"、"中国灵武国际精品羊绒之都"等称号。

三、番茄酱加工基地

1. 分布

巴彦淖尔。

2. 发展现状

内蒙古番茄产业从 2006 年大规模扩张以来,已初步形成产业化、规模化发展格局。番茄制品产能由不足 3 万吨发展到 62 万吨,产量占全国的 40% 以上,交易量占世界的 30%,成为国内第二大番茄及制品产区。内蒙古番茄产业经历了三个发展时期。第一个时期(2001—2004 年)为膨胀期,种植面积在 2004 年急剧增长,由 2001 年的 2.4 万亩增到 2004 年的 16.39 万亩,年增长分别为 117.9% 和 212.8%;第二个时期(2004—2007 年)为快速成长期,年增长分别为 44.5%、13.43% 和 28.9%,增速虽然放缓,但产业规模逐年激增;第三个时期(2007—2009 年)为基本稳定期,增减变动幅度趋小,分别为 6.9% 和 3.3%。

另外,由于内蒙古具有发展番茄产业独特的自然条件和明显的区位优势,近年来国内外知名番茄制品加工企业纷纷入驻内蒙古。从 2004 年 11 个加工厂 22 条生产线迅速发展到现在 41 个加工厂、73 条生产线,62 万吨番茄制品生产能力。番茄加工企业覆盖 6 个旗县区、农垦局,番茄基地覆盖 7 个旗县区和农垦局及内蒙古周边地区。目前内蒙古已成为全国生产番茄制品最密集的地区,形成了独具特色的番茄产业集群。番茄产品有大包装桶装番茄酱、小包装番茄酱、番茄丁、番茄整粒、番茄汁,主要出口欧洲、东南亚等 20 多个国家和地区。

3. 发展潜力或优势

(1)区域优势明显

加工型番茄的种植对地域有较高的要求,严格的气候条件决定了供给的相对有限性。在我国,除了内蒙古和新疆能够大面积种植外,在甘肃张掖、高台和黑龙江齐齐哈尔地区虽然也有少量加工型番茄种植,但总共不足 20 万亩。这决定了加工型番茄的供给难以过度扩张,而番茄产业将作为内蒙古的特色产业而长期存在。

(2)原料优势显著

番茄酱最讲究的是红色素,也就是 AB 值,欧洲和美国的标准是 2.1,内蒙古生产的番茄酱 AB 值最低的是 2.3,一般在 2.4~2.5,高出 2~3 个点,而且颜色和口感都非常好,很受消费者欢迎,这主要是因为内蒙古气候条件得天独厚,干旱、日照时间长、昼夜温差大。2009 年内蒙古加大了番茄新品种、新技术的推广和病虫害防控力度,番茄不但商品率高,干物质也有所增加。2009 年,巴彦淖尔市番茄种植面积 46 万亩,平均亩产 5 吨,同比每亩增加 0.57 吨,成为继新疆之后全国第二大番茄生产基地。

（3）具有一定价格优势

据调查,番茄酱加工的成本主要体现在番茄的收购上,收购成本占据了主营成本的 70％ 以上。我国番茄原料收购价基本是欧美的 50％ 左右。以生产 36％～38％ 浓度番茄酱为例,每吨酱成本约低于世界平均成本 150 美元。据调查,2009 年 9 月份内蒙古番茄酱不同浓度间天津港口报价为 850～900 美元/吨,同期欧洲市场番茄酱开盘价折合约 1617 美元/吨,除去 FOB 成本 650 美元/吨,企业收益 200～250 美元/吨,国际竞争优势十分明显[①]。

（4）具有一定种植比较优势

番茄作为内蒙古的主栽作物之一,2009 年亩净收益为 1499 元,高于小麦、玉米、花葵、油葵、籽瓜等内蒙古主要的作物,具体而言番茄亩净收益平均比小麦高 229.7％,比玉米高 125.8％,比花葵高 37.8％,比油葵高 212.7％,比籽瓜高 86.3％。使农户栽种番茄积极性极大提高,这也是近几年内蒙古市番茄面积得以大幅增加的主要原因。

四、牛羊肉加工基地

1. 分布

包头、吴忠、石嘴山。

2. 发展现状

宁夏地区清真牛羊肉产业带由引黄灌区肉牛、肉羊杂交改良区、中部干旱带滩羊生产区和六盘山麓肉牛生产区构成;2007 年肉牛饲养量 150 万头,肉羊饲养量 1055 万只,分别比 2003 年增长 56.3％ 和 13.3％,牛羊肉总产量 17.4 万吨,占全区肉类总产量的 58％;全区建成清真牛羊肉加工企业 7 家,其中 5 家达到清真肉品屠宰加工国际标准,取得"出口肉品加工企业"资质;建成了平罗宝丰、吴忠涝河桥、西吉单家集等较大的区域性牛羊肉专业交易市场,吸引了周边省区养殖、贩运户入市交易。

3. 发展潜力或优势

消费上,近年来,随着社会经济的不断发展和人民生活水平的不断提高,人们的膳食观念从"吃饱求生存"转变为"吃好求健康",方便、营养、卫生的食品逐渐成为消费主流。人们对肉制品的消费由过去的脂肪型转为瘦肉型,高营养、高蛋白、低脂肪、低胆固醇的绿色肉制品已成为消费热点。清真牛羊肉食品是

---

① 　数据来源:《中华工商时报》。

指按照伊斯兰教风俗屠宰、加工制成的符合回族风俗的肉制品。清真牛羊肉及其制品以其绿色、环保、无污染的特征,受到人们的广泛认同。

另外,据分析预测,我国动物性食品70%的需求将依赖西部地区畜牧业的发展,这将给包括宁夏在内的西部地区肉牛、肉羊产业发展带来巨大的市场空间。从国际市场来看,全世界共有57个以信仰伊斯兰教为主的国家,穆斯林总人口达13亿多,分别占全球国家和人口的30%和22%。欧盟及阿拉伯国家牛羊肉消费量占世界牛羊肉消费量的70%~94%,我国回族地区牛羊肉的消费量也接近50%。因此,大力开发具有地方民族特色的清真牛羊肉制品将具有广阔的前景。

在加工方面,宁夏发展特色农产品加工业具有一定的农业资源优势和科技资源优势,以及西部大开发战略的政策支持和宁夏有关农产品加工业优惠政策的支持,特别是独特的生态资源和悠久的培育历史形成了肉牛、羊农产品品种资源,环境污染轻,适宜发展优质特色农产品生产。同时,宁夏在西部省区中,处于东西商业交汇地带,交通便利。宁夏是闻名遐迩的回族之乡,是全国唯一的回族自治区,独具特色的民族传统和清真文化,培育了"清真"品牌。尤其是近年来宁夏经济社会快速发展,对特色农产品加工业发展的带动增强,城市化建设的高速发展,为特色农产品加工业提供了广阔的发展空间。宁夏劳动力资源丰富,劳动成本相对低廉,煤炭、电力等资源丰富,价格较低,也是农产品加工业降低成本,形成价格竞争优势的重要因素。

六、枸杞加工基地

1. 分布

银川、石嘴山、中卫。

2. 发展现状

整个宁夏地区,2009年枸杞产业完成加工产值4.4亿元。枸杞特色农产品加工业的原料基地建设步伐加快,规模初步形成。2007年种植面积50.9万亩,比2003年增长95.7%,干果总产7万吨;全区有枸杞加工企业138家,规模以上27家,形成了枸杞酒、枸杞籽油、果汁、叶茶等10大类50多种产品,加工转化率近20%;宁夏枸杞干果流通量占到国内市场总规模的46%,全年枸杞干果及深加工制品出口量达7000吨,居全国主导地位,出口创汇2000多万美元。农产品品牌"宁夏红"枸杞酒品牌跻身国家名牌农产品行列,在国内外知名度不断提高。2007年,宁夏红枸杞产业集团销售收入达到3.3亿元。

3. 发展潜力或优势

(1)枸杞有良好的药用和保健价值

枸杞子是常用的营养滋补佳品,民间常用其煮粥、熬膏、泡酒或同其他药物、食物一起食用。枸杞子自古就是滋补养人的上品,有延衰抗老的功效,所以又名"却老子"。枸杞中的维生素 C 含量比橙子高,β-胡萝卜素含量比胡萝卜高,铁含量比牛排还高。

(2)历史悠久的传统品牌、文化优势

宁夏地区种植枸杞的历史已有数百年。《中国药典》规定:唯宁夏枸杞才可入药。这是其他任何省区都无法比拟的。宁夏枸杞是宁夏地区仅有的三个入选中国国家地理标志产品的产品。而且,宁夏目前还发展了具有特色的枸杞文化。宁夏目前有全国唯一的省级枸杞协会,还举办一年一度的"中国宁夏"国际枸杞节,对树立和宣传宁夏枸杞品牌、发展宁夏枸杞产业起到了良好的助推作用。

(3)政策优势

历届党和国家领导人都十分重视宁夏枸杞,40 多年来,董必武、邓小平、江泽民、胡锦涛等数十位党和国家领导人都鼓励宁夏发展枸杞产业;自治区最新提出建设 4 个特色产业带,计划将枸杞种植发展到 50 万亩,并将出台新的扶持措施;中宁县还专门设立了枸杞产业管理局和枸杞专业市场。

(4)科技优势

宁夏有比较集中的科技研发单位。宁夏枸杞品种和种植技术在全国遥遥领先,自治区的宁杞一号、二号等优良品种是目前全国最好的品种,其他各省区的好品种也多从宁夏引进;在枸杞成分及作用研究方面也有一些成果,有多项深加工专利技术和卫生部批准的健字号食品。

(5)种植优势

宁夏有先进规范的栽培技术。专家与杞农共同创造的一整套成熟的栽培技术和无公害枸杞种植规范已在宁夏全面推广,中宁县、农科院、南梁农场等县、市和单位均有大面积优良枸杞种植基地。

(6)加工优势

目前,唯有宁夏有数量众多的枸杞工商企业和产品。自治区已有 100 余家企业和一大批工商户,从事枸杞干果和酒、药、汁、粉、糖、茶、饮料以及保健品等产品的加工和贸易,涌现出宁夏香山酒业、宁夏恒生西夏王酒业公司和宁夏上实保健品有限公司、宁夏红枸杞商贸公司等有实力的企业以及"宁夏红"和"杞浓"枸杞果酒等知名品牌。

（7）市场优势

2009 年，宁夏枸杞种植总面积突破 50.9 万亩，约占全国的 20%，干果年产量约占全国总产量的 50%，出口约占全国出口总额的 60% 以上，市场占有率大于其他 10 省（区）的总和。

（8）地域优势

同时宁夏在西部省区中，处于东西商业交汇地带，交通便利。尤其是近年来宁夏经济社会快速发展，对特色农产品加工业发展的带动增强；城市化建设的高速发展，为特色农产品加工业提供了广阔的发展空间。

（8）劳动力资源优势

宁夏劳动力资源丰富，劳动成本相对低廉，煤炭、电力等资源丰富，价格较低，这些也是农产品加工业降低成本、形成价格竞争优势的重要因素。

（10）龙头企业优势

龙头企业汇源集团在石嘴山市投资兴建枸杞加工企业，对枸杞加工业在石嘴山的发展起到了积极的推动作用。

七、葡萄酒加工基地

1. 分布

吴忠、银川、石嘴山、乌海。

2. 发展现状及优势

宁夏回族自治区十分重视葡萄产业发展，2003 年制定了《优势特色农产品区域布局及发展规划》，随后出台了《关于加快葡萄产业发展的实施意见》，将葡萄产业确定为宁夏农业发展的优势特色产业，列入了农业产业化发展纲要。"十二五"期间，在宁夏重点培育的 13 个农业特色优势产业中，第一位就是优质酿酒产业和葡萄种植。近年来宁夏葡萄产业发展较快，2007 年年底宁夏葡萄基地达 21 万亩，产量 8 万吨，产值 5 亿元，其中酿酒葡萄基地 13 万亩。葡萄基地的迅速扩大带动了葡萄酒酿造业的发展。目前，以西夏王、御马、贺兰山、鹤泉等为主体的葡萄酒加工龙头企业已达 16 家，贺兰山东麓葡萄产区也已成为张裕、王超、长城等国内知名葡萄酒公司的优质原料基地。

葡萄酒的酿造素有"七分原料，三分工艺"之称，即葡萄原料的好坏是决定葡萄酒质量的关键因素。我国可用于种植葡萄的地区主要集中在山东、河北、宁夏和新疆地区。而宁夏的贺兰山东麓地处银川平原的西部，沙砾结合型土质透气极佳，土壤有机质含量高，加上干燥少雨，光照充足，年日照时达 3000 小时，昼夜温差大，且西有贺兰山天然屏障抵御寒流，东有引黄灌渠横穿而过，可满足葡萄生长各个时期的水分需要。大量调查数据表明，在水热系数、温度、湿度等方面,这一地区比法国的波尔多地区更胜一筹。而且,在这里种植葡萄无病虫害,具有香气发育完全,色素形成良好,含糖量高,含酸量适中,产量高,无污染,品质优良的优势,是一个得天独厚的绿色食品基地。

乌海市毗邻石嘴山市,由于昼夜温差大,日照时间长,有效积温高,无霜期达 156～165 天,很适宜葡萄的生产。根据地区实际,乌海市将葡萄产业确定为乌海农业主导产业。为了调动葡萄种植户的积极性,乌海市给予每亩 200 元的补贴。从 2004 年开始,乌海市葡萄种植基地每年以 4000 亩以上的速度增长,2014 年计划新增 5000 亩。据统计,目前完成种植面积已达到 4863 亩,其中:海勃湾区 3220 亩,海南区 1200 亩,乌达区 443 亩。目前,乌海市葡萄深加工企业已发展到 3 家,鲜食葡萄储运、流通企业 1 家。葡萄产业具有了一定的品牌市场竞争优势。乌海葡萄获得国家首批农产品地理标志认证,所产的鲜食葡萄及葡萄加工产品在国内、国际各类评比中屡获殊荣,市场竞争能力日益增强。

八、药材加工基地

1. 分布
呼和浩特、银川。

2. 发展现状及优势
我国医药产业产值年均增长 16.6%,已成为全球医药十大新兴市场之一,是继美国、日本、德国、法国之后的世界第五大处方药市场、世界非处方药的第一大市场。随着我国人口的增加、老年人用药消费的增长、新疾病带来医药的新需求以及医药生产的多元化,未来相当长一段时期,我国医药市场增长速度仍将继续高于世界医药市场增长速度。

宁夏作为全国唯一的省级回族自治区,在回医药文献研究、诊疗技术、药品研发等方面取得了积极进展,涌现出了伊正回药"圣穆威胶囊"、张宝玉回医骨伤诊疗、黄宝栋回药制剂、陈卫川回医医技 10 法等可喜成果。

蒙药作为中华传统医药不可或缺的组成部分,在近年来也将获得长足的发展。原因如下:

第一,蒙药历史悠久,认可度高。蒙医药是我国四大民族医药体系之一,是具有完整理论体系和丰富临床实践经验的传统医药学,它是我国乃至世界传统医药学的重要组成部分。蒙药具有药味浓、用量少、药力大、作用独特、疗效突出等特点。根据长期的临床实践,蒙医药不仅对骨科疾病有独特疗效,而且对心脑血管疾病和血液病等疑难病症有明显疗效。据内蒙古卫生部门提供的资料,蒙医药治疗冠心病、高血压、老年缺血性中风和心血管神经官能症等心脑血管疾病总有效率均超过 90%。与以化学合成物为主要成分的西药相比,蒙药属天然药物,使用安全、疗效显著、毒副作用小,符合未来药物的研发方向和市场需求,已逐步为广大患者接受,国内外接受蒙医药治疗的人群呈上升趋势。

第二,蒙药产业发展潜力大。民族药产业是从 20 世纪 80 年代后期至 90 年代初开始起步的,藏药、蒙药和苗药是发展较为迅速的民族医药,尤其是藏药逐步发展壮大并最终成为仅次于中药的第二大药系。现在全国各地分布着 100 多家藏药企业,苗药也是近几年势头迅猛,而蒙药却只有十几家生产企业。但是,国家在汇编民族药典时是特别重视蒙药发展,144 种蒙药占据民族药的次席。此外,早在 1991 年国家中医药管理局就在内蒙古中蒙医医院建立了国家蒙药制剂中心。

第三,蒙药研发队伍强大。相对于其他民族医药而言,蒙药的研发队伍较强,内蒙古自治区医药行业有蒙医药人员 4777 人,其中蒙医人员 4019 人,蒙药人员 758 余人,有高级职称者近 200 人,中级职称者近 900 人。

第四,蒙药拥有丰富的药材资源。据统计,内蒙古有蒙药材 2000 多种。蒙医药的发展已引起了内蒙古自治区政府的高度重视,已被作为重点产业进行扶持。自治区政府近年发布的《医药行业发展纲要》说,要加速组建内蒙古的蒙药生产企业集团,形成合力,尽快发展蒙药新剂型,创蒙药新品牌。

第五,蒙药开发呈现出良好的市场前景。民族药经过历史的千锤百炼沿袭下来,能从民族地区走向全国,受到广大患者的欢迎,因为它疗效显著、价格相对低廉,符合目前大多数病患者的经济能力和消费水平,它有利于改变我国农民和城市低收入人群的缺医少药状况[1]。

第六节　现代农牧业服务体系建设

党的十七届三中全会通过的《中共中央关于推进农村改革发展若干重大问题的决定》提出,要加快构建以公共服务机构为依托、合作经济组织为基础、龙头企业为骨干、其他社会力量为补充,公益性服务和经营性服务相结合、专项服务和综合服务相协调的新型农业社会化服务体系。这是新阶段我们党为巩固和加强农业基础地位做出的重要决策,对于促进农业稳定发展、农民持续增收,对于加快改造传统农业、走中国特色农业现代化道路,具有重大意义。

一、战略意义及必要性

贯彻落实科学发展观,构建支持保护有力、服务快捷高效、监管规范有序的

---

① 打造蒙药大品牌,振兴民族医药产业[EB/OL]. http://blog.sina.com.cn/hanfengyu.

农牧业服务体系,对建设优质、高产、高效、生态、安全的现代农牧业,实现农业和农牧区经济全面、协调、可持续发展至关重要。现代农牧业服务体系建设对于经济区的意义及其必要性主要体现在以下几个方面:

1. 现代农牧业服务体系建设是落实政府支持保护农业政策的有效载体

农牧业服务体系建设内容属于世贸组织《农业协定》绿箱政策范畴,政府投资建设,符合国际惯例,符合公共财政原则,是世界各国发展和保护农业的通行做法,也是国际上保证本国农业竞争力的有效途径。面对千家万户小生产和千变万化大市场的农业经营现状,为农民提供急需的各种服务,是支持和保护农民的重要形式。加强经济区现代农牧业服务体系建设,完善和强化种子繁育、科技推广、动植物保护、质量安全等公益性职能,为农民提供市场不愿提供、不能提供、也提供不了的农业公共产品,将新品种、新技术、新信息传播到广大农村,将"反哺农业、回报农民"的支农惠农方针政策送到千家万户,能有效提升广大农户的经营水平,提升经济区农业的市场竞争力。

2. 现代农牧业服务体系建设是提升经济区农牧业综合生产能力的客观需要

2010年中央一号文件明确指出,要加快构建新型农业社会化服务体系。加强经济区现代农牧业服务体系建设,大力发展新型农民专业合作经济组织,能够有效解决"小农户"与"大市场"的对接问题,提高农牧民的市场谈判能力,提高农畜产品销售价格,增加农民收入。

实施农村经纪人培训工程建设,可以壮大农村经纪人队伍,有利于密切产销联系,搞活农产品流通;有利于加快实用技术的推广应用,提高农业生产的科技水平;有利于传递市场信息,带动农户面向市场调整优化农业生产结构;有利于农村二、三产业的发展,加快农村剩余劳动力转移;有利于形成产销合作组织和专业协会,从而提高农民的组织化程度。

实施农畜产品质量安全体系建设,有助于推进农业产业结构调整和提高农业整体效益,有助于增加农民收入和社会稳定,有助于提高广大人民群众生活质量和生命健康,更有助于生态环境的改善和农业的可持续发展,以及增强农畜产品的市场竞争力。

构建农牧业科技推广服务体系,有利于促进农业科技的持续创新和推广转化,提高农民科技文化素质和职业技能,能有效提高农业科技创新和应用能力及农民自我发展能力。加强农业信息体系建设,将信息资源转化成生产要素,促进农产品流通,能有效提高农产品加工转化和市场开拓能力。

建设农村市场流通体系,实施"乡村流通工程"建设对于扩大农村工业品市场、促进农村消费、推动县域经济的发展都具有非常重要的意义,对于遏制农村地区的造假贩假现象、净化农村市场环境具有不可替代的积极作用。发展订单农业有利于农民及时获取市场信息,减少生产的盲目性,有利于推进农业产业化发展,真正实现农业生产的产前、产中、产后的农工商、产供销一体化经营。开展果蔬等鲜活农产品"农超对接"工程建设,有利于减少农产品流通环节、降低流通成本,有利于实现农产品质量从农田到餐桌的全过程控制,提高农产品质量安全水平,对建立农产品现代流通体制、增加农民收入和促进城乡统筹协调发展具有重要的现实意义。

3. 现代农牧业服务体系建设是确保农业安全的重要基础

农业安全,既要确保量的安全,有效保护基本农田,并切实提高耕地产出率、劳动生产率,实现主要农产品的有效供给,又要确保质的安全,有效控制动植物病虫害,强化农资市场监管,大力推广无公害、绿色、有机农产品生产技术,实现农产品的优质安全。建设经济区现代农牧业服务体系,对于全区促进农业科技推广应用、强化动植物重大疫病防控、提升农产品质量安全水平,以及保障经济区农业安全和促进农牧民持续增收有着十分重要的意义。

二、现状及已取得的成就

1. 农牧民合作组织发展迅速,带动作用增强

经济区合作组织总量不断增加。2009 年巴彦淖尔全市 6 个农区旗县区各类农牧民专业合作组织已经发展到 414 个,其中农牧民专业合作社 394 个、专业协会 20 个。农牧民专业合作社按行业划分主要有四大类,其中种植业 72 个、畜牧业 119 个、服务业 151 个、其他(商贸流通)52 个。农牧民专业合作组织成员 30189 人,农牧民成员占 98%,带动非成员农户 7.3 万户。2009 年专业合作组织统一组织销售农产品总值 10.4 亿元,统一组织购买农业生产投入品 1.41 亿元。

龙头企业带动作用不断增强。"十五"期间,阿拉善盟确立了绿洲肉羊、绿色蔬菜、特色沙产业三个主导产业,年销售收入百万元以上的农畜产品加工企业达到 12 家,总资产达到 18440 万元。农畜产品加工转化率由"九五"末的 16.5%提高到 25%。先后引进陕西杨凌秦丰、新西兰 PH 公司、香港海利、嘉利绒业、内蒙古永业等多家农畜产品加工企业在阿拉善盟落户。在龙头企业的带动下,基地建设步伐加快,农牧民组织化程度进一步提高,全盟已有 13%的农牧户参与到产业化经营当中,农牧民经济合作组织达到 10 个,从事农畜产品营销的农牧民达到 2567 人,跨地区的营销大户达到 230 多户。

2. 农牧业产业基础不断增强,农牧业服务水平不断提高

经济区已形成优势明显的产业基础。经过多年的开发建设,经济区已经初步形成了农牧业和农畜产品加工等具有一定规模优势和明显优势的基础农业

产业;银川平原、河套平原和西辽河平原是我国北方重要的商品粮基地,内蒙古大草原具有发展绿色农畜产品的巨大潜力。目前经济带已经形成了鄂尔多斯、鹿王、伊利、蒙牛等一批全国驰名品牌,农牧业产业化初具规模,发展势头强劲。

内蒙古包头市积极推动批发、零售、餐饮等产业扩大规模、提高质量,王府井百货、包百、华联等企业进一步发展壮大,友谊蔬菜批发市场、沙尔沁蔬菜副食品交易市场进入国家"双百市场工程"行列,永盛成连锁超市开拓全区市场实现新突破,小肥羊、小尾羊成为餐饮行业和"群羊产业"的领头羊。同时,包头市坚定不移地推进"三农三牧"工作,促进了农牧业发展和农牧民生活水平的提高,全市呈现出农牧业较快发展、农牧民持续增收的良好局面,预计第一产业实现增加值 55 亿元,增长 5.9%。

3. 产业结构更加优化,农牧业产业化不断推进

首先是种植业结构得到调整,经济区 2009 年包头市马铃薯、蔬菜种植面积分别达到 101.9 万亩和 15.9 万亩,增加 10.7 万亩和 2.7 万亩。在山北地区遭受严重旱灾的情况下,粮食产量达到 100.6 万吨,创历史新高。其次是设施农业发展迅速,滴灌、覆膜、喷灌技术推广力度进一步加大,大型灌区节水改造工程稳步推进。山北地区设施马铃薯面积达到 26 万亩,增加 20 万亩。最后是牲畜规模化饲养成绩显著,肉羊和奶牛养殖规模化水平分别达到 50% 和 70%,提高了 15 个和 30 个百分点。

包头市规模以上农牧业产业化加工企业和流通企业全年实现销售收入 170 亿元和 32 亿元,分别增长 11% 和 6%;市级以上龙头企业增加 18 户,达到 75 户;农畜产品行业中国驰名商标新增 1 个,达到 8 个;全市农牧民专业合作经济组织增加 115 家,达到 252 家,加入合作组织的农牧户增加 4000 户,达到 9600 户。

呼和浩特市奶牛养殖业全面恢复,规模化、现代化养殖步伐明显加快,新建成标准化养殖场 45 个,全市奶牛存栏 95 万头,鲜奶产量 423 万吨;新发展百只以上养羊专业户 1108 户,全年肉羊饲养量 358 万只。近几年建成的 1.67 万亩蔬菜保护地,90% 已经投产。马铃薯中棚种植技术加快推广;农村专业合作组织快速发展,土地流转试点积极推进,农牧业机械化、科技化程度进一步提高。

4. 农牧业自主创新能力不断加强,农牧业科技推广步伐加快

内蒙古巴彦淖尔市已经在生产中大面积推广应用"巴优 1 号"、"巴单 3 号"、"科河 8 号"等一批具有自主知识产权的新品种。2009 年全市主要农作物良种覆盖率达到 96%;自主培育的"巴美肉羊"成为自治区乃至全国第一个采用杂交技术育成的肉毛兼用品种,种群数量在不断扩大,育种区群体数量达到 5.3 万只,其中核心群数量达到 3.2 万只。

2009年巴彦淖尔市开展小麦套晚播向日葵、加工型番茄育苗移栽技术和瓜菜开沟起垄覆膜栽培等技术的研究与推广,规范化、模式化栽培面积占到总播面积的90％以上。在畜牧业方面,模式化育肥、饲草料加工调制、标准化防疫等适用技术的推广普及率达到53％。

5. 农牧业科技服务方式和内容不断完善,科技园区辐射带动能力增强

内蒙古巴彦淖尔市已建立了农牧业信息网、农牧业科技电教培训网、绿色食品和无公害农畜产品监测网,建成了覆盖全市7个旗县区、农垦局和25个重点苏木镇(农场)的大型农牧业信息网络体系和农牧业科技电教培训体系,为各级政府和广大农牧民提供适时的市场信息和农牧业实用技术指导。"巴彦淖尔市农牧业科技电视制作中心"制作的农业百科节目通过电视定期播放,使农牧业教育、科技推广面更加广泛。为了提高科技服务效果,近几年全市农牧业系统在完善服务手段的同时,创新服务方式。按照"市级培训旗县、苏木镇,旗县培训到嘎查村"的方式,组织专家讲师团对基层科技人员及种养大户进行重点培训,每年培训科技骨干和农牧民50万人次以上;充分发挥"农事通"、"农信通"手机短信和"12316"语音服务功能,及时把农畜产品和农牧业生产资料供求信息、农牧业实用技术传送到千家万户;与气象部门建立了定期会商机制,及时了解掌握气候变化,提前分析预测可能出现的极端天气对农牧业生产的影响。与自治区农牧科学院合作共建了巴彦淖尔市现代农牧业科技创新中心,在5种作物和两类畜种上开展了14项试验研究;争取到2个国家产业技术体系综合试验站建设项目,在肉羊和葵花两大产业上开展综合集成技术试验研究,为新品种、新技术储备打下坚实的基础。

同时,按照"主导产业突出、龙头企业带动、高新技术支撑、效益辐射明显"的原则,每年在7个旗县区和农垦局集中兴建一批农牧业科技综合示范园区,有效地促进了高新技术的推广应用,加快了科技成果的转化步伐,提高了农牧业的现代化水平。

阿拉善盟实施科技入户工程和科技特派员制度,加强了农牧业适用技术推广与服务。"十五"期间,推广节水灌溉、温棚种植、舍饲养殖等农牧业适用技术25项,引进推广农作物和牧草优良品种118个,良种覆盖率达到98％。结合养殖业实际开展了"农区肉羊舍饲养殖技术示范承包"工作,引进国内外肉羊品种,进行三元杂交并取得显著经济效益,人工授精和胚胎移植技术得到推广应用,白绒山羊选育取得实效。农牧业新技术覆盖率达到80％以上,"十五"期间科技对阿拉善盟农牧业的贡献率达到39％,较"九五"末提高了9个百分点。

三、存在的问题

1. 农牧业组织化程度低,农牧业技术推广体系建设滞后

以宁夏回族自治区为例,其农牧业生产经营以一家一户小农经济为主,规模养殖比重低,全区农牧业合作经济组织仅有5919个,参加的农牧户仅为5.9万户,占总农户数的1.7%。农牧民合作经济组织带动能力差,规模化水平不高,致使其生产效率较低,生产成本较高。由于农牧业长期投入不足,不能很好地发挥基层农牧业技术推广体系作用,制约了基层农牧业技术推广体系的公共服务能力,严重影响了农牧业推广事业的健康发展。虽然以农牧业科研、教育及技术推广机构为主体的科技体系框架已基本形成,但科研设备落后,科研与生产脱节、成果与应用分离的矛盾日益突出,高新技术在农牧业中的应用水平还比较低,不能适应农牧业科技资源高效配置和综合集成的发展要求,难以起到对农牧业发展的支撑作用。

2. 农牧业服务体系建设严重滞后,农产品市场竞争优势不强

农业流通企业管理水平低,组织化程度低,效率不高,竞争实力弱;县城商业网点缺乏规划,布局不尽合理,低水平重复建设问题未得到有效遏制;流通新型业态发展相对滞后,商品市场体系、流通管理体制有待进一步完善;农村市场开拓力度不大,体系还很不完善,农产品市场效益不高,流通不畅,对外贸易发展缓慢。农业产业化经营水平低,农产品科技含量低,新技术、新成果推广难度大;农副产品市场营销体系不完善,农副产品转化增值能力弱,档次低。

3. 金融、保险服务不能满足农牧业生产的需求

目前能够真正为农牧民生产、生活提供贷款的金融机构只有牧区信用社。农村牧区信用社为农牧民放贷的形式目前有小额信用贷款、担保贷款和联保贷款三种,其中小额信用贷款和联保贷款最为普遍,然而小额信用贷款的贷款金额远不能满足农牧业生产的资金需求。担保贷款和联保贷款虽然贷款金额相对较大,但审批手续复杂,等待审批的时间长,且贷款周期短与牧业生产周期长的矛盾突出,不能很好地满足农牧业生产的信贷需求。

第七节　统筹城乡发展

当前,我国总体上已经进入以工促农、以城带乡的发展阶段,初步具备了加大力度扶持"三农"的能力和条件。统筹城乡经济社会发展,是党中央在正确把握我国新阶段经济社会发展的新趋势、新矛盾、新挑战、新机遇和遵循经济社会发展规律的基础上提出的,具有极强的时代性、创新性和针对性,具有极为重要的战略意义。

一、战略意义及必要性

1. 统筹城乡经济社会发展,是从根本上解决新阶段"三农"问题、全面推进社会主义新农村建设的客观要求

进入新世纪,我国市场化、国际化、工业化、城市化和信息化进程明显加快,但农业增效难、农民增收难、农村社会进步慢的问题未能得到有效的解决,城乡差距、工农差距、地区差距扩大的趋势尚未扭转,其深层次原因在于城乡二元结构没有完全突破,城镇化严重滞后,城乡分割的政策、制度还没有得到根本性纠正,城乡经济社会发展缺乏内在的有机联系,致使工业发展与城市建设对农村经济社会发展带动力不强,过多的劳动力滞留在农业,过多的人口滞留在农村。这种城乡分割的体制性障碍和发展失衡状态,造成了"三农"问题的现实困难,实现农村小康成为全面建设小康社会最大的难点。在全面建设小康社会的新阶段,必须把"三农"问题作为全党工作的重中之重,将其摆到更加突出的位置;必须突破就农业论农业、就农村论农村、就农民论农民的思想束缚,打破城乡分割的传统体制,以城带乡,以工促农,以工业化和城市化带动农业和农村现代化,形成城乡互补共促、共同发展的格局,推动农村全面小康建设。

2. 统筹城乡经济社会发展,是保持国民经济持续健康快速发展的客观要求

全面建设小康社会,最根本的是要坚持以经济建设为中心,不断解放和发展社会生产力,保持国民经济持续、快速、健康发展,不断提高人民的生活水平。当前,我国经济社会生活中存在的许多问题和困难都与城乡经济社会结构不合理有关,农村经济社会发展滞后已经成为制约国民经济持续快速健康发展的最大障碍。占我国人口绝大多数的农村居民收入增长幅度下降,收入水平和消费水平远远低于城镇居民,直接影响到扩大内需、刺激经济增长政策的实施效果,扩大内需已经成为新阶段我国经济能否持续增长的关键。这就要求我们,一方面,要积极推进具有第二、三产业劳动技能的农民进城务工、经商,让具有经济实力的农村人口到城镇安居乐业,促进农村型消费向城市型消费转变;另一方面,要千方百计增加农民收入,不断繁荣农村经济,提高农村购买力,启动农村市场。因此,只有统筹城乡经济社会发展,加快城市建设和城市经济的繁荣,加快农村劳动力向第二、三产业和城镇转移,不断发展农村经济,增加农民收入,提高农村消费水平,才能保持国民经济持续快速健康发展。

3. 统筹城乡经济社会发展是新时期实现跨越式发展的客观要求

城市化对经济社会发展的作用越来越大,城乡关系、工农关系越来越密切,

统筹城乡经济社会发展显得更加紧迫，也更有条件。因此，我们必须把统筹城乡经济社会发展作为经济社会发展再上新台阶的一个大战略，进一步发挥城市化在区域经济社会发展中的龙头带动作用，加快推进城乡一体化改革和结构调整，形成城市与农村相互促进、农业与工业联动、经济与社会协调发展的格局，走出一条以城带乡、以工促农、城乡一体化发展的新路子。

二、现状及取得的成就

经过改革开放 30 多年的发展，特别是"十一五"以来，经济区各地经济实力显著增强，为统筹城乡发展奠定了坚实的物质基础。

1. 城镇群落初具规模，为城乡一体化打下基础

经济区已经形成了一批具有一定集中度和产业特色的城镇群落。集通铁路全长近 1000 公里，沿线除集宁、赤峰和通辽等城市外，还分布着几十个中小城镇。同时，经济带上有二连浩特、巴彦浩特、鄂尔多斯、榆林、锡林浩特、乌兰浩特、呼伦贝尔和满洲里等城市。沿京包、包兰铁路和 110 国道，依次分布有集宁、呼和浩特、包头、临河、乌海、石嘴山、银川和吴忠等城市，其中呼和浩特和包头均为人口超过 100 万的大城市，银川为宁夏首府，这三个城市基础设施较为完善，具备辐射带动经济带发展的基础条件。

2. 基础设施建设不断完善，农牧民生活水平不断提高

宁夏新建、改建了一大批城市道路、供排水、供热、供气、垃圾污水处理、园林绿化等市政公用设施，基础设施逐步完善，人均拥有基础设施水平大幅提高，服务功能不断完善，集聚辐射带动能力明显增强。

榆林市加大对农村牧区基础设施建设的投入和支农、支牧力度，全年投入财政资金 8.6 亿元，增长 30.1%。全市新农村、新牧区建设试点村共投入资金 8400 万元，第二批试点村 80% 以上实现了安全饮水、通油路和建有卫生室等目标。农业装备水平不断提高，全市农业综合机械化水平预计达到 75% 以上，达茂旗在自治区率先基本实现农业机械化。

榆林市全面落实国家对农牧民的各项补贴政策，及时足额发放粮食直补、农资综合补贴、良种补贴和农机具补贴 2.09 亿元，全市农牧民家庭经营性纯收入和外出务工收入人均达到 4415 元和 942 元，分别增长 6.7% 和 12.5%；加大扶贫开发力度，争取各类扶贫资金 1.2 亿元，实施整村推进、产业化扶贫、移民扩镇项目 37 个，项目区的农牧业综合生产能力和可持续发展能力明显增强。集中社会力量帮扶固阳县工作顺利进展，实施项目 182 个，落实资金和物资 8073 万元，社会扶贫覆盖固阳县 104 个行政村。

3. 就业体系不断完善，就业人数增加

包头市积极应对国际金融危机带来的就业压力，制定出台了减轻企业负担

的相关政策,基本实现了多数困难企业不裁员、不降薪。全力实施以创业带动就业和失业预警等政策措施,促进高校毕业生、农村牧区富余劳动力和就业困难人员就业工作取得明显成效,保持了就业形势基本稳定。2013年新增大学生就业1.4万人,下岗失业人员再就业19963人,安置困难人员就业4055人,帮助1660户"零转移家庭"的3463人实现就业,农牧民外出就业22.25万人。

呼和浩特市认真落实就业促进政策,切实加大发展中小企业、开发公益性岗位、实施小额担保贷款等工作力度,全市城镇新增就业35846人,下岗失业人员再就业21473人,帮助391户"零就业家庭"实现就业。

4. 社会保障工作稳步推进,民生得到改善

2009年包头市启动落实城乡居民基本养老保险、原单位职工补办基本养老保险、私营企业员工和个体劳动者补办基本养老保险以及城镇职工基本医疗保险补充办法5个政策性文件,养老、医疗保险政策实现对城乡居民全覆盖。社会保障范围稳步扩大,城乡居民基本养老保险参保25.2万人,城镇居民基本医疗保险参保45.1万人,新型农村牧区合作医疗参合率达到97.45%。

城乡社会救助体系逐步完善,社会救助保障水平继续提高。城镇居民低保标准提高30元,达到每人每月310元。农牧民低保标准提高200元,达到每人每年1500元;低保补助水平提高180元,达到每人每年1180元,城乡低保标准居自治区首位,高于全国平均水平;企业退休人员养老金月人均增加125.6元,达到1326元,高于全国和自治区水平。

住房保障工作深入推进,经济适用房和廉租房建设初见成效。包头市全年新建、续建经济适用住房156万平方米,廉租住房保障资金支出2169万元,15338户低保家庭享受了廉租住房补贴。石拐棚户区和包钢尾矿坝周边五村搬迁改造工程全面完成,1.5万户4万多居民将迁入新居。

2009年呼和浩特将新增可用财力的88.4%用于民生工程和直接服务于城乡居民的社会各项事业,其中用于低保、廉租房、社保、农林水事务、教育、卫生方面的财政支出同比分别增加0.95亿元、1.1亿元、4.4亿元、5亿元、4亿元和2.8亿元。社会保障体系建设得到进一步加强,普惠城乡居民的养老保险制度开始实施,各项社会保险覆盖面继续扩大。为企业退休人员人均每月增加130元养老金。为环卫一线清洁工人每月增加200元绩效工资。新建了流浪未成年人救助保护中心和社会福利院。城乡低保和农村五保供养标准进一步提高,管理得到规范。特殊困难群体的专项救助力度加大,城市低保家庭高中生全部纳入全额低保范围。全市新开工经济适用住房76万平方米,新建廉租房3553套,人均住房面积13平方米以下的城镇低保家庭住房问题基本解决。

宁夏加快以改善民生为重点的各项社会事业发展,促进了人民群众安居乐业,维护了社会和谐稳定。

5.城乡一体化发展机制初步建立,对农村的金融支持增强

呼和浩特加快建立城乡一体化发展的机制,特别是进一步加大了对欠发达地区的扶持力度。地方金融机构改革取得突破,原市商业银行重组为内蒙古银行,原城郊信用社改组为呼和浩特金谷农村合作银行;小额贷款公司试点工作加快推进,共有 56 家获得批准,其中 37 家正式营业;文化体制改革开始启动;个体私营等非公有制经济加快发展,进一步加强了市场监管,加快推进社会诚信体系建设。

三、存在的问题

虽然经济区各地城乡一体化已取得一些成就,但是总体上看,农村牧区生产力发展水平还比较低,农牧民整体素质普遍较低,城乡居民收入差距扩大的问题仍然突出;基础设施还很薄弱,生态建设和环境保护的压力仍然较大;社会事业发展缓慢。

1.工业反哺农业机制不健全,城乡差距较大

榆林经济是典型的以能源开发为支撑的重工业经济,限于资源和区域条件,其经济发展中不仅城乡二元结构特征明显,而且省内南北经济发展不平衡。由于其投资布局的集中度高,点上突破与面上发展滞后的矛盾非常明显,出现了工业化快速推进、城镇化进程缓慢、城乡二元特征加剧的现象。2009 年城镇居民人均可支配收入 14856 元,农民人均纯收入 4127 元,城乡人均收入只比3.6∶1,大大超过 3∶1 的警戒线。2009 年,全市城镇化率为 40.5%,明显落后于全国平均水平,更远远落后于其经济发展水平。从南北经济发展情况来看,北部地区资源大发现、大开发带来地区生产总值超常规增长,导致资源优势并不突出的南部六县的相对增长率和经济总量比较低,南北县(区)差距逐年扩大。2009 年,南部六县 GDP 总量 110 亿元,仅占全市 GDP 总量的 8.4%;全市人均 GDP 最高值(靖边县 82950 元)是最低值(佳县 4267 元)的 19.4 倍。南六县人均 GDP 不到全市平均水平的 30%;地方财政收总和仅占全市的 1.4%。从城乡居民收入看,南六县城镇居民人均可支配收入 11024 元,比北六县平均水平 13731 元低 2707 元,比全市平均水平 12197 元低 1173 元;农民人均纯收入2909 元,比北六县平均水平 4426 元低 1517 元,比全市平均水平 3402 元低 493元。从全市发展规划及趋势看,南北差距还有进一步扩大的趋势。在能源重化工基地建设中,榆林整个经济实现了跨越发展,财政收入有了很大提高,城市建设突飞猛进,但占据大多数人口的农村地区发展严重滞后,统筹城乡、以工补

农、以城带乡的机制仍在探索之中。

　　宁夏虽然城乡居民收入历年来不断提高,但其水平仍未达到全国平均水平,且城乡居民收入差距和地区差距都仍然很大。结合图 6-7、图 6-8 和图 6-9,可以看出,改革开放以来宁夏城乡居民收入和消费水平均不断提高,但总体来看,农村居民收入增长速度慢于城市居民收入增长速度,且城乡收入差距不断增大;从图 6-7 的情况来看,宁夏各地区之间也存在较大差距。类似的情况在经济区其他地区都有不同情况的体现。因此,经济区城乡统筹的重点应提高农牧区人民的生活水平,并且要完善农牧区的生活设施建设条件。

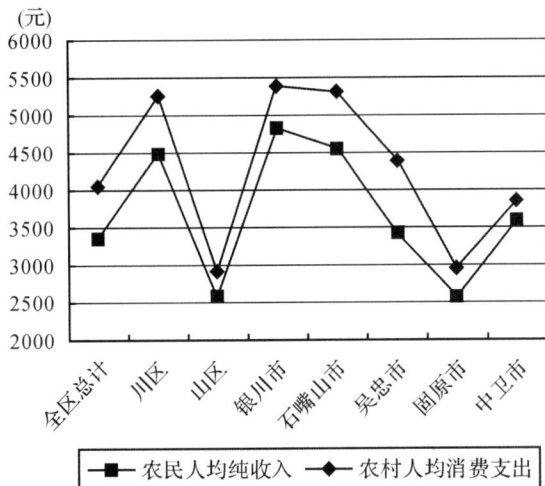

图 6-7　宁夏各地区农村居民收入和消费支出情况(2009)

　　2. 农牧区基础设施建设水平低,供需不平衡

　　经济区农牧区基础设施条件较差和社会保障水平低。牧区人口居住分散,有的住棚圈等,防灾避灾能力差。牧区基础设施条件薄弱,普遍距大城市较远,受大城市辐射能力低。现有小城镇的数量和规模较小,对牧区经济带动作用微弱。嘎查村集体经济实力薄弱,无力对基础设施及生活环境进行有效投入。牧区科技、教育、文化、医疗等基础设施建设速度相对较慢,水、电、路、通信等滞后。牧区完善的社会保障机制和社会救助体系尚未形成,社会保障程度低。

　　在住房方面,牧民住宅中土房还占一定比例,砖瓦结构住宅缺少现代卫生设施,住房布局较散乱,房屋陈旧,质量低下,存在工程老化问题。牧民安全饮水问题没有得到根本解决,地下水氟含量高,超过饮用水安全标准,牧民饮用水井建设标准低的浅层水,部分牧民患有氟骨病。多数牧区道路网系不规范,衔接不通畅;公共设施欠缺,电器化程度低,文体活动设施不健全。

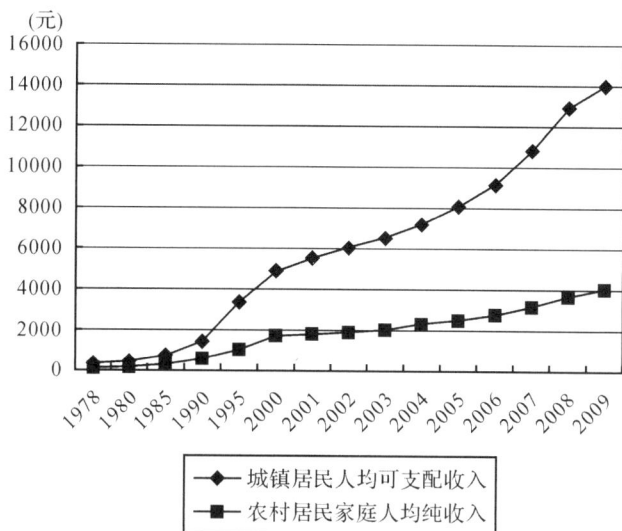

图 6-8　宁夏历年城乡居民收入情况（2009）

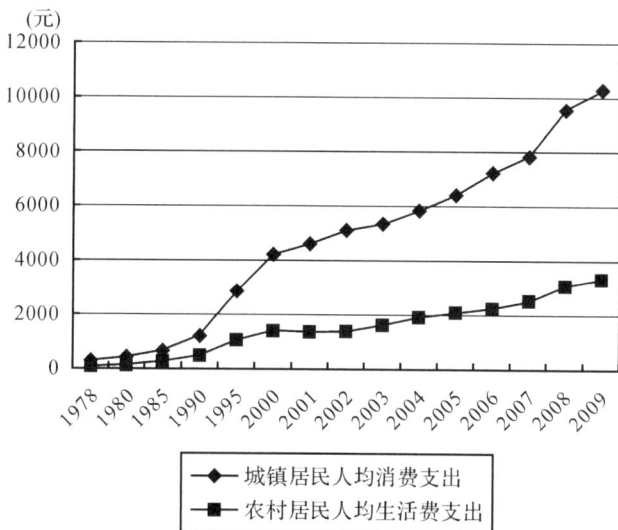

图 6-9　宁夏历年城乡居民消费支出情况

　　农牧区城镇集中供热水平低，基础设施建设落后，分散的小锅炉供热效率低、能耗大和环境污染严重。榆林城镇基础设施建设欠账较多，城镇公共产品供需紧张，城镇化水平低于全国、全区水平；农民人均纯收入刚刚超过全区平均水平，城镇居民收入还低于全国平均水平。

3. 城乡就业压力大,失业问题仍然严重

近年来,劳动力供给增长过快,劳动力供大于求的矛盾突出,社会提供的就业岗位远不能满足新增劳动力的就业需求,就业压力不断增大。以宁夏回族自治区为例,近三年来,全区城镇净增加的就业人口约 20 万人,平均就业率仅为 70%左右;城镇登记失业率基本都在 4.35%左右,高于全国 4.2%的平均水平,城镇登记失业人数呈逐年增长态势。榆林全市 80%劳动力在农村,80%以上劳动力只受过初中以下教育,80%劳动力没有技能培训证书,劳动力素质低下,导致就业渠道不畅,农村劳动力转移力度不大;城乡社会保障差距大,农村社会保障水平低,能力弱;农村师资力量薄弱,城乡公共卫生体系尚不完善。

4. 社会保障体系尚不完善,新农保试点规模小,资金投入不足

宁夏回族自治区位于我国边远贫困山区,经济发展相对落后,新农保每年 660 元的基础养老金就占全区农民人均纯收入的三分之一左右;由于全区人口少,2009 年只有 3 个县列入国家新农保试点范围,试点的农业人口不足 40 万人。

内蒙古自治区的 101 个旗县中,在 2008 年仅有 10 个旗县列入了我国新农保试点,试点范围小,不能使新农保惠及更多的农牧民。

对于榆林来说,虽然近年来其经济建设取得了巨大成就,但是,与经济建设相比,社会民生事业发展却相对滞后。社会保障参保人数、参保率和保障水平滞后于经济发展速度,就业、医疗、住房等公共服务体系建设滞后。教育文化发展水平相对落后,现有的人才数量及结构已不能适应产业结构调整需要,特别是高科技人力资源相对缺乏,人才结构不合理的问题突出,人才资源开发面临新的挑战。

5. 统筹城乡发展是一项系统工程,资金投入不足严重影响城乡一体化进程

无论是完善农牧区的公共基础设施建设还是建立城乡统筹的社会化服务体系,都需要大量的资金支持。

生态移民工程可以改善农牧民的生存环境,但更重要的是其生态效益,这种以生态移民工程为标志的"转移发展战略"是人类向自然的退让,是人类给自然一个补偿,是一种观念的更新和进步。然而,"转移发展战略"的实施,首先需要从事草原畜牧业的数万牧民做出巨大牺牲,抛弃从祖先继承的产业,面对全新的生产生活方式,这无疑是一场巨大的革命。"牧民要生存、要发展,政府和社会要生态",这其中的政策矛盾至今没有得到很好协调,仅仅依靠地方政府自身的力量,确实难以完成,急需通过国家的生态补偿机制,给予为生态保护做出牺牲的牧民以相应补偿。

新农牧区建设投入不足,农村牧区公共设施薄弱,社会事业发展滞后,尤其

是水电、交通、通信、广播电视等基础设施建设落后;教育、文化和卫生等社会公共事业投入严重不足,新农村牧区建设资金需求得不到满足。

大多数县级市财政收入规模偏小,财政刚性支出、重点项目建设支出需求旺盛,资金收支矛盾依然突出;财政资金用于扶持经济发展、加强基础设施建设和发展社会事业的十分有限。

第七章

呼包银榆经济区城市化与空间布局专题研究

呼包银榆地区已经进入工业化加快发展,城市化协调互动,进而以城市化带动工业化、现代化的经济社会发展战略时期。与此同时,呼包银榆地区资源型产业特征突出,区域生态环境脆弱,整体发展基础和条件较为薄弱,国际、国内对产业发展的资源利用和环境保护的约束日趋加强。因此,不同于高消耗、重污染、城乡隔离的传统工业化、城市化模式,呼包银榆地区需要走出一条科学发展、健康发展的新型工业化和城市化道路,并以空间优化布局为载体,集聚人口和产业,培育城市体系,节约利用国土资源,强化生态环境保护,促进资源的开发利用和经济发展、城乡建设的全面协调可持续发展。

第一节　城市化发展现状与存在问题

一、城市化的主要特点

1. 城市化水平提高较快,但总体水平偏低,工业化和人口转变的城市化环境急需提升

西部大开发 10 年来,呼包银榆地区城市基础设施建设力度加大,城市建成区面积不断扩大,经济区中心城市集聚经济和人口的能力提高,农村劳动力转移速度加快,城市人口稳定增长,农村人口呈下降趋势,城市化水平有较大提高。2009 年呼包银榆地区城市化率已达 59%,高于全国平均水平。呼和浩特、包头、银川三大核心城市规模已达 100 万人以上,集聚辐射功能正在强化;以鄂尔多斯、榆林为代表的新兴工业城市正在迅速成长,向大城市规模迈进;盟市中心城市的发展加快,城市规模初具,正在形成区域性服务中心和城市化核心。

然而,呼包银榆地区虽然城市化率较高,但城市化的整体水平并不高。主

要表现在城市规模发育不足,核心城市规模偏小,100万人口以上城市只有3个,50万～100万人口的城市有2个,其他盟市的中心城市大多在20万人口以下,旗县中心城镇很多人口规模不足5万。因此,城市功能集聚不足,服务的辐射功能不强;同时城市化主要集中在少数大城市,而中小城镇发展薄弱,中等以上城市数量少,功能不够发达,小城镇规模偏小难以承担产业集聚和人口城市化的职能。如产业主要集中在盟市中心城市,其他城镇的产业发展薄弱。

工业化、城市化主要发生在少数交通和资源条件好的地区,而广袤的大部分地区工业化、城市化发展较为困难。因此,从城市化空间所占的比重看,呼包银榆地区的总体城市化水平较低。

2. 城镇体系初步形成,大中城市发展较快,工矿城市发展速度超前

在呼包银榆地区,以呼和浩特、包头和银川三大核心城市为核心,三市集中了主要的城市中心功能。除此之外,盟市中心城市是发展的主要城市,规模和功能发展较快,集中了地区的主要产业。特别引人注目的是资源富集城市,发展异常迅速。而一般的旗县中心城镇和建制镇,因区域地广人稀,产业基础薄弱,城镇功能发展缺乏强劲动力,发展规模较小。

银川市在近几年的城市化进程中,三区的城市化快速推进了,县城所在镇的建设加快了,但是,农村建制镇和集镇建设步伐未能同步发展。从城市建成区面积可以清楚地看到这一点。以兴庆区为例,城市建成区面积从2003年的15平方公里扩大到2008年的67平方公里,6年间扩大了5倍,而其他农村建制镇和集镇的建成区面积从2003年到2008年只增加了5%左右;集镇外来人口2003年为3000多人,到2008年仅为2000人左右,比2003年减少了1000多人;商业网点2003年为649家,到2008年仅为792家,仅增加了143家。

3. 城镇的工业职能突出,服务功能和人居环境发展相对滞后

呼包银榆地区城镇的资源型特征,决定了城市功能以工矿业为主,而服务功能发展相对滞后。受工矿环境的影响,工矿脱离传统城镇分布,使服务功能跟不上配置。工矿布局较为严重地影响了居住环境。

二、城市化发展中的主要问题

1. 工业化、城市化开发与生态环境脆弱的矛盾突出

呼包银榆地区地处欧亚大陆架腹地,干旱缺水,风力强劲,是我国生态环境脆弱的地区。由于特殊的地理位置和自然条件,加上不合理的人类开发利用,该区域土地沙漠化、荒漠化、土壤盐渍化、草场退化、水土流失等土地退化问题比较严重,土地生态环境脆弱,人口承载力、环境自净能力和环境容量小。

该区域煤炭资源富集,可煤炭大规模开发和大力发展煤化工所需的大量水

资源恰恰是该区域最为缺乏和敏感的资源。现阶段,经济区工业化和城镇发展方式与可持续发展、循环经济、节约型社会的要求差距较大,城市化和城镇工业化发展模式粗放,资源的回采率、利用转化率、循环利用率、科技贡献率都很低,而对自然生态环境的污染率较高,污物净化率很低。因此,工业化和城镇建设加大了生态环境恶化的压力。干旱缺水的自然环境严重影响城镇体系的形成,决定了城镇不会很多,又多集中在绿洲的城市化态势。

另外,一些地区因发展农牧业而滥垦、乱伐、过牧,造成草原退化、森林破坏、河湖干涸、土壤侵蚀和水土流失严重,荒漠化、盐渍化加剧,生态系统功能减弱,资源开发与环境保护矛盾加剧。煤炭资源开发利用加速,加之工业中高耗能产业比重较大,使环境问题面临很大压力。农业生产占挤一定的湿地、林地、草地,绿色生态区域的化学需氧量排放超过了环境容量。

总之,未来城市化、工业化的快速发展以及城镇居民日益增长的消费,特别是对水资源、优美生态环境资源的需求快速与生态环境的保护增加之间的矛盾日益尖锐。脆弱的生态环境,对呼包银榆地区的工业化、城市化开发形成了严重的制约。

2. 城市化与工业化的协调性较弱

工业化是城市化基本推动力。根据银川市的研究,银川市的工业化与城市化协调系数为1.36,而根据钱纳里模型,城市化率与工业化率之间的比率在1.4~2.5,在该范围内,城市化与工业化呈正相关关系,从而产生联动效应。由此表明,银川市以重工业为主导的工业发展模式制约了对就业的拉动,影响了人口向城镇的转移程度,对城市化发展的推动力不足。城市化率与第三产业的偏离系数一般认为以1.2~1.4为合理区间,2008年,银川市城市化率与第三产业的偏离系数仅为0.68,偏离系数较低。这又表明,银川市第三产业发展滞后于城市化进程,特别是现代服务业发展缓慢,使第三产业对城市化发展的推动力不足。这一现象在呼包银榆地区有普遍性。

城镇对人口的吸纳能力也不足。如内蒙古除呼和浩特、包头等少数大中城市以外,其他城镇的经济区际化程度低,人口集中度不高,规模效益和集聚效益差,基础设施建设落后,导致对农村牧区的剩余劳动力提供就业岗位和对农村牧区提供公共服务设施能力严重不足,城镇对区域经济社会的拉动作用未能发挥出来。

呼包银榆地区城市化的主要动力是工矿业的发展,但是,受煤炭开发和煤化工业依托矿区分散布局的特点左右,工矿等经济开发地区往往偏离城镇人口集聚中心,城区和工业园区分离布局,形成产业布局与人口及服务功能空间不相匹配的状况,从而也影响城镇服务功能的发育。

3. 城镇规模小,功能不强,综合实力弱

设市城市的规模偏小。经济区设市城市的中心城区常住人口规模大于100万的仅有2个,50万～100万人的1个,20万～50万人的7个。半数以上中心城市人口规模在30万人以下。因此,中心城市除呼市和包头有一定的区域辐射力外,其他城市的区域辐射功能较弱。即使是呼市和包头,也缺乏沿海地区中心城市的功能实力。过小的中心城区人口规模与过大的行政地域管辖之间的反差,导致中心城区难以起到组织和推动区域经济社会发展的作用,尤其对经济区广大的经济不发达的盟市来说更加困难,就像"小马拉大车"。

经济区建制镇的规模普遍较小,建制镇中常住人口超过10万人的为零,绝大多数建制镇人口规模小于2000人,甚至不到500人的建制镇数量不少。城镇对人口和生产要素很难产生吸引力,也很难发挥城镇具有的集聚效益和规模化优势,一定程度上影响区域经济社会的快速健康发展。

4. 工业化和城市化模式使区域间、城乡间经济发展差异明显

矿产开发为基础的经济结构,也造成区域之间、城乡之间的发展差距较大,2007年内蒙的人均生产总值最高旗县为最低旗县的19.6倍,城乡人均纯收入相差4.32倍。

经济区北部高原山地的干旱、半干旱草原牧区地区和西部沙漠戈壁地区自然环境条件恶劣,人口稀少,城市化发展缓慢,城镇分布稀而规模小;而中部沿黄河的银川—河套—土默川平原地区人口相对密集,城镇发育良好,城镇分布密集、规模较大,城市化发展初具规模,发展潜力较大。资源富集的地区,因大规模的工业开发,经济发达,城镇发展快,出现了一批新兴的能源型城镇;而资源匮乏地区,经济落后,人口稀少,城镇发展不起来。地区发展的不平衡性不仅表现在城市化率、城镇数量、规模上,更突出的是在城镇经济社会发展和城镇设施建设和城市化质量等方面存在着差异。

由于矿产资源条件是决定区域经济发展的主导因素,所以,除了部分工矿集中地区经济和城镇发达之外,广大农村牧区的发展较为落后,城乡社会的发展差距较大。

5. 城镇职能雷同,城镇产业竞争力不强

呼包银榆经济区城镇发展的产业较为雷同,一般都是以原煤、发电、粮食、牧业等低附加值产业为主导,并在全国性区际市场中占有一定的优势,其他产业,尤其是加工制造业、高新技术产业、精密制造业等高附加值产业的区际化程度均很低。资源密集型和高污染、高耗能产业为主的资源依赖性经济发展模式,使资源环境区域性代价高而区际竞争能力不强,不利于长远可持续发展。

第二节　空间布局的特点和问题

一、空间布局特点

1. 自然地理环境奠定的空间格局

呼包银榆经济区的自然环境有以下四大单元,它决定了经济区的空间开发利用的基本空间分异格局。阴山山脉、贺兰山脉由东向西横亘于经济区中部,形成了一条绵延近千公里的山带;山带的外侧北部是内蒙古高原草原带,镶嵌沙漠与沙地,西部为巴丹吉林、腾格里、乌兰布和、库布其等四大沙漠,其利用以牧业为主,人口和城镇较为稀少;内侧为土默特平原、河套平原和银川平原,是以灌溉农业为主的粮油生产基地,并构成了我国西北部的生态屏障。该环状地带是经济区人口、经济和城镇集中分布地区。沿黄平原带包围的经济区南部是鄂尔多斯盆地和陕北黄土高原。鄂尔多斯盆地以沙地和沙漠为主,人口和城镇较少,陕北黄土高原的榆林地区土地利用为农牧林交错分布,形成重要的农牧林交错带,人口和城镇集中分布在河谷地带。

然而,这一格局因矿产资源的分布而改变,在鄂尔多斯盆地和榆林地区富集的煤炭资源,导致了工业经济和城镇的据点式开发。

2. 沿交通干线、重要河流的空间布局特征

在自然环境、水资源分布的综合作用之下,呼包银榆地区的产业和城镇空间布局,呈现出明显的沿交通干线和主要河流、沿边口岸集聚布局的特点,区内主要产业和城镇集中布局在京包、包兰、包西铁路沿线、黄河沿河地带。如宁夏的沿黄城市带,2008年,在42.5%的国土面积上集聚了全区88.6%的经济总量和60.9%的人口。宁夏城市化率达到45%,沿黄城市带达到60%左右。资源富集的呼包鄂地区,2009年地区生产总值占内蒙古全区的54.8%。

因此,在呼包银榆经济区基本形成了带状组群式城镇和产业集聚空间分布形态。

3. 资源指向的空间布局特征

受资源型产业结构的制约,呼包银榆经济区的产业布局呈现明显的资源地指向特征,哪里有矿哪里就有开发建设。而因经济区煤炭资源广布,开采条件优越,因此形成众多的工矿产业开发(园)区,并逐步形成产业和城镇向开发(园)区集中的态势。经济区工业主要布局在两类地区,即沿黄河的近水源地区和矿产资源富集地(主要是鄂尔多斯盆地),因此,两条件兼备的地区,也即沿黄

河的资源富集区成为经济区产业和城镇集中布局的地区。

二、空间布局存在的问题

1. 空间开发利用加快，但空间布局不尽合理，空间集约利用效率低

随着国内能源需求的激增，呼包银榆地区煤矿资源开采大规模扩张，重化工产业快速增长，工矿和城镇建设空间扩展较快，并且呈现向资源富集区和沿河、沿干线集中的趋势。但是，由于工矿企业占地空间较大且土地利用率较低，经济区内工矿区数量多，集聚度低，整体经济发展方式粗放，用地增长率大大大于生产增长率资源利用效率较低，资源浪费较为严重，并在空间分布上缺乏集约性。一方面是城镇规模总体偏小，城镇用地内部结构和布局不尽合理，土地利用效率较低；另一方面是农村居民点用地数量大，布局分散，居住环境差，人均用地超标。独立工矿用地中，部分企业规模偏小，分布过散，容积率低，土地产出效益较差。如陕西省城镇建设用地仅占全部建设用地的 11.3%。工业园区布局分散，工矿建设空间偏多，既占用了耕地，也挤占了生活空间。城市与工矿建设用地单位面积产出不高，2008 年全省建设用地每平方公里实现生产总值仅为 0.99 亿元，用地集约化水平较低。

2. 单一的煤炭指向，生态环境压力大，空间布局缺少分工

呼包银榆经济区经济发展的基本动力来自于煤炭资源，而且这一动力非常单一。煤炭资源富集区干旱缺水，煤化工又为高耗水产业，因此对生态环境的压力很大。如果不顾水资源承载能力的实际，盲目开发，遍地开发，将产生严重的生态环境问题。

同时，各地经济发展路径单一煤化工化，使经济区地区和城市间的产业分工较为薄弱，区域分工合作效应难以建立。

3. 尚未形成有利于生态改善和保护的空间开发布局结构

经济区大面积生态极为脆弱的沙漠和荒漠地区，生态改善尚有极大难度。在土地沙化区和退化草原区，农牧业生产仍然削弱着生态，工矿开发和各项建设又为新的生态环境威胁。而唯一的生态依托沿河流水系地带，成为建设密集开发的首选，因此，经济区空间开发的态势，及其不利于区域生态环境的改善和保护。

4. 综合运输体系初步形成，但运输瓶颈凸显

西部大开发战略实施以来，呼包银榆地区基础设施总量快速增长，交通路网规模迅速扩大，路网布局和结构得到改善，技术水平和运输能力明显提高，经济区路网规模总量已进入全国前列。区内大通道基本构筑，出区运输通道初步建立。目前，呼包银榆地区已经形成公路、铁路、民航的立体交通运输体系。京

藏高速,包茂高速,国道110、109、209、210和多条省道公路联通内外,(北)京包(头)、包(头)兰(州)、大(同)准(格尔)、包(头)茂(名)、包(头)神(木)、榆(林)神(木)、神(木)朔(州)等出区通道铁路向外辐射。区内全部旗县通油路,90%以上的乡镇(苏木)通油路、80%以上的行政村(嘎查)通公路。经济区的航空网络也正在形成。

但是,目前经济区的交通和电力等基础设施已经不能满足经济快速发展的需要,甚至已经形成发展的瓶颈。突出表现在运能不足、运煤通道堵塞、限制生产,以及交通运输结构不合理、公路承担过多运煤功能、交通枢纽能力不足、区内联系交通网络不全等方面。

第三节　城市化战略思路

工业化推动城市化,城市化引领工业化,工业化与城市化发展互动共进是发达地区经济社会发展的成功经验。呼包银榆经济区要发挥城市化的引领作用,提升工业化和经济发展,走一条新型的城市化道路。新型城市化就是选择适合呼包银榆地区发展条件和发展环境的产业和城镇发展的适宜模式,走出一条以科学发展观为引领,以发展新型工业化为基础,以培育地区特色城镇体系为载体,资源节约,环境友好,城乡统筹,实现工业化、城市化与生态优化"三化"并进的跨越式发展道路。

一、以新型工业化为基础的多元动力城市化

随着能源紧缺时代的到来,呼包银榆经济区赖以发展的主要优势是能源资源,以煤炭开发为基础的工业化路径是经济区经济腾飞的必然选择,也是实现城市化的动力。因此,经济区城市化的发展模式主要是依赖于能源资源开发利用的工业化。但是,高消耗、高污染的传统能源化工产业发展模式,必须由以产业集群、产业高级化、循环经济为特征的资源节约、环境友好型的新型工业化模式所取代。以新型工业化为动力是呼包银榆经济区城市化发展的主要途径。同时,以农牧业产业化为推动的城市化,应该成为经济区新型城市化的重要战略。

同时,为了使城市化健康发展和促进区域分工合作,充分挖掘城市化的动力,经济区应该促进城市化动力的多元发展。在农牧资源丰富、生态环境条件较佳、经济基础较好的农村牧区,通过大力发展农牧业生产,加快乡镇企业的发展,提高经济和社会效益,大量吸纳农村牧区剩余劳动力,将一定数量的乡镇和

工矿驻地培育成为城镇,促进城市化进程。在边境地带,发挥边贸优势,利用境外资源,发展边贸型、资源加工型城镇。从而走出一条工业化、农牧业产业化与城市化协调发展的多元化城市化道路。

二、"集中式"发展的城市化

根据呼包银榆地区地域辽阔、水资源短缺、生态环境脆弱、不适宜遍地式开发的地域环境条件,必须坚持以生态保护优先的局部集中开发建设和广域生态保护的集中式城市化发展策略。在生态保护优先的原则下,因地制宜地发展资源环境可承载的适宜产业,鼓励生产要素向生态环境承载力强的优势地区集中,引导人口从生态环境脆弱的地区有序而逐步地向条件好的城镇转移,促进经济集聚和人口适当集中。在水资源条件较好的地区形成城镇群、城镇带。引导工业向园区集中,建设规模化的能源重化工基地。引导农牧业向生产条件好的地区集中,建设绿色农畜产品生产和加工基地。依托大中城市、大型产业基地和城镇经济带,以大中城市作为城市化的主要载体。引导人口由山区向川区、农牧区向城镇、限制开发区向重点开发区转移。重点培育核心城市,加快发展基础好的盟市中心城市,有重点地培育县级中心城市。形成以大中城市为主体,小城镇为补充的城市化格局。

三、城市与产业协同的城市化

要立足产业发展,夯实城镇经济基础,推动城镇建设。吸引和推动能源化工企业在工业项目集中区内成集群建设,并通过邻近城镇相关服务职能的配套和提升,促进工业区和城镇的同步发展。各级中心城镇应当把加快发展第三产业作为城镇产业结构调整的主要着力点,优先发展商贸、房地产、教育、旅游、物流等第三产业,适当发展机械制造和维护、农副产品加工等污染少的工业。县域、镇域的小城镇应吸引农业产业化龙头企业和乡镇企业布局,发展农产品加工业和集贸市场,形成本地的农产品加工基地,辐射一定范围内的农产品集散中心和农业技术、信息服务中心。

特别要重视核心和次核心城市的功能培育,加强城市的现代服务业功能,为经济区产业结构提升、经济发展转型提供支撑。在经济区形成"区域中心城市、工业新城(配合工业园区发展服务业)、特色县城和中心镇、新农村"的协调体系。

在新的能源和矿产资源开发区,应尽可能依托现有的城市作为后勤保障和资源加工基地,实现产业与城镇互动发展,产业园区生活服务设施要向城镇集中,实现产业为城镇提供就业,城镇为产业提供服务支撑。避免形成新的资源型城市或孤立居民点。要规划建设好生产、生活服务设施配套。在重化工园区，要合理规划防护隔离空间，保障生活空间，形成良性的生产和生活空间结构，保障城市可持续发展。

四、资源开发利用与生态环境协调的城市化

资源开发利用和城镇建设的强度与规模，要充分依据生态环境承载能力，城市规模和重要工业布局要与水资源承载能力及基础设施相适应。工业的发展要以清洁技术为导向，积极发展循环经济，加强资源的深加工，发展新型工业化。从资源开采、生产消耗、废弃物利用和社会消费各个环节，加强资源的综合利用和循环利用，形成有利于节约资源、保护环境的生产方式和消费方式。

重点发展大中城市，并根据农村牧区土地、水资源的人口和产业承载力，结合乡村人口城市化特点，有选择地发展小城镇。重点管治沿河、沿路、沿边的工业化城市化空间发展，维护生态平衡，保障人居环境，实现工业化与城市化互动协调发展。

能源和矿产资源基地的建设布局，要坚持"点上开发，面上保护"的原则，以生态建设和环境保护为优先原则。能源基地和矿产资源基地的建设布局，要按照引导产业集群发展，尽量减少大规模、长距离输送加工转化。

合理控制开发强度，使大部分的土地成为保障生态安全和农畜产品供给安全的空间。以禁止开发和治理为手段，对生态退化地区、生态脆弱地区实施大规模的保护和养护，对河套等优质农田地区，要积极协调好工业开发、城市建设与农业发展、人居环境保护的关系。引导工业和城镇集中布局在局部地区，将生态环境影响减小到最低程度。

五、城乡统筹发展的城市化

以城乡空间布局体系为基础，从大中城市与小城镇、城镇与农村牧区关联发展的角度，提出城市化的城乡统筹发展对策。在增强大中城市吸纳农村牧区人口转移的同时，要积极培育小城镇的综合承载能力，促进农村人口向小城镇集聚。逐步形成以大中心城市为龙头，盟市中心城市为支撑，县城和中心镇为补充，大中小城市布局合理、功能互补、特色鲜明、城乡协调发展的新格局。为引导人口转移，协调区域和城乡经济社会发展，提高承载系统。

统筹城乡产业布局。按照"农业向示范园区集中、工业向园区集中、服务业向社区集中、小村向大村集中"的思路，科学规划城乡三次产业发展。充分利用大城市为大农村提供的资金、技术、信息，大力调整、优化和重组现有产业体系，着力形成城乡、区域分工合理、城乡产业互补、互动发展的新格局。

统筹城乡基础设施建设。财政性建设资金的增量部分要向农村重点倾斜,由以城市建设为主向更多地重视农村建设转变,促进道路、水电气、垃圾处理、污水处理等公共设施"下乡进村",努力改善农民群众的生产、生活条件。采取有效措施,防止城市、工业污染向农村扩散。推进农村信息化,积极支持农村电信和互联网基础设施建设,健全农村综合信息服务体系。

推动公共服务向农村社区延伸。加大公共财政覆盖农村的力度,为农民提供农业生产、社区卫生、文化体育、社会救助、老年福利、社区教育、社区法律、转移就业等方面的服务,让公共财政更多地惠及农业、农村和农民,形成城乡融合、共同繁荣、协调发展的新格局。

六、资源集约利用的城市化

水是经济区发展的根本性约束资源,因此节水是经济区工业化、城镇化的基本出发点。能源、化工和电力是高耗水产业,必须加大技术研发,采用节水工艺和流程,加强中水回用的手段,降低工业耗水。要限制发展高耗水产业。城镇用水要积极推进分质供水等节水措施,并控制适度的人口规模。

呼包银榆经济区地域辽阔,有丰富的荒漠、半荒漠和未利用土地,因此产业和城镇开发用地较为粗放。对于生态脆弱的经济区来说,尽量保护大面积的自然态土地是生态恢复的关键,因此集约利用土地更显重要。要规范城市空间开发秩序,牢固树立紧凑型发展理念,完善有利于推进城市有序开发建设的统一的土地供应政策、产业布局政策、环境管理政策和规划约束机制。要在资源较为丰富、水源条件好、交通便捷、人口集中的区位集中布局产业和城镇,实行高强度开发。要利用集聚的有利条件,加强基础设施和服务设施建设,促进产业配套协调发展,促进产业结构升级。要利用设施密集的优势,适度高强度投入、高强度开发,提高单位用地面积的产出率。要积极引导农村牧区人口的城市化转移,优化居民点布局,整理村庄居民点用地,节约用地。

第四节　空间布局

一、空间布局战略

根据呼包银榆地区自然和经济地理环境,其空间开发利用和保护应该实施"适度开发、优化布局、集约发展、保护生态"的基本策略。

1. 适度开发和优化布局

适度开发和优化布局就是要根据呼包银榆经济区四大自然环境单元的基

本格局和干旱缺水、土地荒漠化和沙化的环境脆弱性特点,遵循"适度开发,集聚布局"的基本原则。要根据各地的生态环境承载能力,控制合理的开发利用强度,实现适度开发;要优先保护生态脆弱地区和重要的生态屏障地区、农牧生产基地,将产业和城镇开发集聚到合适的空间,实现集聚布局。

呼包银榆经济区虽然空间辽阔,可利用土地多,但总体质量较差,但约三分之二的耕地处于水土流失区域,大多数地区贫水,荒漠化和土壤侵蚀现象严重,承载能力较差,大规模工业化和城市化开发只能在有限的区域内展开。而且,开发强度也受到极大的限制。

与此同时,黄河流域过境水量较大,交通条件好,是经济区可以基本满足重点开发工业化和城市化需要的地带。

因此,要从经济区总体层面,规划空间管制区域,实施开发与保护的空间区划管制。

在沿黄河、沿京包—包兰交通干线的产业与城市集聚区域实施重点开发和优化开发。同时,在生态条件许可或者有可靠生态环境治理措施的矿产资源富集地区实施重点开发。而在山地丘陵地带、沙漠荒漠化地带要限制和禁止工业化、城市化开发,在沿河平原和其他重要的优质耕地集中区及生态绿洲,要实施严格的耕地保护和生态维护。

2. 集约发展

集约发展就是要按照资源节约型社会的要求,把提高空间利用效率作为国土空间开发的重要任务。在产业和城镇开发建设中,要按照"人口和服务向城镇集中,工业向园区集中,农牧业向生产条件好的地方集中"的集聚发展思路,重点发展大中城市和规模化的产业园区,改善产业布局小、散、重复的不合理现状,促进空间集聚和地区分工合作,并着力提高建设的空间紧凑度和开发强度,实现空间利用的集约化。

推进企业布局园区化、产业发展集群化。加强重点工业园区和工业集中区建设,引导城区工业和重点项目向园区集中。完善园区配套,统筹搞好道路、水、电、污染治理等重点基础设施建设,鼓励共建产业园区。实行差别化产业准入和退出机制,中心城区产业要向高端化、服务化方向发展,形成错位发展格局。促进各类企业分工协作,加快优势产业集群化发展。

在农村牧区,也要根据土地和水资源的人口与产业承载力,结合乡村人口城市化特点,有选择地发展小城镇,保护耕地和草原生态。尤其是经济区中牧业用地比重大,畜牧业发展超越草原生态承载能力的状况还较为普遍,需要实施退牧还草政策,恢复草原生产力。对生态脆弱的草原地区进行矿产资源开发和城镇建设,必须遵循集中集约原则。

3. 保护生态

保护生态就是针对经济区生态环境脆弱和土地沙化荒漠化的威胁，实施生态环境保护优先的空间布局与管制措施。对荒漠化沙化地区和草原要实施大范围的保育政策，对工业化、城市化重点开发区域，要实施严格的产业准入制度和环境保护措施，对矿区要实行环境和生态治理与恢复。

二、集聚开发空间

呼包银榆地区宜选择以轴线为依托、以节点为集聚、因地制宜、据点发展、轴线推进的"节点—轴带"空间开发模式，形成轴带（城镇群、城镇带）—集聚区（中心城市都市区、开发区）—据点（城镇、工矿开发区）构成的重点集聚开发空间。

1."一带四轴两拓"的轴带空间

（1）沿黄河、沿京包—包兰干线产业—城市主集聚带

黄河和京包—包兰交通干线沿线是宁夏、内蒙古的主要产业和城市集中分布地带，上下游分布了吴忠、银川、石嘴山、乌斯太、乌海、巴彦淖尔、包头、鄂尔多斯、呼和浩特、乌兰察布、榆林等主要大中城市，以及宁夏、内蒙古和榆林的产业园区等主要工矿基地。要充分发挥该地带矿产资源与区位条件、水利设施的优势，强化内外交通，加强产业和城市沿线集聚，以重点工业园区为节点，依托良好的产业基础、资源禀赋、城镇配套条件，集聚要素，发挥比较优势，集中布局，错位发展，重点发展新型化工、冶金建材及下游深加工产业，形成产业集群和现代中心城市群。打造成为中国重要的产业—城市集中带、呼包银榆经济区的发展中枢。

（2）包（头）—鄂（尔多斯）—榆（林）发展轴

沿包（头）茂（名）铁路、高速公路交通大通道，由传统经济中心城市包头和新兴能源城市鄂尔多斯、榆林为核心，集聚发展钢铁、煤炭化工、装备制造和高新技术产业，加快发展城市现代服务业，积极培养经济区中心城市，形成继沿黄发展带后的第二条产业—城市集聚发展带。该轴带向南延伸至靖边县，向北由包头沿包（头）白（云鄂博）交通线延伸至口岸城镇满都拉，形成经济区中部南北贯通、内联外展的发展轴。

（3）乌（海）鄂（尔多斯）准（格尔旗）发展轴

沿新建铁路和高速公路通道，由准格尔旗向西连接鄂尔多斯、鄂托克旗，至乌海，延伸至阿拉善的吉兰泰，该轴联系经济区东、西两大产业基地及乌海与鄂尔多斯两大中心城市，并连接鄂尔多斯盆地腹地，增加西部区域的向华北的出口联系通道。沟通东西，带动腹地，形成经济区一条新兴发展轴。

（4）呼（和浩特）—榆（林）发展轴

由呼和浩特向南延伸经和林格尔县、清水河县、府谷县、神木县至榆林市，形成蒙陕发展联系轴，加强陕北能源化工基地、榆林城镇带与呼和浩特中心城市的联系，并辐射山西周边县市。

（5）太中银铁路沿线发展轴

在经济区南部正在新建的东西通道太（原）中（卫）银（川）铁路和青（岛）银（川）高速公路轴线，形成连接银川、宁东基地、中卫、吴忠等宁夏回族自治区的城镇和产业基地，与榆林地区的定边、靖边、绥德能源基地等地区，形成经济区南部连接东西、联通西北、华北的发展轴线，以及新的产业和城镇集聚发展区域。

（6）集（宁）二（连浩特）联系线

由呼和浩特和集宁至二连浩特形成发展联系线，一方面发挥经济区核心区的辐射功能，另一方面开拓二连浩特的口岸经济功能。

（7）临（河）干（其毛道）联系线

拓展京包包兰核心发展带的辐射功能，开发甘其毛都的口岸功能，带动沿线地区经济发展。

2.“一边一三角”重点开发区域

（1）鄂尔多斯—宁东—榆林能源化工金三角

鄂尔多斯市、榆林市、宁东地区区域面积 17.69 万平方公里，该区占据我国三分之一的煤炭储量和煤层气储量，是国家能源战略基地。该地区要以煤炭、天然气、石油资源开发为基础，大力发展煤化工、煤电产业，以三大基地为核心，建设能源煤化工产业集聚的“金三角”地区。

在主要矿产资源相对集中、资源禀赋和开发条件好的地区，建设一批优势矿产资源开发基地（鄂尔多斯综合能源重化工矿业开发区）。

宁东能源化工基地：基地规划面积 3484 平方公里，范围涉及灵武市、盐池县、同心县、红寺堡区、兴庆区等 5 个市县（区）。

构建“两轴”、“两中心”、“五大功能区”的总体空间格局，即围绕太中银铁路银川联络线和正线两大发展轴线，建立北部能源化工产业中心和南部能源新材料产业中心，形成资源开发区、产业发展区、城镇服务器、生态治理区、农业保护区 5 个功能区。

（2）沿边开放合作带

利用呼包银榆经济区接壤蒙古国和毗邻中西亚的地理位置，以二连浩特、满都拉、甘其毛都、策克、乌力吉等口岸为依托，以回民伊斯兰文化为纽带，大力发展沿边开放型经济，建设边境贸易、物流与加工、资源型产业等经济园区。

3.产业和城镇集聚集约发展区

按照集聚布局、集约开发的原则,在资源环境承载能力较强、经济和人口集聚条件较好、发展潜力较大的区域,实施重点开发,形成集聚发展区。集聚发展区包括新规划的城市建设区、主要产业发展区、新经济和高新技术产业的拓展空间、各旗县的经济开发区以及特色城镇工业功能区、区域重点基础设施建设区等。通过充实基础设施,改善投资创业环境,促进产业集聚发展,壮大经济规模,加快城镇建设,成为经济区未来新的增长点和产业、人口集聚的主要载体。在统筹规划的前提下,优先安排和积极引导制造业向该类地区集聚,加强产业配套能力建设,国家、省(自治区)、市(盟)重点项目优先在该区域安排;优先解决建设用地指标,优化建设用地供给条件;严格执行建设项目环境评估和生态环境监控制度。

对开发密度较高,工业、城镇、基础设施和人口较为密集,资源环境压力日益突出的城市化地区,主要为城市的已建城区、老的工矿区,要提升产业层次,优化项目布局,要集约利用土地,提高投资密集度,保护生态环境;要面向国际国内开放,成为具有国际竞争力的特色产业的龙头;要控制资源消耗和污染排放,成为加快发展方式转变的引擎。要实行严格的建设用地增量控制。要严格规划管理,促进建设模式从粗放型向集约型转变,促进城区有机更新。

呼包银榆经济区的重要产业集聚发展区如表7-1所示。

表 7-1　经济区主要集聚集约发展区

区域类型	发展方向	主要集聚发展区
中心城市核心城区	"退二进三、优二进三"优化升级产业结构,培育现代服务业	呼和浩特、包头、银川等中心城区
主要城镇核心城区	集聚人口和工业、服务业	各级盟市、旗县的中心城区、重点镇
城市建设新区	提升发展层次和综合服务功能,培育区域新的经济增长点	各级城市规划划定的新增建设用地
各级工业集中区、工业园区、经济技术开发区、高新技术开发区、经济特区、资源开发区、产业园区	主要产业发展区、新能源和战略性新兴产业建设区	乌达—乌斯太工业集中区 西来峰—棋盘井工业集中区 千里山—蒙西工业集中区 如意新区—和林格尔盛乐工业集中区 土右—达旗工业集中区 金川—金山—裕隆工业集中区 大路—托电—清水河工业集中区 包钢—包头特钢—乌拉特前旗黑柳沟工业集中区 东胜—康巴什—伊旗装备制造工业集中区

续表

区域类型	发展方向	主要集聚发展区
各级工业集中区、工业园区、经济技术开发区、高新技术开发区、经济特区、资源开发区、产业园区	主要产业发展区、新能源和战略性新兴产业建设区	上海庙工业园区 巴彦淖尔经济技术开发区 乌拉特后旗工业园区 东胜轻纺工业园区 包头青山装备制造园区 包头铝业园区 九原工业园区 包头稀土高新技术开发区 乌兰察布察哈尔经济技术开发区 丰镇工业园区 乌拉特经济特区 银川经济技术开发区 银川德胜工业园区 银川望远工业园区 银川高新技术产业开发区 宁东化工产业园区 宁东临河综合项目区C区 吴忠金积工业园区 吴忠青铜峡新材料基地 吴忠盐池工业园区 吴忠红寺堡工业园区 吴忠太阳山开发区 同心羊绒产业园区 宁夏陆港经济区 石嘴山经济技术开发区 石嘴山工业园区 平罗工业园区 榆林经济开发区 神府经济开发区 榆神煤化工区 榆横煤化工区 府谷煤电化载能工业园区 靖边能源综合产业园区 榆米绥盐化工区 靖定油气化工区 吴堡煤焦化区

三、生态保护区域

对生态环境脆弱,并关系到经济区或较大区域农产品供给安全和生态安全,不适宜或不应该进行大规模、高强度工业化城市化开发的农业区域和生态区域,如水源涵养区、自然保护区、风景名胜区、农田保护区、生态环境治理区等要坚持保护优先、限制开发、点状发展,因地制宜发展资源环境可承载的特色产业,鼓励人口适度迁出,加强生态修复和环境保护,逐步成为区域性的重要生态功能区。

呼包银榆经济区的重要生态环境保育区如表 7-2 所示。

表 7-2　经济区重要生态环境保育区

区域类型	主要区域
风景名胜区	国家级、省级风景名胜区中保护核心区
农业用地区	河套平原综合农业区 土默川平原综合农业区 宁夏平原绿洲农业区 黄土高原主产区
生态治理区	贺兰山防风防沙生态屏障 阴山南、北麓风蚀沙化治理区 鄂尔多斯盆生态治理区 榆林长城沿线防风固沙林带 黄河中上游水土流失及沙化土地治理区
自然保护区、生态保护区	各级自然保护区、森林公园及湿地保护区的核心区;沿山、沿河、沿路的区域生态走廊,建成密集区的各级生态屏障带、城市生态隔离带、梁乌素海湿地
水土保持区	丘陵苔原地区的土壤侵蚀控制区,河流水系周边的水土保持和风沙控制区
生态封禁区	草原、山地丘陵、沙地、沙漠等生态恶化地区 阿拉善沙区和蒙北边境草原区 阴山、贺兰山山地丘陵区
基本农田保护区	各级区域划定的基本农田保护区、星火产业试验基地、优质果业生产基地、其他种植基地
水源保护区	饮用水江河水源保护区、饮用水湖泊、水库水源一、二级保护区

1. 引黄灌区现代农业和绿洲生态发展区

该区域包括银川平原、河套平原和土默川平原,分布于黄河两岸,地表水和地下水资源丰富,土壤肥沃,有机质含量高,水、热、土等条件较好,垦殖历史悠久,是主要灌区和重要粮食基地。重点发展建设以优质小麦、优质水稻、优质玉米为主体的种植业,形成西部地区重要的粮食生产基地。积极发展蔬菜、瓜果产业,发展以奶牛、肉羊为主的农区畜牧业,建设现代农业示范区。

要利用河套平原"黄河百害,只富一套"的得天独厚条件,加强农业基础设施建设,大力发展节水农业、设施农业,形成西北地区主要的粮仓和农副产品基地,同时以土地的农业经营维护河套绿洲生态,阻止建设引起的生态退化,实现"人进沙退",打造"塞上江南"。在内蒙古、宁夏河套平原引黄灌区。

从改善土地生态环境和生产条件入手,加强农用地保护和建设,要把严格保护耕地,特别是基本农田放在土地利用的优先地位,积极开展以田、水、路、林、村综合整治和优化农用地的用地结构为核心的土地整理,重点建设高标准基本农田,增加有效耕地面积,提高耕地质量,大力发展生态农业,促进农地生态循环利用。在保护生态环境的前提下,合理配置交通、水利等基础设施,有序推进工业化和城市化。

2. 干旱区旱作农业和牧业发展区

在河套平原和一些小流域平原之外的水源缺乏地带,要以水资源和农林生态系统承载力为依据,适度发展旱作节水农业。发展优质小麦和优质玉米产业,以及优质林果产业和优势特色产业。

草原牧区要坚持以草定牧、草畜平衡的发展方针,实现人与生态和谐共存的良性发展模式。科学实施禁牧、休牧、轮牧和封育等,保护和合理利用草场资源,控制草场退化,大力发展生态畜牧业,推进退化草场治理和草地生态系统的恢复与重建。矿产资源开发利用应提出限制建设要求,严格执行国家政策和项目供地标准,紧密结合生态移民工程的实施,合理推进城镇化建设。

3. 阴山南、北麓草原荒漠化和风沙防治区

该区域包括包头市达尔罕茂明安联合旗、巴彦淖尔市乌拉特中旗、乌拉特后旗、乌兰察布市四子王旗、化德县、商都县等。该区域土地贫瘠,水资源匮乏,干旱风大,耕地沙化严重,是北京乃至华北地区沙尘暴的主要来源地。该区域的发展方向是积极退耕退牧还草,治理土地沙化、盐碱化。继续实施京津风沙源治理、退耕还林后续产业、退牧还草等项目,实行生态移民工程,促进生态自然恢复,外迁转移人口。

要严格控制非农建设活动,积极防治地质灾害。加强山区植被建设,因地制宜,造、封、飞相结合,稳步推进陡坡耕地的退耕还林还草,发挥生态系统的自我修复功能。以小流域为单元,积极防治水土流失。建立山区立体复合型土地利用模式,充分利用缓坡土地开展多种经营,发展山区特色产业,提高土地和生物资源的利用效益。

4. 贺兰山防风防沙生态屏障

推进山区天然林的围栏封育,治理土壤侵蚀,维护与重建森林、草原和湿地等生态系统。严格保护具有水源涵养功能的自然植被,限制或禁止无序采矿、毁林开荒、开垦草地等行为。加大植树造林力度,减少面源污染。

5. 黄河中上游水土流失及沙化土地治理区

该地区包括黄河流域地区,是风蚀、水蚀、重力侵蚀并发的水土流失区和风沙盐碱区,包括毛乌素沙地、库布其沙漠、乌兰布和沙漠。要继续加大森林资源的保护及对水土流失和土地沙化盐碱化的治理力度。一是结合天然林资源保护工程对现有天然次生林和人工林资源进行封育保护;二是结合退耕还林工程对陡坡耕地和严重风蚀沙化耕地实行退耕还林还草;三是结合退牧还草工程加大草原围栏及牧区基础设施建设;四是结合黄土高原淤地坝重点治理工程、多沙粗沙区水土流失治理工程、十大孔兑水土流失治理工程、国家水土保持重点建设工程、黄河流域水土保持重点支流治理工程的治理力度,形成从坡面到沟壑的综合治理体系,以减少入黄泥沙;五是对黄河危害最大的砒砂岩地区要大力营造沙棘、柠条水土保持林;六是结合"三北"防护林工程和防沙治沙工程加大对毛乌素沙地、库布其沙漠、乌兰布和沙漠的治理力度;七是选择适宜地区,利用降雨条件适时进行飞播和围封。结合封育和退耕,选择有水利条件的地区,建设稳产高产基本农田,力争达到人均一亩灌溉基本田的标准,为从封育退耕区迁出的群众提供基本的生活保障。同时要积极调整产业结构,改变生产经营方式,大力发展生态农业和高产优质高效安全农牧业。

6. 阿拉善沙漠化防治区

该区域范围包括阿拉善盟阿拉善左旗、巴彦淖尔市磴口县、杭锦后旗、五原县。该区域干旱、风大,年降雨量稀少且不稳定,沙漠蔓延,可利用土地面积锐减,黄河输沙量增加,对华北乃至京津唐地区的生态安全造成危害。该区域的发展方向是实施退牧还草、异地扶贫搬迁、飞播造林、荒漠草原综合治理等工程,保护天然林草植被,增强荒漠草原自我修复能力,构建阿拉善生态防线。对工矿区和城镇开发,要妥善安置生态移民,并严格实行生态环境保护制度。

7. 陕北长城沿线防风固沙林带

在榆林地区的长城沿线区域,是沙漠和黄土高原的交接地带,要重点加强防护林建设、草原保护和防风固沙,形成生态屏障。

第五节 城镇体系

一、城市等级体系

在经济区构建由核心城市、次核心城市、盟市中心城市、旗县中心城镇和中心镇、一般镇五级组成的城镇体系等级和职能分工体系。

1. 核心城市

(1)呼和浩特

呼和浩特是经济区中心城市,自治区首府,是国家历史文化名城,区域金融、商贸、物流中心,生态宜居城市,教育科研中心,交通枢纽,旅游服务中心,高新技术和特色农畜产品生产基地。

(2)银川

银川是经济区中心城市,自治区首府,宁蒙陕甘毗邻区域商贸物流、生产与生活服务中心、交通枢纽,旅游目的地城市,生态宜居城市,内陆开发型城市,以能源化工、生态纺织和装备制造为特色的工业基地。

(3)包头

包头是经济区中心城市,以装备制造和稀土有色金属工业为特色的工业基地,区域性经济中心。

2. 次核心城市

(1)鄂尔多斯(东胜—康巴什—阿勒腾席热)

鄂尔多斯是国家重要的能源化工产业基地,新兴的区域商贸服务中心城市。

(2)榆林

榆林是陕甘宁蒙晋接壤区域中心城市,国家现代能源化工产业基地,国家历史文化名城,沙漠绿洲宜居城市。

3. 盟市中心城市

(1)巴彦淖尔(临河)

巴彦淖尔是绿色农畜产品生产中心,新型制造业为主体的河套园林城市,区域性中心城市。

(2)巴彦浩特

巴彦浩特是牧区经济、文化、行政中心,沙漠旅游基地。

(3)乌海

乌海是蒙宁交界地区重要的能源和重化工业基地,片区(小三角地区)服务中心城市,资源型城市产业转型示范城市。

(4)石嘴山

石嘴山是煤炭装备制造和新材料、汽车制造、太阳能产业、特色农产品加工基地,地区性服务中心城市和大宗工业产品物流中心,资源型城市产业转型示范城市。

(5)乌兰察布(集宁)

乌兰察布是经济区连接京津的门户城市,区域性交通枢纽和贸易物流中心,能源化工和农畜产品加工工业城市,草原文化旅游基地。

（6）吴忠

吴忠是宁夏中部中心城市,宁东能源化工基地服务中心城市。

（7）中卫

中卫是物流商贸和交通枢纽城市,生态旅游文化城市,西北地区重要的特色农副产品生产基地和宁夏沿黄城市带新兴工业基地。

4. 旗县中心城镇和中心镇

旗县中心城镇和中心镇是指具有资源开发、旅游度假、加工制造、商贸流通等特色职能的旗县域中心城镇或服务片区的中心城镇、重要的工矿基地城镇,包括旗县的中心城区,以及经济较发达、具有资源和功能特色、规模和职能突出的中心镇,或是重要的农村牧区的片区中心镇,如百灵庙镇（达茂旗）、隆兴昌（五原县）、巴彦高勒镇（磴口县）、海流图镇（乌拉特中旗）、巴音宝力格镇（乌拉特后旗）、陕坝镇（杭锦后旗）、额肯呼都格镇（阿拉善右旗）、达来呼布镇（额济纳旗）等。比较有代表性的有

二连浩特市:中蒙边境重要的口岸城市,国际边境贸易和物流中心,外向型加工制造、跨境旅游基地。

乌斯太镇:盐化工业基地。

甘其毛都:中蒙边境重要的口岸城镇,中蒙跨境经济合作区,中蒙合作重化工业基地。

上海庙镇、棋盘井镇:工矿基地及其服务城镇。

集中建设中心镇是指以旗县所在镇和集聚人口、经济条件较好的中心镇为重点,完善基础设施,健全公共服务体系,发展特色产业,是中心城镇成为县域人口集聚和产业发展的中心。

5. 一般镇

这里指其他建制镇,即形成各具特色的小城镇。

根据城市规模现状和未来规划预测,经济区各主要中心城市的规模预测如表 7-3 所示。

表 7-3　呼包银榆经济区城市规模等级结构规划表（2020 年）

规模等级	城市名称	城市人口规模（万人）
特大城市	呼和浩特	220
	包头	220
	银川	170

续表

规模等级	城市名称	城市人口规模(万人)
大城市	鄂尔多斯	70
	榆林	80
	巴彦淖尔(临河)	65
	乌兰察布(集宁)	60
	乌海	60
	石嘴山	50
	吴忠	50
	中卫	50
中等城市	神木	20
	二连浩特	20
	青铜峡市	27
小城市	巴彦浩特镇(15)、乌斯太(10),靖边(15)、绥德(名州镇)(15)、府谷(13),定边(10)、横山(10)、陕坝镇(14)、树林召镇(10)、薛家湾镇(10)、萨拉齐镇(10)、乌拉山镇(16)、隆兴昌镇(10)、察哈尔右翼前旗(土贵乌拉镇)、灵武市、宁东镇、太阳山镇、盐池、中宁、同心、永宁县、贺兰县、平罗县	
其他县城和中心镇 10万人以下	托克托县(双河镇)(8)、和林格尔县城关镇(7)、清水河县城关镇(5)、多伦淖尔镇(5)、巴彦高勒镇(8)、海流图镇(6)、巴音宝力格(6)、宗别立镇、吉兰泰镇、公乌素镇(3)、可可以力更镇(6)、金山镇(6)、察素齐镇(8)、锡尼镇(5)、阿拉腾席热镇(7)、乌兰镇(4)、嘎鲁图镇、敖勒召其镇(4)、甘其毛都(5)、百灵庙镇(4)、满都拉镇、米脂(银洲镇)(7)、清涧(宽洲镇)(5)、子洲(双湖峪镇)(4)、佳县(佳芦镇)(3)、吴堡(宋家川镇)(2.5)、大柳塔(2)、锦界镇(2)、镇川镇(2)、店塔(1.5)、鱼河镇(1.5)、金鸡滩镇(1.5)等	

二、城市空间组织

根据城市和产业区空间组织的特点,以加强城镇合作发展与整合发展为目的,经济区重点规划以下城市空间组织。

1. 都市区

以集聚辐射功能强的核心城市为依托,组织近远郊城镇和产业区,以及通过相邻城市的组合发展,形成功能互补、空间整合、设施共建共享的都市区。

在产业和城镇密集分布的地区,由区域性中心城市的功能集聚和辐射带动,加强城市间、产业区间的分工与合作,形成相邻城镇和产业区联合发展的组合式城市。

(1)呼和浩特都市区

围绕核心城区组织开发区、郊区城镇和辖域市县,一体化协调中心城市服务功能和高层次产业与开发、辖域县市的产业功能及其空间布局,形成经济区核心都市区和全国重要的大区域中心城市。都市区地域范围以呼市行政辖域区旗县为主,辐射周边外围市县。

(2)包头都市区

在原有组团城市的基础上,紧密组织新产业区和巴彦淖尔的乌拉特前旗等周边产业联系地区,组成都市区。地域范围为包头市行政辖域和乌拉特前旗。

以建设新中心区为契机,提升中心城区的集聚辐射效应。有序推进城市组团和新区等重点区域开发建设。加快建设市区向外围旗县的快速通道,实现一级公路通达,提升农村牧区路网等级。加快县(旗)域经济社会发展,引导城区部分产业、重点项目向外围旗县区布局,提高县城的经济比重。加快土右旗辅城发展,建设融入呼包鄂一体化发展的重要结点和新型中等城市。加快其他旗县所在地县城和中心镇建设,打造一批发展条件好、人口集聚度高、辐射带动能力强、产业优势突出的县城和重点镇,提高城市化水平。

(3)银川都市区

以银川—吴忠为核心区,以宁东基地和相邻发展区一体化发展为基础,组成银川都市区。银—吴核心区包括银川市城区、贺兰县、永宁县、灵武市、利通区和青铜峡市,是全区城市化战略格局中的核心区域,交通、通信、科教、金融和现代物流中心,呼包银、兰西银经济区重要一极,大西北重要门户城市。

推进银—吴城市圈重点开发,形成一个近300万人口规模的城市群。石嘴山、中卫市、固原市形成3个50万左右人口规模的城市。

银川都市区范围包括银川市城区、贺兰县、永宁县、灵武市、利通区和青铜峡市。

(4)榆林都市区

榆林都市区是由榆林市区和榆阳区横山县行政辖区范围组成的区域城市发展体。城市总体布局采用带状组团结构,优化老城区建设品质,保护好榆林古城。协调老城区、西沙、南郊、开发区和新城区的布局和功能,着力打造榆溪河自然风光景观带和大漠绿城生态景观带,以及郊区片区的生态空间。协调中心城区与产业园区的发展。

(5)鄂尔多斯都市区

东胜—康巴什—阿勒腾席热一体化发展。合理规划东胜片区和康阿片区的功能定位与分工,制定更为明确的城市空间策略,加强三片的协调发展,打造鄂尔多斯都市区,建设长远规模百万以上的大型城市。充分发挥人口集聚、配套设施完善的优势和特点,形成以服务型经济为主的产业结构,发展污染小、附加值高的产业。重点发展现代服务业、农畜产品加工业、装备制造业、高新技术产业和劳动密集型产业。加快交通基础设施的建设,促进一体化发展。

(6)乌太棋都市区

乌海(海勃湾区、海南区、乌达区)—乌斯太—蒙西—棋盘井一体化发展。以乌海市为核心,包括渤海湾区、乌达区、海南区、棋盘井镇、蒙西镇、乌斯太镇组成的城镇组群。该城镇组群在空间上形成一城多镇的分布格局。发展以能源重化工、新型建筑材料、电力工业、绿色生态产业为主的产业基地。

统筹协调共建共享,积极推进乌海及相邻地区经济一体化,通过地区主导产业协同发展的"扩散效应",促进整个地区的经济发展,提升区域总体竞争能力。坚持"统筹规划,分步实施,市场导向,政府推动,优势互补,合作共赢"。

(7)石嘴山都市区

石嘴山市的大武口区、惠农区、平罗县一体化发展。通过功能互补和空间、基础设施一体化建设,打造区域性大都市。

2. 城市群

在都市区和中心城镇密集分布的地区,统筹规划城镇和产业空间,加强区域合作和协调发展,实现设施共建共享和生态环境共保,功能互补,增强区域竞争力。

(1)呼包鄂城市群

以呼和浩特市中心城区、包头市中心城区和鄂尔多斯市中心城区为中心,与其辐射圈内的城镇组成。区域范围包括呼和浩特市所辖行政区域、包头市所辖行政区域、鄂尔多斯市所辖的东胜区、达拉特旗、准格尔旗、杭锦旗、乌审旗、伊金霍洛旗以及乌兰察布和巴彦淖尔市的部分区域。

通过统一规划和政策引导,促进区域内产业高度化和布局优化。在能源、重化工、农产品加工、高新技术产业等方面进行合理布局,开展产业合作,发展各具特色的产业链和关联密切的产业群,形成沿黄(河)经济带和沿交通干线经济带。联合开发旅游资源,建设面向京津冀为主的旅游目的地。

完善呼和浩特、包头、东胜、临河、集宁等中心城市功能,合理开发利用黄河内蒙古段提供的有限的水资源和呼包鄂区域丰富的能源、金属、非金属矿产资源和区位、交通优势,有选择地培育和发展县城、经济技术开发区、产业基地、矿区,扩大经济增长中心的规模,提高综合增长能力。整合农村牧区居民点,提高土地的集约化程度和农村牧区的现代化程度,率先推进沿黄河城乡一体化和中心城市近郊区城乡一体化的建设进程,促进社会主义新农村牧区建设。推行生态环境保护优先的集中式城市化发展战略,通过产业向经济技术园区、产业基地和沿黄河平原地区集中,引导生态环境脆弱地区的农牧民逐步向中心城市、县城转移集中,缓解人地矛盾。加快构筑区域内快捷高效、立体化的现代交通运输体系和设施共享的信息网络。加快中心城市市政基础设施、社会公共服务设施和环境保护设施的配套建设,突出抓好节能、降耗、资源循环利用工程建设,提高中部地区可持续发展能力。

(2)宁夏沿黄城市群

宁夏沿黄河和包兰交通干线地区,城市和产业集中分布,以银川为中心,以石嘴山、吴忠、中卫3个地级市为主干,青铜峡市、灵武市、中宁、永宁、贺兰、平罗县城及若干建制镇为基础,结合乌太棋城镇组群,形成大中小城市相结合的城镇集合体,是经济区统筹城乡发展、解决生态移民的重点发展区域。凭借黄河沿岸地带的地形、水资源、土地资源和交通通道等有利条件,正在成为产业和城市密集发展的空间。

沿黄城市群的建设,着重在以交通大通道和水利工程、生态环境保护等基础设施建设为纽带,以产业园区开发为动力,依托历史城市和黄河景观风貌,加强区域经济一体化,建设新型产业基地和现代化中心城市群,构筑一条国家级产业—城市发展的"黄金项链"。沿黄城市带的主要城市为银川、石嘴山、乌海、吴忠和中卫。

以银—石—吴为核心,按照"一堤六线"、"六个一体化"总体思路,加快沿黄城市带建设,奋力打造"黄河金岸",努力形成城乡经济社会发展一体化新格局,大力提高城市化水平,加快完善城镇体系。以奋力打造黄河金岸为重点,加快沿黄城市带建设步伐,引导产业、人口向沿黄城市带集聚,带动中南部地区更好地融入全区跨越式发展。使沿黄城市带成为呼包银榆经济区的重要一极。

3. 产业—城市集合体

大规模的煤炭采矿区和能源化工基地的开发是呼包银榆经济区产业发展和空间开发的突出特点。一方面,受矿区和能源化工基地环境污染和地质安全等因素的制约,矿区和产业园区的规模较大,又脱离现有城区布局;另一方面,产业区的发展需要城市生活服务功能的配套。因此,呼包银榆经济区普遍存在生产与生活空间的冲突,宜业与宜居的矛盾。为此,协调这一冲突与矛盾,是空间规划的重要任务,必须通过组织产业与城市的集合体来实现这一目标。

主要有宁东能源化工基地、鄂尔多斯煤炭化工开发园区、榆林经济区等产业区中的产业—城镇集聚区。

4. 节点城镇

依托沿黄和沿京包—包兰干线产业城市集聚带的功能辐射,沿交通干线布局旗县的中心城镇,形成主轴辐射、以轴串点的点轴式中小城镇空间布局。相对独立点状分布的城镇,发挥其联系城乡的纽带作用,强化服务功能建设,促进城乡统筹发展。

第八章

呼包银榆经济区区域创新能力建设专题研究

区域创新能力建设是实现呼包银榆经济区"十二五"规划和 2020 远景发展目标的重要基础,对于经济区调整经济结构,转变经济发展方式,提高产业国际竞争力,建设资源节约型、环境友好型社会并在新一轮西部大开发进程中发挥示范引领作用,都具有特别重要的意义,也是呼包银榆经济区实现包容性发展和可持续发展的关键所在。

第一节 区域创新能力分析框架

一、创新与区域创新概述

经济学意义上的"创新"(innovation)概念最早由美国经济学家约瑟夫·熊彼特(J. A. Schumpeter)提出。熊彼特在《商业周期》(1933)一书中把创新界定为"建立一种新的生产函数或供应函数",即"企业家对生产要素或生产条件进行新的组合"。在熊彼特看来,创新是一个经济范畴而非技术范畴的概念,它不仅仅是指科学技术上的发明创造,更重要的是指把已发明的科学技术引入企业之中,形成一种新的生产能力,其目的是获得一种潜在的利润,从而推动社会和经济的不断发展。熊彼特认为,创新一般包括以下一个或几个方面的内容:

• 创造一种新的产品,或者是消费者还不熟悉的产品,或者使已有产品具备一种新的特性;

• 采用一种新的生产方法,这种方法不一定非要建立在科学新发现的基础上,它也可以是以新的商业方式来处理某种产品;

• 开辟一个新的市场,不管这个市场以前是否存在过;

• 取得或控制一种原材料或半成品的一种新的供给来源,不管这种来源是已经存在的,还是第一次创造出来的;

• 实行一种新的企业组织形式,比如造成一种垄断地位,或者打破一种垄断地位。

由此可见,熊彼特提出的创新概念的含义是相当广泛的,它不仅包含了技术创新,而且还涵盖了产品创新、工艺创新、市场创新和组织创新等广泛的内容。现代技术创新理论、国家创新系统理论和区域创新理论正是在熊彼特创新理论的基础上衍生和发展起来的。

1987年,英国经济学家克里斯托夫·弗里曼(Christopher Freeman)首次提出国家创新系统(National Innovation System,NIS)的概念,创新研究从微观进入宏观。之后,包括纳尔逊(Nelson)、佩特尔(Patel)和帕维蒂(Pavitt)以及经济合作与发展组织(DECD)和其他国家的许多学者都加入了研究行列,使得国家创新系统的研究得到了不断发展,创新成为国家战略。

1992年,英国学者库克(Philip Nichalas Cooke)最先提出区域创新系统(Regional Innovation System/regional System of Innovation,RIS)的概念。他在《区域创新系统:在全球化世界中的治理作用》(1996)一书中,对区域创新系统进行了明确的定义,认为区域创新系统主要是由在地理上相互分工与关联的生产企业、研究机构和高等教育机构等构成的区域性组织体系,且这种体系支持并产生创新。北京大学王缉慈等人对新产业区和产业集群的研究是国内在区域创新系统研究方面的早期探索,他们关于重视与发挥产业集群在区域发展中的核心作用的学术观点,至今仍然具有重要的政策价值(见图8-1)。

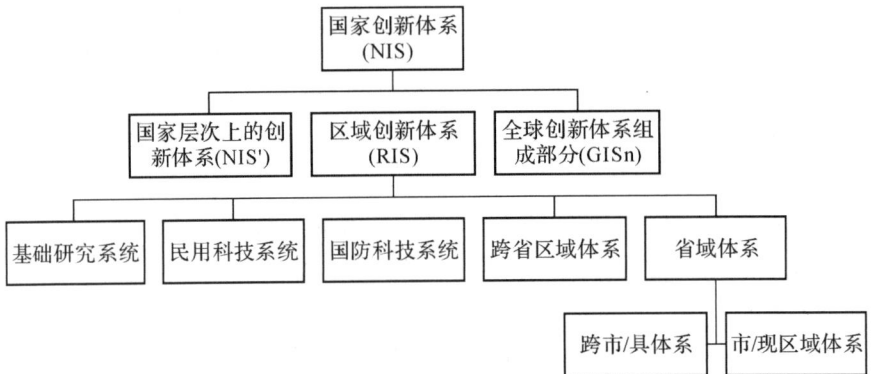

图8-1 区域创新体系的宏观体系架构[1]

[1] 引自:国家创新体系建设战略研究组.2008国家创新体系发展报告[M].北京:知识产权出版社,2008:70.

在本研究中,我们采用《国家创新体系发展报告》(2008)中的观点,即"国家创新体系是泛指一个国家为了提高创新效率整合创新要素构成的社会网络"(见图8-1),把这个观点应用到对区域创新体系的理解上,则"区域创新体系是泛指一个区域为了提高创新效率整合创新要素构成的社会网络"。

二、区域创新能力概念模型

在上述区域创新系统研究的同时,关于区域创新能力(regional innovation capability)的研究逐渐成为人们关注的研究主题。

目前对区域创新能力并没有形成统一的认识。一般认为,其基本含义是指区域创新主体开展创新活动的能力。虽然按照人们对创新活动的现代理解,创新可以在社会经济生活的一切层面和一切环节得到体现,并不限于狭义的在企业中发生的技术创新活动,比如近年来受到人们更多关注的制度创新等,但是,在本研究中,区域创新能力主要是指一定区域的创新主体直接或间接地参与区域技术创新,对区域创新资源进行创造性的集成后,将创新投入转化为新的产品、新的工艺,并实现经济和社会价值的能力。在这个意义上,区域创新能力应该可以通过创新成果或创新绩效即全要素生产率及其变动来检验。

综合各方面的研究,并参考OECD奥斯陆手册对创新的定义,本研究中的区域创新能力是对本区域企业技术创新能力的综合评价,包括个体层面单个企业技术创新能力的集成和区域层面整体创新活动及其成效两层含义,其核心是企业的技术创新、转移、应用和扩散能力,而企业所处的外部环境(政策、市场、文化等)和科学、工程基础等都通过企业的创新成效得到体现(见图8-2)。显然,区域创新能力的培育和提高需要国家政策、影响创新学习的产业组织、人力资源、社会和文化因素,以及创新的科学和技术知识积累等各方面的支撑。

三、区域创新能力评估模型

目前国内对区域创新能力的评估有多种评估方案,其中以柳御林领导的"中国科技发展战略研究小组"在每年出版的《中国区域创新能力报告》中提供的评估框架比较成熟并有相对系统完整的评估数据。在该评估体系中,柳御林提出了区域创新能力评估的四条原则。

1. 创新体系原则

创新体系原则强调"一个地区的技术创新能力的关键是创新的系统化,而不是某一个方面的能力"。

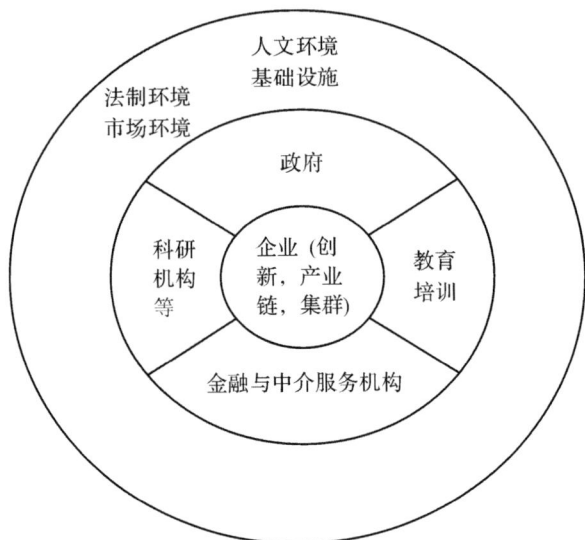

图 8-2 以企业为中心的技术创新体系结构图①

2. 创新链条原则

"在大多数情况下,技术创新首先常来自于一个创新的思想和发明或科技突破,其中大学、科研院所的知识创造活动是重要的创新来源。其次,有了很强的知识创造活动,不等于该地区就有较强的创新能力,因为许多事实表明,科技实力强不等于技术创新能力强,许多地区没有较强的科技基础,但仍然有很高的技术创新能力。问题的关键是一个地区能否有效地利用世界上所有的各种知识为本地区的创新服务。因此,必须考虑知识流动或技术转移的能力。最后,是企业是创新的主体。"

3. 创新环境原则

"在市场经济体系下,衡量地方政府政绩的重要内容不是传统的计划和干预的多少,而是如何创造一个有利于企业创新的环境。因为政府远离市场,政府不能直接指导企业的技术创新活动。政府职能调整的关键是从依赖计划转向创造创新环境来推动企业的技术创新。"

4. 动态评价原则

动态评价原则认为"评价框架必须兼顾一个地区发展的存量、相对水平和增长率三个维度"。根据这些原则,"中国科技发展战略研究小组"构造了一个由知识创造能力、知识获取能力、企业技术创新能力、创新的经济效益和

---

① 引自:国家创新体系建设战略研究组.2008 国家创新体系发展报告[M].北京:知识产权出版社,2008:13.

技术创新环境和管理等五个方面指标构成的"区域创新能力评估模型"（见图 8-3）。

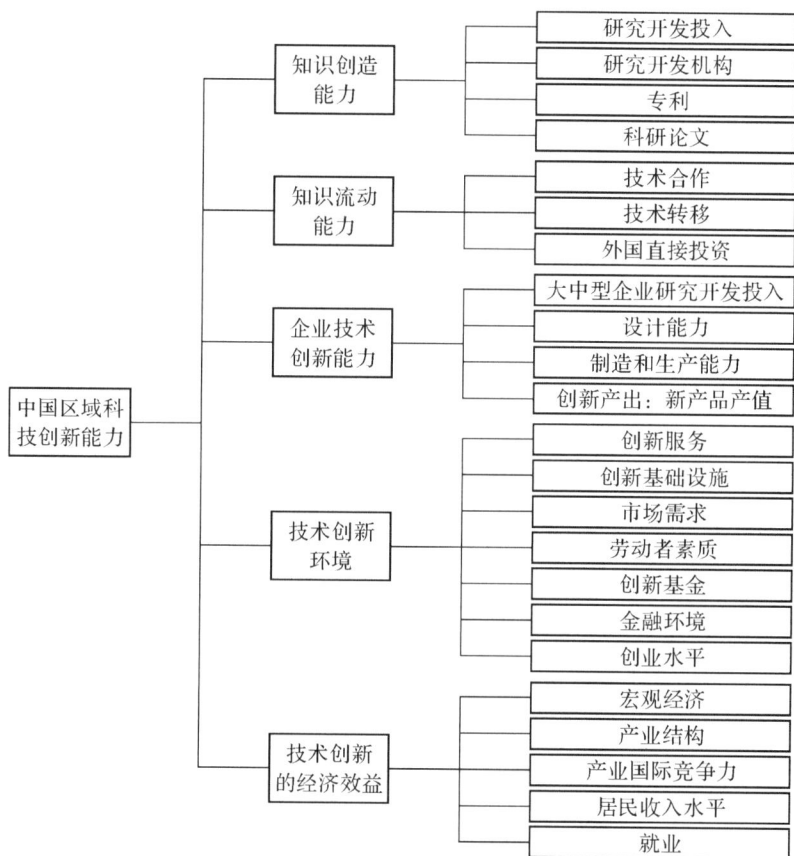

图 8-3　区域创新能力评估指标体系（引自《中国区域创新能力报告》）

在本研究中，我们将以该评估模型作为区域创新能力评估的主要概念框架，同时充分利用国家年度科技统计提供的统计数据，采用定性和定量分析相结合的办法，对呼包银榆经济区所在省级区域的区域创新能力展开系统分析。由于呼包银榆经济区与所在省区在地理空间和经济、行政区划上并不等同，为了弥补总体数据与地区样本数据不一致的数据与方法缺陷，我们将在省区比较的基础上，通过区域典型资料的补充分析来获得更加客观和全面的认识。

第二节　呼包银榆经济区区域创新能力评估

一、呼包银榆经济区创新活动现状

1. 呼包银榆区域创新能力排名

《中国区域创新能力报告 2009》从知识创造、知识获取、企业创新、创新环境和创新绩效五个方面衡量全国 31 个省市自治区的综合创新能力。表 8-1 显示了 2009 年各区域的创新能力综合指标和分指标的排名,以及 2008 年创新能力综合指标的排名。虽然该报告只有省级行政区区域创新能力排名,但如果我们关注其基本分析逻辑,则其研究结果对我们思考呼包银榆经济区的区域创新能力问题仍然具有参考价值。

从该报告提供的区域创新能力排名结果看,呼包银榆区域所处的陕西、内蒙古和宁夏在聚类分析中属于五类中的第四和第五类,比较靠后。陕西属于第四类,略高于内蒙古和宁夏所属的第五类。从具体指标可以看出,陕西的创新能力综合指标从 2008 年的第 12 位下滑到 2009 年的 14 位,全国排名居中。其中陕西 2009 年各项创新能力分指标大多排名居中,但是其知识创造能力高居全国第 6 位。内蒙古和宁夏 2009 年创新能力综合指标分别位列第 26 和 29 位,与 2008 年无异。它们的创新能力各项分指标也都排名靠后。值得一提的是,内蒙古的创新环境指标排名(20)和宁夏的企业创新指标排名(19)都明显超过其综合指标排名。这表明知识创造、创新环境和企业创新分别是陕西、内蒙古和宁夏三个区域的具有创新优势的领域。

表 8-1　2008—2009 年区域创新能力综合指标排名①

地　区	2008 年综合指标	2009 年综合指标	2009 年创新能力分指标				
			知识创造	知识获取	企业创新	创新环境	创新绩效
江苏	4	1	4	2	1	1	2
广东	2	2	3	3	4	3	1
北京	3	3	1	5	6	2	4
上海	1	4	2	1	3	6	3

---

① 数据来源:《中国区域创新能力报告 2009》。

续表

地　区	2008年综合指标	2009年综合指标	2009年创新能力分指标				
			知识创造	知识获取	企业创新	创新环境	创新绩效
浙江	5	5	5	7	2	4	5
山东	6	6	11	9	5	5	7
天津	7	7	7	4	7	17	8
四川	10	8	13	8	11	7	11
辽宁	8	9	9	6	12	10	26
湖北	9	10	10	14	8	11	12
安徽	11	11	20	16	9	8	10
福建	13	12	17	13	18	12	6
重庆	15	13	14	10	10	23	23
陕西	12	14	6	17	16	15	16
湖南	14	15	12	15	13	14	17
河南	16	16	19	22	14	9	15
黑龙江	18	17	8	20	21	16	13
江西	19	18	24	19	20	13	18
河北	22	19	22	11	23	22	25
山西	21	20	28	21	17	21	19
吉林	17	21	15	27	22	25	21
云南	23	22	21	24	26	19	22
贵州	24	23	18	26	24	26	27
新疆	28	24	25	23	27	24	14
广西	25	25	26	28	15	28	30
内蒙古	26	26	27	25	28	20	24
海南	20	27	16	12	30	30	20
甘肃	27	28	23	18	25	31	31
宁夏	29	29	31	30	19	29	29
青海	30	30	29	29	29	27	28
西藏	31	31	30	31	31	18	9

　　《中国区域创新能力报告 2009》进一步将创新能力分解为创新的实力、潜力与效率。实力指标衡量一个区域拥有的创新资源,如绝对的科研投入水平、科研人员规模、创新的产出水平、专利数量、新产品数量等。潜力是指一个区域发展的速度,即与上年相比的增长率水平。效率是指一个区域单位投入所产生的效益,如单位科技人员和研发经费投入产生的论文或专利数量。通过将创新能力综合和分指标体系分为结构上三个不同的板块,可以更加清晰地看出创新能力的差异性和动态性。

　　表 8-2 显示了陕西省的创新优势在于其知识创造的综合能力,全国排名第6,其研发投入综合指标和科研论文综合指标更是高居全国第 4、第 3 位。分项指标也表明,陕西省的几项效率和潜力指标名列全国前茅,体现了陕西省在局部创新领域的优势和发展潜力。陕西的研发投入、科研论文、企业研发投入和创业水平的效率良好。更重要的是,陕西省在专利、设计能力、市场环境等方面的创新潜力巨大。

表 8-2　陕西省创新能力综合指标①

指标名称	综合指标排名			2009 年分项指标排名		
	2009 年	2008 年	升降	实力	效率	潜力
综合值	14	12	−2	16	13	16
1 知识创造综合指标	6	6	0	8	4	12
1.1 研究开发投入综合指标	4	4	0	8	2	17
1.2 专利综合指标	13	15	2	12	15	5
1.3 科研论文综合指标	3	3	0	7	2	23
2 知识获取综合指标	17	13	−4	16	18	27
2.1 科技合作综合指标	10	9	−1	9	11	23
2.2 技术转移综合指标	25	14	−11	18	19	22
2.3 外资企业投资综合指标	23	26	3	21	17	21
3 企业技术创新能力综合指标	16	16	0	19	14	9
3.1 企业研究开发投入综合指标	14	13	−1	17	6	23
3.2 设计能力综合指标	10	13	3	16	13	1

---

①　数据来源:《中国区域创新能力报告 2009》。

指标名称	综合指标排名			2009 年分项指标排名		
	2009 年	2008 年	升降	实力	效率	潜力
3.3 制造和生产能力综合指标	21	6	−15	17	11	30
3.4 新产品销售收入综合指标	20	23	3	21	21	10
4 技术创新环境与管理综合指标	15	11	−4	15	13	19
4.1 创新基础设施综合指标	14	20	6	17	18	6
4.2 市场环境综合指标	8	20	12	19	17	1
4.3 劳动者素质综合指标	14	12	−2	14	10	23
4.4 金融环境综合指标	26	11	−15	14	28	27
4.5 创业水平综合指标	15	2	−13	7	2	26
5 创新的经济效益综合指标	16	24	8	18	19	15
5.1 宏观经济综合指标	20	20	0	20	20	9
5.2 产业结构综合指标	12	14	2	16	11	9
5.3 产业国际竞争力综合指标	25	28	3	22	25	16
5.4 就业综合指标	18	19	1	15	20	16
5.5 可持续发展与环保综合指标	16	14	−2	16	20	27

内蒙古自治区近年来经济持续高速增长。表 8-3 显示,内蒙古自治区的创新能力综合指标排名整体靠后,但是其在技术创新环境与管理下的创新基础设施(9)和市场环境指标(7)以及创新经济效益中的宏观经济效益(8)排名均靠前。内蒙古的实力和效率指标整体落后,但是在一些创新维度上的潜力指标表现不错。它的科研论文潜力排名第 3;知识获取综合潜力排名第 9,其中科技合作潜力排名第 4;技术创新环境与管理综合潜力排名第 11,其中创新基础设施潜力排名第 2、市场环境潜力排名第 3、劳动者素质潜力排名第 6;创新的经济效益综合潜力排名第 3,其中宏观经济效益排名第 3。这些都是内蒙古创新能力发展的优势。

表 8-3　内蒙古自治区创新能力综合指标①

指标名称	综合指标排名			2009 年分项指标排名		
	2009 年	2008 年	升降	实力	效率	潜力
综合值	26	26	0	24	29	21
1 知识创造综合指标	27	31	4	26	28	16
1.1 研究开发投入综合指标	30	30	0	25	29	27
1.2 专利综合指标	24	28	4	26	24	15
1.3 科研论文综合指标	27	29	2	27	29	3
2 知识获取综合指标	25	22	−3	25	24	9
2.1 科技合作综合指标	21	30	9	26	26	4
2.2 技术转移综合指标	23	8	−15	23	11	27
2.3 外资企业投资综合指标	21	19	−2	23	14	19
3 企业技术创新能力综合指标	28	26	−2	23	26	28
3.1 企业研究开发投入综合指标	29	27	−2	24	28	29
3.2 设计能力综合指标	30	19	−11	26	23	31
3.3 制造和生产能力综合指标	17	18	1	18	9	16
3.4 新产品销售收入综合指标	27	24	−3	24	27	24
4 技术创新环境与管理综合指标	20	24	4	20	20	11
4.1 创新基础设施综合指标	9	16	7	15	14	2
4.2 市场环境综合指标	7	8	1	15	8	3
4.3 劳动者素质综合指标	28	31	3	23	28	6
4.4 金融环境综合指标	29	16	−13	26	22	29
4.5 创业水平综合指标	20	30	10	23	19	21
5 创新的经济效益综合指标	24	27	3	29	26	3
5.1 宏观经济综合指标	8	8	0	16	10	1
5.2 产业结构综合指标	25	26	1	21	24	13
5.3 产业国际竞争力综合指标	24	30	6	25	28	9

① 数据来源:《中国区域创新能力报告 2009》。

续表

指标名称	综合指标排名			2009年分项指标排名		
	2009年	2008年	升降	实力	效率	潜力
5.4 就业综合指标	28	27	−1	26	28	27
5.5 可持续发展与环保综合指标	24	26	2	20	26	30

　　宁夏回族自治区的创新能力综合排名落后,但是其实力不强的同时也为其发展潜力提供了较大的空间。表8-4中2009年潜力分指标的排名也充分体现了宁夏在各个创新领域的巨大潜力。宁夏的创新潜力综合排名第14,远高于其实力(30)和效率(28)的综合排名。宁夏的研发投入潜力全国第5,科技合作潜力和技术转移潜力更是高居全国第2和第3。宁夏的技术创新环境与管理综合潜力排名第7,金融环境潜力第2,创新经济效益中的就业潜力第2。更加值得重视的是,宁夏的企业技术创新能力潜力巨大,其综合潜力全国第3,其中企业的研发投入潜力、制造和生产潜力均名列全国第1。这表明宁夏的企业创新潜力巨大。

表8-4　宁夏回族自治区创新能力综合指标①

指标名称	综合指标排名			2009年分项指标排名		
	2009年	2008年	升降	实力	效率	潜力
综合值	29	29	0	30	28	14
1 知识创造综合指标	31	14	−17	29	31	31
1.1 研究开发投入综合指标	20	21	1	28	17	5
1.2 专利综合指标	31	9	−22	29	31	31
1.3 科研论文综合指标	31	20	−11	30	30	15
2 知识获取综合指标	30	30	0	28	29	15
2.1 科技合作综合指标	28	29	1	29	29	2
2.2 技术转移综合指标	17	25	8	25	14	3
2.3 外资企业投资综合指标	31	29	−2	29	25	31
3 企业技术创新能力综合指标	19	28	9	28	18	3

---

①　数据来源:《中国区域创新能力报告2009》。

指标名称	综合指标排名			2009 年分项指标排名		
	2009 年	2008 年	升降	实力	效率	潜力
3.1 企业研究开发投入综合指标	13	25	12	28	13	1
3.2 设计能力综合指标	15	18	3	28	18	11
3.3 制造和生产能力综合指标	6	28	22	28	3	1
3.4 新产品销售收入综合指标	29	28	−1	29	28	28
4 技术创新环境与管理综合指标	29	31	2	30	16	7
4.1 创新基础设施综合指标	31	31	0	31	23	18
4.2 市场环境综合指标	30	23	−7	28	14	24
4.3 劳动者素质综合指标	30	26	−4	29	8	15
4.4 金融环境综合指标	13	25	12	28	11	2
4.5 创业水平综合指标	17	27	10	29	25	12
5 创新的经济效益综合指标	29	31	2	27	31	26
5.1 宏观经济综合指标	29	27	−2	29	19	20
5.2 产业结构综合指标	29	30	1	29	27	22
5.3 产业国际竞争力综合指标	28	18	−10	29	22	27
5.4 就业综合指标	10	28	18	30	7	2
5.5 可持续发展与环保综合指标	31	31	0	6	31	29

需要指出的是,以上统计数据是对省区创新能力的评价,与本课题涉及的呼包银榆及其相关区域的创新能力不能画等号。虽然呼和浩特、包头、鄂尔多斯和银川在本省区经济、科技和教育方面的重要地位以及创新资源积聚程度,在一定程度上可以作为内蒙古和宁夏的代表,但是,榆林在陕西还不具备这种代表性,特别是在上述知识创造指标方面。由于榆林高等院校的缺乏,偏差较大,因此,需要对榆林的情况作补充描述。

在《榆林市十二五科技规划》中,对榆林市科技创新相关内容提供的资料可以作为上述省区资料的一个补充。

(1)科技政策日益完善

市委市政府出台了《关于加强科技工作 发挥支撑作用 推进实施科教引领创新转型的决定》、《关于增强自主创新能力 促进经济社会跨越发展的决定》、《关于加强科技工作 发挥支撑作用 推进实施科教引领创新转型战略的实施意见》、《榆林市中长期科学与技术发展规划(2006—2020年)》、《实施中长期规划建设创新型榆林的若干政策规定》、《大科教体系建设规划纲要》等规范性文件。

(2)科技投入大幅度增长

2005年,全社会科技总投入为5.08亿元,2010年达到13.9亿元。其中,全市财政科学技术研究与开发经费由2005年的790万元增加到2010年的1.59亿元,增长18倍。为了引导中小企业自主创新,市里还专门设立了每年500万元的科技创新基金、350万元的科技特派员专项经费、3000万元的校地产学研专项经费,总投入1亿元的"61211"科技创新工程专项经费。

(3)科技兴农作用凸显

通过良种良法配套输入,马铃薯、玉米、小杂粮等7类农作物创14项全国纪录。研究解决了一批促进现代特色农业发展的关键技术问题,主要种养品种实现新一轮更新换代和改良,一大批特色农业关键技术得到推广,全面提升了科技对农业产业的支撑能力。以科技特派员和科技扶贫工作为抓手,通过引进推广农业新技术、新品种,传统农业得到有效的嫁接改造。"特派员+12396+专家大院+中心+园区+基地"的六位一体的农业科技服务"直通车"模式启动,新型农村科技服务体系日趋完善。全市农作物优良品种覆盖率达85%,农业新技术推广覆盖率超过90%,畜禽改良率达到85%。

(5)企业技术创新稳步推进

围绕煤炭、油、气、盐、电力、化工、材料等重点领域进行了关键环节和共性技术的研究,突破了一批关键技术,解决了我市在提高煤炭采收率及资源综合利用效率、发展和延伸产业链等方面所存在的技术问题。通过国内外先进技术和装备的引进,对优势煤炭资源开发和煤化工、天然气化工发展技术实现了消化吸收基础上的再创新。兰炭等能源化工科技创新支撑产业关小上大升级换代取得丰硕成果。开发了一批具有自主知识产权的新产品和核心技术,带动了产业结构调整和发展方式转变。

(6)社会发展科技进步加快

开展了人口与健康、城市化发展、资源综合利用与开发、生态环境保护和治理等社会发展领域的重大关键问题研究,有力促进了全社会的科技进步。对重大疾病和突发传染病的防治能力明显增强,全民健康水平明显改善;新上化工项目采用节水、环保的工艺和设备,对废弃物采用了减量化或无害化处理;矿区沉陷生态恢复治理、清洁能源开发利用等方面的研究开发取得了重大进展。2009年节能减排万元GDP能耗、化学需氧量排放和二氧化硫排放分别下降4.82、4.55和3.28个百分点。

(7)科技成果不断涌现

共取得市级重大科技成果 199 项,申请专利 304 件,授权专利 215 件,获省科学技术奖 22 项,市科学技术奖 138 项,重大科技成果的推广应用率达 70％以上,累计净增产值 12 亿元。研究起草了《兰炭产品技术条件》、《兰炭用煤技术条件》、《兰炭产品品种及等级划分》三个国家标准,填补了国内空白。

(8)科技创新平台载体逐步形成

组织实施了具有地方特色的"61211"科技创新工程,在能源化工、装备制造、现代农业、水资源和环境保护、新材料、城镇化与城市发展等 6 个重点领域,组织实施了 8 个重大科技专项,15 个科技产业化项目,10 个科技示范基地,8 个工程技术研究中心,对提升我市自主创新能力、打造产业孵化平台、引领经济发展、建设科技产业基地发挥了重要作用。

2. 呼包银榆区域创新活动主要指标比较

(1)呼包银榆区域创新投入和产出分析

榆林所属的陕西省的研发经费支出和人员投入历来在西部地区位列前茅,总量上仅次于四川省,在投入强度上更是位列第一。随着经济的发展,内蒙古研发经费支出和人员投入增长迅速,2008 年已经上升至西部地区的中间水平。然而,宁夏的研发经费支出和人员投入尽管实现了成倍的增长,在总量上仍然居于西部地区最后三位(见表 8-5)。

表 8-5　西部地区分省区 R&D 经费与人员投入(2006—2009 年)[①]

(单位:亿元、千人)

年度 地区	2006 年			2007 年			2008 年			2009 年		
	R&D 经费	R&D 人员	投入 强度	R&D 经费	R&D 人员	投入 强度	R&D 经费	R&D 人员	投入 强度	R&D 经费	R&D 人员	投入 强度
陕西	101.4	59.5	2.24	121.7	65	2.23	143.3	64.8	2.09	189.5	68.5	2.32
内蒙古	16.5	14.8	0.34	24.2	15.4	0.40	33.9	18.3	0.44	52.1	21.7	0.53
宁夏	5.0	4.4	0.7	7.5	5.6	0.84	7.5	5.2	0.69	10.4	6.9	0.77
广西	18.2	18.9	0.38	22.0	20.1	0.47	32.9	23.2	0.46	47.2	29.8	0.61
重庆	36.9	26.8	1.06	47.0	31.6	1.14	60.2	34.4	1.18	79.5	35	1.22
四川	107.8	68.6	1.25	139.1	78.9	1.32	160.3	86.7	1.28	214.5	85.9	1.52
贵州	14.5	10.7	0.64	13.7	11.4	0.50	18.9	11.5	0.57	26.4	13.1	0.68
云南	20.9	16.0	0.52	25.9	17.8	0.55	31.0	19.8	0.54	37.2	21.1	0.6

① 数据来源:《中国科技统计年鉴 2006—2009》。

年度 地区	2006 年			2007 年			2008 年			2009 年		
	R&D 经费	R&D 人员	投入强度	R&D 经费	R&D 人员	投入强度	R&D 经费	R&D 人员	投入强度	R&D 经费	R&D 人员	投入强度
西藏	0.5	1.0	0.17	0.7	0.7	0.20	1.2	0.6	0.31	1.4	1.3	0.33
甘肃	24.0	16.7	1.05	25.7	18.8	0.95	31.9	20.1	1.0	37.3	21.2	1.1
青海	3.3	2.6	0.52	3.8	2.9	0.49	3.9	2.5	0.41	7.6	4.6	0.7
新疆	8.5	7.4	0.28	10.0	8.9	0.28	16.0	8.8	0.38	21.8	12.7	0.51
西部	375.5	247.5		441.4	277.0		540.9	295.8		686.2	321.8	
全国			1.42			1.49			1.54			1.7

对于西部地区创新产出,主要从专利授权数量、发表国际论文数以及通过市场化形式转化为价值形态的技术交易金额三个方面衡量。

表 8-6、图 8-4 的数据表明,西部和中部地区的专利授权量差距日益缩小,而西部与东部地区的专利授权量的差距却不断拉大。在西部地区,陕西省排名靠前,在四川和重庆之后,排名第三,内蒙古和宁夏的专利授权量排位较后。

表 8-6　西部地区分省区专利授权量①　　　　　　　（单位:件）

地　区	1995 年	1999 年	2002 年	2004 年	2006 年	2008 年
东部	23877	56273	75099	104158	159962	259554
中部	7556	14903	14133	18798	26717	40118
西部	5774	10968	11496	15834	22082	33353
陕西	1085	1569	1524	2007	2473	4393
内蒙古	415	723	679	831	978	1328
宁夏	111	150	216	293	290	606
广西	665	1232	1054	1272	1442	2228
重庆	305	1078	1761	3601	4590	4820
四川	1714	2921	3403	4430	7138	13369
贵州	274	620	615	737	1337	1728
云南	569	1185	1128	1264	1637	2021
西藏	2	14	7	23	81	93
甘肃	257	494	397	514	832	1047
青海	65	123	85	70	97	228
新疆	312	859	627	792	1187	1493

---

①　数据来源:《中国科技统计年鉴 2009》。

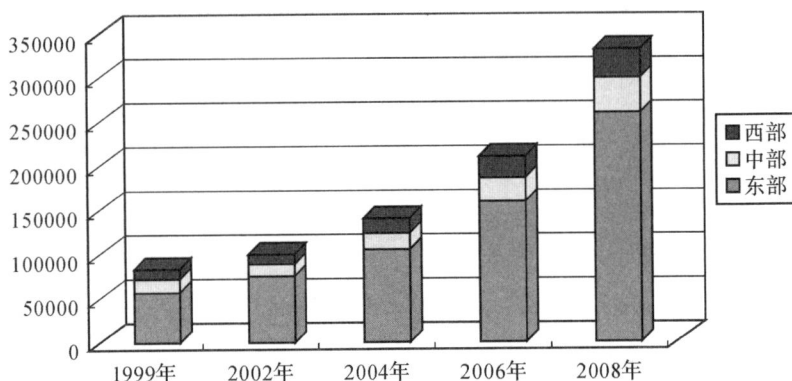

图 8-4　1999—2008 年东中西部专利授权量①

（2）技术市场交易额与地区知识和技术转化能力的强弱

从总体上来看，图 8-5、表 8-7 的数据表明，西部地区技术交易额与东部地区的相对差距变化不大，占东部地区技术交易额的比例维持在 20％左右，而与中部地区的差距不断缩小，并于 2004 年实现赶超。在西部，内蒙古增速最快，已经位居西部技术市场交易额的龙头地位，这与其近年来矿业开发带动的经济快速增长有很强的关系；而宁夏的技术市场交易额最少，倒数第二。陕西省的技术市场交易额虽然逐年增长，但是总量排在四川省和内蒙古之后。

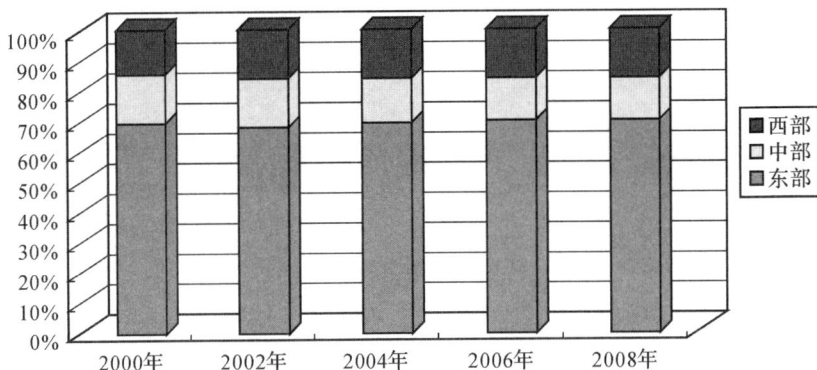

图 8-5　东、中、西部地区技术市场交易金额占全国总量百分比②

---

① 数据来源：根据《中国科技统计年鉴 2009》整理。
② 数据来源：根据《中国科技统计年鉴 2009》整理。

表 8-7　西部地区分省区技术市场交易金额① 　　　　　（单位：万元）

地　　区	2000 年	2002 年	2004 年	2006 年	2008 年
东部	4326995	5497169	8593734	10736317	14999611
中部	1024928	1318959	1835423	2160880	2933130
西部	898411	1290327	1944565	2386566	3357871
陕西	84188	143097	148402	286874	362321
内蒙古	79600	103019	167241	296279	910604
宁夏	9752	24318	26869	35994	78513
广西	38736	66729	132929	176237	121540
重庆	164500	331867	415044	454611	261018
四川	128590	128784	300235	338133	579322
贵州	16522	38492	55119	61389	152744
云南	228497	207002	275359	295978	223981
西藏	2994	6443	21756	15279	13218
甘肃	54557	79619	155866	186482	288985
青海	7628	24518	31313	49162	114843
新疆	82847	136439	214432	190148	250781

（3）论文发表与区域知识创造能力的强弱

表 8-8 的数据表明，在国际三大检索发表的论文数方面，内蒙古和宁夏由于高校和科研院所较少，处于倒数位置。陕西省由于高校集聚的优势，不仅名列西部地区前茅，在全国的排名也达到第 7。

表 8-8　2007 年西部地区三大机构 SCI、EI、ISTP 收录论文数② 　　　（单位：篇）

地　　区	全国位次	总　　数	SCI	EI	ISTP
陕西	7	10056	3201	4612	2243
内蒙古	27	313	131	127	55
宁夏	30	50	28	13	9
广西	24	887	420	272	195

---

① 　数据来源：《中国科技统计年鉴 2009》。
② 　数据来源：《中国科技统计年鉴 2009》。

续表

地　区	全国位次	总　数	SCI	EI	ISTP
重庆	20	2532	865	788	879
四川	10	7682	2836	3311	1535
贵州	25	397	196	109	92
云南	23	1101	690	259	152
西藏	31	7	7	0	0
甘肃	18	2871	1589	1004	278
青海	29	86	61	23	2
新疆	26	341	196	92	53

3. 西部地区创新主体分析

(1)高校和科研机构

高校和科研机构作为知识创新的主体,不论是科学家、工程师数量,还是研发人员和研发经费支出,均呈现东中西依次降低的梯队分布,这可以在一定程度上解释区域知识创新能力的差异。2008 年,西部地区四川、陕西、广西三地高校数量、科学家、工程师总数以及研发人员全时当量都居前三位。在研发经费支出方面依然是四川、陕西、重庆、广西居前四位。云南、甘肃、贵州、内蒙古在这些项目中都处于中游地位,属于第二梯队。新疆、青海、宁夏、西藏高校资源配置程度低(见表 8-9)。

表 8-9　2008 西部地区高校研发情况分布情况[①]

地　区	高等学校(所)	校属研发机构(个)	科学家工程师数(个)	研发人员全时当量(人年)	研发经费支出(万元)
东部	1006	2674	254277	140379	2359658
中部	715	1405	133836	71761	884842
西部	542	1080	103988	54673	657149
陕西	88	192	17575	8735	170814
内蒙古	39	66	5535	2908	11656
宁夏	15	27	1857	971	4443
广西	68	98	16520	9258	44371

---

① 资料来源:《中国科技统计年鉴 2009》。

续表

地　区	高等学校（所）	校属研发机构（个）	科学家工程师数（个）	研发人员全时当量（人年）	研发经费支出（万元）
重庆	47	189	13118	6445	92980
四川	90	297	24856	13488	224952
贵州	45	45	4722	2319	18131
云南	59	50	9472	5644	38695
西藏	6	3	367	161	557
甘肃	39	59	4571	2280	37308
青海	9	37	1497	673	3675
新疆	37	17	3898	1792	9565

表 8-10 的数据表明西部地区科研机构数量以及研发人员质量、研发人员投入和研发内部经费支出均低于东部地区，而且差距都比较大；但在研发人员投入以及研发内部经费投入总量上超越了中部地区。从内部结构上看，四川、陕西、广西、云南、甘肃、新疆和内蒙古在科研机构数上占优势，而青海、宁夏、新疆和云南在人员质量上优势明显。

表 8-10　2008 西部地区研发机构分布情况①

地　区	机构数（个）	科学家与工程师（人）	科学家与工程师占科技活动人员比重	研发全时当量（人年）	研发内部支出总额（万元）
全国	3727	372697	0.7636	260130	8112580
东部	1610	213993	0.8051	141050	5083961
中部	1124	74228	0.7421	51929	1200308
西部	993	84476	0.6911	67151	1827311
陕西	121	24462	0.6634	25218	793350
内蒙古	100	4519	0.7188	2877	31172
宁夏	22	673	0.9070	300	3177
广西	119	4608	0.6890	2107	32546
重庆	27	3827	0.6673	2437	32328
四川	165	22839	0.6523	19443	650937

①　资料来源：《中国科技统计年鉴2009》。

续表

地　区	机构数（个）	科学家与工程师（人）	科学家与工程师占科技活动人员比重	研发全时当量（人年）	研发内部支出总额（万元）
贵州	76	3488	0.7428	2103	21673
云南	107	6895	0.7794	4270	131095
西藏	20	579	0.6193	378	5116
甘肃	106	6790	0.7203	5203	93215
青海	21	892	0.8711	511	7002
新疆	109	4904	0.8228	2304	25700

　　企业作为技术创新的主体以及经济运行的微观基础,是技术与市场相互结合的关键因素。表8-11的数据表明,从总体上来看,西部地区在拥有科研机构的企业比重、科学家工程师占科技活动人员比重、R&D经费占主营业务收入比重以及新产品产值占工业总产值比重上相对于中部、东部以及全国水平有较大劣势。但是在科技活动人员占从业人员比重上优于东部地区。

　　内蒙古和宁夏科技活动人员占从业人员比重较低,但科学家工程师占科技活动人员比重均超过东部平均水平2个百分点以上。宁夏拥有科研机构的企业比重接近三分之一,远远超出东部平均水平,而内蒙古拥有科研机构的企业比重却只有13%,仅高于西藏。在R&D经费占主营业务收入比重以及新产品产值占工业总产值比重上,内蒙古和宁夏都处于弱势,即使在西部内部也处于弱势。陕西拥有科研机构的企业比重仅次于宁夏,占近30%。陕西的科技活动人员占从业人员比重和R&D经费占主营业务收入比重这两项指标均超过中部、西部和全国平均水平。但是科学家工程师占科技活动人员比重较低,略低于西部平均水平,新产品产值占工业总产值比重更低,远低于西部地区平均水平。

表8-11　西部地区大中型企业研发情况①　　　　（单位:%）

地　区	有科研机构的企业比重	科技活动人员占从业人员比重	科学家工程师占科技活动人员比重	R&D经费占主营业务收入比重	新产品产值占工业总产值比重
全国	24.7	5.1	64.4	0.8	16.4
东部	25.3	4.8	66.0	0.9	17.8
中部	24.0	5.9	62.0	0.7	13.5

　　① 资料来源:《中国科技统计年鉴2009》。

地　区	有科研机构的企业比重	科技活动人员占从业人员比重	科学家工程师占科技活动人员比重	R&D经费占主营业务收入比重	新产品产值占工业总产值比重
西部	22.3	5.5	61.7	0.6	13.2
陕西	29.8	7.0	61.0	0.8	8.9
内蒙古	13.0	4.6	68.1	0.5	6.3
宁夏	32.1	4.3	69.1	0.6	8.1
广西	19.5	4.5	61.9	0.6	15.1
重庆	29.2	6.9	67.6	1.2	40.4
四川	23.1	6.0	57.5	0.7	18.4
贵州	24.2	4.9	57.4	0.7	8.2
云南	17.0	4.5	55.1	0.3	6.8
西藏	10.0	1.3	87.8	—	2.3
甘肃	23.7	5.9	65.2	0.5	7.8
青海	17.9	3.9	75.1	0.3	5.7
新疆	15.6	3.6	62.8	0.3	4.7

4. 主要结论

（1）呼包银榆区域的创新活动现状差异显著。总体而言，陕西位于西部地区创新活动的第一梯队，内蒙古位于第二梯队，而宁夏位于西部的较后位置。

（2）内蒙古和宁夏的创新投入和产出较为落后，但增长明显。陕西的创新投入和产出位列西部地区前茅，并且稳步增长。

得益于矿业产业的发展和经济实力的不断提升，内蒙古近年来研发投入增长迅速，技术交易额增长更为明显，已经位列西部第一，但总体上内蒙古在创新投入和产出上都处于弱势。宁夏除了在拥有科研机构的企业比重、科学家工程师占科技活动人员比重这两项指标上位列西部地区前茅，其他的指标尽管增幅明显，但仍然在西部居于靠后位置。

（3）陕西创新主体资源差异明显，内蒙古和宁夏创新主体资源不足。陕西省高校和科研机构众多，知识创造能力较强，然而企业的创新主体资源不够充分。内蒙古和宁夏的高校和研究院所极其缺乏，知识创造能力较弱。虽然内蒙古和宁夏企业中科学家、工程师占科技活动人员比重较高，甚至超过东部平均水平，但这与其企业科技活动人员占从业人员比重较低、总量较少不无关系，而且内蒙古拥有科研机构的企业比重非常低。虽然宁夏拥有科研机构的企业比重非常高,但在 2010 年国家科技进步水平综合排序中出现严重下滑,在科技投入和科技产出两个方面的排名跌幅都居各省区之首。

(4)西部地区创新型区域建设还处于初期阶段,在各要素的构建上主要依靠政府的力量,并且企业作为区域创新主体的作用与地位还没有显现出来。其中陕西、四川和重庆地区区域创新各要素比较健全,重点在于加强要素间的联系、提高产学研的水平。西部其他地区首先应该改善落后的基础设施,依靠特色产业和优势产业构建产业集群,增加研发投入,发展边贸及参与区域合作,注重人才的引进。

二、呼包银榆区域创新潜力

1. 呼包银榆区域创新潜力巨大

一个区域创新潜力的高低预示其未来发展的上升空间。呼包银榆区域创新实力和效率整体不强。只有陕西的知识创造的实力(8)和效率(4)排进了全国前 10 的位置。但是内蒙古、宁夏和陕西的多项创新指标的潜力巨大,位列全国前茅(见表 8-12)。虽然宁夏的综合实力和效率排名位列全国倒数的位置,但是其综合潜力全国排名 14,尤其是其企业创新潜力巨大,排名全国第 3,创新环境的潜力也位列第 7 名。陕西的综合创新潜力排名第 16,它的企业创新潜力名列第 9。内蒙古虽然综合创新潜力排名靠后,但是它的创新绩效潜力排名第 3,知识获取潜力位列第九。

表 8-12　2009 年呼包银榆区域创新能力综合指标排名[①]

地区	综　合			知识创造			知识获取			企业创新			创新环境			创新绩效		
	实力	效率	潜力	实力	效率	潜力	实力	效率	潜力	实力	效率	潜力	实力	效率	潜力	实力	效率	潜力
陕西	16	13	16	8	4	12	16	18	27	19	14	9	15	13	19	18	19	15
内蒙古	24	29	21	26	28	16	25	24	9	23	26	28	20	20	11	29	26	3
宁夏	30	28	14	19	31	31	28	29	15	28	28	3	30	16	7	27	31	26

2. 科技进步迅速、成就突出(以宁夏为例)

根据《全国及各地区科技进步统计监测结果》[②],"十一五"期间,宁夏科技进

---

① 资料来源:《中国区域创新能力报告 2009》。

② 国家科技部和统计局共同建立了包括科技进步环境、科技活动投入、科技活动产出、高新技术产业化和科技促进经济社会发展 5 个一级指标和若干个二级、三级指标的统计监测指标体系,按照一定方法计算出全国 31 个省、直辖市、自治区科技进步水平综合指数和排位,对全国和地方科技进步状况进行统计监测。

步指数在全国的位次整体得到改善。除了高新技术产业化指数之外,其他指数
在全国的位次均取得显著提高(见表 8-13、表 8-14)。

表 8-13　2006—2009 年宁夏科技进步指数在全国的位次变化

指　标	2006 年	2007 年	2008 年	2009 年
科技进步综合指数	25	24	18	19
科技进步环境指数	19	11	12	14
科技活动投入指数	18	20	16	15
科技活动产出指数	22	25	21	16
高新技术产业化指数	30	25	25	29
科技促进经济社会发展指数	26	27	26	22

表 8-14　2009 年全国及宁夏科技进步监测主要数据表

指　标	全国指数(%)	宁夏指数(%)	宁夏在全国的位次
科技进步综合指数	56.99	41.97	19
科技进步环境指数	58.96	51.48	14
科技活动投入指数	55.13	42.47	15
科技活动产出指数	56.47	33.98	16
高新技术产业化指数	49.37	25.66	29
科技促进经济社会发展指数	62.65	51.94	22

2009 年宁夏回族自治区全年登记区级科技成果 206 项,比上年增长
15.7%。其中,基础理论成果 44 项,应用技术成果 144 项,软科学成果 18 项。
全年申请专利量 1277 件,增长 17.5%。其中,发明专利 182 件,增长 13.8%。
专利授权量 910 件,增长 50.2%。其中,发明专利授权量 52 件,增长 8.3%。

截至 2009 年年末,全区拥有国家级工程研究中心 2 个,自治区级工程研究
中心 19 个,国家部委工程研究中心 1 个;国家重点实验室 1 个,省部共建重点
实验室 6 个,自治区级重点实验室 7 个,国家部委重点实验室 1 个;国家级企业
(集团)技术中心 8 个,自治区级企业(集团)技术中心 37 个。

"十一五"期间,宁夏回族自治区在科技工作方面,按照国家"自主创新,重
点跨越,支撑发展,引领未来"十六字方针,抢抓机遇,开拓创新,全区科技事业
步入历史上发展最快、最好的时期。

(1)工业、农业和社会发展领域自主创新能力明显增强

在工业领域,在风电光伏设备、石油轴承、高档数控机床、智能仪表、大型煤矿机械等方面攻克了一批重大科技难题,形成了一批自主知识产权和核心技术,提升了企业的核心竞争力。例如,以大型煤基甲醇项目为平台,引进和吸引了一批国内一流专家参与宁东建设,在二甲醚产业化等方面形成了一系列具有自主知识产权的科研成果;加强高强度石膏资源化技术研究,使宁夏石膏资源化技术水平继续处于全国前列;重型燃气轮机发电设备配套关键铸钢件生产填补了国内空白,实现了燃气轮机大型关键铸钢件制造技术国产化;五轴联动车铣复合加工中心的研制成功,提升了宁夏数控机床的产品档次和技术水平;冶金法制取太阳能级多晶硅生产技术达到国内领先水平,利用该技术生产的太阳能级多晶硅电池组件,建成了西北首座高压并网实验光伏电站等。

在农业领域,围绕北部引黄灌区现代农业、中部干旱带旱作节水农业、南部山区生态农业"三大农业示范区",启动建设了 30 个自治区现代农业科技示范园区。通过深入实施"5183"农业科技工程专项,落实延续了一大批重大项目,在农业关键技术研究、新品种(品系)选育、新技术和设备研发等方面取得了一批重要成果。针对宁夏中部干旱带和南部山区设施农业和旱作高效节水农业发展中的关键问题,实施了一批重大科技项目,分别建立了 4 个共计 2000 亩的区级设施农业科技示范基地和 3 个共计 5000 亩的区级旱作高效节水农业科技示范基地,形成总计 2 万亩的科技示范园群。加强粮食以及优势农作物的新品种培育、栽培技术和深加工技术研发。目前全区动植物良种及先进实用技术的覆盖率提高到近 95%,绝大多数特色优势农产品达到无公害标准,农业科技贡献率达到 47%。

在社会发展领域,组织编制了《宁夏沙产业发展规划》,明确了沙产业发展的区域布局和沙生中药材、沙生经济林等八大主导产业,提出了发展沙产业的主要目标、重点任务和保障措施;建立了具有一定规模的 3 个试验示范基地。组织开展中药现代化种植基地建设、中药材品种及新药研发、回族医药创制,提升中药产业的实力。

(2)科技成果和专利产出快速增长

全区科技成果产出每年均在 150 项以上。其中,科研机构成果登记数为 56 项,占 27.1%,大专院校成果登记数为 29 项,占 14%,企业成果登记数为 56 项,占 27.1%,其他 65 项,占 32%。科技成果产出比 2005 年增长 25%,有 47% 的成果获得自治区科技进步奖,其中有 9 项成果获得国家科技进步二等奖,有 2 人获何梁何利基金科技创新奖。百万人拥有专利数和亿元 GDP 所含专利数位居全国中上水平。

　　(3)科技人才队伍进一步壮大

　　科技部门联合自治区党委组织部、人事厅发布了《自治区创新团队建设工程实施方案》,开展了创新团队遴选工作。按照科学发展观的思路,着眼于产业结构调整和经济增长方式的转变,聚集了一大批区内外专家和科研人员。截至2009年年底,全区国有企事业单位各类专业技术人员达到14万人,其中高中级专业技术人员占48%;全社会从事科技活动的人员1.56万人,R&D活动的人员5253人,分别比2005年增长47%和39%。全区高层次创新型科技人才总数1024人。中国工程院院士1人,国家级学术技术带头人9人,国家级有突出贡献中青年专家32人,国家"百千万人才工程"一、二层次人选8人,国家"百千万人才工程"三层次人选61人,享受国务院特殊津贴人员661人,享受自治区政府特殊津贴人员119人,自治区级学术技术带头人选292人,自治区"313人才工程"人选353人,高级职称专业技术人员15510人,有2人获何梁何利基金科技创新奖。

　　(4)科技特派员创业行动不断深入

　　创新科技特派员创业模式,形成了"科技特派员＋协会＋农户"、"科技特派员＋公司＋农户"、"科技特派员＋示范园(基地)＋农户"、"科技特派员＋种养大户＋养殖户"、"科技特派员＋公司＋农资经销店＋农民培训学校＋110信息点"等科技创业模式。围绕农村信息化长效机制的建立,开展了信息科技特派员创业工作,设立了科技特派员人贷款基金,实现了金融推动创业的再创新。出台了《科技特派员创业公司认定》、《区级科技特派员创业链认定》等办法,建立了科技特派员工作目标考核制度,90%的县区设立了科技特派员专项资金。组织实施了科技人员服务企业行动,开拓了科技特派员创新创业的新领域。拓宽队伍来源。截至2009年年底,全区共有科技特派员5138人(家),其中自然人科技特派员和法人科技特派员分别为2042人和294家,信息科技特派员2802人,实施自治区科技特派员创业项目357个。

　　(5)科技创新体系建设取得了积极进展

　　通过组织实施技术创新引导、创新基地建设和人才团队建设三大自主创新工程,有效提高了自主创新能力。有1家企业被确定为"国家创新型企业"、3家企业成为"国家创新型试点企业"、10家企业被认定为自治区创新型试点企业。目前已建成国家重点实验室1家;国家级工程技术研究中心2家;围绕自治区新能源与新材料、生物资源与生态环境建设、地方重大疾病与人类健康等重点发展领域组建了13个自治区重点实验室和17个自治区工程技术研究中心;围绕区域经济和产业发展,依托具有一定条件的科技型中小企业、科研院所、高等院校,组建了29个自治区技术创新中心,组建了8个国家级企业技术中心和37

个自治区企业技术中心。组建 15 个自治区重大创新团队,各类科技中介服务机构发展到 200 余家,区域创新体系初步建成。

(6)科技基础条件平台和资源共享建设步伐明显加快

2006 年以来,宁夏先后完成了西北区域大型仪器共享平台和宁夏大学、北方民族大学、农业科学院 3 个大型仪器共享服务分中心的建设任务。到 2009 年年底,入网仪器设备超过 436 台套,仪器使用率在 2006 年 40% 的基础上提高了 15% 以上,对外服务机构提高 30%;加快宁夏科技网络环境平台建设,建立了"宁夏科技文献协作共享网络门户网站"。

(7)科技发展环境进一步优化

自 2006 年宁夏回族自治区党委、政府召开全区科技奖励大会,正式发布了《自治区党委、人民政府关于加强自主创新,建设创新型宁夏的决定》,出台了《关于发挥科技支撑作用促进经济平稳较快发展的意见》、《加强农业和农村科技工作的意见》等 4 份文件后,各地、各部门纷纷结合本地区、本部门实际,制定了相应的政策措施。其中,科技厅牵头转发了《科技部、中国科协关于加强县(市)科技工作和科普事业发展的指导意见》等 8 个文件,起草发布了《关于科技支撑新能源产业发展的意见》、《宁夏回族自治区企业研究开发项目鉴定管理办法(试行)》、《自治区人民政府关于大力培育科技型企业的若干意见》、《关于加强对我区科技型中小企业信贷支持的实施意见》等一批政策法规,牵头完成了《宁夏回族自治区科技进步条例》的修订工作;财政厅牵头转发了《财政部、国家税务总局关于企业技术创新有关企业所得税优惠政策的通知》等 3 个文件;环保局牵头转发了《国家环保科普基地申报与评审暂行办法》;保监会牵头印发了《关于加强和改善对高新技术企业保险服务有关问题的通知》。有关部门和市、县(区)制定了创新人才培养、创新平台建设、财政科技投入等科技发展政策,全社会共同推动科技进步的环境得到了明显改善。

值得注意的是,在国家科技活动监测指标中,将 2010 监测与 2009 监测相比较,全国科技活动投入指数提高了 2.63 个百分点,有 21 个地区超过这一增幅,其中海南、青海和河北的增幅超过了 10 个百分点。只有天津和宁夏的科技活动投入指数低于上年水平,宁夏还由上年的第 15 位下降至第 22 位(见图 8-6)。

更严重的是,在科技活动产出指数的排序中,北京、上海、天津、陕西排在前 4 位,同时也是高于全国平均水平(全国科技活动产出指数为 52.86%)的地区。但有 15 个地区低于上年水平,其中宁夏的降幅接近 20 个百分点,成为 2010 年位次下降最快的地区(见图 8-7)。

2010年科技活动投入指数

1.上　海	78.13
2.北　京	70.18
3.天　津	68.48
4.广　东	66.83
5.江　苏	64.53
6.浙　江	62.29
7.山　东	57.75
8.陕　西	57.68
9.辽　宁	57.33
10.重　庆	52.72
11.湖　北	52.40
12.黑龙江	50.33
13.福　建	49.97
14.安　徽	49.69
15.湖　南	47.83
16.山　西	47.64
17.四　川	47.55
18.甘　肃	47.23
19.吉　林	44.44
20.河　北	43.47
21.河　南	43.45
22.宁　夏	42.35
23.江　西	42.26
24.内蒙古	37.89
25.青　海	34.62
26.新　疆	33.55
27.贵　州	31.68
28.广　西	29.13
29.云　南	27.82
30.海　南	23.67
31.西　藏	16.03

2009年科技活动投入指数

1.上　海	74.04
2.天　津	70.98
3.北　京	69.38
4.江　苏	63.79
5.广　东	62.44
6.浙　江	61.33
7.山　东	55.87
8.陕　西	55.21
9.辽　宁	54.63
10.重　庆	52.30
11.湖　北	49.91
12.福　建	48.72
13.黑龙江	45.82
14.安　徽	42.74
15.宁　夏	42.47
16.山　西	42.10
17.四　川	41.65
18.湖　南	39.73
19.江　西	38.25
20.吉　林	37.76
21.甘　肃	37.50
22.河　南	37.19
23.内蒙古	32.78
24.河　北	32.64
25.贵　州	26.12
26.新　疆	25.01
27.云　南	24.01
28.广　西	23.59
29.青　海	21.94
30.海　南	10.55
31.西　藏	9.04

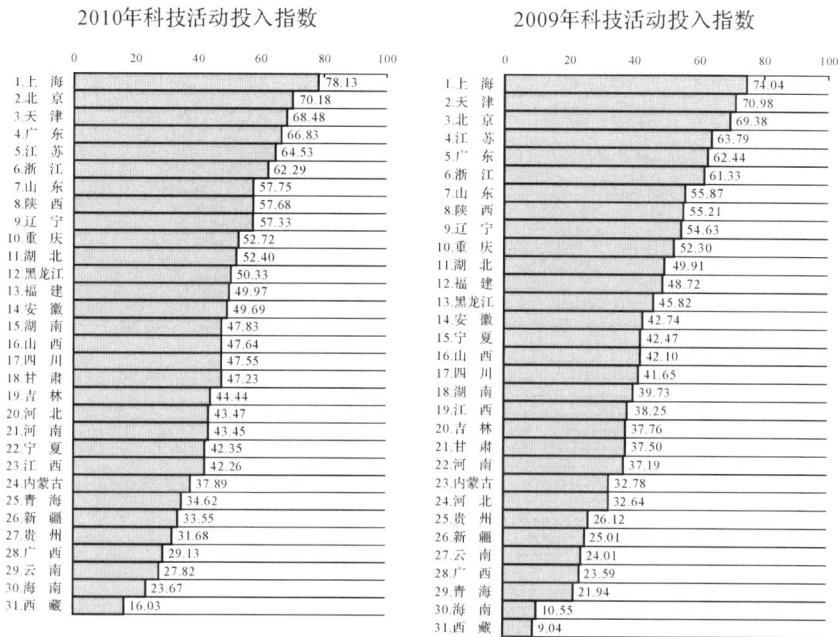

图8-6　2009—2010年全国科技活动投入指数排序

资料来源:2010全国及各地区科技进步统计监测结果(二)《科技统计报告》2011年第2期。

第三节　呼包银榆区域创新能力发展存在的问题

一、区域创新能力整体偏弱

根据《中国区域创新能力报告 2009》的分析结果,呼包银榆区域内的内蒙古、宁夏和陕西的创新能力实力和效率整体偏弱。2009 年内蒙古、宁夏和陕西的创新能力综合排名分别为 26、29 和 14。内蒙古、宁夏和陕西的综合创新实力排名分别为 24、28 和 16,综合创新效率排名分别为 29、30 和 13。内蒙古和宁夏两个区域的知识创造、知识获取、企业创新、创新环境和创新绩效的实力和效率绝大部分排名在 20 以后。内蒙古拥有科研机构的企业比重非常低,企业中科

2010年科技活动产出指数

排名	地区	指数
1	北 京	92.51
2	上 海	87.08
3	天 津	64.81
4	陕 西	55.24
5	广 东	51.39
6	辽 宁	47.83
7	甘 肃	45.90
8	湖 北	43.86
9	重 庆	42.60
10	湖 南	40.12
11	黑龙江	38.44
12	新 疆	36.79
13	青 海	36.74
14	江 苏	36.63
15	浙 江	34.77
16	山 东	34.53
17	吉 林	32.84
18	海 南	31.80
19	四 川	31.77
20	河 北	27.96
21	贵 州	26.92
22	云 南	26.41
23	安 徽	23.23
24	广 西	21.85
25	河 南	20.71
26	福 建	18.75
27	山 西	17.30
28	内蒙古	16.27
29	江 西	15.85
30	宁 夏	15.68
31	西 藏	8.82

2009年科技活动产出指数

排名	地区	指数
1	北 京	91.45
2	上 海	81.79
3	天 津	64.43
4	广 东	55.60
5	辽 宁	51.85
6	重 庆	48.47
7	陕 西	46.07
8	青 海	44.60
9	甘 肃	40.66
10	湖 北	40.16
11	新 疆	40.02
12	湖 南	39.51
13	江 苏	36.82
14	浙 江	35.50
15	黑龙江	35.13
16	宁 夏	33.98
17	海 南	33.42
18	吉 林	31.66
19	河 北	31.19
20	安 徽	27.35
21	四 川	26.33
22	贵 州	25.81
23	山 东	24.19
24	河 南	23.64
25	广 西	23.38
26	云 南	22.35
27	江 西	20.15
28	福 建	18.23
29	山 西	17.00
30	内蒙古	15.31
31	西 藏	14.59

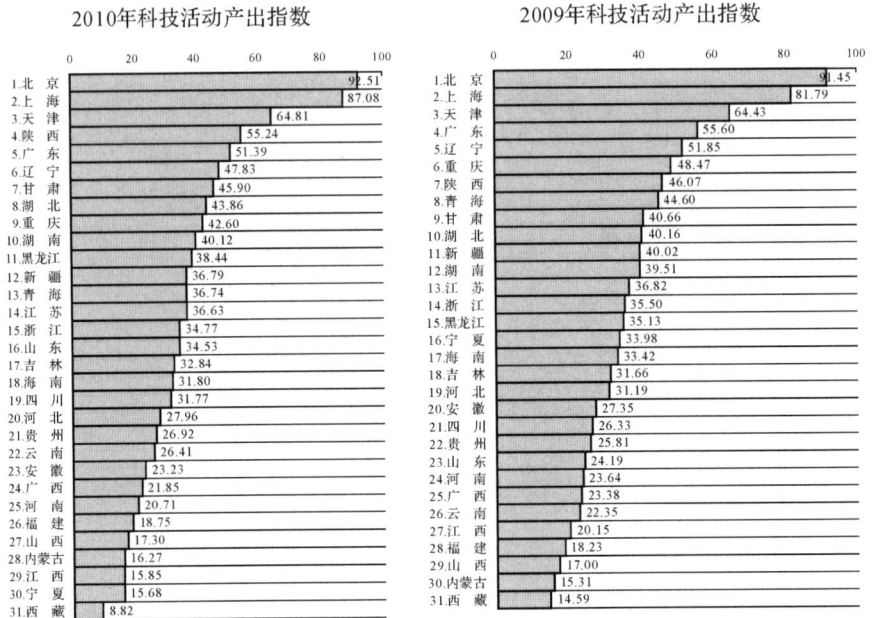

图 8-7　2009—2010 年全国科技活动产出指数排序

学家工程师总量较少,内蒙古和宁夏企业的研发投入不足。① 虽然陕西的知识创造和创新环境的实力和绩效指标处于中上水平,但其他创新指标也都处于中下水平,特别是考虑到西安所拥有的科技资源在陕西所占的比重和榆林高等教育机构和科研院所的缺乏,则榆林的情况也不令人乐观。

1. 科技支撑社会经济发展、改善当地环境状况的能力弱

主要表现为科技资源布局不合理,生态环境仍十分脆弱。产业工艺落后,能耗较高。特色优势产业发展后劲不足,成果转化率低。"十一五"期间,宁夏的多项科技进步指数在全国的位次取得显著提高,但是其高新技术产业化指数明显落后其他省市和自治区,2009 年位居 29 位(见图 8-8)。在五个科技进步一级指标中,高新技术产业化指数是衡量一个区域创新能力的最接近的指标。因为区域创新能力衡量的是一个区域从创新投入、产出并转换为产值这一整体过程的能力。研发成果只有成功商业化之后,创新过程才算完成。

---

① 在内蒙古和宁夏提供的材料中,均有对当地重要科技创新资源的描述。如:内蒙古拥有"国家级高新技术产业开发区一个,国家级高新技术产业化基地 3 个,一批国家级星火基地,国家知识产权示范城市 2 个,国家级工程技术研究中心 2 个,国家级孵化器 2 个,国家级高新技术企业 79 家,自治区级工程技术研究中心 41 个,省部共建实验室 2 个,重点实验室 50 个,自治区级科技园区基地 38 个"。宁夏拥有"自治区生态恢复重点实验室,渔业、红枣、旱作农业、葡萄与葡萄酒、回药现代化、模压淬火机床等 6 个自治区工程技术研究中心,28 家自治区技术创新中心,国家种苗生物工程国家重点实验室,国家枸杞工程技术研究中心等"。

2009年综合科技进步水平指数

排名	地区	指数
1	上海	78.80
2	北京	77.56
3	天津	72.54
4	广东	66.03
5	江苏	59.90
6	辽宁	57.97
7	浙江	56.42
8	陕西	52.93
9	湖北	51.49
10	山东	50.67
11	福建	50.39
12	重庆	50.00
13	黑龙江	45.41
14	吉林	45.21
15	湖南	44.22
16	四川	42.47
17	新疆	42.32
18	河北	42.15
19	宁夏	41.97
20	山西	41.94
21	内蒙古	40.34
22	甘肃	40.17
23	安徽	39.35
24	青海	39.15
25	海南	38.45
26	河南	38.20
27	江西	37.68
28	广西	34.36
29	云南	33.83
30	贵州	32.48
31	西藏	27.38

2008年综合科技进步水平指数

排名	地区	指数
1	北京	79.12
2	上海	78.58
3	天津	72.92
4	广东	62.95
5	江苏	58.49
6	辽宁	56.15
7	浙江	55.47
8	山东	51.54
9	福建	49.65
10	陕西	49.53
11	湖北	48.68
12	重庆	47.02
13	吉林	44.26
14	黑龙江	44.23
15	四川	41.77
16	新疆	41.08
17	湖南	40.75
18	宁夏	40.62
19	河北	39.99
20	山西	39.98
21	内蒙古	38.62
22	青海	38.42
23	甘肃	38.05
24	安徽	37.72
25	海南	37.37
26	河南	36.63
27	江西	36.58
28	贵州	34.26
29	云南	34.16
30	广西	33.05
31	西藏	24.46

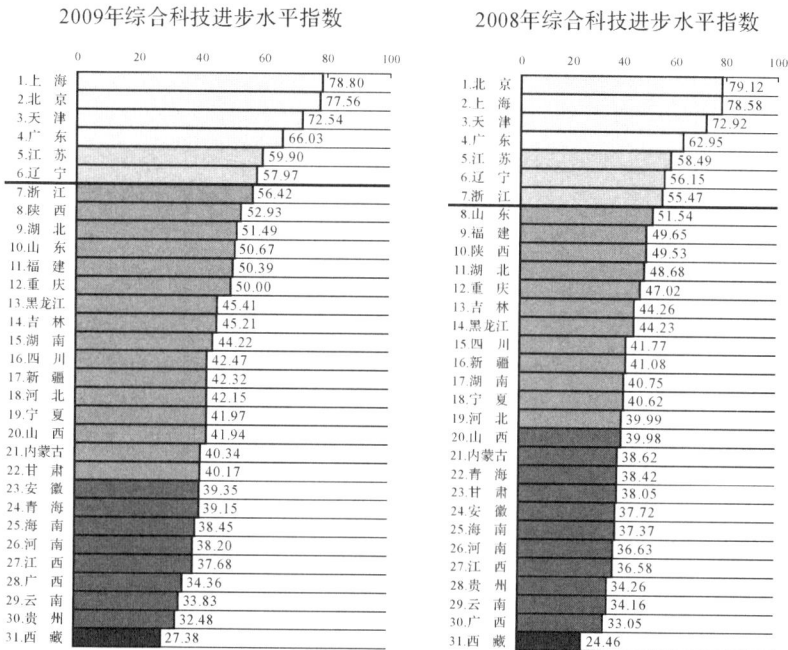

图 8-8　2008—2009 年全国综合科技进步水平指数排序①

2. 创新投入严重不足

"十一五"期间，呼包银榆经济区所在省区内蒙古、宁夏的 R&D 经费投入强度大大低于全国平均水平，虽然榆林所在陕西省的 R&D 经费投入强度高于全国平均水平，但榆林的 R&D 经费投入强度也低于全国水平。由于政府 R&D 经费投入不足，难以形成有效的公共资源平台；企业研发资金不足，特别是中小企业研发资金严重不足，难以为专业技术人员特别是中高端人才提供必要的研发条件，限制了自主创新成果的产生，导致装备、工艺难以及时更新换代，产品陈旧，缺乏市场竞争力。

上述判断在国家 2010 年度的全国综合科技进步水平指数排序中得到证实。将 2010 年监测的数据与 2009 年监测的数据比较，全国综合科技进步水平指数比上年提高了 1.23 个百分点，高于这一增幅的有 24 个地区（见图 8-9）。天津和宁夏低于上年水平。

与 2009 年综合科技进步水平指数的排序比较，多数地区位次变化不大。上海、北京和天津仍位居前 3 位，西部部分地区位次变动较为明显。甘肃比上年上升 5 位，宁夏比上年下降 8 位，新疆比上年下降 3 位。

---

① 资料来源：2009 全国及各地区科技进步统计监测结果（一）. 科技统计报告，2010 年第 1 期.

2009年综合科技进步水平指数 | 2010年综合科技进步水平指数

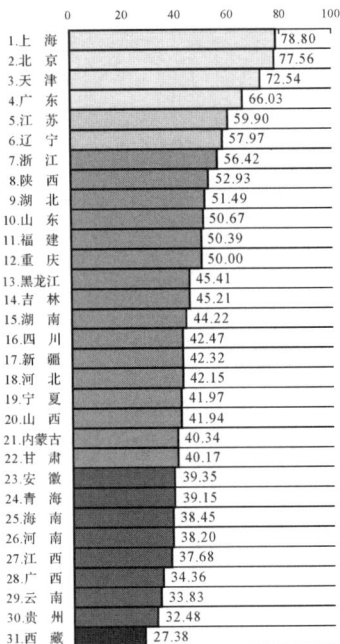

	2009年		2010年
1.上 海	80.50	1.上 海	78.80
2.北 京	79.65	2.北 京	77.56
3.天 津	72.53	3.天 津	72.54
4.广 东	67.05	4.广 东	66.03
5.江 苏	61.33	5.江 苏	59.90
6.辽 宁	58.84	6.辽 宁	57.97
7.浙 江	57.21	7.浙 江	56.42
8.陕 西	56.83	8.陕 西	52.93
9.山 东	55.06	9.湖 北	51.49
10.湖 北	54.86	10.山 东	50.67
11.福 建	51.79	11.福 建	50.39
12.黑龙江	51.16	12.重 庆	50.00
13.重 庆	51.16	13.黑龙江	45.41
14.吉 林	49.84	14.吉 林	45.21
15.湖 南	48.66	15.湖 南	44.22
16.四 川	48.08	16.四 川	42.47
17.甘 肃	46.48	17.新 疆	42.32
18.河 北	45.69	18.河 北	42.15
19.山 西	43.99	19.宁 夏	41.97
20.新 疆	43.99	20.山 西	41.94
21.内蒙古	43.91	21.内蒙古	40.34
22.青 海	43.81	22.甘 肃	40.17
23.安 徽	42.62	23.安 徽	39.35
24.海 南	41.46	24.青 海	39.15
25.河 南	41.42	25.海 南	38.45
26.江 西	39.87	26.河 南	38.20
27.宁 夏	39.81	27.江 西	37.68
28.广 西	37.69	28.广 西	34.36
29.云 南	37.50	29.云 南	33.83
30.贵 州	36.78	30.贵 州	32.48
31.西 藏	27.91	31.西 藏	27.38

图 8-9 2008—2009 年全国综合科技进步水平指数排序①

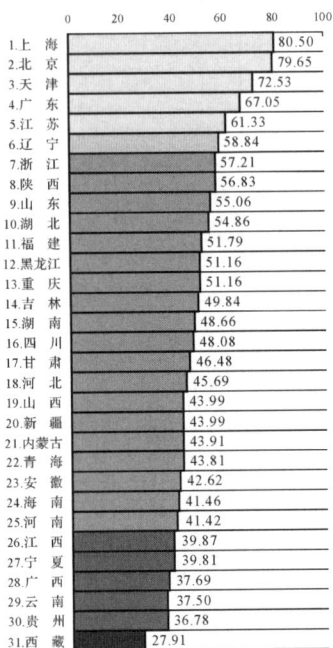

二、产业集群发展滞后

"十一五"期间,呼包银榆经济区内各核心区域都呈现经济高速增长的态势,并且形成了以能源化工为代表,包括有色金属和装备制造、特色农业等一批特色优势产业。但是,这些产业的发展基本依赖于本地的自然资源优势,虽然吸引了部分以中央企业为代表的大型骨干企业,但并未形成有竞争优势的产业集群和区域性产业品牌,产业链条短,专业化分工不足,企业之间联系薄弱,企业间创新扩散缓慢,目前基本上还处于项目主导和产业积聚阶段。企业自主创新能力不强,普遍存在有骨干企业、有产业,甚至有园区、有产业集聚,但产业集群发展迟缓的现象。

三、中小企业数量偏少,民营经济比重偏低

企业是区域创新的主体,是决定区域创新能力的关键要素。因此,保证一定的企业数量就成为保持区域创新能力水平的基本前提。陕西、内蒙古、宁夏

---

① 资料来源:2010 全国及各地区科技进步统计监测结果(一).科技统计报告,2011 年第 1 期.

的规模以上企业数排名都相当靠后,与其 GDP 在全国的排名形成强烈反差,民营企业比重也大大低于全国平均水平。如果从企业是经济活动中最终也是最重要的创新主体的角度分析,陕西、内蒙古、宁夏在区域创新能力排名中之所以靠后,与企业数量偏少不无关系。从表 8-15 中可以看到,那些企业数量排名居前的省份也是目前国内经济最活跃的地区,虽然企业数量与区域创新能力排名(见表 8-16)并不完全一致,但其间的相关性还是达到了非常显著的水平(见表 8-17)。

进一步的分析表明,任何企业数都与创新能力综合指标以及所有分指标之间存在非常显著的正相关关系。这表明各区域任何类型企业数越大,其相应的创新能力指标值的越高,反之亦然。这个结果可以在一定程度上对陕西、内蒙古、宁夏在区域创新能力排名中的位次做出说明。①

表 8-15　2009 年各省区工业企业单位数(个)

	规模以上工业企业	国有及国有控股工业企业	私营工业企业	外商投资和港澳台商投资工业企业	大中型工业企业	企业数排名
江苏	65495	921	43827	14162	4787	1
浙江	58816	736	40320	9353	4513	2
广东	52574	1487	21658	20258	6537	3
山东	42629	1358	26993	6071	3667	4
辽宁	21876	1046	13637	3199	1341	5
上海	18792	1189	8975	6737	1683	6
河南	18700	970	11623	592	2158	7
福建	17212	540	8332	5831	1824	8
四川	13725	1006	7960	664	1423	9
河北	12447	810	7555	1142	1457	10
湖南	12391	854	8066	627	904	11
湖北	12067	887	6432	866	1051	12

---

① 可喜的是,最新统计表明,榆林市非公经济在"十一五"期间获得快速发展,非公经济增加值总量 2010 年达到 632.4 亿元,是 2005 年 134 亿元的近 5 倍,年均增幅达 94.3％;2010 年全市非公经济占 GDP 的比重达 36％,比 2005 提高 5.9 个百分点。非公经济工业增加值上新水平。"十一五"期间,全市非公经济工业增加值达 380 亿元,是 2005 年 40 亿元的 10 倍,年均增幅达 192.44％,提高 16.4 个百分点。规模企业数量逐年攀升。全市民营规模企业去年达到 528 户,在 2005 年 217 户的基础上翻了一番,民营企业呈现良好的发展态势。(http://zsyz.sei.gov.cn/ShowArticle2008.asp? ArticleID＝210154)

续表

	规模以上工业企业	国有及国有控股工业企业	私营工业企业	外商投资和港澳台商投资工业企业	大中型工业企业	企业数排名
安徽	11392	632	7509	835	871	13
天津	7950	884	3532	2384	683	14
江西	7367	577	4073	787	605	15
北京	7205	1116	2354	1522	650	16
重庆	6119	520	4804	286	633	17
吉林	5257	416	2928	396	513	18
广西	5427	627	2938	573	606	19
山西	4415	650	1593	177	1063	20
黑龙江	4392	543	2132	293	561	21
陕西	4025	685	1387	231	560	22
内蒙古	3993	481	1857	208	521	23
云南	3320	539	1740	232	551	24
贵州	2676	530	1267	106	356	25
甘肃	1940	426	730	55	283	26
新疆	1859	486	768	84	273	27
宁夏	901	106	568	45	131	28
海南	548	109	113	105	99	29
青海	515	146	157	24	78	30
西藏	88	36	22	2	10	31

表 8-16　2009 年区域创新能力综合指标排名

地　区	综合指标	创新能力分指标				
		知识创造	知识获取	企业创新	创新环境	创新绩效
江苏	1	4	2	1	1	2
广东	2	3	3	4	3	1
北京	3	1	5	6	2	4
上海	4	2	1	3	6	3

地　区	综合指标	创新能力分指标				
		知识创造	知识获取	企业创新	创新环境	创新绩效
浙江	5	5	7	2	4	5
山东	6	11	9	5	5	7
天津	7	7	4	7	17	8
四川	8	13	8	11	7	11
辽宁	9	9	6	12	10	26
湖北	10	10	14	8	11	12
安徽	11	20	16	9	8	10
福建	12	17	13	18	12	6
重庆	13	14	10	10	23	23
陕西	14	6	17	16	15	16
湖南	15	12	15	13	14	17
河南	16	19	22	14	9	15
黑龙江	17	8	20	21	16	13
江西	18	24	19	20	13	18
河北	19	22	11	23	22	25
山西	20	28	21	17	21	19
吉林	21	15	27	22	25	21
云南	22	21	24	26	19	22
贵州	23	18	26	24	26	27
新疆	24	25	23	27	24	14
广西	25	26	28	15	28	30
内蒙古	26	27	25	28	20	24
海南	27	16	12	30	30	20
甘肃	28	23	18	25	31	31
宁夏	29	31	30	19	29	29
青海	30	29	29	29	27	28
西藏	31	30	31	31	18	9

表8-17　企业数与区域创新能力相关性

	综合指标	知识创造	知识获取	企业创新	创新环境	创新绩效	显著性水平
规模以上	0.869	0.65	0.755	0.835	0.811	0.584	均通过 $P<$ 0.01 水平的 显著性检验。
国有	0.871	0.714	0.757	0.821	0.816	0.58	
私营	0.827	0.604	0.697	0.8	0.781	0.539	
外商	0.908	0.736	0.813	0.833	0.815	0.666	
大中型	0.84	0.588	0.727	0.81	0.787	0.597	

四、中高端人才严重短缺

2009年,内蒙古万人 R&D 科学家和工程师数 6.47 人,排名 19 位,宁夏万人 R&D 科学家和工程师数 6.94 人,排名 17 位,陕西万人 R&D 科学家和工程师数 13.52,排名第 9 位,但榆林地区只有一所高等院校,中高端人才更是严重缺乏。呼包银榆经济区所在的三个省区中,内蒙古自治区有大专院校 39 所,其中本科院校 12 所,专科院校 27 所,39 所高校中,"211"高校只有 1 所,中高端人才特别是高端人才培养能力不足(见表 8-18)。

表8-18　全国普通高校名单(内蒙古自治区)

序　号	学校名称	主管部门	所在地	办学层次
内蒙古自治区(39 所)				
1	内蒙古大学	内蒙古自治区	呼和浩特	本科
2	内蒙古科技大学	内蒙古自治区	包头市	本科
3	内蒙古民族大学	内蒙古自治区	通辽市	本科
4	内蒙古工业大学	内蒙古自治区	呼和浩特	本科
5	内蒙古农业大学	内蒙古自治区	呼和浩特	本科
6	内蒙古师范大学	内蒙古自治区	呼和浩特	本科
7	内蒙古医学院	内蒙古自治区	呼和浩特	本科
8	呼伦贝尔学院	内蒙古自治区	海拉尔	本科
9	呼和浩特民族学院	内蒙古自治区	呼和浩特	本科
10	赤峰学院	内蒙古自治区	赤峰市	本科
11	集宁师范学院	内蒙古自治区	集宁区	本科

续表

序　号	学校名称	主管部门	所在地	办学层次
12	内蒙古财经学院	内蒙古自治区	呼和浩特	本科
13	乌兰察布医学高等专科学校	内蒙古自治区	乌兰察布市	专科
14	河套大学	内蒙古自治区	临河区	专科
15	包头职业技术学院	内蒙古自治区	包头市	专科
16	内蒙古建筑职业技术学院	内蒙古自治区	呼和浩特	专科
17	乌海职业技术学院	内蒙古自治区		专科
18	包头钢铁职业技术学院	内蒙古自治区	包头市	专科
19	科尔沁艺术职业学院	内蒙古自治区	科尔沁市	专科
20	包头铁道职业技术学院	内蒙古自治区		专科
21	内蒙古商贸职业学院	内蒙古自治区		专科
22	鄂尔多斯职业学院	内蒙古自治区	鄂尔多斯市	专科
23	内蒙古交通职业技术学院	内蒙古自治区		专科
24	内蒙古机电职业技术学院	内蒙古自治区		专科
25	内蒙古科技职业学院	内蒙古自治区		专科
26	内蒙古电子信息职业技术学院	内蒙古自治区		专科
27	锡林郭勒职业学院	内蒙古自治区		专科
28	呼和浩特职业学院	内蒙古自治区		专科
29	包头轻工职业技术学院	内蒙古自治区		专科
30	乌兰察布职业学院	内蒙古自治区	乌兰察布市	专科
31	通辽职业学院	内蒙古自治区	通辽市	专科
32	内蒙古化工职业学院	内蒙古自治区		专科
33	内蒙古经贸外语职业学院	内蒙古自治区		专科
34	赤峰职业技术学院	内蒙古教育厅		专科
35	内蒙古北方职业技术学院	内蒙古教育厅		专科
36	兴安职业技术学院	内蒙古自治区	乌兰浩特市	专科
37	内蒙古体育职业学院	内蒙古自治区	呼和浩特市	专科
38	内蒙古警察职业学院	内蒙古自治区	呼和浩特市	专科
39	内蒙古丰州职业学院	内蒙古自治区	呼和浩特市	专科

宁夏回族自治区的情况更不乐观,大专院校总共 13 所,其中本科院校 5 所,专科院校 8 所,"211"高校仅有一所(见表 8-19)。

表 8-19　全国普通高校名单(宁夏回族自治区)

序　号	学校名称	主管部门	所在地	办学层次
宁夏回族自治区(13 所)				
1	北方民族大学	国家民委	银川市	本科
2	宁夏大学	自治区政府	银川市	本科
3	宁夏理工学院	宁夏区教育厅	石嘴山	本科
4	宁夏医科大学	自治区政府	银川市	本科
5	宁夏师范学院	自治区政府	固原县	本科
6	宁夏民族职业技术学院	宁夏区政府	吴忠市	专科
7	宁夏工商职业技术学院	自治区政府		专科
8	宁夏职业技术学院	自治区政府	银川市	专科
9	银川科技职业学院	宁夏区教育厅	银川市	专科
10	宁夏工业职业学院	自治区政府	银川市	专科
11	宁夏建设职业技术学院	自治区政府		专科
12	宁夏司法警官职业学院	自治区政府		专科
13	宁夏财经职业技术学院	自治区政府		专科

陕西省高等教育总体实力不弱,有大专院校 77 所,其中本科院校 39 所,专科院校 38 所,"211"高校 7 所,是全国"211"高校较多的省份,在北京、上海之后与湖北并列第三。需要指出的是,虽然陕西高等教育毛入学率已经超过 30%,有各类国家级重点学科 126 个、博士点 560 个、硕士点 1414 个、博士后流动站 109 个、工作站 59 个,保持了全国高等教育大省的优势地位,成为区域性人才培育中心;有各类科研机构 1094 家,国家级重点实验室、工程技术研究中心、专业专项重点实验室 155 个,省级重点实验室、工程技术研究中心 142 个,国家级和省级高新技术和经济技术开发区 20 个,高新技术产业孵化基地 5 个,大学科技园 3 个,综合科技实力位居全国前列,但本研究涉及的榆林地区只有本科院校 1 所,上述科技资源也均不在榆林地区(见表 8-20)。

表 8-20　全国普通高校名单(陕西省)

序　号	学校名称	主管部门	所在地	办学层次
陕西省(77 所)				
1	西安交通大学	教育部	西安市	本科
2	长安大学	教育部	西安市	本科
3	西安电子科技大学	教育部	西安市	本科
4	西北农林科技大学	教育部	杨凌市	本科
5	陕西师范大学	教育部	西安市	本科
6	西北工业大学	工业和信息化部	西安市	本科
7	西北大学	陕西省	西安市	本科
8	延安大学	陕西省	延安市	本科
9	西安理工大学	陕西省	西安市	本科
10	西安建筑科技大学	陕西省	西安市	本科
11	西安科技大学	陕西省	西安市	本科
12	西安石油大学	陕西省	西安市	本科
13	西安工程大学	陕西省	西安市	本科
14	西安工业大学	陕西省	西安市	本科
15	西安外国语大学	陕西省	西安市	本科
16	西北政法大学	陕西省	西安市	本科
17	陕西科技大学	陕西省	咸阳市	本科
18	西安思源学院	陕西省教育厅		本科
19	陕西国际商贸学院	陕西省教育厅		本科
20	西安邮电学院	陕西省	西安市	本科
21	陕西中医学院	陕西省	咸阳市	本科
22	西安医学院	陕西省	西安市	本科
23	陕西理工学院	陕西省	汉中市	本科
24	渭南师范学院	陕西省	渭南市	本科
25	咸阳师范学院	陕西省	咸阳市	本科
26	榆林学院	陕西省	榆林市	本科
27	宝鸡文理学院	陕西省	宝鸡市	本科

续表

序号	学校名称	主管部门	所在地	办学层次
28	西安财经学院	陕西省	西安市	本科
29	西安体育学院	陕西省	西安市	本科
30	西安美术学院	陕西省	西安市	本科
31	西安音乐学院	陕西省	西安市	本科
32	西安培华学院	陕西省教育厅	西安市	本科
33	西安翻译学院	陕西省教育厅	西安市	本科
34	西安文理学院	陕西省	西安市	本科
35	安康学院	陕西省	安康市	本科
36	商洛学院	陕西省	商州区	本科
37	西京学院	陕西省教育厅	西安市	本科
38	西安欧亚学院	陕西省教育厅	西安市	本科
39	西安外事学院	陕西省教育厅	西安市	本科
40	西安航空技术高等专科学校	陕西省	西安市	专科
41	西安电力高等专科学校	陕西省	西安市	专科
42	西安医学高等专科学校	陕西省教育厅	西安市	专科
43	陕西工业职业技术学院	陕西省	咸阳市	专科
44	杨凌职业技术学院	陕西省	杨凌市	专科
45	陕西青年职业学院	陕西省		专科
46	铜川职业技术学院	陕西省		专科
47	陕西财经职业技术学院	陕西省	咸阳市	专科
48	陕西交通职业技术学院	陕西省	西安市	专科
49	陕西能源职业技术学院	陕西省	咸阳市	专科
50	陕西职业技术学院	陕西省	西安市	专科
51	西安航空职业技术学院	陕西省	西安市	专科
52	陕西旅游烹饪职业学院	陕西省教育厅		专科
53	陕西纺织服装职业技术学院	陕西省		专科
54	陕西电子信息职业技术学院	陕西省教育厅		专科
55	陕西国防工业职业技术学院	陕西省	西安市	专科

序　号	学校名称	主管部门	所在地	办学层次
56	西安汽车科技职业学院	陕西省教育厅		专科
57	西安科技商贸职业学院	陕西省教育厅		专科
58	陕西铁路工程职业技术学院	陕西省		专科
59	陕西航空职业技术学院	陕西省		专科
60	宝鸡职业技术学院	陕西省		专科
61	西安三资职业学院	陕西省教育厅	西安市	专科
62	西安高新科技职业学院	陕西省教育厅	西安市	专科
63	陕西服装艺术职业学院	陕西省教育厅	西安市	专科
64	陕西警官职业学院	陕西省		专科
65	西安铁路职业技术学院	陕西省		专科
66	陕西经济管理职业技术学院	陕西省		专科
67	陕西电子科技职业学院	陕西省教育厅		专科
68	西安海棠职业学院	陕西省教育厅		专科
69	安康职业技术学院	陕西省		专科
70	西安东方亚太职业技术学院	陕西省教育厅		专科
71	咸阳职业技术学院	陕西省		专科
72	西安职业技术学院	陕西省		专科
73	商洛职业技术学院	陕西省		专科
74	汉中职业技术学院	陕西省		专科
75	延安职业技术学院	陕西省		专科
76	渭南职业技术学院	陕西省		专科
77	陕西邮电职业技术学院	陕西省		专科

在国家第一批"卓越工程师教育培养计划"入围名单中,陕西有 6 所高校,但呼包银榆经济区内高校没有一所入围(见表 8-21)。

表 8-21　"卓越工程师教育培养计划"高校名单(第一批)

清华大学	北京交通大学	北京科技大学
北京邮电大学	华北电力大学	北京化工大学

续表

北京理工大学	北京航空航天大学	北京工业大学
北京石油化工学院	天津大学	燕山大学
太原理工大学	大连理工大学	吉林大学
哈尔滨工业大学	哈尔滨工程大学	黑龙江工程学院
同济大学	上海交通大学	华东理工大学
东华大学	上海大学	上海工程技术大学
上海电力学院	东南大学	河海大学
江南大学	江苏大学	南京工业大学
南京工程学院	浙江大学	浙江工业大学
浙江科技学院	宁波工程学院	合肥工业大学
合肥学院	福州大学	福建工程学院
南昌大学	山东大学	中国石油大学(华东)
山东理工大学	郑州大学	华中科技大学
武汉理工大学	中南大学	湖南大学
湖南工程学院	华南理工大学	汕头大学
东莞理工学院	四川大学	西南交通大学
成都信息工程学院	西安交通大学	长安大学
西安电子科技大学	西北工业大学	西安理工大学
西安建筑科技大学		

在国家 103 个重点实验室名单中,呼包银榆经济区一个都没有(见表 8-22)。

表 8-22　国家重点实验室名单

序　号	实验室名称	所属单位
1	粉末冶金	中南大学
2	汽车安全与节能	清华大学
3	重质油加工	石油大学
4	暴雨监测和预测	北京大学
5	爆炸灾害预防和控制	北京理工大学

续表

序　号	实验室名称	所属单位
6	材料复合新技术	武汉理工大学
7	测绘遥感信息工程	武汉大学
8	超快速激光光谱学	中山大学
9	超硬材料	吉林大学
10	程控交换技术与通信网	北京邮电大学
11	蛋白质工程及植物基因工程	北京大学
12	电力设备电气绝缘	西安交通大学
13	电力系统及大型发电设备安全控制和仿真	清华大学
14	动力工程多相流	西安交通大学
15	微生物技术	山东大学
16	分子动态及稳态结构	中国科学院化学所 北京大学
17	高分子材料工程	四川大学
18	高速水力学	四川大学
19	工业控制技术	浙江大学
20	工业装备结构分析	大连理工大学
21	固体表面物理化学	厦门大学
22	固体微结构物理	南京大学
23	光学仪器	浙江大学
24	硅材料	浙江大学
25	海岸和近海工程	大连理工大学
26	海洋工程	上海交通大学
27	毫米波	东南大学
28	河口海岸动力沉积和动力地貌综合	华东师范大学
29	化工联合	清华大学 天津大学 华东理工大学 浙江大学
30	环境模拟与污染控制	清华大学 中国科学院生态所 北京大学 北京师范大学
31	黄土高原土壤侵蚀与旱地农业	西北农林科技大学
32	混凝土材料研究	同济大学

续表

序　号	实验室名称	所属单位
33	火灾科学	中国科技大学
34	机械传动	重庆大学
35	机械结构强度与振动	西安交通大学
36	机械制造系统工程	西安交通大学
37	激光技术	华中科技大学
38	集成光电子学	清华大学 吉林大学 中国科学院半导体所
39	计算机辅助设计与图形学	浙江大学
40	计算机软件新技术	南京大学
41	金属材料强度	西安交通大学
42	金属基复合材料	上海交通大学
43	近代声学	南京大学
44	晶体材料	山东大学
45	精密测试技术及仪器	天津大学 清华大学
46	理论化学计算	吉林大学
47	流体传动及控制	浙江大学
48	煤的高效低污染燃烧技术	清华大学
49	煤燃烧	华中科技大学
50	摩擦学	清华大学
51	内燃机燃烧学	天津大学
52	内生金属矿床成矿机制研究	南京大学
53	凝固技术	西北工业大学
54	农业生物技术	中国农业大学
55	配位化学	南京大学
56	汽车动态模拟	吉林大学
57	牵引动力	西南交通大学
58	区域光纤通信网络与新型光通信系统	上海交通大学 北京大学
59	染料及表面活性剂精细加工合成	大连理工大学

序　号	实验室名称	所属单位
60	人工微结构和介观物理	北京大学
61	软件工程	武汉大学
62	软件开发环境	北京航空航天大学
63	三束材料改性	复旦大学 大连理工大学
64	生物反应器	华东理工大学
65	生物防治	中山大学
66	生物膜与膜生物工程	中国科学院动物科学研究所 清华大学 北京大学
67	生物医用高分子材料	武汉大学
68	视觉与听觉信息处理	北京大学
69	塑性成型模拟及模具技术	华中科技大学
70	天然药物及仿生药物	北京大学
71	土木工程防灾	同济大学
72	湍流与复杂系统研究	北京大学
73	微波与数字通信技术	清华大学
74	文字信息处理技术	北京大学
75	污染控制与资源化研究	同济大学 南京大学
76	吸附分离功能高分子材料	南开大学
77	稀土材料化学应用	北京大学
78	纤维材料改性	东华大学
79	现代焊接生产技术	哈尔滨工业大学
80	新金属材料	北京科技大学
81	新型陶瓷与精细工艺	清华大学
82	信息安全	中国科技大学
83	医学神经生物学	复旦大学
84	医学遗传学	中南大学
85	医药生物技术	南京大学
86	移动与多点无线通信网	东南大学

续表

序 号	实验室名称	所属单位
87	遗传工程	复旦大学
88	应用表面物理	复旦大学
89	应用有机化学	兰州大学
90	油气藏地质及开发工程	西南石油学院 成都理工学院
91	元素有机化学	南开大学
92	轧制技术及连轧自动化	东北大学
93	振动冲击噪音	上海交通大学
94	制浆造纸工程	华南理工大学
95	智能技术与系统	清华大学
96	专用集成电路与系统	复旦大学
97	综合业务网理论及关键技术	西安电子科技大学
98	作物遗传改良	华中农业大学
99	化学生物传感与计量学	湖南大学
100	无机合成与制备化学	吉林大学
101	作物遗传与种质创新	南京农业大学
102	量子光学与光量子器件	山西大学
103	植物生理学与生物化学	中国农业大学

在国家127个"国家工程研究中心"名单中,呼包银榆经济区一个都没有(见表8-23)。

表8-23 国家工程研究中心名单(截至2009年年底)

序 号	名 称	主要依托单位
1	半导体材料国家工程研究中心	有研半导体材料股份有限公司
2	光纤通信技术国家工程研究中心	武汉邮电科学研究院
3	染料国家工程研究中心	沈阳化工研究院有限公司
4	工业自动化国家工程研究中心	浙江大学
5	大规模集成电路CAD国家工程研究中心	北京华大九天软件有限公司
6	光电子器件国家工程研究中心	中国科学院半导体研究所

序　号	名　　称	主要依托单位
7	高档数控国家工程研究中心	中国科学院沈阳计算技术研究所有限公司
8	电子出版新技术国家工程研究中心	北京大学
9	机器人技术国家工程研究中心	中国科学院沈阳自动化研究所
10	工程塑料国家工程研究中心	海尔科化工程塑料国家工程研究中心股份有限公司
11	计算机软件国家工程研究中心	东北大学
12	电气传动国家工程研究中心	天津电气传动设计研究所
13	火电机组振动国家工程研究中心	东南大学
14	连铸技术国家工程研究中心	中达连铸技术国家工程研究中心有限责任公司
15	水煤浆气化及煤化工国家工程研究中心	兖矿鲁南化肥厂
16	粉末冶金国家工程研究中心	中南大学粉末冶金工程研究中心有限公司
17	炼油工艺与催化剂国家工程研究中心	中国石油化工股份有限公司石油化工科学研究院
18	电站锅炉煤的清洁燃烧国家工程研究中心	西安热工研究院有限公司
19	精馏技术国家工程研究中心	天津大学
20	制造业自动化国家工程研究中心	北京机械工业自动化研究所
21	精密成形国家工程研究中心	北京机电研究所
22	高性能均质合金国家工程研究中心	中国科学院金属研究所
23	船舶运输控制系统国家工程研究中心	上海交技发展股份有限公司
24	激光加工国家工程研究中心	华中科技大学
25	流体机械及压缩机国家工程研究中心	西安交通大学
26	视像音响数字化产品国家工程研究中心	南京熊猫数字化技术开发有限公司
27	聚烯烃国家工程研究中心	中国石油化工股份有限公司北京化工研究院
28	无污染有色金属提取及节能技术国家工程研究中心	北京矿冶研究总院
29	精细石油化工中间体国家工程研究中心	中国科学院兰州化学物理研究所

续表

序　号	名　　称	主要依托单位
30	城市污染控制国家工程研究中心	上海城市污染控制工程研究中心有限公司
31	木材工业国家工程研究中心	中国林业科学研究院木材工业研究所
32	耐火材料国家工程研究中心	中钢集团洛阳耐火材料研究院有限公司
33	玉米深加工国家工程研究中心	吉林华润生化玉米深加工科技开发有限责任公司
34	变流技术国家工程研究中心	株洲电力机车研究所
35	稀有金属材料加工国家工程研究中心	西北有色金属研究院
36	传感器国家工程研究中心	沈阳仪表科学研究院
37	稀土材料国家工程研究中心	有研稀土新材料股份有限公司
38	农药国家工程研究中心（天津）	南开大学
39	农药国家工程研究中心（沈阳）	沈阳化工研究院有限公司
40	药物制剂国家工程研究中心	上海现代药物制剂工程研究中心有限公司
41	油气勘探计算机软件国家工程研究中心	中油油气勘探软件国家工程研究中心有限公司
42	合成纤维国家工程研究中心	中国石油化工股份有限公司上海石油化工股份有限公司
43	橡塑新型材料合成国家工程研究中心	中国石油化工股份有限公司北京燕山分公司
44	工业环境保护国家工程研究中心	中冶集团建筑研究总院
45	船舶设计技术国家工程研究中心	上海中船船舶设计技术国家工程研究中心有限公司
46	光盘系统及应用技术国家工程研究中心	清华大学
47	工业锅炉及民用煤清洁燃烧国家工程研究中心	清华大学
48	新型电源国家工程研究中心	中国电子科技集团公司第十八研究所
49	移动通信国家工程研究中心	中国电子科技集团公司第七研究所
50	电力系统自动化—系统控制和经济运行国家工程研究中心	国家电网公司南京自动化研究院

序　号	名　　称	主要依托单位
51	通信软件与专用集成电路设计国家工程研究中心	中国电子科技集团公司第五十四研究所
52	软件工程国家工程研究中心	北京北大软件工程发展有限公司
53	纤维基复合材料国家工程研究中心	中国纺织科学研究院
54	输配电及节电技术国家工程研究中心	中国电力科学研究院
55	工业过程自动化国家工程研究中心	上海工业自动化仪表研究所
56	高效焊接新技术国家工程研究中心	哈尔滨焊接研究所
57	表面活性剂国家工程研究中心	中国日用化学工业研究院
58	橡塑模具计算机辅助工程国家工程研究中心	郑州大学
59	模具计算机辅助设计国家工程研究中心	上海交通大学
60	造纸与污染控制国家工程研究中心	华南理工大学
61	超细粉末国家工程研究中心	上海华明高技术（集团）有限公司
62	光盘及其应用国家工程研究中心	中国科学院上海光学精密机械研究所
63	电力电子应用技术国家工程研究中心	浙江大学
64	高效轧制国家工程研究中心	北京科技大学
65	化肥催化剂国家工程研究中心	福州大学
66	煤矿安全技术国家工程研究中心	煤炭科学研究总院重庆研究院
67	基本有机原料催化剂国家工程研究中心	中国石油化工股份有限公司上海石油化工研究院
68	固体废弃物资源化国家工程研究中心	云南华威废弃物资源化有限公司
69	微生物农药国家工程研究中心	华中农业大学
70	聚合物新型成型装备国家工程研究中心	广州华新科实业有限公司
71	炼焦技术国家工程研究中心	中唯炼焦技术国家工程研究中心有限责任公司
72	西部植物化学国家工程研究中心	杨凌西部植物化学工程研究发展有限公司
73	膜技术国家工程研究中心	天邦膜技术国家工程研究中心有限责任公司

续表

序 号	名 称	主要依托单位
74	病毒生物技术国家工程研究中心	北京凯因生物技术有限公司
75	稀土冶金及功能材料国家工程研究中心	瑞科稀土冶金及功能材料国家工程研究中心有限公司
76	发电设备国家工程研究中心	哈电发电设备国家工程研究中心有限公司
77	轻合金精密成型国家工程研究中心	上海轻合金精密成型国家工程研究中心有限公司
78	生物芯片北京国家工程研究中心	北京博奥生物芯片有限责任公司
79	经济领域系统仿真技术应用国家工程研究中心	航天科工仿真技术有限责任公司
80	小卫星及其应用国家工程研究中心	航天东方红卫星有限公司
81	生物芯片上海国家工程研究中心	上海生物芯片有限公司
82	农业生物多样性应用技术国家工程研究中心	云南农业大学
83	发酵技术国家工程研究中心	安徽丰原发酵技术工程研究有限公司
84	卫星导航应用国家工程研究中心	天合导航通信技术有限公司
85	中药提取分离过程现代化国家工程研究中心	广州汉方现代中药研究开发有限公司
86	微生物药物国家工程研究中心	华北制药集团新药研究开发有限责任公司
87	中药固体制剂制造技术国家工程研究中心	江西本草天工科技有限责任公司
88	中药复方新药开发国家工程研究中心	北京中研同仁堂医药研发有限公司
89	中药制药工艺技术国家工程研究中心	南京海陵中药制药工艺技术研究有限责任公司
90	南海海洋生物技术国家工程研究中心	广东中大南海海洋生物技术工程中心有限公司
91	纳米技术及应用国家工程研究中心	上海纳米技术及应用国家工程研究中心有限公司
92	先进钢铁材料技术国家工程研究中心	中联先进钢铁材料技术有限责任公司
93	人类干细胞国家工程研究中心	湖南海利惠霖生命科技有限公司

序　号	名　　称	主要依托单位
94	重型技术装备国家工程研究中心	天津重型装备工程研究有限公司
95	大豆国家工程研究中心	吉林东创大豆科技发展有限公司
96	煤矿瓦斯治理国家工程研究中心	淮南矿业(集团)有限责任公司、中国矿业大学
97	手性药物国家工程研究中心	成都凯丽手性技术有限公司
98	细胞产品国家工程研究中心	天津昂赛细胞基因工程有限责任公司
99	超声医疗国家工程研究中心	重庆融海超声医学工程研究中心有限公司
100	组织工程国家工程研究中心	上海国睿生命科技有限公司
101	燃料电池及氢源技术国家工程研究中心	大连新源动力股份有限公司
102	金属矿产资源高效循环利用国家工程研究中心	华唯金属矿产资源高效循环利用国家工程研究中心有限公司
103	快速制造国家工程研究中心	西安瑞特快速制造工程研究有限公司
104	精密超精密加工国家工程研究中心	北京工研精机股份有限公司
105	基因工程药物国家工程研究中心	广东暨大基因药物工程研究中心有限责任公司
106	蛋白质药物国家工程研究中心	北京正旦国际科技有限责任公司
107	制造装备数字化国家工程研究中心	华工制造装备数字化国家工程中心有限公司
108	水资源高效利用与工程安全国家工程研究中心	南京河海科技有限公司
109	船舶制造国家工程研究中心	大连船舶制造国家工程研究中心有限公司
110	信息安全共性技术国家工程研究中心	中科正阳信息安全技术有限公司
111	煤层气开发利用国家工程研究中心	中联煤层气国家工程中心有限责任公司
112	城市水资源开发利用(南方)国家工程研究中心	上海城市水资源开发利用国家工程中心有限公司

续表

序　号	名　称	主要依托单位
113	船舶导航系统国家工程研究中心	大连船舶导航系统国家工程研究中心有限公司
114	城市水资源开发利用（北方）国家工程研究中心	哈尔滨工业大学水资源国家工程研究中心有限公司
115	新型疫苗国家工程研究中心	北京微谷生物医药有限公司
116	计算机病毒防治技术国家工程研究中心	国家计算机病毒应急处理中心、北京瑞星科技股份有限公司等
117	电子政务应用基础设施国家工程研究中心	北京航空航天大学、中国电子技术标准化研究所等
118	基础软件国家工程研究中心	中国科学院软件研究所等
119	燃气轮机与煤气化联合循环国家工程研究中心	清华大学等
120	清洁高效煤电成套设备国家工程研究中心	上海发电设备成套设计研究院等
121	轨道交通运行控制系统国家工程研究中心	北京交通大学等
122	生物饲料开发国家工程研究中心	中国农业科学院饲料研究所等
123	动物用生物制品国家工程研究中心	中国农业科学院哈尔滨兽医研究所等
124	抗体药物国家工程研究中心	上海中信国健药业有限公司等
125	水泥节能环保国家工程研究中心	天津水泥工业设计研究院有限公司等
126	先进储能材料国家工程研究中心	湖南科力远新能源股份有限公司等
127	数字电视国家工程研究中心	上海高清数字科技产业有限公司等

在教育部第一批"同意设置的高等学校战略性新兴产业相关本科新专业名单"中，陕西省有5所高校入围，但呼包银榆经济区没有一所（见表8-25）。

表 8-24 高等学校战略新兴产业相关本科新专业名单

序号	主管部门、学校名称	专业代码	专业名称	修业年限	学位授予门类
	工业和信息化部				
1	北京航空航天大学	080216S	纳米材料与技术	四年	工学
2	北京理工大学	080640S	物联网工程	四年	工学
3	北京理工大学	081106S	能源化学工程	四年	工学
4	哈尔滨工业大学	080640S	物联网工程	四年	工学
5	哈尔滨工业大学	080643S	光电子材料与器件	四年	工学
6	哈尔滨工业大学	081106S	能源化学工程	四年	工学
7	哈尔滨工程大学	080640S	物联网工程	四年	工学
8	哈尔滨工程大学	080643S	光电子材料与器件	四年	工学
9	哈尔滨工程大学	080644S	水声工程	四年	工学
10	南京航空航天大学	080640S	物联网工程	四年	工学
11	南京理工大学	080216S	纳米材料与技术	四年	工学
12	南京理工大学	080512S	新能源科学与工程	四年	工学
13	西北工业大学	080640S	物联网工程	四年	工学
14	西北工业大学	080644S	水声工程	四年	工学
	交通运输部				
15	大连海事大学	080641S	传感网技术	四年	工学
	教育部				
16	中国人民大学	020121S	能源经济	四年	经济学
17	北京科技大学	080216S	纳米材料与技术	四年	工学
18	北京科技大学	080640S	物联网工程	四年	工学
19	北京化工大学	081106S	能源化学工程	四年	工学
20	北京邮电大学	080640S	物联网工程	四年	工学
21	中国传媒大学	050307S	新媒体与信息网络	四年	文学
22	华北电力大学	080217S	新能源材料与器件	四年	工学
23	华北电力大学	080512S	新能源科学与工程	四年	工学
24	华北电力大学	080645S	智能电网信息工程	四年	工学

续表

序号	主管部门、学校名称	专业代码	专业名称	修业年限	学位授予门类
25	华北电力大学	081106S	能源化学工程	四年	工学
26	中国石油大学（北京）	081106S	能源化学工程	四年	工学
27	南开大学	080218S	资源循环科学与工程	四年	工学
28	天津大学	080215S	功能材料	四年	工学
29	天津大学	080640S	物联网工程	四年	工学
30	天津大学	080642S	微电子材料与器件	四年	工学
31	大连理工大学	080215S	功能材料	四年	工学
32	大连理工大学	080216S	纳米材料与技术	四年	工学
33	大连理工大学	080640S	物联网工程	四年	工学
34	大连理工大学	080641S	传感网技术	四年	工学
35	大连理工大学	081106S	能源化学工程	四年	工学
36	大连理工大学	081303S	海洋资源开发技术	四年	工学
37	东北大学	080215S	功能材料	四年	工学
38	东北大学	080218S	资源循环科学与工程	四年	工学
39	东北大学	080512S	新能源科学与工程	四年	工学
40	东北大学	080640S	物联网工程	四年	工学
41	吉林大学	080640S	物联网工程	四年	工学
42	华东理工大学	080217S	新能源材料与器件	四年	工学
43	华东理工大学	080218S	资源循环科学与工程	四年	工学
44	东华大学	080215S	功能材料	四年	工学
45	东南大学	080217S	新能源材料与器件	四年	工学
46	东南大学	080641S	传感网技术	四年	工学
47	中国矿业大学	081106S	能源化学工程	四年	工学
48	河海大学	080512S	新能源科学与工程	四年	工学
49	河海大学	080640S	物联网工程	四年	工学
50	江南大学	080640S	物联网工程	四年	工学
51	中国药科大学	081107S	生物制药	四年	工学

序号	主管部门、学校名称	专业代码	专业名称	修业年限	学位授予门类
52	中国药科大学	100812S	药物分析	四年	理学
53	中国药科大学	100813S	药物化学	四年	理学
54	浙江大学	080512S	新能源科学与工程	四年	工学
55	浙江大学	081302S	海洋工程与技术	四年	工学
56	合肥工业大学	080217S	新能源材料与器件	四年	工学
57	合肥工业大学	080640S	物联网工程	四年	工学
58	山东大学	080218S	资源循环科学与工程	四年	工学
59	山东大学	080640S	物联网工程	四年	工学
60	中国海洋大学	081303S	海洋资源开发技术	四年	工学
61	中国石油大学(华东)	081009S	环保设备工程	四年	工学
62	武汉大学	080640S	物联网工程	四年	工学
63	武汉大学	081107S	生物制药	四年	理学
64	华中科技大学	080215S	功能材料	四年	工学
65	华中科技大学	080512S	新能源科学与工程	四年	工学
66	华中科技大学	080640S	物联网工程	四年	工学
67	华中科技大学	080643S	光电子材料与器件	四年	工学
68	华中科技大学	081107S	生物制药	四年	工学
69	武汉理工大学	080640S	物联网工程	四年	工学
70	武汉理工大学	080716S	建筑节能技术与工程	四年	工学
71	湖南大学	080640S	物联网工程	四年	工学
72	湖南大学	080716S	建筑节能技术与工程	四年	工学
73	中南大学	080217S	新能源材料与器件	四年	工学
74	中南大学	080512S	新能源科学与工程	四年	工学
75	中南大学	080640S	物联网工程	四年	工学
76	重庆大学	080512S	新能源科学与工程	四年	工学
77	重庆大学	080640S	物联网工程	四年	工学
78	西南交通大学	080640S	物联网工程	四年	工学

续表

序号	主管部门、学校名称	专业代码	专业名称	修业年限	学位授予门类
79	电子科技大学	080217S	新能源材料与器件	四年	工学
80	电子科技大学	080640S	物联网工程	四年	工学
81	电子科技大学	080641S	传感网技术	四年	工学
82	四川大学	080217S	新能源材料与器件	四年	工学
83	四川大学	080640S	物联网工程	四年	工学
84	四川大学	080642S	微电子材料与器件	四年	工学
85	西安交通大学	080512S	新能源科学与工程	四年	工学
86	西安交通大学	080640S	物联网工程	四年	工学
87	兰州大学	080215S	功能材料	四年	工学
国务院侨务办公室					
88	华侨大学	080215S	功能材料	四年	工学
北京市					
89	北京工业大学	080218S	资源循环科学与工程	四年	工学
90	北京电影学院	050432S	数字电影技术	四年	文学
天津市					
91	天津理工大学	080215S	功能材料	四年	工学
92	天津中医药大学	100814S	中药制药	四年	理学
河北省					
93	河北工业大学	080215S	功能材料	四年	工学
94	石家庄铁道大学	080215S	功能材料	四年	工学
山西省					
95	太原理工大学	080640S	物联网工程	四年	工学
96	山西医科大学	081107S	生物制药	四年	理学
辽宁省					
97	沈阳工业大学	080215S	功能材料	四年	工学
98	沈阳建筑大学	080215S	功能材料	四年	工学
99	沈阳建筑大学	080716S	建筑节能技术与工程	四年	工学

序号	主管部门、学校名称	专业代码	专业名称	修业年限	学位授予门类
		吉林省			
100	长春理工大学	080217S	新能源材料与器件	四年	工学
101	长春理工大学	080643S	光电子材料与器件	四年	工学
102	长春工业大学	080218S	资源循环科学与工程	四年	工学
		黑龙江省			
103	东北石油大学	080111S	海洋油气工程	四年	四年
104	东北石油大学	081106S	能源化学工程	四年	四年
105	哈尔滨理工大学	080641S	传感网技术	四年	四年
		上海市			
106	上海理工大学	080512S	新能源科学与工程	四年	四年
		江苏省			
107	苏州大学	080216S	纳米材料与技术	四年	工学
108	苏州大学	080217S	新能源材料与器件	四年	工学
109	苏州大学	080640S	物联网工程	四年	工学
110	南京工业大学	080643S	光电子材料与器件	四年	工学
111	南京工业大学	080716S	建筑节能技术与工程	四年	工学
112	南京邮电大学	080645S	智能电网信息工程	四年	工学
113	江苏大学	080512S	新能源科学与工程	四年	工学
114	江苏大学	080640S	物联网工程	四年	工学
115	南京中医药大学	081107S	生物制药	四年	理学
116	南京师范大学	081303S	海洋资源开发技术	四年	理学
		安徽省			
117	安徽大学	080217S	新能源材料与器件	四年	工学
		福建省			
118	福建师范大学	080218S	资源循环科学与工程	四年	工学
		江西省			
119	江西中医学院	100814S	中药制药	四年	理学

续表

序号	主管部门、学校名称	专业代码	专业名称	修业年限	学位授予门类
120	南昌大学	080217S	新能源材料与器件	四年	工学
121	南昌大学	080716S	建筑节能技术与工程	四年	工学
	山东省				
122	山东科技大学	080640S	物联网工程	四年	工学
123	山东理工大学	080218S	资源循环科学与工程	四年	工学
	湖南省				
124	湘潭大学	080217S	新能源材料与器件	四年	工学
125	湘潭大学	081009S	环保设备工程	四年	工学
126	湖南师范大学	080218S	资源循环科学与工程	四年	工学
127	南华大学	081008S	核安全工程	四年	工学
	广东省				
128	广州中医药大学	100814S	中药制药	四年	理学
129	华南师范大学	080217S	新能源材料与器件	四年	工学
	四川省				
130	西南石油大学	080111S	海洋油气工程	四年	工学
131	西南石油大学	080217S	新能源材料与器件	四年	工学
132	成都理工大学	080217S	新能源材料与器件	四年	工学
	云南省				
133	昆明理工大学	080215S	功能材料	四年	工学
	陕西省				
134	西北大学	080640S	物联网工程	四年	工学
135	西北大学	081106S	能源化学工程	四年	工学
136	西安建筑科技大学	080215S	功能材料	四年	工学
137	西安建筑科技大学	080218S	资源循环科学与工程	四年	工学
138	西安石油大学	080111S	海洋油气工程	四年	工学
	甘肃省				
139	兰州理工大学	080215S	功能材料	四年	工学

续表

序号	主管部门、学校名称	专业代码	专业名称	修业年限	学位授予门类
		新疆维吾尔自治区			
140	新疆大学	081106S	能源化学工程	四年	工学

注：专业代码加有"S"者为在少数高校试点的目录外专业。

中高端人才内生性培养、开发能力不足，尤其是高端人才缺乏积聚、培养、开发平台，已经成为制约呼包银榆经济区创新能力发展的突出问题。

由于研发人员和研发投入不足，缺乏长期、持续的基础性技术研发机制，大多数核心技术来自引进，严重影响了企业自主创新能力和经济效益。以呼包银榆各地积极发展的新能源为例，新能源基础研究薄弱，没有建立起支撑新能源快速发展的专业人才队伍，技术人员主要来自于新能源相近领域的专业人才，行业的高端技术研发、技术管理方面的复合型人才缺乏，在光伏发电、电网接入、风机核心部件生产等方面也都缺乏大规模发展所需的核心技术，尽管通过获取三菱、恩德等国外企业生产许可证的方式具备了兆瓦级机组设备生产能力，但仍以组装国外部件为主，设备本地化率低，带动能力不强；太阳能光伏材料生产仅仅依赖区内个别企业自身研发能力，水平低，规模小。技术创新不足已经成为严重制约呼包银榆经济区新能源产业的发展速度和规模的主要因素，而其根本原因还在于人才缺乏。

第四节　呼包银榆经济区创新能力发展政策建议

一、加强区域创新体系建设

应充分借鉴国内外区域创新体系建设成功经验，以企业为主体，以市场为导向，加强政策引导，进一步贯彻落实国家鼓励中小企业发展和推进产业集群发展的相关规定，全面实施产业集群战略，着力打造区域产业品牌，实现区域发展从资源优势向竞争优势的转变。在呼包银榆经济区内进行系统的研发资源布局，鼓励高等学校、科研机构参与企业创新活动，创新"政产学研合作"模式，大力倡导开放式创新，构筑有效整合区域内外创新资源，充分激发企业创新活力，并与其他省市区域创新体系形成相互渗透、协调发展，多层次、立体化、生机勃勃的区域创新系统（见图8-10）。

1. 原创性创新资源布局

以提升呼包银榆经济区的基础研究和源头性知识生产为目的，发挥呼和浩

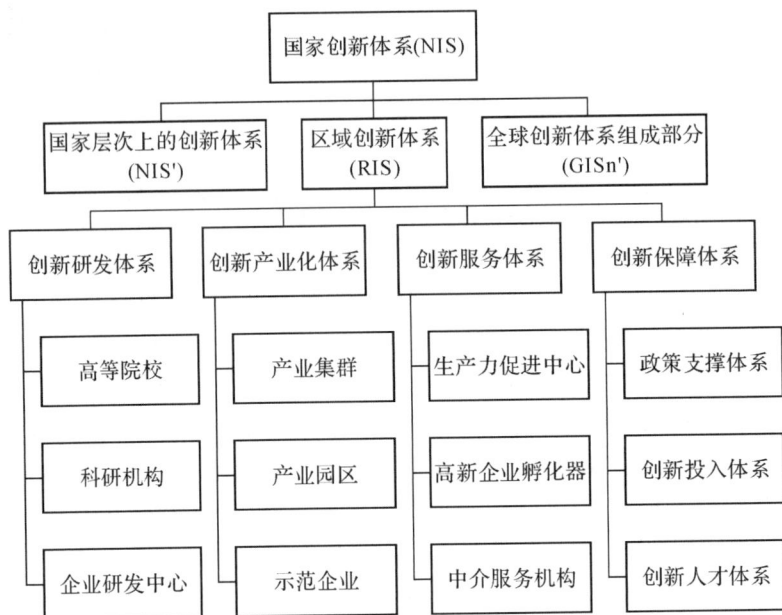

图 8-10 呼包银榆经济区区域创新体系结构示意图

注:呼包银榆经济区区域创新体系将包括四大系统:(1)识研发体系——知识创新和技术创新成果的研发生产系统。这是创新链中的供给源。(2)新服务体系——为创新主体提供社会化、专业化服务,促进创新活动开展的系统。这是创新链的中间环节和联动枢纽。(3)创新示范产业化体系——创新成果的产业化系统。这是创新链中的终端部分。(4)创新保障体系——创新的投入体系、创新的人才体系、创新的政策支持体系。

特、包头、银川、榆林和鄂尔多斯等区域中心城市的资源集聚优势,坚持重点突破、有所作为的思路,在能源化工、新型能源、生态安全、沙漠治理、先进制造、生物制药、设施农业、农产品深加工、草原畜牧业等关系国家战略安全和对当地经济社会发展有重要影响的关键领域建设一批国家重点实验室、国家工程实验室、国家和省级技术中心、工程(技术)研发中心,积极开展具有突破性、具有重大带动作用的高新技术项目的研发,加强创新资源的整合共享,加快技术创新成果的转移和扩散,构建以企业为主体、市场为导向、产学研相结合的技术创新体系,持续提高区域自主创新能力。

充分利用国家创新资源,积极争取将呼和浩特、包头、鄂尔多斯、银川、石嘴山、榆林等中心城市纳入国家创新城市或创新城市试点,继续争取国家"863"、"973"计划以及"金太阳"工程等重大科技支撑项目,在呼包银榆经济区高等学校、国家重点实验室、国家工业研究院现有研究的基础上开展重大研究专项的战略布局,组成跨行政区的重大科研平台开展科研攻关,加强对关系区域发展重大战略性、基础性、前瞻性科学问题和关键共性技术的研究，在生态安全、清洁能源、坚强智能电网、煤炭中低温干馏、煤制油、煤制烯烃、煤制乙二醇、煤制二甲醚、煤制天然气、二氧化碳地下储存、先进制造、稀土有色金属、生物育种、生物制药、设施农业、防沙治沙和循环经济等重点领域确定一批重点课题，跟踪前沿科技进展，掌握关键核心技术，形成自主知识产权。

《宁夏回族自治区"十二五"科技发展规划纲要》在能源化工、新材料、装备制造业、信息产业及现代服务业、生物技术和特色医药、特色优势农业、资源与环境、人口控制与健康、城乡建设与建筑节能等九个领域确定 60 个技术群作为优先主题，进一步突出重点，筛选出 20 个特色优势产品、关键共性技术作为重大科技专项，力争在国民经济和社会发展的关键领域取得重大突破，形成一批具有重大战略意义的标志性成果。

《榆林"十二五"科技发展规划》在现代特色农业、能源化工、装备制造、水资源与环境保护、城镇化与城市发展、轻纺工业、民生等领域组织实施 20 个重大科技专项和优先项目。

内蒙古自治区在"十二五"期间选择了包括生物质燃料技术、坚强智能电网等风电核心技术、以直线电机和磁管道运输为核心的新型运输系统及装备制造、畜禽良种繁育、太阳能非晶硅薄膜电池、功能干细胞等重大项目，通过"一区、一园、两个基地、四个中心"建设，不断健全完善自治区区域创新体系。呼和浩特、包头、鄂尔多斯等地也都确立本地区"十二五"期间的重点领域、优先主题和重大科技专项，力争在国民经济和社会发展的关键领域取得重大突破。

建议在呼包银榆经济区的大平台上，开展多层次、多模式的创新合作，整合各地创新资源，通过重大科技专项和优先主题集中力量取得创新突破，有效化解当地创新资源总量不足、结构不平衡的矛盾。

2. 产业创新系统培育

通过安排中长期科技发展规划，依托能源化工、装备制造、新能源、新材料、生物技术、优势特色农业、防沙治沙等重点领域的大型骨干企业，以推进产业集群发展为导向，构建产业技术创新联盟，培育经济区企业自主创新能力和核心竞争力。结合重点产业振兴和战略新兴产业培育，掌握一批关键核心技术，在局部领域达到国内领先水平；形成一批具有国际影响力的大企业和一批创新活力旺盛的中小企业和具有高技术附加值的国际著名品牌；建成一批产业链完善、创新能力强、特色鲜明的战略性新兴产业集聚区和产业集群，建立适合呼包银榆经济社会发展需要的产业科研体系（见图 8-11）。

3. 企业研发扶持

以建设企业高新技术研究开发中心和技术中心为抓手，继续分期安排专项经费支持有条件的企业组建高新技术研究开发中心,推进企业原创性知识生产能力建设,实施企业技术跨越战略,构筑产业发展优势,使企业成为技术创新的主体。在坚持自主研发的基础上,积极开展与跨国公司的技术合作,通过技术引进、技术合作,消化国外先进技术,快速提升企业技术水平。

创新"政产学研结合"模式,推动科研院所、高校和企业建立长期稳定的合作关系,国家重点实验室、工程(技术研究)中心要向企业开放,充分发挥重点综合大学和重点科研院所的知识辐射功能,以知识产权为纽带,大力提倡和积极支持开放式创新,加快推进高校、科研机构在区域内和区域间的合作,加大政府对技术创新的政策支持,引导企业增加研发投入。

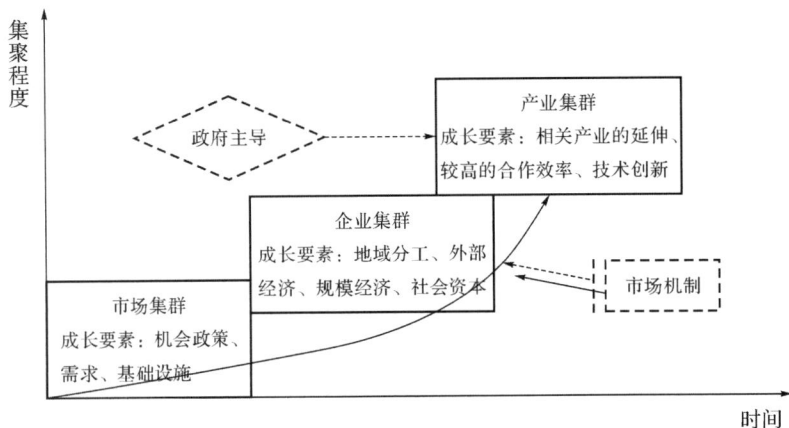

图 8-11 产业集群发展阶段示意图①

4. 区域创新服务体系建设

(1)科技企业孵化器和科技创新服务中心建设

加大科技企业孵化器科技创新服务中心建设力度,积极建设服务于行业和具有区域特色的科技创新服务中心,引导企业投资建设科技孵化器和科技创新服务中心。大力引进服务于企业的中介机构和行业协会、国内外著名的行业研究机构、高校研究机构、质量检测监督、品质管理以及贸易、信息等服务机构,以及员工培训、企业咨询、专利代理和知识产权、法律服务等各类中介机构,择优扶持一批科技评估、科技咨询机构和培养一批大型骨干科技中介机构,以企业为服务对象,以完全市场化的方式开展服务,在服务的过程中实现独立自主发展。

---

① 引自:姚玉舟博士学位论文"资源型产业集群模式选择研究",第32页。

（2）区域科技合作平台建设

充分利用呼包银榆特色文化资源，组织开展多种形式、多层次的技术交易会展活动，将推动区域科技合作与企业技术合作纳入政府议事日程，精心组织，打造西部地区科技合作会展品牌。

加强技术推广服务平台和技术市场建设，发挥政府、高等学校、科研院所、金融机构等社会中介组织在项目甄选、推荐、知识与信息传播、人才支撑、风险投资、金融支持、产权交易等技术推广环节的积极作用，支持和鼓励企业建立技术创新联盟，充分利用网络和现代信息技术构建经济区科技中介服务体系，全面推广"科技特派员创新创业工程"，开发多层次、多种形式的区域技术创新决策支持系统，为企业特别是中小企业技术创新提供决策支持服务。

发挥呼包银榆区域内高新技术开发区、经济技术开发区、高新技术产业基地、大学科技园区的科技资源积聚优势，合力打造行业性科技创新平台，构建由大型科学仪器设备、科技图书文献、科学数据、科技成果、专利技术等资源共享平台组成的科技基础条件平台，创新产学研合作机制，鼓励高校和科研机构建设一批科技成果转移中心，积极探索有效推动科技成果转化的市场化途径。

4. 区域创新推广体系建设

（1）加大对经济区农业先进适用技术推广力度

建立面向农村推广先进适用技术的新机制，激励科技人员以多种形式深入农业生产第一线开展技术推广活动。积极推广农作物、畜禽、水产新品种和种养新技术、新机具、新农艺，大力发展设施农业和节水农业，把推广农业科技成果作为政府绩效考核与科技奖励的重要内容，形成政府、农业科技成果推广机构、农业科技成果示范户三位一体的农业科技成果推广体系。全面推进特色农产品"一村一品"无形资产品牌宣传和保护工作，打造西部地区品牌农业示范区。对农业科技推广实行分类指导，分类支持，鼓励和支持多种模式的、社会化的农业技术推广组织的发展，建立多元化的农业技术推广体系。

（2）扶持中小企业的技术创新和技术推广活动

在市场准入、反不正当竞争、财政资助、税收优惠、人才引进等方面，制定有利于中小企业技术合作的相关政策；积极发展支持中小企业的科技投融资体系和创业风险投资机制；加快科技中介服务机构建设，为中小企业技术创新提供政策咨询、科技信息、技术交易、资产评估、管理咨询、品牌推广、市场开拓和人力资源服务。

（3）创新产业化示范区建设

建立健全科研机构、高校的创新成果发布制度和技术转移机构，促进技术转移和扩散，加速科技成果转化为现实生产力。依托具有技术和资源优势的产业集聚区,培育一批创新能力强、创业环境好、特色突出、集聚发展的先进适用技术产业化示范基地,形成增长极,辐射带动区域经济发展。大力建设市县(区)特色产业园区,积极推广体现区域经济特色的煤制油技术、煤制二甲醚、煤制甲醇、"麦草方格固沙"技术、"硒砂瓜"品种培育和种植技术、枸杞人工种植和深加工技术、生物育种和良种培育、煤炭中低温干馏技术(兰炭)、蒙医药等一批充分利用本地资源和技术优势、具有重大经济与社会价值的原始创新和先进适用技术。

通过政策引导积聚创新资源,积极培育产业集群,大力发展县域经济,把呼包银榆经济区建成国家"西部地区技术创新示范区",在政府和企业研发投入、专利技术与自主知识产权形成、科技进步贡献率等方面发挥示范引领作用,通过企业技术创新能力培育、多层次高水平科技人才队伍建设、先进适用技术推广体系建设、共享全球创新资源,通过创新扩散实现经济区的包容性发展,优化科技资源配置,建立具有经济区特色的区域自主创新体系。

二、大力发展民营经济

中小企业是区域经济发展的活力所在,是未来经济竞争力的重要源泉,也是在呼包银榆经济区内实现包容性发展的有效载体。珠江三角洲、长江三角洲的快速发展都得益于民营经济的崛起。东部沿海地区创新活力持续走在西部地区前面,与当地高度发达的民营经济有着密切的关系。因此,全面贯彻《国务院关于鼓励和引导民间投资健康发展的若干意见》(国发〔2010〕13 号),大力发展民营经济应该成为"呼包银榆"经济区区域创新能力建设的战略选择。

1. 进一步拓宽民间投资的领域和范围

深入贯彻落实《国务院关于鼓励支持和引导个体私营等非公有制经济发展的若干意见》(国发〔2005〕3 号)等一系列政策措施,鼓励和引导民间资本进入法律法规未明确禁止准入的行业和领域。规范设置投资准入门槛,创造公平竞争、平等准入的市场环境。市场准入标准和优惠扶持政策要公开透明,对各类投资主体同等对待,不得单对民间资本设置附加条件。

(1)明确界定政府投资范围

政府投资主要用于关系国家安全、市场不能有效配置资源的经济和社会领域。对于可以实行市场化运作的基础设施、市政工程和其他公共服务领域,应鼓励和支持民间资本进入。

(2)进一步调整国有经济布局和结构

国有资本要把投资重点放在不断加强和巩固关系国民经济命脉的重要行业和关键领域,在一般竞争性领域,要为民间资本营造更广阔的市场空间。

2. 鼓励和引导民间资本进入基础产业和基础设施领域

（1）鼓励民间资本参与交通运输建设

鼓励民间资本以独资、控股、参股等方式投资建设公路、水运、港口码头、民用机场、通用航空设施等项目。抓紧研究制定铁路体制改革方案，引入市场竞争，推进投资主体多元化，鼓励民间资本参与铁路干线、铁路支线、铁路轮渡以及站场设施的建设，允许民间资本参股建设煤运通道、客运专线、城际轨道交通等项目。探索建立铁路产业投资基金，积极支持铁路企业加快股改上市，拓宽民间资本进入铁路建设领域的渠道和途径。

（2）鼓励民间资本参与水利工程建设

建立收费补偿机制，实行政府补贴，通过业主招标、承包租赁等方式，吸引民间资本投资建设农田水利、跨流域调水、水资源综合利用、水土保持等水利项目。鼓励民间资本参与电力建设。鼓励民间资本参与风能、太阳能、地热能、生物质能等新能源产业建设。支持民间资本以独资、控股或参股形式参与水电站、火电站建设，参股建设核电站。进一步放开电力市场，积极推进电价改革，加快推行竞价上网，推行项目业主招标，完善电力监管制度，为民营发电企业平等参与竞争创造良好环境。

（3）鼓励民间资本参与石油天然气建设

支持民间资本进入油气勘探开发领域，与国有石油企业合作开展油气勘探开发。支持民间资本参股建设原油、天然气、成品油的储运和管道输送设施及网络。鼓励民间资本参与电信建设。鼓励民间资本以参股方式进入基础电信运营市场。支持民间资本开展增值电信业务。加强对电信领域垄断和不正当竞争行为的监管，促进公平竞争，推动资源共享。鼓励民间资本参与土地整治和矿产资源勘探开发。积极引导民间资本通过招标投标形式参与土地整理、复垦等工程建设，鼓励和引导民间资本投资矿山地质环境恢复治理，坚持矿业权市场全面向民间资本开放。

3. 鼓励和引导民间资本进入市政公用事业和政策性住房建设领域

（1）鼓励民间资本参与市政公用事业建设

支持民间资本进入城市供水、供气、供热、污水和垃圾处理、公共交通、城市园林绿化等领域。鼓励民间资本积极参与市政公用企事业单位的改组改制，具备条件的市政公用事业项目可以采取市场化的经营方式，向民间资本转让产权或经营权。

（2）进一步深化市政公用事业体制改革

积极引入市场竞争机制，大力推行市政公用事业的投资主体、运营主体招标制度，建立健全市政公用事业特许经营制度。改进和完善政府采购制度，建立规范的政府监管和财政补贴机制，在呼包银榆经济区内加快推进市政公用产品价格和收费制度改革，为鼓励和引导民间资本进入市政公用事业领域创造良好的制度环境。

（3）鼓励民间资本参与政策性住房建设

支持和引导民间资本投资建设经济适用住房、公共租赁住房等政策性住房，参与棚户区改造，享受相应的政策性住房建设政策。

4. 鼓励和引导民间资本进入社会事业领域

（1）鼓励民间资本参与发展医疗事业

支持民间资本兴办各类医院、社区卫生服务机构、疗养院、门诊部、诊所、卫生所（室）等医疗机构，参与公立医院转制改组。支持民营医疗机构承担公共卫生服务、基本医疗服务和医疗保险定点服务。切实落实非营利性医疗机构的税收优惠政策。鼓励医疗人才资源向民营医疗机构合理流动，确保民营医疗机构在人才引进、职称评定、科研课题等方面与公立医院享受平等待遇。从医疗质量、医疗行为、收费标准等方面对各类医疗机构加强监管，促进民营医疗机构健康发展。

（2）鼓励民间资本参与发展教育和社会培训事业

贯彻落实《国家中长期教育改革和发展规划纲要（2010—2020）》关于积极发展民办教育的政策精神，支持民间资本兴办高等学校、中小学校、幼儿园、职业教育等各类教育和社会培训机构，落实对民办学校的人才鼓励政策和公共财政资助政策，加快制定和完善促进民办教育发展的金融、产权和社保等政策，研究并建立民办学校的退出机制。

（3）鼓励民间资本参与发展社会福利事业

通过用地保障、信贷支持和政府采购等多种形式，鼓励民间资本投资建设专业化的服务设施，兴办养（托）老服务和残疾人康复、托养服务等各类社会福利机构。

（4）鼓励民间资本参与发展文化、旅游和体育产业

鼓励民间资本从事广告、印刷、演艺、娱乐、文化创意、文化会展、影视制作、网络文化、动漫游戏、出版物发行、文化产品数字制作与相关服务等活动，建设博物馆、图书馆、文化馆、电影院等文化设施。鼓励民间资本合理开发具有地方文化特色的旅游资源，建设旅游设施，从事各种旅游休闲活动。鼓励民间资本投资生产体育用品，建设各类体育场馆及健身设施，从事体育健身、竞赛表演等活动。

5. 鼓励和引导民间资本进入金融服务领域

允许民间资本兴办金融机构，在加强有效监管、促进规范经营、防范金融风

险的前提下,放宽对金融机构的股比限制。支持民间资本以入股方式参与商业银行的增资扩股,参与农村信用社、城市信用社的改制工作。鼓励民间资本发起或参与设立村镇银行、贷款公司、农村资金互助社等金融机构,放宽村镇银行或社区银行中法人银行最低出资比例的限制。落实中小企业贷款税前全额拨备损失准备金政策,简化中小金融机构呆账核销审核程序。在经济区内适当放宽小额贷款公司单一投资者持股比例限制,对小额贷款公司的涉农业务实行与村镇银行同等的财政补贴政策。支持民间资本发起设立信用担保公司,完善信用担保公司的风险补偿机制和风险分担机制。鼓励民间资本发起设立金融中介服务机构,参与证券、保险等金融机构的改组改制。

6. 鼓励和引导民间资本进入商贸流通领域

鼓励民间资本进入商品批发零售、现代物流领域。支持民营批发、零售企业发展,鼓励民间资本投资连锁经营、电子商务等新型流通业态。引导民间资本投资第三方物流服务领域,为民营物流企业承接传统制造业、商贸业的物流业务外包创造条件,支持中小型民营商贸流通企业协作发展共同配送。加快物流业管理体制改革,鼓励物流基础设施的资源整合和充分利用,促进物流企业网络化经营,搭建便捷高效的融资平台,创造公平、规范的市场竞争环境,推进物流服务的社会化和资源利用的市场化。

7. 鼓励和引导民间资本重组联合和参与国有企业改革

引导和鼓励民营企业利用产权市场组合民间资本,促进产权合理流动,开展跨地区、跨行业兼并重组。支持有条件的民营企业通过联合重组等方式做大做强,发展成为特色突出、市场竞争力强的集团化公司。

鼓励和引导民营企业通过参股、控股、资产收购等多种形式,参与国有企业的改制重组。合理降低国有控股企业中的国有资本比例。民营企业在参与国有企业改制重组过程中,要认真执行国家有关资产处置、债务处理和社会保障等方面的政策要求,依法妥善安置职工,保证企业职工的正当权益。

8. 推动民营企业加强自主创新和转型升级

贯彻落实鼓励企业增加研发投入的税收优惠政策,鼓励民营企业增加研发投入,提高自主创新能力,掌握拥有自主知识产权的核心技术。帮助民营企业建立工程技术研究中心、技术开发中心,增加技术储备,搞好技术人才培训。支持民营企业参与国家重大科技计划项目和技术攻关,不断提高企业技术水平和研发能力。

加快实施促进科技成果转化的鼓励政策,积极发展技术市场,完善科技成果登记制度,方便民营企业转让和购买先进技术。加快分析测试、检验检测、创业孵化、科技评估、科技咨询等科技服务机构的建设和机制创新,为民营企业的自主创新提供服务平台。积极推动信息服务外包、知识产权、技术转移和成果转化等高技术服务领域的市场竞争,支持民营企业开展技术服务活动。

鼓励民营企业加大新产品开发力度,实现产品更新换代。开发新产品发生的研究开发费用可按规定享受加计扣除优惠政策。鼓励民营企业实施品牌发展战略,争创名牌产品,提高产品质量和服务水平。通过加速固定资产折旧等方式鼓励民营企业进行技术改造,淘汰落后产能,加快技术升级。

鼓励和引导民营企业发展战略性新兴产业。广泛应用信息技术等高新技术改造提升传统产业,大力发展循环经济、绿色经济,投资建设节能减排、节水降耗、生物医药、信息网络、新能源、新材料、环境保护、资源综合利用等具有发展潜力的新兴产业(见图8-12)。

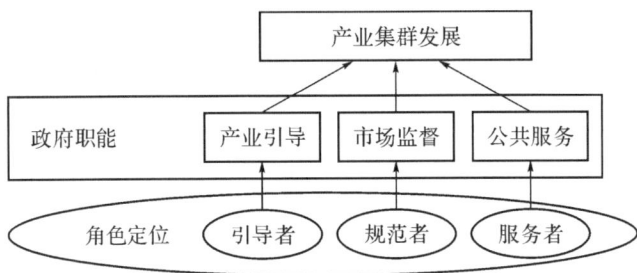

图 8-12　产业集群发展中的政府职能定位①

9. 鼓励和引导民营企业积极参与国际竞争

(1)鼓励民营企业积极参与国际竞争

支持民营企业在研发、生产、营销等方面开展国际化经营,开发战略资源,建立国际销售网络。支持民营企业利用自有品牌、自主知识产权和自主营销,开拓国际市场,加快培育跨国企业和国际知名品牌。支持民营企业之间、民营企业与国有企业之间组成联合体,发挥各自优势,共同开展多种形式的境外投资。

(2)完善境外投资促进和保障体系

与有关国家建立鼓励和促进民间资本国际流动的政策磋商机制,开展多种形式的对话交流,发展长期稳定、互惠互利的合作关系。通过签订双边民间投资合作协定、利用多边协定体系等,为民营企业"走出去"争取有利的投资、贸易环境和更多的优惠政策。健全和完善境外投资鼓励政策,在资金支持、金融保险、外汇管理、质检通关等方面,民营企业与其他企业享受同等待遇。

10. 为民间投资创造良好环境

清理和修改不利于民间投资发展的法规政策规定,切实保护民间投资的合

---

①　引自:姚玉舟博士学位论文《资源型产业集群模式选择研究》,第46页。

法权益,培育和维护平等竞争的投资环境。在制定涉及民间投资的法律、法规和政策时,要听取有关商会和民营企业的意见和建议,充分反映民营企业的合理要求。

呼包银榆经济区各级人民政府有关部门安排的政府性资金,包括财政预算内投资、专项建设资金、创业投资引导资金,以及国际金融组织贷款和外国政府贷款等,要明确规则、统一标准,对包括民间投资在内的各类投资主体同等对待。支持民营企业的产品和服务进入政府采购目录。

各类金融机构要在防范风险的基础上,创新和灵活运用多种金融工具,加大对民间投资的融资支持,加强对民间投资的金融服务。各级人民政府及有关监管部门要不断完善民间投资的融资担保制度,健全创业投资机制,发展股权投资基金,继续支持民营企业通过股票、债券市场进行融资。

全面清理整合涉及民间投资管理的行政审批事项,简化环节,缩短时限,进一步推动管理内容、标准和程序的公开化、规范化,提高行政服务效率。进一步清理和规范涉企收费,切实减轻民营企业负担。

11.加强对民间投资的服务、指导和规范管理

建立健全民间投资服务体系。充分发挥商会、行业协会等自律性组织的作用,积极培育和发展为民间投资提供法律、政策、咨询、财务、金融、技术、管理和市场信息等服务的中介组织。

在放宽市场准入的同时,切实加强监管。各级人民政府有关部门要依照有关法律法规要求,切实督促民间投资主体履行投资建设手续,严格遵守国家产业政策和环保、用地、节能以及质量、安全等规定。要建立完善企业信用体系,指导民营企业建立规范的产权、财务、用工等制度,依法经营。民间投资主体要不断提高自身素质和能力,树立诚信意识和责任意识,积极创造条件满足市场准入要求,并主动承担相应的社会责任。

营造有利于民间投资健康发展的良好舆论氛围。大力宣传党中央、国务院关于鼓励、支持和引导非公有制经济发展的方针、政策和措施。客观、公正宣传和报道民间投资在促进经济发展、调整产业结构、繁荣城乡市场和扩大社会就业等方面的积极作用。积极宣传依法经营、诚实守信、认真履行社会责任、积极参与社会公益事业的民营企业家的先进事迹。

三、加强人才支撑体系建设

针对呼包银榆经济区人才总量偏小,高层次、高技能等中高端人才不足,产业发展急需的领军人才严重短缺,人才结构和布局不尽合理,人才内生能力不足,人才发展体制机制障碍尚未消除,市场配置人才资源的基础性作用还没有

得到充分发挥,人才资源开发投入不足的突出问题,必须深化改革,破除束缚人才发展的思想观念和制度障碍,在经济区内确立人才资源本地化、全国共享、全球开发的现代人才战略,改革现行人才培养体系,以大力发展职业教育和优化高等学校学科专业结构为重点提升经济区人才内生能力,推动人才结构战略性调整,围绕经济区经济结构调整和社会发展目标,统筹人才队伍建设。

1. 统筹人才队伍建设

根据《宁夏中长期人才发展规划纲要(2010—2020年)》的人才发展目标,到2020年,宁夏的"人才资源总量增加到61.02万人,增长60%,人才资源占人力资源总量的比重提高到11.4%。能源化工、新材料、装备制造、生物工程、现代交通运输、国际商务、特色农产品种植加工、生态环境、防灾减灾、宣传文化、教育卫生、民族和社会研究、现代社会服务等领域的高层次专业技术人才能够满足我区经济社会发展需求"(见表8-25)。

"主要劳动年龄人口受过高等教育的比例提高到17%左右,人才中接受过高等教育的比例提高到85%左右;每万劳动力中研发人员达到38.6人,高技能人才占技能劳动者的比例提高到20%左右。人才贡献率提高到26%左右。"

表 8-25   2010—2020 年宁夏回族自治区人才发展主要指标

指　标	单　位	2008 年	2015 年	2020 年
人才资源总量	万人	38.14	50.15	61.02
每万劳动力中的研发人员	人年/万人	12.2	23.8	38.6
高技能人才占技能人才比例	%	12	16	20
主要劳动年龄人口受过高等教育比例	%	6.07	12	17
人力资本投资占全区生产总值比例	%	13.9	15	16
人才贡献率	%	12.7	20	26

注:2015 和 2020 年为预测性指标。

《陕西省国民经济和社会发展第十二个五年规划纲要》对人才工作的要求是"坚持服务发展、人才优先、以用为本、高端引领,扩大人才资源总量,优化人才资源配置,提升人才资源素质。着力培养科学家队伍工程师队伍、技师队伍,实施'三秦学者'、'百人计划'、'115人才工程'和新世纪'三五'人才工程,在重点领域培养和引进一批高端领军人才、青年科技骨干和急需紧缺人才,突出为基层培养一批医疗卫生人才和农业科技推广人才。全省人才总量达到418万人,其中专业技术人才173万人,高技能人才74万人。"

《陕西省中长期人才发展规划纲要(2010—2020)》设立的人才发展目标是:"人才总量较快增长。各类人才资源总量2015年达到418万人。2020年各类人才资源总量增加到 555 万人,人才资源占人力资源总量的比重提高到 17％"。
(见表 8-26)

表 8-26　2010—2020 年陕西省人才发展主要指标

指　　标	单　位	2008 年	2015 年	2020 年
人才资源总量	万人	302.9	418	555
每万劳动力中研发人员	人年/万人	32	32	69
高技能人才占技能劳动者比例	％	23	25.6	29
主要劳动年龄人口受过高等教育的比例	％	11	7	22
人力资本投资占国内生产总值比例	％	8	14	17
人才贡献率	％	18.4	31.5	37

　　人才素质全面提高。主要劳动年龄人口受过高等教育的比例在 2015 年达到 17％,每万劳动力中研发人员达到 52 人年,高技能人才占技能劳动者的比例达到 25.6％。2020 年主要劳动年龄人口受过高等教育的比例达到 22％,每万劳动力中研发人员达到 69 人年,高技能人才占技能劳动者的比例达到 29％。

　　人才结构进一步优化。2015 年一、二、三产业之间人才比例达到 35：25：40,关中、陕北、陕南三大区域人才比例为 54.49：26.08：19.43。2020 年三次产业之间人才比例达到 30：27：43,三大区域人才分布比例达到 50.98：26.82：22.20。

　　人才效能显著提升。2015 年人力资本对经济增长贡献率达到 28％,人才贡献率达到 31.5％。2020 年人力资本对经济增长贡献率达到 35％,人才贡献率达到 37％。

　　人才投入保障有力。2015 年人力资本投资占生产总值的比例达到 14％。2020 年人力资本投资占生产总值的比例达到 17％,基本建立政府、社会、用人单位和个人多元化的人才投入体系。

　　内蒙古中长期人才规划纲要尚未公布,但在《内蒙古国民经济和社会发展第十二个五年规划纲要》中也在"加强人才队伍建设"一节中提出了以"培养高素质人才"、"加快科技创新型人才培养与引进"、"加大对少数民族优秀人才的选拔和定向培养力度"、"加强人才环境建设"等为要点的人才发展基本要求。

　　在呼包银榆经济区内全面落实当地政府的人才发展规划,需要改革人才培养体制,创新人才发展机制,建立起以"突出培养创新型科技人才,重视培养经济社会各个领域领军人才和复合型人才,大力开发经济社会发展重点领域急需紧缺专门人才,统筹抓好党政人才、企业经营管理人才、专业技术人才、高技能人才、农村实用人才以及社会工作人才等人才队伍建设,培养一大批拔尖创新人才"的现代人才发展体系。

坚持"服务发展,以用为本,高端引领"的人才工作方针,大力开展西部地区管理人才创新培训工程、创业人才培训工程,重点培养德才兼备、具有战略眼光的中高级党政领导干部,擅长经营、具有市场开拓能力的优秀企业家,勇于创新、敢于创业的高级科技人才和管理人才。继续推进"高级公务员海外培训项目",推进东中西部高端人才的联合开发。

坚持国家重大科技项目与人才开发相结合,鼓励资金、项目引进与人才引进相结合,积极鼓励企业以项目为纽带吸引、整合人才资源,为各类专业人才发挥聪明才智搭建创业与创新平台。实施海外留学人员归国创业工程,大力引进海外各类专业人才和智力,善于利用国际国内两种人才资源,做到自主培养开发人才和引进海外人才并重。职业教育和高等教育发展要更加紧密联系当地经济社会发展需要,优化专业布局,鼓励形成跨行政区、跨校专业资源共享平台,鼓励企业依托高等院校、科研院所和大中型企业研发中心开展合作创新,以重大科研项目和重点工程为载体,加快创新型人才培养基地建设。

针对呼包银榆经济区内高等学校总体实力偏弱的现实,积极开展与经济区外重点高校合作,创新合作模式。围绕战略新兴产业培育和关键技术领域重大科技专项攻关,与国内高校和科研机构开展合作创新,设立呼包银榆经济区"中高端人才共享基金",通过项目引导培养本土化中高端专门人才。利用国家西部大开发倾斜政策,通过省部合作和省际合作,积极开展多种形式的合作办学和设立高端人才联合培养项目,争取新增博士学位授权单位,加强经济区内高校博士学位点建设和战略新兴产业相关学科建设,争取更多高职院校进入"国家示范性高职"建设计划,大力提升中高端人才的内生培养能力。

加强人才政策引导,深化人才市场体制改革和工资体制改革,面向全球加大招聘、竞聘高端人才的力度。积极争取国家"863"计划、"973"计划等大型科技支撑项目,组织实施一批人才开发重点项目,加大东西部地区之间、中央机关与西部地区之间干部交流力度,改进和加强"博士服务团"工作和人才对口支持计划工作。在各地实施国家"千人计划"基础上,设立"呼包银榆院士援助计划"和"呼包银榆少数民族高级专门人才培养计划",鼓励东中西部人才合理流动。

2. 创新人才发展机制

完善政府宏观管理、市场有效配置、单位自主用人、人才自主择业的人才管理体制。推动政府人才管理职能向创造良好发展环境、提供优质服务转变,运行机制和管理方式向规范有序、公开透明、便捷高效转变。深化和完善符合经济社会发展要求的企事业单位人事制度改革。充分发挥市场机制在人才资源配置中的基础性作用,适应经济社会发展需要。创新人才开发机制和政策环境,最大限度地激发各类人才的创造活力,构建与经济区经济社会发展水平相适应的人才发展体制机制。合理平衡人才的内生性培养、开发与人才的外源性引进、共享政策,形成政府、企业、社会分工合理,职责明确、协调高效的人才资源开发、共享体系。

建立科研机构、高校创新人才向企业流动的机制,加大高技能人才队伍建设力度。加快完善期权、技术入股、股权、分红权等多种形式的激励机制,鼓励科研机构和高校科技人员积极从事职务发明创造。加大工作力度,吸引全球优秀人才来呼包银榆创新创业。依托国家重大科研项目和重大工程、重点学科和重点科研基地、国际学术交流合作项目,建设一批高层次创新型科技人才培养基地。加强领军人才、核心技术研发人才培养和创新团队建设,形成科研人才和科研辅助人才衔接有序、梯次配备的合理结构,提高经济区区域自主创新能力。

建立以岗位职责要求为基础,以品德、能力和业绩为导向,科学化、社会化的人才评价发现机制。完善人才评价标准,改进人才评价方式,拓宽人才评价渠道,注重靠实践和贡献评价人才。把评价人才和发现人才结合起来,坚持在实践和群众中识别人才、发现人才。

建立科学的职业分类体系和各类人才能力素质评价标准。建立以岗位绩效考核为基础的事业单位人员考核评价制度。分行业制定事业单位领导人员考核评价办法。完善重在业内和社会认可的专业技术人才评价机制。加快推进职称制度改革,规范专业技术人才职业准入,依法严格管理;完善专业技术人才职业水平评价办法,提高社会化程度;完善专业技术职务任职资格评审办法,落实用人单位在专业技术职务(岗位)聘任中的自主权。健全党政领导干部考核评价机制。完善以任期目标为依据、工作业绩为核心的国有控股企业领导人员考核评价办法。探索高技能人才多元化评价机制。建立在重大科研、工程项目实施和急难险重工作中发现并识别人才机制。健全社会化举才荐才机制。

适应社会主义市场经济体制的需要,大力推进人才市场体系建设,完善市场服务功能,畅通人才流动渠道,建立政府宏观调控、市场主体公平竞争、人才自主择业的人才流动配置机制。加强政府对人才流动的政策引导和监督,推动产业和区域人才协调发展,促进人才资源的有效配置。

推进人才市场体系建设,建立政府部门宏观调控、市场主体公开竞争、人才自主择业的人才资源配置机制。整合政府各类人才市场和劳动力市场,规范专业性、行业性人力资源市场,在呼包银榆经济区内建立统一开放、面向海内外的人力资源市场。进一步完善人力资源市场建设规划,加快建设以经济区中心城市为信息交换节点的省、市、县(区)不同类别和标准的人力资源市场体系,实现人力资源信息系统省、市、县(区)、乡镇(街道)、社区五级网络互联、信息共享。健全人才市场供求、价格、竞争机制,大力发展人才服务业,积极培育专业化人才资源服务机构。完善政府人才公共服务系统,建立政府购买公共服务制度。进一步畅通人才流动渠道,加强政府对人才流动的政策引导,促进人才资源的有效合理配置。完善人事争议仲裁、人才竞业避止等制度,维护用人单位和各类人才的合法权益。加强对人才公共服务产品的标准化管理,支持各类人才机构开发公共服务产品。

鼓励成立多层次的政府智库和民间管理咨询机构,积极开展社会公共政策的咨询、设计和评估活动,推动政府决策的公开化、科学化和民主化进程,改善投资软环境,推动和谐社会建设。建立公益性人才资源库,为企业,特别是中小企业提供人才信息服务。健全人才市场体系、人才公共服务体系和人才社会保障体系。

3. 大力培养农村创业人才

开展大规模的农村实用人才培训,充分发挥农村现代远程教育网络、全国文化信息资源共享工程网络、各类农民教育培训项目、农业技术推广体系、农村电影放映、农家书屋和各类职业学校主渠道作用,构建和完善开放型、多功能、多元化的农村教育培训体系。鼓励和支持农村实用人才带头人牵头建立专业合作组织和专业技术协会,加快培养农业产业化发展急需的经营管理人员、农民专业合作组织带头人和农村经纪人。积极吸纳社会力量,不断拓宽培训渠道,重点培养一批县级种植养殖和科研开发骨干型实用人才、乡级农村科技推广带头人、村级土专家、田秀才、致富能手、民间艺人和乡村医生。积极扶持农村实用人才创业兴业,在创业培训、项目审批、信贷发放、土地使用等方面给予政策支持。加快推进农村实用人才评价和等级认定制度建设。加大对农村实用人才的表彰奖励和宣传力度,提高农村实用人才的社会地位。

结合经济区的城市化进程,扩大农村劳动力转移培训、农村实用人才培训工程的规模,组织实施新型农民创业培训工程,落实国家西部地区现代农业人才培训计划,加大农村基层人才培训力度,全面推广"科技特派员创新创业行动计划",造就一支建设社会主义新农村的农业高技能人才队伍,设立"呼包银榆农村创业发展基金",培养和形成一批新型农民创业型人才队伍。继续推进大学生志愿服务西部计划,引导和鼓励高校毕业生和优秀人才到呼包银榆经济区农村工作服务。

4. 实施人才发展重点工程

(1)领军人才支撑计划

围绕呼包银榆经济区优势特色产业和战略新兴产业发展需要,优先支持国家和省部共建重点实验室、国家工程技术研究中心和自治区重大科技攻关项目,努力培养和吸引一批科技领军人才和经济社会发展急需的高层次创新创业人才。在经济区具有相对优势的科研领域设立领军人才实验室,瞄准国际国内科技前沿和战略性新兴产业,重点支持和培养一批具有发展潜力、具有承担国家级重大科研课题能力和水平的青年领军人才。

(2)优秀人才引进计划

坚持"不求所在、但求所用"的原则,结合呼包银榆经济区重大项目工程、优势特色产业、战略新兴产业和急需紧缺人才的需要,每年从国内外引进高层次优秀人才。重点引进能源化工、新材料、装备制造业、农产品加工及现代农业、现代商贸物流、人文社科和教育、医疗卫生方面的高层次人才,主要对象为海内外高层次人才、国家科技进步奖一、二等奖主持人、"国家百千万人才工程"一、二层次人选、"973"、"863"项目主持人、博士研究生、高级技师等急需的高层次人才,优先考虑带项目、带课题、带实验室的优秀人才。

(3)科技创新团队和人才高地建设计划

依托高校、科研院所、大型企业、医疗机构、经济开发区等优势特色功能区、产业项目和重点学科,确定人才开发重点,建设科技创新团队和人才高地,逐步完善科技创新团队和人才高地的管理办法、强化动态管理和考核机制,整合优化经费资助办法。到2020年建成覆盖所有重要产业领域和重点科研领域的科技创新团队和人才高地,培养造就一批领军人才和后备领军人才,制定和完善高层次人才的资助、培养、激励和保障措施,充分发挥科技创新团队和人才高地凝聚、培养人才的引领示范带动作用。

(4)基层人才援助计划

围绕推进城乡一体化和社会主义新农村建设的需要,继续做好选派优秀高校毕业生到村任职、"三支一扶"、大学生志愿服务西部计划和农村义务教育阶段教师特设岗位计划等工作。有计划地选派符合条件、有志服务基层、品学兼优的硕士、博士到县级工业园区和市县部门任(挂)职,鼓励支持大学生到农村和中小企业、非公有制企业创业就业,推进科技特派员服务农村、服务企业。继续实施农村基层人才队伍振兴计划,加强农村教师、乡镇医疗卫生、乡镇(街道办事处)和基层法检、乡镇农技等人才队伍建设,搞好科技、卫生、文化"三下乡"活动。充分发挥院士专家的作用,引导和鼓励各类人才服务基层。实施"农村实用人才发展工程"。每年培训足够数量的县、乡、村三级农村实用人才,到

2020年,基本实现每个村、每个乡镇和每个县都拥有足够农村实用人才的人才发展水平。

(5)"专家服务团"计划和"科技特派员"创业行动计划

每年选派足够数量的高级专家,组建重点行业和市、县(区)专家服务团,到基层进行技术咨询、科技攻关、项目论证、人才培养。不断完善"科技特派员"创业政策,营造有利于科技人才创新创业的环境。在鼓励高层次创新科技人才深入基层一线创业和服务、实现自身价值的同时,创新科技特派员队伍的培训机制和培训模式,充分利用各类培训机构和培训资源开展多种形式的培训工作,提升科技特派员创新能力和创业能力。

(6)高技能人才培养计划

实施高技能人才培育工程,到2020年,基本实现所有产业领域高级技师、高级工主要依靠本地化人才培养体系的人才发展目标。根据呼包银榆经济区优势特色产业、战略新兴产业和现代服务业发展的需要,积极争取国家技能人才振兴计划支持,加快培养造就一支技术技能型、复合技能型和知识技能型的高技能人才队伍。发挥高级技师的带动作用,加强高级工的培养,形成与经济区经济社会发展相适应的技能人才梯次结构。建立健全以企业为主体,中、高等职业学校为基础,校企合作为纽带,政府推动和社会支持相结合的高技能人才培训体系。继续实施人人技能工程和高等职业院校建设工程,提升技能劳动者素质,做好高技能人才培养。支持一批技工院校建设高技能人才培训基地,使每个县(市、区)都有1~2个高技能人才公益性公共实训基地,进一步高技能人才占技能劳动者的比例。到2020年,依托大型骨干企业、重点职业院校和培训机构建成一批国家级和省级高技能人才培训基地,高技能人才占技能劳动者的比例提高到30%以上。

(7)未来人才储备计划

以党政人才、企业经营管理人才、专业技术人才队伍为主体,积极创造条件,每年选派100名左右后备人才,其中要有一定比例的少数民族青年后备人才,到国内外重点大学深造,到基层挂职,进行重点培养,使其尽快成长并发挥作用。研究制定未来人才储备管理办法,确保后备人才队伍既有一定规模和数量,又具备相应的思想素质和实际工作能力。

(8)人才信息化工程

整合各类人才信息资源,建立社会化、公益性、开放式、覆盖全的人才资源信息共享机制。健全人才资源年度统计调查和定期发布制度,加强人才信息网和数据库建设,加快推进人才电子政务网络系统建设,构建互动、高效、便民、安全的人才资源公共信息平台和人才公共服务平台。建立和完善上下贯通的各级人才网,大力推进网上人才政务项目开发和应用,最大限度地实现公共人才服务项目上网。

5.人才发展政策措施

加大对人才发展的投入。确保教育、科技支出增长幅度高于财政经常性收入增长幅度,卫生投入增长幅度高于财政经常性支出增长幅度,继续加大对文化事业的投入。在呼包银榆经济区内设立省、市、县三级人才发展专项资金,纳入财政预算体系,保障人才发展重大项目的实施。进一步整合投入资源,改善经济社会发展的要素投入结构,大幅度提高人力资本投资比重。建立重大项目、重点发展领域(区域)人才保证制度,提高项目建设、重点领域创新和区域发展中人才开发经费比例。继续加大省财政对市县转移支付力度,支持财政困难地区保证人才开发投入。充分发挥财政资金的导向作用,鼓励和引导企业、金融机构和社会加大对人才发展的投入,鼓励和引导用人单位、个人和社会机构投资人才资源开发。积极争取国家对人才发展的资金和政策扶持,争取国际组织、金融机构和外国政府对人才发展的资金支持。

鼓励各类人才创新创业。建立扶持创业风险投资基金,完善促进科技成果转化和技术转移的税收、贴息等优惠政策,支持以高层次人才为重点的各类人才创办科技企业。鼓励支持高校毕业生自主创业、到基层创业、到中小企业就业,鼓励支持省直单位科研人员到县乡生产、科研一线创业服务,鼓励支持机关和事业单位工作人员经批准辞职创办企业、到基层从事社会服务,鼓励支持和引导海外人才来陕创业。制定知识产权质押融资、创业贷款等办法,支持科研人员在创新实践中成就事业并享有相应的社会地位和经济待遇,实行管理人员职员制度。

促进区域人才协调发展。围绕《呼包银榆经济区发展规划》,制定并加强人才保障和智力支持方面的措施,支持经济区中心城市在统筹科技人才资源、提高自主创新能力方面开展综合配套改革试验,建设"人才特区",提升人才国际化水平,发挥国家级创新型试点城市和统筹科技资源示范基地的作用。围绕战略新兴产业和优势特色产业建设,充分发挥重大项目对人才的吸附作用,支持急需紧缺人才的引进和本土人才的培养。充分发挥科技园区、工业园区和地方主导产业集群的人才积聚作用,加大对人才培养、引进的支持力度。

有序推进人才合理流动。完善人才交流和挂职锻炼制度,扩大党政机关和企事业单位领导人员跨地区、跨部门交流任职范围,营造开放的用人环境。完善从企事业单位和社会组织选拔人才的制度,完善党政机关向企事业单位人才流动的社会保险衔接办法。实施人才向农村基层和边远山区流动的引导政策,对到农村基层和边远艰苦地区工作的人才,在职务职称晋升和工资待遇方面实行倾斜政策。采取政府购买岗位、报考公职人员优先录用、建立"五险一金"等措施,鼓励并引导高校毕业生到农村和中小企业就业,逐步提高党政机关从基层招录公务员的比例。制定公职人员到基层服务和锻炼的选派办法,建立城乡人才对口服务制度。

大力促进非公有制人才的发展。把非公有制经济组织、新社会组织人才的开发纳入各级政府人才发展规划,支持人才创新创业的资金、项目、信息等公共资源向非公有制经济组织和新社会组织人才平等开放,非公有制经济组织和新社会组织人才平等参与人才宣传、表彰、奖励等活动。

全面提高人才国际化水平。坚持人才自主培养开发和引进海外人才相结合,开发利用好国内国际两种人才资源。建立高层次人才引进"绿色通道"。支持高等学校、科研院所、大型企业、留学人员创业园等机构加强国际交流与合作,支持高等学校、科研院所同海外高水平教育、科研机构建立联合研发基地。加强留学回国人员创业园区建设。进一步加强对外引智和外国专家工作,完善国外智力资源开发利用的政策措施。积极开发国(境)外优质教育培训资源,完善出国(境)培训管理制度和措施。在呼包银榆经济区中心城市建立一站式海外人才服务窗口。培育引进一批国际化人才中介服务机构。

四、大力培育创新文化

1. 大力培育全民创新和全民创业文化

改革开放之初,在计划经济的创新资源格局内,东部地区企业的创新能力不及中西部的一些地区,而现在已经远远走在中西部的前面。对于这个事实,过去人们一般将其归结为东部地区的体制优势和政策优势。但在今天全面开放的宏观背景下,这种解释显然还需要补充新的因素,这个新的因素就是东部地区的创新文化。正是东部地区的创新文化与市场经济的体制优势的结合,才使其创新能力很快超过中西部地区。因此,培育创新文化和创业文化应该成为呼包银榆区域创新能力建设的观念基础,只有大力培育和发展勇于创新、追求成功、开放包容、崇尚竞争,善于合作的创新文化,才能在全社会大力弘扬科学精神,培养创新思维,增强创新意识,激发创新动力,使创新和创业成为一种时尚和区域内全体社会成员的自觉意识和行动。

2. 全力打造"全民创业平台"

让创新服务于创业,使创业引发创新。要在呼包银榆经济区不遗余力地打造一个有利于全民创业的平台,创业政策要能充分体现到全民创业活动中,尽可能减少政策限制,鼓励创新创业,拓宽全民创业空间。放宽市场准入,重点是放宽中小企业准入领域,转变资源型经济中固有的大中型企业优先的政策思维定式。放宽非货币形式出资比例,放宽对经营场所的限制。加大创业扶持力度,对于高新技术创业的要增加财政的扶持力度,对于一般性的创业除了一定的财政扶持之外要建立多元化的投融资体系,通过建立中小企业专项扶助基金和风险投资基金,发展中小企业信用担保机构,鼓励小额信贷,鼓励外资银行和民营金融机构来经济区设立分支机构等办法来加大信贷支持力度,加大对下岗失业人员小额担保贷款扶持力度,加强融资担保扶持等来满足创业企业贷款需求。加强创业培训,提升全民创业能力。以职业技术学院、中等职业学校、职业培训中心和各类培训机构为依托,大力开展包括创业项目、职业技能、开业指导、小额贷款等基本创业技能的创业培训,提升创业者的创业能力,减小创业风险。

3. 大力推行"三个统筹"创新模式

"三个统筹"创新模式即指的是统筹传统行业与新兴行业的发展,统筹自主创新与合作创新,统筹产品创新与工艺创新等。统筹传统行业与新兴行业要求一方面要大力发展传统行业,特别是突出传统优势产业的发展,通过引进新技术、新材料和新设备,促进传统产业的技术创新和转型升级。另一方面要求大力发展新兴行业,有选择性地选择一批重点新兴产业,确定一批重点创新项目,培育新的高新技术产业集群,以高新技术产业的发展和高新技术的溢出效应帮助和推动传统行业的技术创新和产业发展。统筹自主创新与合作创新要求呼包银榆经济区的创新主体利用区位优势和自身的实际条件积极开展技术引进和技术模仿,在引进和模仿的基础上寻求改进和创新,正确理解和综合利用原始创新、集成创新与引进、吸收消化再创新。

呼包银榆经济区有得天独厚的自然资源优势,并形成了一批特色优势产业,但要保持和增强区域发展优势,就一定要更加注重区域创新能力建设,着力培育企业的自主创新、集成创新和引进吸收再创新能力,形成以知识创新为基础、技术创新为重点、制度创新为保障、科技中介服务为纽带的创新发展模式,加大人才发展力度,加快传统产业转型升级,积极培育战略新兴产业,加大力度在第一、二、三产业全面实施产业集群发展战略,鼓励中小企业发展,鼓励全民创业,为区域全体成员分享经济与社会发展成果,在呼包银榆经济区实现包容性发展建立制度与文化基础。

第五节　呼包银榆区域创新能力建设重点项目

表8-27列出了呼包银榆区域新能力建设重点项目。

表 8-27　呼包银榆区域新能力建设重点项目

重大科技基础设施建设工程	1. 生态安全国家重点实验室 2. 沙漠防治与利用国家重点实验室 4. 先进制造国家工程实验室 5. 煤化工国家工程实验室 6. 新型能源国家工程实验室 7. 设施农业国家新技术推广中心 8. 生物制药国家新技术推广中心 9. 农产品深加工国家新技术推广中心 10. 草原畜牧业国家新技术推广中心
区域科技支撑体系建设工程	1. 呼包银榆大型科学仪器设备共享平台 2. 呼包银榆关键共性技术研发平台 3. 呼包银榆科技创新投融资平台 4. 呼包银榆科技中介服务平台 5. 呼包银榆创新决策支持系统
科技创新基地建设工程	1. 内蒙古大学科技产业园 2. 呼和浩特火炬计划生物医药产业基地 3. 包头稀土高新技术产业开发区 4. 鄂尔多斯新材料成果转化及产业化基地 5. 鄂尔多斯市大路煤化工产学研创新基地 6. 呼和浩特内蒙古高新技术开发区 7. 宁夏大学科技产业园 8. 银川农业先进适用技术成果转化基地 9. 榆林高新技术开发区 10. 榆林农业先进适用技术成果转化基地
企业家培养工程	1. 海外留学人员归国创业工程 2. 农村创业发展计划 3. 大学生创业风险基金
高端人才开发培养工程	1. 党政领导干部培养工程 2. 高级公务员海外培训项目 3. 企业管理人才创新培训工程
农村创新创业人才培养工程	1. 农村教师素质提升工程 2. 农民创业人才培训工程 3. 农业高技能人才培养工程 4. 科技特派员创新创业行动计划
高等教育重点项目建设工程	1. 内蒙古大学重点学科建设 2. 内蒙古农业大学重点学科建设 3. 内蒙古工业大学重点学科建设 4. 内蒙古师范大学重点学科建设 5. 内蒙古科技大学重点学科建设 6. 宁夏大学重点学科建设 7. 宁夏医科大学重点学科建设 8. 北方民族大学重点学科建设 9. 榆林学院重点学科建设

第九章

呼包银榆经济区对外开放
与区际开放专题研究

第一节　呼包银榆经济区对外开放与区际开放的基本定位

一、中国向北开放的重要枢纽

呼包银榆地区与蒙古国有漫长的边界,通过新疆可与哈萨克斯坦等中亚西亚国家发展密切的经贸关系,同时,通过蒙古国以及内蒙古东部边境地区,可与俄罗斯的远东地区相联系,这些国家和地区,大都自然资源非常丰富,如蒙古国与内蒙古接壤的南戈壁省矿产资源丰富,有镁、铜、铅、锌、铁、芒硝、水晶、萤石等,南戈壁省总面积60%以上的地下都有煤矿资源,现已探明煤储量530亿吨,铜矿储量位居世界前列;俄罗斯远东地区有丰富的林业资源,有林地面积1230万公顷,林木储积量17.5亿立方米,可采伐面积894.45万公顷,每年可采伐1000万立方米,其中还有1000多种药用植物、350多种山野菜、400多种食用菌等,该地区已探明的煤田近100处,煤储量298亿吨,占全俄储量的40%,尚需进一步勘探的预测高达3547亿吨,在已探明的储量中约50%可进行露天开采,此外还有丰富的石油天然气资源储藏量;而中亚五国中仅哈萨克斯坦和土库曼斯坦石油储量就达240亿吨,天然气储量约6801亿立方米。这些国家和地区的资源开发能力相对欠缺、市场较小,与我国经济互补性很强。呼包银榆地区是我国近些年能源和资源开发和利用最成功、发展最迅速的地区,其资源开发的资金、技术和经验等,可以直接延伸到蒙古国,甚至通过新疆等地可以延伸到中亚和西亚国家。如内蒙古自治区截至2009年年末,对俄蒙累计完成营业额7.88亿美元,对外经济技术合作的领域也由过去以种植、森林采伐等为主,逐步扩展到电力安装、工程建筑、冶金施工设计、毛纺加工、农牧业技术、通信、采矿等行业。同时,当地二连浩特、甘其毛都、策克口岸的开通以及境内的铁路与这些口岸的连接,与蒙古国等的经济合作通道顺畅。如俄罗斯远东的乌苏里斯克市场,每天从中国批发进口的服装、日杂、建材货物等物资可达300个集装箱(近6000吨)。

二、东引(环渤海)西联(大西北)的关键通道

呼包银榆经济区是我国向西北发展和向蒙古国及西北地区相邻国家开放的主要通道,是连接京津唐环渤海地区、华北地区与大西北地区的重要桥梁,在我国西部地区具有东进西联、加强南北交流和合作的独特区位优势。呼包银榆经济区可依托资源开发过程中积累的技术、经验、人才、装备和资金,以及开发过程中逐步建立起来的交通通道和物流设施、电网、油气管道等基础设施,向西北地区辐射并带动甘肃、新疆等地发展,并可进一步向西北地区相邻国家拓展。同时,呼包银榆经济区依托京包—包兰铁路、京藏高速公路和109、110国道、西气东输管道、西电东送电力输送线等交通和管线,将我国环渤海湾经济区、华北地区和我国大西北地区紧密地联系在一起,使这些地区的经济一体化程度不断提高,东西部的联系更加紧密。目前呼包银榆经济区已经初步建立了区际畅通、通疆达海的交通运输体系和管道运输设施。通过京包—包兰铁路、集通铁路、京通铁路、准(格尔)大(同)铁路—大(同)秦(皇岛)铁路、包(头)神(木)—神(木)哗(黄哗港)铁路、集(宁)二(连浩特)铁路、京藏高速公路以及110、109公路干线与环渤海经济区、华北地区紧密相连,可直达天津港、秦皇岛港以及大连港等出海口。通过北部巴彦淖尔的甘其毛都口岸和阿拉善盟的策克口岸、东部附近的经济区以外的二连浩特口岸以及向西的新疆霍尔果斯等开放口岸,与蒙古国、俄罗斯和其他中亚西亚国家紧密地联系了起来。同时,随着西气东送和煤化工产业发展,管道运输也在建设之中。

从内蒙古自治区的情况来看,其区内呈东西狭长状,与黑龙江、吉林、辽宁、河北、山西、陕西、宁夏和甘肃8个省区相邻,通过邻省区与北京、天津相接,由于地域辽阔,经济往来与北京及周边省区联系紧密,特别是盟市所在地与邻省区省会(首府)城市经济往来频繁。内蒙古高速公路的快速发展,大大缩短了呼和浩特、包头、东胜、集宁、临河、乌海等城市之间的时空距离,加快了这些区域之间的人员和商品流动,在更大空间上实现了优势资源的有效配置,拓展了产品销售市场,对提高产品竞争力、促进国民经济发展和社会进步都发挥了重要作用。连接各盟(市)行政中心,已实现首府到盟(市)高速化。高速公路网连接12个盟(市)的行政中心,旨在缩短盟(市)与首府、盟(市)之间的时空距离,形成以首府为中心向各盟(市)辐射的高速通道,使各盟(市)能够便捷利用高速

公路通往首府,加强自治区各区域间的联系,满足国家政治、经济稳定、国防安全和抢险救灾需要,除呼伦贝尔市外,其余盟(市)实现一日到达首府。呼和浩特通过加大综合交通运输网络建设力度,实施"东融包头、西延乌海、南连鄂尔多斯、北进蒙古"的综合交通战略,形成集公路、铁路、航空、管道于一体的立体交通运输系统。完善公路网,构建沿河、沿山两条主骨架公路运输通道,提高旗、县、区、工业园区以及口岸之间的公路等级,实现临河至旗县所在地一级以上公路连通,重点工业园区高等级公路连接。推动甘泉铁路部分路段建成通车,乌锡、西甘铁路全面开工,建设临河—额济纳—哈密货运通道,对接阿拉善盟—乌海—临河—秦皇岛港及至京津地区货运快速通道,共同构成中蒙能源大通道。全面推进机场及附属配套设施建设,实现航空客货运与地面运输的高效衔接。

三、发展与周边国家睦邻友好关系的重点区域

我国在地理上处于亚洲中部,开展多层次的区域、次区域合作具有很大的地缘优势。而呼包银榆地区则是中国发展与蒙古国、俄罗斯乃至整个中亚地区和国家睦邻友好关系的一个重要节点。对一个国家来说,周边环境是其国际环境的最重要组成部分。看一个国家的外部环境如何,首先就要看其周边环境。尽管全球化和科技进步使得国家间的距离大大拉近,空间距离对国家间关系的影响越来越小,但地理因素仍然是一个国家在制定安全战略和处理对外关系时需要考虑的重要因素。如果说营造良好的总体国际环境是以和平稳定为目标,那么营造周边环境则不能仅限于和平稳定,而是要进一步将目标锁定为睦邻友好。没有睦邻友好,很难实现互信互利,也很难保持国际环境的持久和平与稳定。我国在周边地区的分量和影响日益增大,地区的和平与稳定、经济的发展和繁荣、区域合作的巩固和深化,都离不开中国的参与。要把双边与多边外交密切结合起来,推动建立和平稳定、公正合理的国际政治经济新秩序。随着世界多极化和经济全球化的趋势深入发展,地区政治、经济、金融、安全合作日趋活跃,多边外交的作用日益突出。多边外交和双边外交互有优长,互为补充,相得益彰,要把两者的优势充分发挥出来;要以促进经济共同发展为目标,按照由易及难、循序渐进的原则,积极参与和推动区域经济合作;继续推进安全对话和磋商,倡导以互信、互利、平等、协作为核心的新安全观。

以中蒙为例,两国有4600多公里的共同边界。两国人民之间有着悠久的传统友谊,特别是从20世纪90年代以来,中蒙关系发展迅速。1994年中蒙两国签署的《中蒙友好合作关系条约》为两国睦邻友好关系的不断发展奠定了法律基础。1998年发表的《中蒙联合声明》确立了两国建立面向21世纪长期稳

定、健康互信的睦邻友好关系的目标。在双方的共同努力下,中蒙两国在政治、经贸、文化、教育等各个领域的友好合作关系得到了快速稳步的发展,取得了令人瞩目的成果。两国高层互访不断。1998年和1999年中蒙两国元首的互访加速了双方全面合作的开展。2002年1月,蒙古总理恩赫巴亚尔又对中国进行了正式友好访问。访问期间,恩赫巴亚尔总理同中国领导人就蒙中关系发展的目标,以及如何进一步扩大双边合作进行了探讨,并就一些大型项目的合作具体交换了意见。近几年,两国经贸、文化、教育、卫生和体育等代表团互访频繁,这些访问为两国在各个领域的交流与合作注入了活力。两国人员往来增加。蒙古到中国学习、经商和旅游的人大量增加。目前,在中国学习的蒙古公派留学生近200名,自费留学生1000多人。据蒙古有关部门不完全统计,近年来,每年去中国的蒙古公民达35万至37万人次。而2002年到过中国的蒙古公民则多达40万人次,到蒙古的中国公民也达到10万人次。经贸合作迅速扩大。中国已经连续13年成为蒙古最大的贸易伙伴国。据有关部门统计,2002年蒙古外贸总额为12.14亿美元,其中同中国的贸易额为3.63亿美元,约占外贸总额的三分之一;2007年中蒙双边贸易额达到了约20.3亿美元;到2010年,中蒙两国贸易额达到34亿美元,蒙方顺差为14亿美元。这些密切的经贸往来于合作,极大地推动了两国关系的发展,也带动了双边区域的经济社会发展进步,是中国开展对外关系、发展向北开放的典范。

四、促进民族团结与边疆安定发展的示范区域

少数民族聚居地区发展相对滞后、民生急需改善这一不平衡格局还未彻底改变,尤其是在当前国际金融危机持续蔓延和世界经济增长明显减速的影响下,少数民族聚居地区的经济发展也遇到了严峻挑战,任务更加艰巨。为了应对这些挑战,需要充分利用各种有利条件和因素,把握新时期、新阶段民族工作的根本任务,坚持用发展的办法解决前进中的困难和问题,大力推进少数民族和少数民族聚居地区又好又快发展。首先要因地制宜、实事求是地研究落实关于民族工作的政策措施,把中央和自治区的各项优惠政策用好用足,继续实施好兴边富民行动,加快边境地区经济社会发展步伐,做好扶持人口较少民族发展工作,提高人口较少民族生活水平,进一步推动民族贸易和民族用品生产,不断满足少数民族群众生产生活特殊需要。其次要加强民族团结,维护社会稳定和国家统一。要在全社会营造民族团结的良好氛围,使民族团结进步成为各族干部群众的自觉行动;要坚持不懈地进行马克思主义民族理论、党的民族政策和民族团结的宣传教育,使各族干部群众牢固树立"三个离不开"的思想;要正确处理各民族之间的人民内部矛盾,妥善处理影响民族团结的问

题;要最大限度地团结和依靠各族群众,坚决维护民族团结、社会稳定和国家统一。坚持以保障和改善民生为重点,大力推进和谐社会建设,把解决各族群众尤其是少数民族群众的实际困难作为一切工作的出发点和落脚点,从解决少数民族群众最关心、最直接、最现实的利益问题入手,协调各方面力量,争取更多的支持,下大决心、花大力气,切实解决好少数民族群众上学、就业、就医、社保、住房等问题,力争让更多的少数民族群众享受到改革开放和经济发展的成果,让少数民族群众不断体会到党和国家民族政策的温暖,为构建和谐社会积极创造有利条件。

呼包银榆地区是中国各民族安定团结、共同发展的典型例证。以宁夏回族自治区为例,该区历来具有民族团结的光荣传统,而这充分体现在全区干群一心、各民族互相尊重的点滴中。为充分尊重少数民族风俗习惯,在开斋节、古尔邦节期间,宁夏规定全区各族干部群众从 2014 年起两个节日改为各放假 2 天;为让穆斯林群众吃上放心食品,自治区每年都组成检查组对清真饮食网点进行检查。发现有违反管理条例的行为及时纠正,对情节严重的给予处罚。目前,已有 1 万多家清真食品生产经营单位和个体工商户拥有"清真食品准营证",办证率达到 97%。同时,宁夏回族自治区党委、人大、政府、政协经常组成民族政策执行情况的检查组经常前往涉及少数民族权益的部门进行检查,及时解决在执行民族政策方面出现的新情况、新问题,有效维护了少数民族的合法权益。每年的 9 月是宁夏回族自治区确定的"民族团结月"活动,这项活动已连续开展了 27 年;宁夏持续在全区开展创建民族团结进步示范社区、民族团结进步示范村活动,以此推动民族团结进步事业向纵深发展;为树立和宣传民族团结进步的典范,自治区专门组成先进事迹宣讲团进行巡回宣讲。还每五年召开一次民族团结进步先进集体、先进个人表彰大会。截至目前,全自治区共有 650 个先进集体,1966 名先进个人受到自治区表彰。有 109 个先进集体,130 名先进个人受到国务院的表彰。另外,在宁夏各级党校和大中专院校都设置有民族理论、民族政策和民族常识课程,实现了民族团结进步内容进学校、进教材、进课堂,使维护和促进民族团结进步成为社会风尚。放眼今日宁夏,民族区域自治制度日益完善,民族团结进一步巩固,少数民族干部人才队伍不断发展壮大;经济持续快速发展,2009 年全区国民生产总值达到 1334.56 亿元,千百年来落后的经济增长的历史,正在由现代农业和新型工业化进程所取代;各族群众生活水平显著提高,绝大多数群众摆脱了贫困开始迈入小康;各项社会事业蓬勃发展,优秀传统文化得到保护,各族人民的思想道德素质、科学文化素质和健康素质普遍提高。一个民族团结、政治稳定、初步繁荣的社会主义新宁夏展现在世人面前。在宁夏各民族之间已形成"汉族离不开少数民族、少数民族离不开汉族、各少数民族之间也相互离不开"的局面。

内蒙古自治区是以蒙古族为主体、汉族居民占多数、多民族共居的少数民族自治区。据 2008 年统计,全区共有 49 个民族,有人口 2413.73 万人,其中人口较多又相对集中的民族是蒙古、汉、满、回、达斡尔、朝鲜、鄂温克、鄂伦春 8 个民族,其中汉族人口为 1870.3 万人,占总人口的 78.38%;蒙古族人口为 421.1 万人,占总人口的 17.65%,占全国蒙古族人口的 70%。其他少数民族人口为 94.7 万人,占总人口的 3.97%。在总人口中,居住在城镇的人口 1126.2 万人,占总人口的 47.2%;居住在乡村的人口 1259.9 万人,占总人口的 52.8%。人口分布总体上呈现"大杂居,小聚居"的格局。分布在全区各地的内蒙古各民族在开发和建设这块富饶的土地的漫长历史过程中,结成了深厚的友谊,形成了平等、团结、互助的社会主义民族关系。内蒙古自治区在保护和发展少数民族事业方面不断探索,为了使鄂伦春、鄂温克、俄罗斯三个人口较少民族的群众过上更好的生活,2006 年至 2010 年内蒙古自治区向人口较少民族聚居地区投入 13.5 亿元建设资金,以改善当地公共基础设施和医疗卫生条件。每年的 9 月是内蒙古自治区设立的民族团结进步表彰月,1984 年以来已有 1066 个民族团结进步先进集体和 1695 名先进个人受到内蒙古自治区政府表彰。一些盟市也在发展民族事业方面有很好的做法,如鄂尔多斯市政府专设蒙古文图书出版发行补贴经费 30 万元,用于蒙古族古籍、民间文学和蒙古文科普书籍的出版发行;2010 年拨款 1000 万元对当地 3000 名少数民族贫困人口进行汽车驾驶、计算机、烹饪等 40 多项职业技能培训,以提高他们的就业技能。各民族之间和睦相处、和谐发展的民族关系给内蒙古各项事业的发展提供了安定的大环境。

第二节 呼包银榆经济区对外开放与区际开放的现状与问题

一、发展现状

1. 对外贸易规模不断扩大

改革开放以来,尤其是西部大开发之后,呼包银榆地区对外贸易快速发展,图 9-1 显示内蒙古和宁夏对外贸易额从 1990 年的 5.6 亿美元增长到 2008 年的 108.2 亿美元,19 年的时间里增长了 19 倍多,年均增长 18.1%,尤其是西部大开发以来增速更快,达到了 21.4%,2008 年的外贸总额是 1998 年的 6.3 倍。2009 年因受金融危机影响,外贸总额大幅下降。

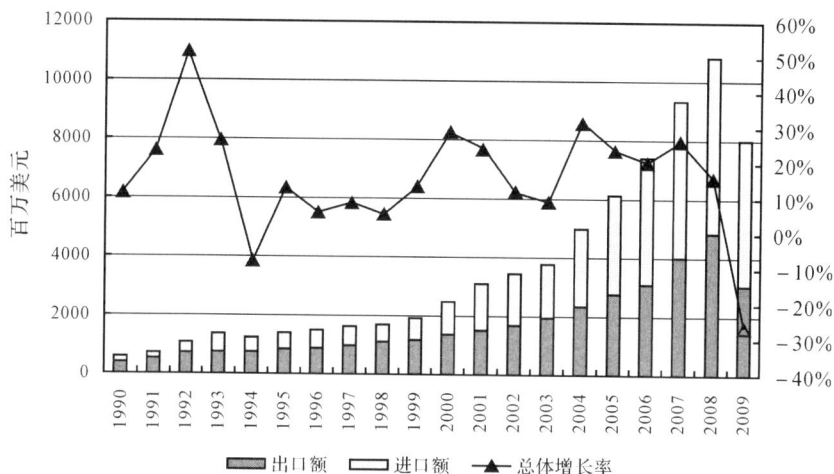

图 9-1　内蒙古和宁夏回族自治区对外贸易状况①

　　从内蒙古自治区来看,1979 年进出口总额仅为 2016 万美元,2009 年达到 67.6 亿美元,比 1979 年增长 337 倍,年均增速达到 21.4％。2009 年,面对国际金融危机的不利影响,全区实现对外贸易出口额 23.1 亿美元,比 2005 年 17.7 亿美元增长 30.5％;进口额 44.5 亿美元,比 2005 年 48.7 亿美元下降 8.6％,截至 2009 年年底,全区进出口企业突破 5000 家,达到了 5217 家,外贸整体实力得到明显增强。实施市场多元战略取得实效,对外贸易进出口国家和地区已从 1983 年的 47 个发展到了 161 个国家和地区,其中出口额超 1000 万美元的国家和地区达 32 个,进口额超 1000 万美元的国家和地区 26 个。从国别看,对俄罗斯、蒙古国贸易额居于前 2 位。2009 年,内蒙古对俄进出口额达到 23.96 亿美元,占全区进出口总额的 35.44％;对蒙进出口额达到 12.28 亿美元,占全区进出口总额的 18.17％。表 9-1 和表 9-2 的数据表明,内蒙古是中国对蒙古国贸易主要承担者,也是从俄罗斯进口商品的主体,表 9-3、表 9-4 进一步表明内蒙古主要从蒙古国进口矿产品等初级原材料,而向其出口金属制品、机电设备和运输设备等,二者的经贸技术合作具有良好的互补性。

---

　　①　资料来源:《宁夏回族自治区统计年鉴》和《内蒙古自治区统计年鉴》,2009 年。

表 9-1　与蒙古国贸易　　　　　　　　　　　　　（单位：万美元）

项　目		2002 年	2003 年	2004 年	2005 年	2006 年	2007 年	2008 年
出口	全国	14000	15600	23300	31900	43400	68400	90700
	内蒙古	4800	4700	7200	9300	9700	14700	24600
	宁夏	3	8	400	1900	3200	200	1500
	江苏	1800	1600	2300	2500	2300	2800	3200
	广东	900	800	1200	1500	4000	4600	3600
进口	全国	22300	28400	46000	54000	114400	132300	153700
	内蒙古	8300	11000	16100	20700	39200	44600	80200
	宁夏	—	—	170	210	330	—	950
	江苏	300	300	700	400	400	100	100
	广东	—	—	—	—	—	—	—

表 9-2　与俄罗斯贸易　　　　　　　　　　　　　（单位：万美元）

项　目		2002 年	2003 年	2004 年	2005 年	2006 年	2007 年	2008 年
出口	全国	352200	603900	907100	1321000	1583500	2848300	3300900
	内蒙古	900	2600	3700	3100	4400	11000	19600
	宁夏	—	100	200	600	400	1200	3400
	江苏	25200	41800	50700	78600	126000	210000	316800
	广东	36800	65400	106800	158000	224900	688100	836100
进口	全国	815700	937800	1198700	1585300	1749400	1957600	2371400
	内蒙古	107000	108900	148200	162500	193800	278400	291300
	宁夏	6	130	2	8200	—	—	30
	江苏	59100	97100	91300	95500	93700	93900	103800
	广东	69700	95000	132800	95800	108800	59900	85300

表 9-3　内蒙古向蒙古国出口的主要十大类产品值　　（单位：万美元）

项　目	2002 年	2003 年	2004 年	2005 年	2006 年	2007 年	2008 年
总值	4792	4688	7201	9347	9670	14708	24648
第二类植物产品	750	466	740	899	1060	1077	1003
第五类矿产品	554	389	718	742	803	1385	2761

续表

项　目	2002 年	2003 年	2004 年	2005 年	2006 年	2007 年	2008 年
第六类化学工业及其相关工业的产品	337	412	419	508	609	789	1279
第七类塑料及其制品；橡胶及其制品	342	415	578	884	1095	1353	1870
第十一类纺织原料及纺织制品	812	994	2086	542	308	348	989
第十三类矿物材料制品；陶瓷品；玻璃及制品	399	331	279	530	547	890	1785
第十五类贱金属及其制品	144	183	534	1260	1264	2410	3599
第十六类机电、音像设备及其零件、附件	501	573	645	1602	1258	2361	3057
第十七类车辆、航空器、船舶及运输设备	70	135	117	775	1080	2139	5420
第二十类杂项制品	174	140	136	159	280	326	972

表 9-4　内蒙古从蒙古国进口的主要十大类产品　（单位：万美元）

项　目	2002 年	2003 年	2004 年	2005 年	2006 年	2007 年	2008 年
总值	8295	11035	16086	20728	39240	44574	80213
第一类活动物；动物产品	39	50	34	48	44	71	112
第二类植物产品	14	8	24	34	133	202	91
第五类矿产品	5663	7002	10644	15965	36234	42301	78144
第七类塑料及其制品；橡胶及其制品	8	19	41	92	50	68	109
第八类革、毛皮及制品；箱包；肠线制品	1518	1780	1197	1051	713	758	508
第九类木及制品；木炭；软木；编织品	34	46	19	27	10	15	29
第十类木浆等；废纸；纸、纸板及其制品	2	5	11	22	10	2	13
第十一类纺织原料及纺织制品	696	1369	857	690	1060	754	983
第十四类珠宝、贵金属及制品；仿首饰；硬币	0	0	0	0	12	13	18
第十五类贱金属及其制品	294	742	2544	2765	969	388	204

从宁夏的情况来看，1990 年到 2008 年外贸总额增长了 32 倍还多，年均增

速 24.5%。但受 2008 年金融危机的影响较大。2009 年月度出口呈"U"字形走势,月度进口增温明显。2008 年 11 月以来,出口逐月下滑,到 2009 年 2 月为最低点,在出口持续低位徘徊 7 个月后,自四季度起,月度出口升温明显,12 月份达到 2009 年月度出口最高值(9199 万美元),同比增长 24%,是 2008 年 11 月以来月度出口同比首次实现正增长。2008 年 11 月—2009 年 2 月,月度进口低迷。在国家和自治区一系列扩大内需政策的支持下,在自治区重点建设工程的拉动下,4 月份以后月度进口增温态势明显。对印度、巴西、东盟等新兴市场出口较好,十大出口市场中有一半出口降幅超过全区出口降幅。2009 年,对印度、巴西、东盟出口分别下降 6%、15% 和 22%,市场表现好于全区整体出口形势。在传统出口市场中,对日本、韩国、美国、欧盟出口分别下降 60%、32%、30% 和40%,对日本、韩国出口降幅大于对美国出口降幅。在十大出口市场中,对日本、意大利、香港、荷兰四个市场出口降幅超过全区的出口降幅。外向型中小企业、民营集体企业出口受危机冲击较大。2009 年,全区出口超 1000 万美元的16 家出口大户出口同比下降 27%,好于全区出口降幅 14 个百分点。外向型中小企业中,出口在 500 万~1000 万美元的 16 家企业出口下降 56%,出口在 100万~500 万美元的 60 家企业出口下降 43%,均高于全区出口降幅。另外,从企业性质看,国有企业、外商投资企业出口分别下降 38% 和 34%,分别好于全区出口降幅 3 个、7 个百分点,而民营集体企业出口下降 47%,高于全区出口降幅6 个百分点。占全区对外贸易半壁江山的银川市受影响较大。从五市情况看,2009 年,银川市进出口占全区进出口总值的 55%,较 2008 年下降 10 个百分点;其进出口额较 2008 年下降 46%,高于全区进出口降幅 10 个百分点。主要是铁合金、金属镁、高纯银、精炼铅、碳化硅等出口商品,以及天然及复合橡胶、风电设备、氧化铝(加宁铝业)等进口商品降幅较大。生物医药出口首次突破 1亿美元,优势特色产业对"保市场、保份额"贡献大。2009 年,宁夏启元药业有限公司和宁夏多维泰瑞制药有限公司纷纷加大技术创新和开拓国际市场力度,拳头出口产品均在 4 个以上,对印度、泰国、巴西等新兴市场开拓取得明显成效,生物医药共计出口 10178 万美元,较 2008 年增长 5.2%,其中泰乐菌素出口量、出口额分别增长 27% 和 15%,红霉素出口量、出口额分别增长 12% 和 15%。2009 年两家公司分别出口 6462 万美元和 4152 万美元,较 2008 年分别持平和增长 17%。2009 年,羊绒及制品、钽铌铍及制品分别出口 9734 万美元和 7911万美元,分别下降 26% 和 15%,均好于全区其他产品出口,且市场份额略有增加。2009 年首次出口的单晶硅,累计出口已达 464 万美元。在国际市场占有较大份额的特色优势产品,表现出较强的抗危机能力,基本实现了"保市场、保份额"的预期目标。

2. 进出口商品结构进一步优化

呼包银榆地区自西部大开发以来,对外贸易商品结构不断优化,以内蒙古和宁夏为代表,呼包银榆地区出口商品中深加工和高集成度的产品所占比例逐年提高,进口则主要以初级原料为主。

改革开放以前,内蒙古对外贸易的商品结构非常单一,只有粮油食品、土畜产品两大类。为实现出口的持续增长,自治区积极推进工业化进程,大力实施"科技兴贸"和"以质取胜"战略,出口商品的结构实现了调整与优化(见表9-5)。2005 年工业制成品出口比重占 79.8%,初级产品出口比重占 21.2%。2009 年进出口商品已增到十多个大类,按海关进出口商品量值表分类,多达几千种。在出口商品中,工业制成品出口比重逐步上升。改革开放前内蒙古机电产品出口不足百万美元,高新技术产品出口为零。2009 机电产品进出口达 10.8 亿美元,高新技术产品进出口达 2.28 亿美元。在进口商品中,内蒙古进口了国家和自治区经济建设急需的钢材、化肥、化工原料、原木、金属矿砂等资源型商品和工业原料,原油、成品油进口的增长发挥了平衡国内供求矛盾的作用,有力地支持了国家和自治区的经济建设(见表9-6)。

表 9-5　内蒙古自治区出口商品结构　　　　　(单位:万美元)

项　　目	2002 年	2003 年	2004 年	2005 年	2006 年	2007 年	2008 年
总值	102441	152716	188889	228637	269569	380424	459890
第一类活动物;动物产品	1711	1476	2941	3798	4257	5489	6845
第二类植物产品	18809	26456	11057	19058	14704	23086	11427
第三类动、植物油、脂、蜡;精制食用油脂	21	39	77	97	389	213	30
第四类食品;饮料、酒及醋;烟草及制品	2264	3512	5637	9323	10384	13880	14847
第五类矿产品	17300	31542	38760	34565	31114	51688	41834
第六类化学工业及其相关工业的产品	10441	14178	16550	20282	25816	37229	50629
第七类塑料及其制品;橡胶及其制品	431	487	744	1120	2322	3873	3386
第八类革、毛皮及制品;箱包;肠线制品	1451	1581	2378	2056	1499	1439	1842
第九类木及制品;木炭;软木;编织品	186	361	737	1069	1684	1993	1503

续表

项　目	2002 年	2003 年	2004 年	2005 年	2006 年	2007 年	2008 年
第十类木浆等;废纸;纸、纸板及其制品	150	127	173	286	248	282	308
第十一类纺织原料及纺织制品	28562	39784	50820	46732	48806	52759	51606
第十二类鞋帽伞等;羽毛品;人造花;人发品	531	727	1517	1275	1075	1238	2399
第十三类矿物材料制品;陶瓷品;玻璃及制品	758	990	1098	1524	2730	5214	9076
第十四类珠宝、贵金属及制品;仿首饰;硬币	1748	1829	835	281	7413	10584	13249
第十五类贱金属及其制品	11284	14972	37551	45484	82986	136820	203544
第十六类机电、音像设备及其零件、附件	1575	1970	2954	26365	13389	10308	13381
第十七类车辆、航空器、船舶及运输设备	193	279	456	3696	8477	17337	30468
第十八类光学、医疗等仪器;钟表;乐器	81	108	130	296	643	811	1220
第二十类杂项制品	421	510	513	1096	1260	1306	2281
第二十一类艺术品、收藏品及古物	—	16	1	2	4	—	15
第二十二类特殊交易品及未分类商品	4526	11774	13958	10232	10370	4875	—

表 9-6　内蒙古自治区进口商品结构　　　　　（单位:万美元）

项　目	2002 年	2003 年	2004 年	2005 年	2006 年	2007 年	2008 年
总值	163966	170069	248526	301805	349239	534967	585614
第一类活动物;动物产品	1120	2974	8829	2773	603	618	685
第二类植物产品	114	99	338	486	1208	467	590
第三类动、植物油、脂、蜡;精制食用油脂	140	320	297	360	542	0	1286
第四类食品;饮料、酒及醋;烟草及制品	495	324	20	1207	220	887	97
第五类矿产品	12538	16568	32901	50684	84188	133142	227451
第六类化学工业及其相关工业的产品	22944	27779	40895	41500	49310	67567	54091

项　目	2002 年	2003 年	2004 年	2005 年	2006 年	2007 年	2008 年
第七类塑料及其制品;橡胶及其制品	15325	18043	19918	15215	13306	14451	9868
第八类革、毛皮及制品;箱包;肠线制品	1520	1856	1420	1545	1116	1471	1719
第九类木及制品;木炭;软木;编织品	47367	45855	68967	84613	103719	152841	144671
第十类木浆等;废纸;纸、纸板及其制品	13587	10996	9828	7280	14463	17611	10922
第十一类纺织原料及纺织制品	1770	2349	2282	1729	1905	1896	1844
第十二类鞋帽伞等;羽毛品;人造花;人发品	—	—	—	1	—	—	5
第十三类矿物材料制品;陶瓷品;玻璃及制品	31	36	250	91	184	268	348
第十四类珠宝、贵金属及制品;仿首饰;硬币	275	199	427	555	4896	4593	15399
第十五类贱金属及其制品	10407	9548	14613	15068	5795	11008	13675
第十六类机电、音像设备及其零件、附件	31643	26683	41911	70094	61498	99940	90942
第十七类车辆、航空器、船舶及运输设备	2755	4514	2726	4296	4040	22921	6051
第十八类光学、医疗等仪器;钟表;乐器	1924	1907	2116	4262	2224	5028	5840
第二十类杂项制品	9	20	75	37	22	70	131
第二十一类艺术品、收藏品及古物	—	—	1	10	—	59	
第二十二类特殊交易品及未分类商品	—	—	713	—	1	128	

　　宁夏进口以满足本地区工业企业对原材料和生产机电产品的需求为主,主要进口产品是氧化铝、橡胶及制品、钽铌钒矿砂和机电产品。出口产品主要有三类:以清真食品及羊绒为代表的农副产品,以羊绒制品为主的轻纺产品,以钽铌铍制品、子午线轮胎、活性炭和生物医药为代表的高新技术产品和以机械设备和金属制品为代表的机电产品等工矿产品。1978 年三类商品的比重分别是70.5%、13%、16.5%,而 2007 年则分别是 3.1%、14.7%、62.2%。这三大类产品的出口比重变化表现出宁夏出口由主要依赖附加值较低的农副产品到附加值较高的轻纺、工矿产品的转变,表明宁夏的出口产品质量有了较大的提高(见

表 9-7、表 9-8)。

表 9-7 宁夏出口商品结构 （单位：万美元）

项 目	2002 年	2003 年	2004 年	2005 年	2006 年	2007 年	2008 年
总值	35953	53804	73384	80753	109587	135276	171836
第一类活动物；动物产品	—	21	82	48	151	102	262
第二类植物产品	1143	924	893	1401	2109	2623	2997
第三类动、植物油、脂、蜡；精制食用油脂	1	2	4	1	3	4	6
第四类食品；饮料、酒及醋；烟草及制品	86	53	188	373	459	1485	1136
第五类矿产品	2880	3464	2511	5151	2954	5494	6656
第六类化学工业及其相关工业的产品	6893	9711	13502	17794	23750	35714	48430
第七类塑料及其制品；橡胶及其制品	2380	2305	2543	3193	3897	3639	2783
第八类革、毛皮及制品；箱包；肠线制品	299	437	442	489	603	733	719
第九类木及制品；木炭；软木；编织品	41	62	60	113	52	91	43
第十类木浆等；废纸；纸、纸板及其制品	45	212	99	44	2	2	36
第十一类纺织原料及纺织制品	4167	7180	8091	11266	14349	10735	12944
第十二类鞋帽伞等；羽毛品；人造花；人发品	115	107	28	7	6	75	7
第十三类矿物材料制品；陶瓷品；玻璃及制品	26	30	74	76	31	15	12
第十四类珠宝、贵金属及制品；仿首饰；硬币	2	474	1188	2810	2733	4696	6618
第十五类贱金属及其制品	16225	27041	40649	34516	53870	62756	79049
第十六类机电、音像设备及其零件、附件	1401	1508	2733	3161	4218	6719	9352
第十七类车辆、航空器、船舶及运输设备	114	80	133	12	63	55	335
第十八类光学、医疗等仪器；钟表；乐器	41	92	48	124	104	169	230
第二十类杂项制品	93	100	116	173	233	169	221

续表

项　目	2002 年	2003 年	2004 年	2005 年	2006 年	2007 年	2008 年
第二十一类艺术品、收藏品及古物	1	—	1	—	—	—	—
第二十二类特殊交易品及未分类商品	—	—	—	—	—	1	—

表 9-8　宁夏进口商品结构　　　　　　　　　　　　　　（单位：万美元）

项　目	2002 年	2003 年	2004 年	2005 年	2006 年	2007 年	2008 年
总值海关代码	13253	20662	39390	37336	51789	61077	86525
第一类活动物；动物产品	10	614	941	563	—	28	15
第二类植物产品	14	5	3	3821	58	86	45
第三类动、植物油、脂、蜡；精制食用油脂	133	113	120	816	—	—	—
第四类食品；饮料、酒及醋；烟草及制品	3	2	19	221	—	25	31
第五类矿产品	1314	509	1641	20709	2069	2652	5172
第六类化学工业及其相关工业的产品	3788	2046	9303	21414	32337	20573	27200
第七类塑料及其制品；橡胶及其制品	1652	1871	2072	6056	5282	7575	10172
第八类革、毛皮及制品；箱包；肠线制品	7	—	—	4	2	3	3
第九类木及制品；木炭；软木；编织品	—	—	2	403	—	11	6
第十类木浆等；废纸；纸、纸板及其制品	180	86	28	717	4	55	379
第十一类纺织原料及纺织制品	227	239	313	1912	404	62	1148
第十二类鞋帽伞等；羽毛品；人造花；人发品	—	—	—	—	—	—	8
第十三类矿物材料制品；陶瓷品；玻璃及制品	2	5	5	1725	28	80	117
第十四类珠宝、贵金属及制品；仿首饰；硬币	—	—	—	79	—	—	—
第十五类贱金属及其制品	408	423	1019	31948	656	1315	2605
第十六类机电、音像设备及其零件、附件	4879	13979	23091	99898	9946	27303	37521

续表

项　目	2002 年	2003 年	2004 年	2005 年	2006 年	2007 年	2008 年
第十七类车辆、航空器、船舶及运输设备	82	16	8	22982	4	14	290
第十八类光学、医疗等仪器;钟表;乐器	554	755	826	17448	844	1210	1811
第二十类杂项制品	—	1	—	186	156	85	3
第二十一类艺术品、收藏品及古物	—	—	—	—	—	—	—
第二十二类特殊交易品及未分类商品	—	—	—	—	—	—	—

3. 外贸经营主体呈现多元化格局

改革开放以来,我国外贸体制进行了多次重大改革。特别是加入世贸组织后,外贸体制改革持续深入,经营主体结构发生深刻变化。国有企业在对外贸易市场中的份额不断萎缩,私营企业的力量迅速崛起。同时,随着内蒙古利用外资规模的不断扩大,投资与贸易的互动效应也更加明显,越来越多的外商投资企业加入对外贸易队伍中来。2009 年,全区私营企业实现进出口总额 34.11亿美元,比 2005 年增长 55.3%,所占比重由 2005 年的 44.9% 提升至 50.46%。国有企业实现进出口总额 15.62 亿美元,比 2005 下降 10.2%,所占比重由35.7% 下降到 23.1%。外商投资企业进出口总额为 10.82 亿美元,比 2005 增长 30.7%,占全区进出口总额的比重为 16%,比 2005 年的 16.8% 下降 0.8 百分点。

相对于内蒙古的情况,宁夏的外贸经营主体也由过去的以国有企业为主向多元化格局转变,但国有企业仍相对占主体地位。2002 年,国有企业进出口额为 31939 万美元,占进出口总额的 72%,外商投资企业约占 21%,到 2009 年私营及计提企业实现进出口总额 56146 万美元,所占比重由 2005 年的 7% 提升至29%。国有企业实现进出口总额 77277 万美元,所占比重下降到 41%。外商投资企业进出口总额为 54772 万美元,比重提升到 29%。

4. 外商投资总量持续增长

改革开放以来,特别是近年来,呼包银榆地区借助西部大开发的机遇,外商投资总量快速增长,区内主要的 10 个市实际利用外资总额从 2000 年的 16 亿多美元增长到 2008 年的 116 美元,不到 10 年的时间里接近翻了三番。其中以呼和浩特、包头、鄂尔多斯三市规模最大(见表 9-9)。同时港澳台投资企业和外商投资企业产值也表现出相似的状况:发展速度非常快,以呼和浩特、包头、鄂尔多斯三市为首(见表 9-10、表 9-11)。

内蒙古不断扩大对外开放,优化投资环境,积极引进战略投资者,拓宽吸收外资渠道,扩大利用外资规模,努力提高引资水平,利用外资及港澳台资取得了长足发展。1985—2008 年,全区累计审批外商及港澳台商投资企业 2946 家,直接投资金额近 98 亿美元。到 2008 年年末,内蒙古实有外资及港澳台资企业(包括外商及港澳台商投资企业及其分支机构)2326 户,注册资本达 112.7 亿美元,外商及港澳台商投资企业从业人员约 13 万余人。2006—2009 年,全区累计审批设立 485 家外商及港澳台商投资企业,合同外资及港澳台资金额 59.8 亿美元,实际使用外资及港澳台资 102.1 亿美元,缴纳税金 235 亿元,年度出口约占全区出口额的 20%,外国直接投资为内蒙古自治区的经济发展做出了卓著的贡献。

外资及港澳台资企业在宁夏的发展,大致经过三个阶段:起步阶段,从 1984 年到 1991 年,近 8 年时间,共登记外商及港澳台商投资企业 18 户。这一阶段基本特点是外资及港澳台资企业发展速度缓慢且规模小,平均每年 1.5 户,每户企业平均注册资本 120 万美元;第二阶段,发展阶段。从 1992 年到 1999 年,也是 8 年时间,全区外商及港澳台商投资企业由 18 户猛增到 380 户,但企业良莠不齐;第三阶段,稳步增长阶段。从 2000 年至今,外资企业在宁夏的发展进入结构调整期,利用外资及港澳台资质量得到进一步提升,龙头大项目带动效应明显。目前,外商及港澳台商在宁夏的投资呈现出三大特点:投资来源丰富、外商质量明显提高,一批国际知名企业,如香港中粮米业、中银集团、新加坡宇科环保科技公司已投资宁夏。沃尔玛、斯伦贝谢等行业领先、资金雄厚、技术先进的跨国公司正在进行前期准备,也即将进驻经济区。投资规模大、引入资金多,投资总额和注册资本额均高于上年同期。实收资本到位率也明显提高,目前已到位实收资本 6252 万美元,其中 62% 为外商缴付。另外,投资项目符合经济区发展规划,前景良好,外商的投资兴趣从传统加工制造业逐渐扩展到农林、新能源、服务业等领域,并且带来了诸如 BOT 模式等全新的投资管理理念。

表 9-9　当年实际使用外资及港澳台资金额　(单位:万美元)

	2000 年	2001 年	2002 年	2003 年	2004 年	2005 年	2006 年	2007 年	2008 年
呼和浩特	3485	3600	5552	10546	23940	40345	48323	60322	70744
包头	14316	5810	7144	12143	25000	40800	54067	61557	81500
乌海	90	542	837	—	1012	1507	147	298	651
鄂尔多斯	—	2193	2999	4604	5757	28437	53788	69789	84233
巴彦淖尔	—	—	—	4045	2374	2507	3456	4174	4676
乌兰察布	—	—	—	325	346	436	324	1560	6544
榆林	303	2021		1508	227	32	724	75	356

续表

	2000 年	2001 年	2002 年	2003 年	2004 年	2005 年	2006 年	2007 年	2008 年
银川	602	976	2131	2878	6380	—	3224	4540	3888
石嘴山	708	586	—	600	326	376	107	23	34
吴忠	564	1050	75	—	5378	—	—	—	—
总计	164842	160112	228224	272395	486039	690087	889001	1075640	1161667

表 9-10 限额以上港澳台投资企业工业总产值

（单位：万元，当年价格）

	2000 年	2001 年	2002 年	2003 年	2004 年	2005 年	2006 年	2007 年	2008 年
呼和浩特	17928	21408	190945	321692	572257	791023	975524	1208241	1219843
包头	114034	122477	138788	126736	52369	33315	125540	179690	152539
乌海	5029	6518	6604	8920	7291	4980	1695	2100	2500
鄂尔多斯	—	11765	13477	29063	298309	513186	52368	98444	231442
巴彦淖尔	—	—	—	30543	21865	43009	29295	32083	277326
乌兰察布	—	—	—	22125	26709	6904	20581	15912	1191
榆林	188	20325	5865	16835	11220	47172	101542	0	28484
银川	20181	27735	16701	72938	29616	18498	4887	26753	35347
石嘴山	4197	3962	904	—	12118	3526		8299	17266
吴忠	1280	4430	3961	4004	—	—	—	—	—
总计	162837	218620	377245	632856	1031754	1461613	1311432	1571522	1965938

表 9-11 限额以上外商投资企业工业总产值（单位：万元，当年价格）

	2000 年	2001 年	2002 年	2003 年	2004 年	2005 年	2006 年	2007 年	2008 年
呼和浩特	38002	36060	32948	450233	705916	900931	1058565	1355270	1702151
包头	88765	57325	74027	84082	108619	216083	862828	1307543	1073560
乌海	—	2750	1001	424		9104	15232	16100	337128
鄂尔多斯	—	296726	373257	253659	—	—	559828	1349910	1966775
巴彦淖尔	—	—	—	28688	81211	111342	152946	146830	337431
乌兰察布	—	—	—	862	1520	19756	—	77716	32759
榆林	—	—	—	31844	33862	25271	34277	73904	78079

	2000 年	2001 年	2002 年	2003 年	2004 年	2005 年	2006 年	2007 年	2008 年
银川	116593	112244	184725	206306	252038	309547	388722	520985	561051
石嘴山	14600	18726	22861	27857	59239	52473	72041	85856	109509
吴忠	13581	12364	1900	1583	104022	213627	264078	266461	238481
总计	271541	536195	690719	1085538	1346427	1858134	3408517	5200575	6436924

5. 对外贸易对象和外商投资来源日趋广泛

内蒙古自治区党委、政府充分发挥独特的政策优势、资源优势、区位优势，依托优势产业，不断加大招商引资力度，完善招商引资方式，收到明显成效。自治区初期以港澳台地区吸引投资，从日本等少数几个国家引进外资，发展到目前的欧美、东南亚、澳大利亚、韩国、俄罗斯等近 40 个国家和地区，外资来源日趋广泛。"十一五"期间，外资来源地主要以美国、英属维尔京群岛等国家和地区为主，来自亚洲和欧洲的投资国家有所增加。2009 年，投资额居前 5 位的国家和地区为我国香港地区、美国、英属维尔京群岛、毛里求斯和新加坡，分别为 15 亿美元、5.6 亿美元、3.3 亿美元、2.8 亿美元和 1.6 亿美元。外资及港澳台资的大量引入加快了内蒙古产业升级和经济结构调整的步伐。

外商在呼包银榆地区的投资还表现出"独资化"倾向明显、投资领域不断拓宽的趋势。在外资经济发展的初始阶段，中外合资作为一种"双赢"的引资、投资方式曾被广泛采用，并在较长一段时期内成为外资经济的主要存在形式。随着市场环境的改善，不确定性风险的降低及投资政策的逐步统一、规范和透明，外资企业成为外商及港澳台商投资的主要形式。2006—2009 年，年度新设外商及港澳台商投资企业中外资企业数都占到了总数的 40％以上。除了传统的绿地投资方式，并购也成为外商投资的主要方式之一。《关于外国投资者并购境内企业的规定》颁布以来，越来越多的外国投资者选择以并购的方式投资内蒙古。内蒙古鄂尔多斯电力冶金有限公司股权并购案是内蒙古比较成功的资源综合利用行业外商投资并购的典型案例。除此而外，矿产资源开发、农产品加工等行业以并购方式利用外国直接投资也比较多。投资内蒙古的并购资本主要来自香港，以股权并购更为多见。

内蒙古利用外资形式经历了一个由单一性向多样性转化的过程。改革开放之初，外商来主要集中在轻纺、餐饮服务业几个行业。"十一五"期间，外商投资扩大到了能源、交通、化工、建材、冶金、机械、电子、医药和农牧业产业化等行业，特别是在稀土深加工、生物工程、电子等高新技术领域引进外资有了突破。以风电为代表的新能源利用外资近几年也成为自治区的亮点。特别是在我国加入世贸组织后,外商投资进入金融、物流、旅游等第三产业步伐明显加快。从总体上分析,外商投资60%以上从事第二产业,但比重呈下降趋势,第三产业比重呈上升态势。外商投资企业三次产业比重从2005年的9.31:67.5:23.19调整到了2009年的8:63.65:28.35,第一产业比重下降了1.31个百分点,第二产业下降了3.35个百分点,第三产业上升了4.16个百分点(见表9-12、表9-13)。

表9-12　内蒙古对外贸易目的地结构　　　　　　　　　　　（单位:万美元）

项　目		2002年	2003年	2004年	2005年	2006年	2007年	2008年
出口	总值	102441	152716	188889	228637	269569	380424	459890
	亚洲	76487	120175	135881	159039	158726	241380	279420
	非洲	4015	2776	6420	7651	13344	17322	24417
	欧洲	12680	17344	26561	28615	54666	75878	101197
	拉丁美洲	2083	2413	2767	2794	6287	5890	12937
	北美洲	6250	8755	15633	29061	34895	38147	39368
	大洋洲	927	1253	1626	1476	1650	1806	2552
进口	总值	163966	170069	248526	301805	349239	534967	585614
	亚洲	18595	21490	34382	64244	64796	94928	132322
	非洲	298	612	474	1589	1803	6444	5408
	欧洲	125046	129142	179930	201619	234100	336925	359372
	拉丁美洲	439	177	3270	8640	12306	15530	9529
	北美洲	12784	8359	11561	11098	20035	44481	29859
	大洋洲	6805	10289	18909	14615	16198	36658	49125

表9-13　宁夏对外贸易目的地结构　　　　　　　　　　　（单位:万美元）

项　目		2002年	2003年	2004年	2005年	2006年	2007年	2008年
出口	总值	171836	135276	109587	80753	73384	53804	35953
	亚洲	97925	70703	62195	39063	41580	31170	19991
	非洲	1519	169	3188	1907	357	8	3
	欧洲	1907	2049	1574	1672	1075	1235	1347
	拉丁美洲	39743	37484	26185	22526	17598	12242	8169
	北美洲	3444	1235	387	642	228	82	29
	大洋洲	5476	4415	2778	2075	3054	1525	805

项　目		2002 年	2003 年	2004 年	2005 年	2006 年	2007 年	2008 年
进口	总值	86525	61077	51789	37336	39390	20662	13253
	亚洲	25150	14021	10296	11955	19682	13287	3980
	非洲	952	—	333	376	167	—	—
	欧洲	1595	749	653	383	351	467	815
	拉丁美洲	27994	22868	7360	9888	9042	3680	3083
	北美洲	30	—	—	32	2	129	6
	大洋洲	409	477	4948	4127	1810	72	306

6. 对外经济技术合作稳步发展、多元化对外经营格局初步形成

呼包银榆地区的对外经济技术合作经历了从形式单一、规模较小逐步形成了跨行业、多层次、高技术的经营格局。

以内蒙古自治区为例,该区对外经济技术合作业务始于 1988 年,当时合作形式单一,规模也不大,主要是与俄罗斯、蒙古国等国家在种植、森林采伐等方面的劳务合作。随着对外开放的不断扩大和深入,内蒙古充分发挥毗邻俄罗斯、蒙古国的区位优势,积极鼓励和扶持具备一定条件和实力的企业实施"走出去"战略,大力开拓国际市场,在承包工程、劳务合作、境外投资和援外项目等方面均取得了良好的经济效益及社会效益,初步形成了跨行业、多层次、高技术的经营格局。截至 2009 年年末,全区对外经济技术合作项目累计完成营业额 9.23 亿美元,累计设立境外企业 383 家,中方协议投资总额 11.15 亿美元,目前正常运营的 139 家,中方协议投资总额 10.34 亿美元。内蒙古对外经济技术合作市场初期主要集中在毗邻的俄罗斯、蒙古国,随着对外开放层次向纵深推进和内蒙古经济的快速发展,越来越多的企业将眼光瞄准国际、国内两个市场,大力实施"走出去"战略和"市场多元化"战略,在更大范围、更宽领域谋求发展。到 2009 年年末,内蒙古对外经济合作市场已由俄罗斯、蒙古国发展到日本、罗马尼亚、巴基斯坦、孟加拉、阿联酋及坦桑尼亚等国家和地区,在蒙古国、俄罗斯、马达加斯加、南非、韩国、美国、德国、日本和我国香港等国家和地区均有投资,合作市场得到有效拓展。

从构成情况看,俄罗斯、蒙古国仍然是内蒙古国外经济技术合作的主要市场,截至 2009 年年末,对俄蒙累计完成营业额 7.88 亿美元,占全区对外承包工程、劳务合作营业额的 85.3%;经核准在俄蒙设立境外企业 82 家,中方协议投资总额 4.02 亿美元,占全区对外直接投资 11.15 亿美元的 36.05%。截至 2009 年年末,内蒙古正常运营的 139 家境外技资企业分属不同行业比例如下:制造

业 26 家,占 18.7%;商业服务企业 32 家,占 23%;建筑类企业 11 家,占 7.9%;农林牧渔业企业 17 家,占 12.2%;矿产资源勘探和开采企业 35 家,占 25.2%;餐饮服务企业 15 家,占 10.8%,其他行业 3 家,占 2.2%。其中在蒙古国以电力能源、民用建筑、公路交通、矿采、装饰装潢等为主;在俄罗斯以森林采伐、建筑、装潢和农业合作为主。

7. 口岸进出境运量保持快速增长

呼包银榆地区对外开放的边境口岸基本都处于内蒙古自治区境内,该区的口岸大多位于边远偏僻的边境地区,缺少城镇依托,一切基础设施大都需从零建起。为提高口岸综合效能,使口岸更好地服务于国家和自治区经济建设,进一步扩大向北开放,在国家、自治区各级政府和相关部门的大力支持下,近年来,不断加大设施建设的投入,目前,各主要口岸的基础设施初具规模,工作人员的办公、生活设施明显改善。据不完全统计,在"十五"期间国家为内蒙古口岸投入 16.3 亿元(其中铁道部投资 15.8 亿元,国家财政部、自治区 5000 万元);自治区政府投入 5600 万元;口岸所在地地方政府投入 5.63 亿元;各类企业投入 25.64 亿元。2006—2008 年,国家为内蒙古口岸基础设施建设投入资金 23.95 亿元,自治区政府投入 1.39 亿元,口岸所在地地方政府投入约 4.09 亿元,各类企业投入约 2.61 亿元。2009 年争取到口岸建设资金 2.06 亿元,其中国家发改委 2700 万元,国家财政部拨付边境口岸转移支付资金 16700 万元,自治区安排口岸建设资金 6200 万元。

随着内蒙古对外交流和开放型经济的发展,口岸进出境运量不断增长。"十五"期间,全区口岸进出境货运量达 8808 万吨;年均增长 27.1%;进出境客运量达 1260 万人次,年均增长 16.7%。2006—2009 年,全区口岸进出境货运量为 13482 万吨,年均增长 7.6%。从进出境货运量情况看,2009 年满洲里口岸、二连浩特口岸、策克口岸、甘其毛都口岸居于前列,分别达到了 2421 万吨、621 万吨、364 万吨和 331 万吨。从进出口商品看,进口商品主要以原木、石油、原煤、矿产品、化工产品等为主,出口商品主要以轻工产品、机电产品、果菜、日用品等为主。2009 年,全区口岸进口原木 8.79 亿美元、原油 5.89 亿美元、铜矿砂 4.2 美元、煤炭 3.23 亿美元和铁矿石 2.96 亿美元。

二、面临问题

1. 对外开放需要进一步提升水平与层次

改革开放三十多年来,尽管呼包银榆地区开放型经济发展从无到有,取得了长足的发展,但与沿海发达省市相比,无论从规模上,还是从质量上,都存在较大差距。开放型经济对内蒙古经济和社会发展的带动作用较为有限,在发展过程中还存在一些亟待解决的问题。

一是进出口规模小,利用外资总量小,对经济区经济发展的带动作用有限。以内蒙古自治区为例,2009 年进出口额在全国外贸中所占比重仅为 0.34％,外贸依存度为 8％,与全国 60.2％的外贸依存度相差 52.2 个百分点。此外,内蒙古对外贸易仍以一般贸易为主,加工贸易增长缓慢。2009 年加工贸易出口额 2.62 亿美元,占全区出口额的 11.34％,远远低于全国 48.8％的平均水平。内蒙古利用外商投资总量偏小,2009 年内蒙古外商直接投资额为 29.7 亿美元,相当于当年内蒙古引进国内外资金的 9.2％,约占当年全区固定资产投资额的 3.5％,占当年 GDP 的 2.1％(见图 9-2)。这充分说明内蒙古开放型经济对全区经济发展的拉动作用并不明显。

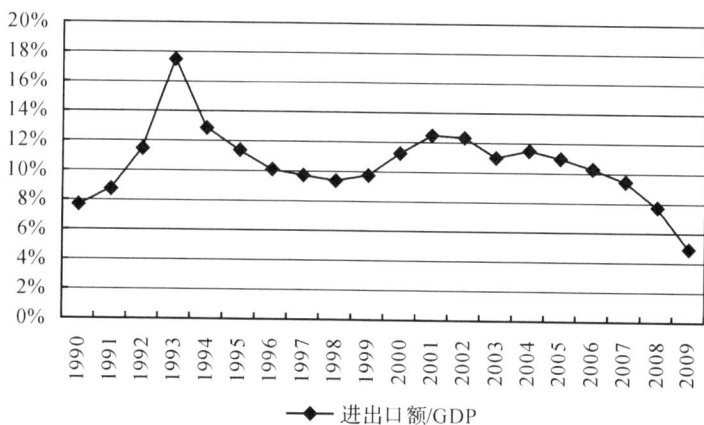

图 9-2　内蒙古自治区和宁夏回族自治区外贸依存度

二是出口商品结构和外商投资结构不够合理。近年来,随着经济结构、产业结构的不断调整和优化,内蒙古出口商品中机电和高新产品虽有所增多,但并没有得到根本性转变。2009 年,内蒙古机电产品出口占全区出口额的 12.9％,与全国 57.6％的平均水平相差 44.7 个百分点;高新技术产品出口占全区出口额的 1.5％,与全国 28.8％的平均水平相差较大。外商投资企业受资源导向型工业结构特点的影响,主要集中在制造业、农林牧渔业、采矿业、电力燃气和水的生产供应业等领域,商业、外贸、电信、金融、保险、房地产等服务业领域外商投资总体规模较小。2009 年服务贸易领域利用外国投资只占当年全部利用外国直接投资的 0.08％,与国家服务贸易领域利用外国直接投资大幅增加的总体趋势严重不符。

三是企业"走出去"的国别地区和领域相对集中,受东道国投资环境、政策影响较大。俄罗斯、蒙古国政策环境、合作方诚信度较差,影响了投资者的积极性,特别是对俄蒙的油气开发、矿产资源开发等方面受所在国政策的稳定性、连续性以及合作方的信誉影响较大。此外,俄罗斯、蒙古国毗邻地区的运输条件、水、电等基础设施依然不能适应日益扩大的经贸合作的需要。尤其是开发矿产资源的投资成本巨大,制约了俄蒙矿产资源的进口与利用。

四是国家在口岸基础设施建设方面投入的资金不足。目前国家层面投入的口岸建设资金有口岸建设改造项目资金和国家财政边境口岸转移支付资金。由于口岸大多缺乏城市依托,受地理位置、气候条件的影响,口岸基础设施包括道路、通信、水、电、暖等的建设成本非常高;同时,口岸正常运行后的维护和日常管理费用也很大,口岸自身又没有固定的资金来源,口岸的建设资金投入不足,影响了口岸的快速发展。

五是大多数外经贸企业融资较为困难。由于内蒙古外经贸企业规模普遍偏小,资金的充裕性不足,进行境外投资、开展国际业务都受到了资金的困扰,严重制约了企业的发展壮大。在自有资金十分有限的情况下,大部分企业不得不寻求外部资金来弥补缺口。但是由于企业可抵押资本实力较弱,信用等级偏低,经营管理水平不高,取得银行贷款的难度相对较大,资金仍是制约外经贸企业拓展市场,谋求发展的主要"瓶颈"。

2. 口岸经济发展有待进一步加强

口岸地区产业结构和产品结构不合理。经济区口岸地区(主要是边境口岸)多地处偏僻,受地缘及各种因素的制约,一些边境口岸地区产业结构极不合理,大部分口岸地区第三产业比重过高,工业及加工业对口岸经济的贡献很小,仍处于低层次的中介贸易和"二传手"水平,没有建立适合自己的进出口商品加工产业和基地,没有形成具有地区口岸特色的进口产品深加工体系。

沿边口岸城镇基础设施建设薄弱。沿边口岸地区地处塞外边陲,均属偏远落后地区,受自然条件的制约,二、三产业发展先天不足,虽然城镇建设在改革开放以来有了很大变化,但由于历史欠账多和自身财力有限,加之口岸建设融资渠道不畅,资金来源渠道少,口岸服务功能较弱,辐射能力偏差。口岸的基础设施建设投入仅局限于政府投资,争取企业投资和民间投资有限,资金渠道单一,数量有限,难以满足合作开发利用俄蒙能源资源和进出境客货运量通过的需求,制约了口岸地区城镇化进程。

具有口岸特色的产业体系仍未形成。经济区内口岸以进出口贸易为主,还没有建立起具有规模的出口商品加工基地。尽管近年来,口岸各类园区发展较快,有的已形成一定规模,但受资金、技术、人才、市场开发等各种因素的影响,口岸产业结构调整缓慢,加工贸易所占比重不大,具有自身产业特点和产品特色的、具有市场竞争力的、科技含量和附加值较高的产业体系、产品体系还没有形成。"边境经济合作区"和"互市贸易区"还没有完全发挥其真正的专业作用，管理机制和运行方式有待进一步完善。

口岸信息化建设相对滞后。电子口岸建设是创新口岸管理手段，提高口岸管理信息化、电子化水平的重要措施。经济区内的口岸近年来虽然投入资金进行局部电子口岸建设，但就目前发展水平看，口岸电子建设投入严重不足，大量资金缺口导致整合口岸各类信息资源和口岸相关单位难以联网，影响了口岸管理效率和运行效率的提高。

3. 产业转移与区际投资有待引导和进一步发展

经济结构的大调整和产业的梯度转移，昭示了西部地区的科技创新严重不足，而开放带动战略优势的渐失，又说明地区经济增长的内在动因乏力，西部地区的经济发展有被边缘化的危险，对外开放度低，利用外资水平低。"十五"期间，虽然经济区资金引进增幅比较大，但是波动性也很大，尤其是利用境外资金水平很低，缺少高附加值的高新技术产业，对外经济贸易的经营主体普遍质量不高。开放引资的观念、力度还需进一步提升。目前，招商已由政策引资向服务引资、环境引资转变，由"要他来"转变为"他要来"，这是改进引资理念、提升引资水平的必由之路。"十二五"期间，呼包银榆地区的招商引资活动要更多地体现在政府行为和企业行为的层面上，充分调动社会各行业、各部门的积极性，形成全方位招商、引商、亲商的氛围和共识。

4. 特色经济和优势产业有待调整与提升

近年来，我国很多国有企业在向市场经济转轨过程中之所以步履艰难，不能顺应市场需求并及时调整产业和产品结构是一个重要的原因。作为地区经济来说，由于地理位置、资源状况、生产力布局、人口素质、文化传统等方面存在的差异性，决定了地区经济发展不可能采取一个模式，必须从本地实际出发，利用自身优势，培育自己的特色经济。实践证明，一个国家或一个地区，要在市场竞争中取胜，产业和产品必须有自己的特色，必须有其他地区不可替代的优势，这样才能成为市场上不可替代的供应商。为此，呼包银榆地区必须抓住产业结构调整的机遇，发展自己的特色经济，培育自己的优势产业，延长产业链，通过产业链加强城乡之间的联系，改变二元经济的状况，带动整个区域的发展，缩小与发达地区的差距。

该地区具有发展优势产业的条件：一是该区域具有得天独厚的绿色农畜产品，煤炭、稀土、铁矿、山羊绒等资源优势。区域内的煤炭储量丰富，占到全国的四分之一以上。白云鄂博矿山的稀土资源工业储量占全国的92％以上。二是呼包银经济区有较好的工业经济基础，冶金、稀土、绒纺、乳品等行业在全国亦有较高的知名度，并有相当的市场占有率。三是有蒙牛、伊利、夏进等龙头企业和绿色产业的拉动。随着世界市场对绿色产品需求不断增长,伊利等一批名牌企业、企业集团主动参与绿色食品开发,对绿色产业的发展形成了强有力的推动作用。四是国家实施西部大开发战略和中国加入世贸组织为特色经济发展创造了机遇。发展呼包银榆地区的优势产业,就是要充分利用该地区资源优势,最大限度地发挥原有工业基础的作用,加大资源开发和技术进步的力度,变资源优势为经济优势。

第三节 呼包银榆经济区对外开放与区际开放的战略重点

根据国际国内经济发展形势和国家对外开放战略和完善开放型经济体系的战略部署,紧抓呼包银榆地区对外开放过程中出现的突出问题和主要矛盾,统筹安排经济区内对外贸易、外商投资、对外经济技术合作、口岸经济发展等问题,妥善处理好规模、速度与结构、质量和效益的关系,处理好商务和口岸经济发展与经济区经济社会发展大局的关系,处理好对内开放与对外开放的关系,与国家的总体经济和社会发展规划有机衔接,进一步明确对外开放的战略目的、发展方向、发展目标,促进呼包银榆经济区开放型经济体系的形成和完善。

一、加大开放和口岸建设力度

在积极争取国家建设资金的基础上,充分调动和发挥地方发展开放型经济的积极性,充分利用沿边口岸和内陆口岸的外贸优势,继续加大口岸基础设施建设投入,不断完善口岸基础设施,提升口岸开放度。依托边境经济技术合作区、进口资源加工区、边民互市贸易区打造具有沿边地区特色的加工制造业园区,提升沿边开放的着力点。通过赋予优惠的产业、财税、金融、投资等方面的政策措施,拓展与俄罗斯、蒙古国在贸易、资源开发、物流、基础设施等领域的合作,把资源和区位优势转化为产业优势和市场竞争优势,促进口岸所在地区经济发展和社会稳定。通过功能叠加,资源整合、高起点的规划和完善基础设施,将合作区建设成为集边境区域性加工制造、境外资源合作开发、生产服务、区域性国际物流采购等多功能为一体的特殊经济功能区和沿边地区的经济增长点,充分发挥其辐射、带动和示范作用。同时,应进一步加强内蒙古与俄罗斯、蒙古国政府间的交流与互访,充分利用地方政府之间的经贸合作磋商机制,推动双方进一步改善投资环境,研究解决经贸合作中矛盾和问题,推进贸易与投资便利化,为发展沿边开放型经济创造良好的外部环境。

支持呼包银榆经济区通过口岸建设,以扩大向北开放和开发国外资源为主要任务,形成具有特色的向北沿边开放型经济发展模式。加大对边境口岸、内陆口岸、航空港在基础设施建设中的投入。国家将对外口岸上缴的关税和代征税按 25％比例返还地方,专项用于口岸基础设施建设。同时口岸建设还应广泛吸纳社会资本,逐步建立多元化口岸投入新机制;进一步加强口岸与区内中心城市的通道建设,提升口岸仓储、物流服务水平,完善口岸综合服务功能;提升管理水平和运作效率,以通关服务功能为突破口,改进和完善报关、报检和报验等口岸综合业务设施和办公生活条件,进一步完善口岸监管区查验设施,建设设施先进、功能齐全、监管有效、进出方便、服务一流的进出口货物贸易的重要通道,实现“大开放”、“大通关”;进一步加强与国外的合作,促进双边口岸的同步发展,提高口岸的整体疏通能力和通关效率,充分利用地方政府之间的经贸合作磋商机制,推动双方进一步改善投资环境,解决经贸合作中矛盾和问题,推进贸易与投资便利化,为发展沿边开放型经济创造良好的外部环境。

1. 边境口岸建设

近年来,随着国家、自治区和地方投入的加大,内蒙古口岸基础设施建设已经有了明显改善,但与扩大对外开放的要求还不相适应,与口岸经济的发展要求还不相适应。今后,内蒙古要继续围绕打通陆路开放大通道的目标,在充分利用自治区口岸基础设施建设专项资金的同时,积极争取国家投入,广泛吸纳社会资本,逐步建立多元化口岸投入新机制,进一步加强口岸与区内中心城市的通道建设,提升口岸仓储、物流服务水平,完善口岸综合服务功能。通过重点推进边境口岸的铁路公路通道、联检配套设施、基础设施、贸易和加工场区等方面的规划与建设,以已有的策克口岸、甘其毛都口岸、二连浩特口岸和满都拉口岸为基础,建设开发国内外两种资源和两个市场的战略节点,打造呼包银榆地区向北沿边开放的大通道和前沿阵地。

2. 建设目标

“十二五”末,内蒙古进出境货运量超过千万吨的口岸达到 4 个,二连、策克、甘其毛都口岸超过 1000 万吨(争取达到 2000 万吨),继续培育东部地区以满洲里、二连口岸,西部地区以策克、甘其毛都口岸为主导,其他口岸为辅助的发展格局,推动口岸经济的快速健康发展。

——到 2015 年,全区口岸进出境货运量达到 7000 万吨,进出境客运量达到 2000 万人次,进出境交通运输工具达到 500 万辆(列、架)次,口岸辐射区域成为开放经济带。

——实现策克、甘其毛都口岸为国际性常年开放口岸,力争将阿日哈沙特、额布都格、满都拉等季节性口岸升格为双边性常年开放口岸;加快阿尔山口岸开放进程;争取巴格毛都、乌力吉口岸对外开放;加快满洲里、二连口岸综合保税区审批进程。

——电子口岸将具有一个“门户”入网、一次认证登录和一站式服务等信息化功能，集口岸通关、执法、管理及相关物流商务服务为一体科技手段高的“大通关”统一平台，实现跨部门、跨行业和跨地区的信息交换与数据共享，使口岸执法管理更加严密、高效、使进出口企业通关更加有序、便捷。使电子口岸成为进出口贸易与物流服务平台，全面改善通关效率，优化区域发展环境，降低企业物流成本，形成通关、贸易、物流为一体的电子政务和电子商务体系。利用中国电子口岸资源，投入一定的硬件设备和人力资源，在3年内建成并开通榆林虚拟电子口岸，实现“一次输入、多次使用；一个窗口、全面查询；一套系统、分类服务；一处修改、全线更新；一次缴费、全程通关”的目标。通过电子口岸和信息平台的规划，整合经济区口岸资源，构筑集电子政务、电子商务、电子物流三位一体的跨部门、跨行业、跨地区的口岸公共信息平台。使海关、检验检疫等执法部门与中介服务机构、进出口企业联成有机整体，与货场等实现对接和信息交流，提高通关效率，降低物流成本。

在《跨区域合作议定书》、《北方地区大通关建设协作备忘录》、《东北内蒙古四省区大通关合作框架协议》的基础上进一步推动区域口岸协调力度，发挥区域口岸交流与合作效应。包头、二连浩特、巴彦淖尔、通辽市等无水港要积极与大连、营口、锦州、秦皇岛、青岛、天津、上海等沿海港口相关部门进一步沟通联系，加大陆海联运业务合作对接力度，扩大转关、转口业务合作量，进一步推动属地报检口岸放行的通关模式。

3. 边境口岸布局和发展重点

(1)规划布局

根据《内蒙古自治区人民政府关于编制自治区主体功能区规划的意见》的精神，结合区域经济发展新格局，“十二五”口岸发展规划将满洲里（铁路、公路）、黑山头、室韦、阿日哈沙特、额布都格、阿尔山、珠恩嘎达布其、二连浩特（铁路、公路）海拉尔和满洲里航空口岸划分为东部经济区口岸功能区；策克、甘其毛都、满都拉、呼和浩特航空口岸划分为西部经济区口岸功能区；东、西部口岸功能区组成该区口岸主体功能区。

二连浩特口岸要充分发挥优势，大力发展陆桥经济，积极构建中、俄、蒙经济合作走廊，加快建设区域性的国际物流中心、商品集散地。实现国际国内的对接和互动，引导资金、技术、信息、人才等经济要素在二连口岸聚集整合、辐射扩散，使二连成为区域性的人流、物流、资金流、信息流的集散基地和进出口加工基地。西部经济区的策克、甘其毛都口岸要扩大资源性产品进口规模，培育进口资源加工产业化，打造成国家级境外资源综合开发利用加工基地。其他口岸围绕《东北地区振兴规划》、《国务院关于进一步实施东北地区等老工业基地振兴战略的若干意见》和"一条生态安全屏障、六条经济发展带"中的优势发挥口岸功能区作用。

（2）园区建设与发展

续建和拟新建的园区有：满洲里公路口岸物流园区、呼和浩特保税物流区、甘其毛都互市贸易区、珠恩嘎达布其互市贸易区和边境经济合作区、策克口岸互市贸易区、阿尔山进出口加工区和国际物流园区、额布都格口岸工业园区、黑山头、室韦口岸经济园区等。

继续完善的园区有：满洲里互市贸易区、边境经济合作区和加工园区；二连浩特互市贸易区、边境经济合作区、加工园区、益德物流园区；策克贸易服务区。

园区建设以进口能源资源、物流体系、加工产业链为主线，以整合资源、优化布局为重点，以落地加工解决就业、综合利用为目标，以节能减排、防污环保、绿色发展指数为宗旨，积极推进口岸区域各类型园区建设。实现二连浩特市成为国家重点开发开放试验区；巴彦淖尔市成为国家级境外资源综合开发利用示范区。

园区以中俄蒙资源能源合作开发利用为契机，因势利导，整合加工转化煤炭生产煤焦、褐煤提质、煤化工、煤电、石油开发为主导产业，辅助发展有色金属、风电、农畜产品加工、物流等产业。充分发挥口岸进口资源和区位优势，以工业园区为载体，以循环经济为方向，立足于资源优势，着力做大做强能源、化工、金属矿采冶炼、农畜产品加工、建材等优势特色产业。要重视综合利用、集中发展。

• 策克口岸

策克口岸位于内蒙古额济纳旗达来呼布镇 76 公里，与蒙古国南戈壁省西伯库伦口岸对应，是内蒙古自治区三大陆路口岸之一，也是阿拉善盟对外开放的唯一国际通道，对外辐射蒙古国五个矿产品资源富集的省区，是内蒙古自治区及陕西、甘肃、宁夏、青海四省区共有的陆路口岸，2009 年 1 月 12 日正式实行中蒙双边性常年通关。策克口岸自 1992 年开通到目前，过货量逐年提高。口岸过货总量达 1434.74 万吨，进出口贸易总额 4.6 亿美元，出入境人员 98 万人（次），出入境车辆 60 万辆（次）。进口商品主要以原煤、有色金属为主；出口商品主要以粮油、日用百货、服装、建材、农牧机具为主。进口原煤全部销往内蒙古西部盟市、甘肃酒泉钢铁集团、宁夏地区、河西走廊一带。策克口岸基础设施也日臻完善，带动了地区餐饮住宿、商品零售、修理、装卸等服务业的繁荣发展。策克口岸的常年开放带动了宁夏、甘肃等周边地区的粮油出口业务，2009 年，内蒙古富士进出口贸易有限公司经策克口岸已向蒙古国西伯库伦口岸出口"昊王"牌特等优质大米 500 吨,这是自商务部和海关总署对大米等 41 种出口货物实行出口许可管理后,首次经策克口岸向蒙古国出口大米。这次大米的出口,主要销往蒙古国南戈壁省和前杭盖省及巴音洪格尔省。

目前,投资 21 亿元的甘肃嘉峪关至策克的铁路已正常运行,全长 768 公里的内蒙古临河至新疆哈密的铁路,东段临河至策克铁路也已建成通车。极大地促进了策克口岸的发展,口岸过货量逐年提高,进出口商品由金属钠、盐、草酸、电石、大米、面粉、绒毛等 10 余个产品发展到现在的 20 大类近 30 种产品,呈现多样化发展趋势。

蒙古国政府于 2008 年 8 月 20 日通过 319 号决议,批准由"蒙古之金"有限公司新建蒙古国那林苏海特煤田至策克口岸铁路。蒙古国"蒙古之金"有限公司已经委托内蒙古铁道勘察设计院勘察设计新建蒙古国那林苏海特煤田至策克口岸铁路,现已经完成蒙古国境内、中国境内铁路建设的初步勘察设计。"十二五"完成策克口岸至蒙古国那林苏海特煤田的铁路建设,总投资 6.2 亿元。该项目投入运营后可实现年进口原煤 1000 万吨以上。

策克公路口岸扩建。公路口岸监管区联检设施建设二期工程:策克口岸报关厅、监管区边检营房及训练场地、"一关两检"查验现场业务用房、海关监管仓库及查验场地、熏蒸库房及检验检疫场地,总投资 2900 万元。

• 甘其毛都口岸

甘其毛都口岸位于中蒙边境线 703 号界标附近,与蒙古国南戈壁省汉博格德县嘎顺苏海图口岸相对应,两口岸相距 1 公里。1989 年 12 月 20 日,自治区人民政府批准甘其毛都为对蒙边境贸易临时过货点,1990 年 2 月 23 日实现了首次过货。1992 年 6 月 24 日,正式辟为国家一类季节性双边口岸。2004 年 9 月 28 日生效的《中华人民共和国政府和蒙古国政府关于中蒙边境口岸及其管理制度的协定》,确定甘其毛都口岸由双边季节性开放提升为双边性常年开放口岸。2004—2006 年,经报请国家口岸办批准,甘其毛都口岸在非开放期间临时开放,进行煤炭运输。甘其毛都口岸对应的蒙古国南戈壁省拥有丰富的煤、铜、金等矿产资源。经国家口岸办批准,乌拉特中旗三和能源开发公司和巴彦淖尔普兴矿业公司自 2004 年 4 月起,通过甘其毛都口岸进口蒙古国从塔本陶勒盖煤矿原煤。加拿大艾芬豪公司从 2005 年起,做开采铜矿的前期准备工作,该项目投产后,每年将通过甘其毛都口岸进口铜精粉约为 200 万吨。2006 年累计完成货物吞吐量达 66.35 万吨,同比增长了 62.9%,货运量列全区口岸第四位。2009 年,各项运量再创历史新高,全年累计出入境人员 153138 人(次),出入境车辆 9.2605 万辆(次),完成进出口货物 331 万吨,同比增长 61.4%,货运量增幅居全国陆路口岸之首。完成进出口贸易额 14.7 亿元人民币,完成关税入库 2.06 亿元,完税额位居全区口岸第三位。

甘其毛都铁路口岸建设。边检站区 1 平方公里,总投资 2000 万元,建设时间为 2011—2012 年;铁路站场关检区 1.5 平方公里,总投资 2000 万元,建设时间为 2011—2012 年;铁路货场作业区 3 平方公里,总投资 7000 万元,建设时间为 2012—2013 年。

甘其毛都公路口岸建设。联检综合办公大楼建设项目,总投资 8500 万元;联检宿舍楼建设项目,总投资 600 万元;边检营房建设项目,总投资 400 万元;监管库及车检场地建设项目,总投资 2000 万元;查验现场办公楼建设项目,总投资 300 万元;口岸通道建设项目,总投资 800 万元;监管区封闭项目,总投资 300 万元;国门、电子卡口、电子地磅、消毒池、电子监控系统,监管、检测配套等项目,总投资 2000 万元;供水项目,总投资 2000 万元;供暖管网建设项目,总投资 1500 万元;通信光缆铺设项目,总投资 600 万元;污水处理项目,总投资 1000 万元;有线电视网络项目,总投资 600 万元。

• 二连浩特口岸

二连浩特市地处中蒙边界,与蒙古国扎门乌德市隔界相望,1956 年北京—乌兰巴托—莫斯科国际联运列车正式开通,二连浩特成为第二条亚欧大陆桥的桥头堡,是我国向北开放的前沿阵地。二连浩特口岸自古就是我国内陆通往北亚、东欧的咽喉要道,以北京为起点经二连到莫斯科。特别是通过京包线与天津港相连,是日本、东南亚及其他邻国开展对蒙古国、俄罗斯及东欧各国转口贸易的理想通道。更是蒙古国走向出海口的唯一通道。二连浩特口岸对内经济区域联系广阔,以二连浩特为终点的集二线,以集宁为枢纽,向东经北京、天津与环渤海经济区相连,向西经呼和浩特、包头与自治区中西部经济区相通,向南经大同与山西等能源基地相连,向北与地方铁路集通线贯通,又能与东北经济区遥相呼应。

二连浩特铁路口岸位于集二线终端,是中国通往蒙古国的唯一铁路口岸,主要担负着国际联运货物的交接、换装和国际、国内旅客、货物的运输任务。2004 年,国家对二连浩特口岸站进行了扩能改造,宽轨场与准轨场为纵向式分布,各系统车场为横列式分布。衔接准轨集宁、准轨扎门乌德、宽轨扎门乌德 3 个方向,闭塞设备均采用 64D 型单线半自动闭塞设备,宽、准轨连锁设备均采用 6502 型集中连锁设备。铁路口岸现有宽准轨线路 169 条,其中,宽轨 74 条,准轨 78 条,中间站 17 条。改造后的铁路口岸已经具备了 1000 万吨的接运能力。

二连浩特公路口岸于 1992 年开通试运营。2000 年 6 月改扩建旧公路口岸,新公路口岸总占地面积为 34.3 万平方米。最大通过能力为货运 240 万吨,客运 300 万人次。新建联检区设有四进四出八通道,实现客货分流。公路口岸新联检区集通关查验、仓储运输、生活服务于一体,可一次性完成报关报检和稽费征缴工作。近年来,公路口岸货、客运量在增,特别是出口货运量逐年攀升。2006年出口货物42万吨,同比增长23.8%;进出境客运量112万人次,同比增长14.6%。

二连浩特公路口岸建设项目。公路口岸监管区现场查验办公业务用房、查验场地硬化、场区绿化等,总投资1226万元;电子信息平台项目、中心机房项目、计算机网络设备及软件的采购、安装、调试项目等,总投资800万元;建设国际候机楼、联检办公楼、国际保税仓储库项目等,总投资5000万元。

• 满都拉口岸

满都拉口岸位于包头市满都拉镇境内中蒙边境757界碑处,呼和浩特—包头—银川经济辐射圈内。距呼和浩特市289公里,距包头市288公里,是距自治区首府呼和浩特市和自治区最大的工业城市包头市最近的陆路口岸。满都拉口岸对应蒙古国杭吉口岸,距蒙古国首都乌兰巴托600公里,距珠巴音火车站213公里,区位优势十分显著。

满都拉口岸1992年被自治区人民政府批准为季节性对外开放的二类口岸,2002年12月23日实现首次开关过货。每年3、5、8、11月的16日—30日开放。截至2006年年底,满都拉口岸共计开放15次,进出口货物6.7万多吨,进出口货物总值1亿多元,完成关税1000万元,出入境人员104646人次,出入境交通工具22343辆次。满都拉口岸累计投资近1亿元,完成了水、电、路、通信等基础设施建设。口岸总占地面积达到113467平方米,其中建筑面积3336平方米,硬化面积7000平方米。实现了口岸电子报关、报检、网上支付税款和畜产品油脂化验。包头市引进内蒙古浩通能源有限公司从满都拉口岸进口蒙古矿产资源,2007年实现对内蒙古浩通能源有限公司临时开放,年过货量200万吨。

满都拉铁路口岸。白云鄂博至满都拉口岸铁路,白云鄂博至白彦花段铁路现已经开工建设,境外段(满都拉口岸—蒙古国珠恩巴音铁路),经积极协调,蒙古国相关部门已基本同意修建该段铁路。国内几家大企业与蒙古国政府接洽,争取满—珠铁路的筑路权,建设时间为2012—2014年。铁路口岸基础包括综合办公楼、联检楼、查验配套设施、电子监控系统、仓储区等,总投资13260万元。地方政府和相关部门正在做前期各项准备工作。

满都拉公路口岸。改扩建封闭式查验区、道路硬化,总投资2000万元;报关报检综合楼,总投资800万元;公路口岸大型货车查验系统,总投资3000万元。

• 乌力吉口岸

乌力吉口岸位于阿拉善左旗北部位于中蒙边境246界标附近,为中蒙双边公路口岸。中国一侧为内蒙古阿拉善左旗乌力吉苏木,蒙古国一侧为南戈壁省呼日门苏木查干(白音)德勒乌拉。乌力吉口岸距银川 500 公里。口岸对内辐射西北、华北、华中等地区,并与欧亚大陆桥连通;对外辐射蒙古国巴音洪格尔、南戈壁、前杭盖、后杭盖和戈壁阿尔泰等五个省。与策克口岸相比,乌力吉口岸的开通,不仅可缩短内陆货运距离 400 公里,而且运输条件极为优越,通过蒙古国境内 200 公里的自然公路,可直接进入蒙古国南戈壁省腹地。

乌力吉口岸申建工作始于 2004 年 4 月,阿左旗成立了申请开放中蒙乌力吉边境贸易口岸协调申报工作领导小组。口岸申建工作得到内蒙古自治区高度重视,并给予大力支持。2005 年初由自治区商务厅邀请中国石油和化学工业规划院、中国冶金工业规划研究院、中国建筑材料规划研究院、中国煤炭科学研究院、中国外交部条法司等科研单位、部门的有关专家、教授,在北京召开了中—蒙乌力吉口岸可行性论证会。与此同时,阿拉善左旗与毗邻的蒙古国南戈壁省积极接洽,并达成了加强双边经贸文化交流的协议。阿左旗通过认真落实以援助为主要内容的协议和确定中方乌力吉口岸地点(乌力吉哈日敖日布格),为口岸申报打下了坚实基础。2006 年年末,国务院批复了《国家"十一五"口岸发展规划》,将乌力吉口岸列入了八个新开陆路口岸之一。我国外交部将与蒙古国外交部照会,由两国领导层就口岸设立进行具体磋商。

阿拉善盟乌力吉至巴彦浩特公路 2007 年开工建设。省道 S218 线乌力吉至巴彦浩特公路是连接盟府和额济纳旗、策克口岸以及规划建设的乌力吉口岸的重要干线公路,路线全长 400 公里。呼和札格至乌力吉口岸铁路支线工程已招商完毕,近日将开工建设。呼和札格至乌力吉口岸铁路支线工程从临河至策克铁路上的呼和札格站接轨终点为乌力吉口岸。在新中国建立前到建立初期,乌力吉就是我国与蒙古国双方牧民及宁夏等周边地区群众调剂余缺、互通有无、走亲访友和进行贸易的场所和通道。口岸的开通,将为本地区和周边地区经济发展提供可靠的资源保障,对促进国内企业到国外进行资源开采,缓解国内资源紧张局面,对促进内蒙古及华北和西北地区经济社会发展具有积极作用。

- 巴格毛都口岸

巴格毛都公路口岸位于内蒙古自治区巴彦淖尔市乌拉特后旗潮格温都尔镇境内,东经 $106°10'30''$,北纬 $42°06'42''$,中蒙边境 679 界标附近,蒙古国一侧为南戈壁省。1993 年内蒙古自治区批复为二类口岸。距旗府所在地巴音宝力格镇 143 公里,距市府临河区 193 公里,其中 93 公里为边防公路。巴格毛都口岸对面蒙古国境内资源富集,且该资源也是我方加快发展所需资源。蒙方境外资源由于受水、电等条件的制约,采出原矿后必须异地选冶。乌拉特后旗矿山工业基础雄厚,根据我国实施的"向北开放"战略,我国可充分利用蒙古国境内丰富的铅、锌、铜、煤等资源,进一步发展铅、锌、铜采选、冶炼、焦化等项目。

沿边境一线的川敖公路与潮格温都尔镇相通。正申请设为常年开关口岸,已立项对口岸的联检大楼、办公区、生活区、赛乌素镇至巴格毛都口岸公路改造工程等基础设施进行建设。巴格毛都口岸是巴彦淖尔市对外开放的一个重要窗口,具有比较有利的优势。在 2000 年内蒙古自治区人民政府办公厅关于公布二类口岸清理整顿中,暂时关闭巴格毛都口岸。巴彦淖尔市计划将潮格温都尔镇建成集边境口岸、沙漠探险、草原观光和风电景观为一体的旅游名镇。同时提前做好巴格毛都口岸的规划,着力将其打造成为以物流、边贸、境外旅游业为主的新型边贸城镇。巴格毛都口岸将成为连接内地与蒙古国的一条大通道,蒙古国丰富的矿产资源必将为乌拉特后旗矿山工业经济的持续发展奠定坚实的基础。

4. 内陆口岸建设

• 银川陆路口岸

银川陆港物流中心位于银川经济技术开发区西区,概算总投资 12.06 亿元,规划有无水港区、仓储物流区、保税加工区、综合物流区、临港服务区、国家物资储备库区 6 个功能区。中心主要依托天津港、城市铁路线,建成集内陆口岸、货物集散、物流配送、出口加工、商品检验、保税仓储、临港产业服务、物流信息服务等综合功能于一体的现代物流服务基地。无水港区(即银川陆路口岸)是银川陆港物流中心的核心建设项目,2007 年 6 月 26 日经自治区政府批准设立为陆路(二类)口岸,占地面积 540 亩,总投资 3 亿元,规划设有联检办公楼、集装箱堆场、临管库、暂扣库、货物中转库、检查桥、铁路专用线等基础设施以及卡口专用设备及通信和监控设施。随着一期工程建设完成,银川陆路口岸具备了出口货物集散、报关、报检、配送、流通加工、物流信息服务等综合功能,将与天津、连云港等国内重要海港口岸互为延伸、互动发展,为银川及周边地区产品增添了新的"出海口",降低了企业物流成本,提高了通关效率。

• 惠农陆路口岸

惠农陆路口岸位于宁夏石嘴山市工业园区,包兰铁路东侧,紧靠惠农一等编组站,专用线直接从车站引出。宁夏回族自治区政府于 2007 年 4 月 5 日批复同意设立,建设工程于 2007 年 4 月开工建设,规划一期占地总面积 340 亩,年吞吐量集装箱 10 万标准箱,年物流配送能力 200 万吨。目前联检单位办公、生活、监管场所全面完成,连接全国路网的铁路专用线铺通,《天津市与宁夏回族自治区跨区域合作备忘录》已签订并开始发挥作用,具备了挂牌运营的基本条件。

作为宁夏首个陆路口岸的开通,惠农陆路口岸将充分发挥出口货物集散、报关、报检、配送、物流信息服务等综合功能,实现宁夏、甘肃、青海、内蒙古等内陆省区出口货物的铁海联运,为周边地区产品通过天津港发向全国乃至世界各地提供便捷通道,促进区域经济又好又快发展,带动"临港产业"和"辐射型"经济发展,以铁路集装箱运输的快速通道为纽带。实现天津港向内陆无水港的延伸,降低宁夏企业进出口成本,为企业提供快捷、高效的大通关服务,使宁夏成为西北地区东部重要的商业物流、陆港物流、农产品冷链物流中心,形成宁夏经济发展的新优势。

- 包头国际集装箱中转站

包头国际集装箱中转站是国家利用世行贷款建设的全国 8 个内陆国际集装箱中转站之一,于 2003 年 7 月 20 日正式对外开办业务,属海关监管区,关区代码 0706。

运营主体包头市国际集装箱运输有限责任公司成立于 1998 年 7 月 8 日,隶属于包头市政府管理,是国家外经贸部批准的一级国际货运代理企业。2003年获得 ISO 9001 质量体系认证,取得国家二级运输企业资质,是包头国际集装箱中转站的建设者与经营者。公司硬件设施配备已达国际同类企业水平,年国际集装箱通过能力达 3.3 万标箱。拥有集装箱堆场 2.8 万平方米,海关监管库6658 平放米,铁路专用线 2 条,法国雷诺和瑞典沃尔沃集卡车共 55 辆,意大利正面吊 1 台,50 吨汽车吊一台,韩国大宇 7.5 吨叉车 1 台,2.5 吨叉车 5 台。公司拥有多年操作经验和经过专业培训的从事国际、国内物流的管理团队。建有以客户为中心的管理信息系统,并与驻站海关、出入境检验检疫局、银行、保险、报关行等单位实现系统对接。公司主要从事国际集装箱多式联运及相关业务,包括:承办进出口货物的国际、国内运输代理业务,订舱、租船、仓储、中转、集散、拆装箱、包装、刷唛、结汇、报关、保险,国际、国内集装箱、件杂散货的运输,铁路专用线运输及相关咨询业务。公司还在天津港设有办事处,负责与港口及船公司之间的业务联络。

- 榆林陆路口岸

榆林市位于陕西北部,榆林陆路货运口岸于 2006 年 6 月经陕西省人民政府批准设立。榆林口岸发展以陆路货运口岸为中心,航空口岸为支撑,建设"两港四区多点一中心"的口岸格局,即以榆林陆路货运口岸物流港、榆林航空口岸港为重点与榆横工业区、定靖、绥米、神府口岸物流园中心相结合,组建多家进出口企业的口岸后续监管点,建设电子口岸中心的信息化平台。榆林是国家级能源化工基地。2009 年全市生产总值实现 1303 亿元,年均增长 18.6%,财政收入 300 亿元,增长 21.3%;区域内公路、铁路交通便利,公路"两纵两横"两纵即陕北线陕蒙界至靖边界段,大柳塔至清涧线;两横即青银线吴堡至定边线,府谷至新街线;铁路四条即北线神木至包头,东线神木至河北黄晔港,南线包(头)至西(安)线;中线太中银铁路。

口岸建设区划:榆林陆运口岸位于榆林市榆阳区经济技术开发区内,东经$109°15'$,北纬$38°40'$是陕西省政府"十一五"规划中的榆林能源化工物流中心,一期占地500亩,二期规划用地500亩。运输方式以铁路、公路货运为主。口岸查验办公、生活设施:拟建口岸查验单位办公、生活及口岸查验设施2.2万平方米,由榆林市政府投资1.7亿元,在榆林市经济技术开发区内建设。口岸吞吐量:榆林矿产资源丰富,油、气产业已形成2.2亿吨煤炭,500多万吨能化材料生产能力,已有多家世界500强企业入驻榆林,外贸进出口货物以18%的速度递增,建成后口岸货运能力可到达50万吨/年。机构设置:2007年4月榆林市政府成立了口岸办公室,县级单位,编制12人,2010年5月国务院批准设立榆林海关,处级,编制25人。榆林出入境检验检疫局已于1999年12月成立,编制10人。拟增加编制20人。开放时间:于2011年正式对外开放营运。

口岸物流园区:以能源化产品进出口贸易为主的榆横工业园区口岸物流园区。榆横工业区是榆林市规划建设的重点工业区,面积30平方公里,现有中化益业、陕西新兴、延长集团三个重大项目落地。近期形成420万吨煤制油、甲醇、PVC能化产品生产能力,远期形成900万吨产能。园区内有通往榆靖高速以及榆马百米大道和专门铁路一条,交通便捷。榆林陆港口岸海荣物流园区占地1500亩,正在规划建设集装箱货场仓储、装卸、包装、停车、维修、商贸、办公等基础设施,集保税、物流、集疏、配送为一体,可实现年进出口货物100万吨能力。2011年投入营运。

以农产品进出口贸易为主的定靖口岸物流集疏运输园区。定边、靖边是榆林重要的特色农牧产品和油气化工生产区。农副产品有特色羊肉、荞麦、马铃薯以及深加工产品;油气能化产品有甲醇、烯烃,产能500万吨,远期1000万吨;还有石油机械制造、风力发电等设备项目。区域有青银高速以及太中银铁路通过,交通便利;定边泰康口岸物流区占地200亩,正在规划建设集装箱货场、仓储、装卸、检验办公等基础设施,可实施年进出口货物50万吨能力。计划2011年投入营运。

以盐化、氯碱产品进出口贸易为主的绥米口岸物流集疏运输园区。绥德口岸物流园区位于绥德县城北,占地3050亩,总投资24.5亿元,规划有生产加工、货运集散、仓储、配送、商贸物流、管理服务、生活配套等设施,可实现年进出口货物100万吨能力。园区有连接榆绥高速、青银高速、绥延高速,以及太中银铁路,交通十分便利。可服务"榆米绥"盐化工业区、吴堡煤焦化工区以及沿黄红枣产品生产加工区和当地家具、建材、石雕、工程机械、机电设备、日用消费品等产品的进出口,近期有盐、氯碱、焦煤、石雕等产品的进出口。于2011年投入营运。

以硅铁、硅化产品进出口贸易为主的神府口岸物流集疏运输园区。神府经济开发区创建于1993年,1994年经省政府批准设立,为榆林市直属省级经济开发区,规划面积14平方公里,设锦界、店塔、神树塔、燕家塔4个工业园区。现有入区企业168家。园区现有PVC、水泥、烧碱、玻璃、兰炭等能化产品,产能2000万吨;园区交通便利,有神朔、神(木)包(头)、神(木)西(安)铁路;以及榆神、神府高速。规划在锦界工业园区建设口岸物流中心建设集装箱货场、仓储、装卸、办公等基础设施,集保税、物流、集疏、配送为一体,可实施年进出口货物200万吨能力。于2011年投入营运。

5. 航空口岸建设

扩建呼和浩特、银川河东机场,包头、鄂尔多斯扩建(4D级)、乌海(4C级)机场扩建工程,建巴彦淖尔机场(4C级)、榆阳机场(4D级),新建定边机场(4C级),新建府谷机场(4C级)、通勤机场项目(巴彦浩特、额肯呼都格、达来呼布三个通勤机场),新建沙湖应急救援旅游机场。

1993年12月,呼和浩特白塔机场被开辟为航空口岸,1991年3月开通至蒙古国首都乌兰巴托的航线,成为我国起降国际定期航班的机场之一。目前呼和浩特机场已开通了至日本、韩国、我国香港等国家和地区的不定期旅游包机航线。2006年,呼和浩特机场旅客吞吐量首次突破150万人次,达到1509643人次(标志着呼和浩特机场已进入国内中型枢纽机场行列),货邮行吞吐量15875.5吨,换算旅客吞吐量1686037人次,保证飞机起降21468架次,其中运输飞行20649架次,与上年同期相比,分别增长37.2%、20.3%、35.2%、33.5%和30.5%;共完成旅客发运量776234人次,货邮行发运量7943.8吨,分别比上年同期增长37.8%和4.7%。2004年9月22日国家民航总局和自治区政府共同决定对呼和浩特白塔机场进行扩建。新建机场面积37.4万平方米,可供35架飞机同时停放。航站区新建54499平方米航站楼,可满足年吞吐旅客300万人次的使用要求。新机场于2007年8月5日正式投入使用。

呼和浩特航空口岸扩建:新建联检大楼,总投资5000万元;争取开通呼和浩特至烟台、济州岛,呼和浩特至大连、大阪国际航线;增加直达蒙、俄的航线,适时开通广州至呼和浩特至乌兰巴托,广州至呼和浩特、伊尔库茨克等航线。

银川国际空港物流中心位于宁夏灵武市临河镇,银川河东机场南侧,距银川市城区19公里,距宁东能源化工基地30公里。银川地处全国的几何中心,是中国航空航线西出口的重要节点。以园区为中心1800公里区域内可以辐射全国所有省会城市,3000公里范围内可以辐射整个东南亚。银川国际空港物流中心定位是:立足银川,面向全国,连通东西,集散国内外西进西出货物,建成以辐射中东、中亚、北非、欧洲为重点的货运中转基地和全国清真食品、保健品及穆斯林用品集散地。

该项目是宁夏回族自治区党委、政府为加快宁夏第三产业发展实施的重点工程,项目按照"科学规划、立足实际、突出重点、分期实施"的原则,采用"政府搭台、企业经营、市场化运作"的模式开发建设,项目总投资47亿元,占地面积5800亩。项目全部建成投入使用后,年货运吞吐量达100万～130万吨。银川国际空港物流中心主要包括七个功能区:保税物流功能区、临港物流产业加工区、物流配送分拨区、集装箱堆放区、综合商贸区、普通仓库区、综合管理及服务区。

榆林市机场。榆林机场建成于1958年,2006年在榆林市榆阳区小纪汗新建榆林机场,2008年新机场开通使用,当年发送旅客23万(人次),增长105%。2009年发送旅客63.5万(人次),增长176%,成为国内运营增幅最大的机场。现已开通每日往返西安、北京、广州、上海、太原、银川等8条国内航线。2010年旅客进出港预计将突破100万人次。未来3年,国内客流量预计将以每年20万人次的速度递增,预测2015年开通国内航线15条,旅客吞吐量达230万人次,国际旅客5万人次。2011年投资10亿元扩建机场,新扩建的机场设计年旅客吞吐量达400万人次,飞机起降4万架次。

榆林航空口岸的位置:陕西省榆林市榆阳区东经107°28″,北纬36°57″。建国际厅面积5000平方米,办公生活设施5000平方米,投入总资金1.489亿元,除申请国家补贴外,由地方承担,项目建成后,预计当年接待出入境旅客5万/人次,年出入境货物5000吨。计划在榆阳机场3公里处建设榆林航空三产(口岸)物流服务区,占地460亩,计划建设航空物流仓储、加工、配送、停车、住宿、休闲、娱乐等设施以及边防官兵营房、训练场地等。出入境检验检疫局在榆林已设有机构(处级),拟增加编制20人。海关拟增加编制30人(处级),拟设立边防检查站(团级)编制60人。开放时间:2015年。

口岸出入境人员预测。从表9-13可以看出,榆林出入境人员的增长与榆林市GDP发展关系密切,主要原因是随着榆林经济的快速增长,境外人员来榆林投资、贸易和驻榆林外籍人员增多,但更多的是随着榆林经济的高速发展,带动当地多种产业的发展,一大批国际知名企业落户榆林,同时带动和促进了旅游的发展。近年来,与榆林接壤的周边地区GDP增长率均在13%以上,带动了出入境人员的增加。随着榆林国家能源化工基地建设的加快,榆林市国内生产总值和国民可支配收入会迅速增多,对外交流也不断增加,出入境人员会有一个

持续的较高增长期,预测今后年份出入境人数增长应该在 20%～25%,确定值
为 23%。

表 9-13　榆林市"十一五"期间出入境人员统计表

年　份	国内生产总值(亿元)	GDP 增长率(%)	出入境人员量(万/人次)	增长率(%)
2006	439.47	17	1.50	21.4
2007	672.31	20.1	1.88	25.3
2008	1008.26	24	2.3	22.6
2009	1302.31	13.3	2.78	20.8

以 2009 年出入境人员 2.78 万人次为基数,"十二五"期间出入境人数预测
见表 9-14。周边覆盖地区出入境人数按 200%计算,预测 2015 年出入境人数为
28.5 万/人次。

表 9-14　榆林市"十二五"期间出入境人员预测表

年　份	出入境人数(万人次)	年增长率(%)
2010	3.42	23
2011	4.21	23
2012	5.12	23
2013	6.30	23
2014	7.75	23
2015	9.50	23

二、建设沿边国际产业合作带

"十一五"期间,中国与周边国家的合作不断加强,沿边地区的经济社会发
展也很快,西北地区将与中亚地区各国、西南地区与东南亚和南亚地区加强合
作,从维护和平、促进交流的阶段发展到经济合作、扩大贸易的新阶段。"十二
五"期间,国际次区域合作将迈出更大的步伐。发展国际次区域合作必须首先
加快边疆地区的经济发展。中国边疆地区多数高山连绵、交通不便,又多是少
数民族聚居的地方。应通过全面规划、财政转移支付、改善交通条件、加快实现
基本公共服务均等化、提高社会事业发展水平等措施,提高生活、文化、保障水
平,使改革开放的成果惠及全体人民。促进边疆地区充分利用珠三角区域协
作、中部崛起的良好机遇,积极承接生产要素转移,吸引这些地区的资金、技术
和制度,共享市场和国际经济联系,实现区域优势互补。创造条件,大力吸引北

京、上海、广州等发达地区特大城市的资本、技术和人才到边疆地区投资兴业，推动区域要素流动。加强人才开发、技术合作、信息交流等领域的区域合作。随着边疆地区经济社会发展水平和居民生活水平的提高，国际交流与合作也将进一步加强。

借助边境贸易优势发展边贸型城镇。目前，西部漫长的边境线上分布着众多城镇，而这些城镇由于特殊的地理位置和特点，逐渐发展成为边防口岸城市。"十二五"时期，西部边境地区边贸城镇的规模和聚集程度要在现在的基础上得到较大幅度的扩大和提高，向中等城市发展，逐步发展为陆疆国际交通的运输枢纽中心、边境国际贸易流通中心和外向型制造业中心，大力发展适应陆疆对外开放需要的外向型制造业和适用技术制造业，以此提高边境开放城镇的经济要素和人口聚集能力，形成边贸城镇体系。通过培育经济增长极，使边疆地区崛起若干大中城市，以此带动边疆区域经济社会的发展。

通过创新边境经贸合作的方式和机制，加快边境地区的经贸合作。采取"两国一区、封闭运作、境内关外、自由贸易"的模式建立经济贸易国际合作加工区，实行自由贸易区的有关政策。即两国边境城市各规划一定规模的土地共同建立边境经贸合作特区，具有双经济特区的性质。利用邻国的劳动力、资源，利用中国的资金、技术等进行要素优势互补的合作。在两国边境城市设立对方国家产品保税加工区。可以把在中国逐渐失去优势的产业向此转移，在经贸合作上达到无障碍与双赢。通过欧亚大陆桥实现与中亚乃至东中欧地区的贸易和经济协作，提高大陆桥各级中心城市的产业结构水平和集聚辐射能力，形成若干具有特色产业体系和集群效应的经济板块。以内蒙古为前沿，推动与蒙古在资源、技术、劳动力等生产要素的对接流动。借助地缘优势，促进资金、产品、技术、人才与劳动力、资源等多种经济要素的流动。在有形贸易的同时，依托旅游资源和文化资源，大力发展旅游业和服务贸易。

推动呼包银榆经济区通过跨境经济合作体系建设，依托边境经济技术合作区、进口资源加工区、边民互市贸易区打造具有沿边地区特色的加工制造业，采取"边贸区＋自贸区＋综合保税区＋进出口加工区＋专用通道"的"一区多园"形式，建立沿边国际产业合作带，通过功能叠加、资源整合、高起点的规划和完善基础设施，将合作区建设成为集边境区域性加工业制造、境外资源合作开发、生产服务、区域性国际物流采购等多功能为一体的特殊经济功能区和沿边地区的经济增长点，充分发挥其辐射、带动和示范作用，提升沿边开放的着力点。通过赋予优惠的产业、财税、金融、投资等方面的政策措施，拓展与俄罗斯、蒙古国在贸易、资源开发、物流、基础设施等领域的合作，把资源和区位优势转化为产业优势和市场竞争优势。在充分享受国家给予边境地区、少数民族地区和西部地区的各类优惠政策同时,采取"边贸区＋自贸区＋综合保税区＋进出口加工区＋专用通道"等特殊政策与特殊管理模式叠加方式,建立跨境经济合作建设保障措施体系,加快开发建设进程。

1. 建设"沿边国际产业合作带"的基础和条件

改革开放以来,呼包银榆地区经济发展、社会进步、民族团结、边境安宁、人民生活水平不断提高,为建立沿边国际产业合作带奠定了良好的基础和条件。俄罗斯、蒙古也在积极地谋求发展,具备了一定的基础条件。建立沿边国际产业合作带是可行的。

(1)有坚实的国家关系作保障

• 中蒙关系

中蒙两国边界线长 4710 公里。两国于 1949 年 10 月 16 日建立外交关系。中蒙建交 50 年来,两国关系虽经历过一些曲折,但睦邻友好始终是主流。尤其是近 10 年来,两国关系发展迅速,成果显著。1994 年,双方重新签署《中蒙友好合作关系条约》,为两国关系健康、稳定发展奠定了政治、法律基础。1998 年 12 月,应江泽民主席邀请,蒙古总统那·巴嘎班迪对中国进行了国事访问,双方发表中蒙联合声明,确定建立两国面向 21 世纪长期稳定、健康互信的睦邻友好合作关系,为两国关系的未来发展指明了方向。1999 年 7 月,江泽民主席应邀对蒙古进行国事访问,充实和丰富了两国睦邻友好合作关系的内涵。2002 年 1 月,蒙古总理恩赫巴亚尔对中国进行了正式访问,双方发表联合公报。2003 年 6 月,胡锦涛主席对蒙古进行国事访问,双方宣布建立中蒙睦邻互信伙伴关系,并发表联合声明。2004 年 7 月,蒙古总统巴嘎班迪对中国进行国事访问,双方发表中蒙联合声明。2005 年 11 月,蒙古总统恩赫巴亚尔对中国进行国事访问,双方发表中蒙联合声明。2006 年 11 月,蒙古总理恩赫包勒德对中国进行正式访问。2008 年 6 月,习近平副主席应邀对蒙古进行正式访问。近年来,两国互利合作不断扩大,中国已连续多年成为蒙最大的贸易伙伴和投资国。在国际事务中,双方在许多问题上有着相同或近似的看法,保持密切沟通与合作。蒙古是中国北部的重要邻国,地处中俄两国之间,地理位置独特。多年来,中国政府坚定不移地对蒙古奉行睦邻友好政策。中方尊重蒙古的独立与主权,尊重蒙古人民自己选择的发展道路,尊重蒙古的无核区地位。

在经济方面,1951 年中蒙两国建立贸易关系。1989 年两国政府成立了经济、贸易和科技合作委员会,迄今已举行十一次会议。1991 年两国政府签订了新的贸易协定,以现汇贸易取代了政府间记账贸易。同年,两国政府签署投资保护协定。据中国海关统计,2008 年,中蒙贸易总额约为 24.38 亿美元,其中,中方出口额约为 9.06 亿美元,进口额约为 15.31 亿美元。2008 年,两国政府签署《中蒙经贸合作中期发展纲要》。中蒙两国在平等互利的基础上发展经贸合作关系。据蒙方统计,截至 2008 年年底,中国对蒙投资共计 16.8 亿美元,投资项目 4628 个,继续保持为蒙第一大投资国。2009 年 4 月,蒙古副总理、中蒙经济、贸易和科技合作委员会蒙方主席米·恩赫包勒德率团参加在北京举行的该合作委员会第十一次会议。1985 年以来,两国在发展政府间贸易的同时发展边境贸易。目前,中国的内蒙古自治区、新疆维吾尔自治区、宁夏回族自治区、河北省、吉林省等同蒙古有关地区和部门开展边境贸易。

• 中俄关系

中俄关系在过去的 60 年中日益走向成熟。1996 年 4 月,两国建立了中俄战略协作伙伴关系。经过十几年的发展,中俄战略协作伙伴关系已成为成熟、稳定、健康的国家关系,两国政治互信达到前所未有的高水平。中俄战略协作伙伴关系是最独特、最重要、也最牢固的双边关系。作为最大邻国和快速发展的世界主要新兴经济体,中俄两国互利合作的前景广阔。

在经济合作方面,中俄双边贸易增势强劲。1999 年至 2008 年,两国贸易额平均增速接近 30%。2010 年前 10 个月,双边贸易额达到 451 亿美元,增长 43.4%,全年有望突破 500 亿美元大关。俄罗斯重回中国前十大贸易伙伴之列,中国也跃居俄罗斯第二大贸易伙伴。此外,中俄能源谈判机制已进行了多轮富有成果的对话,签署了石油领域合作政府间协议,推动双方油气、核能、电力合作步入快车道。全长逾 1000 公里的中俄原油管道已经全线竣工,即将投入运营,中俄合资的天津炼油厂顺利奠基,合作建设的田湾核电站二期工程顺利启动,天然气管道合作稳步推进。2014 年,双方签署了中俄经贸关系协定补充议定书,为中俄本币结算扩大到一般贸易铺平了道路。人民币和卢布挂牌交易已宣布启动,这将为进一步扩大双方本币结算创造有利条件,促进双方贸易和投资发展。

(2)有西部开发开放的国家政策作支撑

国家高度重视西部地区的发展,对西部地区的开放颁布了一系列优惠政策。主要包括:实现规范的中央财政转移支付;优先安排资源开发基础设施建设项目,逐步增加财政支持和建设投资,并将 70% 的国外优惠贷款用于西部;已新发布《中西部地区外商投资优势产业目录》,加强产业引导,鼓励向中西部地区投资,引进先进技术、设备,发展中西部地区比较优势产业和技术先进的企业,促进产业结构的优化升级,带动中西部地区经济整体素质的提高,引导人才向中西部流动。

此前,国家发改委曾对西部开发前 10 年进行回顾和调研,结论之一是:西部开发前 10 年已确定关中天水、成渝、北部湾三个重点发展区域,后十年需要有新的经济增长极。据发改委官员称,呼包银榆地区作为重点区域,不但已纳入西部大开发第二个十年发展的指导性意见文件中,在《西部大开发"十二五"规划》编制时,也会把呼包银榆地区的地位明确为西部发展的"战略高地"。同时,中国社会科学院西部发展研究中心主任魏后凯表示,呼包银榆地区有成为能源和化工基地的特殊优势。作为京津冀都市圈的腹地,呼包银榆地区已被确定为西部大开发第二个十年规划的重点经济区域,成为后 10 年西部发展新的经济增长极。

(3)独特地缘优势奠定了开展跨境经济合作的基础

呼包银榆经济带,以京包—包兰铁路、集(宁)—通(辽)铁路和 110 国道为主轴线,以呼和浩特、包头、银川、东胜、榆林、集宁、通辽等节点城市为依托,延伸辐射内蒙古自治区和宁夏回族自治区全境,以及榆林地区,总面积约 130 万平方公里,是我国实施西部大开发的重点地区。经过多年的建设与发展,呼包银榆经济带已经形成了便利的交通运输体系、较为密集的城镇体系、优势明显的特色产业体系,具备了加快开发建设的条件。此外,呼包银榆经济带地处我国北部边疆地区,与蒙古和俄罗斯有着 4200 公里的陆地边界。内蒙古的蒙古族与蒙古国的蒙古族同属一个民族。目前已有两条亚欧大陆桥(分别通过满洲里和二连浩特两个铁路口岸)和 18 个陆路口岸将边境两边连接起来,形成了独特的向北开放的区位条件和地缘优势,对我国积极推进向北开放,加快发展与俄罗斯、蒙古的经贸关系,特别是对我国巩固和发展与俄罗斯的战略合作伙伴关系,具有其他经济区域无法替代的重要作用。同时该经济带具有的区位优势,是我国北部沿海地区,特别是京津地区经济增长的腹地,是连接环渤海经济区与大西北以及环渤海湾港口群与我国向北开放陆路通道的桥梁和纽带,该经济带特殊的区位优势及其以能、矿资源为基础形成的产业优势,决定了它能够成为向北开放的重点区域,是我国参与东北亚经济合作的重要地区。

2. 建设"沿边国际产业合作带"的措施

第一,从国家关系角度解决对向北开放存在的国家之间的问题。要从国家一级解决与俄罗斯和蒙古国双边经济关系中的体制和政策问题,通过双边协议和条约,理顺双边经济关系。

第二,要促进东北亚地区经济合作的发展,以便从国际经济体制方面推动对北开放。把这个地区的经济合作从民间推动为主转向政府与民间并举,从松散合作方式转向体制性合作,努力推动地区经济合作机制的建立,尽早成立论坛型的东北亚经济合作组织。

第三,中央应从体制、政策和资金方面给予呼包银榆经济区发展向北开放以更多的支持,包括税收政策、金融政策和投资政策方面的支持。在充分享受国家给予边境地区、少数民族地区和西部地区的各类优惠政策的同时,采取"边贸区+自贸区+综合保税区+进出口加工区+专用通道"等特殊政策与特殊管理模式叠加方式,建立跨境经济合作建设保障措施体系,加快开发建设进程。通过功能叠加、资源整合、高起点的规划和完善基础设施,将合作区建设成为集边境区域性加工业制造、境外资源合作开发、生产服务、区域性国际物流采购等多功能为一体的特殊经济功能区和沿边地区的经济增长点,充分发挥其辐射、带动和示范作用,提升沿边开放的着力点。

第四,修改和强化边贸政策,边境贸易发展要适应中国加入世贸组织的新形势,拓宽思路,探索新途径、新办法。建议国家有关部门和地方政府要加强沟通与协调,切实提高边境贸易水平;要采取有效措施,通过边境贸易扩大出口;通过赋予优惠的产业、财税、金融、投资等方面的政策措施,拓展与俄罗斯、蒙古国在贸易、资源开发、物流、基础设施等领域的合作,把资源和区位优势转化为产业优势和市场竞争优势。

第五,考虑给满洲里和二连浩特分别与俄罗斯和蒙古国建立边境自由贸易区的特殊政策。先期可考虑建立边境保税区。由于这两个城市是对北开放的国际大通道必经的重要口岸,中央应加大口岸建设的投资力度。

第六,放宽外资进入的限制。可考虑给予该经济带的主要开放城市以提前开放服务业的政策。对外资银行的设立、外资流通业,包括外资贸易企业的进入,缩短必要的过渡期,使之比沿海地区服务业的开放步伐更快。适度放宽外资在能源、交通基础设施等领域的进入限制。

第七,国务院有关部门通盘考虑在对北开放中与国际多边经济机构合作的问题。包括进一步加强与亚洲开发银行等国际机构在中蒙俄连接地带的基础设施建设方面的合作,并考虑参与这一地区的跨国通道的建设等。

3. "沿边国际产业合作带"建设目标

适应新的国际经济、政治现实和发展趋势,充分发挥本区域独特的地缘和区位优势、与毗邻国家经济互补优势和民族区域自治的政策优势,以向北开放为主攻方向,加大实施开放带动战略,利用国内和国际两种资金、两个市场,积极参与区域分工,实现呼包银榆经济带的快速增长。

(1)中期目标

初步建成2个我国北方地区最重要的陆地边境自由贸易区和一系列内陆地区沿边新兴开放城市。满洲里和二连浩特两个城市形成经济规模,城市基础设施建设基本满足对外开放和当地社会经济发展需要,在大力发展对外加工贸易的基础上适时启动并加快对俄和对蒙两个自由贸易区建设步伐,使满洲里、二连浩特成为中、俄、蒙边境商贸中心,信息技术交流中心和连接欧亚大陆桥的交通枢纽。

(2)长期目标

适应东北亚地区经济和政治形势变化趋势,努力巩固和发展与俄罗斯战略伙伴关系,紧紧依托呼包银榆交通干道的经济基础和交通运输便利条件,组织实施"南联北进、服务全国"的北方边境地区对外开放战略,把呼包银榆经济带建成我国重要的转口贸易、出口加工和进口加工三大基地。基本形成以俄、蒙为主要对象国并依托铁路干线延伸至欧洲的、我国最重要的北方地区对外开放经济带。

三、对外民族用品加工与贸易区建设

1. 宁夏穆斯林民族用品加工与贸易

(1)宁夏发展内陆开放型经济的独特优势

首先,具有民族团结的政治优势。回族与中东阿拉伯国家及伊斯兰世界有着共同的宗教信仰、民族心理素质以及悠久的通商历史传统。多年来,宁夏回汉等各族人民和睦相处,已成为我国民族团结的典范。回族人民具有光荣的爱国主义传统,抵御外来势力渗透能力较强。其次,有与伊斯兰国家经贸文化交往的先行优势。从 20 世纪 80 年代开始,宁夏与伊斯兰国家的交流与合作不断发展。近年来,中国(宁夏)回商大会、宁伊(朗)合作论坛等活动,大大促进了宁夏与伊斯兰国家的双边交流与合作。宁夏的"一节一会"已上升到国家级大型展会,中国(宁夏)国际技资贸易洽谈会已成为我国与伊斯兰国家经贸文化合作交流的国家级主阵地。宁夏已培养了一大批阿拉伯语翻译人才,宁夏的清真食品、穆斯林用品已远销马来西亚、阿联酋、沙特、科威特等地,清真食品产值占全区食品总产值的 80%。此外,宁夏的面积小、人口少,适宜作为改革开放的试点区域。

(2)宁夏发展内陆开放型经济的措施

"十二五"及以后一段时期,宁夏应充分发挥回族穆斯林文化优势,发展与伊斯兰国家的经贸文化交流与项目合作,形成物流、人流与资金流,从而扩大市场需求。在人流与物流集聚到一定规模后,必然产生大量的服务需求,从而有效刺激服务业的快速发展以及带动农副产品加工业的发展。届时,宁夏经济社会将得到较快发展,产业结构显著转变,环境保护及节能减排压力得以缓解,就业显著增加,发展方式得到根本转变。

在宁夏建设全国规模的清真牛羊肉及制品批发市场,完善已经形成的宝丰、纳家户、涝河桥三大清真牛羊肉批发市场功能,提升其在全国清真牛羊肉及制品批发市场的地位和档次。构建全球清真牛羊肉配送中心。充分发挥宁夏

航空港的优势,建立全球性的营销配送中心,将宁夏的清真牛羊肉销售到中东地区、马来西亚等以伊斯兰教为主要宗教的国家。推进清真肉制品生产及加工质量规范体系建设。

推动宁夏发展面向穆斯林世界的经贸文化合作。积极抢占与伊斯兰国家的合作先机,打造三大基地国内外产业梯度转移的承接地、具有国际影响力的清真食品穆斯林用品集散地、国际穆斯林旅游目的地。构建三大平台,即中阿(宁夏)经贸文化论坛永久会址、宁夏穆斯林文化城、国际穆斯林商贸中心。建设三大中心,即清真食品认证中心、经贸文化交流中心、伊斯兰金融中心。形成两大机制,即建设中国清真食品认证机构,形成国内统一、国际认可的哈拉相互认证机制;制定中国清真食品穆斯林用品产业标准,形成规范有序、相互认可的产业准出准入机制。争取将银川列为面向阿拉伯国家和穆斯林地区的内陆开放型城市,支持在银川建设面向阿拉伯国家和穆斯林地区开放的综合保税区,开展货物贸易人民币结算,开通银川至中东地区的"空中丝绸之路",支持条件成熟的伊斯兰国家在银川设立领事馆,支持在银川组建宁夏伊斯兰银行。加快培育清真食品、穆斯林用品、穆斯林贸易、伊斯兰金融、阿语翻译等外向型产业,积极争取国家在宁夏设立综合保税区。大力发展阿拉伯语教育,建立中阿民间交流合作机制,鼓励民族贸易往来和文化交流。经过5～10年努力把宁夏打造成具有国际影响力的清真食品穆斯林用品生产服务地、面向阿拉伯国家及穆斯林地区开放的前沿阵地、连接国内外与中东的物流中转地和旅游目的地,使宁夏成为我国发展内陆开放型经济的重要增长极。力争到2015年,面向阿拉伯国家及穆斯林地区进出口贸易达到2亿美元,年均增长20%以上;对外工程承包和劳务合作完成营业额突破1亿美元,外派劳务突破5000人次,阿拉伯国家及穆斯林地区入境旅游人次达到5万人次以上。

全面扩大经贸交流合作。立足招大商、引好资,在工业、能源、基础设施、现代服务业等领域,引进一批国内外大型企业集团,力争全年招商到位资金超过700亿元。主动承接离岸服务外包业务,积极拓展境外市场,努力扩大出口规模,确保传统市场不下降、新兴市场有增长。支持企业在研发、生产、销售等方面开展国际化经营,培育一批有一定竞争力的跨国公司。办好宁洽会、园博会、房车节、服装节、世界防沙治沙大会等重点节会,精心组织参加上海世博会,全面推介和展示宁夏。积极开展与陕、甘、内蒙古等周边省区的横向经济合作,更好地参与区域经济大循环。宁夏发展内陆开放型经济基本构想如图9-3所示。

2. 内蒙古以皮革皮毛为主的民族用品加工与贸易

由于历史渊源,内蒙古与蒙古国宗教、文化、风俗习惯等方面非常相似,有与蒙古国保持良好沟通的得天独厚条件。在经济区与俄罗斯接壤的边境地区,

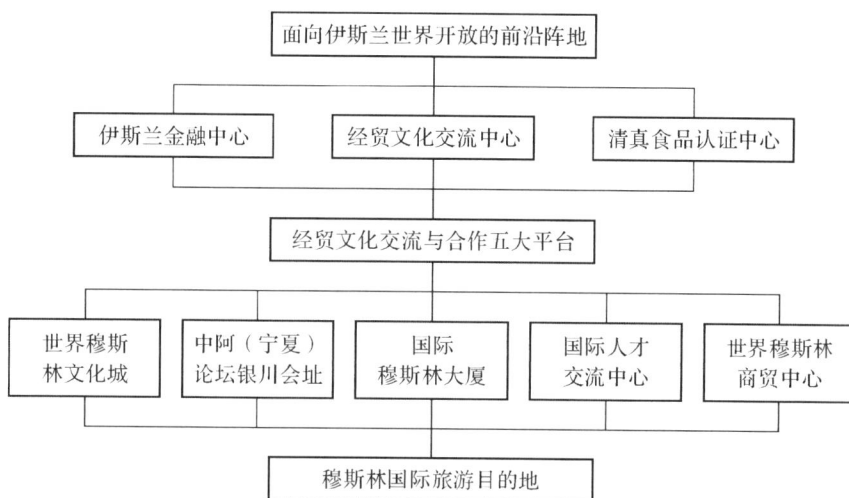

图 9-3 宁夏发展内陆开放型经济基本构想

长期以来通过边民互市贸易、边境小额贸易等方式,同俄方对应地区建立了千丝万缕的联系,额尔古纳市俄罗斯后裔聚居区民族乡,成为与俄罗斯交往的民间桥梁和纽带,增加了俄罗斯对内蒙古人民的认同感。内蒙古与俄罗斯远东地区和蒙古国在经济上具有一定的互补性,可以形成"两种资源"、"两个市场"共同发展,实现双赢的发展格局,为双边的经贸合作和人员交往提供了独特的优势条件。

充分发挥内蒙古自治区在原料生产上的优势,紧密衔接产业与市场,加快技术创新和设计创新,提高产品的市场竞争力,保证制品的各个环节要成一条龙配套,拉长产业链,把优势原料变成优势产业。应将皮革皮毛产业作为今后内蒙古自治区农牧业产业化发展的重点,在国债资金安排、重点项目支持、产业化资金及农业综合开发资金安排上给予倾斜,必要时可以采取政府参股的办法来引导投资,弥补建设资金不足的问题。充分利用国家西部大开发优惠政策和各地区招商引资优惠政策,调动各类投资主体的积极性,在政府招商的同时,鼓励肉类加工企业及其他企业招商,以商引商,延长肉类加工企业的产业链条,把内蒙古皮革皮毛产业做起来。充分利用内蒙古自治区北口岸的优势,支持和帮助皮张经营企业和加工企业取得皮张进口许可,从俄罗斯和蒙古等国家进口皮张,以补充内蒙古区域性皮张资源不足。

一是培育和健全专业市场。加大市场的基础设施建设投入力度,放宽市场准入条件,实行无税费交易,完善市场服务功能,吸引外地客商和当地皮毛商贩进场交易,逐步形成几个像鄂尔多斯市达拉特旗上规模的皮张集散市场,为引入加工企业提供条件。二是加大招商引资工作力度。以鄂尔多斯市、乌兰察布市和巴彦淖尔市的大量羊皮为基础,充分发挥其交通便利、四季出栏的优势,通过招商引资支持在这些地区建设制革企业,在建设用地上要优先安排,优先审批,其各项费用按有关规定的最低标准执行或免除,吸引大企业、大品牌来内蒙古自治区办厂,通过政策引导和资金扶持的办法,鼓励肉类加工企业和其他企业投资皮革皮毛产业,主动向外寻求合作伙伴,拉长产业链条,把肉类加工的副产品做成产业。三是转变畜牧业生产方式,改善畜产品质量。结合发展农区畜牧业、围封转移、饲舍圈养,大力推进畜牧业生产方式转变。通过采取对购进肉用牛羊实行优惠贷款、政府补贴,对舍饲圈养基础设施建设补贴等方式,引导农牧民进行规模化养殖,推广四季出栏,增加牛羊的饲养量,解决病害和自然危害给皮张造成的损害,为加工企业生产足量、合格原料。结合肉类加工企业的需要,加大"种子工程"实施力度,采取政府补贴种畜,或企业提供种畜等办法,加快肉牛、肉羊品种的改良,大力发展德美、道赛特等优良品种与小尾寒羊的杂交品种,发展西门塔尔等肉、皮兼用牛品种,提高皮张质量;四是树立科学发展观,保证产业和环境协调发展。制革是高污染行业,整个皮革加工过程需要用500多种化工原料,废液成分复杂,处理难度大、费用高,需要政府和企业共同关注以下问题:一在引进企业时,一定要坚持高标准、高起点,加强监管,坚决执行环境污染评价制度,治污设施要与主体工程同时设计、同时施工、同时投产使用,决不能走先污染后治理的路子;企业起步时,政府在环境设施建设上应给予一定的支持,或者由政府建设污水处理等配套环保设施,以吸引企业投资,保证皮革产业与环境保护的协调发展。

四、加快推进承接东部地区产业转移与投资

以《国务院关于中西部地区承接产业转移的指导意见》为总方针,从实际情况出发,立足比较优势,紧紧抓住国际国内产业分工调整的重大机遇,以市场为导向,以自愿合作为前提,以结构调整为主线,以体制机制创新为动力,改善投资环境,合理确定产业承接发展重点,防止低水平重复建设,进一步优化产业空间布局,引导产业集聚,提升配套服务水平,提高自主创新能力,促进产业优化升级,推动重点地区加快发展。加强生态建设,注重环境保护,强化污染防治,严禁污染产业和落后生产能力转入,发展循环经济,推进节能减排,促进资源节约集约利用,提高产业承载能力,促进可持续发展。建立利益共享机制,实现良性竞争、互利共赢。充分发挥市场配置资源的基础性作用,注重规划和政策引导,促进劳动力就地就近转移就业,促进产业和人口集聚,加快城镇化步伐,不断增强呼包银榆经济区的自我发展能力。深化重点领域和关键环节改革,突破

发展瓶颈,优化发展环境,增强发展活力和动力,扩大对内对外开放,加强区域互动合作,促进要素自由流动,实现东中西部地区良性互动,逐步形成分工合理、特色鲜明、优势互补的现代产业体系。

积极承接产业转移。按照市场导向、优势互补、生态环保、集中布局的原则,积极承接国内外产业转移。科学编制承接产业转移规划,因地制宜合理确定承接重点,着力引进具有市场前景的产业和技术装备先进的企业。制定相关政策,安排产业转移引导资金,引导东中部地区企业向西部地区有序转移。严把环境关,防止落后产能向西部地区转移。要把承接产业转移与调整自身产业结构、建立现代产业体系结合起来,形成东中西部地区合理的产业分工格局。开展承接产业转移示范区建设,鼓励东部地区和西部地区共建产业园区。支持产业园区适当扩区调位,符合条件的省级开发区可申请升级为国家级开发区。支持老工业基地改造和资源枯竭城市培育发展替代工业。

建设以宁东、鄂尔多斯、榆林三个能源化工基地为基础的承接产业转移和投资示范园区,充分利用区域内及蒙古、中亚、西亚的资源、能源,承接区际产业转移和投资,促进能源精细加工转化和配套服务项目建设,重点支持煤制油、煤制烯烃二期、电力外送、甲醇制烯烃、煤制天然气和化肥以及新能源等项目的开发与建设。借助国家支持老工业基地改造和资源枯竭城市的契机,建设以石嘴山、包头等为代表的老工业基地通过承接产业转移和投资培育发展替代工业的示范园区。支持东部的纺织服装制造业向呼包银榆地区转移,以充分利用该地区大规模畜牧业产出的毛、绒、皮等原料,以区域性的原料专业市场为基础,建设轻工业产业转移示范园区。支持东部地区和呼包银榆经济区共建产业园区,支持、引导东部地区的开发区开展与呼包银榆地区开展项目合作,对"飞地"园区建设加以扶植。

发挥呼包银榆地区资源丰富、要素成本低、市场潜力大的优势,依托已有的产业基础和劳动力、资源等优势,推动劳动密集型产业、能源矿产开发和加工业、农产品加工业、装备制造业、现代服务业、高技术产业以及对外加工贸易等重点产业的承接发展,进一步壮大产业规模,加快产业结构调整,培育产业发展新优势,构建现代产业体系。劳动密集型产业,承接、改造和发展纺织、服装、玩具、家电等劳动密集型产业,充分发挥其吸纳就业的作用。引进具有自主研发能力和先进技术工艺的企业,吸引内外资参与企业改制改组改造,推广应用先进适用技术和管理模式,加快传统产业改造升级,建设劳动密集型产业接替区;能源矿产开发和加工业,积极吸引国内外有实力的企业,大力发展能源矿产资源开发和精深加工产业,加快淘汰落后产能,在有条件的地区适当承接发展技术水平先进的高载能产业,加强资源开发整合,允许资源富集地区以参股等形式分享资源开发收益;农产品加工业,发挥农产品资源丰富的优势,积极引进龙头企业和产业资本,承接发展农产品加工业、生态农业和旅游观光农业,推进农业结构调整和发展方式转变,加快农业科技进步,完善农产品市场流通体系,提升产业化经营水平;装备制造业,引进优质资本和先进技术,加快企业兼并重组,发展壮大一批装备制造企业,积极承接关联产业和配套产业,加大技术改造投入,提高基础零部件和配套产品的技术水平,鼓励有条件的地方发展新能源、节能环保等产业所需的重大成套装备制造,提高产品科技含量;现代服务业,适应新型工业化和居民消费结构升级的新形势,大力承接发展商贸、物流、文化、旅游等产业,积极培育软件及信息服务、研发设计、质量检验、科技成果转化等生产性服务企业,发展相关产业的销售、财务、商务策划中心,推动服务业与制造业有机融合、互动发展,依托服务外包示范城市及省会等中心城市,承接国际服务外包,培育和建立服务贸易基地;高技术产业,发挥国家级经济技术开发区、高新技术产业开发区的示范带动作用,承接发展电子信息、生物、航空航天、新材料、新能源等战略性新兴产业,鼓励有条件的地方加强与东部沿海地区创新要素对接,大力发展总部经济和研发中心,支持建立高新技术产业化基地和产业"孵化园",促进创新成果转化;加工贸易业,改善加工贸易配套条件,提高产业层次,拓展加工深度,推动加工贸易转型升级,鼓励加工贸易企业进一步开拓国际市场,加快形成布局合理、比较优势明显、区域特色鲜明的加工贸易发展格局。

创新招商引资机制。坚持"引周边、接沿海、拓海外"的战略,利用中阿经贸论坛、西部国际博览会、回商大会等各种平台,同中亚、中东国家开展经贸合作。积极争取把光伏产业发展论坛、园林奇石博览会暨塞上湿地节办成国家级重要节会,增强对外宣传和招商引资的力度。抢抓东部产业转移机遇,落实东部地区与经济区合作共建产业园区的扶持措施,突出招大商。围绕做大做强汽车制造、机械装备、太阳能、新材料等产业集群,面向发达地区实施定向招商。从政治、经济、精神等方面重奖招商有功人员,营造良好的舆论氛围,调动全民招商。制定年度招商计划,按照部门特点分解任务,加大考核力度,强化部门招商,推进村镇招商。

五、建设一体化市场体系

1. 建设一体化市场的基础

目前,在呼和浩特、包头、鄂尔多斯市、银川、石嘴山等异地投资设立的企业日益增多,经济联系日趋紧密,金三角区域合作的形成和经济发展客观条件要求建立一体化的市场体系;经济区涉及的三个省市在市场主体准入执行的相关法律、法规和规定制度均按地域管辖、级别管辖的要求统一实行,总体要求是一致的;市场主体对呼包银榆投资环境的选择已突破了人口密集、区际发达及交通便利等传统投资模式条件,逐渐形成了区域投资环境均等化趋势,并已经出现了个别企业的城际效益经济。投资环境的均质化的出现是双刃剑:一方面使生产要素能够在很大程度上集中发挥应有的作用,投资能够最大限度体现效益;另一方面如果不能及时形成区域经济一体化发展模式,势必会导致大量吸引来的投资者恶性竞争,造成整体资源的极大浪费。

2. 建设一体化市场的既有优势

(1)历史文化渊源

经济区内呼包鄂地区、银石中等局部区域经济基础相近,风俗习惯相似,内部社会经济交流密切,城市与人口分布集中,民众长久以来频繁密切交往,已经形成政治经济文化社会发展较为雄厚的物质基础和情感认同。

(2)经济地理优势

呼和浩特、包头、鄂尔多斯三市相距平均在 180～200 公里交通圈内,公路、铁路、航空交通便捷发达,呼和浩特市的人力社会资源、包头的雄厚的工业经济基础和鄂尔多斯市丰富的矿产资源、多姿多彩的民族文化资源相互促进有较强的互补性。同样,银石中也具备相似的条件。

(3)市场主体具有强劲的发展潜力

近年来呼包鄂三市经济争先领跑内蒙古乃至全国经济发展,各类市场主体增长速度呈良好发展态势。截至 2009 年年底,三市内资企业累计发展 60266户,注册资本(金)达到 3126.72 亿元,占全区内资企业发展的 47.88%。其中:截至 2009 年年底,三市私营企业累计发展 49885 户,注册资本(金)达到1990.78 亿元,占全区私营企业发展总数的 52.60%;截至 2009 年年底,三市个体工商户累计发展 223919 户,注册资本(金)达到 64.86 亿元,占全区个体工商户总数的 28.34%。截至 2009 年年底,三市外资企业发展情况为:外资企业累计发展 1220 户,其中外商投资企业 428 户、外商投资企业分支机构 792 户,注册资本达到 411284 万美元。

3. 市场一体化对促进经济区发展的积极作用

从总体上看,经济区各类市场主体均局限于本地区内,其发展呈平稳发展态势,但是从发展速率来看,并没有出现许多跨越、高速度增长。如果实现统一的"大市场、大流通、大循环"的优势互补的一体化发展格局,必将会激发起经济区市场投资的后劲和潜力,促进市场主体的大发展、经济的大繁荣。建立统一物流市场、金融市场、建筑和房地产市场、旅游市场、文化交流市场等,"金三角"区域统一大市场的形成必将极大地推动三市社会总体消费水平,拉动实现三市市场需求,从而实现经济共同繁荣发展。

构建规范、统一的市场法制环境。区域市场准入增强市场监管的联动性,推进商标知识产权保护体系、企业和个人信用体系、消费维权体系等市场基础制度区域建设,有利于整合行政监管资源,形成统一的市场环境。区域性市场准入,提高了工商行政管理行政指导的统一性和行政保护的有效性,探索形成规范、统一的市场服务环境。

4. 建设一体化市场的原则

(1)统一性原则

一是各地工商部门在实施统一的市场准入工作中,不违背区域内准入机制的统一,并支持与全国经济建设融通衔接,促进与国际经济接轨;二是坚持公平、公正、效率的原则,反对在制度上歧视另外一地的市场主体,维护三地市场主体平等的法律地位;三是畅通三地之间生产要素的自由流动,杜绝行业封锁和地方保护主义,提倡法律规范下的合理竞争,反对无序或扰序竞争。

(2)五个共享原则

各地工商机关在市场准入过程中应树立一盘棋思想,相互融合、借鉴,加强联系,本着"共商、共议、共寻、共建、共享"的原则共同商量在一体化工作中的难点和难题,共同议论解决难点的途径,共同构建一体化市场准入的长效机制,共同寻找市场准入工作的差距所在,共同享受一体化市场准入工作中取得的成果,以达到推动三地之间经济发展的全面合作。

(3)权力让渡原则

在一体化市场准入工作中,各地工商部门应以人为本,以服务为重,树立大局意识,保证一体化市场准入的顺利进行。

(4)同一规范原则

在市场一体化建设中,会产生一系列的磨合矛盾,这些矛盾的解决要依靠现有的法律法规来解决。但也有一些具体问题需要制定规章或参照民俗惯例来解决。在监管工作中各地工商部门应及时归纳总结,不断统一思想,完善约成,制定符合法律、适应具体事例的条规和工作范本。

5. 建设一体化市场的举措

根据呼包银榆的工商行政管理工作实际,应按照先易后难、逐步推开的原则,制定符合工作实际的"四统一"的市场准入制度,形成联动机制,即统一经济区市场准入条件、准入程序、市场监管措施和统一的各项优惠政策,积极构建经济区内市场准入信息网络一体化格局,为经济区一体化发展创造良好的市场环境。

(1)统一市场准入条件

　　放宽企业出资管理。国有企业转制、改制的,允许原企业职工以企业净资产出资;科技、环保、节能型内资公司设立时,国有企业增加注册资本时可以先行登记;统一非货币可作为出资条件。经法定机构评估验证,投资者可以用股权、采矿权非货币财产,作为经济区内资公司出资。统一集团注册条件。企业集团的核心企业注册资本最低限额降为 3000 万元,子公司达到 3 家;母子公司的合并注册资本达 5000 万元人民币;境外投资者如果已向经济区内工商局提交了主体资格证明的公证书原件以及我国驻当地使(领)馆出具的认证书原件,同一年度办理注册登记时,可凭留存上述原件的工商局出具的主体资格证明直接申请登记,无须重新办理公证、认证等手续。大力支持经济区内个体工商户发展和转型。对个体工商户转型为个人独资企业或者一人有限责任公司的按"一废一立登记"的原则,允许其继续使用原个体工商户名称中的字号和行业,涉及经营项目审批的,在有效期内原审批文件保持有效。允许个人独资企业、合伙企业、个体工商户新登记为公司时使用原名称中的字号和行业用语。放宽经济区内企业名称使用范围。允许企业名称中含有知名企业、高等院校或科研院所的通称或简称;允许改制企业在名称中保留原有的厂、院、所等并加"有限公司"字样;允许商业零售和饮食服务类企业在名称中使用"连锁"字样;允许企业使用法律、法规和国务院文件中有关新兴行业的表述作为名称中的行业用语,对企业名称中不体现行业特征的企业,注册资本由 1 亿元降至 5000 万元。投资主体自主选择公司类型。只要符合法定条件,有限责任公司可变更为股份有限公司,股份有限公司可变更为有限责任公司;多人投资的有限责任公司可变更为一人有限责任公司,一人有限责任公司可变更为多人投资的有限责任公司。自主选择经营方式。除国家法律、法规规定必须经过前置审批方可从事生产经营方式,工商行政管理部门按行业大类核定。在国家和自治区人民政府批准的开发区从事服务业,经申请可不具体核定经营方式。支持经济区内农民专业合作社用土地承包经营权出资。在不改变土地集体所有性质、不改变土地用途、不损害农(牧)民土地承包权益的前提下,允许农民专业合作社成员以土地承包经营权出资。农民专业合作社解散清算、破产清算需清偿债务时,土地承包经营权不得转移,可以货币或其他财产清偿债务。

　　(2)统一市场准入程序

　　统一经济区内招商引资大项目的特事特办制度。在经济区内允许企业在提交必要的要件和资金到位的情况下,经所属市人民政府批准,可以先办照后补材料,核发有效期为 1~6 个月的营业执照。适度把握企业住所登记工作。对在各类经济技术开发区、高新技术开发区、科技园区内申办企业及个体工商户的,如果确实无法提交房屋或土地使用证明文件或县以上土地管理部门出具的批准文件的,可依据园区管委会出具的房屋或土地归属证明文件,登记企业及个体工商户住所(经营场所)。申请人到经济区内异地开办企业,本地工商局应当积极提供发放表格、登记咨询、协助审查服务。

(3)统一工商行政管理市场监管措施

放宽、延长经济区内企业年检时限。企业申报年检超出规定时间在两个月之内的,不予经济处罚;超过两个月,但在当年内主动补办年检的,在法定的处罚幅度内减轻处罚。除前置许可文件、证件有效期届满外,企业有正当理由的,可在 6 月 30 日前向登记机关申请延期参加年检,登记机关根据企业的实际情况,可将延期参加年检的最长期限由 30 日延长至 3 个月。对在偏远地区的企业推行流动办照、流动年检。除前置许可文件、证件有效期届满外,企业有正当理由的,可以在 6 月 30 日前向登记机关申请延期年检。经济区内个体工商户在异地经营满 6 个月的可就近到经营地的工商所(基层工商分局)验照,由该工商所(基层工商分局)在 5 个工作日内将验照情况抄告原发照的工商所(基层工商分局)。对在经济区内设立食品、药品、化工、钢铁以及高能耗、高排放、高污染行业的生产企业的登记申请,工商部门将依据国家产业政策及相关规定,严格审查环境影响评价报告及相关能耗标准,严把准入关。做出不予登记决定的工商局应在 5 个工作日内将不予登记决定通报经济区内其他市县区工商局。对不符合节能减排要求、政府决定关停企业的注销、吊销或变更信息应在 5 个工作日内通报经济区内各市县区工商局。各市县旗区工商局将经济区内跨行政区划设立的企业纳入本工商局的经济户口,进行无差别的统一管理。确立经济区内一体化的维权机制。

(4)统一经济区内工商行政管理服务发展制度

统一办事指南。经济区内各市县区工商局应在其门户网站公示经济区内其他工商局的办公地点、联系电话、登记审批流程、办事指南等信息。印制统一的办事指南,列明经济区内所有工商局名称、地址、联系人、联系电话、服务内容等。统一经济区内市场主体分析报告制度。经济区内各市工商局充分利用市场主体登记信息,按期撰写市场主体分析报告,供当地政府决策和经济发展服务,同时定期相互交流市场主体相关信息。经济区内市级工商局每季度根据经济区内投资信息参考的选题报送本地市场主体的相关信息,由其中一个市工商局每季度出版一期《专题投资信息参考》。对经济区内各城市的市场主体情况、行业特点、产业布局、发展趋势等进行分析,为经济区内外企业投资和开展经营活动提供参考信息。统一经济区内实行首违行政告诫制。对经济区内首次违法的经营主体违法行为,视其情节,在其没有造成直接危害后果或其他违法行为不涉及人民生命财产安全和国家经济安全的,给予相关人行政提示、行政告诚,并帮助其及时纠正,实行首违不罚。

（5）构建经济区内市场准入信息网络一体化格局

建立经济区内企业信用分类分级监管信息共享机制。将被依法吊销营业执照但仍拒不办理注销手续的企业、违反工商行政管理法律法规规章并受到警告或罚款等处罚的企业、严重违法企业的法定代表人和股东的不良记录纳入企业信用信息系统,探索建立对企业不良退出和失信行为的制约机制,将此类信用信息通报经济区内各工商局,进行联动公示,共建经济区内企业信用监管体系。经济区内"12315"信息化工程建设要实现各类信息共享,方便消费投诉,做到快速便捷地处理,并且对消费维权的结果及时反馈。在经济区内利用"12315"平台建立信息发布制度和消费警示制度,通过定期或不定期的公布信息,塑造良好的信用氛围,建立优质消费环境。各地工商局要坚持统一、规范、效能的原则,积极推进数据中心、应用系统和网络建设,形成业务内网、政务专网、公共服务网三网相互独立又相互联系的网络格局。建设功能完整、数据完备的数字化平台,整合各业务子系统,努力消除信息孤岛,推进建立业务条线互联互通、信息数据共享的现代化、立体化的市场准入信息网络系统。建立数据量化指标体系和数据分析中心,更加准确地反映三市市场主体发展情况。各地工商局要进一步强化信息技术的支撑,完善监管系统软件功能,加强对工作流程的实时监控。提高基层监管巡查信息技术装备水平,不断丰富和完善网上巡查、网上办案、网上监管服务等各种现代化监管手段,加快实现监管服务全过程的信息化、网络化;各地工商局要加强资源整合,构建以市场主体准入为基础,以市场监管和行政执法为主线,具有许可、监管、执法、服务、决策支持等综合功能的一体化综合业务应用平台,实现地域间、部门间的信息共享和业务实时联动。逐步实现市场主体基础信息互联互通、市场监管信息共认共享、市场监管措施实时联动。通过明确层级执法维权责任,建立维权信息通道。同时建立信息通报、定期联席会议等制度,交流信息,推动工作。

六、加快推进对外贸易发展方式转变

在遵循市场配置资源的运作机制基础的同时,要继续大力实施市场多元化战略、科技兴贸战略、以质取胜战略,坚持"引进来"和"走出去"相结合,推动对外贸易从劳动密集型产业向知识密集型、资本密集型产业转化,推动加工贸易产业链向上游研发设计、中游集约发展、下游营销服务延伸,扩大贸易规模,获取参与要素分工带来的贸易利益,提升国际分工地位。积极发展服务贸易,拓展国际工程承包、设计及咨询,有序承接国际服务业转移。要围绕推动新型工业化,发挥装备制造、新材料、电子信息、生物制药、汽车及零部件等产业优势,加快产业升级，提高核心竞争力。要着力提高重型机械等机电产品和新材料、电子信息技术、生物医药技术等高新技术产品在国际分工中的地位，扩大市场占有率。要重视提高纺织、服装业的技术水平，发展食品饮料、中药材、肉食等有条件发展的轻工业，提高轻纺工业总产值和出口总值的比重。积极引导稀土等矿产品的深加工，提高出口附加值。扩大特色农产品的产业化、深加工和对外出口。充分发挥呼和浩特出口加工区、包头加工贸易产业转移基地和满洲里、二连浩特口岸城市的位置优势，积极承接产业转移，带动加工贸易转型升级，力争形成自治区产业和外贸新的增长点。加快推进满洲里、二连浩特和甘其毛都综合保税区建设，设立海关特殊监管区域，充分发挥保税贸易作用。

1. 加大出口退税支持力度

目前在边疆少数民族地区，特别是类似二连浩特、满洲里等边境口岸城市，工业企业较少，财政收入不多，但出口额逐年加大，出口退税7.5%地方负担部分难以承担，已经严重影响了口岸城市的外贸发展。建议国家对边疆少数民族地区出口退税额全部负担，或先行负担边境口岸城市的出口退税，以支持民族地区对外贸易的发展。完善边境地区专项转移支付资金管理。财政部以（财预〔2009J31〕号印发了《边境地区专项转移支付资金管理办法》），中央财政在边境地区专项支付中增加了支持边境贸易发展和边境小额贸易企业能力建设的补助资金。但在执行过程中，大多数边贸企业反映没有获得相应的补助。因此，建议进一步加大对边境对小额贸易企业的支持力度。完善进口的相关政策，对以边境贸易方式进口的资源性商品给予贴息支持。目前国家对以一般贸易进口的部分资源性商品镍、铬、铀、钮、钚、银、钮矿砂及其精矿、铜精矿、传精矿、多晶硅、聚眈亚胶颗粒等给予贴息支持，建议扩大鼓励支持资源性产品进口贴息范围，将以边境贸易方式进口的原木、原油、铁矿砂、铜矿砂、锯材、煤炭、钟矿砂、化肥、成品油纳入进口贴息支持范围。

2. 大力实施"走出去"战略

以互惠互利、实现"双赢"为原则，以口岸为依托，以企业为主体，积极拓展与蒙古等国的合作空间，在更广阔的范围内配置资源，在更高的起点上参与国内外分工和市场竞争，大力发展口岸经济，推动对外贸易。加快口岸监管区设施和贸易服务区基础设施建设，提高综合过货能力。继续增加煤炭等特色传统产品和金属钠等高新技术产品出口，搞好对外承包工程和劳务合作，努力使出口成为拉动经济增长的新动力。加强先进技术装备和煤炭、金铜铁、木材等重要资源的进口。支持盟内优势企业开展境外投资和经营，提高市场占有率和竞争力。扶持和发展民营进出口企业，提高对外贸易经营主体的竞争力。

3. 加强部门协作努力扩大外贸进出口

一是加大财贸协作力度，积极出台扩大出口的政策措施。调整对企业的鼓励政策,灵活制定担保资金支持政策,扩大中央专项资金的支持范围,开辟企业项目融资有效渠道,调动中小企业融资发展的积极性;加快资金拨付进度,加大对企业的支持力度,缓解外贸发展遇到的突出困难。二是加大信贸协作力度,规避和化解出口风险。开展出口融资情况的信用保险政策解读会,利用多种形式广泛开展政策宣传,深入出口企业调查研究,帮助解决企业投保面临的实际困难和问题。进一步降低了出口信用保险保费补助门槛,提高了补助标准。三是加大关贸协作力度,减免进出口企业有关税费。以银川为例,其海关先后出台了《银川海关关于支持宁夏扩大内需促进经济发展的八项措施》《银川海关落实国家减免税政策的 5 项工作措施》和《促进宁夏高新技术产业发展和扩大产品出口的若干措施》等一系列工作举措,2009 年共审批减免税进口设备货值3.4 亿美元,审批减免税金额 3.65 亿元人民币,有力推动了重点工程的建设,促进了地方经济发展。四是加大检贸协作力度,切实为进出口企业服务。宁夏通过实施《应对外贸新挑战促进出口稳定增长的若干措施》,在枸杞之乡——中宁县建立起宁夏首个出口食品、农产品质量安全示范区,确保宁夏产品的国际声誉和竞争力。2009 年是宁夏重点工程建设的高峰年,为应对大幅增长的仪器设备进口,检验检疫部门积极采取“一企一策”的方式。2009 年 1—10 月,共检验进口成套设备及零部件货值 2.94 亿美元,同比增长 104%,协助企业索赔近180 万美元;为了提升企业出口竞争力,还提供了“优惠券”——优惠原产地证,2009 年,共计签发优惠原产地证书 3041 份,签证金额 2.5 亿美元,为企业减免进口关税 1231 万美元。五是加大银贸协作力度,缓解出口企业资金压力。加强与进出口银行协作,支持经济区外向型企业拓宽融资渠道,解决企业融资难、融资成本高等问题,支持企业扩大出口。以宁夏为例,截至 2009 年年底,进出口银行在宁夏贷款余额 21 亿元,较 2008 年增加 5.3 亿元,主要支持高新技术产品、农产品出口;支持资源性产品和技术装备进口,支持境外投资项目,为该区商务事业持续健康发展做出了应有的贡献。

(1)加快推进出口商品结构调整

出口产品结构单一,部分重点出口商品能耗高、附加值低,是制约呼包银榆经济区对外贸易发展的重要因素。应根据产业结构特点,围绕优势产业与优势产品,充分运用各种支持和扶持手段,集中力量扶持重点企业,大力推进技术进步,通过实施项目带动,重点支持新材料产业、生物制药和精细化工业、脱水蔬菜和羊绒产业的技术改造,引导企业大力引进关键技术和关键设备,全面提高企业工艺和装备的技术水平,积极开发新产品,延伸产业链,提高附加值,努力增加产品的科技含量;要充分发挥各部门的职能作用,加强与国家对口部门的联系,努力争取国家加大对经济区重点出口企业和出口产品的支持力度,增加基本建设投入,用好、用足国家对高新技术产品和机电产品技改贷款贴息、产业技术成果转化以及鼓励中小企业发展等方面的政策支持措施,帮助企业加快产品结构调整;要通过实施"科技兴贸"战略,引导、扶持有条件的企业组建技术中心,推动重点企业产品技术创新,探索建立和完善以企业为主体、以市场为导向的技术创新体系,支持企业研究开发具有自主知识产权的出口产品,争取在较短的时间内,培育一批拥有自主知识产权的名牌产品,造就一批核心竞争力强的重点出口企业,建设一批高新技术产品出口基地,努力提高外贸出口的增长质量,增强经济区外贸出口的整体竞争力。加快工业结构调整步伐,强化科技进步在对外贸易中的重要地位,加大优势特色产品深加工、精加工,在继续增加特色传统产品出口的基础上,提高高附加值及优势产品的出口比重,以园区为重点,积极培育骨干龙头企业获得外贸经营权,扶持和发展民营进出口企业,提高对外贸易经营主体的竞争力。依托开发区建设、临策铁路建设和周边口岸的扩大开放,以互惠互利、实现"双赢"为原则,积极拓展与蒙古国在能源开发、有色金属矿开采等方面的合作空间,尽快形成新的对外开放经济带。加快进出口商品结构调整,鼓励高新技术产品、农畜产品出口,扩大煤炭、有色金属等资源性产品进口。实施以质取胜战略,提高出口商品质量。积极开拓新兴国际市场,坚持"引进来"与"走出去"相结合,提高统筹利用国际国内两个市场、两种资源的能力。继续增加传统产品出口,培育和扩大高新技术产品出口,鼓励先进技术装备和能源矿产、原材料等重要资源进口。加快出口加工区建设,提高产业层次和加工深度,增强配套能力,促进产业升级。

(2)大力推进出口品牌战略

实施出口品牌战略,加强自主品牌建设,培育一批知名出口品牌,是转变外贸增长方式、增强企业核心竞争力的重要手段,也是实现外贸可持续发展的必由之路。应进一步落实出口品牌建设的各项政策措施,大力宣传实施出口品牌战略的意义,引导企业不断增强品牌意识,提高创建出口品牌的积极性;要不断增强服务意识,围绕出口品牌建设,以全面提高企业核心竞争力为目标,研究制定各部门鼓励支持企业培育出口品牌的政策措施或具体办法,支持企业创建出口品牌,共同营造有利于出口品牌发展的政策环境。明确指导思想和工作目标,制定政策措施,强化对农产品出口的政策支持,重点扶持枸杞深加工、脱水蔬菜、无毛绒和杂粮豆等农产品加工企业实施技术改造,支持农产品向深加工、高附加值方向发展;协调自治区发展改革、农业等部门,统筹运用自治区促进经济发展的各项资金,进一步加大对农产品深加工的科研开发力度,重点支持和推动农产品生产基地建设;支持重点农产品出口企业创建出口品牌,建立国际市场营销渠道,完善质量管理体系,强化安全和质量管理,推广无公害和绿色生产技术,切实解决农药残留问题,积极应对重点市场的技术壁垒,不断提高农产品的市场竞争力;配合农业部门组织脱水蔬菜生产企业到区外参观考察,学习先进地区推动农产品出口的经验,引导农产品生产企业走规模化集约化发展的路子。

（3）加强国际市场开拓力度和外向型人才队伍建设

要针对经济区产业结构和出口产品特点,认真总结多年来实施市场多元化战略的经验,研究制定科学的市场开拓实施方案,合理规划出口市场布局,进一步明确市场开拓的重点地区,在巩固发展日、韩和我国港澳地区等周边市场,拓展欧美等传统市场的同时,努力开拓中东、印度、南非、拉美等新兴市场。各地要用足用活国家支持中小企业开拓国际市场的政策,鼓励和支持有实力、有意向的企业"走出去"投资办厂,开发资源,谋求发展;认真制定好年度国际市场开拓计划,及时组织企业特别是中小企业到国外广交客户,拓展营销渠道,为中小企业开拓国际市场提供服务;积极创造条件,努力使更多的企业有机会参加广交会等国内外各种有影响力的展览活动,紧紧抓住各种有利时机积极扩大出口营销,推动企业扩大出口。人才队伍建设是促进经济区进一步扩大对外开放,推动外向型经济发展的关键。要高度重视外向型人才培训工作,根据经济区外向型经济发展的需要,制定行业和地区人才培训规划。各地要大力推进对外向型人才培训工作,落实培训资金,组织区内外专家、学者和重点企业的业务骨干,有计划地举办面向中小企业的业务培训活动,逐步解决中小企业外向型人才短缺的问题。各级商务主管部门要按照务求实效的原则,组织企业积极参加境内外展览和国外市场考察等商贸活动,在努力拓展业务领域的同时,千方百计加快业务人才的成长;指导各进出口企业切实转变用人观念,制定吸纳人才、培养人才、留住人才的政策措施,形成激励约束机制,充分发挥现有人才的作用,为企业发展奠定坚实的人才基础。各商务主管部门要研究制定本地区的人才培训规划。

（4）强化行业组织管理和服务的协调配合

经济区内的商务部门、经委部门要进一步加强对各类行业组织的指导、协调和服务,充分发挥行业协会在产业规划、市场分析、决策支持、行业自律等方面的作用。要认真总结现有行业协会的成功经验,继续支持羊绒商会和金属镁产业协会更有效地开展工作,指导石嘴山脱水蔬菜协会进一步完善服务功能并充分发挥作用,积极推动组建铁合金、碳化硅、电石及深加工行业协会,通过行业协会的协调作用,引导行业内企业重组联合,进一步规范市场秩序,防止无序竞争和低价竞销,抵御市场风险,共同开拓市场。各有关部门要通力合作,优化政府支持资金投向,加强信息资源整合,抓紧搭建中小企业服务信息平台,促进信息交流和共享,为外经贸企业的发展提供更多更好的公共产品和公共服务。加强协调配合,着力解决突出问题。

进一步密切与铁路部门的联系,采取积极措施,千方百计多争取运输计划,合理安排运力,对重点出口企业和重点出口产品外销给予倾斜支持,切实帮助重点出口企业缓解运输压力,支持企业扩大出口。

组织开展铁海联运、陆海联运和电子通关等方面的专题研究,为扩大出口提供便捷、顺畅、高效的通道。

研究制定落实外商投资企业内陆运输补贴优惠政策的具体措施,并加强督查指导,促进各级财政部门及时兑现外商投资企业内陆运输补贴。加强国家退税政策的研究,及时为企业提供退税信息服务,指导企业及时办理出口退税,落实好国家的退税政策。

进一步加大对重点出口企业的信贷支持力度,不断创新信贷品种,最大限度地满足重点出口企业的资金需求。根据各企业的情况,坚持分类管理。对规模较大、产品有市场、发展有潜力、对外信誉好的重点企业,在调整产品结构、转变增长方式的技改项目和流动资金贷款方面给予更多的支持。开展各种形式的金融业务培训活动,指导企业及时了解和运用各种融资渠道和贷款政策,帮助企业拓宽融资渠道,切实解决企业融资难的问题。

加强面向企业的外汇业务培训和外汇管理服务,采取多种形式向企业宣传和普及外汇知识,帮助企业培养懂汇率和能够灵活掌握汇率变化的人才,指导企业适应汇率改革,合理运用综合措施,积极应对汇率变化,有效规避汇率风险。

加强对高耗能企业环保治理整体规划的研究,通过制定政策措施,加大环保技术开发的投入力度,在环保项目审批和环保资金安排上向重点出口企业倾斜,指导企业选择成熟的环保技术和环保设备,督促企业积极实施环保治理,最大限度地提高环保投入效益。

帮助企业有效运用《技术性贸易壁垒协定》(TBT协定),按照国际标准和规则,推行质量管理体系、职业健康安全管理体系、环境管理体系等方面的认证,支持企业达到国际市场准入条件。帮助企业努力实施电子报验、电子监管、电子放行等"三电工程",积极协调相关口岸落实电子放行,为出口企业减负、提速、增效。适当减免或降低重点企业检疫检验方面的有关费用,积极开展对企业的技术培训,及时提供信息服务。

加强区域通关合作,为重点出口企业提供通关便利措施,协助重点出口企业加快通关速度。

通过各种方式普及商标和专利知识,开展知识产权方面的法律法规的宣传培训工作,帮助企业积极申请国内外专利,指导企业强化知识产权保护意识,对企业已申请获得的具有自主知识产权的商标及专利,支持企业在海关注册登记,帮助企业运用法律武器维护自己的合法权益。

加强《自治区重点出口企业出口协调保障机制实施意见》的督察工作,确保扩大出口的各项措施落实到位。

七、提高利用外资和对外投资的水平

抓住国际产业分工体系调整和沿海发达地区产业转移的有利时机,将利用外资与促进自治区产业结构优化相结合,重点鼓励外资投向高新技术、新能源、节能环保和现代服务业等领域。结合服务业的对外开放,引导外资兴办医疗机构、教育培训机构,参与绿色经济发展。要积极承接和发展服务外包,争取国家在服务外包方面的政策、资金支持,实现发展服务外包的新突破。深入研究国际产业格局变化和资本流动趋势,确定对外招商的国别、产业、企业重点,针对不同国家、不同产业、不同企业制定个性化招商方案。依托厦门"9.8"中国国际投资贸易洽谈会、中部博览会、中国国际中小企业博览会、哈洽会等展会展洽活动,积极吸引环渤海经济圈、长三角、珠三角等地区的产业转移,加强与国际上知名企业、集团的交流和合作,扩大利用外资规模。

必须坚定不移地实施开放带动和项目带动战略,充分利用"两个市场、两种资源",积极吸纳国内外资本,承接产业转移,推动对外贸易持续增长,以开放带动体制和机制创新,形成全方位、多层次、宽领域的对外开放新格局,不断为县域经济跨越式发展注入新的活力。招商引资应以支柱产业为龙头,以企业为主体,以工业园区为载体,以市场化招商为原则,积极发挥农畜产品、矿产、旅游等资源的比较优势与竞争优势,科学引导外来资本投向主导产业。以项目为中心,拓宽引资渠道,扩大引资规模。

实施"走出去"战略,在俄蒙建立资源供应基地,推进大型企业、企业集团与俄蒙建设一批跨国合作项目。扩大招商引资力度。坚持招大商、大招商,积极引进世界500强和国内500强等战略投资者,努力在产业链招商上取得新的重大突破,使能源化工产业、新材料、新医药、新能源产业,尽快迈上国际相关产业高端领域。抓住后金融危机时期我国吸引外资地位进一步提升、海湾"石油美元"对外投资多元化等机遇,努力吸引伊斯兰投资银行、财务公司来宁夏设立投资公司、创业投资公司、担保公司,参与基础设施、资源开发等重大项目建设。支持有条件的企业"走出去"开展境外投资,鼓励境外工程承包和劳务输出,扩大互利合作和共同开发。加强国内外、区内外经济技术合作,鼓励国内外大企业、大集团在宁夏设立区域性总部。

八、提高金融服务水平促进外经贸企业做大做强

要进一步发挥国家政策性金融机构的作用,根据国家有关政策法规,对符合条件的企业从事国家鼓励的境外投资、资源开发和工程承包业务,积极提供信贷支持。在银川建立区域性金融中心,鼓励各类金融机构在经济区偏远地区设立服务网点,鼓励股份制商业银行和外资银行到经济区设立分支机构,鼓励金融机构对经济区的重大基础设施建设项目、国家需要扶持的重点企业、支柱产业的贷款需求及时给予必要支持,对符合国家产业政策和节能环保要求的企业以及吸纳就业强、产品有前景的中小企业,通过信贷产品和服务方式创新,加大支持力度。国家支持企业通过股票市场融资,支持企业申请首次公开发行股票和上市公司再融资,支持该地区上市公司并购重组、资产注入和整体上市。鼓励设立融资性担保公司和小额贷款风险补偿资金,对融资性担保公司或小额贷款公司为中小企业提供担保或融资的,予以一定的风险补偿奖励。引导各类金融机构和民间资金参与科技开发。鼓励金融机构改善和加强对高新技术企业,特别是对科技型中小企业的金融服务。建立以政府财政资金为引导,配合政策性金融、民间商业资本联合投入的风险投资基金,搭建多种形式的科技金融合作平台,采取积极措施,鼓励呼包银榆经济区战略新兴产业发展。

加强金融服务,国内商业银行及其境外分支机构要在充分评估和有效控制风险的基础上,为企业开拓国际市场提供融资便利。各级政府应进一步加大财政支持力度,鼓励和引导外经贸企业开展 ISO 9000 质量体系认证、ISO 14000 环保认证、申报国外知识产权、建立国外营销网络、出口信息体系建设等工作,使企业通过高质量的产品、良好的信誉和规范的经营行为拓展国际市场。同时,要积极探索适应市场经济规律和地区特点的中小企业信用担保体系发展模式,推进和组织建立中小企业信用担保体系,鼓励各类担保机构为符合条件的主体提供担保,鼓励企业之间依法开展多种形式的互助性融资担保。

附：呼包银榆经济区开放相关建设项目

序号	项目名称	建设规模	建设阶段	项目前期工作进度	建设起止年限	总投资（亿元）	归属地	项目所在地/企业	备注
1	内蒙古华丰工业仓储物流项目	占地500亩；建设内容：仓储物流配送区、储存货物分解区、运输业务区等	拟建	项目已获批准、准备开工	2010—2013	5	呼和浩特市	新城区鸿盛工业园区	物流
2	金山综合物流园区	建设内容：建设铁通、中储二期工程及呼和浩特出口加工保税物流区的管理与服务区，海关监管区，标准厂房集中与加工企业集中区	前期	规划已完成、准备实施	2011—2015	12	呼和浩特市	土左旗金山开发区	物流
3	沙尔营煤炭物流交易市场	占地5平方公里；建设内容：建设煤炭洗选区、煤炭加工区、煤炭集运区、铁路专管线5条和管理生活区等	前期	正在做前期工作	2009—2013	11.2	呼和浩特市	土左旗	物流
4	白塔蒙西国际物流园区	占地3000亩；建设内容：公路货运、公共仓储中心、第三方物流中心、航空物流服务中心、总部商务服务中心和信息服务中心	前期	规划已完成、准备实施	2011—2015	16	呼和浩特市	赛罕区	物流
5	洪兴美凯龙建材市场建设项目	占地面积400亩，建筑面积65万平方米	前期		2010—2011	50	呼和浩特市	玉泉区	物流
6	内蒙古蒙成煤炭物流园区	占地1平方公里4.53公里；建设内容：建设铁路线及相关附属设施	前期	正在做前期工作	2010—2012	6	呼和浩特市	和林县占地1平方公里	物流
7	内蒙古元福物流园区	占地3000亩，公路货运、公共仓储中心、第三方物流配送中心、总部商务服务中心、航空物流中心和信息服务中心	前期		2009—2011	6.3	呼和浩特市	新城区	物流

续表

序号	项目名称	建设规模	建设阶段	项目前期工作进度	建设起止年限	总投资（亿元）	归属地	项目所在地/企业	备注
8	内蒙古"两化融合"基地百家企业创新科技园	15万平方米科技科研发企业总部、软件创意	前期	目前已开工建设	2010—2012	3.5	呼和浩特市	鸿盛工业园区	科技园
9	内蒙古"两化融合"基地低碳经济示范园	20万平方米工业研发中心、生态农业及科技研发区、人才培训服务中心等	前期	目前正在做可研	2011	3	呼和浩特市	鸿盛工业园区	科技园
10	内蒙古"两化融合"基地孵化园	13万平方米科技、交易大厦、金融结算中心基础、附属设施	前期	目前已开工建设	2010—2011	2.8	呼和浩特市	鸿盛工业园区	科技园
11	呼和浩特市中央休闲区（总部基地）奥特莱斯产业园项目	占地3000亩；建设内容：品折扣城；总部休闲假村；世界古镇研发基地；总部品牌企业之窗所群；现代服务、技术外包中心；商务会议、会展中心；CEO公寓、职工宿舍等配套设施	前期	正在做前期工作	2011—2015	80	呼和浩特市	赛罕区	商贸
12	金宇新天地城市综合体建设项目	占地面积415亩、建筑面积125万平方米	前期	正在开展项目前期工作	2010—2015	45	呼和浩特市	玉泉区	商贸
13	呼和浩特雨润农副产品交易配中心项目	占地1500亩、建设内容：展示、交易区；加工、仓储、物流配送区；研发、检测中心；综合服务设施；商业配套设施	前期	正在做前期工作	2011—2013	40	呼和浩特市	赛罕区	商贸

续表

序号	项目名称	建设规模	建设阶段	项目前期工作进度	建设起止年限	总投资（亿元）	归属地	项目所在地/企业	备注
14	利丰汽车公园	占地1500亩；建设内容：新车交易；二手车及汽车租赁服务产业；汽车配件用品交易市场；汽车维修、救援中心；汽车专业改装服务；汽车保养及抢修、保险及相关服务；汽车金融、娱乐项目；汽车运动、娱乐项目及汽车文化旅游项目；汽车配套生活项目等	前期	正在做前期工作	2011—2013	20	呼和浩特市	赛罕区	商贸
15	金海商圈	占地面积6000亩；建设内容：已建成利丰汽车城、内蒙古五金机电城、百联雄业钢材市场同创机械设备租赁市场等8家、继续建设金海五金城等5个项目	前期	正在开展项目前期工作	2011—2015	20	呼和浩特市	回民区	商贸
16	内蒙古华美汽配城建设项目	占地260亩；建设内容：建设汽车交易服务区、汽车配件交易区等	前期	正在做前期工作	2011—2013	8.6	呼和浩特市	玉泉区	商贸
17	大苏格（大市场）	占地123亩；建设内容：总建筑面积79371平方米	前期	正在做前期工作，计划年内开工	2011—2013	1.87	呼和浩特市	回民区	商贸
18	阿拉伯宫建设项目	占地10.84亩；建设内容：总建筑面积31389平方米	前期	正在做前期工作，计划年内开工	2011—2013	1.15	呼和浩特市	回民区	商贸
19	西龙王庙福胜农副产品批发市场	占地422亩，建筑面积87000平方米，主要建设批发交易区、粗加工区、仓储区和配套服务区、办公区	前期		2008—2011	3.4	呼和浩特市	回民区	商贸

续表

序号	项目名称	建设规模	建设阶段	项目前期工作进度	建设起止年限	总投资（亿元）	归属地	项目所在地/企业	备注
20	保全庄农副产品批发市场	占地448亩，总建筑面积330000平方米	前期		2008—2011	5.9	呼和浩特市	赛罕区	商贸
21	神华物流港	占地面积1300亩，年吞吐能力2000万吨	续建		2010—2012	20	包头市	稀土高新区	物流
22	新奥蒙华清洁能源物流中心	项目建成后将形成自备铁路储罐车1000辆，清洁能源液体化工产品储存20万立方米，固体煤化工产品储运平台10万立方米，并达到年发运400万吨甲醇的能力规模	续建		2008—2011	9.8	包头市	昆区	物流
23	内蒙古呼铁伊东储运	建两个条形储煤仓和配套皮带输送及装车系统，年发运量500万吨/年；建以集装箱运输为主的白货物流基地，年发运量100万吨/年	续建		2010—2011	1.17	包头市	东河区	物流
24	满都拉口岸物流园区	前期铁路的中间地带，规划建设占地11平方公里，包括货物储存、配送、转运、监管，进出口报关，深加工，报检的口岸物流园区及附属设施建设	续建		2010—2011	11.6	包头市	达茂旗	物流
25	现代化电子物流中心项目	建设现代化电子物流配送、仓储中心、及配套辅助设施，生活设施等	前期		2011—2012	3	包头市	石拐区	物流
26	包头市达茂旗物流配送基地	在石宝镇、明安镇、巴音花镇各建一处占地面积5平方公里矿产品仓储物流基地；在百灵庙农牧区建设农畜产品物流配送基地；在镇建设大型超市物流配送基地	前期		2011—2013	1	包头市	达茂旗	物流

续表

序号	项目名称	建设规模	建设阶段	项目前期工作进度	建设起止年限	总投资（亿元）	归属地	项目所在地/企业	备注
27	昆都仓储中心	为昆青组团内的工业及制造业提供现代化的第三方物流服务；结合铁路新新贸城货运站，实现公铁集疏运物流服务	前期		2015—2017	3	包头市	昆区	物流
28	嘉里物流中心	依托现有国内外物资建设物流中心	前期		2011—2012	3	包头市	青山区	物流
29	乡土居物流加工、配送基地	总占地面积为50亩，前期建设办公区、调味品加工车间，农副产品加工车间，蒸锅车间、冷库、面粉厂，酒厂；羊舍、鸡舍、猪舍；电力高低压设备；园林绿化、硬化地面	前期		2011—2012	2.1555	包头市	青山区	物流
30	包头市平安物流中心	总建筑面积7.8万m²，包括土地硬化、绿化、露天仓库及物流中心配套管网、购置相关设备等	前期		2011—2012	2.1	包头市	青山区	物流
31	公铁物流仓储配送中心项目（二期）	主要建设生产辅助服务设施和生活服务设施，物流中心配套管网	前期		2011—2012	2	包头市	东河区	物流
32	东兴物流中心	为东兴组团的煤化工基地以及包铝工业园内企业提供现代化第三方物流服务	前期		2013—2015	3	包头市	东河区	物流
33	河西物流中心	为包头河西工业基地以及稀土高新开发区内企业提供现代化的第三方物流服务	前期		2015—2017	3	包头市	东河区	物流
34	天蒙石油物流配送中心	建设30万吨石油储备配送中心项目建设	前期		2010—2012	1	包头市	东河区	物流

续表

序号	项目名称	建设规模	建设阶段	项目前期工作进度	建设起止年限	总投资(亿元)	归属地	项目所在地/企业	备注
35	包头市工程机械装备园	建设3个4S店、办公楼、齿轮加工厂、售后服务区、结构件加工厂，占地600亩	前期		2010—2012	3	包头市	石拐区	物流
36	土右旗农副产品物流园区	建设农产品交易区、冷库存保鲜库区、农产品加工区、水产交易区、水果交易区、生鲜屠宰区	前期		2010—2011	1	包头市	土右旗	物流
37	白云鄂博矿区商贸物流园区	仓储运输等物流基础设施的现代物流产业园区	前期		2011—2012	3.2	包头市	白云区	物流
38	包头物流园区	建设仓储、信息大楼、维修市场，占地面积3000亩	前期		2011—2012	9	包头市	石拐区	物流
39	包头市电子物流园	建设综合商务楼、电子信息交易中心、物流交易区、仓储区、配送区、分装区，占地面积300亩	前期		2011—2012	3	包头市	石拐区	物流
40	包头国际集装箱中转站	内陆口岸服务、国际集装箱多式联运服务，仓储、中转、配送等物流服务以及集装箱的集散、拆、组货及货物仓储、通关服务	前期		2015—2017	3	包头市	东河区	物流
41	九原物流园区	为九原区工业园区内入住的工业及制造业企业提供现代化的第三方物流服务；为包头北部过境的大宗货物及货车辆提供停车、组货、换装及货运代理等物流服务；为铁路货物提供集疏运服务	前期		2010—2012	3	包头市	九原区	物流

续表

序号	项目名称	建设规模	建设阶段	项目前期工作进度	建设起止年限	总投资（亿元）	归属地	项目所在地/企业	备注
42	万水泉物流园区	建设中转换装、大规模仓储等基本物流服务以及提供物流通加工、包装、物流信息服务；铁集疏运设计以及包头市南部过境的大宗物资及车辆提供停车储存、换装、组货等物流服务	前期		2011—2013	3	包头市	滨河新区	物流
43	萨拉齐物流园区	萨拉齐的工业加工产业、生物制药和乳制品加工工业的企业提供现代化的第三方物流服务；具备为萨拉齐提供快捷的城市物流配送服务；具备公铁货物集散功能	前期		2011—2013	3	包头市	土右旗	物流
44	包头昆山城乡发展投资公司卜尔汉图低碳物流园区	占地约910亩，规划建设大型物流、仓储基地	前期		2011—2013	4	包头市	昆都仑区	物流
45	昆都仑区边仓储物流中心	占地约1000亩，大型农贸市场、大型的钢材市场、铁路货运中心站台、打造大型物流、仓储基地	前期		2011—2015	8	包头市	昆都仑区	物流
46	内蒙古浩通能源有限公司白云区物流园区	煤炭分选及煤炭、铁矿石筛选动力煤100万吨、年储堆工程。该项目年储运煤炭、铁矿运输铁矿石100万吨及运焦煤100万吨，年储运选动力煤100万吨、年储建设商贸物流、仓储运输等物流基础设施	前期		2011—2012	3.2	包头市	白云区	物流

555

续表

序号	项目名称	建设规模	建设阶段	项目前期工作进度	建设起止年限	总投资（亿元）	归属地	项目所在地/企业	备注
47	恒茂达物流园区	建设占地面积504亩，建筑面积33804平方米物流园区及相关配套，包括综合楼、物流仓库，环保型煤场及宿舍楼等	前期		2011—2014	1.3	包头市	达茂旗	物流
48	内蒙古白彦花能源公司白彦花煤炭物流园区	建设占地面积1平方公里物流园区，建设仓储中心、配送中心及办公区等基础设施	前期		2013—2015	1	包头市	达茂旗	物流
49	内蒙古浩建物流公司钢铁深加工物流基地	拟建钢铁及钢铁深加工产品的物流基地，占地约1000亩		前期	2011—2015	15	包头市	昆都仑区	物流
50	包头恒润现代农副产品物流园	建设农副产品和食品交易展示中心、冷藏中心、配送中心等物流配送设施及商业配套设施。总建筑面积约40万平方米，占地面积37万平方米	前期		2011—2012	10	包头市	稀土高新区	物流
51	昆都仑区南部区生活资料物流园区	拟建生活资料物流基地，占地约1500亩	前期		2011—2015	12	包头市	昆都仑区	物流
52	包头同利家电配送工程	建设占地面积50亩的家电物流配送及配套设施等	前期		2011—2012	1.9	包头市	青山区	物流
53	永晖物流园区项目	建设占地面积1892亩物流园区及相关配套，项目分三期建设，其中一期1048.5亩，主要包括物流服务区、仓储服务区、综合办公区	前期		2010—2013	4	包头市	达茂旗	物流

续表

序号	项目名称	建设规模	建设阶段	项目前期工作进度	建设起止年限	总投资（亿元）	归属地	项目所在地/企业	备注
54	吉力达物流园区项目	建设占地面积630亩物流园区及配套、包括物流服务区、小额贸易区、综合服务区等	前期		2011—2014	1.5	包头市	达茂旗	物流
55	包头市塞北物流公司物流基地	占地10万亩、仓储、餐饮、修理等	前期		2011—2015	2	包头市	固阳县	物流
56	物流配送基地建设	在石宝镇、明安镇、巴音花镇各建一处占地面积5平方公里矿产品仓储物流基地；在农牧区建设农畜产品物流基地；在百灵庙镇建设大型超市物流配送基地	前期		2011—2012	1	包头市	达茂旗	物流
57	包头北重集团储运公司包头装备制造业物流园区	占地面积900亩，建筑面积40万平方米、仓储库房、相关办公、生活配套设施	前期		2011—2013	20	包头市	青山区	物流
58	中金地产商贸广场	设35万平方米集商业、公寓于一体的商贸广场	续建		2009—2011	15	包头市	昆区	商贸
59	京冶包头金融文化广场	占地54.1亩，建筑面积33.21万平方米，建设集金融、办公、文化、休闲、娱乐为一体的综合建筑群	续建		2009—2011	20	包头市	昆区	商贸
60	福大商业设施建设	项目选址在福大和现新华书店后院，占地10亩，前期建设30000～40000m²的商业设施	续建		2010—2011	1	包头市	青山区	商贸
61	包头市横顺二手车交易中心	项目选址在友谊大街以北，万青路西侧，占地100亩，前期建设67941平方米交易中心	续建		2010—2011	2.18	包头市	青山区	商贸

续表

序号	项目名称	建设规模	建设阶段	项目前期工作进度	建设起止年限	总投资（亿元）	归属地	项目所在地/企业	备注
62	包头浩通传输设备及物流中心	项目选址在包头装备制造产业园区内，占地30亩，前期建设一条年产100万吨皮带生产线和一座物料仓储中心	续建		2010—2011	1	包头市	青山区	商贸
63	建设宝马4S销售服务店	拟在我区建设宝马4S销售服务店项目	续建		2010—2011	1	包头市	青山区	商贸
64	同利家电物流园	项目位于青山区银匠窑村拉丹高速旁，占地面积50亩	续建		2010—2011	1.87	包头市	青山区	商贸
65	广联公司汽车4S店	项目位于110国道以北737公里处，前期建设5家汽车4S专营店	续建		2010—2011	1	包头市	青山区	商贸
66	台湾大润发超市	拟引进台湾大润发超市	续建		2010—2011	2	包头市	青山区	商贸
67	华源汽贸联合体配件一条街	依托现有的华源汽车行，风行4S店、大众4S店，比亚迪4S店引进汽车销售、修理、美容保养、汽车配件销售服务等企业，形成汽车配件一条街	续建		2010—2011	2	包头市	青山区	商贸
68	力德汽车城项目	该项目位于二相公固的公路旁，占地8000亩，建设一座大型汽车城	续建		2010—2011	58	包头市	青山区	商贸
69	庞大汽车城	项目占地270亩，建设17个汽车4S店	续建		2010—2011	3.6	包头市	九原区	商贸
70	包头金融担保大厦	项目占地98亩，其中租保大厦20亩，建筑面积5万平方米；沿街商贸楼占地14亩，建筑面积3万~5万平方米；住宅楼占地30亩，10万平方米；辅助设施占地10亩，道路绿化公共占地24亩	续建		2010—2012	5	包头市	九原区	商贸

续表

序号	项目名称	建设规模	建设阶段	项目前期工作进度	建设起止年限	总投资(亿元)	归属地	项目所在地/企业	备注
71	内蒙古驼龙实业有限公司现代农副产品交通运输服务基地和农副产品集散中心建设项目一期	总占地2500亩(约合166.6万平方米),总建筑面积50万平方米。项目分三期四年建设:一期(2010年)进行综合物流区和生活福利及公用工程设施建设;二期进行农副产品集散配套设施建设;三期进行汽车贸易城及配套设施建设	续建		2010—2012	3.6	包头市	九原区	商贸
72	土右旗农副产品物流园区	建设农产品交易区、冷库存鲜库区、农产品加工区、水产交易区、水果交易区、屠宰区	续建		2010—2013	1	包头市	土右旗	商贸
73	粮库批发市场	建筑面积36500平方米,建设商铺、智能恒温库房、停车场、粮油储备区和批发区等	续建		2009—2011	10	包头市	东河区	商贸
74	北梁综合商业广场	占地45亩,建筑面积8万平方米	续建		2009—2011	4	包头市	东河区	商贸
75	中国一冶金融商务园区	建设大型综合商场(星级酒店)、超市、高层商务写字楼、休闲街、酒吧街、特色餐饮街等,总建筑面积40万平方米	续建		2010—2012	25	包头市	稀土高新区	商贸
76	润恒现代农副产品物流园	建设农副产品交易中心和食品交易展示中心、冷藏配送中心、配套中心等物流配套设施及商业配套设施。总建筑面积约40万平方米,占地面积37万平方米	续建		2010—2012	10	包头市	稀土高新区	商贸

续表

序号	项目名称	建设规模	建设阶段	项目前期工作进度	建设起止年限	总投资（亿元）	归属地	项目所在地/企业	备注
77	金辉站前购物广场	位于沼潭站前路与阿尔丁大街交汇处，由包头市亿蒙地产房地产开发有限公司开发建设。项目占地面积 8634.96 平方米。总建筑面积约 70000 平方米，项目为二幢 24 层高建筑和一幢 6 层建筑，底三层为大底盘整体商场，建设平战结合的人防地下室	续建		2010—2011	2	包头市	昆区	商贸
78	包头汽贸城	占地 52 亩，建设大众、沃尔沃、现代、起亚 4S 店	续建		2010—2011	1.3	包头市	昆区	商贸
79	东正财富广场	位于钢 16# 街坊，由包头市东正房地产开发有限责任公司和香港粤海集团公司合作建设。占地面积约 49 亩，建筑面积约 20 万平方米。主要建设金融服务中心、高档商业区，高档公寓及综合写字楼的商住地产项目	续建		2010—2012	10	包头市	昆区	商贸
80	天蒙石油有限公司	建设年储运石油 30 万吨项目	续建		2010—2012	4.2	包头市	东河区	商贸
81	人防地下商城	总建筑面积 2 万平方米	续建		2010—2011	1	包头市	东河区	商贸
82	包头市国际集装箱运输有限责任公司汽车物流园区	建设商贸、汽车、信息于一体的物流园区	续建		2010—2011	12	包头市	东河区	商贸

续表

序号	项目名称	建设规模	建设阶段	项目前期工作进度	建设起止年限	总投资（亿元）	归属地	项目所在地/企业	备注
83	包头市佳世隆农贸有限公司二期	冷链、水产品及公共信息总平台	续建		2010—2011	2	包头市	东河区	商贸
84	"三大主材"市场	占地600亩，建筑面积50万平方米的安置住宅楼，占地800~1000亩的钢材、木材、管材的建材市场及其他	续建		2010—2013	13	包头市	达茂旗	商贸
85	零部件配套园区	生产营运企业50家，包括机械加工、木器家具、食品加工、羊绒制品、水泥制品等行业	续建		2010—2012	1	包头市	青山区	商贸
86	工业园区标准厂房建设	项目选址在包头装备制造产业园区内，建设工业园区标准厂房	续建		2010—2011	5.8	包头市	青山区	商贸
87	中小企业园区	项目选址在装备制造园区北部，占地5平方公里，建造标准产房，出租或销售，预计投资近300亿元，引入企业300余户，预计投资近200亿元	续建		2010—2011	3.5	包头市	青山区	商贸
88	包头市达拉特旗满都拉永晖口岸物流园区（一期）	监管、堆存、加工、配送区及相关的配套设施及园区附属设施建设	续建		2010—2012	2	包头市	达茂旗	商贸
89	包头市固阳县马铃薯交易市场建设项目	占地3000亩，年销售马铃薯5亿公斤以上	前期		2011—2012	5	包头市	固阳县	商贸
90	北部区商业开发项目	建筑面积9万平方米，主要建设金融服务中心、商业区、公寓及综合写字楼等商住地产项目	前期		2011—2015	7.2	包头市	昆区	商贸

续表

序号	项目名称	建设规模	建设阶段	项目前期工作进度	建设起止年限	总投资（亿元）	归属地	项目所在地/企业	备注
91	南部区商业开发项目	建筑面积9万平方米，主要建设金融服务中心、商业区、公寓及综合写字楼等商住地产项目	前期		2011—2015	7.2	包头市	昆区	商贸
92	卜东汉图中心集镇商业开发项目	建筑面积6万平方米，建设集金融、办公、文化、休闲、娱乐为一体的综合建筑群	前期		2011—2015	4.8	包头市	昆区	商贸
93	包头市固阳县星级酒店建设	5~8家三星级酒店	前期		2011—2012	5	包头市	固阳县	商贸
94	包头市达茂旗农畜产品交易市场	在石宝镇、乌克镇、百灵庙镇建设农畜产品交易市场，每处规划面积10万平方米	前期		2011—2013	1.5	包头市	达茂旗	商贸
95	包头市达茂商贸基础设施建设	建设大中型商贸中心、边境口岸贸易等中心商业圈；打造蒙古风情一条街；工业园区商业网点；农牧区商业大厦4万平方米	前期		2011—2013	1	包头市	达茂旗	商贸
96	星级酒店与中小企业创业园	星级酒店3万平方米、中小企业创业大厦4万平方米	前期		2011—2012	13	包头市	东河区	商贸
97	东方伟业商业广场	建设商业广场5万平方米	前期		2011—2012	7	包头市	东河区	商贸
98	土右旗物流基地	建设集办公商务、信息交易等为一体的物流基地	前期		2013—2014	3	包头市	土右旗	商贸

续表

序号	项目名称	建设规模	建设阶段	项目前期工作进度	建设起止年限	总投资(亿元)	归属地	项目所在地/企业	备注
99	太阳能光伏产品集贸市场	建设集原料交易、辅料交易、配件交易、装置和生产线交易、核心产品交易、大型集成系统设计建设区、物能制造送区和服务区为一体的太阳能光伏产品集贸市场			2013—2014	1.5	包头市	土右旗	商贸
100	佳禾商业楼	总建筑面积10万平方米	前期		2010—2011	3	包头市	青山区	商贸
101	五一国际大厦	位于原五一市场，建72000平方米写字楼	前期		2010—2011	1.8	包头市	青山区	商贸
102	东方红商业广场	项目占地面积约为6万平方米（约合90亩），占地面积约为6万平方米、总建筑面积约为36万平方米	前期		2009—2011	11.8	包头市	昆都仑区	商贸
103	金基商业广场	占地面积约为10万平方米（约合150亩），总建筑面积约28万平方米。建设金基商业广场	前期		2008—2011	9.2	包头市	昆都仑区	商贸
104	汽车超市	4S销售区、配套服务区、综合服务区	前期		2009—2011	1.2	包头市	昆都仑区	商贸
105	包头汽车城项目	占地面积4500亩，建设内容包括：4S销售区、配套服务区、综合服务区、生态居住区、汽车主题公园等	前期		2011—2013	50	包头市	昆都仑区	商贸
106	汽车配件销售综合市场	依托包头市二手车交易市场项目、充分发挥周边现有交通物流优势，建设集汽车销售、维修、汽车配件为一体的汽车产业聚集区	前期		2011—2012	3	包头市	东河区	商贸

续表

序号	项目名称	建设规模	建设阶段	项目前期工作进度	建设起止年限	总投资（亿元）	归属地	项目所在地/企业	备注
107	中国北方合金材料交易城	建设镁合金、铝合金、型材、汽车轮毂、摩托车轮毂等合金产品及PVC深加工、模具等合金材料交易市场	前期		2011—2015	33	包头市	石拐区	商贸
108	粮食贸易服务大厦	建设19549平方米28层粮食服务贸易大厦一座	前期		2010—2012	1	包头市	昆都仑区	商贸
109	佳世隆农贸城三期扩建	建设集销售、储藏、保鲜、调运、信息服务、中央结算等为一体的现代化农副产品综合交易批发市场	前期		2010—2012	9.5	包头市	东河区	商贸
110	远大蔬菜批发市场	增加蔬菜肉食品品种，建设大型蔬菜肉食储存、加工、配送中心，扩大辐射范围	前期		2011—2012	1	包头市	东河区	商贸
111	沙尔沁蔬菜批发市场	依托当地蔬菜水果资源，着力打造对外发送的外向型市场	前期		2011—2012	2	包头市	东河区	商贸
112	包头市规划局展览中心	建设展览中心一座及附属设施	续建		2010—2011	1	包头市	九原区	商贸
113	包头市昆区会展中心	占地170亩，建设面积30800平方米会展中心一座	续建		2010—2011	1.2	包头市	昆区	商贸
114	乌兰察布市综合物流园区	占地面积15平方公里	续建	核准	2009—2012	29	乌兰察布市	集宁区	物流
115	乌兰察布市利众物流园区	占地面积0.53平方公里、建筑面积12万平方米	续建	核准	2009—2011	1.6	乌兰察布市	集宁区	物流
116	兴和恒兴达物流园区	占地面积0.29平方公里、建筑面积7万平方米	续建	可研	2010—2012	1.5	乌兰察布市	兴和县	物流

续表

序号	项目名称	建设规模	建设阶段	项目前期工作进度	建设起止年限	总投资(亿元)	归属地	项目所在地/企业	备注
117	集宁浩通煤炭进出口洗选物流基地项目	占地面积2000亩，建筑面积4万平方米	续建	筹划	2011—2012	2.6	乌兰察布市	集宁区	物流
118	乌兰察布市重联建材物流园区（四期）	占地面积110亩	续建	核准	2009—2011	2	乌兰察布市	集宁区	物流
119	集宁七苏木煤炭、矿产品、再生资源物流项目	占地面积6平方公里，建筑面积100万平方米	续建	可研	2010—2015	18	乌兰察布市	集宁七苏木火车站	物流
120	集宁汽贸物流集聚区	占地面积500亩，建筑面积20万平方米，主要建设庞大汽贸、港联汽贸、恰润汽贸、北奔诺汽贸、中诚汽贸、森诺二手车市场、汽修汽配等19个汽贸4S店和2个专业市场	续建		2010—2015	5	乌兰察布市	集宁新区	物流
121	集宁马莲渠物流集聚区	占地面积3.5平方公里，主要建设利众综合物流园区、综合商贸服务区、配套生活区、医药产品交易市场，红岩、陕汽、北汽等重卡4S店及挂车、工程机械租赁、矿山和机械租赁等专业市场	续建		2010—2015	20	乌兰察布市	集宁	物流
122	集宁板中鑫再生资源利用物流项目	集宁板中鑫再生资源利用物流项目	前期		2010—2011	9.5	乌兰察布市	集宁区	物流

续表

序号	项目名称	建设规模	建设阶段	项目前期工作进度	建设起止年限	总投资（亿元）	归属地	项目所在地/企业	备注
123	集宁庞大汽贸城项目	占地面积 65 亩，建筑面积 3 万平方米，主要建设重汽、陕汽、欧曼、解放、北京现代、东风风神、斯巴鲁、国产三菱 8 个 4S 店	前期		2010—2011	1.2	乌兰察布市	集宁区	物流
124	集宁宏成德能源仓储物流项目	占地 12 万平方米，建设集商务、修、销、仓储、物流中转为一体的商贸物流园区	前期	筹划	2011—2012	1.2	乌兰察布市	集宁区	物流
125	集宁庞大汽贸城项目	占地面积 65 亩，总建筑面积 3 万平方米	续建	可研	2010—2011	1.2	乌兰察布市	集宁区	商贸
126	商都县吉新商务中心	总建筑面积 2 万平方米	续建	可研	2010—2012	3.3	乌兰察布市	商都县	商贸
127	乌兰察布市神舟家园国际商城二期项目	建筑面积 16 万平方米	前期	筹划	2011—2012	1	乌兰察布市	集宁区	商贸
128	乌兰察布集宁新区综合集贸市场	占地面积 1.16 万平方米，总建筑面积 3 万平方米	前期	筹划	2011—2013	1	乌兰察布市	集宁区	商贸
129	集宁新区百货商城	占地面积 150 亩，建筑面积 3 万平方米	前期	筹划	2011—2015	1.2	乌兰察布市	集宁区	商贸
130	集宁新区数码大厦项目	占地 2.3 万平方米，建设面积 8 万平方米	前期		2010—2011	2	乌兰察布市	集宁区	商贸
131	集宁区中鑫再生资源利用项目	占地面积 500 亩，建筑面积 3 万平方米	前期		2009—2012	1	乌兰察布市	集宁区	商贸

续表

序号	项目名称	建设规模	建设阶段	项目前期工作进度	建设起止年限	总投资（亿元）	归属地	项目所在地/企业	备注
132	商都县综合服务大厦	占地面积53000平方米,总建筑面积67000平方米,主要建设超市、大型连锁酒店、商务及会展中心	前期		2010—2015	1.2	乌兰察布市	商都县	商贸
133	集宁中央商务区	商业建筑面积30万平方米,营业面积22万平方米,集商贸服务业、银行业、保险业、家电零售业、酒店业、旅游艺术文化业、商务中心	前期		2010—2016	5	乌兰察布市	集宁区	商贸
134	乌兰察布市马铃薯交易中心	马铃薯交易大厅50000平方米,马铃薯处理车间、保鲜库、储窖,装卸平台及配套设施	前期		2011—2013	3	乌兰察布市	集宁区	商贸
135	中国宁夏国际小商品交易中心及万人创业园区	项目占地1000亩,建设交易市场、仓储、商务办公、餐饮住宿等基础设施,共规划为小商品、穆斯林用品和国际进口零关税商品交易中心3大交易中心,分3期4年内建成	续建	2011年年初投入运营	2009—2012	36	银川市	汇丰祥商业控股有限公司	商贸
136	北环综合批发市场二期扩建	占地119亩,交易场地和配套服务设施6万平方米,主要以水果批发、冷藏和仓储为主	新建	基础设施建设	2011—2012	2.4	银川市	市场办	商贸
137	银川中央商务区B区项目	占地约3300亩	新建	正在前期规划	2010—2015	276.2	银川市	金凤区政府	商贸
138	恒源通达果蔬温保鲜库	果蔬保鲜库建设规模7000平方米（有效库容43000立方米),年可冷藏保鲜7万~15万吨蔬菜、果品等农副产品	续建	前期建设	2009—2011	0.6645	银川市	宁夏恒源同达冷链物流有限公司	商贸

续表

序号	项目名称	建设规模	建设阶段	项目前期工作进度	建设起止年限	总投资（亿元）	归属地	项目所在地/企业	备注
139	西夏综合物流中心服务业功能聚集区项目	占地 200 亩,形成年 15 万吨散装沥青仓储和物流配送能力,公铁路联运和仓储达到 200 万吨,建设公铁联运配套汽车服务区,综合性物流信息平台	续建	前期建设	2009—2012	0.29	银川市	宁夏佳奇石化实业有限公司	商贸
140	山羊绒工程技术研究中心建设项目	依托企业技术中心,建设占地 3000 平方米的山羊绒工程技术研究中心,并新增必要设备,仪器。中心下设物理实验室、化学实验室,标准研究实验室,产品技术研发部,中试基地和行政管理部	改扩建	进行土建工程,研发设备的考察与订货	2010—2011	0.26	银川市	宁夏荣绒业集团有限公司	商贸
141	羊绒制品国内市场营销体系建设项目	三年内建设国内市场零售网点 165 个;其中、直营零售网点 40 个、代理类零售网点 125 个,总投资预计人民币 1.8 亿元。全部投资完成后首年预计能够实现 19756.28 万元的销售收入	新建	前期建设	2010—2012	1.8	银川市	宁夏中银绒业股份有限公司	商贸
142	宁夏红枣深加工及产后流通体系建设项目二期	(1)建设现代化红枣深加工车间 1440 平方米,配备 2000 吨鲜枣原浆和枣汁饮料生产线一条;(2)配备年产 2000 吨脆化枣、膨化枣 Vc 红枣真空低温制干生产线一条;(3)安装 1000 吨真空枣酱生产线一条;(4)建设自主研发的红枣自动化分级、精选、清洗、包装鲜枣产后处理车间 1440 平方米,配备自主生产线一条;(5)建设 5000 吨鲜枣预冷保鲜库一座;(6)新建销售网点 10 个	新建	前期建设	2011—2011	0.31	银川市	灵武市果业开发有限责任公司	商贸

续表

序号	项目名称	建设规模	建设阶段	项目前期工作进度	建设起止年限	总投资（亿元）	归属地	项目所在地/企业	备注
143	宁夏软件动漫园建设项目	软件动漫综合楼1幢16层、3.3万平方米；综合研发楼1幢8层、1.5万平方米；企业独立使用的研发楼12幢4～6层，单体面积5000～7000平方米	新建	目前综合楼20%施工量，完成投资4000万元	2010—2012	5	银川市	宁夏高新软件动漫发展有限公司	科技园
144	银川经济技术开发区出口加工基地	办公楼、出口加工厂房、保税仓库、卡口信息管理系统及相关配套设施等，总建筑面积20多万平方米	新建	项目已立项，规划已审批，今年11月开工建设。	2010—2012	4	银川市	银川经济技术开发区建设开发有限公司	商贸
145	宁夏海吉星国际农产品物流中心建设项目	占地57万平方米，其中蔬菜交易区30490平方米、水果交易区34920平方米、加工配送区28560平方米、冷库3800平方米、水产交易区6860平方米、肉类交易区4300平方米、副食品交易区25760平方米、穆斯林用品展示服务中心14250平方米、综合商业配套及生活配套64000平方米	续建	前期建设	2009—2012	7.8656	银川市	宁夏海吉星国际农产品股份有限公司	商贸
146	宁夏吉顺恒通物流中心	占地121亩的中高端物流园	新建	宾馆、停车场、库房等	2010—2013	1.2	银川市	宁夏吉顺恒通物流中心	商贸

续表

序号	项目名称	建设规模	建设阶段	项目前期工作进度	建设起止年限	总投资(亿元)	归属地	项目所在地/企业	备注
147	宁夏永宁四季鲜果品蔬菜综合批发市场	项目占地总面积约655.08亩,建筑总面积约44.5万平方米,分三期建设办公楼、信息中心、检测中心、拍卖大厅、商铺、交易库、加工车间、冷库等,并配套供水、供电、道路、绿化等基础设施及生产、商服、生活设施	新建	一期16.7万平方米的冷库、交易信息中心和结算中心主体工程已建成	2010—2012	9.4	银川市	宁夏四季鲜置业有限公司	物流
148	宁夏新世纪农产品冷链物流中心建设项目	新征土地275亩,建筑面积23万平方米,建设冷库、配送中心、商业中心、服务中心等	新建	前期建设	2010—2012	4.6	银川市	宁夏新世纪农产品冷链商贸有限公司	物流
149	众一物流园	总占地面积为288亩,设有信息交易大厅、汽车修理区、商务办公区、零担仓储区和货运配载区、饮招市区、停车场区、宾馆住宿区、餐及信息发布平台。建成为一个高科技的现代化物流园区	新建	1~8号零担区主体工程已封顶,4万平方米停车场硬化工程已全部完成	2010—2011	4.67	银川市	众一集团	物流
150	宁夏望远现代金属物流园公共信息平台项目	物流公共信息平台模块:信息门户网站、内部协同办公(OA)管理、LED钢铁交易信息管理系统、GPS卫星定位运输管理系统、视频监视系统、呼叫中心管理系统等	新建	基础建设封顶,信息平台待建	2010—2012	0.85	银川市	宁夏望远现代金属物流股份有限公司	物流

续表

序号	项目名称	建设规模	建设阶段	项目前期工作进度	建设起止年限	总投资（亿元）	归属地	项目所在地/企业	备注
151	中房·宁东物流园区（宁东能源化工基地物流园区）	标准化仓库、铁路、停车场、办公楼、司机车旅馆、信息平台等	新建	目前已建成7500平方米的标准化车房、8660平方米的办公楼正在建设中，园区沥青路面完成2.1公里	2010—2015	12	银川市	宁夏中房物流发展有限责任公司	物流
152	银川公铁联运物流中心一期	物流中心的主要功能以公铁运转、仓储、城市配送、集装箱拆装箱、信息配载作业为主，设计生产能力为年货物吞吐量434万吨。总占地面积：110万平方米	新建	通过可研	2010—2013	6.3388	银川市	西夏区政府	物流
153	宁东能源化工基地北部物流公共物流园区信息平台	信息门户网站、物流管理信息系统、停车管理、办公管理、财务管理及运营监控与决策支持管理等	新建	正在和金蝶软件（中国）有限公司洽谈合作事宜	2010—2012	0.2	银川市	宁夏中房物流发展有限责任公司	物流

续表

序号	项目名称	建设规模	建设阶段	项目前期工作进度	建设起止年限	总投资（亿元）	归属地	项目所在地/企业	备注
154	宁夏宝丰能源集团有限公司A区物流中心项目	物流中心运进量1000万吨/年，运出量543万吨/年	新建	铁路专用线工程正线、物流园站换填完成	2010—2013	7.91	银川市	宁夏宝丰能源集团有限公司	物流
155	银古物流中心配送仓库及货运信息交易中心建设	配送仓库9栋共14703平方米，货运信息交易中心一座2300平方米	新建	完成主体结构	2010—2013	0.15	银川市	宁夏交通国际物流港	物流
156	宁东物流功能区	建设煤化工物流园区、临河运输物流中心、仓储中心和专业货运站交易、专业物流服务、综合配套展示产资料交易、古地总面积1万亩				29	银川市		物流
157	宁夏海吉星农产品物流中心	建筑面积52万平方米，建设现代化农产品交易区、农业产品加工成品交易区、农资交易区、配送区、花乌鱼虫市场、清真食品穆斯林用品展示区、综合服务				8	银川市		物流
158	建材物流建设项目	仓储配送区、综合配套服务区、停车场、道路等，古地1000亩				12	银川市		物流
159	西夏综合物流中心	建设物流大厦和仓储式机电工业产品批发展销中心、商品融资监管及散堆装货物场地等各项功能配套设施				20	银川市		物流

续表

序号	项目名称	建设规模	建设阶段	项目前期工作进度	建设起止年限	总投资（亿元）	归属地	项目所在地/企业	备注
160	立达建材物流城	建筑面积27.63万平方米,建设仓储、批发、零售门面				20	银川市		物流
161	宁夏河北建材物流园	占地面积1000亩,建设仓储、批发、零售、综合服务等六大功能区				3	银川市		物流
162	新百连超现代物流项目	建设常温物流配送中心3.4万平方米、生鲜物流配送中心1.6万平方米,以及综合办公大楼				1.4	银川市		物流
163	北环蔬菜果品批发市场扩建	建设营业房、交易大厅、仓库等配套设施等6万平方米				2.4	银川市		物流
164	宁夏新世纪冷链物流中心	商务中心及配套设施19.94万平方米(地下0.65万平方米)				4.6	银川市		物流
165	宁夏众一物流园区	商务综合楼、公寓式办公楼、信息大楼、仓储等24.5万平方米				4	银川市		物流
166	逸家财富广场	建筑面积23万平方米,建设药材仓储、批发、零售门面				5	银川市		物流
167	轻纺百货小商品物流中心	建设仓储式物流中心、轻纺百货小商品批发市场、信息中心、商务展示和交易中心等				5.3	银川市		物流
168	新华桥粮食加工物流中心	在灵武新华桥建设仓储、加工、检测、贸易、信息服务及园区基础设施,占地面积1080亩				10	银川市		物流

续表

序号	项目名称	建设规模	建设阶段	项目前期工作进度	建设起止年限	总投资（亿元）	归属地	项目所在地/企业	备注
169	银川市公铁联运物流中心	规划建设公路、铁路货物运输组织、仓储、搬运装卸、车辆集散、包装作业、流通加工、信息服务、结算等功能及辅助生产功能，占地总面积 2700 亩				7	银川市		物流
170	宁东物流功能区	建设煤化工物流园区、临河运输中心、仓储中心和专业货运站等物流功能。开展生产资料交易、专业物流服务、综合配套服务，占地总面积 1 万亩				29	银川市		物流
171	宁夏现代金融物流中心	以装备制造业和新材料产业为基础，以生产资料产品为物流重点，提供第三方物流和商品融资服务，占地总面积 800 亩				2	银川市		物流
172	望远西部现代商贸物流园	建设现代金属物流园区、乐从北方国际家私城、北方国际建材商贸物流园区、万商汽车城、路丰建材物流园、望远商贸物流园 7 大功能园区，望远综合批发市场，占地总面积 5410 亩				93	银川市		物流
173	银川市新合作日用消费品配送中心建设	超市总面积 1547 平方米、库房统一使用宁夏新合作公司的库房，实行统一配送、统一管理，做到安全、方便、商品堆放有序的场所	新建	正在协商办理相关手续	2010—2013	0.3087	银川市	宁夏新合作农村物流发展有限公司	物流

续表

序号	项目名称	建设规模	建设阶段	项目前期工作进度	建设起止年限	总投资（亿元）	归属地	项目所在地/企业	备注
174	永宁县新合作商场建设	超市总面积1500平方米库房统一使用宁夏新合作公司的库房，实行统一配送，统一化管理	新建	正在协商办理相关手续	2010—2013	0.1423	银川市	宁夏新合作农村物流发展有限公司	商贸
175	宁夏现代金融物流中心	以装备制造业和新材料产业为基础，以产资料和机电工业产品物流为重点，提供第三方物流和商品融资服务，占地总面积800亩					2	银川市		商贸
176	银川万达广场	建筑面积28.8万平方米，建设高档写字楼、顶级品牌专卖店、高档百货、多元化商业、色餐饮、时尚休闲、娱乐为一体的现代商业广场					20	银川市		商贸
177	绿地银川21商城	建筑面积59万平方米，规划建设物流市场、商业街及物流配套基础设施和信息平台					17	银川市		商贸
178	银川东盟（国际）文化酒店用品商城	建筑面积30万平方米，建设文化用品和酒店用品市场门面，配套仓储、车位、办公场所和公寓设施					10	银川市		商贸
179	拉普斯水上购物城	建筑面积20万平方米，建成西北地区最大的集生态、观光、休闲、娱乐、餐饮、购物和旅游于一体的水上购物广场					10	银川市		商贸

续表

序号	项目名称	建设规模	建设阶段	项目前期工作进度	建设起止年限	总投资（亿元）	归属地	项目所在地/企业	备注
180	西夏风情园	项目区面积 1.56 万亩，突出西夏特色，建设八大园、八大寨堡、形成西夏文化展示带				2	银川市		商贸
181	银川园博园	申办 2015 年第十届中国国际园林花卉博览会，占地 6000 亩				80	银川市		商贸
182	酒店	建设五星级假日酒店 1 座，建筑面积 2 万平方米；建设集住宿、餐饮、休闲、娱乐、购物一体的大型一站式超市型酒店 1 座，建筑面积 70 万平方米				8.5	银川市		商贸
183	物联网	新建世纪信通安全印务电子标签、智能卡生产线建设项目，动物卫生及动物产品质量安全 RFID 追溯系统项目，基于 Web 的教育教学质量管理电信增值服务项目，基于 Web 的羊绒敏捷生产 ERP 应用项目，基于平台建设项目，基于二维码的物联网综合应用系统及二维码数据中心项目				0.9	银川市		商贸
184	外包服务项目	新建美国 HPS 金融信息总交互平台外包服务项目				0.08	银川市		商贸
185	铁路物流中心建设项目	占地面积 25 万平方米		正在编制建设规划	2011—2015	2	吴忠市	青铜峡市	物流
186	盐池县物流服务体系建设项目	1 个物流园区，3 个物流中心		正在规划	2011—2015	5	吴忠市	盐池县	物流

续表

序号	项目名称	建设规模	建设阶段	项目前期工作进度	建设起止年限	总投资（亿元）	归属地	项目所在地/企业	备注
187	宁夏中部（红寺堡）物流中心建设项目	物流与电子商务信息化建设；办公用房、车间、道路、绿化及给排水等配套设施	新建	规划已完成	2011—2012	6	吴忠市	红寺堡	物流
188	太阳山 2000 万吨/年物流中心项目	2000 万吨/年物流中心建设	续建	即将开工建设	2010—2015	3.98	吴忠市	太阳山	物流
189	庆华物流中心建设项目	建设占地面积 800 亩的物流中心	新建	项目前期	2011—2015	8.5	吴忠市	太阳山	物流
190	甘肃金轮投资管理集团公司太中银铁路太阳山集运站项目	太中银铁路太阳山集运站	新建	项目前期	2010—2015	2	吴忠市	太阳山	物流
191	吴忠市滨河新区美食购物城建设项目	建设集休闲、娱乐、购物、餐饮为一体，总建筑面积 10 万平方米	新建	开展前期	2011—2015	5	吴忠市		商贸
192	禹皇酒庄建设项目	占地面积 50 亩，总建筑面积 5000 平方米		正在编制建设规划	2011—2015	0.45	吴忠市	青铜峡市	商贸
193	工业园区公共服务平台建设项目	建设工业区信息服务平台 1000 平方米；建设工业区研发中心 5000 平方米		正在编制建设规划	2011—2015	0.12	吴忠市	青铜峡市	商贸

续表

序号	项目名称	建设规模	建设阶段	项目前期工作进度	建设起止年限	总投资（亿元）	归属地	项目所在地/企业	备注
194	东环商贸中心建设项目	建设交易、储存中心，总建筑面积21400平方米	新建	完成项目报告编制及上报	2011—2015	0.9	吴忠市	青铜峡市	商贸
195	盐池县商贸项目（4个）						吴忠市	盐池县	商贸
196	盐池县汽车城建设项目	总占地面积403亩，地上建筑面积32万平方米		开展前期	2011—2015	6	吴忠市	盐池县	商贸
197	盐池县滩羊产品专业交易市场及市场服务体系建设	建活羊交易区、分割包装车间、肉品交易厅及附属服务设施；新建滩羊肉质量检测中心、信息服务中心、电子结算服务中心等		开展前期	2011—2015	1.5	吴忠市	盐池县	商贸
198	小杂粮农产品批发市场建设	建立小杂粮产业化基地35万亩、新优品种示范展示基地1万亩，建设小杂粮集散贸易市场、完善市场信息服务体系		正在规划	2011—2015	1.5	吴忠市	盐池县	商贸
199	商贸项目（3个）					7.7	吴忠市		商贸
200	新区美食、娱乐城项目	占地80亩，建设约3万平方米的营业场所、建设约4万平方米的停车场及相关辅助设施	新建	编制可研	2011—2015	0.9	吴忠市	同心县	商贸
201	商贸项目（1个）					6	吴忠市		商贸
202	商贸项目（3个）					14.48	吴忠市		商贸
203	神华大保当物流园区	一期建筑面积57万平方米	新建		2011—2013	11.39	榆林市	榆神工业区	物流

续表

序号	项目名称	建设规模	建设阶段	项目前期工作进度	建设起止年限	总投资（亿元）	归属地	项目所在地/企业	备注
204	榆林陆港口岸海荣穆流园区项目	建设计年吞吐货物600万吨专用线三条,站台6个。新建现代化仓库、加工园区,站台,配送中心以及生活办公等设施,总建筑面积26万平方米	续建		2011—2013	8.5	榆林市	横山	物流
205	靖边区域物流中心及杨桥畔铁路物流集运站项目	近期(5年规划)建仓储、配送集群、商贸交易,物流加工、港园,配套服务	新建		2011—2014	29.2	榆林市	靖边	物流
206	陕西绥德物流中心建设项目	一次规划、分期建设。其中一期建筑面积2009933平方米,主要包括仓库面积、各种堆场,停车场,货物分拨区、会展交易区等综合办公区,保税仓库等	续建		2010—2013	10.169	榆林市	绥德	物流
207	榆林经济开发区综合物流园区项目	能源化工物流＋综合物流	新建		2011—2013	10	榆林市	榆林经济开发区	物流
208	榆阳区物流中心建设项目	塞北、聚能、万象、东洲、山立、三愚等企业建设物流仓储、建材区、汽车及配件销售,大型综合停车场等物流配送中心	新建		2010—2012	13	榆林市	榆阳	物流
209	定边物流中心建设项目	建仓储、配送集群、商贸交易,物流加工、港务园,配套服务	新建		2011—2014	20	榆林市	定边	物流

579

续表

序号	项目名称	建设规模	建设阶段	项目前期工作进度	建设起止年限	总投资（亿元）	归属地	项目所在地/企业	备注
210	米脂县综合物流园区	建设园区道路工程、电力工程、通信工程、给排水工程、绿化工程、环卫设施、消防以及办公楼等设施。总用地面积37.15公顷，总建筑面积28500平方米	新建		2010—2014	2.7317	榆林市	米脂	物流
211	府谷县现代物流园区建设项目	建设占地350公顷的野芦沟现代物流园和150公顷的崇塔综合物流园，包括园区管理服务、仓储、加工、配送、交易等功能设施，物流水、电、路（铁路专用线）等基础设施、物流新村和生活居住等配套设施	续建		2011—	41	榆林市	府谷	物流
212	锦界物流园区	建筑面积40万平方米	新建		2010—2013	4	榆林市	锦界	物流
213	神木第二新村物流园区	建筑面积30万平方米	新建		2010—2013	3	榆林市	神木	物流
214	榆林陆港口岸海荣穆流园区项目	建设万吨铁路大列专用线三条，站台6个，设计年吞吐货物600万吨。新建现代化仓库、加工园区、配送中心以及生活办公等设施，总建筑面积26万平方米	续建		2009—2015	8.5	榆林市	横山	物流
215	第三方物流中心项目	新建物资储仓车、运输信息、商业信息平台等，建筑面积19800平方米	续建			0.49	榆林市	西南新区	物流
216	榆横同庄则煤炭仓储发运基地	煤炭购销和仓储业务	新建			1.2	榆林市	榆林开发区	物流

续表

序号	项目名称	建设规模	建设阶段	项目前期工作进度	建设起止年限	总投资（亿元）	归属地	项目所在地/企业	备注
217	电子商务及现代物流配送基地	建设电子网络信息平台、新建物资仓储仓库房、停车场、办公宿舍等，购置网络设备和运输工具	新建			1.2	榆林市	榆横工业园区	物流
218	横园建材综合批发市场建设项目	建设综合楼、办公楼、装饰建材城、小商品城、灯具城、农副产品批发城及配套综合库房、锅炉房、电配电所等	新建			0.63	榆林市	西南新区	物流
219	中石油榆林成品油储备库项目	新建成品油油钢罐10座，储油量为5万立方米，铁路专用线1.5公里，以及配套管道、给排水、消防、电气仪表、卫生环保、生活办公等辅助设施	新建			1	榆林市	西南新区	物流
220	杨桥畔铁路物流集运站	该工程分固体货物装卸区、原油、成品油装卸区、液体化工类产品装卸区，农副产品装卸区；设置车场四个区域，集运站专用线6条，总长1080米	新建		2010—2012	4.2	榆林市	靖边	物流
221	榆林能源化工物流中心	省发改委已备案，完成了《榆林能源化工物流中心总体规划》《榆林能源化工物流中心区可行性研究》。一期实际投资1.5亿元，已建成4.3公里铁路专用线等物流设施，煤炭集装箱货场集装箱专用线已运营。二期规划建设铁路货场区，已完成2700万元投资，完成项目前期筹备工作	续建		2009—2012	3.93	榆林市	榆阳	物流

581

续表

序号	项目名称	建设规模	建设阶段	项目前期工作进度	建设起止年限	总投资（亿元）	归属地	项目所在地/企业	备注
222	子洲县粮油物流中心	建成粮食批发市场，占地 3904 平方米，建筑面积 10316 平方米	新建		2010—2012	0.7888	榆林市	县城	物流
223	榆阳区粮食储备库及综合粮食批发市场	该项目总占地面积 150 亩，总投资 8796.44 万元，粮食储备库四栋，总建筑面积 4032 平方米，总仓容 1723.68 万公斤，建设日加工小麦 20 吨车间一个，建筑面积 4158 平方米，摊位大鹏 3278 平方米	新建		2010—2012	0.8796	榆林市	榆阳	物流
224	苗家坪工业产业园区综合服务中心建设	项目总占地面积 15.5 亩，建成集新技术研发设计、信息咨询、人力资源培训、仓储物流为一体的综合服务中心 1 栋，总建筑面积 10300 平方米，购置设备 300 台（套）	新建		2009—2011	0.35	榆林市	子洲	物流
225	富昌煤炭集运站建设项目	400 万吨/年煤炭集运站	新建		2010—2013	1.9	榆林市		物流
226	哈镇煤炭集运站建设项目	500 万吨/年煤炭集运站	新建		2010—2013	1.9	榆林市	府谷	物流
227	煤炭集运站建设项目	500 万吨/年煤炭集运站	新建		2010—2013	1.4	榆林市		物流
228	数字榆林	电子政务、电子商务、地理信息、城市智能管理、交通智能管理等 9 大工程	新建		2009—2015	10	榆林市		商贸

续表

序号	项目名称	建设规模	建设阶段	项目前期工作进度	建设起止年限	总投资（亿元）	归属地	项目所在地/企业	备注
229	榆林电子商务信息化项目	一是为榆林市商务局内部的各项电子商务业务服务；二是与中国软件与技术服务股份有限公司共同负责榆林市电子商务综合平台"中国兰炭交易网"、"煤化工交易网"、"农林牧交易网"、"现代物流电子商务网"的开发、运行、维护和运营工作	续建		2010—2012	0.42	榆林市	榆阳	商贸
230	横山县海荣大型商业综合服务项目	商贸物流区：建设物资仓储库房、冷藏库房、运输设备、检验检疫设施等；农产品批发市场：新建大型农产品批发市场，农副产品加工区，能化设备配件市场等；基础设施：新建街道路网建设、给排水、电力、电信等地下管网建设	续建		2010—2012	1.96	榆林市	横山	商贸
231	榆林市东洲西部建材汽车物流城项目	占地面积1200亩，总建筑面积24万平方米。建设物流仓储区、建材区、汽车及配件销售、大型综合停车场	新建		2010—2012	4.8	榆林市	榆阳	商贸
232	榆林市综合粮食批发市场	规划用地33.49亩，总建筑面积71069平方米。建设粮食交易大楼一座，农产品批发市场一个	新建		2010—2012	1.5	榆林市	榆林经济开发区	商贸
233	文化创意产业园	园区包括大盛魁文化创意产业园，总占地面积100亩，大盛魁要建设产业基地和文化交流体验区、研发创意区、制作生产区、展示推广区	续建		2008—2011	9	呼和浩特市	玉泉区	特色产业

续表

序号	项目名称	建设规模	建设阶段	项目前期工作进度	建设起止年限	总投资(亿元)	归属地	项目所在地/企业	备注
234	同心县羊绒企业梳绒技术改造项目	改造为四联机204套、普通车间改造为标准车间,厂房空调改造,年分梳羊绒4000吨	技改	已开工	2010—2015	1.167	吴忠市	同心县	特色产业
235	同心县恒通绒业有限公司羊绒纱项目	建设精纺制条生产线;扩建厂房	新建	编制可研报告	2011—2013	1.2	吴忠市	同心县	特色产业
236	神木地毯加工	年生产优质地毯2万平方米	新建		2010—2015	1	榆林市	神木	特色产业
237	横山县羊中王服装生产及残疾人就业培训基地	扩建年生产能力为200万标件的"羊中王"系列服装加工基地	新建		2010—2013	1	榆林市	西南新区	特色产业
238	精纺复合深加工羊绒毛纺织项目	新建选洗绒生产线厂房、分梳生产线厂房、染色生产线厂房、纺织生产线厂房针织生产线厂房、办公楼、职工宿舍	新建		2011—2013	0.91	榆林市	靖边	特色产业
239	羊毛绒产业基地建设项目	建设一个以羊毛绒产品为主,包括原料辅料的购销、初加工、深加工、产品的研发、生产、展示、销售、仓储、物流等全部流程的产业集群基地	新建		2011—2015	10	榆林市	榆阳、横山	特色产业

续表

序号	项目名称	建设规模	建设阶段	项目前期工作进度	建设起止年限	总投资（亿元）	归属地	项目所在地/企业	备注
240	中银绒业	引进先进的检测设备和中试生产设备，年产360吨羊绒针织纱生产线，羊绒加工关键设备及关键技术开发应用，在全国中心城市重点城市建立50个品牌形象店，开设100个销售专厅销售				4	银川市		特色产业
241	嘉源绒业	年产35万米绒制呢，100万件羊绒衫，100万条羊绒围巾，50万件罗布麻羊绒混纺衫，650吨羊绒无毛绒，30万条羊绒毯				2.5	银川市		特色产业
242	德海绒业	年产1万锭精纺羊绒面料，2000锭粗纺羊绒针织纱生产线				1.8	银川市		特色产业
243	马斯特	年产200万米羊绒面料续建，5万平方米民族手工地挂毯				4.8	银川市		特色产业
244	荣昌绒业	年分梳800吨无毛绒，450吨精梳绒条技改				6.2	银川市		特色产业
245	盛源绒业	年产200吨羊绒条，100吨羊绒纺纱及染色，10万件羊绒衫，羊绒粗纺纱二梳二纺生产线，2000锭精纺羊绒精纺纱纺纱线				0.8	银川市		特色产业
246	特米尔	年产600吨羊绒纱多组分特种纤维混合纺纱技术开发				0.9	银川市		特色产业
247	国斌绒业	年产20万件粗纺羊绒衫，300吨羊绒条、200吨羊绒针织纱				1.8	银川市		特色产业

续表

序号	项目名称	建设规模	建设阶段	项目前期工作进度	建设起止年限	总投资（亿元）	归属地	项目所在地/企业	备注
248	麓王羊绒	年产60万米羊绒面料加工生产线年产羊绒面料				1.5	银川市		特色产业
249	雪源绒业	年产240吨无毛绒分梳技改扩建				0.4	银川市		特色产业
250	雪源绒业	年产240吨无毛绒分梳技改扩建				0.4	银川市		特色产业
251	燕柔莎绒业	10万只绒山羊养殖与年产200吨羊纱				5.7	银川市		特色产业
252	宏达羊绒	年产100万件羊绒衫建技改				0.5	银川市		特色产业
253	宝银纺织	年产500吨马尾纱,600万米毛衬布后整理技术改造				0.7	银川市		特色产业
254	中国羊绒检验检测中心					0.2	银川市		特色产业
255	中阿论坛永久会址	总建筑面积314万平方米。其中,集会展、会议,商务谈判为一体的国际会议中心20万平方米,集餐饮、住宿、商务为一体的国际穆斯林大厦50万平方米,面向阿拉伯国家的外宾接待中心44万平方米,阿拉伯国家商务区220万平方米				264	银川市		特色产业

续表

序号	项目名称	建设规模	建设阶段	项目前期工作进度	建设起止年限	总投资（亿元）	归属地	项目所在地/企业	备注
256	世界穆斯林文化城	总建筑面积2465万平方米。其中,中华回乡文化园20万平方米(已建成),中国穆斯林文化园20万平方米,世界穆斯林民俗村5万平方米,世界穆斯林文化博览园200万平方米,世界穆斯林历史博物馆20万平方米,世界穆斯林文化友谊广场300万平方米,穆斯林国际大学1000万平方米,"一千零一夜"主题公园和阿拉伯古镇500万平方米,公益事业区和综合服务区400万平方米				970	银川市		特色产业
257	国际穆斯林商贸中心	总建筑面积400万平方米。其中,中国小商品贸易中心80万平方米,中国清真食品商贸中心80万平方米,国际穆斯林商贸中心140万平方米,综合服务区100万平方米(宝丰集团开发建设)				280	银川市		特色产业
258	清真食品认证大厦	建设集清真食品检验检测、清真食品穆斯林用品研发监管以及认证人员培训为一体的服务大厦,总建筑面积2万平方米				2	银川市		特色产业
259	伊斯兰国际金融大厦	为国内外驻银金融机构提供集中服务场所的商务写字楼,总建筑面积10万平方米				5	银川市		特色产业

续表

序号	项目名称	建设规模	建设阶段	项目前期工作进度	建设起止年限	总投资（亿元）	归属地	项目所在地/企业	备注
260	清真食品和穆斯林用品商务信息服务平台	项目将建设成为垂直类 B2B2C 模式的以穆斯林用品和清真食品产业为主要内容的,实现在线商务洽谈,在线合同谈判,在线交易付款等等功能,集信用征集、质量认证、物流配送等多个服务为一体的电子商务平台	新建	在建工程,已完成投资 100 万元,工程形象进度 13%	2010—2012	0.0766	银川市	银川方达电子系统工程有限公司	特色产业
261	银川奥特 UCOWS 奶牛发情监测系统	本系统能及时获取奶牛发情信息、提示兽医及时给奶牛配种、监测奶牛活动、提高奶牛养殖效率。具有奶牛基本信息管理、收集 UCOWS 数据采集系统提供的奶牛活动信息,绘制奶牛活动监控曲线,自动对比分析,揭发奶牛发情和患病状况并发送预警信息到用户手机等功能。系统包括四部分:牛只资料管理、奶牛发情监测、检测信息报告、软件系统管理	新建	该系统目前已有完整应用的项目解决方案	2010—2012	0.12	银川市	银川奥特软件有限公司	特色产业
262	经贸文化交流中心	建设宁夏大学阿拉伯学院 2 万平方米,防沙治沙技术学院 5.38 万平方米、人才国际交流中心 2 万平方米,阿拉伯国家研究院 2 万平方米				11	银川市		特色产业
263	穆斯林用品城项目	占地 120 亩,建设约 1 万平方米的营业所、清真饮食区、穆斯林文化区,1 万平方米的停车场及相关辅助设施	新建	编制可研	2011—2015	1.8		吴忠市	特色产业

续表

序号	项目名称	建设规模	建设阶段	项目前期工作进度	建设起止年限	总投资（亿元）	归属地	项目所在地/企业	备注
264	同心羊绒交易中心	规划建设占地面积 300 亩羊绒交易中心	新建	前期工作	2011—2016	5	吴忠市	同心县	特色产业
265	中伊友好国际物流中心	建设民族地区穆斯林用品、服饰和清真食品、粮油、果品等农产品加工配送区，仓储区、信息中心、检测中心	新建	前期工作	2011—2014	10		吴忠市	特色产业
266	吴忠市滨河新区穆斯林购物广场建设项目	建设占地面积 100 亩的穆斯林用品批发购物广场	新建	项目前期	2011—2015	3		吴忠市	特色产业
267	内蒙古肉羊交易市场	建设行政管理及生活服务区、现货交易区、电子商务、期货交易区、优质肉羊品种、高端羊肉制品研发交易中心、冷冻、冷藏库区、羊肉屠宰加工及羊肉制品和副产品深加工区、物流配送服务区等七大功能区域	前期		2011—2015	1	呼和浩特市	土右旗	特色产业
268	呼和浩特机场扩建项目	12 万平方米	前期	规划	2012—2013	30	呼和浩特市		口岸建设
269	银川河东机场三期扩建	飞行区技术指标由 4D 提高到 4E、起降大型运输机，开通银川至国内省会城市和副省级城市直达航线、银川至中东其他伊斯兰国家航线，机场旅客吞吐能力达到 1000 万人次				10	银川市		口岸建设

续表

序号	项目名称	建设规模	建设阶段	项目前期工作进度	建设起止年限	总投资（亿元）	归属地	项目所在地/企业	备注
270	银川开发区陆路口岸（银川陆港物流中心内陆无水港区）	以完善口岸功能为重点，改造原有外贸仓库，主要建设海关、国检联检查验平台、熏蒸库、监管库、暂扣库、分拨库及口岸信息系统等公共服务设施，建成综合性现代陆路口岸	续建	2010 年 9 月口岸通过自治区政府正式验收	2009—2013	3	银川市	银川经济技术开发区建设开发有限公司	口岸建设
271	金桥物流园（银川陆港物流中心综合物流区）	仓储配送库房、加工车间、展示用房、综合服务大楼等，建筑面积14万平方米	续建	已建成仓储库房6000平方米、加工车间4400平方米	2009—2011	3.8	银川市	宁夏金桥物流有限公司	口岸建设
272	银川国际空港物流中心仓储建设	建设仓库 5.0 万平方米	新建	目前完成施工图及部分钢结构加工	2011	0.5	银川市	银川国际空港物流中心管委会	口岸建设
273	宁夏灵武陆港物流中心建设项目	征地1000亩，建设场内道路、货物交易大厅、货物代理区、货物仓库、集装箱堆场、装卸作业区、停车场及附属设施等	新建	已完成1000亩土地征用	2010—2013	2	银川市	宁夏灵武陆港物流有限公司	口岸建设

续表

序号	项目名称	建设规模	建设阶段	项目前期工作进度	建设起止年限	总投资（亿元）	归属地	项目所在地/企业	备注
274	银川陆港物流中心冷链物流区	低温冷藏库10440平方米、加工车间、综合服务楼等14000平方米	续建	已建成冷藏库5900平方米、综合办公楼9000平方米	2009—2012	0.55	银川市	宁夏四季青果蔬冷藏物流有限公司	口岸建设
275	包头机场航站楼改扩建工程	扩建航站楼2.8万平方米	续建		2009—2011	6.2	包头市	东河区	口岸建设
276	包头机场迁建工程	按4E级标准，考虑包头机场迁建，占地9000亩	前期		2011—2015	35	包头市	东河区	口岸建设
277	太阳山支线机场建设项目	按4C级标准建设，跑道长度3000米、宽45米，航站楼3000平方米站坪机位4个、配套建设通信、导航、气象、供水、供电、供油、消防救援及辅助生产设施	新建	前期工作	2010—2015	3.5	吴忠市		口岸建设
278	榆阳机场4D扩建项目	将榆阳机场按4D标准扩建	扩建		2011—2014	10	榆林市	榆阳	口岸建设
279	榆林支线机场建设项目	新建府谷、定边、吴堡3c支线机场	新建		2011—2015	12	榆林市	府谷定边吴堡	口岸建设
280	榆林空港区建设	156平方公里	新建		2011—2015	15	榆林市	市区	口岸建设

续表

序号	项目名称	建设规模	建设阶段	项目前期工作进度	建设起止年限	总投资（亿元）	归属地	项目所在地/企业	备注
281	银川空港物流中心	规划建设保税物流、产业加工区和综合商贸区等七个功能区占地面积5800亩,年货运吞吐量达100万～130万吨				47	银川市		口岸建设
282	银川陆港物流中心	规划建设无水港区(陆路口岸区)、保税加工区、国家物资储备库区等6个功能区,占地总面积2300亩				12	银川市		口岸建设
283	综合保税区	积极争取国家批准,建设以清真食品为主的产品分装、包装、出口综合保税区				2	银川市		口岸建设

参考文献

[1] 水利部黄河水利委员会.黄河水权转换制度构建及实践[R].2008.

[2] 何永林.内蒙古资源的科学开发和利用[M].呼和浩特:内蒙古人民出版社,2010.

[3] 李周,于法稳.西部的资源管理与农业研究[M].北京:中国社会科学出版社,2010.

[4] 沈满洪.环境经济手段研究[M].北京:中国环境科学出版社,2001.

[5] 沈满洪.水权交易制度研究[M].杭州:浙江大学出版社,2006.

[6] 沈满洪,钱水苗,等.排污权交易机制研究[M].北京:中国环境科学出版社,2009.

[7] 中共中央国务院关于加快水利改革发展的决定(2010年12月31日)[N].人民日报,2011-01-30.

[8] 中国水利年鉴编委会.中国水利年鉴(2003年至2009年).北京:中国水利水电出版社,2003—2009.

[9] 李周,于法稳,等.西部的资源管理与农业研究[M].北京:中国社会科学出版社,2010.

[10] 李善同,许新宜主编.南水北调与中国发展[M].北京:经济科学出版社,2004.

[11] 沈满洪主编.水资源经济学[M].北京:中国环境科学出版社,2008.

[12] 沈满洪,魏楚,高登奎,等.生态文明视角下的水资源配置论[M].北京:中国财政经济出版社,2011.

[13] 胡鞍钢,王亚华.中国如何建设节水型社会——甘肃张掖"节水型社会试点"调研报告[M].//中国水利年鉴编委会.中国水利年鉴2004.北京:中国水利水电出版社,2004.

[14] 汪恕诚.建设节水型社会保障经济社会可持续发展[M].//中国水利年鉴

编委会.中国水利年鉴2007.北京:中国水利水电出版社,2007.

[15] 夏军.水资源安全的度量:水资源承载力的研究与挑战[EB/OL].水信息网,2002-03-06.

[16] 沈满洪,等.节约用水的相关制度研究(课题报告)[R].浙江省水利厅重点委托项目,2008.

[17] 沈满洪,等.区域和跨界水环境保护协调管理制度与政策研究(课题报告)[R].国家环境保护部"十二五"规划招标项目,2010.

[18] 栗战书.发展现代水利 大兴水利建设[J].水利天地,2008(8).

[19] 沈强云,魏亦勤,许志斌,等.宁夏粮食生产回顾及其潜力分析[J].宁夏农林科技,2009(2).

[20] 王晶,苏磊.土地整理提高内蒙古自治区耕地等别与粮食产能估算研究[J].西部资源,2010(1).

[21]《国家中长期科学和技术发展规划纲要》(2006—2020)

[22]《国务院关于加快培育和发展战略新兴产业的决定》(国发〔2010〕32号)

[23]《国务院关于鼓励和引导民间投资健康发展的若干意见》(国发〔2010〕13号)

[24]《国务院关于进一步促进中小企业发展的若干意见》(国发〔2009〕36号)

[25]《国家发展改革委关于促进产业集群发展的若干意见》(发改企业〔2007〕2897号)

[26]《中共中央关于制定国民经济和社会发展第十二个五年规划的建议》(2010年10月18日中国共产党第十七届中央委员会第五次全体会议通过)

[27]《全国科技经费投入统计公报》(2001—2009)

[28]《宁夏中长期人才发展规划纲要(2010—2020)》

[29]《陕西省中长期人才发展规划(2010—2020)》

[30] 内蒙古发改委及各地区历次提供电子文档

[31] 宁夏发改委及各地区历次提供电子文档

[32] 榆林发改委历次提供电子文档

[33] 呼包银榆四次实地调研各部委办局提供汇报材料

[34] 浙江大学中国西部发展研究院.关中—天水经济区发展规划(征求意见稿)

[35] 魏江,等."十二五"西部大开发重点经济区创新型区域建设研究(征求意见稿).

[36] 中国科技发展战略研究小组.中国区域创新能力报告,2003—2010.(不同年度出版社不同).

[37] OECD.奥斯陆手册(技术创新调查手册),2003.

［38］王缉慈,等.创新的空间:企业集群与区域发展［M］.北京:北京大学出版社,2001.

［39］科学技术部专题研究组.我国区域自主创新调研报告［M］.北京:科学出版社,2006.

［40］周元,王海燕,赵刚,等.中国区域自主创新研究报告(2006—2007)——区域自主创新的理论与实践［M］.北京:知识产权出版社,2007.

［41］中国西部区域自主创新战略研究课题组.中国区域自主创新研究报告(2008—2009)——西部制造业的创新实践［M］.北京:知识产权出版社,2009.

［42］国家创新体系建设战略研究组.国家创新体系发展报告(2008)［M］.北京:知识产权出版社,2008.

［43］陈劲,柳卸林.自主创新与国家强盛［M］.北京:科学出版社,2008.

［44］广东省区域创新能力课题研究组.广东省区域创新能力研究报告［M］.广州:广东省地图出版社,2003.

［45］张发余.区域创新体系与区域发展论［D］.南开大学博士学位论文,2001.

［46］盖文启.新产业区发展的区域创新网络机制研究［D］.北京大学博士学位论文,2001.

［47］魏后凯.市场竞争、经济绩效与产业集中［D］.中国社会科学院研究生院博士学位论文,2001.

［48］王伟光.中国工业行业技术创新和创新效率差异研究［D］.中国社会科学院研究生院博士学位论文,2002.

［49］顾新.区域创新系统论［D］.四川大学博士学位论文,2002.

［50］何见得.人才资源开发有效对策基础理论研究［D］.河海大学博士学位论文,2002.

［51］刘顺忠.区域创新系统测度分析和比较研究［D］.北京航空航天大学博士学位论文,2003.

［52］李松辉.区域创新系统成熟度的测定与实证研究［D］.华中科技大学博士学位论文,2003.

［53］冯年华.区域可持续发展理论与实证研究——基于创新与能力建设角度［D］.南京农业大学博士学位论文,2003.

［54］陆净岚.资源约束条件下我国产业结构调整理论与政策研究［D］.浙江大学博士学位论文,2003.

［55］周兵.基于产业集群的区域经济增长研究［D］.重庆大学博士学位论文,2004.

[56] 吴晓军.产业集群与工业园区建设[D].江西财经大学博士学位论文,2004.

[57] 梁宏.产业集群技术创新能力构建及其治理研究[D].华中科技大学博士学位论文,2004.

[58] 田春华.产业集群导向的公共政策研究[D].华东师范大学博士学位论文,2005.

[59] 宋志红.企业创新能力来源的实证研究[D].对外经济贸易大学博士学位论文,2005.

[60] 朗永清.产业结构调整中的经济增长[D].西北大学博士学位论文,2005.

[61] 汪蕾.浙江民营企业技术进步途径及相关因素研究[D].浙江大学博士学位论文,2005.

[62] 刘毅群.体现型技术进步、设备投资与 TFP 增长[D].浙江大学硕士学位论文,2005.

[63] 陈永奇.欠发达地区技术转移促进产业结构调整对策研究[D].山西大学博士学位论文,2006.

[64] 刘志迎.基于效率理论的高技术产业增长研究[D].南京农业大学博士学位论文,2006.

[65] 周万生.人力资本与区域创新能力研究[D].四川大学博士学位论文,2007.

[66] 徐大可.中国地区自主创新能力评价及与经济增长质量关系研究[D].浙江大学博士学位论文,2007.

[67] 魏世红.中国高技术产业技术效率研究[D].大连理工大学博士学位论文,2008.

[68] 范丽霞.中国乡镇企业增长与效率的实证研究[D].华中农业大学博士学位论文,2008.

[69] 姚玉舟.资源型产业集群模式选择研究[D].中国地质大学(北京)博士学位论文,2008.

[70] 韩妍.中国工业全要素生产率区域差异性研究[D].兰州大学博士学位论文,2009.

[71] 毛冠凤.高技术产业集群人才流动模式研究[D].华中科技大学博士学位论文,2008.

后　记

　　资源型地区因资源而兴,依托资源发展。如何走出一条具有中国特色的资源型地区可持续发展道路,是一个亟待研究与解决的重大理论问题和现实问题,也是摆在我们面前的紧迫任务。能否破除"资源诅咒",实现可持续发展,事关资源型地区人民的根本利益及其子孙后代的福祉,事关我国全面建成小康社会目标的实现,事关国家经济安全和现代化建设全局,事关中华民族的永续发展。

　　《资源型地区可持续发展战略研究——以呼包银榆经济区为例》一书,旨在针对目前我国资源型地区发展过程中出现的各种问题,以呼包银榆经济区为例,研究和探索资源型地区可持续发展战略,总结、梳理并提出了具有前瞻性、可操作性的建议,促使经济区及早进行主动转型升级,为西部地区乃至全国的资源型地区实现资源产业的可持续发展和地区经济社会的可持续发展提供了新思路和实践对策。

　　本书基本构思、章节架构由欧晓理、周谷平、史晋川、董雪兵提出,经课题组讨论后分头写作。本书分为综述篇和专题篇,各章负责人分别如下。

　　综述篇:

　　第一节发展基础:钱滔;第二节总体要求:欧晓理、周谷平、史晋川、董雪兵;第三节空间布局:杨建军;第四节产业发展:汪建坤;第五节现代农业与新农牧区:卫龙宝;第六节资源型经济转型:汪建坤;第七节基础设施:杨建军;第八节资源能源节约与生态环境保护:沈满洪;第九节公共服务:陈健、周谷平;第十节对外开放与区际开放:黄先海;第十一节综合配套改革:黄先海;第十二节政策支撑与保障措施:董雪兵。

　　专题篇:

　　第一章规划范围和战略定位:董雪兵、史晋川;第二章能源:杜立民、方梦祥、田钢;第三章产业发展:汪建坤、敖其尔;第四章生态屏障建设:沈满洪;第五章节约用水:沈满洪;第六章社会主义新农牧区建设:卫龙宝;第七章城市化与空间布局:杨建军;第八章区域创新能力建设:吴华、王莉华;第九章对外开放与区际开放:黄先海。

各章节完成初稿后,由欧晓理、周谷平、史晋川、董雪兵负责全书审阅校对,提出详细修改意见,并会同各章作者共同讨论修改完善,直至终校定稿。汪建坤、杜立民、陈健、敖其尔等参与了全文整理和修改工作,郑冲协助绘制了全书图件,敖晶、周伟、孟东军、陈奕洁等协助项目负责人参与了部分修改工作。

本书即将付梓,在此特别感谢国家发展和改革委员会西部开发司一直以来对我们的支持与帮助。他们对本书提出了许多宝贵的意见和建议,极大地提升了书稿质量。也对所有为本书提供数据资料以及调研材料、相关研究成果的政府部门、科研院所表示衷心感谢。

实现资源型地区的可持续发展,是一项艰巨而复杂的系统工程,就此提出一个完整、系统的研究成果绝非易事。尽管各位作者竭尽所能,在主观上以最大努力确保研究内容的前瞻性、对策性和预测性,但是,由于知识素养和学术水平的局限,本书一定会存在种种不妥之处,错误也在所难免。此外,书中某些数据和内容无法随呼包银榆经济区的发展而快速更新,为此,我们略感遗憾和不足。我们真诚地希望并欢迎读者及学界同人不吝赐教!

浙江大学中国西部发展研究院

2014 年 10 月